不忘初心，砥砺前行

——北京外国语大学俄语学院80年
教学研究纪念文集

主编　戴桂菊

编者　李重洋　王笛青　贾子璠

外语教学与研究出版社
北京

图书在版编目（CIP）数据

不忘初心，砥砺前行 ：北京外国语大学俄语学院 80 年教学研究纪念文集 ：汉、俄 ／
戴桂菊主编；李重洋，王笛青，贾子璠编 . -- 北京 ：外语教学与研究出版社，2022.4
ISBN 978-7-5213-3480-7

Ⅰ．①不… Ⅱ．①戴… ②李… ③王… ④贾… Ⅲ．①俄语 - 教学研究 - 文集 - 汉、俄
Ⅳ．①H359.3-53

中国版本图书馆 CIP 数据核字 (2022) 第 055373 号

出 版 人　王　芳
项目策划　周朝虹
责任编辑　叶晓奕
责任校对　秦睿梓
封面设计　高　蕾
版式设计　锋尚设计
出版发行　外语教学与研究出版社
社　　址　北京市西三环北路 19 号（100089）
网　　址　http://www.fltrp.com
印　　刷　北京虎彩文化传播有限公司
开　　本　787×1092　1/16
印　　张　28.5
版　　次　2022 年 6 月第 1 版 2022 年 6 月第 1 次印刷
书　　号　ISBN 978-7-5213-3480-7
定　　价　168.00 元

购书咨询：（010）88819926　电子邮箱：club@fltrp.com
外研书店：https://waiyants.tmall.com
凡印刷、装订质量问题，请联系我社印制部
联系电话：（010）61207896　电子邮箱：zhijian@fltrp.com
凡侵权、盗版书籍线索，请联系我社法律事务部
举报电话：（010）88817519　电子邮箱：banquan@fltrp.com
物料号：334800001

编者的话

百年初心历久弥坚，八秩芳华与校同行。今年是中国共产党建党 100 周年，也是北京外国语大学建校、俄语学院建院 80 周年。作为中国共产党创办的第一所外国语高校，北外为党和国家培养了一大批社会主义建设者和接班人，为新中国外语高等教育和中外文化融通做出了巨大贡献。作为北外历史最悠久的院系，俄语学院始终与国家和民族同呼吸、共命运，秉承"永远为人民服务"的精神，以崇高的使命感、责任感和荣誉感铸就着向国内外输送精英人才的道路。

北外俄语学院拥有本科、硕士和博士三个教学层面，还设有博士后流动站。目前，学院在本科阶段共开设九个专业，包括俄语、乌克兰语复合俄语，按照"俄语+"模式招生的俄语复合白俄罗斯语、俄语复合哈萨克语、俄语复合乌兹别克语、俄语复合塔吉克语、俄语复合吉尔吉斯语和俄语复合土库曼语六个复语专业，以及一个复合专业——"俄语+金融"。其中，俄语被教育部列为首批国家级一流本科建设点专业。另外，北外俄语学院是全国唯一开设塔吉克语和土库曼语的院系；在硕博士生培养层面，俄语学院共开设俄语语言学、俄罗斯文学、俄汉翻译、俄罗斯社会与文化以及（上合组织大学）区域学五个方向。在长期的教学实践中，北外俄语学院形成了优良的教学传统、一流的师资队伍、先进的教学理念和完备的教学体系。双庆即至，校院同贺。在这喜庆气氛中，我们将征集的北外俄语学院历代教师教学研究论文编辑成册，作为一份精神厚礼奉献给读者。

《不忘初心，砥砺前行——北京外国语大学俄语学院 80 年教学研究纪念文集》一书所收论文涵盖北外俄语学院人才培养的所有环节，内容包括课程思政、专业综合改革、人才培养模式探究、教材编写理念、课程体系、教学内容改革、教学方法探索、教学管理、学生创新创业能力培养、教师专业发展与教学能力提升、国际交流合作与社会服务等。按照作者身份，全书分四篇。第一篇以"教学行家忆往昔　字里行问露真情——俄语学院老教师讲述自己的故事"为题，收录了四位教授的 5 篇论文。汪嘉斐教授是我国俄语界著名俄语修辞学专家、博士生导师、普希金奖章获得者。汪老师在北外俄语学院毕业后留校任教，一直到退休。2018 年 3 月和 4 月，83 岁高龄的汪老师应邀回俄语学院做了两场关于俄语诗歌朗诵的理论与实践的高品质学术讲座，深受全院师生欢迎。汪老师也是我院重返讲堂的最年长教师。为了让更多的俄语人在他的学术思想中受益，我院 2019级俄语语言学专业博士生曲锐同学将汪老师的两场讲座全部听记和整理出来，这便是本书的开篇两文；刘光准教授 1960 年在北外俄语学院毕业留校任教，随后辛勤耕耘六十载，是全国高校俄语界知名语言学家，曾荣获中国俄语教育终身成就奖。本书收录的刘老师论文"牢记周总理教导，全身心培养人才"阐述了外语人才的政治站位和业务素质要求。此外，刘老师在长期俄语学习与教学实践中总结的"九字诀"值得每一位外语学习和工作者借鉴；丛鹏和王凤英两位教授结合亲身实践，分别就北外俄语学院对外关系方向博士生指导和本科生高年级俄语教学方法发表了独到的见解。

2020—2021 学年秋季学期，北外俄语学院党总支书记黄玫教授组织学院青年教师采访我院老教师，完成校庆前的"口述史"整理工作。全院共有八位青年教师采访了程立真、姜秀文、郭聿楷、李英男、张建华、裴玉芳、张金兰、李多、王凤英和郑明秋十位老教师，还有两位青年教师根据史料撰文阐述了两位已故学术前辈王福祥和汪嘉斐的治学风格和主要建树。这 12 篇论文以"育人育心见本领　树人树德秉初心——讲述俄语学院老教师的故事"为题列入本书第二篇。接受采访的俄语学老教师均已年过七旬，最年长的已经超过 90 岁。缘起北外，情结俄院。这些故事的主人公以自己的丰富人生阅历和出色的俄语教学与研究成就共同描绘出北外俄语学科 80 年发展的全景画面。

第三篇题为"江山代有名师出　执鞭讲台育桃李——今日俄语学院教师笔谈"，收录了北外俄语学院二十位在编在岗教师、一位外教、一位博士后和一位兼职教授的 32 篇论文，内容涉及党建和思想政治工作、师资队伍建设、培养方案修订、课程体系改革、课程和教材建设、教师基本功大赛、专业课题探讨、"俄语复合非通用语"人才模式探究、乌克兰和白俄罗斯语教学方法交流以及作为"第二课堂"的语言中心和研究中心建设等。这里的作者们属于北外俄语学院最活跃和最富有创造力的教师群体，其中不乏"90 后"出生的青年教师。他们的学术论文展示出北外俄语学院最新风貌和教学与科研的最新成果。不难发现，今日北外俄语学院教师正以饱满的热情践行初心使命，努力为党育人，为国育才，为培养具有良好的综合素质、扎实的俄语基本功和专业知识与能力，培养具有中国情怀、国际视野、社会责任感、思辨能力的新时代高端俄语人才而尽职尽责。

第四篇题为"今忆往昔犹昨日　育人育德恩难忘——俄语学院学子回忆教与学"。通过北外俄语学院二十四位往届和应届本科、硕士和博士毕业生代表的论文来透视俄语学院的师资水平、教学效果、课程设置的合理性和国外实习的收益程度。这些论文字里行间反映出同学们对俄语学院的认可和对各位老师的尊重与爱戴。与此同时，同学们也对我们的人才培养模式、教学方法、办学条件、实习实践等提出了建设性的意见，这对我们日后改进工作很有帮助。值得一提的是，这里的哈萨克语、吉尔吉斯语和土库曼语同学多为我院首届相关语种的学生代表，他们的学习和实践体会、感受和建议对我们完善非通用语种建设弥足珍贵。

八十载栉风沐雨，八十载继往开来。建院 80 周年是北外俄语学院发展的重要里程碑，更是新时代俄语学院建设一流学科目标奋进的新起点。为弘扬北外俄语学院优秀的教育理念、教学与管理方法并激发新一代北外俄语教师踔厉奋发，特推出《不忘初心，砥砺前行——北京外国语大学俄语学院 80 年教学研究纪念文集》。同时，也愿意将北外俄语教育和教学经验与全国高校俄语界同行分享并恳请赐教。

喜迎北外华诞，再谱俄院新篇。在新文科建设中，俄语学院秉承学校"外、特、精、通"的办学理念，努力培养既精通俄语，又通晓东斯拉夫和中亚国别与区域事务的复合型高端人才，为我国的"一带一路"建设服务。

衷心感谢校庆筹备委员会的鼎力支持！

目录

第三篇　江山代有名师出　执鞭讲台育桃李
——今日俄语学院教师笔谈

第四篇　今忆往昔犹昨日　育人育德恩难忘
——俄语学院学子回忆教与学

第一篇

教学行家忆往昔　字里行间露真情

——俄语学院老教师讲述自己的故事

俄诗朗诵：理论与实践
——俄诗格律

汪嘉斐

§ 摘　要： 俄诗创作要遵循严谨的格律。受制于自身的语言结构与语音体系，俄诗格律以轻重音节的有序交替为基础。俄罗斯的格律诗具备极强的艺术表现力，可以栩栩如生地描写现实生活，亦可极其深刻地反映社会问题。格律与诗歌的节奏紧密相连，节奏与诗歌朗诵的效果息息相关。本文较为系统地介绍俄诗经典格律体系中的音步、诗行、押韵与诗节，加深学生对俄诗朗诵节奏感的认知。

§ 关键词： 格律　音步　诗行　押韵　诗节

各位新老朋友，大家晚上好。此时此刻我想讲两句内心的感受。应该说，我到这个地方来，和大家的感受是完全不一样的，大家从宿舍到这里来，无论上课也罢，听讲座也罢，是家常便饭，内心不会有任何特殊的感觉。但是大家想象一下，汪某几乎一辈子在这个地方工作，在这个讲台上做讲座、做报告。我 70 岁退休，71 岁延聘了一年，算起来是退休整 12 年了。总而言之，我来到这个地方是重临故地。故地重游，感慨万千。我在讲座中恰恰是要介绍一首普希金（А.С. Пушкин）的诗——«…Вновь я посетил…»，我译为《重临故地》。我一次一次地读这首诗，分析这首诗，感觉几乎是为我量身定做的。后来我进一步想，何不给它稍微改变一下，作为自己心情的抒发。至于是否合辙押韵、符合格律，有待大家来批评指正。

> …Вновь я посетил
>
> То место заветное Бэйвай, где я провел
>
> Почти всю жизнь свою,
>
> Прилежно и плодотворно трудясь.
>
> Уж двенадцать лет прошло с тех пор,
>
> Как вышел я на пенсию – и много
>
> Переменилось в жизни для меня,
>
> И сам, покорный общему закону,
>
> Переменился я – но здесь опять
>
> Минувшее меня объемлет живо,
>
> И, кажется, вчера еще стоял
>
> Я за кафедрой, лекцию читал.

遵守格律就像算术，要数拍子、置换同义词、颠倒词序。总而言之，这是比较费劲的一件事情，我们今天要讲的就是有关这方面的一些内容。

开台锣鼓响完之后言归正传，我们要讲的题目是《俄诗朗诵：理论与实践》。所谓俄诗朗诵的理论，它可以涉及的面非常之广，而我们所取的是俄语诗歌创作的一些基本知识，即"азбука стиховедения"。我们将分为两部分来讲，一个是本次要讲的俄诗格律，另一个是下一次要讲的俄诗音调。格律所涉及的内容主要是节奏问题，因此也可以说我们要讲的两个部分，一个是节奏，一个是音调。大家肯定要问，学好诗歌朗诵是不是一定需要懂得俄诗的格律与音调？我想，作为一种基本的素养，还是有必要了解的，毫无疑问，我们知道的越多，就领悟得越好。应该说，选择这个题目，选择这样一个重点，是有感而发。我虽然已经完全脱离了教学，和大家接触很少，但我的印象里，恰恰这个读诗的节奏感，读诗抑扬顿挫的音调，恐怕是我们的一个薄弱环节，我们往往不知道读诗与读普通散文的区别在何处，所以这是我选题的一个出发点。

大家都很熟悉汉语的格律诗，有三言、四言、五言、七言，而现代新诗则主要以自由体的诗为主，这二者恰恰是一个对立面。其实，中外都是一样的，俄诗经典的格律无非也是指诗歌创作从音步（стопа）到诗行都要遵循一整套严格的程式与规定。格律是一个普遍的概念，但是具体来说，每个民族受制于自己的语言结构、语音体系，格律不可能是完全相同的。俄诗格律是以轻重音节的有序交替为基础，譬如抑扬格（ямб）：一个音步里先是轻读音节，再是重读音节，每一个音步都是同样轻重音节的安排。汉语不以像俄语这样的轻重音节作为节奏的基础，汉语格律诗的基础是平仄，是四声："白日依山尽，黄河入海流，欲穷千里目，更上一层楼。"所以，每种语言的格律都是要符合它本身的语言结构与语音体系的特点。

俄诗格律的名称是"силлабо-тоническая система"，这表明该格律体系既重音节又重重音。现在来看一个例子：

Любви,/ наде/жды, ти/хой сла/вы
Недол/го не/жил нас/ обман,

用斜线隔开的是最小的节奏单位——音步，下划线突出重读音节。这里每一个音步都是先轻后重，其属于俄语格律诗五种模式中的一种，这五种模式我们会依次来讲，现在就先拿抑扬格做一个简单的分析。轻重音节的交替是有规律的交替，每个音步的结构都是相同的。

但是这一套格律并不是从来如此。在 18 世纪中叶的俄罗斯，有两位大师主要借鉴德国诗歌的格律，创立了一套极其严格的格律。在这之前俄诗格律属于"силлабическая система"，只讲音节数，不管重音。大家可以想象，如果不管重音的有序分布，诗歌的节奏感必然是不强的。17 世纪，宗教的一些诗歌从内容到形式都是"和尚念经"似的。到 18 世纪中叶，特列季阿科夫斯基（В.К. Тредиаковский）与罗蒙诺索夫（М.В. Ломоносов）提出了改革的方案，从那时起就奠定了"силлабо-тоническая система"的基础。19 世纪初叶，普希金、莱蒙托夫（М.Ю. Лермонтов）、费特（А.А. Фет）、丘特切夫（Ф.И. Тютчев）等把这套格律发展到极致，使其臻于完善，按照这套格律创作了无数璀璨的明珠。例如，用这一套格律写成的《叶甫盖尼·奥涅金》（«Евгений Онегин»），作为"роман в стихах"具有非常深刻的社会内涵，塑造的人物形象流传百世。这套格律后经白银时代的变革，发生很多变化，马雅可夫斯基（В.В. Маяковский）的创新具有其影响深远的价值，但是苏联时期彻底否定白银时代的颓废等，连其对格律革新的可取之处也一概禁止、否定。苏联解体后，今天呈现一个多元化的状况，据统计，现在出版物上新发表的诗歌具有多种类型，但是由普希金发扬到极致的这一套经典格律仍然占据主导地位。俄罗斯中小学不仅教普希金的诗，而且教普希金创作的这套格律，文科高考时也是要考的。因此，我把这套格律叫成是"现在进行时"，它不同于李白、杜甫、白居易的格律，已是我们一份宝贵的文化遗产。俄罗斯经典格律的地位虽受到一定削弱，但阵地没有丢弃，而且我个人认为，普希金的传统是不可能被撼动的，也没有理由被撼动。

下面我们来比较系统地介绍这套传统格律的几个主要方面：1）音步；2）诗行；3）押韵（рифма）；4）诗节（строфа）。但是诗节太复杂，我们没有时间详细地去讲，只是简单地提一下。

一、音　步

音步是格律诗的最小单位。俄语格律诗主要运用五种模式，我们前面提到的抑扬格就是其中之一，它是二拍子，即两个音节为一个音步。扬抑格（хорей）先重后轻，也是二拍子。此外，还有三个三拍子：扬抑抑格（дактиль）、抑扬抑格（амфибрахий）、抑抑扬格（анапест）。我们接下来会一一介绍，但是要重点强调，抑扬格不是简单的五分之一。它是最主要的一种模式，其使用最普遍，使用频率最高，而扬抑格相对的就略少一点。至于三拍子，它们的使用频率就更低一些。但是不同的历史时期也有所不同，普希金与莱蒙托夫主要使用抑扬格和扬抑格。在普希金丰富的诗歌宝库中，很少能找到三拍子的格律。至于三拍子的运用，主要是在 19 世纪的中叶，从涅克拉索夫（Н.А. Некрасов）开始。涅克拉索夫的诗以运用三拍子为主，另外费特大量的爱情诗、写景诗也较多运用三拍子。白银时代，三拍子也运用得相对多一些，但是无论如何，抑扬格一直是最主要的。

（一）抑扬格

抑扬格部分要讲三个要点。首先要突出音步的概念。音步不是词的概念，是音节的组合。我们来看《致恰达耶夫》（《К Чаадаеву》）中的诗句：

> Любви,/ наде/жды, ти/хой сла/вы
>
> Недол/го не/жил нас/ обман,

上述音步中，只有"любви"和"обман"是完整的单词，其他的音步都不是完整的单词，例如，"жды, ти"是两个词各取一部分组成的。所以音步不是一个词的概念，它是音节的组合。

有这么一个非常精彩、生动、贴切的比喻，用格律做格律诗，就好比是戴着脚镣跳舞，跳舞本来就极不容易了，更甭说是带着脚镣跳舞，这无疑是很难的一件事。音步的一轻一重可以通过倒装（инверсия）和选词来实现。上述诗句的正装应该是："Обман любви, надежды, тихой славы недолго нежил нас."选词及词序的安排都要服从、适应格律。如果只是打油诗，想办法凑成合辙押韵，还不算太难。难的是，普希金诸如《致恰达耶夫》如此有深刻内涵的作品，其每一个用词既要符合格律，同时又是最百里挑一的一个词。不知诗人心中要装有多少同义词，才能从中选出一个最合适、最准确、最贴切、最形象、最生动的词语。能够流芳百世的杰作不只在形式上是合格的，其用词也能表达、抒发出自己的情感，写出意境。最生动、最栩栩如生诗作的用词要精炼又精炼，比散文更讲究，同时还要符合格律。总而言之，"戴着脚镣跳舞"这句话太精彩了，它不仅适用于写格律诗，也适用于翻译诗，要想将诗歌翻译好无疑也是戴着脚镣在跳舞。

正因如此，现在世界上有这么两股力量，一股是将经典的格律发扬光大，一股是自由体，要突破格律。现代汉语界是自由体诗占优势。20世纪初期，从法国开始，然后到英语国家，特别是美国的惠特曼（W. Whitman）写《草叶集》（*Leaves of Grass*），就完全是自由体，印度泰戈尔（R. Tagore）的诗歌也基本上是自由体。应该说白银时代也一定程度上要冲破格律诗，这一股潮流是浩浩荡荡。但另外一方面，这套格律实在是太精彩，它曾经创造出那么多辉煌的艺术作品，没有理由说现在就不能利用这套格律来继续表情达意，来创造出最好的诗歌。到目前为止，俄语界占主导地位的还是这套格律。

下面讲非常重要的第二个要点：何为"пиррихий"？先看《致恰达耶夫》的例子：

Люб<u>ви</u>,/ наде/<u>жды</u>, ти/хой <u>сла</u>/вы

Не<u>дол</u>/го <u>не</u>/жил <u>нас</u>/ об<u>ман</u>,

Исче/зли ю/ные/ за<u>ба</u>/вы,

Как <u>сон</u>,/ как <u>у</u>/тренний/ ту<u>ман</u>;

前两句我们已经分析过了，都符合一轻一重的格律要求。但"Исчезли юные забавы"中的"юные"，"ю"是重音，"ные"是两个没有重音的音节。同样，"Как сон, как утренний туман"中的"утренний"，重音在"у"上，"тренний"又是没有重音的两个音节。抑扬格的每一个音步都应该符合"轻重／轻重／轻重"，但这出现了不符合格律要求的现象。这种现象实际上是绝对不可避免的。大家现在看到的包括这首诗在内的普希金的诗，有相当一部分是非常严谨的，最严谨的诗尚且不可避免，俄诗实际上不可能百分之百地遵循这个格律，普希金有很多诗也是出现大量的这种现象。这里讲一个小趣闻，罗蒙诺索夫与特列季阿科夫斯基曾有过争论，罗蒙诺索夫认为这种现象是不允许的，一定要严格地、绝对地达到抑扬格的要求，即一轻一重，但是特列季阿科夫斯基认为这实际上是做不到的，后来罗蒙诺索夫接受了批评意见，这种现象被称为"пиррихий"，中文是抑抑格。抑扬格是一轻一重，抑抑格是两个音节都是轻读，这种现象是由语言结构本身决定的。此外，还有扬扬格（спондей），扬扬格指音步由两个重音音节构成，这种情况比较少，在此就不举例了。抑抑格则到处都有，几乎是不可避免。

现在主要是三种语言使用这套"силлабо-тоническая система"格律：俄语、德语、英语。但是英语中，抑抑格的现象相对比俄语少一点，原因在于英语不超过两音节的词比俄语多，例如，俄语两音节词"большой"，在"большая""большого"的形式下会变成三音节词，所以俄语实在很难完全恪守格律，抑抑格成为一种很普遍的现象。以至到白银时代，人们认为实际上不可能按照罗蒙诺索夫的那一套来作诗。白银时代的一位诗人、理论家别雷（А. Белый）持有一个比较理智、冷静的意见，他认为还是要承认并尽量遵守格律，但也要看到其中有一些变动。

第三个要点是读法。我们多次讲到要有节奏感，但是我现在要强调，太数拍子的读法是要不得的，你只是要有一点儿节奏的感觉就行了。有一个有趣的现象，越是诗人自己读自己的诗，就越是一种数拍子的读法。甚至于阿赫玛托娃（А.А. Ахматова），她大概一共有两三首小诗有录音，在列宁格勒被围困的时期，她写了表达爱国情感的一首短诗，就是数拍子的读法。这也可以理解，因为诗人写诗的时候，需要数拍子，他印象最深的就是要数拍子。而凡是真正的大演员朗读的诗，都是具有节奏感的，但绝不是数拍子，如果数拍子，他就是"和尚念经"了，是绝对没有感染力的，他一定要把这首诗本身的情感很好地表达出来。

需要强调，咱们听演员朗读的时候，往往不会注意到抑抑格的存在，这说明抑抑格不影响整体的节奏感。尽管有的诗歌里有很多抑抑格，那么我们朗读的时候，应该是把注意力主要集中在表达其中的内涵、情感、意境，同时要有一点节奏感，归根到底就是这一句话。

（二）扬抑格

下面我们要讲扬抑格，先看一个例子：

> Буря/ мглою/ небо/ кроет,
> Вихри/ снежны/е кру/тя;
> То, как/ зверь, о/на за/воет,
> То за/плачет,/ как ди/тя,

听的话，往往不容易听出抑扬格和扬抑格有什么区别，还是需要具体的分析。"то"既可以有重音也可以不算重音，这首诗里它是当重音运用的。我们再来看费特的例子：

> Чудна/я кар/тина,
> Как ты /мне ро/дна:
> Бела/я ра/внина,
> Полна/я лу/на,
> Свет не/бес вы/соких,
> И бле/стящий/ снег,
> И са/ней да/леких
> Оди/нокий/ бег.

如果直接遇到这首诗，我们很难认出这是抑扬格还是扬抑格，或是哪种模式的三拍子。研究到最后，尽管它存在一些抑抑格的现象，它占主导优势的还是扬抑格。说实话，因为它混乱的东西比较多，所以是不容易分析弄清楚的。

（三）扬抑抑格、抑扬抑格、抑抑扬格

我先总的讲一点，三拍子的情调一般而言会比较悠扬，比较舒缓，比较抒情，但是绝不是必然的。第二点要讲的是，三拍子中无重音音节音步很少，但也不能说百分之百不出现这种现象。原因在于，三拍子是三音节为一个音步，它比较符合俄语两个音节以上的词比较多的特点，

所以它容易安排，容易做好。我们先看扬抑抑格的例子，也就是重音在前：

Славная/ осень! Здо/ровый, я/дреный

Воздух у/сталые/ силы бо/дрит;

Лед нео/крепший на/ речке сту/деной

Словно как/ тающий/ сахар ле/жит;

再看抑扬抑格：

Однажды,/ в студену/ю зимню/ю пору,

Я из ле/су вышел;/ был сильный/ мороз.

Гляжу, по/днимае/тся медле/нно в гору

Лошадка,/ везуща/я хворо/сту воз.

我现在利用抑扬抑格给大家做一个更详细的说明。我前面提到，总的说来三拍子是比二拍子要悠扬一点，舒缓一点，但只是时常如此。格调和内容有一定的关系，比如像日常口语的叙事诗作，它虽然是按照格律来安排，但是它就没这种情调，不是这种味道，所以不要把这条看得太刻板。再看一个抑抑扬格的例子：

Я тебе/ ничего/ не скажу,

И тебя/ не встрево/жу ничуть,

И о том,/ что я мол/ча твержу,

Не решусь/ ни за что/ намекнуть.

这里重复强调一下之前提过的要点，三拍子的使用相对比较少一些，但是不同的历史时期情况不一样，涅克拉索夫之前，也就是 19 世纪的初叶，普希金、莱蒙托夫很少用三拍子，涅克拉索夫的诗作几乎全部都是三拍子，涅克拉索夫之后，三拍子的使用逐渐多一些，但是抑扬格还是最普遍，运用最多的。

二、诗 行

诗行就是一行诗。要强调的第一个要点，诗行不等于语法上的句子，甚至于四个诗行构成的一个诗节，语法上只是一个句子而已。

Люблю грозу в начале мая,

Когда весенний, первый гром,

Как бы резвяся и играя,

Грохочет в небе голубом.

所以诗行它的概念不是句法上的句子，但是它又是一个非常重要的节奏单位。我们前面讲的最小节奏单位音步当然很重要，但是我们千万要认识到诗歌的节奏不止来源于最小单位，不止来源于轻重音节的有序交替，很大程度上它来源于音步相等的诗行不断地有序出现，由此造成一种节奏感。尤其是诗行它往往是以尾韵（"мая – играя""гром – голубом"）做结尾的。所以这些诗行，一方面音步数相等，是一个同等强度单位的不断重复，同时每一个诗行的结尾又有一个尾韵来加强节奏感。

顺便要交代一下，诗句结尾处的重音出现了之后，音步可以少一个音节或者多一个音节，这都是正常的。例如，《春雷》（«Весенняя гроза»）是四音步的抑扬格，"Люблю/ грозу/ в нача/ле ма/я"已经是四个音步了，那么最后多出一个"я"，它是符合格律的。

四音步的俄诗我们遇到很多，但是不等于俄诗都是四音步的，也有三音步、五音步、六音步，甚至于更多的，但是比较少见。我们前面遇到的《奇妙的景色》（«Чудная картина...»）就是三音步的：

> Чудна/я кар/тина,
>
> Как ты /мне ро/дна:
>
> Бела/я ра/внина,
>
> Полна/я лу/на,
>
> Свет не/бес вы/соких,
>
> И бле/стящий/ снег,
>
> И са/ней да/леких
>
> Оди/нокий/ бег.

正像汉语的格律诗有不同长短的诗行，有三言、四言、五言、七言，其中近体诗最多的是五言和七言，乐府与诗经都是四言，俄诗也有三音步、四音步、五音步、六音步，以至于更多的，但是诗行里用得最多的就是四音步，普希金的很多长诗从头至尾都是四音步。那么不同的音步，它的效果有没有不同？它的情调会不会有所不同？答案是肯定的。诗行越短，节奏越明快，有时甚至是铿锵有力的，例如，《奇妙的景色》的节奏就比较明快。而五音步甚至于六音步，就会比较舒缓、悠扬，不是那么的短促有力。例如普希金这首五音步的诗：

> ...Вновь я посетил
>
> Тот у голок земли, где я провел
>
> Изгнанником два года не заметных.
>
> Уж десять лет ушло с тех пор – и много
>
> Переменилось в жизни для меня,
>
> И сам, покорный общему закону,
>
> Переменился я – но здесь опять
>
> Минувшее меня объемлет живо,
>
> И, кажется, вечор еще бродил
>
> Я в этих рощах.

　　这首诗的格调与《奇妙的景色》有所不同。普希金不选择他最习惯使用的四音步，是因为他要反映一种沉思，一种很深层的情感，这个情感用悠长、舒缓的节奏会比较好。汉语也是如此，五言干脆利落："白日依山尽，黄河入海流。"七言的"红军不怕远征难，万水千山只等闲"可以表达比较丰富的内容，同时也是比较舒缓的节奏。一般而言，五音步就算长的，六音步就比较少了，四音步最普遍，适应性最强。例如：

> Люблю/ грозу/ в нача/ле ма/я,
>
> Когда/ весе/нний, пер/вый гром,
>
> （四音步，明快愉悦的情调）
>
> Буря/ мглою/ небо/ кроет,
>
> Вихри/ снежны/е кру/тя;
>
> То, как/ зверь, о/на за/воет,
>
> То за/плачет,/ как ди/тя,
>
> （四音步，低沉忧郁的情调）
>
> Славная/ осень! Здо/ровый, я/дреный
>
> Воздух у/сталые/ силы бо/дрит;
>
> （四音步，明快愉悦）

　　同样是四音步，它可以表达不同的情感，它适应性最强，使用的最多。总而言之，三音步明快铿锵，相对的使用少一些。五音步比较悠长、舒缓。四音步既可以表达悠长的、抒情的内容，也可以表达短促有力的内容，明快是它，低沉也是它。

　　到了 19 世纪末 20 世纪初，也就是白银时代，格式上有很多创新，也不再那么严守严谨的格律。但即便是 19 世纪的初叶至中叶，诗歌也不是非常刻板，并非是三音步、四音步、五音步，六音步一贯到底。存在一类 "вольный стих"，音步数量可以变化，这种情况多出现在寓言中。

> Ягненок в жаркий день зашел к ручью напиться;
>
> И надобно ж беде случиться,
>
> Что около тех мест голодный рыскал Волк.
>
> Ягненка видит он, на добычу стремится;
>
> Но, делу дать хотя законный вид и толк,
>
> Кричит: «Как смеешь ты, наглец, нечистым рылом
>
> Здесь чистое мутить питье
>
> Мое
>
> С песком и с илом?
>
> За дерзость такову
>
> Я голову с тебя сорву».

　　"Мое" 是一个音步，也是一个诗行，"С песком/ и с илом" 是两个音步，"За дер/зость та/

кову"是三个音步，所以这里就比较自由。一首诗可以根据需要来变化，但首先是口语化、戏剧性的作品，寓言是其中一个例子，至于诗体的戏剧就更不用说了，都是很自由的，不是那么刻板，所以我们不要把俄语诗歌看得太刻板，它也有灵活的一面。这里说的主要是寓言和戏剧，我们再看一个抒情诗的例子：

> Жди ме/ня, и/ я вер/нусь.
>
> Только/ очень/ жди,
>
> Жди, ко/гда на/водят/ грусть
>
> Желты/е до/жди,
>
> Жди, ко/гда сне/га ме/тут,
>
> Жди, ко/гда жа/ра,
>
> Жди, ко/гда дру/гих не/ ждут,
>
> Поза/быв вче/ра.

这首诗是四音步与三音步依次交替。它不像克雷洛夫（И.А. Крылов）的寓言那样自由，还是有规律的。我这里只是简单地举例而已，还有其他各种不同的格式，所以俄语诗不要看得太刻板，从 19 世纪起还是创造了很多灵活多样的模式，我们只是重点在讲最常见的四音步抑扬格，但实际它还是丰富多彩的。俄诗富有表现力，其可以是接地气的，可以把生活当中的情景通过格律诗表达出来，普希金在《叶甫盖尼·奥涅金》中讲到塔季扬娜（Татьяна）在等奥涅金（Онегин）来赴约会时，心情激动，一路跑回去想先到约定的地方，这一路写的节奏是急速的，这个速度可以通过严格的格律诗表达出来。

俄罗斯的格律诗之所以现在仍然占据主导地位，仍然是不可撼动，仍然是"现在进行时"，是因为它从 19 世纪尤其是从普希金开始，已经能够具备一种极强的艺术表现力，可以把现实生活描写得栩栩如生，可以反映极其深刻的社会问题，能够刻画出典型的、极其感人的人物形象。到马雅可夫斯基的时候，他要表现一种革命的激情，他需要的是另一种节奏，这是普希金的节奏没有提供的，所以需要一定的革新、创新与变动。但是无论如何，普希金所奠定的基础不可撼动，从语言上来说，它本来就是现代俄语，因此语言是不过时的，这一套格律的艺术表现力已经达到了无所不包的程度，一切情感都可以表达，一切形象都可以刻画、塑造，多深层次的社会内容都可以写得出来。

三、押　韵

可以说，押韵至少是中俄相通，作诗都需要押韵。那么押韵的作用究竟是什么？首先，它是一种音律的美、回环的美，给人以期待。你听到"Когда весенний, первый гром"中的"гром"，你会期待隔一句以后，出现一个什么样的词来与它押韵，当听到"Грохочет в небе голубом"中的"голубом"后，你心里会非常满足，这就是一种艺术的魅力，回环的美是满足你的一种期待。另外马雅可夫斯基讲过，押韵的词往往在语义、逻辑上会格外突出。这是必然的，因为它会高度吸引你的注意力来给你一种期待，而这种期待得以实现时，你当然会特别关注这个词所表达的语义。还应强调，押韵的作用不仅仅是音律的美，而且是加强了节奏感，节奏感不仅来源于一强一弱或一弱一强的音步，也来源于每一个句子的尾韵。这样，每一个诗行的结尾都是给人以特别深的印象，相同相近的音律也会加强节奏感。

第二个要点是俄语的押韵也有多种格式，最常见的格式是 ABAB，例如：

> Люблю грозу в начале мая,
>
> Когда весенний, первый гром,
>
> Как бы резвяся и играя,
>
> Грохочет в небе голубом.

这种交叉的押韵最多，但不是唯一的，也可能有 AABB，ABBA 等格式，尤其长篇的诗，它不会从头到尾都是一种押韵的模式，它需要变化。

第三个要点是 "мужские рифмы" 和 "женские рифмы" 的区别。"мужские рифмы" 指最后一个音节是重音所在，例如上述例子中的 "гром" 与 "голубом"。而诸如 "мая""играя" 这种在倒数第二个音节的地方是重音，最后是一个非重读音节的情况就是 "женские рифмы"，听起来比较柔和。ABAB 的押韵格式与 "мужские рифмы""женские рифмы" 又往往是相配合的：它既是 A 又是 "женские рифмы"，既是 B 又是 "мужские рифмы"。我举的例子都是最常见的，不等于永远如此，到处如此。

第四个要点也很重要，我们前面举的许多例子都是押韵的，但是也要看到俄诗可以不押韵，存在不押韵的 "белый стих"。其实，《重临故地》就是不押韵的。

> …Вновь я посетил
>
> Тот у голок земли, где я провел
>
> Изгнанником два года не заметных.
>
> Уж десять лет ушло с тех пор – и много
>
> Переменилось в жизни для меня,
>
> И сам, покорный общему закону,
>
> Переменился я – но здесь опять
>
> Минувшее меня объемлет живо,
>
> И, кажется, вечор еще бродил
>
> Я в этих рощах.

我们之前没有去关注这首诗押韵与否，只关注它是五音步，比较悠长，比较适合表达一种深沉的心情。现在要关注到它实际是不押韵的，它的节奏符合抑扬格相当严格的要求，诗行也是整齐的，但是一头一尾的 "Вновь я посетил" 与 "Я в этих рощах" 并不是五音步。所以，很难将诗行实际存在的纷繁多样的模式一点不落地全部介绍出来。

四、诗　节

简单地讲，我们多次遇到的四个诗行就是一个诗节。至于它的特点，从内容说来有相对的完整性，从押韵模式来看，它是一个整体，是一样的。如果当前诗节的押韵格式是 ABAB，那么下一个诗节是可以换成 AABB 的。诗节是纷繁多样的，例如，鸿篇巨著《叶甫盖尼·奥涅金》的诗节情节就是非常丰富多彩的。因为我们讲的是格律的基本知识，这里就不再展开多讲了。

季莫费耶夫（Л.И. Тимофеев）有一句话：Специфика стиха не сводится к ритму. Лишь при условии единства экспрессивной интонации… и ритма мы можем говорить о стихе. 用我们习惯的语言来表达就是，诗歌的特色是基于两大要素——节奏和音调。这二者紧密相连，缺一不可。只讲节奏，不讲音调，还不是诗歌，这两方面必须加起来才是完整的诗歌概念。如果我只讲今天的内容，而不讲诗歌的音调，就是很不完整的，恐怕对我们提高朗诵水平的作用是有限的。正因如此，下一次我们将讲俄诗的音调问题。希望下次仍然能够请大家来陪伴，谢谢大家！

（本文根据汪嘉斐教授 2018 年 3 月 27 日在北京外国语大学俄语中心做的讲座由北京外国语大学俄语学院 2019 级博士生曲锐整理而成。）

▌俄诗朗诵：理论与实践▌
——俄诗音调

汪嘉斐

§ **摘　要：** 诗歌浓郁充沛的情感、凝练精粹的语言、节奏鲜明的音乐性决定了诗歌音调研究的不可忽视性。诗歌音调的基本要素主要包括声音的高低变化与逻辑重音，其与诗歌的情感表达、思想传递密切相关。诗歌与音乐的同根同源、血脉相连赋予其连绵不断、波浪起伏的音乐美与旋律感。本文结合俄罗斯名家诗作系统介绍诗歌音调的基本要素，深入阐述诗歌音乐性的具体内涵，全面归纳体现不同音乐形式的诗歌类型，推动形成有关俄诗朗诵技巧的全面认知。

§ **关键词：** 诗歌音调　诗歌音乐性　逻辑重音　诗歌类型　情感表达

今天，我想讲一个小小故事作为开台锣鼓。我所谓的小故事无非是一段小小的回忆，大家都知道北京的舞蹈学院大概 20 世纪 50 年代初期建立，培养了一批自己的芭蕾舞演员，排出了《天鹅湖》等经典的舞剧。应该说舞蹈学院的得以创办、得以培养出一批舞蹈界的元老，有一位苏联专家功不可没，他的名字叫察普林（В.И. Цаплин）。他的夫人察普林娜（Цаплина）和我们今天所讲的主题有所联系，而且跟我这一辈子在表情朗读（выразительное чтение）上能够打下较好的基本功，有极大的关系。

20 世纪 50 年代，我们各行各业，包括工业、科研、文化艺术方面的发展和当年苏联派的一大批专家是分不开的，他们一手帮助培养出我们的骨干。察普林的夫人是演员出身，在苏联的电影学院专教台词课。无论电影学院还是戏剧学院，台词都是专门要设课的，跟我们教师所需要具备的表情朗读的基本功是有相通之处的。

察普林在舞蹈学院当首席专家，他的夫人就来到北外俄语系辅导我们这些青年教师，就像她培养电影演员，教台词那样教我们表情朗读。我记得，一群青年教师围坐在一张办公桌旁，她拿一个笔记本，一条一条地讲，我们都是拼命地记，她一边讲，一边举例，一边示范。当我比你们还年轻的时候已经走上讲台了，但是一共就上了三年的俄语学院的课，自己一边在教学生，下了课以后，就听察普林娜给我们教表情朗读，到晚上还有一门一门的功课：普通语言学、语音学、词汇学、语法学、修辞学，所以我们是半工半读出身的。

我想要说的是什么呢？一方面，我们这些没有到苏联去留学的青年教师，没有直接到莫斯科去学习那么好的条件，但是另一方面，我们譬如说表情朗读这门课，有专业的专教电影学院台词课的老师，几乎是手把手地教，打下的这个基本功，我觉得是受益终身。到了 20 世纪 60 年代，有一位教文学课的副教授来更小范围地辅导我们一个只有三五个人，专攻表情朗读的小组，一首一首地教我们普希金、莱蒙托夫的诗歌朗读。我今天要举的例子，我印象还很深，受过名师的指导，受益终身，为我这一辈子留下了很深的印记。

我们当时不像现在，在网上要什么有什么，比如说普希金的《Я помню чудное мгновенье...》可以找到几十种录音，我在里边精选我认为最好的，再拿出来和大家分享。当年没有这个条件，一切都是手把手地教，但是打下了比较好的基础。后来，苏联专家完全撤走了，我们也没有更多的条件，我汪某人好像就成了俄语学院的主要播音员。一切的课文范读都由我来录音。总而言之，这一辈子，大家介绍汪某的时候总说专业是修辞学。我想我还有第二专长，第二专长就是表情朗读。因为确实曾经得到专业名师的指导，而且是一种非常得天独厚的手把手的教学。所以到现在，还有那么一分余热似乎应该再发挥出来。我考虑再三，似乎俄语学院在其他方面都后继有人，各门功课都早已由中年、青年教师接班了。而表情朗读，我环顾周围，感觉到我似乎还有一点用武之地，因此选择了这个题目来做此次的讲座。所以今天的开台锣鼓就是讲这么一段可能是大家听起来有点新鲜感的趣闻。

现在言归正传，俄罗斯非常有名的专家季莫费耶夫指出过：Специфика стиха не сводится к ритму. Лишь при условии единства экспрессивной интонации... и ритма мы можем говорить о стихе. 他的思想非常明确，强调诗歌的特色是基于两大要素，一方面是节奏，另外一方面是音调，二者缺一不可，是有机的统一体。正因如此，我们今天将和大家来讨论诗歌音调的内涵及其重要性。这样和上节课讲的格律、节奏、韵脚相结合，我们才能够大大地提高自己的朗诵水平，达到一个较高的境界。

诗歌音调究竟是什么概念？用更加科学、精确的表述方法，就是通过声音的高低、强弱、快慢这些要素的变化来配合语义内容，从而更好地表达情感，更准确地传达思想内容。需要强调的是，其中有一个要素是逻辑重音（логическое ударение），它几乎贯穿于声音的高低、强弱中。总而言之，逻辑重音是贯穿于整个诗歌音调的一个关键性的要素。逻辑重音是音调中的画龙点睛之笔；逻辑重音是"牵一发而动全身"的要素；逻辑重音是暗室里的一盏明灯，它不仅点亮自己，更是照亮整间暗室。这是我想到的三个用来形容逻辑重音对于诗歌朗诵音调至关重要作用的表述。诗歌的音调富有音乐性或者说旋律性，这也是它的一个鲜明特点。由此，以下这两方面加起来就是所谓的诗歌音调，第一个方面是传情达意，即声音的高低、强弱、快慢的作用是更好地传情达意，还有一个方面就是诗歌富有音乐性、旋律性。

为什么季莫费耶夫把音调放在如此重要的位置？音调和节奏是缺一不可的，二者必须要有机统一起来，才称得上诗歌。这需要举出三大理由。我想，作为引子的一部分，要先介绍一下，有很多理论家、研究者都提出，音调在诗歌中发挥着非常大的作用，与散文相比，音调在诗歌中的功能显得格外重要。第一点，诗歌具有所谓的情感充沛（повышенная эмоциональность）的特点。诗歌本来是在诗人有强烈的一种冲动，情感上受到触动的情况下创作的，诗人通过诗歌表达很浓郁、充沛、强烈的情感，所以诗歌永远是情感充沛的。因此，我们要想把诗歌浓郁充沛的情感通过朗读表达出来，当然是要借助富有情感表现力的语调，而不仅仅是依靠节奏，节奏还不足以帮助我们很充分地表达一种强烈的情感。

第二点要强调诗歌凝练的语言（уплотненность речи）。语言在诗歌和散文中所起的作用是不完全一样的。如果是用散文描写一个大自然的景象，往往需要用很长篇的、很细腻的文字，而诗歌往往就通过一个字。以大家熟悉的汉语诗句"春风又绿江南岸"为例,仅仅这么一个"绿"字，你眼前便是春暖花开。如果我们写散文、小说，可能至少需要一页的篇幅，才能让读者栩栩如生地看到这个情景。那么能不能举出这样的俄语例子来呢？比如说：

> Прощай, свободная стихия!
>
> В последний раз передо мной
>
> Ты катишь волны голубые
>
> И блещешь гордою красой.

别小看"Ты катишь волны голубые(翻滚着蓝色的波涛)"中的修饰语"голубые(蔚蓝色的)"，通过这一个修饰语，你眼前就出现了蔚蓝色的波涛汹涌，只通过这一个修饰语，你连颜色都看得清清楚楚。再看动词"катить（ 翻滚 ）"，通过这一个动词，呈现了一个波浪翻滚的动态景象。"И блещешь гордою красой（ 闪耀着壮丽的容颜 ）"中的动词"блестеть（ 闪耀 ）"又让你看到亮闪闪的、熠熠发光的白浪翻滚。都是通过一个字眼便能够塑造出这样栩栩如生、有立体感、直观的形象。在如此凝练的语言面前，逻辑重音的分布及传达显得格外重要，因为朗诵者必须要把每一个字都深深地刻印到受众的脑海当中，而不仅是一个整体的印象。诗歌中每一个字的语义含量、情感饱和量都大大地超过散文。所以，包括逻辑重音、声音高低、抑扬顿挫等在内的音调的作用，毫无疑问是格外重要的。

第三点是诗歌具有音乐性（ музыкальность / мелодичность ），这里暂时先不多讲，后面有一个专题要讲。

下面我们分两大部分来展开讨论这些问题。第一部分是音调的基本面——传情达意，"基本面"这个词是我的一个提法，即所要讨论的问题涵盖所有类型的诗歌，我们要讨论的就是抑扬顿挫的音高问题，低平、高亢的音调所表现的是什么样的一些情况。当然，尤其是其中的逻辑重音问题，是一切类型的诗歌都逃不掉的，都被涵盖在内的。所以我们第一部分先讲这些涵盖所有诗歌类型的基本问题。第二部分是专门探讨诗歌的音乐性问题。

一、音调的基本面——传情达意

（一）声音的高低变化

1. 诗句音调的升降

基本面中声音的高低变化是放在第一位的。诗歌音调的升降与一般散文语句的升降基本服从统一的逻辑规律。所谓逻辑规律，必然是思想展开的时候，音调是往上升的，思想结束的时候，音调必然往下落。任何语句都脱离不了这个规律，这是共同的地方。但实际上，由于诗歌是感情非常充沛的，富有节奏感且具有不断出现的逻辑重音，所以我们听到的每一个诗句所呈现出来的是跌宕起伏的效果，其呈现一种优美的曲调。

> Цветок засохший, безуханный,
>
> Забытый в книге вижу я;
>
> И вот уже мечтою странной
>
> Душа наполнилась моя:

音调从"цветок"往上升，到"вижу я"降下来，但它是波浪起伏的，呈现一种优美的曲线，这是它的特色所在。再往下也是如此，音调有升有降，波浪起伏。

2. 音调的高低变化可以表达不同的情感

这里所讲的不是句首的升、句尾的降，而是讲整个诗句或者一段中的若干个诗句。表达一种兴奋的、激动的、美好的、阳光的情感情绪时，使用的往往是高亢的声调，而与此相反，如果心情压抑、忧伤，则必然是用一种低平的音调。以《我记得那美妙的一瞬》（《致凯恩》）（«Я помню чудное мгновенье...»）为例，我将它分为四个部分：1）初见凯恩；2）忧郁相思；3）流放受难；4）云开雾散。

初见凯恩

> Я помню чудное мгновенье:
>
> Передо мной явилась ты,
>
> Как мимолетное виденье,
>
> Как гений чистой красоты.

普希金遇到美若天仙的凯恩小姐时，激动万分，心潮澎湃。这个时候你用的语调当然是高亢的。

忧郁相思

> В томленьях грусти безнадежной,
>
> В тревогах шумной суеты,
>
> Звучал мне долго голос нежный
>
> И снились милые черты.

这一部分是忧伤的。这首诗是最经典的一首爱情诗，但实际还是忧伤地在单恋，所以从第二段开始音调就是比较低的。更典型的是原诗第四段"流放受难"。

流放受难

> В глуши, во мраке заточенья
>
> Тянулись тихо дни мои
>
> Без божества, без вдохновенья,
>
> Без слез, без жизни, без любви.

这种忧伤的、负面的情绪不仅仅是音调要低，而且语速一定要放慢。等到流放结束了以后，云开雾散。

云开雾散

Душе настало пробужденье:

И вот опять явилась ты,

Как мимолетное виденье,

Как гений чистой красоты.

И сердце бьется в упоенье,

И для него воскресли вновь

И божество, и вдохновенье,

И жизнь, и слезы, и любовь.

这里激动的心情完全是另一个调,音调又重新高亢。另外,为表达激动的心情,语速也要加快。我们要集中注意力去体会高亢音调所表达的情感,这里低平音调表达的情绪是压抑的、忧伤的、负面的。

3. 对"低平调"的专门提示

需要对低平调专门地做一个提示,不能把它说得太窄,太绝对化,我们再看一些新的例子。

Буря мглою небо кроет,

Вихри снежные крутя;

这还是符合我前面所说的一点,即低平调在这表达的是一种阴沉的情绪。暴风雪来了,漆黑一片,这自然是一种压抑、低沉的情绪。再如:

Над равниной моря ветер тучи собирает.

这首诗并非全部都是低平的,到后来是"Буря! Скоро грянет буря!",音调是非常高亢的,但是开始的时候描写乌云密布,实际象征了 1905 年革命前夕的政治气氛。实际上,面对不同的情感、不同的情绪、不同的自然景象,你需要该高亢的时候高亢,该低平的时候低平。低平调对我们来说比较陌生,往往不易表达出来。

Любви, надежды, тихой славы

Недолго нежил нас обман,

这一部分还谈不上是压抑、忧伤。总而言之,开始的时候是一种比较平静、宁静的情绪。到后来:

Товарищ, верь: взойдет она,

Звезда пленительного счастья,

这是诗人对革命激情,对于革命胜利信念的表达,这时完全是另一种情绪。所以低平调不一定是我们前面强调的压抑、伤感、负面,也可以像这个例子,表达一种比较平静的情绪。我们再回忆另一首诗:

Чудная картина,

Как ты мне родна:

Белая равнина,

Полная луна,

Свет небес высоких,

И блестящий снег,

И саней далеких

Одинокий бег.

　　我只取其中的两句"Белая равнина, Полная луна",这里描写了一望无际覆盖着白雪的大平原,它恰恰是比较适合平调。比较高的音调不一定适合于用来描写这样一种辽阔的景象。

　　声音的高低涉及两个问题。语句当中的升降有自己的特点,诗歌和散文虽是服从统一的逻辑规律,但是中间波浪起伏、富有节奏感的优美声调是诗歌的特色所在。而诗歌的描写,面对正面的、阳光的、激动的心情,是要用高亢的声音。而面对宁静的、安详的,特别是负面的、阴沉的、忧伤的情绪,声音则必须要用低的音调。

（二）逻辑重音是音调的画龙点睛之笔

　　基本面中最重要的部分就是逻辑重音。带有逻辑重音的词是整个语句或者诗句音调起伏的关键动因。逻辑重音抓得准,是应该突出的词,你就成功了,与此相反,如果逻辑重音找得不对,诗句意思就完全变了,甚至是截然相反。

Любви, надежды, тихой славы

Недолго нежил нас обман,

Исчезли юные забавы,

Как сон, как утренний туман;

　　"Недолго нежил нас обман"大家都不会读错,"Исчезли юные забавы"和"Исчезли юные забавы"的意思可是完全不一样的。"Исчезли юные забавы"的逻辑重音应该在"исчезли"上,"юные забавы"不是贵族青年所爱玩的击剑、骑马,而是前面提到的"любовь""надежда""тихая слава"。即爱情等这些我少不更事时,沉湎于其中的没有真正价值的儿戏,现在像朝雾像幻梦一样永远地消失、消散了,我不再沉湎于其中。这个逻辑重音的重要性是不得了的。只有"Исчезли юные забавы"才是读对了普希金这首诗的原意。所以说,逻辑重音是否能找对并正确的表达出来是"牵一发而动全身"的。接下来是《致恰达耶夫》的最后一段:

Товарищ, верь: взойдет она,

Звезда пленительного счастья,

Россия вспрянет ото сна,

И на обломках самовластья

Напишут наши имена!

普希金在这里表达的是对革命胜利的一种信念，与志同道合的朋友之间的相互激励。我们可能读得不对、不好的时候，往往是扯着嗓子高八度，这只能引起别人的反感，绝对达不到感动听众的效果。我们一定要找到需要强调、突出的词，由它来带动整个语句。如果找不出这个词，语调必然是很平，或者是扯着嗓子高八度，从头到尾都一样，不给人以什么印象，如蜻蜓点水，浮光掠影，水过地皮湿。

诗歌中的语义中心往往是一个词组，上述例子中的 "Звезда пленительного счастья" 是一个词组，但需要找出一个词作为逻辑重音。如若进行对比，日常交际中逻辑重音的确定往往比较简单："Ты сказала Маше?""Ты сказала Маше?" 需要突出哪一个词，逻辑重音就在哪一个词上。而诗歌里，例如，"Я помню чудное мгновенье" 中 "чудное" 与 "мгновенье" 两个词加在一起的词组是你要突出的重点。再如 "Как гений чистой красоты" 也是一个词组。此类情况中，逻辑重音应该如何表达？如果你非要 "чудное" "мгновенье" 两词一起喊，这个效果好不了，还是需要重点抓一个词，从而带动另一个词也重要。但是，相对说来，被带动的词是居第二位的，由你选择的主词来带动。"Я помню чудное мгновенье" 中 "чудное" "мгновенье" 确实都要突出，但是二者还是要有区别。没有区别，只能导致失败，效果不会理想，一定要找出一个词，由它来带动整个词组，有时的确是很为难。"Как гений чистой красоты" 中，无论 "гений" "чистой" "красоты"，哪个词做逻辑重音，似乎都有道理，但最理想的还是由 "чистой" 来带动整体。由此来看，诗歌的逻辑重音问题比较复杂。

一个诗句不等于一个诗行，有时好几个诗行才构成一个完整的语句。有时，在几个诗行或一个句子中会遇到许多语义中心，这些都要突出，但轻重程度上可以略微有所差别。诗歌语言凝练的体现之义是每一个词都重要，由此诗歌逻辑重音的分布往往是一个诗句里面就有多个语义中心、逻辑重音，这对诗歌来说是正常的。这时你都应该要突出，而不是只突出一个，这和词组里要突出语义中心是两个概念。另外，若干个语义中心，一般而言，都应该有所上扬。所谓重音就是加重，但是逻辑重音于加重的同时又上扬，所以逻辑重音是波浪起伏的。正因为存在多个逻辑重音，一个语句就形成一种波浪起伏、跌宕起伏的中心。我们回到这首大家非常熟悉的诗，其中一个语句有多个中心需要突出。

…Вновь я посетил

Тот уголок земли, где я провел

Изгнанником два года незаметных.

Уж десять лет ушло с тех пор – и много

Переменилось в жизни для меня,

И сам, покорный общему закону,

Переменился я – но здесь опять

Минувшее меня объемлет живо,

И, кажется, вечор еще бродил

Я в этих рощах.

每个句子都有许多地方需要加以突出，存在多个逻辑重音。"Вновь я посетил"中"вновь"必须突出，"я посетил"可以不用。"Вновь я посетил"总是要有目的地的，因此，"Тот уголок земли"还是要突出，至于重点突出哪个词，虽然"уголок"似乎是语义中心，但结合诗句的抑扬顿挫及语句本身的起伏来看，恐怕是"земли"的音调要抬高一点。

"изгнанником"一词非常重要。"два"和"года"还是可以区别对待的，它们本身是一个词组，但"два"比"года"重要。"десять лет"中当然"десять"最重要。至于"много"的音调要不要上扬，有的录音中是上扬的，但我认为还是不上扬的好，体现一种语重心长。到了"И сам, покорный общему закону"，我会用比较低平一点的调，创造一些变化，体现音乐性。要是永远一个调，会是一种轻飘飘且单调的感觉。同样是起伏不平，同样是突出，整个语调的表现可以丰富一点。这首诗包含了逻辑重音表达的多种情况。

逻辑重音是比较复杂的一个问题，我讲了几个要点，概括起来一句话：诗歌中的逻辑重音（语义重点）构成一个"система"。诗歌是高度凝练的语言，每一个词都很重要，因而往往有若干个地方需要突出，不能局限于突出一个词。读法上可以有一定的变化。所以，整个逻辑重音的分布往往是一个语句当中存在着若干个逻辑重音，它们构成一个"система"。至于"система"对应的中文如何界定，是一个值得商榷的问题，把它直接翻译成"体系"或"系统"都不见得最合适。

二、诗歌的音乐性

这部分我们讲诗歌的音乐性，之前所讲的抑扬顿挫、高低起伏、逻辑重音所带动的变化也是一种音乐性。所谓音乐性是包括音乐的两大要素：节奏和旋律。广义地说来节奏就是音乐性，那我们为什么要把它单独列出来？因为诗歌有不同的类型，其所体现的音乐性的程度、情况有很大不同，需要做专门的讨论。

现在，全世界形成了研究诗歌音乐性的一个热潮。汉语界的音乐性研究，基本上是在讲节奏问题。节奏属于音乐性，但这与俄罗斯现在的研究重点有所不同。应该说音乐性的问题，长期以来和节奏问题一样，早就受到一定的关注，但是不像节奏研究得非常明确、透彻，形成了格律。而诗歌音调的音乐性长期以来只是一种朦胧的认识，一讲到优美的诗歌，往往会用"мелодичность""напевность""певучесть"这些词来形容，可是究竟音乐性对诗歌而言是个什么概念？应该如何理解？长期以来没有进行一种理性、科学的研究。因为如此，季莫费耶夫指出诗歌的特色不能仅仅归结为节奏，我们的研究不要仅仅局限于节奏。但是长期以来的历史现实就是如此，大家朦胧地感觉到诗歌是有音乐性的。譬如，中文的诗为什么称作诗歌？它本身就是有点接近于歌唱，俄语也是一直如此。如果要追溯到历史的源头，从远古时期说来的话，诗、歌是不分家的，一直有民歌、民谣，各国各民族都是如此。后来诗与歌逐渐分家了，诗虽然称作诗歌，但它是一种语言的艺术，文字的艺术。二者分家了以后，仍是血脉相连的，这体现在诗歌的节奏是音乐的节奏，是二拍子三拍子的节奏。虽然旋律的部分不一样了，但是仍然有一种旋律感，有一种韵味。长期以来，人们对诗歌的音乐性有这样一种朦胧的感觉。

那么何时人们开始认认真真地用科学的方法来研究诗歌音乐性的概念？它体现在什么地

方？它的内在的机制究竟是什么？应该是 20 世纪初，德国研究者爱德华·西弗斯（Edward Sievers）开始考察人朗读时的逻辑重音究竟是什么状况，他对此发表了一些见解。俄罗斯受西弗斯影响，出现了艾兴包姆（Б.М. Эйхенбаум）这一位学者。他写出了《俄罗斯抒情诗歌的旋律学》（«Мелодика русского лирического стиха»）一书，这部著作影响极其深远。虽然后来有学者批评他的部分观点，但一直到现在，该书是毫无争议的奠基之作，奠定了科学研究诗歌音乐性的基础。日尔蒙斯基（В.М. Жирмунский）虽然早于艾兴包姆写了短篇的文章，但后来，还是艾兴包姆被公认为是开创者。霍尔舍夫尼科夫（В.Е. Холшевников）是彼得堡大学的文学教授，他几十年如一日的教授作诗法基础（Основы стихосложения）这门课，他的讲稿不断修改更新，出版多个版本，霍尔舍夫尼科夫的文章深入浅出，清楚明白，读之如食甘饴。加斯帕罗夫（М.Л. Гаспаров）是研究诗歌的最大权威，但是他没有专门研究音乐性的著作，他主要是对别人的观点进行评论。季莫费耶夫也是很重要的一位专家，我们讲座一开始就引用过他的观点。切列米辛娜（М.И. Черемисина）曾经是我们俄语学院的专家组组长，我看到她后来成为在音调问题上举足轻重的一位专家，感到特别亲切。涅夫兹格利亚多娃（Е.В. Невзглядова）的专著可以在网上看到许多，但就我们的研究而言，她的观点并不是我们关注的重点。总的说来，现在的研究状况应当说是有成绩的。与汉语、英语界的研究相比，我认为，俄语界的研究从艾兴包姆开始，有很多更值得重视的地方。

（一）准确的概念——广义与狭义

1. 广义的理解

从 20 世纪初开始，一直到最近的涅夫兹格利亚多娃、切列米辛娜为止，很多学者对于音乐性的研究都下了不少功夫，也颇有成绩，但是还没有形成一个完整的、清清楚楚的体系。所以汪某吃了很大的苦头来加以整理、梳理，去粗取精，爬梳出一个可以遵循的、有实践指导意义的体系。下面与大家分享的，很大程度上是汪某整理出来的内容。

我觉得，诗歌音乐性的理解应该分广义和狭义两方面。广义的理解就是我前面提到的，凡是诗歌，节奏鲜明、铿锵有序的，同时，音调又是跌宕起伏，富有美感的，它就是具有音乐性的。我们在第一部分《音调的基本面——传情达意》中所举的例子都体现诗歌的音乐性，都符合广义音乐性的范畴。那么有没有完全例外的情况？还是有的，比如一些戏剧性很强的，完全像戏剧对话的一些作品，例如寓言：

«Ах, я чем виноват?» – «Молчи! устал я слушать,

Досуг мне разбирать вины твои, щенок!

Ты виноват уж тем, что хочется мне кушать».

应该说，一些诗体的戏剧性作品，其诗句本身的音乐性就不很突出，尤其是往往带有戏剧性对话的寓言。如果把具有强烈戏剧性的作品作为例外加以排除，那么应该说，其他的作品从广义上来讲，都还是具有一定的音乐性。音乐性的广义理解不再多讲，我们主要还是讲它的狭义理解。

2. 狭义的理解

从艾兴包姆发表《俄罗斯抒情诗歌的旋律学》起，我上述所列举的学者，他们所发表的作品，所从事的研究主要集中在狭义的音乐性。狭义音乐性应该如何理解？第一，它专指抒情性的诗歌（лирика），其情调可以说是柔情似水，或至少表达很浓郁、充沛的抒情性的情感，格调上有一个局限。第二，它的句法特点是工整、对称、反复、绵延的。第三，从修辞方法的角度来说，多用排比句、句首重复、圆周句等。句法特点和修辞方法实际上是从不同角度来看同样的问题。此外，排比句、句首重复、圆周句往往会体现在同一段诗歌里，它们往往是重叠的。我们来看具体的例子：

> Буря мглою небо кроет,
>
> Вихри снежные крутя;
>
> То, как зверь, она завоет,
>
> То заплачет, как дитя,
>
> То по кровле обветшалой
>
> Вдруг соломой зашумит,
>
> То, как путник запоздалый,
>
> К нам в окошко застучит.

这一段毫无疑问存在句首重复的现象："то…，то…，то…"，同时形成一定的排比。俄语的排比句与汉语的排比句不同。汉语是所谓的骈四俪六，俄语没有那么严格，大致结构相近，就可构成排比，该结构增强了音乐性。所以这一类诗歌具有经常使用此类修辞手段的句法特点，同时它的情调已经限定是抒情性的，从而加强一种旋律感，婉转如歌。如果你用音乐（器乐、声乐）的旋律去判断诗歌是否具有音乐性，那就完全是一种误解了。因为音乐旋律的音程是固定的，而且起伏是很大的。如果用同样标准去衡量诗歌的旋律感与歌曲旋律，那么为什么还需要谱曲呢？比如《我记得那美妙的一瞬》（《致凯恩》）是普希金的诗作，格林卡（М.И. Глинка）将它谱曲写成了抒情曲（романс）。所谓的诗歌旋律感不等同于音乐的旋律，它只是有相近的韵味与感觉。不断出现的工整又对称的结构是为让你有那么一点旋律和唱歌的感觉。

接下来的一首诗，包含了所有的这些修辞方法与句法特点，应该好好地加以体会。

> Люблю отчизну я, но странною любовью!
>
> Не победит ее рассудок мой.
>
> Ни слава, купленная кровью,
>
> Ни полный гордого доверия покой,
>
> Ни темной старины заветные преданья
>
> Не шевелят во мне отрадного мечтанья.
>
> Но я люблю – за что, не знаю сам –
>
> Ее степей холодное молчанье,
>
> Ее лесов безбрежных колыханье,

Разливы рек ее, подобные морям;

Проселочным путем люблю скакать в телеге

И, взором медленным пронзая ночи тень,

Встречать по сторонам, вздыхая о ночлеге,

Дрожащие огни печальных деревень;

Люблю дымок спаленной жнивы,

В степи ночующий обоз

И на холме средь желтой нивы

Чету белеющих берез.

С отрадой, многим незнакомой,

Я вижу полное гумно,

Избу, покрытую соломой,

С резными ставнями окно;

И в праздник, вечером росистым,

Смотреть до полночи готов

На пляску с топаньем и свистом

Под говор пьяных мужичков.

这首诗使用多种修辞方法营造跌宕起伏、绵延不断、富有音乐性、旋律感的效果。其中：

Ни слава, купленная кровью,

Ни полный гордого доверия покой,

Ни темной старины заветные преданья

Не шевелят во мне отрадного мечтанья.

这既是句首重复也是排比，另外，这是一个典型的圆周句。前面"ни…，ни…，ни…"都是吊在那里，没有一个收尾，一直到最后一句才有一个结果，这就是所谓的圆周句。圆周句和排比以及句首重复绝不矛盾，它的特征是一系列列举之后，或者全部否定或者全部肯定。总而言之，最后一句才加以收尾。毫无疑问，圆周句总是特别富有旋律感，绵延不断，一气呵成。这也是音乐的一种特点。

Но я люблю – за что, не знаю сам –

Ее степей холодное молчанье,

Ее лесов безбрежных колыханье,

Разливы рек ее, подобные морям;

这也是很典型的排比（ее…，ее…）与句首重复，所形成的效果也是跌宕起伏、绵延不断、富有音乐性。

Проселочным путем люблю скакать в телеге

И, взором медленным пронзая ночи тень,

Встречать по сторонам, вздыхая о ночлеге,

Дрожащие огни печальных деревень;

　　这里既没有排比，也没有句首重复，但是效果也是绵延不断，一气呵成，具有强烈音乐感的。它既包括副动词短语，又包括同等成分，也包括复句，总而言之，是形成一个系列，不断地延续，到最后多多少少形成圆周句的感觉。这种句法特点是一个长句里包含很多并不短促的短句。

Люблю дымок спаленной жнивы,

В степи ночующий обоз

И на холме средь желтой нивы

Чету белеющих берез.

　　这里使用同等成分，而不是复句。虽用了几处，但也构成了一个连绵不断的长句，到最后有一个圆满的收尾，起到连绵不断的作用。

　　总而言之，所谓狭义的音乐性，它除了具有波浪起伏的节奏外，首先它总是一种抒情的类型，同时它所使用的句法结构、修辞方法造成一种连绵不断，波浪起伏的效果，语势逐渐加强，到最后才收尾。这也是音乐旋律很典型的一个特点。虽然从音高说来，它始终没有大起大落的音高，但它具有的连绵不断就是音乐旋律的一个特征。如果非要坚持诗歌的音高也应该和音乐一样，那就只有音乐，没有诗歌存在了。诗歌和音乐是姐妹艺术，同根同源，但是毕竟已经分道扬镳了。虽然分道扬镳之后，它们有血脉的联系，在节奏上二者相接近，在旋律感上也有相通之处，但是不能用同一标准去衡量，去要求。

（二）分类问题

　　需要强调，有一类诗是比较短促，不那么绵延不断的，例如：

Однажды, в студеную зимнюю пору,

Я из лесу вышел; был сильный мороз.

Гляжу, поднимается медленно в гору

Лошадка, везущая хворосту воз.

　　此诗具有节奏，但它是由不相连的短句构成的，没有连绵不断的感觉，它是叙事，而非抒情，所以和上述例子是有不同的。因此就出现了一个分类的问题。用狭义的音乐性来衡量诗歌，可以有三种不同的类型，它们体现诗歌音乐形式的不同：如歌型（напевный тип）、激越型（декламативный или риторический тип）、讲说型（говорной тип）。

　　上述分析的《冬天的夜晚》（《Зимний вечер》）与《祖国》（《Родина》）都是最经典的如歌型作品，所以不用再多掷一词。先来看看何为讲说型。讲说型包括平时的叙述性诗文：

Однажды, в студеную зимнюю пору,

Я из лесу вышел; был сильный мороз.

> Гляжу, поднимается медленно в гору
>
> Лошадка, везущая хворосту воз.

这段诗很口语化,是用平易的语言文字来叙事。讲说型也包括带有浓厚口语风味的诗体文字,以普希金《叶甫盖尼·奥涅金》里的一段为例,普希金讽刺、挖苦、揶揄、嘲笑像奥涅金这一类所谓纨绔子弟的贵族青年,稍微学了一点皮毛就到处炫耀自己,好像很有才气、才学,其实只懂皮毛而已。

> Мы все учились понемногу
>
> Чему-нибудь и как-нибудь,
>
> Так воспитаньем, слава богу,
>
> У нас немудрено блеснуть.
>
> Онегин был по мненью многих
>
> (Судей решительных и строгих)
>
> Ученый малый, но педант:
>
> Имел он счастливый талант
>
> Без принужденья в разговоре
>
> Коснуться до всего слегка,
>
> С ученым видом знатока
>
> Хранить молчанье в важном споре
>
> И возбуждать улыбку дам
>
> Огнем нежданных эпиграмм.

《叶甫盖尼·奥涅金》不属于如歌型,它不属于抒情作品,同时又有点口语化。我把它称作"亦庄亦谐,寓雅于俗",属于讲说型。

阿赫玛托娃被认为是最口语化的现代诗人,我们引一段她的作品:

> А ты думал – я тоже такая,
>
> Что можно забыть меня,
>
> И что брошусь, моля и рыдая,
>
> Под копыта гнедого коня.

这一段很口语化,而且是现代女性的口语,和 19 世纪的普希金在《叶甫盖尼·奥涅金》中使用的不是同一种口语,这当然也属于讲说型,同样是"亦庄亦谐,寓雅于俗"的。如果是完全模拟口语,也属于讲说型。例如:

> «Молчи! устал я слушать,
>
> Досуг мне разбирать вины твои, щенок!
>
> Ты виноват уж тем, что хочется мне кушать»

　　只有这些边缘性的、非典型的诗体作品，我们才应该把它排除到音乐性的概念之外，因为它们不要求，也不应该去突出旋律感，甚至于节奏感，更应该是要体现诸如两个人吵架、骂架的生活口语。这当然不是音乐，与音乐是相差十万八千里的。所以应该把这些戏剧性的、完全纯粹的口语排除。

　　激越型的格调是庄严、崇高、慷慨激昂的，其内容多半涉及国家社会大事，语言修辞特点有时与如歌型接近一些，但毕竟格调不同，所以不应将它们归为一类。例如，马雅可夫斯基的"Отечество славлю, которое есть, но трижды – которое будет."（«Хорошо!»）毫无疑问是属于激越型。再如：

> Пока свободою горим,
>
> Пока сердца для чести живы,
>
> Мой друг, отчизне посвятим
>
> Души прекрасные порывы!

　　《致恰达耶夫》的这一段，具有鲜明的特征，慷慨激昂的格调，涉及国家、民族、社会大事的主题内容。这当然也属于激越型，而非如歌型和讲说型。最后，看一段普希金的自评诗《纪念碑》（«Я памятник себе воздвиг нерукотворный...»），它表达了气壮山河，舍我其谁的气概。

> Слух обо мне пройдет по всей Руси великой,
>
> И назовет меня всяк сущий в ней язык,
>
> И гордый внук славян, и финн, и ныне дикой
>
> Тунгус, и друг степей калмык.
>
> И долго буду тем любезен я народу,
>
> Что чувства добрые я лирой пробуждал,
>
> Что в мой жестокий век восславил я свободу
>
> И милость к падшим призывал.

　　从句法上说，它也是连绵不断、渐强的，因此在修辞方法上它可能会比较靠近如歌型，但我们没有婉转如歌的感觉，因为它是激情澎湃的，是另一种格调。尽管修辞上激越型与如歌型接近，但还是应该把它列出来作为单独的一种类型，

　　我今天计划要讲的就是这些，非常感谢大家一路陪伴，尤其是今天这样一个风雨交加的夜晚，我们能够坐在一起共同交流。希望以后还有机会和大家交流，谢谢大家！

（本文根据汪嘉斐教授 2018 年 4 月 3 日在北京外国语大学俄语中心做的讲座由北京外国语大学俄语学院 2019 级博士生曲锐整理而成。）

牢记周总理教导，全身心培养人才

刘光准

§ **摘　要：** 少年时代，俄罗斯文学将笔者带入俄语大门。出于对俄语的热爱，笔者考入北京外国语学院俄语系，潜心学习俄语。毕业留校任教六十载，一直将周恩来总理、陈毅副总理的教诲铭记心间。在俄语教学实践中，笔者始终牢记周恩来总理和陈毅副总理关于外语教学的重要指示，以教书育人为己任，勤勉至今。"九字诀"是笔者在长期的俄语学习与教学实践中总结出来的有效方法，希望能够对全国的俄语学习者和教师同行有所裨益。

§ **关键词：** 俄罗斯文学　俄语学习　俄语教学　九字诀

北京外国语大学前身是延安中国人民抗日军政大学三分校俄文大队，成立于 1941 年 9 月 24 日。2021 年 9 月 24 日，北京外国语大学即将迎来自己 80 岁生日。在这重要里程碑纪念日到来之际，作为一名在北外生活工作了 65 年的老教师，真是心潮澎湃，感慨万千。我这一辈子只做了一件事，那就是学习俄语，研究俄语，讲授俄语，传播俄语，宣传俄语，为国家培养俄语人才。

一、普希金和保尔·柯察金把我带进俄语大门

我出生于 1939 年。1947 年上小学四年级时，有一次国文课老师讲："世界大文豪有英国的莎士比亚和俄国的普式庚（即普希金）。"从那时起，我就记住了他们的名字。新中国成立后，我看的第一部苏联电影就是《普通一兵——马特洛索夫》（1950），我读的第一篇外国诗歌是普希金的童话诗《渔夫和金鱼的故事》（《Сказка о рыбаке и рыбке》）（1952），我读的第一部苏联长篇小说是《钢铁是怎样炼成的》（《Как закалялась сталь》）（1953），我看的第一个外国舞蹈表演是"俄罗斯民间舞"（1953，伴奏乐曲欢快悦耳，舞蹈技巧极其高超，民族特点极为突出，让人耳目一新，极为震撼），我读的第一部外国文学作品是戈宝权先生主编的《普希金文集》（1954），我看的用中文演出的第一个外国话剧是《保尔·柯察金》（1954），我学会用俄语唱的第一首歌是《共青团员之歌》（1954）……这一切逐渐在我身上形成了一种俄罗斯文化情愫，尤其是诗人普希金和英雄人物保尔·柯察金给我留下了极其深刻的印象，并激起了我学习俄语的强烈愿望。当时，苏联、俄罗斯、俄语、俄罗斯文学和艺术……几乎天天在新闻中报道，深深地影响着那一代年轻人。

1956 年春末，我决定上大学报考俄语专业，当年 8 月考入北京俄语学院。1959 年 9 月，北京俄语学院与北京外语学院两院合并为北京外国语学院（现北京外国语大学）。四年的大学生活是极不寻常的，除了紧张的学习外，还经历了各种政治运动，多次下乡下厂劳动锻炼和改造思想，

但我抓紧一切空隙时间努力学习俄语，道理很简单：决心刻苦读书，学好本领，报效祖国，服务人民。

1960 年 8 月毕业，留校在俄语系任教，长达 39 年。1999 年，我从俄语系退休，受聘于北京外国语大学继续教育学院，至今教龄已有 60 年。2009 年 8 月，利用互联网开办"博客"，2014 年 12 月开办"俄语开讲啦"公众号，做俄语节目，讲授俄语课，介绍俄罗斯文学、艺术、文化、历史等，从事俄语教学的公益活动。

常常有学生对我说："刘老师，您给我们说说 20 世纪 50 年代的学习情况吧。"我 1956 年考入北京俄语学院时，学生规模为 5000 人。住宿比较紧张，六人一间，三个上下铺。食堂有限，吃饭得分成两拨。俄语师资力量强大，中国老师 300 多人，外教 100 多人。当时俄汉或汉俄词典很少，我曾使用过《露和辞典》，即《俄日词典》，查找俄语单词的意思往往要猜测。而且电教设备条件很差，全校只有几台大型钢丝录音机和大盘磁带录音机，全年级数百人只能分批间隔一个多月集中在大教室听一次录音。那时，周恩来总理曾发表重要文章，号召全国青年向科学进军。所以学生学习俄语劲头很大，刻苦用功，并且取得了较好的成绩。1960 年 9 月 1 日，年满 21 岁的我，走上了高校教室的讲台。

二、周恩来总理、陈毅副总理的教诲是我的指路明灯

65 年来，在北外经历的事情实在太多了，印象最深刻的是陈毅副总理 1961 年 9 月来北外给全校师生的讲话和敬爱的周总理 1970 年 11 月接见北外师生对外语教学的指示。1959 年合并后的北京外国语学院直属外交部，受周恩来总理、陈毅副总理领导。我有幸见过敬爱的周恩来总理两次，见过陈毅副总理三次。

周总理和陈毅副总理关于外语教学的指示与讲话，是我一生学习外语和从事外语教学的指路明灯，照耀着我在外语教育的道路上努力工作，不断成长和进步。

记得那是 1961 年 9 月 20 日上午，正在上课时，大喇叭响了，通知老师、同学们到操场上集合。当时大家不知道是什么事儿，全体在校师生集合之后，陈毅副总理登上了大操场讲台。我正好站在台下第一排，是讲台的正前方，可以说是看得清清楚楚，听得真真切切。第一次如此近距离地见到国务院副总理兼外交部长陈毅元帅，好生激动！他操着一口标准的四川话，口齿十分清晰，讲话抑扬顿挫，有一种特殊的魅力。全场鸦雀无声，聚精会神地倾听陈毅副总理的讲话。

讲话是这样开始的："同学们要我来跟大家谈谈话。今天抽点时间，来谈一点意见。"陈毅副总理讲话用了近一小时，中心思想是如何学习和掌握外语，将来为国家服务。归纳起来有以下要点（均为原话）：1）要学地地道道的外语，达到文从字顺的程度。用外文把看、想、说用一道手续完成。2）发音一关要先突破，要学外国人说话的那个调调儿。3）要突破生字难关，至少要记五千个字，记生字就要下苦功夫，没有什么便宜可讨。4）要克服文法上的困难。如果不克服它，写出来的尽管看得懂，但只是中国式的。5）外语学院至少在课堂上不许讲汉语。彼此之间要用外语讲话，彼此纠正，不要怕讲错，要厚脸皮。还要用外语讲故事。6）教科书要选点文学的东西，让大家精读，要读到能"倒背如流"。要广泛阅读报纸上、杂志上的材料。一种是精读，一种是博

览。7）学好中文，这点也很重要。8）不要把外语工作看作技术工作。外语本身就是政治斗争的工具，外语工作是政治而又带理论性的工作。9）要懂得政治，也要有丰富的文化、历史知识。10）不许随便批评人家白专道路。搞专业非常重要，忽视专业就取消了政治挂帅。讲话结束时，陈毅副总理大声说道："古人说——少壮不努力，老大徒伤悲。希望你们——少壮多努力，老大不伤悲。"这时，操场上响起了长时间的热烈掌声。陈毅副总理60年前的讲话，实际上是谈外语院校的教学方针问题，学习与掌握外语的科学方法问题，外语教学的规律问题，通篇讲话精辟、深刻、通俗、亲切感人、语重心长，闪烁着唯物辩证法的光辉，是指导我国外语教学的纲领性文件，至今仍然具有重要意义。

敬爱的周总理对北外有着特殊的感情。早在1944年，北外的前身延安外国语学校的成立，就是周总理提议的。几十年来，周总理一直关心学校的发展。1970年11月6—20日，周总理在日理万机的情况下，安排时间，与北外师生代表们一起畅谈外语教育革命和外语人才培养问题，共同度过了五个令人难忘的夜晚。而且有三次接见都是一直谈到凌晨。那时周总理工作繁重，十分劳累，每天只能睡几个小时，但每次接见师生代表总是面容慈祥，声音响亮，目光炯炯有神。大家心里十分温暖，感到格外幸福。周总理非常仔细地听取代表们的汇报，一边听还一边做些记录，时不时插话和提问。同时，周总理对北外的培养目标、办学方针和道路、教材改革、教学方法、学制年限、招生工作、人才培养等问题作了深刻而具体的指示。周总理着重指出，培养外语人才，必须打好三个方面的基本功。

1）政治思想基本功，是具有坚定正确的政治方向，为党为国家为人民奋斗的思想，认真学习马列主义、毛主席著作，向工农兵学习，到社会大课堂里经风雨，见世面，锻炼成长。政治是挂帅的，是基本功的基本功。

2）语言基本功，是要学好语音、语法、词汇，做到能听、能说、能读、能写、能译，要把外语这个工具用得纯熟，苦练应该成为原则，以更好适应社会主义革命和建设的需要。

3）文化知识基本功，是指具备各个方面丰富的知识，能担负起今后的工作。要读中国历史、地理，世界历史、地理，自然科学也要懂一些，不仅是数理化，天文也要学一些。要多读外文资料，要熟悉国际形势。

周总理的讲话对北外的教学和人才培养有着重要的历史意义和长期的指导意义。半个多世纪以来，北外一直坚持贯彻周总理的指示和陈毅副总理的讲话精神，成功地走到了今天，取得了巨大的成绩。可以说，这一切与当年周总理和陈毅副总理的指示与教诲是分不开的。

我认为，周总理的指示和陈毅副总理的讲话是社会主义中国培养外语人才的纲领性文件。早在50—60年前，两位领导人就把外语教学与国家今后的长远发展紧密联系了起来，清楚地阐述了政治与业务、红与专、国家与个人等重大原则性问题。从外语教学与人才培养来说，明确提出了如何处理好政治与文学、经典与其他、精读与泛读、外语与汉语、课上与课下、校内与校外、学习与实习等等关系，以及学习和掌握外语的基本方法与规律。两位领导人的讲话可谓是高瞻远瞩，高屋建瓴，明确指出了社会主义新中国培养外语人才的方向，对提高师生的思想觉悟、端正学生的学习目的、激发学生学习的积极性、指导教师的教学方法起到了极大的激励与推动作用，从而保证了学习效果，取得了优异成绩。60年来，从北外走出了大批优秀的外语人才，就是最有力的证明。历史无可辩驳地告诉我们，周总理和陈毅副总理是何等的正确与英明！北外，一定要继承传统，开拓创新，面向世界，迎接挑战，取得新的成绩！

三、"九字诀"是学习与掌握俄语的有效方法

毛主席说过：语言不是随随便便就能学好的，非下大功夫不可。（Языку не выучишься походя, на него нужно положить много труда.）

为了贯彻周总理和陈毅副总理的指示，我做过不少教学实验，特别在研究学习俄语的方法上积累了比较成熟的经验。我认为，帮助学生真正了解俄语的特点，指导学生运用正确的学习方法，比要求他们记住 100 甚至 200 个单词更为重要。俄语是十分美丽的语言，但确实也是一门难以掌握的语言。几十年来，我不断地与学生一起探索学习俄语的有效方法，可归纳为学好俄语的"五要素""九字诀"和"十二字令"。

"五要素"是指兴趣、勤奋、得法、语感、坚持（интерес, прилежность, правильный метод, языковое чутьё, упорство）。如果没有兴趣，不要学俄语。俄语词形变化多，语法很复杂，虽然有规律，但是例外几乎到处都是。所以要学好俄语，首先要喜欢俄语，至少不反感。关于勤奋，无须多言。得法是指符合俄语特点和规律的正确方法。语感是对所学语言的感觉，或称悟性，指对所学语言的运用规则和特点的领会与自觉运用的意识与能力。坚持则是要不懈地努力，不要半途而废。

"九字诀"是指学习俄语的训练方法：听、读、背、写、译、说、想、用、问。

第一，听。指的是听录音、广播、音频、视频，可以是电影、新闻、故事等片段或节选，反复听，并模仿语音语调，做到先听懂，再跟读，后背诵。因此材料无需很长，要少而精，1 分钟新闻就有很多内容，而听 10 分钟新闻可能会什么也没听懂。充分利用录音设备，反复训练，坚持不懈，定有成效。

第二，读。指的是朗读和阅读。正确的朗读是语音语调的基本保证。朗读课文的方法有讲究，不应从头到尾读全文，而是分段读，每段至少 5 遍，再读下一段，最后读全文数遍。这样读比较容易牢记课文内容，若从头读到尾，读到后面，往往忘了前面。尤其是基础阶段（大一、大二），先分段读，再通读全文，效果会更好。

阅读是指读课外读物和报纸杂志，每天 / 周要有阅读计划和指标，阅读速度要稍快一些，不必都查字典，力争读懂大意，善于发现积极词汇，特别要注意并记住那些由熟词组合而你又不曾见过的词组或句子。阅读过程是读者对原文理解并与作者交流的过程，也是培养用外语思维的过程，对掌握外语会有不可估量的深远影响。你一天坚持读 3 页原文书，一年就能读 1095 页，还能记住一些熟词新搭配，了解了书的大致内容，培养并锻炼了用外语思维的能力，收获如此之大，何乐而不为？

第三，背。这是提升对语言和所读内容理解的重要手段，是真正读懂内容的重要方法之一。"书读百遍其义自见"就是这个道理。背诵的材料可以是课文、短文、诗歌、歌词、文学作品选段、感兴趣的文字和段落、美妙的句子、成语、谚语、名言等。同样，每周要有指标，严格要求自己，

一定按期完成，同时还要复习过去已背的作品，这样不断地滚雪球，越积越多。我这里有一份剪报，讲到大学者钱穆九岁时就能背诵《三国演义》，茅盾能够背诵《红楼梦》，鲁迅小时候背过《纲鉴易知录》。而反观现在的学生能背多少？我在年轻的时候背过的俄语诗歌、散文和小说片段达到150多首/篇，会唱近200首俄语歌曲，记住了相当数量的俄语成语、谚语和名言警句，一生受益匪浅，但是和前辈相比，实在是不足挂齿，微不足道。

第四，写。分为三类：1）抄写，就是抄书、抄报刊、做摘要；2）默写，就是凭记忆把背过的好句子、语录、诗歌、文章、文学作品片段等写出来；3）写日记、写杂感、写作文，写出个人所感所悟，对事物、人物的描述及印象，记叙某一事情的经过等。每天还可以用俄语写些句子，就是为了表达思想。坚持俄语写作，开始阶段写的比较短小零碎，随着水平的提高，其量会逐渐加大，积少成多，串起来可能就是一篇小文。写能促进外语思维的能力，调动所学的语言知识，提高用外语表达思想的水平。

第五，译。分三类：口译、笔译、心译。口笔译先从俄译汉开始，再过渡到汉译俄，材料可以用教材、图书、报刊等；即兴翻译练习就是抓住我们身边发生的事情，进行口译实践，比如看电视剧、听新闻、看电影或其他节目时，就可以进行翻译，既可以俄译汉，也可以汉译俄。心译是内心默默地翻译，或现场不允许发声，比如看电影时，就可以默默地翻译道白。又比如在公交车上，坐在你前面的两人不停地聊大，你可以小声同传或心译。同学们总是说没有场景，无法实战，其实生活中处处都是场景，而且实战性很强，看你是否利用。实践证明，当你有着这方面的强烈欲望并逐渐成为习惯时，就会发现自己的应对能力明显提升，速度加快，准确度也会提高。当然有错是难免的。

第六，说。俄语专业的学生应该多说俄语，道理不必多讲，说得好，说得流利确实难，但不说，甚至不想说，则永远也不可能说得流利。有人寄希望于语言环境，可在俄罗斯呆了好几年，说得仍很糟，往往是因为缺乏说的强烈欲望。一定要下决心强迫自己养成说俄语的习惯，可以和同学、朋友、老师和俄罗斯人说俄语。我提倡：Говорите по-русски то, что вы умеете. Говорите по-русски то, что вы можете. 要根据自己的水平来表达思想，还可以设置一定的情景，自己和自己说，其实也是一种积极主动的训练方式，并要有意识地使用常用词汇和句型，提高语言质量。

第七，想。也就是脑子里经常想到俄语。看到了现实生活的事物和现象，想想俄语怎么说，怎么说更好，有几种形式，有何差异？如何用俄语准确表达，用何种形式和结构最佳，还可以想想汉语和俄语两种语言有何不同。

第八，用。就是要自觉地、有意识地在口笔语交际中运用学过的，且记住的词组、句型、名言警句、成语、谚语等，使它们在言语交际中活起来，而且要考虑到说话人的交际身份、文化程度、性别、年龄和具体场景，力求运用正确、得体。

第九，问。是指善于提问，无论是针对一个句子，一段课文，还是交际双方的谈话内容，都可从不同的角度提问，以不同形式提问，不同身份提问。问题本身表述应正确、规范和合乎逻辑。要把所有的疑问词：кто, когда, где, как, откуда, сколько, почему 等等统统调动起来。凡是自己能提的问题，自己要能快速回答。同时要训练自己针对每一个话题（тема）都能提出一系列问题（серия вопросов）的能力。按上述要求，现实交际中，提问通常比回答要难一些，提问是主动的，积极的，带有"进攻性"的。

　　有人说这种学习和训练方法实在是太紧张了。的确是紧张，因为"九字诀"的运用往往是交叉、重叠进行的，思维与语言的关系本身已经相当复杂，这里还有两种不同语言的转换，其过程时间之短，要求之高，一般人难以承受。但只要不断努力和实践，总结经验，定有意想不到的成效。20世纪60年代末，我国在联合国席位恢复之前，周总理曾派一个工作组，对联合国翻译工作进行过详细考察。他们回国汇报时，我记得有下面一段话："我们专程拜访了联合国翻译处处长，他精通多门外语，负责各种会议同传，一旦人手不够，便自己上。我们向他取经，怎样训练方可达到如此高的水平。他说，我早晨起来后，第一件事是打开收音机，如果是英语广播，我会同传翻译成法语或西语；7—8分钟后，我转到西语台，同时翻译成英语或法语……这只是利用早晨洗漱的时间，多年来天天如此，已习惯了。"

　　"九字诀"很全面，但掌握比较复杂，要具备厚实的语言基础和熟巧。对低年级学生，我提出了"十二字令"：阅读—抄书—背诵，默写—搬家—活用。"阅读、抄书、背诵、默写"很好理解。"搬家"是指对背诵的词组、句子、甚至段落整体搬家挪用；"活用"是根据交际情景，对背诵的词组、句子，甚至段落，调整或改造后的运用。1957年初，我是大一的学生。那个年代北京风沙很大，地上的小石子都会被大风刮起，打在脸上生疼。4月初的一天，我在公交车上遇到一位苏联中年妇女，我们聊了起来。她说：В Пекине все хорошо. Мне нравится этот древний город. Но погода иногда скверная, вот видите, ужасная сегодня. 我说：Весной в Пекине бывает: ветер свищет, песчинки и камешки подымаются. 这时，对方惊讶地对我说道：Откуда у вас взялись такие хорошие предложения？（您从哪儿冒出来这么漂亮的句子？）"ветер свищет 风在呼啸"，源自莱蒙托夫的诗《帆》（«Парус»），"песчинки и камешки подымаются"意为"飞沙走石"，песчинка 是 песок 沙粒的指小，камешка 是 камень 石头的指小，подымаются 即 поднимаются 的俗语形式，出自熟读过的一篇童话。它们在交际的关键时刻临时组合、脱口而出，应该是真正理解课文之后背书的效果。

　　"九字诀"的学习方法体现了外语教学的实践性原则，并突出了交际性与实用性。它是我努力贯彻周总理和陈毅副总理的指示所做的有益的尝试，并取得了可喜的成果。

俄罗斯对外关系方向博士生指导工作的点滴记忆

北京外国语大学国际问题研究所　丛鹏

§ **摘　要：** 21世纪以来，俄语学院在博士生培养方面，先后增设了俄罗斯社会与文化、俄罗斯对外关系等专业方向。笔者在俄罗斯对外关系方向博士生指导工作中，围绕国家有关研究生培养目标要求，以目标为引领，着重提升学生学术素养和科研能力。引导学生大量阅览或研读图书文献，开展学术研讨，撰写文献综述，学习掌握论文的写作规范并正确投稿，构建创新性思维模式。同时注重在学生中树立良好的学术道德风气，并将其贯穿于指导工作的全过程。

§ **关键词：** 区域学（俄罗斯对外关系）　博士生　研究能力　思维模式　学术道德

进入21世纪以来，北京外国语大学为争创具有中国特色的世界一流外国语大学，持续加速培养"复合型、复语型、高层次国际化外语人才"。与此相适应，俄语学院逐步加强了俄语同相关的社会科学或人文学科的交叉融合，并在博士生培养方面，先后增设了俄罗斯社会与文化、俄罗斯对外关系等专业方向。恰逢此时，本人有幸忝列博士研究生指导教师队伍。

我从2009年起指导攻读俄罗斯对外关系专业方向的博士研究生。他们考取博士生之前均受过大学俄语本科和研究生阶段的系统教育，普遍有着较好的俄语功底，并在"宽口径、厚基础"的教育理念下，学习过一系列通识课程，掌握了许多学习与研究方法，已经具有硕士研究生应具备的科研能力，在研究俄罗斯外交方面占据明显的语言优势。但在知识结构上，由于缺少法学或史学高等教育背景，在俄罗斯外交以及与此相关的国际关系、国际政治和外交学的专业知识与基本理论的掌握上暴露出明显的不足。然而，但凡选择了俄罗斯对外关系专业方向的博士生都是基于个人兴趣和志向慎重做出的决定，并且大都有信心可按规定获得博士学位。《中华人民共和国学位条例》明确规定，博士学位获得者，应"在本门学科上掌握坚实宽广的基础理论和系统深入的专门知识""具有独立从事科学研究工作的能力，并在科学或专门技术上做出创造性成果"。这就意味着，学生应在导师指导下，丁规定的时间内，谙熟俄罗斯外交专业的基础理论和系统知识，并具有独立开展科研工作的能力，且产出创造性成果，方可取得博士学位。鉴于此，学生唯有在求学道路上付出艰辛努力，在所学的领域迅速提升水平，才可完成博士学业。

学生上门求学，教师切不可误人子弟。为师者，要用心对待学生，知其兴趣，知其志向，知其特长，知其品格。因为只有懂学生，才能发挥其学术潜力。博士生在读博之前若是应届毕业生，那他就已经受过近20年的学历教育；若是往届毕业生，那他就不仅受学历教育近20年，而且还具有教学、科研或其他工作的实践经验。因此，不管他们原来的知识结构如何，按照所选定的专业方向要求，也许都有一个扬长补短、扩充新知识的需要。然而，教师在指导博士生完善知识结构乃至提升学术水平时，无疑都不宜照搬适合本科生和硕士研究生的教学方法。于是，为使他们博闻强记，充实学术积淀，顺利攻读博士学位，我们师生着重开展了以下几个方面的工作。

一、设法提高博士生的学术素养和科研能力

围绕国家有关研究生培养的目标要求，借鉴学界同仁培养博士生的方法和经验，考虑我们学生原有的学识基础和特点，为迅速有效地提升培养对象的学术素养和科研能力，我们要求和引导学生重点进行了下列学术训练。

（一）大量阅览或研读图书文献

"读书破万卷，下笔如有神"。读书是研究生丰富知识，提高撰写能力的最佳方式。为引导学生有计划、有目的地读书，教师应在学生入学后，依据培养方案列出读书目录，并按照图书文献类别提出不同的读书要求。我在布置学生读书时，通常将书籍分为三类。

第一类为国内高等学校国际关系、国际政治、外交学和国际法等专业教材以及西方国际关系理论各流派的代表作。前者如方连庆、王炳元、刘金质主编的《国际关系史》，谢益显主编的《中国外交史》，顾关福编著的《战后国际关系》等教材和著作；后者如汉斯·摩根索（Hans J. Morgenthau）的《国家间政治——权力斗争与和平》（*Politics Among Nations — The Struggle for Power and Peace*），肯尼思·沃尔兹（Kenneth Neal Waltz）的《国际政治理论》（*Theory of International Politics*），约瑟夫·奈（Joseph Nye）、罗伯特·基欧汉（Robert. O. Keohane）的《权力与相互依赖》（*Power and Interdependence*），亚历山大·温特（Aleksander Wendt）的《国际政治的社会理论》（Social Theory of International Politics）等专著。让学生读这类书籍的目的，是弥补他们此前所欠缺的相关专业知识。因为是补课性质的读物，所以一般不要求学生精读，了解和掌握基本内容即可。

第二类为马列主义关于国际关系、外交理论的论著。如马克思、恩格斯的《德意志意识形态》，马克思的《十八世纪外交史内幕》，列宁的《列宁论战争与和平》，列宁拟定的《和平法令》，毛泽东关于"两个中间理论"和"三个世界划分理论"以及关于新中国外交方针的一系列论述等。让学生学习马列主义外交理论，目的是使他们掌握正确的理论和方法，坚持历史唯物主义和辩证唯物主义的主导地位，历史地、辩证地分析研究俄罗斯对外政策与实践。因此，要求学生认认真真地学习马列主义的外交理论，重要的理论观点一定熟记在心。

第三类为俄罗斯外交及其相关的论著。如亚·维·菲利波夫（А.В. Филиппов）的《俄罗斯现代史（1945—2006）》（«Новейшая история России, 1945—2006 гг.»）、帕·阿·茨冈科夫（П.А. Цыганков）的《国际关系：理论、冲突、运动与组织》（«Международные отношения: теории, конфликты, движения, организации»）、塔·弗·佐诺娃（Т.В. Зонова）的《当代外交模式：建立源头与发展前景》（«Современная модель дипломатии: истоки становления и перспективы развития»）、安·帕·茨冈科夫（А.П. Цыганков）的《俄罗斯对外政策：从戈尔巴乔夫到普京》

（《Внешняя политика России – от Горбачева до Путина》）以及《普京文集》等。此类作品俄罗斯对外关系专业方向的博士研究生必须读懂、读通，以为其进一步开展专业研究奠定基础，因此要求学生务必研读。

（二）研讨学术问题，撰写文献综述

研究生研讨专业问题、撰写读后感和文献综述，有利于其养成学术自觉，增强学术意识。为了引导学生搞好专业问题讨论，我或出题目，由学生围绕题目查阅文献并进行梳理、归纳总结，然后组织学生进行交流讨论；或只为学生指定要读的教材、专著，由学生自己在课堂上谈读书有感或者试做书评。以这种方式调动学生单独思考、钻研问题的积极性，可能比耳提面命或简单灌输知识的效果要好，因为这更有利于博士研究生实现独立从事科研活动的研修目的。

要求研究生撰写文献综述，其实这并不是某个教师的独门做法，而是博士研究生学习期间的规定动作。文献综述的质量，体现的是一种学术综合能力。教师可以从学生撰写的文献综述中看出其图书资料搜集、驾驭能力，以及其掌握的信息量大小和对各种文献的品评与吸纳情况。为使学生在撰写文献综述过程中受到相应的学术训练，我通常都会及时与学生交换看法，引导他们规范撰述。

（三）学习和掌握论文的写作规范并正确投稿

论文撰写应包含如下部分：标题、摘要、关键词、引言和正文。一篇完整的好论文，其标准至少是：选题新颖，有学术价值和现实意义，标题大小要与选题及其内容相符；摘要应是精准反映论文内容并相对独立的短文，文笔简洁，一目了然；关键词要选取学科专用，且能表明研究对象、性质和方法的义项单一的词；引言（亦称前言）应包括研究理由、目的、理论运用及方法等内容；正文写作要坚持学术原则、实事求是、立论正确、思路清晰、逻辑严密和写作规范。论文完成后，在投稿环节上也不可马虎，稿子要投对刊物，因此投稿之前，必须要仔细阅读拟投刊物的"约稿启事"，确已判明所撰论文与其稿约相吻合，方可投出，并在约定的时间内不可一稿两投。关于论文撰写和投稿问题，通常我都会在学生入学不久之后就同他们专门谈及。

二、引导学生以"创新性思维模式"撰写博士学位论文

思维是人的大脑基于表象和概念而进行分析、综合、判断、推理等认识活动的过程。人的思维是推动人类事业进步、社会发展的原动力。思维模式将直接影响甚至决定人的行为方式，以及从事社会活动的效果。

脑力劳动、知识产出类活动，尤其科学技术研究，必须具有与之相适应的思维模式。若思维方式是封闭的、固化的、偏执的，那由此产生的效果必定是平庸的，甚而是消极的。而作为博士研究生必须形成与此相反的思维模式，即开放性、前瞻性和创新性思维模式。唯有如此，方能在读博期间全面造就自己。

思维模式的形成不是一朝一夕的事情，教师也只能在与学生接触时予以引导。不过，要强

调的是，教师无论是授课，还是具体指导学生的科研论文，都要有意识地拓宽他们的视野，开启他们的宽广思路。学生在接受教师指导的过程中也要不断地提高悟性，因为任何人若想具有创新性思维模式，最终还是要靠个人的主观能动性。

从实践来看，经过师生在专业领域里的互动，学生还是在潜移默化中提高了观察和思考问题的能力。在此，仅以撰写博士学位论文为例，首先，选题涉及诸个方面，如《俄罗斯与中亚的非传统安全合作研究》《俄罗斯与乌兹别克斯坦关系的演变和特点》《苏联解体后俄罗斯与格鲁吉亚关系研究》《乌克兰对外政策演变与乌俄关系》《21 世纪以来的俄罗斯东北亚政策研究》等。其次，无论是关于选题理由、研究现状的论述，还是关于论文指导理论和研究方法的确定，以及关于论文框架的构建、预期研究成果的价值意义的阐释，无不体现研究者思维的散发性和前瞻性。虽然这些论文还谈不上有什么原始创新，但或多或少都有一定的继承创新性。这不能不说与学生的思维方式有关。

三、树立良好的学术道德风气

在我国，立德树人是教育的根本任务。人若成才必先立德。我认为，博士研究生要想成为某一学科领域好的学者，在校时就应规范个人的学术行为。为此，教师有责任督导学生端正学习态度，树立良好的学风。与此同时，教师更应以身作则，恪守职业道德。教学相长，诚如古人所说，"学然后知不足，教然后知困。知不足，然后能自反也；知困，然后能自强也"。师生面对学问不能没有敬畏之心。教师要专心从教，学生要专心学习。

我也很高兴地看到，我身边的博士生，大都能老老实实做学问。他们讲道德，重修养，朴实无华；他们胸襟开阔，虚心好学；他们孜孜以求，潜心钻研业务，在读期间均有学术成果产出；他们按规定踏踏实实修完各门功课，认真撰写学位论文并通过答辩获得博士学位，顺利走上教学或科研工作岗位。

值此北京外国语大学建校 80 周年之际，匆匆整理了博士生指导工作的尚存记忆，并以此献给俄语学院八秩庆典。

最优化教学教育理论与高级俄语教学

王凤英

§ **摘 要：** 本文简要介绍了巴班斯基的教学教育优化理论中的八种方法，尝试探索在高级俄语教学过程中这八种方法的具体实施手段和路径。本文共分为三部分：最优化教学教育理论的方法，最优化教学教育理论在高级俄语阶段的应用和实施，高级阶段俄语教学案例。

§ **关键词：** 优化教学理论方法　问题教学　情景教学　课堂讨论

一、最优化教学教育理论的方法

苏联著名教育家巴班斯基（Ю.К. Бабанский，1927—1987）首先将"最优化"理论应用到教学教育过程，发表了《教学教育过程最优化》（«Оптимизация учебно-воспитательного процесса»）等十几部专著。巴班斯基的最优化教学教育理论对苏联乃至全世界的教学都有过不小的影响。

巴班斯基分析和阐述了各种教学方法和方式的长处与不足，提出最优化教学教育理论由八个具体方法支撑，形成一个完整的方法体系。这八个具体方法是：统筹规划；细化任务；突出重点；对比评价；创造条件；分层教学；适时调整；节约原则 。（Бабанский 1984）

（一）统筹规划

在设计教学活动时要通盘考虑教学、教育和发展三个层面。教学包括知识的传授和技能的培养。教育包括学生的世界观、道德品质、思维方式。发展包括学生的智慧、情感、意志力和学习动机等。统筹规划不仅考虑一个学科内部的要素，还要考虑科目和科目之间的协调配合。这样可以深化学生过去已经掌握的知识，从而杜绝死记硬背。

（二）细化任务

在实施教学教育过程中应当考虑一系列教学活动和学生心理活动的规律，主要包括：

1）社会对专业的需求；

2）教学与学生的实际能力；

3）教与学的关系，教学教育和学生个性发展的有机联系；

4）教学目的和内容、教学方法与方式的相互关系；

5）教学效果与教学对象的学习动机、教学进度和现有条件之间的关系；

6）学生的个体特点和接受能力；

7）教师自身的能力。

在充分考虑上述诸元素的基础上设计教学既要考虑教学的整体特点，也要顾及个体特点。这样，在教学活动中学生能够积极配合教师使教学成为教师与学生交互活动的动态过程，教与学之间才能够达成教育共鸣。细化教学的意义是根据最优化理论设计出适合该时、该地、该条件、该人、该物的方案，从而获得相对的，而非绝对的最佳效果。

（三）突出重点

巴班斯基提出了优化教学内容的七条标准：完整性；教学时数；科学价值和实践价值；现实性和前瞻性；教学对象的接受能力；教师的可能性；技术手段。

这七条标准中，完整性是指教学内容能够从不同侧面反映一个事物。现实性和前瞻性按照我们的理解是指教学内容是否能够反映当前世界科学技术的发展水平和人类存在的共性问题，是否与世界其他国家同类教材的内容处于同一水准。优化教材内容分为五个步骤：深入分析教材内容，确定能否完成课堂教学、教育和发展任务；从教学内容中区分出最主要和本质的东西；协调各个学科之间的教学内容，避免教学内容出现重复或者交叉；按照教学时数安排教学内容。在每一次具体教学活动中从诸方法和方式中择取一种最适合最有效的，其他方法和方式作为辅助协同支撑完成该次拟定的教学任务和目标。

（四）对比评价

巴班斯基将教学方法分为三大类。第一大类是组织和自我组织认知教学活动的方法；第二大类是激发和形成学习动机的方法；第三大类是检查和自我检查的方法。

第一大类：组织和自我组织认知教学活动的方法。这类方法分为四个层面：知识和资讯的传递，知识的传递和认知的逻辑性，思维方式和学习管理。在第一个层面可以将知识和资讯传递方法分成口述法（讲述、讲演、谈话等）、直观法（图解、演示等）和实践法（练习、实验、劳动等）；第二个层面可以分成归纳法和演绎法；第三个层面可以分成复现法和问题探索法；第四个层面可以分成学生独立学习法和教师指导下的学习法。

第二大类：激发和形成学习兴趣的方法、激发和形成学习责任感的方法。

第三大类：口头检查和自我检查法、书面检查和自我检查法、实验和实践检查与自我检查法。

在对各种教学方法和方式进行对比和评价时，还要考虑教学时数、学生负担等因素。如果仅仅对比教学方法的效度选择其中一种方法，忽略花费的时间和学生的负担，就不能视这种被选中的方法和方式为最佳。在教学教育过程中一经发现采用的方法等不够适合，应当及时修正，改用或者配以其他教学方法、方式和手段。

（五）创造条件

巴班斯基认为应当创造良好的教学物质条件、卫生条件、心理条件和环境条件。

（六）分层教学

这一方法是指教师掌握每一位学生的情况，将学生按照学习成绩分为需要帮助和不需要帮助的两类，区别对待。对学习上需要帮助的学生提供更多的个别辅导，使其改变学习态度，逐渐追赶其他同学，与他们同步发展。

（七）适时调整

在教学过程中常会出现未预料到的情况，需要迅速改变教学方法、方式和手段。为此要求教师具有随机应变的能力，善于对变化了的情况做出灵活的反应。

（八）节约原则

首先，设计教学任务和教学内容时要充分考虑任务的量与内容的难度是否同学生的实际接受能力及规定的教学时数相匹配。其次，选择教学方法和方式时，要坚持少投入高效果的原则。投入最少的时间、精力（教师和学生）和物力（教学技术手段等）获取最大的效果，优化教学进度。

尽管巴班斯基的最优化教学教育理论中存在着某些缺陷，例如，忽略发展学生的创新思维和能力等，但是这一理论对教学仍具有方法论的指导意义。

二、最优化教学教育理论在高级俄语阶段的应用和实施

（一）高级阶段俄语教学教育的特点

俄语专业教学通常分为基础和高级两个阶段。基础阶段又可以细化为入门和初级两个阶段。高级阶段可以细化为准高级（或者中级）和高级两个阶段。这两个阶段的教学特点迥异，教学目标、教学手段和方法也不尽相同。同基础阶段相比，高级阶段俄语教学教育具有如下特点：

1）教学内容在难度上出现较大的跨度。基础阶段教材的内容均为日常对话和通俗易懂的小故事或者短篇课文，语法现象和句子结构相对比较简洁。高级阶段的教学内容以专门话题为教学单元，由日常话题转入与社会政治、经济、金融、文化、历史、外交、科学技术等相关的问题。不同文体和不同体裁的文章可能出现在同一个单元中，文章的句子结构繁复、冗长。教材篇幅长，知识信息量大，语言表达式复杂，理解难度增大，生词增多。

2）教学题材多样，文体各异（科技文体、公文事务文体、报刊政论文体、口语体、文学作品等）。此外，各种题材和文体之间不具有衔接性、连续性，甚至无过渡性，而是从一种题材或者文体直接跳跃到另一种题材或者文体。

3）语言知识从单一的语法过渡到词汇学、构词法、修辞学。高级阶段俄语语言知识教学几乎囊括了语言学的所有方向。以《"东方"大学俄语（新版）学生用书》第5册为例。该教材一共包含8个专题（亦称话题）。每个专题包含8个模组：专题基本资讯，正文，构词，成语，语法（均为特殊或者难以掌握的语法现象），修辞，言语实践。

4）教学教育目标提高。言语技能训练从"以言指事""以言行事"到"以言成事"，即从用语言办事到用语言叙事、明事、论事，从情景对话训练和复述训练转向具有一定难度和深度的独白语（即连贯语）训练。高级阶段要求学生在掌握学习内容的基础上经过自己的加工整理和归纳概括后就某一专题发表议论、开展讨论甚至辩论。

5）教学时间与教学任务相矛盾。教学时数少，教学负荷增加。教学周时数由基础阶段的8—10学时缩减为高级阶段4—6学时。

6）学语言同学知识，培养俄语交际能力同发展俄语思维能力相结合。外语交际能力同外语思维能力密切相关，外语思维能力是基础，而外语交际能力是思维能力的外显。学生从基础阶段的单纯模仿、转述跨越到用俄语思维并围绕不同专题进行较自如的交流。

7）训练言语技能同扩大外语知识量、发展学生思维相结合。如果说基础阶段以发展学生的具象思维为主要目标，那么在高级阶段则着重发展学生的抽象思维、聚合思维（亦称收敛思维）、发散思维和创造性思维。

8）学生的心理过程出现茫然。高级阶段学生一方面急于求成，另一方面由于尚不能自如地表达思想而感到沮丧，学生处于彷徨和矛盾的状态，由此可能出现求知积极性减弱，个别学生的学习成绩开始滑坡，对自己失去信心。

鉴于高级俄语阶段教学的以上特点，可以采用巴班斯基最优化教学教育理论中三类具体的教学方法和手段，保障高级俄语教学的品质。

（二）最优化教学教育理论在高级俄语阶段中的具体应用和实施

按照巴班斯基划分的三类教学方法，可以将高级阶段俄语教学的每一个周期（每一个专题为一个教学周期）划分为三个相应的阶段：第一阶段——组织和自我组织认知教学活动；第二阶段——激发和形成学习兴趣、学习责任感；第三阶段——口头检查和自我检查，书面检查和自我检查。三个阶段各有侧重，相互渗透。第一阶段掌握与专业相关的资讯和知识。激发和形成教学对象的学习兴趣、学习责任感既是第二阶段的教学重点，也是整个俄语教学周期乃至整个俄语教学系统的主旨。

高级阶段俄语教学过程中可以根据每一次课堂活动的教学内容、教学目标采用相应的教学方法和方式。在这里仅介绍最常使用同时最有成效的教学方法和方式，主要包括问题教学（проблемное обучение）、情景教学（ситуационное обучение）、课堂讨论。

1. 问题教学

问题教学（亦称任务教学）是指在教师的引导下创造问题情景，吸引学生积极参与教学活动，自己寻找解决问题的途径。这样，学生不仅可以创造性地学习专业知识，提高自身言语能力和技巧，还可以发展思维能力。问题教学法可以充分体现学生的教学主体地位，能有效地激发学生自主学习的主动性和积极性。（Д.Б. Гудков 2001）采用问题教学法的重点不是让学生死记硬背现成的知识和资讯，而是让学生在认知、积极思维以及独立解决问题的过程中自己自然而然地获得知识，通过探索解决预设问题的途径获取未知的东西。未知资讯和知识变为已知资讯和知识后进入下一个认知过程，如此往复，积累知识，训练思维。

高级阶段俄语教学证明，学生智力活动的积极性以及对所学内容理解的程度在教学中起着重要作用。离开学生的积极参与，教师唱独角戏的教学是静态的、相对乏味的教学。高级阶段俄语教学中应在教师和学生之间营造对话氛围，真正形成师生之间和生生之间的互动。教师可以根据学生的接受能力和表达能力以及知识水准适时地加以引导，使整个教学不偏离预设的目标。采用问题教学，可以使学生在探寻一个又一个问题答案的同时不断地发现自我，发展外语思维能力。学生的认知需求是认知活动的动力，而教学内容又制约着学生的认知需求。因此在编写教材时应尽量选择那些可以发人深省、有讨论意义的素材。以《"东方"大学俄语（新版）学生用书》为例。这套教材的编写基本上符合这一原则。该教材的第5册和第6册一共包含16个专题，其中文学作品5篇，其余专题均围绕社会政治、经济、文化、艺术等领域展开。

学习每个专题之始，应将本专题的要点通过问题或者可以引发思考的短句的形式告知学生，作为该专题语言教学和言语训练的中心任务。采用问题教学宜遵照如下原则：

1）渐进性和量力性。针对教学素材提出的问题可以分为三类：第一类是教学素材中可以找到答案的问题；第二类是学生利用已经学过的知识或资讯，经过独立思考可以自己解决的问题；第三类是需要学生在掌握教学素材的基础上去拓展资讯（通过各种途径独立搜集相关资讯或知识）进行概括归纳方能解决的问题。

2）扩展性和论辩性。上述三类问题中，第二类和第三类问题都属于扩展性问题。这类问题应当具有论辩性，能够通过这些问题激发学生在教师的指导下寻找答案的动机，营造课堂上各抒己见解决问题的氛围。这样，可以使学生在论辩过程中不仅可以学到更多的知识，掌握更多的资讯，逐步培养言语技能，同时可以训练思维能力和用外语解决问题的能力，即"以言成事"的能力。

问题教学法可以从质与量两个维度提高教学效果，从根本上完善整个教学活动过程。学生每解决一个问题，找到一个问题的答案就意味着完成了一次认知，即完成了一个新的智力开发任务。

问题教学具有以下优势：可以培养学生的高度独立性；不断激发学生的学习动机和认知兴趣；将已经学到的知识融会贯通；发展学生的思维能力。（王凤英 1998：5—8）

问题教学可以贯穿在每一个专题中，其中包括文学作品。采用问题教学应当具备一个必要条件：师生双方都充分做好课前准备工作。否则，如果对教学内容知之甚少，问题教学法便达不到预期效果。

2. 情景教学

高级阶段的情景教学同基础阶段的情景对话不同。它根据教学专题的内容设定某种情景，学生分担不同的角色，按照《"东方"大学俄语（新版）学生用书》第5—8册的专题，可以设定记者采访、座谈会、洽商会等。以《当代青年》一课为例。假定全班有20人，将学生分为4个不同年龄组或者不同的社会阶层，每组5人，教师为每组指定一个学生（抑或学生自告奋勇）承担记者角色。该学生课前需要进行大量的准备工作，综合归纳已经学过的与专题相关的素材，在可能的条件下再补充一些新的资讯，针对本组被采访的学生拟定几个不同的问题。如果是扩展性问题，可以预先告知被采访者，让其做好准备，以便在课堂上能够有预期的表现。余下一个学生对教学活动做归纳总结。教师在情景教学中的作用是适时引导，围绕主题展开深入的座谈或者讨论，也可以同学生一起参与其中，但是不能约束学生。这一方法适用于教学周期的第二阶段和第三阶段。

3. 课堂讨论

课堂讨论是培养学生连贯语能力的一种有效的教学方式。讨论课通常可以安排在每一专题教学周期的第三阶段。目的是让学生将各个不同阶段学到的知识，经过综合分析加工，以演讲或者报告的形式将自己的思想表达出来。学生在思维、成长经历、知识水准、语言基本功、言语技能、演讲能力、思考问题视角等方面都存在差异，这些差异使得学生对同一问题产生不同甚至相悖的看法。大家畅所欲言，就某一主题通过讨论或者辩论基本达到共识。讨论课的优势在于不仅可以训练学生的言语技能和熟巧，发展其思维能力，使其掌握用外语叙述、论证和说明事物的能力，还可以在讨论过程中相互启发、拓宽视野、开阔知识面。讨论课上师生之间，生生之间保持相互理解、相互信赖的和谐关系。这一点是调动学生积极性、主动性的一个重要因素。

按照形式讨论课可以分为三类：1）口头通知或者短篇报告与所学专题相关的内容和资讯；2）扩展性交谈——按照教师预先给出的提纲进行交谈；3）辩论——按照教师预先提出的扩展性问题或者具有争论焦点的问题进行辩论。

讨论课作为训练学生连贯语和用外语解决问题的一种教学组织形式可以分为三个渐进式阶段进行：1）有准备的发言：学生根据教师安排的讨论课计划自己选定发言的题目，做好充分准备。2）半准备发言：此阶段教师仍旧需要将讨论题目预留给学生，学生将自己的发言内容写成提纲。只有当学生已经获得基本的连贯语能力后方可进入此阶段。3）无准备发言（即兴发言）：讨论课前教师无需将详细计划告知学生，学生只需要掌握专题的内容和资讯、基本词汇和表达方式，查询与所学专题相关的资料以扩大视野，讨论课围绕主题发表个人看法，进行较流利自如的发言。根据学生的具体情况可以将三个阶段结合起来：一部分问题预先告知学生，让其做好准备，留一个或者两个问题让学生进行半准备发言或即兴发言。这样学生既有成就感，又能够意识到连贯言语技能方面的不足，教师也可以随时了解学生尚存在的缺陷和教学中可能存在的疏漏，及时调整下一个专题的教学。

教师在讨论课上的作用是及时引导学生不要偏离主题，并及时指出学生在言语表达中的错误，最后对讨论课做一小结，提出新的任务和要求。为了让所有学生都能够参与讨论，可以根据学生的具体情况，诸如心理特点、性格、语言基本功等，预先向学生提出具体要求。对那些心理素质稍差，学习较吃力，缺乏自信的学生，教师分别向他们提出较简单的问题，让他们通过参与增强学习信心，不断提高言语技能。

讨论课的效果可以从以下几个方面进行评估：1）目的性；2）组织形式；3）氛围；4）师生之间的关系；5）教师的策略和举止；6）学生的积极性和参与度。

三、高级阶段俄语教学案例

（一）语言知识教学

1. 词汇和构词教学

词汇和构词教学可以采用两种方式：贯穿在教学素材的学习过程中或者与教学素材分离开独立进行。无论采用哪一种方式，均可以使用如下教学方法：翻译法、情景法、归纳法、演绎法、直观法等。以 брать 的同根词群为例，可以给出下列句子：

1) Все документы лежали у него в ящике, он перебрал, но нужного так и не нашел.

2) За нарушение правил уличного движения у водителя отобрали водительские права.

3) Увидев на тротуаре букет цветов, девочка наклонилась и подобрала его.

4) На главную роль из двух сот претедентов режиссер выбрал самого молодого актера.

5) На лекции профессор разобрал несколько поздних стихотворений Пушкина.

6) Он хорошо знает и разбирается в современной музыке.

7) Чтобы письмо не потерялось, она убрала его в ящик.

8) Скоропись невозможно разобрать.

9) Билеты в Большой театр очень быстро разобрали.

10) Я набрался в себе смелости и попросил разрешения присутствовать на этой интересной операции.

第一步：让学生听懂并且翻译上述句子，由学生自己归纳不同前缀和后缀的意义。

第二步：学生自由选择其中的某一个或几个动词，设计出可以使用这些动词的情景，在课堂上与其他同学交流。这样，既可以让学生掌握不同的动词词缀的意义和用法，同时又训练了学生的言语技能。

第三步：如果可能的话，让学生从大脑的记忆中找出已经学过的同义词语替换句子中的动词。这样可以形成学生的词汇知识链，同时区分出同义词之间在语义和语用以及修辞方面的差异，提高学生的言语品质。

2. 修辞知识教学

高级俄语教学过程中除了词汇和构词工作，另一个比较重要的语言教学任务就是让学生掌握修辞学的基本知识。这类知识的传授可以采用对比法、讲解法。采用对比法时，可以在学完一个专题后进行：将这类问题作为家庭作业布置给学生，引导学生分析对比题材相同而文体不同或者展示不同社会阶层的人对同一话题不同看法的文章，从中找出每篇文章的修辞特点，并且从修辞理论的层面解释这些现象。也可以在学习每一个专题之前作为家庭作业留给学生，让学生在预习的过程中注意文体和体裁的差异。学生在自己阅读修辞学方面的书籍，分析对比具有不同修辞色彩文章的过程中，可以深切体会到它们之间的区别，学会在用外语表述个人思想的过程中有意识地选择适宜的词语和表达式，逐渐培养用外语准确、恰当、适时、得体地表达思想的能力。以《"东方"大学俄语（新版）学生用书》第 6 册专题《当代青年》中的第 1 篇课文为例。这篇课文包含采访 3 个不同职业、不同社会地位、不同教育背景的成年人对当代青年的评论。可以预设如下问题让学生思考：

1)　Чем характеризуется речь театрального режиссера, профессора-доктора технических наук, матери трех детей и известного драматурга?

2)　О чем говорят различия между их речами? И чем это вызвано?

3)　Какую информацию можно получить в интервью об образовании, социальном положении, характерных чертах того, у кого брали интервью?

4)　Найдите в тексте разговорную и книжную лексику и попробуйте их заменить словами общеупотребительными. При этом подумайте, меняется ли манера выступления каждого из героев текста?

类似这样的教学可以采用启发式、演绎式或归纳式等教学方法。指定若干学生做好充分准备，在教学过程中某个适当的时候由被指定的学生按照预先准备好的内容给全班学生讲解与本专题有关的修辞学知识和个人对相关问题的看法。其他同学可以随时向报告人提出问题，报告人即兴做出解答。也可以让全班所有同学在课前做好准备，课堂上以问答的方式完成这项工作。最后由教师做总结发言，将相关的修辞学知识准确无误言简意赅地传授给学生。

（二）思维和言语能力训练

外语教学不仅仅局限于教授语言知识，让学生学会用对象国语言进行交流，同时更应当通过外语教学学习陌生的文化和历史，人文和生活，了解持所学语言者惯用的思维方式、思维角度，逐渐适应用外语进行发散性思维。发散性思维可以贯穿在外语教学的诸多环节和活动中，引导学生对同一个问题从不同的角度和层面去思考，训练学生思维的灵活性和变通性，为学生提供发展创造性思维的机会。

高级阶段俄语教学的基本原则是根据教学素材、教学对象灵活运用恰当的教学方法和方式，最大限度地调动学生学习的积极性和主动性，不断激发学生的求知欲，使整个教学成为师生互动、生生互动、教学相长、不断调整、不断优化的动态过程。要想使外语教学生动有效，还需要考虑许多其他因素，正如前面提到过的学生的整体素质、语言基础、教学条件、教师控制课堂的能力等。这些因素是教学过程中的变数，教师可以根据变数随时调整教学内容、教学深度和广度，有效控制和优化整个教学过程。

最后顺便提一下教材的使用。《"东方"大学俄语（新版）学生用书》是面向全国俄语专业的教材。鉴于各校俄语院系的生源、师资等条件不均衡的事实，建议教师根据实际情况选择性地使用教学素材。在有限教学时数内一部分无法完成的内容可以留给学生自主学习。采用分层教学，对不同的学生提出不同的要求。只有这样才能不断优化教学过程。

参考文献

1. 高等学校俄语教学大纲 [M]. 北京：外语教学与研究出版社，2003.

2. 王凤英. 交际法原则在外语高级阶段教学中的应用 [J]. 国外外语教学，1998(2)：5—8.

3. Бабанский Ю.К. Оптимизация учебно-воспитательного процесса [M]. М.: Кишинев, Лумина, 1984.

4. Бабанский Ю.К. Рациональная организация учебной деятельности [M]. М.: Знание, 1981.

5. Ван Фэнин. Сравнительное тестирование по китайскому и российскому тестам и проблемы в обучении русскому языку в Китае [J]. Русский язык за рубежом (РЯЗР), 2002(4). С.56-59.

6. Власова Н.С. и др. Практическая методика преподавания русского языка [M]. М.: Русский язык, 1990.

7. Гудков Д.Б. Межкультурная коммуникация: проблемы обучения [M]. М.: МГУ, 2001.

8. Рябова А.И. Проблемность как один из способов реализации взаимосвязанного бучения видам речевой деятельности [J]. Русский язык за рубежом (РЯЗР), 1989(4). С.61-66.

9. Юлдашев Г.Ф. и др. Использование принципа проблемного обучения в преподавании русского языка как иностранного [J]. Русский язык за рубежом (РЯЗР), 1990(2). С.37-43.

第二篇

育人育心见本领　树人树德秉初心
——讲述俄语学院老教师的故事

程立真：俄语人生，求知重教

熊乐平

§ **摘　要：** 程立真年少离家参军革命，新中国成立后在北京从事中央机构的党建团建工作。1956 年，为了国家和个人的发展，她选择到北京俄语学院学习俄语，毕业后留校任教。此后，在长达几十年的教学生涯中她认真负责，孜孜不倦，为新中国培养了大量优质的俄语人才，对北京外国语大学和新中国的外语教育做出了重要的贡献。

§ **关键词：** 北外　俄语　程立真　访谈　教学

2021 年，中国共产党喜迎 100 周年华诞，北京外国语大学欢庆建校 80 周年，程立真年满 90 岁[1]。她既是党和国家建设的参与者，又是社会发展的见证人。她不仅在北外读书就业，而且为学校的俄语教学做出了重要贡献。

一、北外——大学梦开始的地方

程立真出生于山西省晋中市左权县，1945 年，年仅 14 岁的她离开了家乡。当时，国内形势发展很快，程立真加入中国人民解放军之后，部队计划南下，包括她在内的一些女同学都被送到了河北省邯郸中学读书。那时她既要参加土地改革，又要参加各种各样的社会活动，哪里需要就去哪里。1947 年，程立真提前结束了学业，之后被调到邯郸市委工作。

新中国成立以后，国家的建设工作需要源源不断的人才。1950 年，程立真随丈夫来到北京，夫妻二人都在国家机关党委工作。尽管那时程立真只有中学学历，但她在工作中始终没有忘记学习，并向党组织表达了提高自我的意愿。后来，程立真获得了继续学习的机会，她被派到中央团校学习。一年后，她从中央团校毕业，被分配到团中央工作。程立真参加了新中国成立初期中央各部门党委团委的建设，为党建团建工作贡献了自己的力量。之后，形势的发展让程立真再次感觉到自己的能力还需要提高，于是她下定决心考学。彼时，程立真所在单位也乐意给年轻人机会，并提供了特别优越的条件：只要能考上，就可以去读书深造，如果考不上的话，还可以回到原来的单位继续工作。有了这样的"定心丸"，程立真自然不可能错过此番"天赐良机"。1956 年，她考入了北京俄语学院，由此与北外结缘，开启了与俄语相伴的生活。

---

[1] 程立真，1931 年生，北京外国语大学俄语学院副教授，世界外语导学中心顾问，连续数年荣获"陈梅洁"优秀教师奖，离休干部。主要作品和论文：《作者—形象—读者》《基础阶段如何培养学生阅读能力》《联共代表大会纪实》《俄语常用词词典》《俄语实用词典》等。详见品略图书馆网站：《故乡情深说左权》，2017-08-14.：http://www.pinlue.com/article/2017/08/1419/444032568117.html

二、俄语 ——学习与工作的伙伴

20 世纪 50 年代初，在中苏关系友好的背景下，俄语无疑是大学生们最理想的专业选择之一。考入北京俄语学院后，程立真在学习方面精益求精，对新知识的渴望与追求使她在专业上取得了优异的成绩。在学生工作和活动中，程立真更是驾轻就熟。凭借丰富的党建团建工作经验，一入学她就担任了学生会主席。1960 年，程立真完成了俄语专业的学习，并获得了留校任教的机会。此后，她在北外辛勤耕耘数十载，直至离休。从程立真的人生经历来看，北京外国语大学无疑是她职业生涯的"根据地"。

程立真入学时，新中国百废待兴，国家需要建设，建设需要有文化的专家。当时的年轻干部只要具备一定条件，有机会就可以去大学深造。因此，同学们的年龄参差不齐，既有 18 岁的高中毕业生，也有 20 多岁的调干生。考入北外后，程立真遇到了"幸福的烦恼"：一方面，既然考上了，程立真当然不愿放弃读书的机会，若选择回去工作，那又何必考学，既难以向单位交代，之前付出的努力也成了多此一举；另一方面，原单位可以算作一个级别较高的领导机构，离开熟悉的工作岗位，面对新的环境，学习新的专业，一切从零开始，无疑需要巨大的勇气。除此以外，家庭状况也是使程立真犹豫的因素之一，当时的她已经 25 岁，还养育着 2 个孩子。尽管如此，程立真没有忘记渴望学习的初心，卸下了"高龄"的心理包袱，从俄语字母开始，一步一个脚印、脚踏实地地完成了学业。4 年后，程立真毕业并留校任教，她对自己的职业选择很满意。首先，我国历来有尊师重教的传统，程立真的父亲就是教员，从小的耳濡目染让她对教师这一职业充满好感。其次，程立真上学时，部分老师与她同龄，在与这些老师的接触中她愈发热爱教师这一神圣的职业。另外，对于组织的安排与建议程立真始终积极支持和响应，母校需要她，她欣然留下。

程立真因工作出色、态度端正，留校工作后不久就担任了俄语系的副系主任。当时的系主任是赵辉，另外一位副系主任主要负责行政工作，学校需要一位具有俄语专业知识背景的副系主任配合赵辉的工作。这份担子就落到了程立真的肩上，她本就是调干生，有工作经验，毕业后一直协助系主任赵辉从事各项工作，她的努力与认真得到了我校师生的充分认可。

三、俄语教学——求贤若渴与求知奋进

自俄语专业成立以来，北外的俄语教学规模始终位居全国前列。既有 4 年本科教学，又有专修培训，班级数量也颇为可观，每班大约 15—20 人。很多学生都需要进行俄语培训，他们当中的许多人后来都被派往苏联留学。所有学子与教员的共同任务就是在北外打好俄语基础，为出国留学或毕业工作做足准备。

20 世纪 70 年代初，北外俄语教学遭遇俄语母语教师数量不足的窘境，作为我国早期著名俄语教育家李莎的学生，程立真向李莎的女儿李英男发出了诚恳的工作邀请。由此，李英男不仅实现了留在北外工作的梦想，还延续了母亲的俄语教育事业。母女俩在长达半个世纪的教学生涯中

兢兢业业，桃李芬芳，为国家培养了大量俄语人才，为中国外语教育事业的发展做出了不可磨灭的贡献。

程立真在担任副系主任时负责外籍教师的管理工作，因此与李莎结下了长达半个世纪的深情厚谊。根据程立真的回忆，李莎作为俄语系的元老之一，在俄语教育方面可谓一丝不苟，课上课下皆是如此，既让人倍感亲切又心生敬畏。程立真依稀记得她第一次前往李莎家中做客的情形，她因为有些紧张，口里情不自禁地蹦出了中文。李莎立刻指出了这个问题，强调教员应该多说俄语，不宜说汉语，并提出在日后双方交流时应该使用俄语。程立真后来才明白，这是为了让大家能够利用各种场合练习俄语，快速掌握它，做到随时随地会应用。李莎课上课下始终如一的严格，充分开发学生的独立思考能力，注重在全俄语教学的氛围中夯实基础，这都给程立真的教学工作起到了指引、示范、启发作用[1]。

程立真指出，在这种认真的教学氛围下，学生的学习热情异常高涨，大家都表现出积极的态度。这个时期的学生普遍珍惜上大学的机会，无论是课堂表现，还是课后作业，都完成得比较好。除了个别学生受限于文化基础薄弱，接受能力欠缺，大部分同学的学习效果都比较理想。在教学工作方面，程立真甚至没有遇到什么难处，因为她负责的基础课相对难点较少，如果遇到了不解之处，大家就去住在学校的李莎家寻求帮助。即便是深更半夜拜访，李莎也会耐心地给大家答疑解惑，这一点让程立真深受感动。因此，程立真觉得教书似乎是挺顺利的。在师生齐心的努力下，北外俄语教学取得了丰硕的成果，据程立真回忆，当时许多毕业生都进入了中央党校、外交部等单位工作。北外俄语毕业生的业务水平和专业能力得到了全国各界的高度认可，普遍的认识就是：北外俄语在全国是首屈一指的。

四、教学要点——因势利导，因材施教

中苏关系处在蜜月期时，许多同学都致力于学好俄语，增强业务能力，希望有机会前往苏联留学，毕业后为祖国建设做出自己的贡献。当时苏联作为社会主义强国，拥有大量先进的科学技术和众多优秀的专家学者。因此，必须学好俄语报效祖国既是同学们的共识，也是大家齐心努力的方向。后来，尽管中苏关系逐渐恶化，但在程立真看来，北外的俄语教学并未受到明显冲击，唯一的变化是招生人数减少了许多，考虑到毕业生的就业分配问题，以往的7—8个班变成了2—3个。尽管如此，学生们的学习热情依然高涨，没有丝毫消退。同时，北外的俄语老师们也深刻地意识到，在中苏关系有可能走向对抗的情况下，党和国家在各项工作上更不能缺少优秀俄语人才的支持。于是，北外俄语专业的师生们更加努力工作，同时还加强了第二外语的学习。

程立真认为，北外的俄语人才培养之所以能在全国保持领先，主要原因是教师教学水平突出，学生能力全面，口语实践比较强。尽管当时条件有限，学生的基础、年龄、天赋等各方面区分度比较大，老师们在教授俄语实践课的时候对自身和学生都提出了严格的要求。首先，程立真认真

1　详见北京外国语大学国际交流合作处（港澳台办公室）网站新闻：《北外师生共贺"李莎教授在华执教 68 周年"》，2014-03-19. https://international.bfsu.edu.cn/info/1098/1522.htm

备课，尽力把知识讲清楚，让学生能听得懂。其次，在学生掌握了基本的词汇意义和语法关系后，她还着重培养学生的口语、书面能力。比如，学习课文的时候，程立真要求学生熟记单词与词组；学完课文后要根据课文回答问题，既要复述课文，又要以此为话题进行写作，重点关注学生是否实际掌握了应有的口语与书面表达能力。针对少数接受能力有限难以达标的同学，程立真会专门对其进行辅导，在课下提供帮助。另外，程立真还把同学们分成各类学习小组，既有强弱搭配的补习小组，又有相互请教的互助小组。程立真采用的这些教学技巧一直在北外俄语教学过程中沿用至今。同时，程立真深谙和谐的师生关系能促进教学的道理，尽管内心很喜欢接受能力强、反应快的学生，但她始终不忘班里的"困难户"，为提高他们的俄语水平想了许多办法。程立真表示，实际上，大多数同学都不错，差的同学比较少，只有极少数跟不上。同时，特别拔尖的同学也不多。这是自然规律。最重要的是，教师在教学工作中要懂得循序渐进，取长补短。

程立真对教学工作满怀热情，在她眼中，当时的学生只有语言学习能力上的细微差距，没有学习态度的问题。她25岁时才通过考试获得了上大学的机会，在大学里有的老师与她同龄，甚至比她还年轻。她很珍惜学习的机会，下定决心学好俄语，最终取得了理想的成绩。从自身经历出发，程立真也相信多数同学即便学得不够好，只需要适当点拨，就能渐入佳境。程立真学俄语时放下了原来的工作，家中大一点的孩子已上学，小的也送到了幼儿园，都由她的爱人管教。程立真的学习与工作得到了家人的充分理解与支持，有了这样坚强的后盾，程立真才可以专心管理她在学校的"孩子们"。程立真认为，人与人是不同的，各有各的特点，在教学当中要对所有学生一视同仁，不能歧视任何人。另外，要适当地给学生增加一定的"负担"，不论是辅导，还是互补互助，都不能对任何人不管不问。

五、离休生活——情系俄语与俄罗斯

程立真在北外几十年如一日的俄语教学工作，似乎没有受到当时中苏关系风雨飘摇的影响。她相信，对俄语人而言，双边关系蒸蒸日上也好，陷入低谷也罢，学好俄语必有用途。即便如今俄语专业在国内的地位今非昔比，俄罗斯的经济较低迷，俄语人的就业情况或多或少有些令人担忧，但也没有必要因此而灰心丧气。程立真认为，一方面，从招生的角度来看，国家一定考虑了大的形势。另一方面，"既学之，则爱之"，只要好好学，肯定会有所作为。中苏关系历史上出现过各种各样的矛盾，经历过大大小小的挫折，但总体上两个世界大国的交往不会因为一时的某种矛盾戛然而止，所以无论外界情况如何，努力学习都是必须的。如今，我国正在积极推进"一带一路"倡议，与俄罗斯进行战略对接的合作前景令人期待。从长远角度来看，中俄关系不会走低，两国还是要相互依存、相互帮助。因此，程立真建议现在的俄语人要心无旁骛地用功学习。

离休后，程立真依然活跃。尽管与俄语打了大半辈子交道，她却一直没有机会亲自到俄罗斯看看。一次机缘巧合让她实现了愿望，她随一个建筑领域的工作组前往列宁格勒（现圣彼得堡），在那里从事了近两年的翻译工作。程立真还去过乌克兰，并且在乌克兰待过的时间也不短，当时她接触的许多乌克兰人都说俄语。根据她的回忆，苏联解体后，老百姓的情绪好像有些低沉，似乎有点不知所措，仿佛原本是一家人、好朋友，不知怎地就分开了。后来再遇到一些老百姓，跟他们说起苏联，感觉还是很亲近。程立真指出，尽管现在国际形势风云变幻，俄语作为一个大语言，俄罗斯作为一个大国的事实不会改变，俄语在我国对外交往、政治经济合作方面依然会发挥异常重要的作用。另外，俄语本身就很值得我们去钻研，它包含了很深厚的文化信息，俄罗斯在各领域的成就也值得我们去了解与研究。俄语与俄罗斯文化、历史、艺术是分不开的。程立真至今喜欢翻阅俄罗斯小说，她承认，在感情上自己很愿意接受其中的一些观点与看法。在程立真看来，俄罗斯的文化底蕴深厚，从普通百姓的言谈处事来看，整体的文明程度和教育普及水平都比较高。

六、感恩的心——不忘党和国家的培养

因为对俄语与俄罗斯的"念念不忘"，程立真离休后没有闲下来，而是继续发挥着自己的能量，在许多场合都能看到她的身影。72 岁时，她曾在国家博物馆举办的"西柏坡精神展"上向来自六十五中、二十七中、三十一中和前门外国语学校的 800 名中学生讲述当时的历史状况。根据《北京青年报》的报道，程立真当时在距离西柏坡不远的邯郸中学上学，革命前辈们艰苦奋斗、为人民服务的精神也深深地鼓舞了她。程立真在展览现场把这份感动传递给了新一代的青少年[1]。此外，在北京外国语大学家属区居住的程立真还积极参加学校社区的党务工作，2010 年她当选北外离休党总支的总支委员[2]。2018 年，程立真在北外参加活动时接受了中央电视台的采访，她激动地表示："我 14 岁参加革命，现在 80 多岁了，祖国多年来的变化无法用言语来表达，作为老党员，一定不能忘记初心，呼吁大家坚定我们的共产主义信念，拥护党，在力所能及的范围内贡献自己最大的力量！"[3]回顾自己走过的人生路，程立真感慨万千。当时，身为处级干部的她，为了到北外学俄语，放弃了"仕途"。但是，学习俄语让她接触了丰富的语言与文化。为了在北外的学习与工作，她把教育子女的任务交给了丈夫，自己则侧重为北外、为全国的俄语教育事业培养优秀的人才。她把身份地位、工资待遇搁置一旁，只因不忘初心，渴求知识，将自己的一生都投入到教书育人的崇高事业中。谈到自己的生活，程立真表示非常满意，她没有任何要求，没有任何不愉快，只有对党、对国家的感恩，对北外、对俄语、对教师职业的热爱。

参考文献

1. 孙芳.情系俄语，教书育人：两代人的初心坚守——李英男口述史 [J]. 欧亚人文研究，2020
   (04)：79—85.

1　详见搜狐网新闻：《八百中学生感受"西柏坡"》，2004-06-20. http://news.sohu.com/2004/06/20/27/news220622790.shtml
2　详见北京外国语大学新闻网消息：《离休党总支进行换届选举》，2010-07-01. https://news.bfsu.edu.cn/archives/1936
3　详见搜狐网新闻：《北外人点赞新时代，上了央视等各大媒体！》，2018-04-28. https://www.sohu.com/a/229804480_407312

姜秀文：携初心选择无悔，担使命甘为人师

赵梦雪

§ **摘 要:** 1949 年，党中央决定成立北京俄文专修学校。同年，姜秀文成为建校后的第一批学生。姜秀文见证了在苏联专家的援助下，俄语学科从无到有的建设过程，见证了学校的发展与壮大。姜秀文留校后，虽然曾有许多转换职业跑道的机遇，但她从未想过放弃她所热爱的教学事业。她为俄语学科建设付出了毕生的精力，为国家培养了无数优秀的俄语学子。也正是基于姜秀文等老一辈人民教师打下的坚实基础和无私奉献的精神，如今的北京外国语大学才得以取得如此辉煌的成就。

§ **关键词:** 姜秀文 中苏友谊 俄语教学

2021 年的春天，笔者有幸在北外 80 周年校庆前夕，采访了昔日北外俄语系的副系主任姜秀文[1]。1932 年生人的姜老师在接受采访时已经 89 岁高龄，让笔者意想不到的是，耄耋之年的姜老师充满了活力，梳着一头短发的她精神矍铄，思维敏捷。姜老师在家中非常热情地接待了笔者，还没等笔者向姜老师提问，姜老师就如数家珍般地讲起了她与北外的"情缘"，将北外的校史、个人的求学经历、留校任教的契机和与援华苏联专家的友谊娓娓道来。听着姜老师的讲述，那段离我们十分遥远却令人动容的历史一下就被清晰地拉到了眼前。

一、与北外的不解之缘

新中国成立前后，学习俄文已经成为建设新中国、发展中苏友谊的客观需要。在"全面学习苏联"的号召下，党中央决定成立一所专门培养俄文人才的学校。1949 年 10 月，北京俄文专修学校（以下简称"北京俄专"）正式成立，隶属于中共中央编译局，由时任中央书记处政治秘书室主任、中央编译局局长师哲兼任校长，实行局校领导一元化。

姜秀文回忆道，在学校成立之时，毛主席亲自题写了 4 个版本的校名，并由师哲校长确定了其中一版，从而确立了北京俄专的校徽。而印有毛主席题字的校徽，姜秀文一直如视珍宝，细心收藏。

姜秀文说，建校初期学校对生源的要求极高，首先学生的政治背景必须清白，其次成绩必须突出。由于姜秀文当时家中的兄弟姐妹都在读书，为了减轻家里的经济负担，姜秀文于解放前

---

1 姜秀文，北京外国语大学俄语学院教授，历任俄语系副系主任、词汇课教研室副主任、高年级实践课教研室主任、教育部俄语教材编审委员会委员、俄语系学术委员会主席、《俄语学习》杂志主编。著有《一年级俄语课本》（1—4 册）、《三年级精读教材》、《三年级阅读课教材》。参与编写《中级俄语》《基础俄语》教材、《俄语专业基础阶段教学大纲》《全国专业技术人员职称俄语等级考试大纲》《俄语职称考试指南》等。

夕考入了可以公费求学的东北长白师范学院学习英语。抗日战争胜利后，许多高校师生被派往东北、华北解放区。姜秀文也不例外，她被派往哈尔滨外国语专门学校（简称"哈外专"，黑龙江大学的前身）学习，改学俄语专业。

随着北京俄专的成立，刚学了一个月俄语的姜秀文则再次迎来了命运的转折。凭借良好的英文基础和语言天赋，姜秀文在北京俄专选拔生源时脱颖而出。姜秀文忆起，当时哈外专每个月都有月考，她和她的爱人梁克家（外语教学与研究出版社首位副社长），由于月考成绩突出，与另外两名成绩同样出色的同学一同被北京俄专选中，于1949年11月17日乘火车来到了北京。从那以后，她便开始了与北外的不解之缘。

建校初期，北京俄专共招收了三个班的学生，第一个班级是来自哈外专第17班的全体学生，第二个班级则是从大连俄专调转过来的学生，第三个班级，也就是姜秀文所在的班级，则是从哈尔滨的各个高校选拔出来的月考成绩高于95分的优等生。

1950年1月，中共中央副主席刘少奇接见了北京俄专科级以上干部，强调国家恢复和建设急需培养大批俄文翻译干部，指明了俄专的办学方向。当月，北京俄专便正式开课。而到1950年年初，招生规模已经扩展为六个班。

建校初期，北京俄专校址设在北京西城南宽街13号。1951年9月，随着新校舍的落成，北京俄专迁至鲍家街21号太平湖醇亲王府（即清光绪帝出生地）旧址。姜秀文说，那时许多清华、北大的毕业生来北京俄专进修俄语，他们随之也就承担起了新校舍的设计和建造工作，他们设计的教室窗口全部朝阳，校舍里的地面全都铺设了地板。全楼铺设木质地板的校舍在当时的北京城是独一无二的，也正是在这独一无二的校舍中，姜秀文度过了自己的大学生活。

1950年10月，中国人民志愿军赴朝作战，拉开了抗美援朝战争的序幕。为了与以苏联为首的社会主义阵营配合，国家对俄语翻译人才的需求激增。北京俄专也自然承担起了为国家输出俄语翻译人才的重任。当时，姜秀文所在班级的助教被派往了前线做翻译支援，而大学尚未毕业的姜秀文和她的爱人梁克家则被学校提前留校，接任了助教一职。

二、与苏联专家的深情厚谊

1951年，中央人民政府秘书长林伯渠在苏联疗养和考察期间，详细了解了新中国成立后第一批留苏学生的学习和生活情况。归国后，他便立即给刘少奇和周恩来写信，反映留苏生因语言不通及饮食、气候等原因遇到的困难。"他建议，以后若再派学生去苏联，须先在国内进行预备教育六个月或多一些时间，也可以到苏联后，先集中教育一个时期。这个意见引起了周总理的高度关注。总理随即做出批示筹备留苏预备学校"。（郝淑霞 2011：10）

在此背景下，1952年2月，北京俄专成立留苏预备部，凡国家派往苏联学习、进修的人员需先在此集中学习一年俄语。留苏预备部创办后，学校的规模急剧扩大，创办第一年即有600多名学员。开国上将刘亚楼的夫人翟云英、开国元帅陈毅的夫人张茜等都曾在北京俄专进修俄语。而姜秀文与刘亚楼将军的夫人翟云英曾是同班同学，她们之间美好的同窗之情一直延续多年。

留苏预备部为俄语培训配备了优秀的管理干部和一流的教员，教员主要由两部分人员构成，一部分由中央编译局俄文翻译干部兼任，（孙迟 2011）另一部分则由苏联专家担任，其中还不乏在北京工作的苏联技术专家的家属。

那时，多数从苏联聘请的专职教师是苏联的中学语文教师，少数总顾问则是来自莫斯科国立大学（简称"莫斯科大学"）、莫斯科国立列宁师范大学、列宁格勒国立大学（现圣彼得堡国立大学）等苏联知名学府的学者。姜秀文告诉笔者，第一位总顾问玛蒙诺夫（Мамонов）、第二位总顾问杜德尼科夫（Дудников）、第三位总顾问萨哈罗夫（Сахаров）和第四位总顾问库拉科娃（Кулакова）等专家都是副教授或教授。这些专家对北京俄专的建设起到了很大的推动作用。

1951年秋，全国俄文教学指导委员会成立后，加强了对俄文教学工作的组织指导。此后，苏联专家来华任教的人数逐年增加。那时的北京俄专也成为了我国拥有苏联专家人数最多的高等学府之一。

在苏联专家的帮助下，北京俄专的课程门类逐渐增多。苏联专家帮助俄专完成了教学计划的制定，课程的基本设置，教学大纲和教材的编写等基本建设。俄语课从原有的语音、语法、讲读三种课型，逐渐细化为语音、导论、语法、词汇、听力、会话和课外阅读等课程。同时通过多种教学形式，如播放俄语电影、俄语广播等，增强学习俄语的氛围。据姜秀文回忆，每个教学组中都有一位苏联督学专门负责听中国教员的课，并且在课后立刻分析、指正教学中的问题。正是在苏联专家的帮助下，俄文师资配备不足、俄语学习资料有限的问题得到了缓解，教员的教学经验和研究能力也有所提高，北京俄专的教学工作逐步走上正轨。

新中国成立初期，党中央发出了向苏联学习的号召，提出要大力推广和发展俄语教育。但那时俄专的教务处长杨化飞却始终强调，学校的建设虽然离不开苏联专家的援助，教学中一定不能照搬照抄苏联模式，要坚持"以我为主"的原则。正是这样清醒的教学理念促使北京俄专逐渐形成了符合中国国情的俄文教学传统并延续至今。

1955年6月，经高教部呈请国务院批准，北京俄专更名为北京俄语学院，张锡俦任院长兼党委书记，杨化飞任副院长。同年7月，中国人民大学俄文系师生约400人并入北京俄语学院，成立四年制的师范翻译系，赵辉仟任系主任，姜秀文则担任词汇课教研室主任。

截至1955年9月，学校已有2571名学员。（北京外国语学院校史编辑委员会 1985：74）学员人数的激增使得本就不大的校园变得更加拥挤，连吃午餐都只能席地而坐。即便如此，包括姜秀文在内的所有教员和苏联专家都毫无怨言，一心为新中国的建设和人才的培养不遗余力地贡献自己的力量。

姜秀文回忆道，从苏联聘请的女专家大多历经磨难，许多女专家的未婚夫或丈夫牺牲在卫国战争的战场上，这些专家孤身一人来到北京俄专工作，不仅没有因为条件艰苦而有任何抱怨，反倒在教学中尽心尽力，给中国教员传授了大量的教学方法和经验。苏联专家们撰写的讲义和发表的文章一律不收取任何稿费，无私地将自己的教学经验和渊博学识倾囊相授。这种无私的精神让姜秀文甚为感动。她说，她深深地敬佩苏联专家。在苏联专家身上姜秀文不仅学到了该如何教学，更是明白了如何育人，她深刻地体会到了善待别人就是善待自己的道理。姜秀文说，若干年后到苏联访学时，她还登门拜访了北京俄专的第一位顾问玛蒙诺夫（Мамонов），老友相见，喜悦之情，难以言表。回忆起在俄专并肩作战的日子，他们感慨万千，无比怀念。

三、一生爱岗，无怨无悔

1954 年 12 月 24 日，莫斯科广播电台开设了一档名叫《北京之声》（《Говорит Пекин》）的节目。对于许多苏联听众而言，这个节目好似一把钥匙，打开了他们了解新中国的大门。而姜秀文经过学校的推荐和电台的层层选拔，成为了《北京之声》节目的首位女播音员。姜秀文告诉笔者，那时播音的酬劳很高，月薪只有 38 元的她，播音半个小时就能拿到 30 元。拿到这笔劳务费的姜秀文想到的不是改善自己的生活，而是交团费和帮助有困难的同事。老一辈俄语人的无私精神令笔者深为感动。

那时，凭借出色的专业水平和声音条件，姜秀文获得了听众们的喜爱，也得到了调往广播电台工作的机会。但是出于对教学事业的热爱，姜秀文毅然地拒绝了广播台抛出的橄榄枝。至今，回忆起那段往事，姜秀文依旧庆幸自己的选择。

姜秀文十分敬业，担任俄语系副系主任期间，她曾听过所有教员的课。在姜秀文看来，听课是了解教员最好的方式。也正是凭借着这种爱岗敬业的精神，她收获了同事的信任与肯定。在俄语系学术委员会选举时，82 名教员中有 81 名把票投给了姜秀文，而唯一少的那一票则是姜秀文自己的。姜秀文众望所归地成为俄语系学术委员会主席、校学术委员会委员，而且一干就是 10 年。这期间，她秉持着公平公正的原则，尽心尽责地帮助教员们评定职称。

退休后，姜秀文被学校返聘，担任《俄语学习》杂志的主编，这一做又是 17 年。姜秀文说，作为主编，她必须要对出版的每个字、每个标点符号负责，因此常常要伏案工作到深夜，以至于患上了眼疾，最终不得不离开主编的岗位。

回忆起自己的教学生涯和教过的学生，姜秀文脸上一直洋溢着幸福的表情，足见她对教育事业的赤诚与热爱。她说，她从未后悔过自己的选择，她儿时的梦想就是成为一名人民教师，很幸运她的梦想成为了现实。虽然一生没有飞黄腾达，但是绝对称得上桃李满天下。

在教学工作中，像姜秀文一样的老前辈们吸取了苏联对外俄语教学的教学理论主张，结合自身特点加以发展，形成了北京外国语大学俄语学院独特的教学传统。正是秉持着这样的教学传统，学院为国家培养了无数俄语人才，为国家的创新发展和国际交往做出了卓越的贡献。而这背后的功臣正是像姜秀文一样心怀家国，社会责任感强烈，把毕生精力都献给外语教育事业的老前辈们。

参考文献

1. 北京外国语学院校史编辑委员会. 北京外国语学院简史 1941—1985 [M]. 北京：外语教学与研究出版社，1985：74.

2. 郝淑霞. 二十世纪五十年代留苏热潮与中国俄语教育 [J]. 中国俄语教学，2011(2)：9—13.

3. 郝世昌，李亚晨. 留苏教育史稿 [M]. 哈尔滨：黑龙江教育出版社，2001：259.

4. 孙迟. 继承传统 发展壮大 第二部分：北京俄文专修学校——北京俄语学院时期 [J]. 中国在线：http://www.chinadaily.com.cn/dfpd/bw70/2011-09/16/content137233 56.htm.

王福祥：以苦为乐，静行致远

赵梦雪

§ **摘　要：** 王福祥是我国著名教育家、语言学家、教育管理者，他致力于话语语言学、俄语语法学、俄语语言学的研究。其学术思想及教学实践为我国语言学发展、外语教学和外语人才培养提供了宝贵的经验。王福祥从事的话语语言学研究率先填补了我国语言学研究领域的一大空白，把西方的话语语言学理论与研究方法引入了汉语研究领域，为我国语言学发展指出了新的发展方向。王福祥涉猎广泛，不仅精通汉语言文学，同时对日本汉诗颇有研究，在高校管理中亦颇是高瞻远瞩。值此80周年校庆之际追忆王福祥，吾辈定将秉持其治学精神，传承其学术思想，脚踏实地，立德树人。

§ **关键词：** 王福祥　话语语言学　外语教学

"1994年秋，为了说明数字用作日本人姓与名的情况，我把东京板桥区1993年的电话簿拿来，对112 000个姓与名进行统计。每天从18点左右统计到24点，连续工作了40多天，可谓辛苦矣！但最后得出的"成果"，连标点符号也算在内，不过百余字！可我总算相对准确地了解了一点日本人以数字为姓和为名的情况：在112 000个姓氏中，以数字入姓的为360个，约占0.0032%。数字一至十，除九外，均可入姓。"九"一般不入姓，可能因为"九"与"若"字谐音的关系。不过，有意思的是数字"四"虽同"死"字谐音，但仍能入姓。数字入名的情况却很多，按电话簿依次统计了5000个名字，其中以数字入名的就有1731个，重名不计，约占35%。数"四"与"九"均能用作名字，并不忌讳。"（王福祥1997：1）

这个故事中为了小小的研究结论付出巨大心力的主人公正是一甲子耕耘，把毕生精力献给外语事业的王福祥[1]。王福祥1934年出生于辽宁省沈阳市，1950年4月被保送到哈尔滨外国语专门学校学习俄文，毕业后留校工作。1955年，王福祥通过留苏人员考试，被国家选派到莫斯科大学语文系学习，1959年，他获副博士学位，成为当时我国第一个俄语语言文学博士。自1960年1月，王福祥到北京外国语学院任教，教授俄语语法。1984年后的13年间，他先后担任北京外国语学院院长、北京外国语大学校长，党委副书记。

多年来王福祥一直从事话语语言学、俄语语法学及俄语语言学研究，为促进北京外国语大学的发展奉献了毕生的智慧和精力。他曾荣膺"普希金奖章"、英国剑桥世界名人传记中心颁发的名人荣誉证书，并且被录入《澳洲及远东名人录》。

1　王福祥（1934—2017），语言学家和外语教育家。曾任北京外国语学院副院长、院长，北京外国语大学校长。第八届、第九届全国政协委员。曾任国际俄语教师联合会主席团成员，中国俄语教学研究会会长，《外语教学与研究》《中国俄语教学》杂志主编。荣获普希金奖章、英国剑桥世界名人传记中心颁发的名人荣誉证书，并被录入《澳洲及远东名人录》，出版相关学术著作数十部，发表大量学术论文。

王福祥终生勤奋治学，孜孜以求，即便在耄耋之年，他仍潜心学术，笔耕不辍。一生写就30 多部著作，19 篇论文，嘉惠学林。2017 年王福祥与世长辞，给吾辈留下无尽遗憾。值此北京外国语大学 80 周年校庆之际，不禁心生缅怀之情。

一、励精图治，开创先河

"我是从 1950 年开始学俄语的。预科两年，从俄文字母学起，因为要补语文、历史等文化知识课，两年只学了两本书。1952 年秋预科班毕业升入本科，本应再学两年，因第一个五年计划开始，各部门急需翻译，我们学了一年就提前毕业了。"（王福祥 2009：68—69）在这样的前提下，王福祥 1955 年考取了研究生，同年 10 月被派往莫斯科大学语文系学习，师从苏联著名的语法学家尼·谢·波斯彼洛夫（Н.С. Поспелов）教授，并成为了他的第一个中国学生。王福祥在苏联只经过短短 4 年的学习，便通过了全部课程的考试，获得副博士学位，这期间所付出的努力是难以想象的。

毕业回国前夕王福祥拜访了波斯彼洛夫教授，波斯彼洛夫对王福祥说："你虽然对句法有了一点粗浅的认识，但对语法学还缺乏全面的了解，回国后一定要拓宽知识面。要经常想想自己有什么不足，这样才能自觉地去学习，不断提高自己。"（王福祥 2009：71）而这句话王福祥不仅始终铭记于心，也在后来的科研与教学生涯不断践行。

1978 年，王福祥投入到话语语言学研究领域，成为我国从事这一领域研究的第一人。

传统的句法学一直用句子成分分析法揭示遣词造句的规则。20 世纪 60 年代风靡一时的生成—转换语法规则则以转换分析法揭示句子生成的奥秘。但无论是传统句法还是生成—转换语法研究的都是单个、孤立的句子，因此都是句子句法学（синтаксис предложения）研究范畴，其研究对象都是单个而孤立的句子。而话语语言学（лингвистика текста）的研究对象则是连贯的话语，通过对连贯性语言材料进行超句分析，进而探索言语构成的规律。

早在 20 世纪初，许多语言学家便发现传统的词法和句法已不能充分解释语篇的意义，而需要开发新的分析工具。那时，就曾有过一些语言学家注意到研究整段话语的重要性并开始探讨言语与语言环境和上下文之间的联系。但话语语言学作为一门独立的学科，直到 20 世纪 60—70 年代才取得了较大发展。20 世纪 60 年代，德国语言学家温利奇（H.Weinrich）首次提出了话语语言学这一术语，他提出话语应是语言研究的描写框架。而后，在捷克布拉格学派和英国弗斯学派的语言学家们的共同努力下，话语语言学逐渐发展成了一门独立的学科。

但是西方学界对于这一学科的研究重点以及所使用的术语等方面一直未能达成共识。"20 世纪 90 年代初，曾有语言学家做过统计：话语的定义有 250 个之多，这说明了话语本身的复杂性和多面性"。（Копытов 2011：150）

在我国探讨这方面问题的论述也有很多，但一直没有形成一门完整的、系统的、有理论、有实践的学科，因而中国语言学的发展在这一领域一直留有空白。王福祥从很早就注意到了这个问题，并进行了系统深入的研究。他取各家之长，融会贯通，加上他个人若干独到见解，正式将这一学科定名为"话语语言学"，并为北京外国语大学俄语系、中文系、研究生及来华留学的研究生开设了"话语语言学"课程。他教课的特点是应用他所讲的理论、观点，一边讲授，一边做大量的练习，课堂效果十分理想。

"1993 年，他到日本讲学，开的课程就是话语语言学。讲授过程中引起强烈的反映，博得好评。随即把讲义编辑起来由日本大东文化大学的同事教授翻译成日文在日本发表。出版后，引起日本语言学界极大兴趣。"（张志公 1995：20）1994 年，王福祥将讲义进一步加工整理，出版了《话语语言学概论》这一开创性学术著作，该著作真正填补了中国语言学研究领域的一项重要空白，也随之在国内、国外产生了广泛而深远的影响。

王福祥的首创性研究为这门学科的进一步发展打下了坚实的基础，这一教学研究成果，不仅填补了我国语言学领域的一大空白，而且对语言学领域的进一步研究和发展做出了重要贡献。

二、广泛涉猎，能力非凡

值得一提的是，除了作为广为人知的俄语语法学家与话语语言学家外，王福祥还是一位出色的汉语言文学研究者和日本汉诗研究者。波斯彼洛夫教授曾对王福祥说："你是中国人，你就应该用一个中国人的眼光来观察俄语语法中的问题。这样你才能走出一条自己的路子来。"（王福祥 2009：70）受此启发，王福祥率先注意到我国从事外语研究的工作者在研究中暴露的问题，即"搞理论的人只是读洋书，讲洋道理，没有回头看看本国情况，没有把从外国学来的那些东西加以试用、验证、修正、补充"。（王福祥，刘润清 1995：4）他认为，中国学者不研究中国问题、汉语问题，拿不出本土材料来是说不通的。

在王福祥看来，我国语用学、话语语言学等学科今后的研究重点应是汉语，并率先跨入这一领域。因此，自 1988 年开始，王福祥着手研究汉语话语语言学，将西方的话语语言学理论与研究方法引入了汉语研究领域。他将传统文化与现代研究方法有机结合，撰写了《汉语话语语言学初探》（1989）、《中国语言学现状与展望》（1996）等极富学术价值的学术著作，为推广汉语语言学理论做出了很大努力。

王福祥博学多识，曾学习过多种外语，其中，日语无疑是他极其喜爱并终生研究的一门语言。赴日本大东文化大学访学期间，王福祥发现日本的汉学研究水平极高，尤其在中国明清诗词研究方面颇有建树。"1996 年，在日本休假期间，他惊讶地发现了日本僧人创作的汉诗并感叹于它的优美，回国后出版了两本厚厚的《日本汉诗撷英》（1995）和《日本汉诗与中国历史人物典故》（1997）"。（王明欣 2002：16）除此之外，他还出版了给留学生学习作参考的中国诗词类书籍，如《律诗与绝句》等。

很难想象，涉猎如此广泛、科研成果如此丰硕的资深学者还是一个成功的教育管理者。1984 年至 1997 年间，王福祥曾先后担任北京外国语学院院长、北京外国语大学校长，在他的带领下，北京外国语大学的教育改革、学科建设、师资队伍建设都得到了迅速的发展。同时，他还曾担任《外语教学与研究》《中国俄语教学》杂志主编、博导等数种职务。

在这般繁忙的"多肩挑"工作节奏中，王福祥依旧没有舍弃学术，他把所有的休息时间和业余时间都挤出来读书、写作，笔耕不辍，著作等身。笔者的导师史铁强，当时作为王福祥的博士生对这一点深有体会，他曾回忆道："王福祥身为北外校长，如此忙碌，不仅要主持北外的行政工作，还要参加教育部的大小会议、各种国际会议，但是他的科研成果跟别人相比，不仅不少，甚至还要更多。"王福祥自身能力之卓越，钻研学问之刻苦由此可见一斑。

三、溘然长逝，精神永存

2017 年王福祥因病医治无效，在北京逝世。当时，笔者作为唯一的在校生代表参加了王福祥的追思会，追思会上王福祥的生前好友、弟子、业界专家学者以及北京外国语大学俄语学院领导等近 40 余人无不对王福祥的离世感到无限哀思。

在众多缅怀王福祥的发言中，时任北京外国语大学党委书记韩震的发言给笔者留下了尤为深刻的印象，"王福祥老校长作为一名老共产党员，严以律己，高风亮节，一直对党深怀感恩之心，忠诚之心。每当国家遇到自然灾害时，他都会要求主动捐款，为国家分忧。而正是从这些点点滴滴的小事，体现了一位老共产党员高度的党性修养和不凡的人生境界"。可以说，王福祥的离世不仅是北京外国语大学的损失，更是中国俄语学界，教育界乃至整个语言学界的损失。

笔者的导师史铁强是王福祥的得意弟子，史铁强继承了王福祥在话语语言学领域的研究理念与钻研精神，在俄语语篇语言学领域同样取得了丰硕的研究成果。

很遗憾，笔者在求学期间王福祥早已离开教学岗位，但笔者在史铁强的课堂上时常听到史老师讲起王福祥的研究思想、教学理念、治学精神。史铁强曾提到，王福祥的著作中每一个出处、每一个数字、每一个例子都有来源，著作中的例句都出自名家的作品。一个搞科研的人，必须以严谨的态度对待学问。得出的每一个结论，引用的每一个数据、每一个例子都要有一个明确的出处，要精确到哪一本书的哪一页。

史铁强回忆道，在王福祥的严格要求下，他不仅学习到了知识，更学习到了做科研的许多好方法。笔者求学期间，在史铁强身上仿佛看到了王福祥的影子，同样身兼数职的史铁强同样学养深厚，同样严谨治学，同样勤勉刻苦。在王福祥和史铁强的影响下，笔者博士毕业后留在了北京外国语大学俄语学院任教，并时刻在科研工作和教学工作中提醒自己不能投机取巧，不能人云亦云。在今后的工作中，笔者也定将踏实工作，开拓进取，将两位老师的治学理念、学术思想和教学方法传承下去。

四、结　语

2021 年恰逢北京外国语大学建校 80 周年，亦是王福祥逝世 5 周年。王福祥任校长期间，致力于把北外建成一所多语种、多学科、多层次，培养应用型、复合型、国际型人才，具有重要影响力的外国语大学。他积极推动与俄罗斯、美国、德国、日本等国家建立校际合作和友好关系，很大程度上推动了北外的国际化，使"北京外国语学院"不仅从名字上，更是从内涵上变成了真正的"北京外国语大学"。

追忆王福祥的求学、教学、科研生涯，笔者不禁叹服，身兼数职，却能样样做得出色。斯人已逝，风范长存，继武前贤，激励后昆！王福祥为俄语教学及话语语言学研究所付出的心血，为促进学校事业发展所奉献的精力也必将彪炳后代，昭示来学。吾辈定将以王福祥的高尚人格和治学态度作为无限的动力，脚踏实地，立德树人。也定会谨记王福祥的那句话：从事科研工作，确实很辛苦，但也有无穷的乐趣，而乐就在苦中！

参考文献

1. 王福祥. 乐在苦中 [J]. 外语与外语教学，1997(2)：1.

2. 王福祥. 领进门的艺术——忆我的导师 H.C. 波斯彼洛夫教授 [J]. 俄语学习，2009(3)：70.

3. 王福祥，刘润清. 我国语言学研究状况和发展趋势 [J]. 外语教学与研究，1995(3)：4.

4. 王明欣. 献身外语事业致力俄语教学 [J]. 北京教育（高教版），2002(11)：16.

5. 张志公. 评《话语语言学概论》[J]. 中国图书评论，1995(8)：20.

6. Копытов О.Н. О фундаментальных категориях текста, [J]. Вестник Иркутского государственного лингвистического университета. 2011(3), С. 149-157.

汪嘉斐：不要人夸好颜色，只留清气满乾坤

孙 芳

§ **摘 要：** 汪嘉斐毕业于北外，任教于北外，是北外俄语学院的知名教授，也是我国老一辈俄语教育家的杰出代表。他德艺双馨，为人谦和，淡泊名利，虚怀若谷，业务精湛，桃李满园，从教 50 年期间为国家培养了大量俄语人才，也为北外的教学和科研作出了巨大贡献。值此 80 周年校庆之际，追忆汪嘉斐朴素无华的一生，致敬为北外俄语教学奉献毕生的老一代俄语人。

§ **关键词：** 汪嘉斐 俄语 北京外国语大学

汪嘉斐[1]是北京外国语大学俄语学院的资深教授，是我国俄语界著名的学者，德高望重的俄语前辈，也是老一辈俄语人中的杰出代表。他为中国俄语教学与研究事业奉献了毕生精力，做出了杰出贡献。他的逝世不仅是北外俄语学院的重大损失，也是北京外国语大学的一大损失，更是我国俄语学界乃至教育界的损失。今年，恰逢北外 80 周年华诞，回首俄语学院的历史，其中有 60 多年的岁月里都有汪嘉斐的身影。如今昔人已去，作为汪嘉斐的弟子，我想以此文缅怀恩师，记录跟老师相处的点滴，聊以自慰。也希望北外俄语人永远不要忘记可亲可爱的汪嘉斐老师，永远记得北外俄院这位杰出的老前辈。

一、初识汪嘉斐

2002 年春天的一个下午，我怀着非常忐忑的心情登上了北外主楼的四层，参加研究生入学考试的面试。记忆中，在那难忘的十几分钟里，自己对面坐的有五位考官，最中间的一位老教师给我留下的印象尤为深刻，他面容慈祥、举止儒雅，提问时语调温和、吐字清楚。我记得有一个问题是："有哪些俄罗斯城市的名字里带有 -бург 这个后缀？"我当时太紧张了，只想起了 Петербург，沉默许久仍想不起别的城市。那位老师温和地提示说："俄罗斯首位总统的故乡是哪里？"我立刻意识到还有 Екатеринбург，于是马上脱口而出，回答完毕后顿时松了一口气。面

---

1 汪嘉斐（1935—2019），祖籍浙江吴兴，北外俄语学院资深教授、博士生导师（1986 年被评为教授，1993 年起担任博导）。1952 年进入北京俄语学院学习，1955 年毕业并留校任教，直至 2005 年退休。其学术研究方向为俄语修辞学、演讲学、翻译学。生前主要著作有：《俄语语体研究》（1999）、《俄语演讲集》（2001）、《当代翻译学》（2006）、《语林思行：汪嘉斐文集》（2007）；学术论文代表作有：《修辞学讲座第六讲：日常口语体》（《中国俄语教学》，1985）、《俄语讲演体研究》（《中国俄语教学》，1990）、《口语用词特点的再认识》（《中国俄语教学》，1993）、《口语中的同义现象》（《外语研究》，1996）、《俄语同义现象研究的现状与前瞻》（《外语研究》，1998）、《试论言语民族风格的翻译处理》（《中国俄语教学》，2004）等。2016 年荣获国际俄语教师联合会颁发的"普希金奖章"。

试的最后一个问题是："毕业后想做什么职业？"我的回答是"想当一名老师"，那位老教师听了之后对我说了一些鼓励的话，并祝我能顺利实现愿望。青涩单纯的我当时并不知道提问自己的都是哪几位老师，直到入学半年之后才听说，坐在中间的那位慈祥和蔼的老教师就是北外赫赫有名的语言修辞学专家汪嘉斐。

这就是我与恩师的首次见面，后来我幸运地成为汪嘉斐指导的硕士研究生，跟着汪嘉斐研读俄罗斯翻译理论，分析中俄文翻译译例，并撰写了硕士学位论文。尽管后来我没有成为汪老师的博士研究生，但却一直承蒙汪老师厚爱，也跟诸位博士师兄师姐们建立了深厚的友情，正是这种得之不易的师徒缘分让我在接下来的16年时间里与汪嘉斐老师常有往来，保持着密切联系。

2019年6月的一天，得知汪嘉斐突然离世的噩耗时，我的心中"咯噔"一下，仿佛挨了一记重拳，整个人都懵了，我为自己没能在恩师去世之前再看望他一次而感到无比遗憾，也为恩师的突然离去而感到无限惋惜！

回想过去与汪老师交往的点点滴滴，我从一个少不更事的学生变成汪嘉斐门下的弟子，到后来成为被汪老师认可的年轻后辈，并且被恩师和师母当作家人一样对待，这是何等的幸运！与汪老师相处的16年，让我不仅学到了语言知识，感受到汪老师对待学生的亲切关怀，也见证了他对专业的无比热爱，对学问的执着钻研。虽然我很难达到恩师的学术境界和高超的俄语水平，但恩师深厚的学养、坦荡的心胸、谦和的为人、淡泊名利的人生态度却深深地触动了我，时刻鞭策着我，让我永远铭记真正的学问是如何做出来的，永远也不敢忘记恩师的教诲——要做一名好老师。汪老师那炉火纯青的俄语、精湛的语音语调，在讲台上激情昂扬、温文尔雅的形象，对学生循循善诱、诲人不倦的教导，都将永远留在我的心里，成为汪嘉斐的弟子是我一生的荣耀。

二、讲台上的汪嘉斐

2002年秋，汪嘉斐携夫人赴台湾政治大学讲学一年，归来时已是2003年夏。汪嘉斐当时已经由语言修辞学转向对翻译理论及实践的研究，因此学院安排他给研究生上几门翻译相关课程。我由于当时被选入首届翻译实验班，所以在研二的时候有幸听到了汪嘉斐主讲的几门翻译课。其中印象最为深刻的是俄汉听译课和翻译理论研读课。

听译课主要是为了训练译者边听边译的技能，需要在上课时播放原声资料以供练习，所以是在语音教室上课。那时候网络还不发达，可用于教学的音频和视频资料也不像现在这样丰富，学生很难在课堂以外找到合适的材料自行训练，因此课上的时间尤为宝贵。汪嘉斐在听译课上使用的有声资料是他本人赴苏留学时亲手录制的，独一无二。汪嘉斐的俄语水平完全是在北外学习和培养出来的，他21岁便留校任教，是当时班里唯一一个被留下教书的人。因时代条件的局限，他工作后多年里完全没有机会到语言对象国去实地感受俄语语境，直到1987年他才得以走出国门到莫斯科访学。他在苏学习期间采访了一些语言学方面的专家学者，并将这些采访录音带回国内作为教学研究资料。我还记得，他在听译课上用自己对一位苏联学者的采访录音作为训练材料，让我们一边听一边翻译成中文，我们如有不懂之处，他便一个词一个词地为我们进行讲解。他早就将俄语原文全部听记下来并烂熟于心了，但即便如此，他仍然一丝不苟地对待每一节课的内容，提前做好各种准备。记得有一次课上，同学们一起翻译材料中的一个片段，里面有一个单词让大家产生了争执，汪老师坦然地解释道："这个地方我之前听的是 A，但今天一大早起来我又听了一遍，发现之前听错了，应该是 B……"（此处因记不清具体词汇，故用英文字母 A、B 替代）。这是一件小事，但由此可以看出，即便是已经如此熟悉的材料，汪嘉斐依然认真备课，而且在学生面前也毫不掩饰自己也会听错，正是这种一丝不苟、豁达率真的教学态度令我敬佩不已，至今仍然铭记于心。

翻译理论研读课是学院专门为我们 2002 级翻译实验班开设的，由汪嘉斐任课。当时对翻译实验班的要求是在撰写毕业论文的同时附上两万字左右的学术翻译报告，因此汪老师有针对性地选取了俄罗斯知名翻译学家科米萨洛夫（В.Н. Комиссаров）的一本著作作为这门课的教材，并要求我们在课程结束之后共同将此书翻译出来。我记得第一堂课上拿到的教材是汪老师打印出来装订好的版本，因为他托人在俄罗斯购买的原版书还没有带回国内。由于是学术文本，翻译起来很有难度，因此汪老师认为有必要先细致地学习一遍，然后才能动笔。记忆中，我们每堂课在汪老师的引导下仔细研读其中的一个章节，划分整章的层次，逐句理解每一个段落，分析其中提到的概念、人物、例子，总结科米萨洛夫的观点。特别是科米萨洛夫在书中列举的译例，汪老师对其非常重视。因为这些例子都是在英俄互译过程中出现的，汪老师怕我们不能很好地理解，就把每一个例子的来源出处和文化背景都讲得清清楚楚，让我们体会科米萨洛夫举例时强调的理论思想。汪老师的英文功底很好，所以对书中的英文例子也驾轻就熟。一个学期下来，我们对整本书有了宏观的了解，对书中的章节和段落也都有了细致的理解。之后我们明确了每个人的分工，开始动笔翻译。这个过程花了我们每个人大概半年的时间，但在我们提交了翻译稿之后，汪老师却用了两年多的时间把每个人的译稿从头至尾做了认真地审校和统稿，并进行了语言上的拔高和润色，之后他又跟出版社对接沟通，完成了出版相关的各种准备。该书最终于 2006 年 8 月由外研社正式出版，中文译名为《当代翻译学》。如今，每当我看到这本书的时候，眼前总会浮现出汪老师在课堂上为我们仔细讲解章节内容的样子，在书桌前为了完善译文字斟句酌、深入思考的样子。当年跟着汪老师学习《当代翻译学》的那段时光，既让我了解了科米萨洛夫的翻译理论，也学到了汪老师精益求精的翻译精神。

在钻研翻译学的几年里，汪嘉斐对待翻译问题常常是精雕细琢，反复推敲，遇到典型译例还会拿来跟我们这些学生好好讨论一番。我记得有一次汪老师受邀到北京第二外国语学院作讲座，讲的是俄罗斯翻译学家施维采尔（А.Д. Швейцер）的等值理论。其中有一个译例是"А годы летят, наши годы, как птицы, летят"，汪老师在揣摩"岁月飞逝，像鸟儿一样飞走了""岁月飞逝，就像江水奔流而去"这两种译法时打电话和我讨论，问我倾向于哪种译法。这已经不是第一次跟他老人家讨论翻译问题了，所以我也非常放松，直截了当地说出了自己的观点，于是我们师徒二人就这样愉快地讨论了半个多小时。这个译例背后包含着两种文化背景，两种修辞传统及审美标准的问题，其实是各有道理，直译转译皆可的。但是汪老师对待教学极其严谨，哪怕是这样一个小问题，他也一定要认真思考，考虑到台下听众的各种反应，讲清讲透。这种一丝不苟的态度和精神始终是我学习的榜样，每当我出现懒惰、懈怠的情绪时便会提醒我、鞭策我，指引着我不断前进。

三、歌声中的汪嘉斐

由于身体原因，汪嘉斐退休之后没有继续返聘教学，而是开始了一种迥然不同的新生活。

汪嘉斐是个多才多艺的人，他从年轻时便喜欢唱歌，嗓音条件也非常好，一张口俨然是一位嗓音浑厚圆润的男低音。李莎在回忆录中曾经描述了她在大学一年级语音课堂上提问汪嘉斐的场景，当时汪嘉斐标准、清晰的发音和语调曾经令李莎惊讶不已，而且立即猜到他是个爱唱歌的人。（李莎 2009：231）的确，汪嘉斐非常热爱唱歌，也正是因为有了这个爱好，他的晚年生活才充满乐趣，丰富多彩。

退休后，汪嘉斐加入了一个老年合唱团——西音合唱团，团里的老人都是年轻时代学过俄语、有着俄罗斯情结的人，有一些还是北外的校友。最开始他们有一位俄罗斯籍的艺术指导，汪嘉斐担任领唱，还曾在许多场合参加过正式演出。后来那位俄罗斯老师离开了，汪嘉斐便成了西音合唱团的"团长"，不仅要带领大家训练，还要担任指挥。这些高龄的业余爱好者们每周都要在西城区文化馆相聚和排练，学习演唱俄罗斯经典歌曲。他们总是期待着每一次相聚，热情高涨地参加排练，排练时欢声笑语，人人脸上都洋溢着青春的气息。期间碰到过年过节或者成员身体不适，合唱团暂停活动，他们就电话联络，相互问候。那几年汪老师隔三岔五就会给我们这些学生发来合唱团的照片，跟我们讲唱团的趣事，让我们分享他的快乐和充实。那几年我们去探望汪老师时，最开心的事就是陪着他一起唱歌，一起聊合唱团，一起聊歌曲背后的故事。

后来，由于种种原因，合唱团的演出活动逐渐减少，但汪嘉斐对歌唱的热情却丝毫不减。他在家中自己练习演唱，甚至自己录音，然后发送给亲朋好友们欣赏。一时之间，他的小书房便成了练歌房，每天都飘扬着嘹亮的歌声。他的学生兼好友黄苏华还为其中的许多作品配上了美图，制作成配乐幻灯片，发送给俄语圈里的不少朋友们欣赏。汪嘉斐的唱功是非常深厚的，他演唱的歌剧《叶甫盖尼·奥涅金》片段《连斯基咏叹调》，婉转悠扬，优美动听，简直堪称专业。他在演唱方面的才华在北外也非常有名，有一年他还有幸与其他几位北外老师一起受到时任国家主席江泽民的邀请，前往某地联欢并一同演唱俄罗斯歌曲。这段经历也成为汪嘉斐引以为豪的事情。

汪嘉斐喜欢唱的都是一些经典的俄语歌曲，原唱音频均是在 Яндекс（俄罗斯互联网搜索引擎）网站上搜索得来，但是想要下载到伴奏音乐可就不是易事了，很多歌曲都找不到伴奏音频，或是需要付费下载。为了解决这个难题，我专门请教了熟悉这方面技术的一个朋友，学会了一个音频制作软件的使用方法，立即兴高采烈地转教给了汪老师。他如获至宝，对这个可抹去原唱声音并可升调降调的小软件爱不释手，用它把自己喜欢的歌曲都重新进行了制作，并配上了自己的歌声。可是家中的小"练歌房"越来越不能满足录音要求了，需要寻找更加专业的录制地点。幸运的是，汪嘉斐机缘巧合地认识了一位音乐老师，这位老师有一个自己的工作室，于是汪嘉斐便成了他录音棚里的常客，也许还是最高龄最虔诚的客人。没过多久，我们每一个汪门弟子都收到了老师送来的特殊"礼物"——他的演唱专辑，他把自己演唱的 15 首俄语歌曲做成了两张 CD，并为每一首歌配上了歌词及译文，装订成册，自己还设计了封面。当我拿到这份不同寻常的礼物时，真的被汪老师对演唱的无限热爱所感动，也为他老人家能有这样一种高雅的兴趣而感到高兴和欣慰。

四、家庭里的汪嘉斐

汪嘉斐膝下只有一个女儿，还远在美国，因此平日里只有夫人孟老师跟他朝夕相伴。老两口以前都是教师，一个在大学里教书，一个在中学里育人，一起同甘共苦了多年，退休后相互照应，一起安度晚年。

在生活上汪老师非常照顾孟老师，因为孟老师腿脚不便，所以外出购物这样的事都是由汪老师负责的，而孟老师也非常体谅汪老师，每日三餐都是尽量满足汪老师的口味。如果两人一起出门，汪老师通常会让出租车开到楼下，以免孟老师走太多路不方便。2010年春节前夕，孟老师做了第二次膝关节置换手术，由于术后需要观察一段时间才能出院，所以老两口不得不分开一段时间。记得这一年的春节前我们去医院探望孟老师的时候，她非常担心一个人在家的汪老师，而汪老师却毫不在意地说："那有什么呀，没问题！"可是毕竟马上就过年了，老两口不能在一起过节还是不免让我们觉得有些挂念。为了不让独自在家的汪老师觉得孤单，我和先生初一一大早就带着包好的饺子来到汪老师家，想让他尝尝我们的手艺，可没吃几个他就提出想让孟老师也尝一尝，我们立刻明白了他的想法，赶紧陪他带着煮好的饺子打车去了医院。看到孟老师也吃上了过年饺子，汪老师的脸上露出了幸福的笑容，我们也被老两口之间深厚的感情而打动。那真是一个难忘的春节！

不久之后，孟老师出院回家，开始了艰难漫长的康复过程。汪老师家住的是那种老式的六层小楼，没有电梯，他家又住在四层，这对手术后的孟老师来说极其不方便，所以那段时间孟老师几乎出不了门。最开始汪老师希望学校能为院子里的多栋六层小楼统一安装室外电梯，但事实证明这不是一件简单的事情，涉及到方方面面的问题，因此一时半会根本无法实现。于是，汪老师决定自己出钱给孟老师安装一部专用电梯。他不知从哪里打听到一种可以安装在老式楼梯栏杆上的电动升降座椅，电话联系厂家详细咨询之后，还专门跑到马甸那边的一家用户家里参观了一次。这种座椅式电梯的价格非常昂贵，而且由于要在上下几层的公共栏杆上安装轨道，所以还需征得所有邻居们的同意才行。可是跟孟老师的生活不便相比这些问题又算得了什么呢，于是汪老师执着地克服了所有困难，最后终于实现了自己的愿望，让孟老师有了自己的专用电梯。记得刚装上电梯的时候，汪老师专门拍摄了孟老师首次乘坐电梯的小视频，并通过邮件发送给我们观看。视频中的老两口是那么和谐，那么幸福！汪老师的言语中流露着高兴和满意，而孟老师的脸上也满是笑容，开心得合不拢嘴。后来我每次登门拜访时，看到楼梯上的座椅轨道都会非常感慨，脑子里不禁想象着孟老师每天出门遛弯时坐着电梯下楼和回家时坐着电梯上楼的情景。这个老旧楼道里的升降电梯见证了恩师和师母的爱情与亲情，比任何鲜花巧克力都要更加珍贵和更令人难忘。

汪嘉斐有一个外孙，在美国出生和长大，但长相和气质都遗传了汪家的基因，而且也具有音乐天赋，弹得一手好钢琴，是汪嘉斐的骄傲。有几年，汪老师的外孙夏天放暑假时会回北京探望外公外婆，那是汪老师和孟老师最忙碌而高兴的日子。为了让这个汪家少年的北京之行过得丰富和充实，汪老师曾专门聘请过一位羽毛球教练教他打球，并多次邀请我和先生在周末时陪他一起去切磋台球技艺。那时候的我们没有孩子需要照顾，周末时间也很乐意参加这样的娱乐活动，而且每次活动结束后一起吃饭时还会跟老师讨论一些翻译问题。2018年春天，汪老师和孟老师远赴美国去女儿家做客，期间用邮件给我们发来了一幅照片，拍的是全家人一起享受音乐的情景。照片中的汪老师正站在钢琴旁边引吭高歌，外孙弹琴伴奏，夫人和女儿在两侧伴唱，举家团聚，其乐融融。遗憾的是，这张照片成为汪老师生前的最后一张全家福。

五、学生眼中的汪嘉斐

汪嘉斐出生在一个大户人家，他的父亲汪宏声先生在民国时期的一所中学就职，曾经担任过张爱玲的国文老师。汪嘉斐儿时曾在上海的一所美国教会学校读书，接触英文很早，英文功底自然不错，进入北外学习俄语后更是表现出了不凡的语言天赋。他的俄语水平在圈内广受赞誉，他的发音地道、用词考究、语速流畅、谈笑自如。曾有人这样形容汪嘉斐的俄语：你若没有见到说话者本人，光听声音，必定以为就是一个俄罗斯人在讲话。这一点，我在读研的时候就已经感受到了。特别是汪嘉斐对俄语词汇的把握、对修辞色彩的拿捏，更是令我们这些后辈佩服不已。

汪嘉斐读书时是著名俄语教育家李莎班里的优秀生，留校任教之后又跟李莎成了同事，一起编著教材，一起讨论教学，是李莎的得意门生。李莎退休之后，汪嘉斐也与之保持着密切联系，每逢李莎生日时他必前往探望。记得李莎百岁寿辰时，其家人曾在北京俄罗斯文化中心为她举办过一场隆重的生日庆祝会，参加者众多，既有中国俄语教育界的著名人士，也有不少俄罗斯友人。汪嘉斐作为北外的代表在那次活动上发言，他用流利的俄语为李莎送上了美好的生日祝福，也凭借高超的语言水平征服了在场的中外嘉宾。当时，有幸在场的我特别兴奋，为自己的老师感到无比自豪。

汪嘉斐是一个对名利无欲无求的人，在他的心中完美的教学、学生的认可才是最重要的，才能给他带来最大的满足。而且他是一个与世无争的人，从来没跟别人红过脸、吵过架，工作几十年里他只做过研究生教研室主任，未曾担任过任何行政职务，但他的业务水平却是每个人都佩服的，北外俄语学院没有哪一位老师不对汪嘉斐的教学能力竖大拇指，业内同仁也都对汪嘉斐的俄语水平充分肯定。同为"中国俄语教育终身成就奖"获得者的白春仁曾为汪嘉斐主编的《俄语演讲集》撰写过序言，他是这样评价汪嘉斐的学术水平的："在专攻俄罗斯语言文学的同仁中，立志既掌握学科理论又自如驾驭语言艺术者，历来不乏其人。而矢志不移，身体力行，成绩斐然三者兼备的却不见多。我有幸同汪嘉斐教授多年共事，每读他的文章，听他讲课，不禁佩服他融会理论阐发实践的本领。没有时髦拗口的名词，没有层叠的理论架构，却善于抓住一两条学理，在关注的题目上生发。于是，平淡的语文事实变得生趣盎然，纷纷显露出自己的内在机制"。（白春仁2001）这几句朴实的话语说的既是汪嘉斐的学术偏好，也是汪嘉斐的治学态度。为了编写演讲集，汪嘉斐曾潜心阅读了一百多年来数不胜数的演讲稿，从19世纪的文化人、政治家、革命家，到活跃在当代俄罗斯政坛的一个个雄辩之士，他都细细揣摩、玩味、思索，深刻感受那寓于文体共性之中的反差鲜明的言语个性，数不清经过了多少个平淡的日日夜夜，付出了多少求索和执着，最终才得以成章成书。

记得在撰写硕士论文的那段时间里，我和汪老师前后通了 30 多封邮件。每次我把自己认为成熟的论文部分提交给汪老师之后，他很快就会给我回复，并会附上详细的修改建议和说明。遇到他认为写得不妥的地方，他总是会委婉地告诉我哪里不好，哪里站不住脚，或者哪里需要重新分析。遇到邮件说不清楚的地方，他就会叫我到家里去当面讲解。在那八个多月的时间里，我感觉自己在论文写作方面有了不少提高，了解了学术写作的规则、翻译论文的书写要求、译例分析的基本步骤，也明白了自己还有哪些不足之处，还需在哪些方面有所改进。这些都得益于汪老师的指导和教诲。

2005 年汪嘉斐年满 70 周岁，正式退休，不再指导博士研究生了，所以我考博时改投李英男门下。但汪老师继续关心着我的学业和生活，我们依然像原来那样保持着密切联系。汪老师还把我介绍给他的博士生弟子们，我也因此与多位师兄师姐成为了亲密的朋友。每逢过年过节或者汪老师寿辰，我们便会不约而同地一起探望恩师，陪汪老师聊天、喝茶、拉家常，有时候也会去饭店聚餐。他们仿佛家人一般给独在异乡的我带来了很多温暖，而汪老师和孟老师也正像这个"家"里的父母一样，关心着我们每一个人，每当谁遇上难处或者困境，两位老人家都非常担心和牵挂，即便不能帮上什么忙也会关切地询问、开导、鼓励。而我们这些年轻人也都把他们当成自己的亲人，有什么烦恼或伤心事也都愿意跟他们唠叨唠叨。记得 2012 年下半年我遇到了人生中的一次重大打击，情绪异常低落，对生活几乎失去信心，当时我给汪老师写了一封充满悲伤情绪的邮件。后来很快我就收到了汪老师打来的电话，他跟孟老师两个人先后不停地开导我，劝慰我，让我的心里好受了很多。后来才知道他们当时刚好是在从外地回京的路上，看到我的邮件时还在火车站候车室，到了北京回家后第一件事就是给我打电话，真的非常担心我。而我当时最需要的就是宽心和安慰，两位老人贴心的关怀和温暖的话语使我的情绪好了很多。此后每每想起这段日子，我都对老师和师母特别感激。

在汪嘉斐生前的最后几年里，除了我们这些弟子之外，还有一些年轻人成为了汪老师的新朋友，她们是大师姐武瑷华老师的博士生。这些年轻一代的北外学子都有着积极的上进心和求知欲，愿意向德高望重的汪老师请教语言学知识，汪老师也喜欢跟青年人交流，给她们讲解学术问题，教她们朗诵俄语诗歌，帮她们解答知识上的困惑，跟这些年轻人成了忘年之交。有一次我中午休息时间去探望两位老人家，刚好碰上这些博士生们也在汪老师家里，原来她们是在汪老师指点下练习诗歌朗诵并前来汇报表演的，被汪老师留下来吃饭。看到又多了这么多人能陪老师和师母聊天，我感到非常欣慰和高兴。

六、深爱北外的汪嘉斐

汪嘉斐 1955 年开始任教，2005 年正式退休，在北外俄语学院执教整整 50 年时间。在这 50 年里，他努力工作，认真教学，参与了许多教材编写，翻译了许多文学作品，书写了许多研究心得，也教导了数不清的青年学子。面对众多肯定和赞誉，汪老师将这一切都归功于他的母校北外。

2015 年，汪嘉斐由于为中国俄语教育事业所做出的贡献而被世界俄语教师联合会授予 "普希金奖章"。由于种种原因，直至 2016 年冬天，才在中国俄语教学研究会成立 35 周年纪念大会上为汪嘉斐举行了颁奖仪式。那一天，汪老师非常高兴，他盛装出席，发表了感人肺腑的获奖感言："此时此刻，我格外感念我一生都与之息息相关的母校——北外，北外俄语学院。是北外把我从零起点培养成才，是北外不拘一格降人才，使我在弱冠之年就脱颖而出，是北外使我不断得到培养和历练，使我一步步走向事业的高峰。在长达半个世纪的时间里，我得以在良好的氛围里从事自己最钟爱的事业，和青年人分享知识和技能，并由此获得最宝贵的回报——弟子们真诚的尊敬和爱戴。我感念北外就是为了这一切，我感念北外就是因为我在北外度过了有益于青年、有益于国家的充实的一生。如果说我胸前的 '普希金奖章' 就是一枚军功章，这枚军功章里有小一半属于汪某，它的多一半属于北外，属于北外俄语学院。"

这就是我的恩师，可亲可敬的汪嘉斐教授，毕生致力于俄语教学与研究事业的汪嘉斐教授，勤奋治学、虚怀若谷的汪嘉斐教授，为人师表、桃李满园的汪嘉斐教授，嘉德懿行、斐然天下的汪嘉斐教授！

逝者已矣，德范长存。先生千古，永志怀念！

参考文献

1. 白春仁. 小序. 俄语演讲集 [M]. 北京：外语教学与研究出版社，2001：I—III.

2. 李莎. 我的中国缘分——李立三夫人李莎回忆录 [M]. 北京：外语教学与研究出版社，2009：228—232.

郭聿楷：立身以学习为先，立学以读书为本

艾 欣

§ 摘　要：本访谈中，郭聿楷老师通过对个人求学、工作经历的介绍，以及对外语学习不同维度的深入思考，为当下俄语专业的师生提供了诸多有益的经验和建议。郭老师认为，俄语教学应回归外语学习的本源和大学教育的初衷，要注重夯实专业基础，提高人文综合素质；此外还强调了阅读俄语经典名著在教与学中的重要性，向青年教师提出了坚定初心、抱定理想、保持良好阅读习惯的期望。

§ 关键词：俄语教学　综合素养　艺术　阅读

一、时代发展成就人生，俄语道路行稳致远：郭聿楷的求学之路

郭聿楷[1]在 1956 年进入大学学习，当时中苏关系正值友好阶段，一大批的苏联专家来到中国支援我国第一个五年计划的实施。郭聿楷在本科一年级学习的时候，中国教师还比较少，那时候主要靠那些苏联专家的夫人来提供师资支持。据郭聿楷回忆，中苏关系明显恶化后，中国国内开始"反苏反修"，由此，俄语人才开始过剩，一些同学担心将来的工作分配问题，有的人就提出来转学的要求。之后周恩来总理亲自来到北外，在学校"礼堂"，也就是当时学生们的食堂里做了一个报告，紧接着教育部就出台了一项规定：允许郭聿楷那一批外语专业的学生，在本科一年级结束以后可以自己选择一个文科专业。

那一届几乎有一半的学生选择了转学，开始学习其他专业，但郭聿楷留下来了，没舍得把俄语这个专业丢掉。临近本科毕业时他的意向是当一名老师，当时认为应该考取研究生，继续学习深造。与现在不同的是，当时研究生的名额是由学校分配，学生自己没有选择的权利。

据郭聿楷说，他的家族先人曾在清朝做官，在当时属于官僚地主家庭，因此他明白自己的家庭出身对升学的不利，一开始就报着被分配到边远区域继续学习的打算。宣布分配结果的当天，大家都聚集在食堂，等待着老师宣布名单，那种焦急等待的心情，他说一直到现在都记得很清楚。就这样，郭聿楷成为了当年 14 名研究生中的一名。

这种幸运一直伴随他到研究生毕业，郭聿楷是当年唯一一名留校任教的老师，难得的机会使他实现了最初的理想。他说，当时知道消息后可以说是喜出望外，非常激动。后来才得知是王

---

[1] 郭聿楷，男，1956 年考入北京俄语学院（现北京外国语大学俄语学院），1960 年至 1963 年就读于北京外国语学院俄语系研究生班。1964 年起在北京外国语学院任教至今。1986 年任副教授，1993 年任教授，1995 年任博士生导师。1994 年起兼任《中国俄语教学》责任主编。著有《俄罗斯文化国情辞典》《俄语功能语体研究》等。

福祥的推荐才让他有了如此宝贵的机会。王福祥是当时系里的语法老师，后来成为了北外的校长，一直担任了十余年，至今郭聿楷都很感激他。

二、为俄语教学指明路，为俄语学习溯本源：郭聿楷谈俄语教学专业化倾向

20 世纪 80 年代以前，北外主攻外语教学，那时还并不涉及诸如国际政治、经济、法律等其他学科的教学。大概在 20 世纪 80 年代，北外就开始开设一些专业性的课程，像国际政治、金融、法律、语言对象国的文化等等，可以说在这一点上，北外当时是借鉴了美国的先进教学理论。但是对美国的外语教学实践方面，郭聿楷却表示不敢苟同。他表示，了解美国外语教学的人都知道其外语教学水平不高。因为在过去的很长一段时间内美国人认为自己是天下第一，所以在教育学及语言教学实践方面他们没有积累经验，没有下苦功夫。

郭聿楷举例说，大概十多年以前，美国有一个开设有俄语系的大学想和北外建立校际交流关系，这所大学的系主任就写了一封信，结果信函中出现了好儿处语法错误，令人大跌眼镜。由此可见，对方的外语教学水平实在是不敢恭维。另外，郭聿楷指出，他的一位法语系老友也很关心教育学的问题，并在退休后走访多所美国大学做调研工作，他们就美国的外语实践教学现状得出了同样的结论。

郭聿楷认为，20 世纪 80 年代开始盲目地模仿美国的教学模式是一个误区。中美两国的国情不同，甚至可以说有着很大的差别。在美国学习一定是通过了托福考试、有了相应的英文基础后再进行各个专业的学习，所以在美国的大学里，学生不单纯地学外语，而是依托外语去学各专业知识，这就成了顺理成章的事情。但是北外跟对方的情况完全不一样，北外大部分的外语专业都是从字母开始学起，在这种情况下机械地模仿美国开设非外语类的专业课是行不通的。

最近两年俄语学院开始探索"俄语+金融"的教学模式，郭聿楷听过他们好儿次课，也跟不少同学聊过天，表示同学们"叫苦连天"，认为金融班的俄语水平明显比其他两个班差出一截。郭聿楷解释道，这都在情理之中，因为人一天有 24 小时，除去吃饭睡觉，每个人学习的时间有限，对于刚刚接触俄语的新生，把有限的时间花在金融专业上，学生的俄语水平肯定要受影响。郭聿楷指出，大学教育的根本是培养人的素质，培养人的能力。爱因斯坦曾说："从大学里走出来的不应该是具备某种技能的专业人才，而应该是有良好素质的人。"这句话说得很清楚，即培养完整的人是大学的首要的目标，其次才是培养学生的专业化倾向。他认为，外语类的大学应该以学习外语和外国语言文学为主，拿俄语学院举例，俄语生就应该把俄语和俄罗斯文学放在主要的位置。

张建华曾提出"要回归俄语专业的本源，回归俄语语文学的本源"。郭聿楷本人是非常同意的，现在是时候回归了。郭聿楷透露，最近教育部出台了一个新的教学大纲指导意见，讲的正是这个问题。

郭聿楷还强调，学生们除了夯实专业基础以外，还应该学一些对提高人的素质有用的、对人的一生都有益的一些课程，例如中外文学、历史、哲学、艺术等课程。

人的综合素质培养对人的发展大有裨益，于此，郭聿楷又举几个例子。他的一个法语系同学，也是音乐和艺术的爱好者，为人聪慧，法语业务能力出色。毕业以后被分配到广州去从事外贸行业。可以说一开始他对外贸一窍不通，但是工作了一年以后，单位进行专业评比，结果郭聿楷的这位同学竟然比其他两个外贸专业的分数还要高。

郭聿楷紧接着又举了一个自己的例子。1978 年的时候，从南斯拉夫来了一位培养玉米杂交品种的专家，中国农业科学院为他培育的品种开辟了试验田。当时他来跟中国农科院的专家进行交流，一时没有找到塞尔维亚语的翻译，好在这位专家会讲俄语，于是农科院找到了郭聿楷去做翻译。接到任务后，郭聿楷下班的时候去借了一本农业俄汉词典，那天晚上抄写下了 100 多个术语单词然后进行背诵，第二天在农业部（现农业农村部）为专家们作翻译，出色地完成了任务。基于此事，他自我总结道，俄语人归根到底还是要靠自己的俄语基本素养和自身的综合素质。如果自身俄语水平不行，基本的意思都表达不出来，专业性翻译更无从谈起。

三、艺术升格于生活，教育受益于艺术：郭聿楷与艺术的不解之缘

音乐和艺术是一种对人的潜移默化的熏陶。郭聿楷引用了哲学家斯宾诺莎（Baruch de Spinoza）的一句名言说明艺术对于一个人追求完整生活的重要性——"没有油画、雕塑、音乐、诗歌以及各种自然美所引起的情感，人生乐趣会失掉一半"。

郭聿楷在教学实践上同样践行了美育融入大学专业学习的思想。1988 年起，他在北外开设了俄罗斯音乐与绘画课程，是北外有关艺术专业的第一门课。这门课在开设的头几年还有其他系的学生来听课，包括英语系、法语系的同学，学生中甚至还有韩国人。

课上郭聿楷会介绍一些 19 世纪后期最著名的音乐家和最出色的画家，介绍他们的生平和代表性的作品。由于那时多媒体条件较差，郭聿楷开始不得不亲自拿画册站到学生面前向他们展示。

在艺术方面郭聿楷受父亲的影响很深。郭聿楷的父亲曾是一名中学音乐教师，郭聿楷描述，父亲是一个多才多艺、非常聪明的人。当年他教授的科目很广泛：教美术、教音乐、教物理，也很擅长书法和篆刻。只不过很可惜的是，他的父亲在 47 岁的时候由于心脏病不幸逝世。郭聿楷受到他的很大影响，也因此学会了拉手风琴。郭聿楷回忆说，在 20 世纪 80 年代的时候他还经常用手风琴演奏节目，给同学们伴奏。

郭聿楷自小喜欢艺术，喜欢音乐，虽然俄语专业并不是他的第一选择，但自从走上这条路后，对艺术和音乐的喜爱在他的俄语学习方面起到了很大的作用。具体来讲，郭聿楷认为艺术对其外语学习的裨益之处有二：

第一，自己对声音特别敏感，就俄语语音而言，能听出一些别的老师听不出来的细微差别。郭聿楷在北外俄语学院、北京第二外国语学院、首都师范大学、华东师范大学等学校都做过有关俄语发音的专业讲座。

第二，艺术让自己变得聪明，头脑灵活，条理清晰。系里老师都知道他是逻辑思维特别好的人，这一点也帮助他在指导学生进行论文写作时注重条理性和逻辑性。

郭聿楷甚至曾经给一些很著名的语言学家的著作挑出过毛病，这里他又举出了一个例子。

英国当代有一个非常著名的语言学家名叫利奇（Geoffrey Neil Leech），主要的研究方向是语用学、语义学。他写过一本语言学的著作，其中有一篇讲"蕴含"，这实际上是一种逻辑关系，众所周知，语言里面的逻辑关系内涵非常抽象。郭聿楷在他的论述中看出了问题、挑出了毛病，甚至曾经写过文章批判他。

近些年郭聿楷还在北外教师工会的绘画培训班担任油画老师。他和学生们在2019年年初办过一个画展，盛况空前，效果非常喜人，丝毫不逊色于其他类型的培训班。郭聿楷认为自己油画的教学水平不比那些专业的老师差，他曾经就读过4个美术学校，老师们的教法都谙熟于心。郭聿楷颇有信心地说，他的绘画水平可能没有专业老师们好，但是自己的教学方法往往不比他们差。

对于学习与休闲的关系，郭聿楷引用了丘吉尔的一句名言加以概述——"人生最好有一种正当的娱乐，即使没有财富，也能拥有快乐"。他语重心长地嘱咐道，现在的学习条件好了，学习途径多了，可以说学生们遇上了国家发展的、社会进步的好时代，应该充分地利用起来，不要辜负这个时代，要好好地学习和工作。

四、长江后浪推前浪，世上新人赶旧人：郭聿楷谈青年教师业务水平如何提高

在郭聿楷看来，现在的老师尤其是现在的年轻老师，在一般情况下，课时量都很大，每天非常劳累，剩下的空闲时间都花在了写论文、准备评职称上，甚至可以将其称作一种机械式的生活。结果导致许多青年教师很少有时间通过读书去提高自己的水平。

郭聿楷曾问过不少年轻的老师，是否读过俄罗斯的古典文学原著，他坦言，到现在为止，自己没有听到一个非常满意的答案。郭聿楷指出，外语教师不了解经典文学是非常可怕的一件事，可以做一个简单的类比——假如一个从事汉语言文学专业的人，唐诗、宋词、《楚辞》、《诗经》、《红楼梦》、《三国演义》他都一概不读，那他的汉语水平就可想而知。

"为什么这样？这是由大环境造成的。"郭聿楷一针见血地指出。

他解释，现如今的社会大环境非常功利、非常实用、非常浮躁。特别是对教师队伍职称评定的错误导向使得很多年轻教师"误入歧途"，近几年"唯论文论"的弊端已经初露端倪。

在郭聿楷看来，一位教授实践俄语的老师，受评定的应该是教授实践俄语的能力，而不是评论文。论文属于学术研究，是理论性的，它和教学实践并不相同。

就此，郭聿楷回忆道，在20世纪50—60年代，大学环境中并没有特别的诱惑可言，既不评定职称，也不提升工资，工资是固定的，不以职称作区分。大家都是老师，在国家统一分配的制度下从来不用操心凌杂琐碎的事，所有老师从早到晚都在克服不利的学习条件，埋头做学问。因此那时俄语人才辈出、俄语大家频现。比如说汪嘉斐、白春仁、张建华等学院资深老师。

郭聿楷回忆说，20世纪50年代这批老师在上学的时候，身边甚至连俄汉词典都没有，收音机更是极其稀罕的物件。无奈之下，学生们只好借助图书馆里日本人当年遗留的《露和辞典》（《俄日词典》）进行俄语学习。

但就是在这样的学习条件下，学校培养出了一大批俄语水平精湛的名家。

　　郭聿楷认为，在这批俄语大家中，汪嘉斐的水平是空前绝后的，在汪嘉斐以前没有这么高水平，在汪嘉斐以后，他想也不会再有这么高水平的大家了。郭聿楷认为，汪嘉斐的成功很大程度上来自他本人的聪明，以及学习外语的才能，他属于少数有天赋的人。20 世纪 80 年代，北外俄语学院曾邀请了一个莫斯科国立大学的教授担任外教。郭聿楷记得那位老教授对汪嘉斐说："Вы говорите по-русски лучше нас."（您说俄语比我们说得都好。）郭聿楷当时就觉得，一个完全没有留学经验的中国人，能达到如此水平，并且得到了俄罗斯莫斯科大学的教授至高的评价，真的是非常了不起。另外，更重要的是下功夫、刻苦努力的专业精神。

　　郭聿楷还认为，白春仁的学问以及对俄语的了解，也可谓是到了非常精深的程度。郭聿楷在 1991 年访问俄罗斯时，一家俄语杂志主编曾对他感叹白春仁的俄语讲得有多好，当时她连用了许多感叹句。

　　说到张建华，郭聿楷觉得，他的俄语表达水平、口语的质量以及俄语发音都非常地道。郭聿楷回忆，一年前国内开了一个国际会议讨论俄罗斯文学，张建华主持了会议。在会议上俄罗斯人对他的俄语也非常欣赏，评价他的俄语是 "самая чистая русская речь"（最纯正的俄语）。

　　关于俄语学习的秘诀，郭聿楷多次强调了阅读俄语经典名著的重要性。就他自身而言，他从本科二年级开始大量阅读俄罗斯原著，从儿童文学刊物读起，再到屠格涅夫（И.С. Тургенев）、契诃夫（А.П. Чехов）的经典名著。研究生阶段郭聿楷学的是语言学专业，但他知道，一个俄语人，不管选择了从事什么专业，俄罗斯经典文学是阅读的必须选项，所以他在研究生学习阶段利用大量业余时间和寒暑假，把主要的古典文学作品读了一遍，尽管不教授文学课程，也不是教实践课的老师，但是他认为，这样的经历对自己的一生的教学是大有裨益的。在自己的课堂上，郭聿楷就曾多次引用《上尉的女儿》（«Капитанская дочка»）、《当代英雄》（«Герой нашего времени»）、《渔夫和金鱼的故事》等文学作品中的例子来给同学们讲解语言知识点。对此，他又引用了欧阳修的一句名言："立身以学习为先，立学以读书为本。"（出自欧阳修《欧阳文忠公文集》）他认为无论是俄语专业的学生，还是青年教师，要想提高俄语水平、深入学习、搞好学问，主要还是靠读书。

　　最后郭聿楷语重心长地说："希望你们青年教师坚定初心，不要随大流，要抱定自己的一个理想、一个方向，保持阅读的习惯，坚持下去，10 年、20 年以后一定能够达到一个很高的水平。"

李莎、李英男：两代人情系俄语，践行初心

孙　芳

§ 摘　要：李英男出生在一个不平凡的家庭，其父李立三是中国共产党早期著名革命家，其母李莎是老一辈的著名俄语教育家。母女俩都曾执教于北京外国语大学俄语系，她们在长达半个世纪的教学生涯中兢兢业业，桃李芬芳，为国家培养了大量俄语人才，为中国外语教育事业的发展做出了不可磨灭的贡献。

§ 关键词：俄语教育　李莎　李英男　口述史

一、李莎的哈尔滨记忆（1946—1949）

1946 年，年轻的李莎[1]追随李立三来到中国，开始了全新的异国生活。她踏上中国土地后到达的第一个城市就是哈尔滨。这是个俄罗斯味十足的边境城市，语言障碍相对较小，李莎很快适应了这里的生活，并开始了在这里的教学工作。

李莎抵达哈尔滨的第一天，便结识了一位面容端庄、举止文雅的年轻女性，此人虽身着中式棉布旗袍，却能说一口纯正、流利的俄语，让李莎觉得"和俄罗斯人讲的毫无两样"，（李莎 2009：174）这就是李莎后半生中最亲密的知己赵洵。与赵洵的缘分和友谊使李莎得以投入到党的俄语教育事业中，成为众多俄语人才的培育者。

中国共产党的俄语教育是从 1941 年在延安开始的，当时的中国人民抗日军事政治大学三分校成立了俄文大队。1946 年哈尔滨解放，俄文大队的部分成员受命前往哈尔滨创办俄语学校。是年 11 月 7 日，东北民主联军总司令部附设外国语学校正式成立，位于哈尔滨市的马家沟，由东北民主联军司令部直接领导，属军事院校，联军参谋长刘亚楼兼任校长。当时苏军还没有完全撤出哈尔滨，需要经常和苏方进行联络，所以这所培养翻译人才的学校是顺应时局的产物。1948 年，它更名为"哈尔滨外国语专门学校"，转交给东北人民政府领导，简称哈外专。（阎明复 2015：98）

据李莎回忆，由于刘亚楼将军有各种头衔，公务繁多，所以实际负责哈外专工作的是两位女性，一个是王季愚，一个是赵洵。王季愚后来成为校长，赵洵是副校长，她们两位都会俄语。

1　李莎（1914—2015），原名伊丽莎白·帕夫洛芙娜·基什金娜（Елизавета Петровна Кишкина），中国籍俄罗斯人，我国早期著名俄语教育家。她是已故无产阶级革命家、中国工人运动的杰出领导人之一、原中共中央政治局常委兼秘书长、宣传部长、全国人民防空委员会秘书长、全国总工会副主席李立三先生的夫人。李莎出生于俄罗斯萨拉托夫州，1941 年毕业于莫斯科外语师范学院，先后在哈尔滨俄语专门学校、北京俄语学院、北京外国语学院、北京外国语大学任教。曾任中国俄语教学研究会理事、中国翻译工作者协会（现中国翻译协会）理事、中国俄罗斯友好协会理事等职，系中国老教授协会名誉理事、全国政协委员。曾多次受到俄罗斯联邦和国际俄语教师联合会的嘉奖，并获颁勋章。

特别是副校长赵洵，她出身于爱新觉罗家族，从小在俄语环境中长大，俄语非常地道，算是第二母语。她后来参加革命去了延安，1946 年从延安回来，到哈尔滨之后就被安排到这所学校做管理工作。李莎是学法语的，毕业于莫斯科外语师范学院。她很喜欢自己的专业，刚到哈尔滨的时候，她本想做些法语翻译工作，但好朋友赵洵推荐她到自己任职的学校当俄语老师，于是李莎从1947 年初开始就进入东北民主联军总司令部附设外国语学校，也就是后来的哈俄专任教了。

在李莎的记忆中，当时的学员们穿的都是学校统一发放的黄色军装，住在集体宿舍，纪律方面管理较严。班级都不大，李莎教的第一个班只有 10 个人左右。校舍用的是日本人留下来的营房，没有供暖设备，不过大家自己动手清理打扫得比较干净，也简单地粉刷了一下。王季愚和赵洵都非常关心学生的学习和生活。由于那时候整个供应条件都比较差，所以学校在郊区建了一个自己的农场。农场里不单种菜，还养鸡、猪、牛，保障学员们有蛋吃、有肉吃，这大大地改善了学员们的生活。两位女校长把学校管理得井井有条，而且非常平易近人，与学生们建立了朋友般的关系。

那时候哈尔滨的俄侨不少，哈俄专聘请了一些学历和文化修养比较高的俄侨担任外教，这样就保障了实践课、口语课都是由一些俄语比较地道的老师们授课。那些俄侨老师都被当作专家对待，工资标准定得比较高，但李莎去了以后赵洵却把她的工资缩减了一半。一开始李莎对此还有点不理解，后来听了赵洵的解释才明白："你跟他们不一样，他们是外籍老师，你是中国领导干部的家属，是我们自己人，所以不能搞特殊。"（李莎 2009：175）这件事非常典型地体现了那个时代共产党人的做事原则。李莎欣然接受，并开始认真工作。

最初在教学方面李莎还没有什么经验，好在她的文学功底很扎实，是个俄罗斯文学爱好者，从小读了很多书，另外在大学期间她上过教学法的课程，对外语教学法有一定了解，这给了她很大帮助。李莎非常热爱教育事业，热爱自己的工作，很愿意把自己的知识传授给学生，一心想要把学生教好。她回忆说，那个时代的学生都非常认真，他们都是一心一意学习，"党要求我们怎么做就怎么做"，都把学习当作一个革命任务。李莎教的第一个班里后来出了不少人才，包括毛主席和周总理的翻译阎明复（后为中共中央统战部部长、中共中央书记处书记）、对外贸易部部长郑拓彬等。特别是阎明复，他后来到了北京，在全国总工会工作，就在李立三的领导下，所以跟李家关系一直比较密切，也非常关心李莎老师。还有其他一些优秀的学生，他们一直跟李莎保持着联系，这让李莎非常高兴。

哈尔滨的那段工作和生活给李莎后来的俄语教学生涯打下了一个好的基础，是一段难忘的开始。

二、李莎的北外教学之路（1949—1996）

1949 年春天，李立三全家从哈尔滨搬到了北京。刚到北京的时候李莎还没有工作，但是她坚定地认为，女人不能只待在家里"相夫教子"，还应当在社会上发挥作用，实现自身的价值，于是她决定继续工作。1949 年底，她几乎是同时接到了北京俄文专修学校和北京大学的任教邀请函。第一个学年她同时在这两个学校教课，可见那时候俄语专家还比较稀缺。

当时的北京刚刚从国民党统治下解放出来，俄语教育事业正处在恢复过程之中。动手较早的是北京大学。北大早在20世纪20年代初就开设了俄语班，不少参加革命的同志都在那里参加了学习。但是后来发生战乱，日本人侵占北京，国民党统治陷入混乱，俄语专业就荒废了。新中国成立之后，著名的俄罗斯文学专家、翻译家曹靖华教授被任命为北大的俄语系主任，他想复兴和发展俄语专业，非常重视师资队伍建设。于是他找到李莎，聘请她去上课。曹靖华教授的俄语纯正，学识渊博，与高尔基等一批俄苏作家、文艺理论家保持着亲密友谊，曾被聘为列宁格勒大学的教授，在苏联的名望很高。（李莎2009：226）李莎对他非常钦佩和敬仰，也很感谢曹先生的邀请和器重，所以就答应在北大兼课。然而，李莎对在北大的授课有些不太适应，其中很重要的原因就是那时候的北大还保留了早期的办学体制，即模仿西方的自由选课制度，没有固定的班级，学生可以来，也可以不来，所以作为老师不好掌握学生的出勤情况。而李莎早已习惯了苏联高校的教学模式，班级固定，教学安排中规中矩、作业布置井井有条。于是，在北大兼职不到一年，李莎便向校方提交了辞呈，之后，她就把全部精力都集中到俄专的工作上了。

这个"俄专"就是北外的前身，全名叫北京俄文专修学校。抗日战争胜利后，俄文大队从延安出来兵分两路，一部分跟着大部队奔赴东北，留在哈尔滨，而另一部分在华北地区周转了不少地方，到张家口后加入华北联合大学，后来华北联合大学与北方大学合并为华北大学。1948年6月为迎接全国解放中央决定在石家庄成立中央外事学校，所以进北京的时候，这个俄专的骨干都是从石家庄那边过来的。据李莎回忆，当时有俄语专业的教学单位比较少，除了北大和俄专就没有其他的学校了。而后者是一所不对外公开招生的内部学校，在中央的领导下，专为中央机关和部队培养俄语翻译，带有一定的保密性质。俄专最初由中央编译局主管，属于同一个编制下的两个单位，俄语翻译家师哲既是编译局的局长，也是俄专的校长。学校的校址最开始在西城区，离编译局很近。学校是军队编制，准军事化管理，实行供给制，发军装、包伙食。一开始，学校还没有自己的食堂，学员们都是列队步行到编译局的食堂里吃饭。后来两个单位就慢慢地分家了，师哲的副手张锡俦被任命为校长。1955年6月，俄专更名为北京俄语学院。1955年，北京俄语学院迁入西直门外的魏公村新校区。当时只有东院是俄语学院，西院是另一个单位，叫外语学院。外语学院规模小一些，简陋一些；而东院建了主楼，中间是操场，两边是学生宿舍楼。一开始，学校并没有单独的礼堂，各种活动都是在食堂里举行。

最初这段时期，李莎在北外的工作紧张而充实，每周课时多达24节。那时候的中苏关系非常好，斯大林去世后，苏联对中国表现得更开放更友好，各方面的关系更密切了，来中国的苏联专家也多了，所以20世纪50年代中期迎来了俄语专业发展的高峰时代，全国的外语教学以俄语为主，英语被排挤到比较边缘的地位，俄语教学的规模达到历史高峰。在李莎的记忆中，那时候的学生人人都很自觉，都愿意学俄语，而且非常热爱俄罗斯文化、俄罗斯文学。那个阶段李莎的教学任务主要就是给学生们上精读课，包括低年级的发音课和高年级的口语课。后来，李莎还为大学老师进修班和留苏预备部担任过任课老师，给很多已经在岗的俄语教师和准备赴苏留学人员进行培训，也参加了北外自主建设的第一套教材"老八本"的编写和审定工作。

20世纪50年代中苏关系友好的时候，很多苏联专家带着夫人来到中国，这些专家夫人们有很多来到北外当外籍教师。尽管她们之中教外语教学的比较少，但大部分对待工作很认真、很热情，所以她们在一定程度上增强了学校的师资力量。学校也聘请了一些正式派过来的苏联专家，都是学过语言学、搞文学研究的专家，尽管人数不多，但起到了骨干作用。那时候学校的规模已经发展到在校生约四五千人，苏联外教最多的时候达到八九十人。后来，许多其他各地的高校都开设了俄语专业，大部分理工科大学的公共外语也都开设了俄语，中学也是以俄语为主，所以俄语的师资需求很大。北外当时虽然毕业生很多，但都能找到工作，都能发挥作用。然而 20 世纪60 年代初，中苏关系恶化，苏联领导人赫鲁晓夫突然撤走了所有专家，俄语教学受到了巨大打击。当年的毕业生突然就没有出路了，要出国留学的学生也不去了，只能重新分配，包括已经在高校或中学当老师的人，都只能赶快转行搞英语。对北外来说，作为在外交部领导下的全国俄语教学中心，北外要保留俄语专业，保证俄语教学继续进行，但大幅度压缩了教学规模。1959 年东、西两院合并，成立了北京外国语学院（1994 年更名为北京外国语大学），俄语学院就变成了俄语系。

这段时期，李莎始终坚守在教学岗位上，一直正常上课，完成教学工作。1963 年，本来早已不再给低年级上课、只承担高年级教学的李莎，主动要求到一年级，给一些来自边远农村的工农兵学生上课。因为她觉得这些孩子非常可爱，淳朴，求知欲很强，她很喜欢这些学生，觉得跟他们在一起非常愉快。这些学生里有的后来还成为了大使，比如姚培生。那时候苏联专家都被撤走了，夫人们也都跟着走了，外籍教师所剩无几，除了李莎以外，也就还有两位有俄罗斯血统的中国老师，好在 20 世纪 50 年代教师进修班培养出来的那一批青年老师们已经成长起来了，个个都成了教学骨干，也能够担当起重担了。

后来的"文革"迫使李莎不得不中断了自己的教学工作，13 年后她重新回到北外，又继续投入到自己所钟爱的教书育人事业中，直到 1996 年被病魔击倒在讲台上。如果说在哈外专的短暂两年是李莎教学生涯的初期阶段，那么后来在北外的几十年就是李莎为自己所钟爱的事业努力奋斗的宝贵时光。她把教室当成自己实现人生理想的阵地和守望收获的田园，学生的每一点进步都让她无比欣慰，她不仅在课堂上尽量鼓励学生，待他们一视同仁，而且在课下主动与学生拉近距离，把他们当成朋友。她的默默耕耘和辛勤付出换来了学生们对她的无限爱戴和高度评价，无论是中国学生还是越南学生，都把李莎当作尊敬的老师，甚至是亲爱的母亲，在心中长久地铭记着她的教诲。

三、李英男与北外的缘分（1974 至今）

李英男[1] 于 1960 年在莫斯科读完中学，当时李莎非常希望女儿能留在苏联继续学习，进入莫斯科大学攻读学位。可是，年轻的英男特别想家，觉得自己应该"在中国定居，不想离开中国，

1　李英男，李立三和李莎之长女，我国当代著名翻译家、俄语教育家、博导，曾任北京外国语大学俄语学院院长、北外俄语中心主任；曾任北京市政协第七届委员会委员；中俄友好、和平与发展委员会委员；2002 年至今担任中俄友好协会常务理事、顾问。2006 年获俄罗斯联邦国家奖章"普希金奖章"；2009 年获国际俄语教师联合会"普希金银质奖章"；2018 年获俄罗斯外交部国际合作署"友谊与合作"荣誉奖章；2019 年荣获"中俄互评人文交流领域十大杰出人物"称号。主要论著：《俄罗斯历史之路——千年回眸》《转型时期的俄罗斯民族意识》《哈尔滨俄侨诗作中的中国形象》等；主要译著：《我的父亲毛泽东》《牡丹亭》（全译本）、《元曲选》等。

我就应该是中国人"。（李英男 2019：107）于是，尽管妈妈有些失望，李英男还是执意办理了回国手续，在 1960 年秋天回到北京。李英男刚刚回国的时候，最初的梦想是进入北大中文系学习，但后来发现中文知识如同浩瀚大海，自己难以达到要求，于是改变了志愿，决定发挥自己天生的优势，以外语为专业。

1962 年，李英男考入北外，成为北外西班牙语系的一名学生。她很喜欢自己的专业，学习成绩也很优秀，并且和同学们打成一片，努力融入校园和班级，用自己的行动消除了文化背景的隔阂，最终使大家不再视她为"洋小姐"，而是把她当成了"自己人"。李英男跟同学们朝夕相处，共同生活、共同学习、共同参加劳动。她曾经跟大家一起学习时传祥，背着粪桶拿着粪勺在北京的老胡同里掏过粪，也曾经两次下乡参加社会主义教育运动，一次是在北京郊区，一次是在山西临汾地区的农村。后来"文化大革命"开始，北外学生全部停课了，除了毕业生其他的都留校闹革命。李英男的学业也受到影响，只能暂时中断。1967 年，父亲被"四人帮"迫害致死，母亲被关进秦城监狱，李英男和妹妹也被关进牢房，不得不独自面对生活的考验。1970 年，李英男被安排到湖北沙洋"五七"干校，跟西班牙语系一年级的同学们一起在农场锻炼。随着国家的外交政策发生重大变化，中美关系重启，周恩来总理审时度势，想到需要储备年轻的外语人才和外语干部。于是，在周总理的指示下，湖北干校的北外学生在 1971 年 9 月回到北京，李英男也跟着回到了北外。

那段时间的李英男曾对未来非常迷茫，不知道等待自己的将会是什么样的安排，好在命运之神眷顾了她，使她重新找到了生活的方向。1974 年，李英男开始到北外俄语系工作，这既是组织的安排，也是她与俄语系的缘分。俄语系的老师有不少是李莎的学生，尽管李莎受到迫害被关进监狱，后来还被送到山西，但他们并未视她为敌人，而是常常向英男问候她的情况。当时俄语系比较缺乏母语为俄语的老师，据李英男回忆，当时只有两位在苏联长大的中国老师母语是俄语，但是她们二人身体都不太好，所以副系主任程立真便向李英男发出了诚恳的邀请。李英男高兴地接受了这份宝贵的邀请，实现了留在北外工作的梦想。

李英男到俄语系工作后接受的第一个任务就是给新招的工农兵学员上口语课。当时，中苏关系非常紧张，甚至开始备战了，所以一下子就招了 10 个班的学生，总共约 150 人。李英男给这 10 个班上口语课，每个班 2 课时，加起来就是 20 课时，所以每天下课后都觉得口干舌燥。然而，在俄语系的工作却让她倍感温暖。"我到了俄语系以后，真有好像是回到家里的感觉，很亲切，很多老师我从小就认识，我还是小学生的时候，还叫他们'叔叔''阿姨'，所以一开始跟他们在一起上课的时候，我还真有点不好意思"，李英男回忆道。特别令她感动的是，系里的老师们虽然俄语水平都很高，而且教学经验很丰富，但他们仍然不耻下问，经常来找她问俄语问题，非常爱钻研。李英男心里既高兴，又佩服，暗暗地把他们当作自己的榜样，向他们学习这种严谨的治学态度。

20 世纪 70 年代在俄语系工作的这段时期是李英男不断学习和成长的阶段，她向很多前辈虚心学习，积累了课堂教学和教材编写方面的宝贵经验，当时俄语系许多老师的工作态度和敬业精神至今令她记忆犹新。比如汪嘉斐和赵作英。那个时代有声教学资料非常稀缺，老师们只能自己录制，李英男经常和汪嘉斐、赵作英一起到录音室去进行教学录音。汪嘉斐喜欢唱歌，熟悉声乐，会用嗓子，所以就成了英男模仿的对象，她在工作时向汪嘉斐学习了不少；赵作英也擅长唱歌，是男低音，很会运气，他也常在录音时教李英男怎么用嗓子和发声。为了提高自己，李英男在课余时间经常听苏联广播电台，模仿苏联播音员，慢慢地在发声方面有了很大进步。除了这种教学录音外，为了让课堂更生动活泼，老师们还想了一些别的办法。当时的条件下根本看不到俄文电影，于是李英男和同事们就自己找电影配音。他们选择了一部很受欢迎的儿童片《闪闪的红星》，分工给这部片子配上俄文台词。李英男不但负责翻译剧本，而且负责给小主角潘冬子配音，就这样大家一起为学生们创作出了俄文版的《闪闪的红星》。李英男对语言的敏感性和她对待工作的认真态度也很快得到了俄语系老师们的认可，蔡毅主编的《汉俄成语小词典》和肖敏等老师编写的《俄语常用词词典》都邀请她参与。如今回忆起这段时期，李英男还感慨万千："很多年纪比我大的老师都来问我，他们搜集了很多俄语经典作品中的例句，不停地琢磨，也逼着我琢磨，我也去翻词典，结合自己的一些实践不断地思考。这确实加深了我对俄语的理解，也让我学会了怎么找俄语中的难点，怎样给母语不是俄语的人解释词意。对我来说也是一个学习的过程，让我非常高兴，我觉得能够发挥一些作用是一件让人快乐的事情。"

　　在采访中，李英男还提到一位特别值得感谢的老师，他就是萧维佳——著名诗人萧三的儿子。萧、李两家关系很好，所以李英男跟萧维佳从小就认识。萧维佳的母语也是俄语，他不仅语言地道，还很善于思考。20世纪70年代末，北外专门请他来任教。当时交际教学法刚开始流行，他已开始专门钻研并引进到北外。萧维佳一直在低年级教学，为了实验交际教学法，他从早到晚都和一年级学生在一起。李英男很想在这方面下点功夫，于是她也加入了萧维佳的教学实验。据李英男回忆，他们在课堂上主要采用的是对话、表演小品等互动方式，设计各种场景来进行言语训练，激发学生的积极性，目的是培养听、说领先的俄语技能和自主学习能力。那几级新生很多都来自北外附中，有一定俄语基础，很适合用交际教学法上课，教学效果显著，学生们非常喜欢这种上课方式，积极配合，掌握得很快。因此，那几级出了很多人才，比如现在的不少大使：张海舟、范先荣、岳斌、张霄、田二龙……虽然后来萧维佳离开了北外，但是他引入的交际教学法一直在沿用。他最先提倡的一些教学做法也被延续下来，比如打破学生按排就座的习惯，让学生围成一个圈以便于对话，就是从那个时候开始的。

　　后来，李英男逐渐成长为北外俄语系的骨干教师，从低年级到高年级，从本科教学到硕、博士生培养，她担任的课程也慢慢多了起来，包括实践课、翻译课、文学分析课、俄罗斯文化课等等。特别是20世纪90年代末，李英男在北外俄语学院率先主持开设了俄罗斯社会与文化专业，主讲俄罗斯文化史课程，编写同类教材、教案，并利用新型技术手段向学生们介绍她所熟悉的俄罗斯文化和艺术，令众多学生获益良多。2000年以后，李英男开始"两条腿走路"，一方面讲授俄罗斯社会与文化类课程，一方面承担翻译类课程，从笔译课到口译课，后来逐渐固定到口译技巧的研究上。由于她自己做过很多高端会议、活动的交传和同传工作，加上她的双母语优势，所以在多年的历练中她已经成为我国现阶段俄语届的资深翻译家，而她的口译课程也逐渐成为北外的招牌，吸引着众多对翻译感兴趣的年轻人，这其中也包括一些来自俄罗斯的留学生。自十几年前开始，莫斯科国际关系学院每年会有一批汉语专业的优秀学生来北外俄语学院进修，而最早就是李英男提出让中俄两国学生合班上课，互相取长补短，共同探讨翻译方案的。这种教学模式不但使两国学生互帮互助，有效交流，而且推动了中俄青年之间的友好交往，增进了友谊。

从教已经 46 年的李英男至今仍未离开北外的讲台，她热爱自己的专业，喜欢跟青年人接触，愿意把自己对俄语的理解讲给那些对俄语和俄罗斯充满好奇的人。而她本人虽已年过七旬，却仍旧充满活力，和蔼可亲，精力充沛，与时俱进。用她自己的话说就是："青年人的求知欲、勤奋学习的精神，对我是一个很大的鞭策，推动着我继续学习钻研，不断掌握新知识，跟上时代的步伐。"（李英男 2019：174）现在的李英男，充分利用自己的语言优势和人脉，致力于中俄两国的人文交流合作。她在各种场合向俄罗斯朋友介绍中国、向中国朋友介绍俄罗斯，积极投身于俄罗斯文学和中华经典文化著作、重要政治文献的翻译工作，成为两国文化、教育交流领域的重要力量。

四、母女同心（1979—1996）

1979 年 9 月，李英男的妈妈李莎得到平反回到北外继续工作，跟女儿同时在俄语系教书。重回讲台的李莎更加珍惜在学校的时间，工作热情不但没有减退，反而更加高涨了。李莎回到北外之后任教于高年级和研究生班，而李英男则主要在低年级上实践课，母女二人还曾一起给教师进修班上课，并共同编写了研究生教材。她们同在一个系工作，却各有各的岗位。"那个时候我们在家里经常讨论上课的情况，交流经验，也互相探讨一些语言方面的问题。"李英男回忆道。确实，20 世纪 80 年代的李莎家里充满着俄语教育的浓厚氛围，除了大女儿李英男，她的二女儿李雅兰也成为了一名俄语教师，家中餐厅的一张椭圆形俄式大木桌成了她们母女三人共同学习和工作的"据点"。她们在那里一起阅读俄文刊物和当代文学作品，一起发现俄语中的新词新意，一起交流课堂情况，一起讨论最佳教学方法，"真是像一个俄语教研室的那种感觉"。（李英男 2019：84）

后来，母亲李莎因为身体原因最终离开了自己钟爱的北外俄语课堂，女儿李英男则仍继续留在北外俄语学院任教，并成为教授、博导、俄语中心主任，还担任了四年俄语学院院长，为学校和学院的发展做出了自己的贡献。至今，许许多多北外毕业生心里还非常尊敬和爱戴两位亲爱的"李老师"；至今，每年秋季学期的北外俄罗斯文化史课堂上还有很多慕名而来的旁听学生；李英男担任主讲的口译培训班也仍然吸引着全国各地的翻译爱好者。

自 20 世纪 40 年代末至今，李莎和李英男母女二人在北外书写了一段珍贵的俄语教学史，为国家培养了大批俄语人才，见证了我国外语教育事业的发展历程。她们母女二人获得过中俄两国政府颁发的多项荣誉称号，其中特别值得 提的是：1998 年，国际俄语教师联合会给李莎颁发了"普希金银质奖章"，以表彰她在俄语教学方面的突出成就；2006 年，女儿李英男也获得了同样的奖章，这种情况在中国的俄语教学界史无前例。

2009 年 4 月，李莎回忆录中文版在人民大会堂举行首发式，95 岁高龄的李莎精神矍铄、情绪高昂地接受众位亲朋好友的祝贺和祝福，北外学生合唱的一曲《伏尔加河源远流长》让她热泪盈眶，感慨万千。2013 年底，李莎回忆录俄文版在莫斯科问世，并于 2018 年 5 月在莫斯科再版发行。李英男在新书发布会上向读者朋友们介绍了母亲的中国缘分，她希望"人们通过这本书能够更好地了解 20 世纪复杂多变的国际关系和中俄两国人民之间的长恒友谊"。（李英男 2019：166）2019 年 9 月，李英男自己的回忆录也在中国出版，她向读者讲述了自己的独特故事，描绘了一个中俄跨国家庭的日常生活和个人的成长经历，折射出两国关系的历史变迁。俄罗斯联邦驻华大使安·伊·杰尼索夫（А.И. Денисов）在序言中如此评价："李英男女士是令人尊敬的俄语教授，当代中国的社会活动家，她培育了好几代中国的俄语人才和俄罗斯的汉语人才。她是有俄罗斯血统的中国人，是中俄两国人民的女儿"。（李英男 2019：1）

五、结　语

如今李英男老师虽已年近 80 岁高龄，但仍然活跃在中俄两国文化教育交流领域。她秉承父亲和母亲的爱国之心，以母亲为榜样，为俄语教学事业发光发热。作为中俄友好和文化交流的使者，她与丈夫——俄罗斯著名文学史家阿格诺索夫（В.В. Агеносов）教授经常一起出席中俄双边学术会议和各种文化活动，是一对跨国组合的"学术伉俪"。2019 年 6 月李英男荣获"中俄互评人文交流领域十大杰出人物"称号。就像她在自己的回忆录中所说："我是一个有俄罗斯情结的中国人。"

* 本文根据李英男教授口述录音整理。

参考文献

1. 李明滨. 李英男《红莓花儿开》——中俄文化双向交流的杰出代表 [N]. 中华读书报，2019-12-18(19).
2. 李莎. 我的中国缘分——李立三夫人李莎回忆录 [M]. 北京：外语教学与研究出版社. 2009.
3. 李英男. 红莓花儿开——相簿里的家国情缘 [M]. 济南：山东画报出版社. 2019.
4. 阎明复. 阎明复回忆录（一）[M]. 北京：人民出版社. 2015.

张建华：学者品格，名师风范
——成长与深潜

孙 磊

§ **摘 要：** 张建华的生命是以学术为业的生命，俄罗斯文学的教学、研究、翻译是他的一种生活方式和存在方式。他在北外读书，在北外成长，在北外成名。北外是成就他这个优秀学者的福地，这个优秀的学者也成就了北外俄罗斯文学学科的学术品牌。在近半个世纪在北外的学习、生活、工作中，无论是学生、教师，还是译家、学者，他都做得真诚执着，成绩斐然。他心无旁骛，孜孜不倦，始终沉浸在他迷醉的学术世界中。他活得简单，活得清澈。其生命成长与学术深潜的人生经历堪称后生学者的榜样。

§ **关键词：** 张建华 访谈录 俄罗斯文学

张建华[1]1961 年入北京外国语学院俄语系（今北外俄语学院）学习，1968 年毕业后在重庆仪表材料厂、研究所工作 11 年。1979 年在北外俄语系攻读俄罗斯文学硕士学位，1982 年毕业后留校任教，长期从事俄罗斯语言文学方面的教学、研究、翻译，曾任北外俄语系副系主任、系主任、俄语学院院长，校学术委员会委员。两届教育部高等学校外语专业教学指导委员会委员、副主任、俄语组组长。1999 年任中国俄罗斯文学研究会副会长，全国外国文学研究会理事。第一届中俄和平、友好与发展委员会中方委员。人民文学出版社创设的"21 世纪最佳年度外国小说奖"俄语小说评委。张建华是"文革"后第一批在莫斯科大学进修的教师，师从苏联文艺理论家、科学院院士彼得·尼古拉耶夫（П.А. Николаев），曾先后在莫斯科国立师范大学、莫斯科国立语言大学、国立普希金俄语学院访学。张建华语言功底深厚、治学严谨、创新意识强、学术成果丰硕，在国内外有重要影响。著有学术专著 8 部，普通高校高等教育"十一五"国家级规划教材 2 部，翻译中、长篇小说 10 部，其中包括"21 世纪年度最佳外国小说奖"获奖小说 3 部。主编《现代俄汉双解词典》等辞书 2 部，主编百科式工具书《当代外国文学纪事丛书 1981—2000（俄罗斯卷）》1 部，发表学术论义 120 余篇，其中 CSSCI 以上学术级别的论文 48 篇。主持国家和教育部社科基金 2 项。2006 年荣获俄罗斯作家协会颁发的"高尔基文学奖"。2009 年获俄罗斯世界基金会颁发的翻译贡献奖。2011 年获第七届北京市高等学校教学名师奖。2013 年获俄罗斯斯科奇人文基

---

1 张建华，男，汉族，浙江省余姚人，中共党员，二级教授，博士生导师，1995 年获政府特殊津贴。我国俄罗斯文学研究界著名学者，资深翻译家（2014 年中国翻译协会认定），中国作家协会会员，北京外国语大学王佐良外国文学高等研究院研究员。

金"俄罗斯-新世纪"翻译奖。2014年张建华领衔撰写的学术专著《20世纪俄罗斯文学：思潮与流派（理论篇）》获北京市第十三届哲学社会科学优秀成果二等奖。2015年，他的大型学术专著《新时期俄罗斯小说研究（1985—2015）》入选国家哲学社会科学成果文库。张建华长期担任国家和教育部社科基金通讯评审，《外国文学》《外语与外语教学》"中译经典文库·世界文学名著"（中国对外翻译出版公司）编委，中国外文局教育培训中心兼职教授（2011）。

特别值得指出的是，张建华为北京外国语大学贡献了三个第一：第一个国家优秀博士论文指导教师（2007）；第一个教育部高校"精品视频公开课"主讲教师（2012）；第一个入选国家哲学社会科学成果文库的专著作者（2015）。

一、北外俄语系本科的读书岁月：成长（1961—1966）

张建华笑称，"我认识的第一个外国人是普希金"。"中学课本上的一则普希金的童话《渔夫和金鱼的故事》影响了我终生的选择。分明的善恶观，对正义的崇尚，对弱小者的同情，让一个少年的心灵得到了真善美的启蒙。"（张建华2006b：26）由此他生成了对外语的特殊敏感和喜爱。这一喜爱使得"少不更事"的他在填写大学报考志愿表时，居然将两类高校的10个志愿全都填上了"外语"专业，除了一类高校北京外国语学院的俄语、英语、法语、西班牙语之外，还将二类高校中央民族学院的维吾尔语、哈萨克语、柯尔克孜语统统填在了表上。

1961年考上北外时，张建华只有15岁，是当时全校年纪最小的学生。因为体重不足80斤，校医务室怀疑过他的身体状况，专门为他复查了身体，得知他的年龄后才消除了疑虑。年龄尚小的他得到了老师和同学们的特殊关心与帮助。让张建华记忆犹新的是，二年级去动物园上口语实践课时，同学们都步行前往，唯独他享受由冰斌老师骑自行车驮行的特殊待遇。凭着对外语的热爱、少年的绝好记忆力和模仿力，本科期间张建华门门外语专业课都没有低于5分。一年级下学期期末在全年级口语比赛的优胜更极大地激发了少年学俄语的兴趣。二年级时，在老师的帮助下张建华与俄罗斯的一个名叫尤利娅的高中小女生建立了通信联系，为他笔语能力的提高帮助不小。高年级时，他作为班级代表被派往友谊宾馆做交传和电影同传的翻译实习也提高了他的语言实践能力。

20世纪60年代初，中国高校的文科教育遭遇了一个不小的窘境。"反帝、反修"的文章进外语课堂，使得外语教学遭遇了一定程度的"异化"。文学一度被冠上了"封资修"的名号，经典名著不同程度地遭到了封存。好在这种局面维持的时间不长。三年级时，北外编写的经典"老八本"俄语教材重返课堂。科学的体系，合理的结构，丰富的题材，精到的语言，还有不少的文学篇章，让学生们重新领略了俄语及其文学的美妙。图书馆也陆续放开了文学作品的借阅。从此，张建华开始了较为系统的文学阅读。

张建华的阅读从俄罗斯民间童话、克雷洛夫寓言、普希金的短诗，到屠格涅夫的散文诗、契诃夫短篇小说，及至一些还算易读的经典中长篇。这些作品给读原文还有一定困难的他莫大的快慰和成功的喜悦。四年级时，高年级教研室组织的"吃小灶"6人文学阅读小组更是大大开阔了张建华的阅读视野，并进一步提高了他对文学的兴趣。此间文学经典的阅读也拓展到了中国文学和其他外国文学。中国的四大名著张建华是在大学时期才认真读完的。他还读鲁迅，看《苦菜花》《烈火金刚》《星火燎原》《欧阳海之歌》，读《基督山恩仇记》（ *Le Comte de Monte-Cristo* ）、《悲惨世界》（ *Les Misérables* ）、《曼侬·莱斯戈》（ *Manon Lescaut* ）、《喧嚣与骚动》（ *The Sound and the Fury* ）等，那是张建华与多国别文学的相遇。为了更好地读懂托尔斯泰，他还专门选择了法语作为二外。张建华回忆道，大学时最快乐的事情就是阅读文学作品。用他的话说，"阅读使人成熟。思想之树，在文学阅读的过程中渐渐粗壮起来"。（张建华 2006a：34 ）

正是文学将张建华引进了一个外语学习和思维的新境界。他说："消磨了许多光阴，我才意识到自己的幼稚：外语是不仅要靠记忆、操练米学习掌握的，词语间奇特缠绕的景象，文字之链中炯炯的思想光焰更是需要用脑子来思索领悟的，对于掌握外语的见解若仍耽于语言本身是不会有出息的。后来，我迷上了以俄语为载体的俄罗斯文学，因为我发现，一本看上去并不起眼的文学小书竟有那么多妙趣横生的言语，悲天悯人的画面，让人无法释卷。久而久之，我开始对言语内涵的关注远多于对语言形式本身的关注，而对文学家情怀和文学作品中人性的凝思则远多于对其艺术造诣的探求。"（张建华 2007：72 ）用张建华的话说，从此以后，"俄罗斯文学成了我的最爱"。

大学本科的五年教育，不仅有知识的汲取，精神的成长，思想的丰盈，更有政治上的成熟，爱国爱党爱人民信念的确立。1966 年 1 月，深深地被兰考县委书记焦裕禄同志的事迹所感动，他与同班的赵成勋同学一起给当时兰考县委书记张钦礼写信，表达了对焦裕禄同志的无限敬仰和学习他伟大精神的决心。张钦礼书记在回信中表达感激的同时，坚定地说道："今后，我们要在现有的基础上努力学习毛主席著作，更高地举起毛泽东思想的伟大旗帜，在党的英明领导下，在您来信的鼓励下，踏着革命烈士——焦裕禄同志的足迹奋勇前进"[1]。兰考县委书记焦裕禄的感人事迹为张建华这一代人提供了光辉的榜样和真切的情感体验。

二、仪表厂工人的生活：精神的砥砺与净化（1968—1979）

回顾自己的人生经历，张建华说，他们这一代人与现在的年轻人最大的不同是，除了寒窗之苦，还经历过多年的生存曲折和精神磨难。1966 年张建华大学毕业，正值"文化大革命"刚刚开始，两年之后的 1968 年 9 月，原本分配到外交部的他被派往祖国西南的三线工厂。而这一干就是 11 年。

1968 年秋，张建华和来自其他高校的 5 名大学毕业生来到离重庆 60 公里外的北碚区花石仪表材料厂。没有宿舍，他们住在嘉陵江畔四面透风的木板房里，屋旁是日夜流水汹涌，如同暴雨倾注的山泉。板房边是连通猪圈的厕所，猖獗的大老鼠每每都会在那里有恃无恐地迎候每一个造访者。两年之后他们才有了正常的宿舍。物质的匮乏，生活的艰难，完全陌生的环境，学而无用的懊恼，让他们时有困顿、迷惘。不过，生活的难度往往会成就一个人战胜困难的精神力度。

1969 年早春，珍宝岛自卫反击战开始。10 月 20 日，青春激荡的那颗爱国心连同重返俄语

---

[1] 摘自中国共产党兰考县委员会张钦礼书记 1966 年 2 月 14 日的来信。

战线的强烈渴望促使张建华提笔给时任外交部长姬鹏飞写了一封信，表达了请战上前线的强烈愿望。11 月 12 日，张建华收到了外交部政治部的回信。回信说，"你看到'苏修社会帝国主义'制造严重边界流血事件表示无比的愤慨，要为保卫毛主席，保卫伟大社会主义祖国而请战的精神很好，望你继续发扬。希望你把这种精神用于贯彻和落实毛主席发出的'备战、备荒、为人民'的伟大号召上，狠抓革命，猛促生产，更好地接受工农兵再教育，促进自己思想的革命化，为人民作出贡献。一旦祖国发出号召要你奔赴杀敌前线时，望你能积极响应，在战斗中为人民立新功。"[1]这是继兰考县委书记的回信之后，张建华所经历的又一次重要的精神洗礼。回望人生，与祖国、党、人民共度的时艰，每每都会获得新的生命体验、新的思想认知，增添对祖国新的情感。

也许是年轻的缘故，更是有一种精神的依托，在仪表厂金属压力加工车间的体力劳动，与工人们同吃同住同劳动的生活，张建华并没有觉得有多苦。从未接触过这类工作的他从零开始，在工人师傅的指导下，学习、掌握不同质地贵金属合金的粗轧、细轧技术。他在不断提高轧制技术的同时，也领略了工人阶级豁达、乐观、豪放的精神品格。因未穿劳保皮鞋而被合金带头扎破脚踝的事故成了张建华与工人师傅结下深厚情谊的契机。是 6 个工人，在没有交通运输工具的情况下，抬着担架，徒步往返 1 个小时的山路，把张建华送到乡镇卫生所包扎处理。7 年在车间从未偷懒的劳动不仅造就了张建华强劲的体魄，也为文弱书生的性格注入了更多的韧性和坚强。在与闸机相伴的 7 年之后，张建华被调到了情报资料室。4 年的翻译、编辑工作使他似乎又找到了一名语言工作者的感觉。他从事技术情报资料的翻译工作，有俄文的，少许法文的，还有日文的，那是他用经过仅 4 个月培训获得的十分有限的日语知识，现学完成的。在 4 年的资料室工作期间，张建华与同事一起编纂了一本《仪表材料手册》，完成了 16 期季刊《仪表材料》《仪表材料文摘》的编辑工作。在"文化大革命"尚未结束的那些年里，青春正炽的张建华还参加过重庆仪器仪表局的毛泽东思想宣传队，访过贫问过苦，当过民兵纠察，为厂矿通讯写过文章，还参加过仪器仪表局下属的厂矿排球队比赛。时代的工厂生活以其独有的内容和节奏充实并强化着他尚显单薄的青春生命。

青春的力量是强大的，11 年山沟里的工厂生活并没有在张建华的脸上留下过多的印记。坦然接受的这段特殊的人生经历让他懂得了如何在困境中学会生活，热爱生活。这既是一种能力，也是一种精神境界。张建华动情地说，他时常用《钢铁是怎样炼成的》（«Как закалялась сталь»）中保尔·柯察金说的那句话来勉励自己，"Умей жить и тогда, когда жизнь становится немыслимой."（即使在生活变得难以忍受的时候，也要善于生活。）回顾往事，那段岁月虽然艰苦，却简单、纯粹、无邪，劳动中充满了快乐，车间的工人不仅单纯、善良，还有丰富的生活智慧。他们对工作的认真仔细，对产品精益求精的追求，无不在日后张建华的生活和学术工作中留下了深深的印记。"接受工农兵再教育"的生活让张建华的性格经受了磨砺，精神得到了净化。他说，人的成长其实如同冶金工艺一样，不管是"黑色的"，还是"有色的"，都需要熔炼、锻造、轧制、加工。听从党和祖国的召唤，一辈子扎根工厂，当山里人的思想准备还是充分的。张建华坦言，当时真还没有过强烈的念想，何时能上调，重返他喜爱的外国文学事业。

1　摘自中华人民共和国外交部政治部 1969 年 11 月 12 日的信。

一个人在工厂劳动，环境差、条件差，内心是敏感的，思想是活跃的。喜欢读的书没有，能够交流的人也很有限。幸好，寂寥的时候，还有从北京带来的一些俄文书打发时光。张建华说，"在重庆的 11 年中，他始终暗暗留恋着他心爱的俄罗斯文学。在那精神生活极度贫乏的日子里，他把从北外带到重庆的两箱书反复读了不知多少遍"。（张建华 2006a：34）尽管当时的阅读毫不系统，有什么看什么，但与作品中的文字、人物一起度过的那些时光，张建华的内心还是觉得充实的。每读一本书都是一次温习和重返，都是一次快乐和成长，因为有俄语在，有文学在，总会有新的感受、新的认识，能让他把生活看得更深、更远、更丰富。

三、重返北外：阅读、教书、译研、管理的跋涉（1979—2000）

1978 年是"文革"后我国高校恢复招收研究生的第一年。3 月中旬，张建华收到北外俄语系刘宗次给他写来的一封信。信中说，高校即将恢复研究生招生，南开大学将率先招收俄语专业硕士生。刘宗次虽然不是直接教张建华的老师，却是对他有知遇之恩的。在重庆的那些年里，刘宗次没有断过与他的联系，学业上的鞭策，精神上的鼓励，还有方方面面的帮助。感恩于刘宗次向南开大学的举荐，向四川外语学院（现四川外国语大学）谢盛根发出给予他学业上帮助的请求，张建华为了不辜负恩师的期望，更怀着重拾俄语事业的雄心，很快进入了备考状态。一个月后，刘宗次又一次给了他重新出发，回归北外的机会。刘宗次来信说，1979 年，他将作为北外俄语系第一个文学专业的指导教师招收硕士生。张建华激动兴奋之情难以言表。再回北外读书、深造，做喜欢做的事情，成了他此间全部的生命与精神寄托。温习功课期间，有好几天，一天的书看下来，居然忘了吃过中午饭没有。不久他又陆续收到了即将担任硕士指导教师的语言学专业的汪嘉斐、段世骥希望他报考研究生的来信。11 年了，他们却始终记得还在山沟沟里轧钢的学生。这些往事在记忆中的频频叠至，让张建华倍感温暖，热血沸腾。此后，每每有人问起他的学术之路时，他总会把北外俄语系这三个恩师的名字作为学术之路的引领人首先宣示。

重回北外的张建华已经 33 岁了。他自称上学早，启蒙晚。大学五年，基本上都在忙功课，各门功课平均用力，在语言上下的功夫更多，书读得很少。此后又有 11 年嘉陵江畔的"虚度"，系统的读书是缺失的。张建华说："实事求是地讲，不怕你们笑话，像现代主义、先锋派、美学这样的词都没有听说过。所以，知识的盲点到处都是，写起东西来捉襟见肘。"所以，当他以硕士生的身份坐进课堂的时候，心里是极其忐忑的。这使张建华尤其珍视研究生读书的三年时光，用苦读、多思、勤写来弥补基础的欠缺，尽早摆脱那种千疮百孔的状态。

刘宗次发现了张建华基础薄弱的缺点，但也看到了他喜欢阅读、勤于动笔、善于思考的特点，对他"照顾有加"。一是，在同年级五个研究生中，唯独让张建华在北大选听了三门课程：欧洲文学史、文学理论和世界艺术史；二是，二年级整整一个学年，刘先生让他在每周四上午与李莎教授单独交谈半天，向她讲述读书心得、研讨、交流学术问题。三是，刘先生高度重视阅读的重要性，在上完了一个学期的必修课后，在此后两年半时间里，张建华没再上过课。全部学位课程都是通过清一色的阅读、与导师的汇报、交流以及论文写作完成的。张建华至今牢牢记着刘宗次先生的一句话，"我的课上得再好，也比不上那些大师们在书中写得好"。

　　这种"不拘一格"的研究生指导方法让张建华大受裨益。丰富的阅读内容,扎实的理论知识,相对宏阔的视野,良好的文字驾驭能力,为张建华日后的教学和学术研究奠定了坚实的根基。刘宗次先生这种潜移默化、沁润无形的学术教化所发挥的作用是无论怎么评价都不会高估的。这一绝妙的指导典范,也成为日后,当张建华成为博士生指导教师时,所遵循的一种指导理念。

　　阅读让张建华沉浸其间,带给他艰深的思考。书虽然并不指点最终的去处,却引导他自己去追寻各种思想和文学问题的答案。平均每周3—4本书的阅读量,10多篇5000字以上的读书报告将阅读和写作的作用发挥到了极致:他有了明显的进步和成长。多年后,每当张建华回忆起研究生期间学习的这段日子时,他都会说:"那三年,我一辈子也忘不掉。读的书够我一辈子享用。"

　　三年的研究生生活于张建华而言是难忘的。刘宗次先生的悉心指导,对他写作的精心修改让他受益无穷。导师敏锐的学术嗅觉,深邃的思想洞见,炽热的人文情怀,高蹈的审美旨趣成为他永远的学术标杆。阅读渐渐丰盈了知识,弥补了漏洞,开阔了视野,最终让他翻越了一座座无知的大山,第一次结出了可喜的学术之果。硕士论文答辩的场景张建华至今记忆犹新。凭着在学界的声望,刘宗次先生请来了国内顶级的俄罗斯文学研究学者参加张建华的答辩,他们是:社科院外文所所长吴元迈先生,北师大苏联文学研究所所长刘宁先生,复旦大学著名的外国文学研究学者夏仲翼先生。更令张建华欣喜的是,学者们给予论文的高度肯定。夏先生说,"论文显示了作者相当的学识深度和科学研究能力。作为一篇学位论文堪称上乘之作"。(夏仲翼1982)刘宁先生说,"我认为,这是一篇有一定创见和学术价值的研究生毕业论文,表明作者具有相当扎实、系统的文学专业知识和俄语基础"。(刘宁1982)

　　张建华1982年留校任教,从本科俄罗斯文学和高年级俄语实践课教学起步,在文学和语言两个领域迈出了坚实的步伐。他说,"专业知识和外语水平是外语教师得以在高校外语教学和科研中立足的两个基础"。(张建华2011:374)他一方面在教学实践中努力夯实这两个基础,同时又不断地完善自己的知识结构,提高理论修养和外语实践水平。到了20世纪80年代后期,张建华又将本科文学课的教学内容由19—20世纪的俄罗斯文学向古俄罗斯文学拓展。在教学中,"他执著于最直接的文学感受与阅读印象,从与俄罗斯文学的精神对话中努力坚持个人的立场和看法,充分表达自己的个性化理解"。(张建华2011:374)

　　张建华还清楚地记得,为了准备留校后讲授果戈理(Н.В. Гоголь-Яновский)的第一堂俄文课,他足足用了1个月的时间,重新翻看了10本书。尽管教学质量和效果得到了前来听课的系和教研室领导的夸奖,但刚刚上岗的青年教师求全、求深、求新的通病也反映在了他的教学上:内容过于繁复,节奏过于急促,语言过于书面化的缺点暴露无遗。此后,文学课讲授要做到通俗易懂、深入浅出、晓畅通达,成为他对教学质量追求的一个重要指标。为了实现这样的目标,除了精细、充分的备课之外,还需要读书,需要厚实的理论基础,丰富的中外文学知识,综合的人文修养,精当的语言表达,以学术促教学,以教学检验学术。他总能将国内外最新的研究成果,他自己的学术见解体现在各门课程的教学中,保持教学内容的前沿性。

　　从20世纪90年代开始,张建华的教学重点逐渐转向硕士研究生。他先后开设了口译、同声传译、文学经典研读、19世纪俄罗斯小说史、20世纪俄罗斯文学思潮、俄罗斯文学批评及方法论等课程，为北外俄语学院研究生文学专业的课程建设做出了他应有的贡献。从 1988 年开始，他共培养了 20 名硕士生。随着时间的流逝，教学经验的丰富，科研能力的增强，学术水平的提高，他的教学质量和教学效果也越来越受到师生的认可和称赞。在教学环节上，他努力做到"三精""三新"：精准备课、精细解析、精到用心；讲解有新意、视角有创新、观点有新见。在年复一年的教学实践中，张建华真正做到了这"三精"和"三新"。

从研究生三年级起，张建华就开始尝试翻译文学作品。他清晰地记得，他的第一篇契诃夫短篇小说的译作并没有令导师满意。不过，这也让他看到了问题的所在：中文修养的欠缺。张建华说，"我，必须迈过这道坎，必须知恩图报，不辜负我的恩帅，必须不断地努力下去"。这是他开始重视中文阅读和强化中文写作理念的一个新起点。功夫不负有心人，毕业一年后，由导师刘宗次主译，由外国文学出版社出版的《舒克申短篇小说选》中终于有了译者张建华的名字。此后便一发不可收，几乎每年都有体裁、题材各异的译作、译著问世。人民文学出版社、重庆出版社、中国文联公司、解放军昆仑出版社、海峡文艺出版社等出版的外国文学译作中都留下了他深深的译迹。1999 年，为奖励他在教学、翻译领域的贡献，俄罗斯政府文化部授予他"普希金诞辰 200 周年组委会奖"。

回顾译介俄罗斯文学的历程，张建华说，"如果将文化'驿马'的责任简单理解为把一种文字转换成另一种文字，那就错了……对于俄罗斯文学的译介，我不只限于文学作品的本身与简单内容的介绍，我愿意更多地透过作品的字里行间，从情感的深处考量俄罗斯的民族精神与性格"。（张建华 2006a：35）这是他把翻译视作手段，深入文学研究的一种理念。对于张建华而言，翻译的作用和功能远远超出了译介本身，而被赋予了一定的学术品格。长年来，他每翻译一部作品，都会写一篇比较深入的长文，找到一个新的文学命题，开拓一个新的研究领域，以表达他的新的思想发现和艺术发现。习惯成自然，习惯一旦养成，就要比单纯的理念更有力量。张建华相当多的文学研究命题的发现，相当多的科研成果都源于他的翻译，是翻译之后的一种深入的文学批评和研究。

在完成了硕士学位论文之后的第二年，张建华便有学术处女作《谈谈舒克申笔下的"怪人"与"外人"》在《苏联文学》（现《俄罗斯文艺》）上发表。随即便有三期连载的《论苏联五六十年代的小说研究》问世，受到了学界的关注。20 世纪 80 年代后期的两年里，他又连续发表了在学界有影响的三篇学术论文《屠格涅夫晚期中短篇小说初探》《四十岁一代作家的生力》《当代苏联小说悲剧意识的嬗变》。这些成果不仅确立了张建华青年学者的地位，也奠定了他以俄罗斯当代文学为主要研究对象的学术方向。他说此后他的"俄罗斯文学研究的关注点大致集中在宏观和微观研究的两个领域：一是对文学理论和文学史的宏观研究；二是对创作个性与文学文本的批评"。（张建华 2011：375）

在张建华看来，"学术研究"是个不敢随便轻慢的词。它是反功利的，神圣，却不神秘。基于"学"的"术"，为了"究"的"研"，恰是大学教师工作的题中之义。它既源于生命的兴趣，更是职业的要求。在教学与科研的两驾马车之间如何平衡，张建华认为，它们就像人用两条腿走路，缺一不可，"跛子"容易疲劳，前行艰难，且行之不远。他始终把治学与为人，学问与修养紧密联系在一起。张建华说，"学者是在对崇高文化的追求中完善自己的思想品格的。对于我自己，只有把俄罗斯民族文化看作一个鲜活的生命，探求其性格和气质，以人为镜，以明得失、辨真伪；以民族性和民族史为镜，以拓视野，涤胸襟，作为探求者的我，自身的气质秉性才能够随之愈臻完善"。（张建华 2006a：36）

从 1986 年起，张建华开始接手俄语系的教学管理工作，先后任高年级教研室主任（1986），副系主任（1987—1992），系主任（1993），俄语学院院长（1994—2000）。

在担任学院领导期间，张建华坚持两个并重：教学、科研并重，教师队伍和学者队伍建设的并重。此间他主要抓了这样几方面的工作：1）年轻教师的博士化。通过任课教师的学术深造，引进优秀的学术人才两个渠道提升教师队伍的学术层次，切实拓宽学科建设的内涵。建议并推荐戴桂菊在北大历史系攻读博士便是其中一例。2）课程建设的系统化和学科化。20 世纪 90 年代，在俄语学院的本科、研究生阶段先后增设了将近 10 门课程。3）坚守以语文学为本，语言与文学教学并重的学科建设思路，保证北外俄语语言、文学两个核心学科的绝对优势。4）提升北外俄语学科的学术水平、学术影响，坚守北外在全国高校俄语学科中的领衔地位。张建华曾组织多个不同专业、学科的全国和国际学术研讨会，并由自己的老师担当大会的主旨发言。5）充分发挥老教师在学术和教学方面的引领作用。将已退休的老师请回学院，举办专题讲座、与新教师座谈，传授教学经验、科研心得。

此间，张建华担任高等学校外语专业教学指导委员会副主任委员兼俄语组组长。他领导的俄语组完成了两个版本的全国高校俄语专业教学大纲的制定工作，编写统编教材的组织工作，以及专业四八级水平测试方案的制定，高校年度学科专业发展会议的组织等，凡此种种受到了教育部高教司外语处和各高校相关领导、师生的高度评价。

四、潜心学术，培养后人（2000 至今）

从 21 世纪开始，已不再承担学院领导工作的张建华全身心投入学术研究和硕博士的培养工作。

在招收硕士生的同时，张建华于 2000 年开始招收博士生，到 2011 年时止，他共培养博士 11 名，其中获全国优秀博士论文 1 人（2007），获校级优秀博士论文 4 人（2007、2009 两篇、2012）。从 2006 年起，他担任博士后合作导师工作，在他名下从事博士后合作研究者共 6 人。现今，他们中获教授职称者 8 人，成为博士生指导教师者 4 人。

此间，张建华为博士研究生开设 5 门课程。除了对既有的硕士课程（经典研读、19 世纪小说史、20 世纪俄罗斯文学思潮）的拓展和深化外，还新增设了俄国与西方文论、俄罗斯当代文学专题、外国文学研究方法论专题 3 门课程，并为全校本科、研究生开设了欧洲文学背景下的俄罗斯文学通选课。这些课程内容涉及面广，跨俄罗斯文学、欧洲文学、中国文学 3 个学科领域，具有鲜明的比较意识。上述课程受到了不同专业、不同学科层次学生的热烈赞许和高度评价。2010 年张建华荣获首届北京外国语大学研究生会评选的"感动北外——我喜爱的导师"荣誉称号。2011 年 9 月张建华荣获第七届北京市高等学校教学名师奖。2013 年张建华主讲的俄罗斯文学的品格与文化特性课程被评为教育部高校第一批"精品视频公开课"。他还连续 9 年获北京外国语大学教学、科研突出贡献奖（2000—2005，2010—2012）。

在教学和指导硕博士生的同时，张建华在其学术领域潜心研究，成就卓著。他的120余篇学术论文中有92篇正是此间发表的，其中10篇被人大书报资料中心全文转载。专著《新时期俄罗斯小说研究（1985—2015）》入选2015年度国家哲学社会科学成果文库。2016年由商务印书馆出版的《当代外国文学纪事1980—2000俄罗斯卷》是此间张建华完成的100万字以上的大部头成果。张建华还主持完成了2016年国家社科基金重大攻关项目《中国精神文化大典》子项目"第四卷：历史思想卷"的翻译工作。此间黑龙江大学出版社出版的《当代中国俄语名家学术文库：张建华集》（2011）问世。北京大学出版社出版的《俄罗斯文学史》（俄义版）（2003）、《俄罗斯文学名著选读》（2010，两卷集：本科卷、研究生卷），外研社出版的《20世纪俄罗斯文学：思潮与流派（理论篇）》（2012）、《20世纪俄罗斯文学：思潮与流派（宣言篇）》（2015）相继问世。其中《20世纪俄罗斯文学：思潮与流派（理论篇）》获北京市第十三届哲学社会科学优秀成果二等奖，第三届中国大学出版社图书奖优秀学术著作一等奖。

在新世纪，张建华又有10部长篇小说的译著问世。2006年，他荣获俄罗斯作家协会颁发的"高尔基文学奖"，2009年获俄罗斯世界基金会颁发的翻译贡献奖，2013年获俄罗斯斯科奇人文基金"俄罗斯-新世纪"翻译奖，是俄罗斯文化界对他在翻译领域贡献的褒奖。

在教学、科研、翻译、人才培养相长相讲的过程中，张建华的学术思想经历了不断成熟、完善和愈益个性化的过程，视野也变得更加开阔广博。俄罗斯文学、欧洲文学、中国文学的打通，理论研究、批评实践、翻译实践的交融，文学、哲学、历史、文化、伦理、宗教等不同学科的跨越，使得他的研究成果呈现出视野宽阔、理论扎实、思想深邃、语言精到、个性鲜明的特色。慕名而来的高校、研究所以及图书馆、民间机构相继的讲学邀请成为张建华社会化讲学的重要内容。近10年来，他先后去了复旦大学、上海师范大学、上海大学、南京大学、北京大学、中国人民大学、浙江大学、中央美术学院、四川大学、新疆大学、广东外语外贸大学、哈尔滨理工大学、哈尔滨师范大学、东城区图书馆、商务印书馆、人民文学出版社等近30所高校和其他单位，做了30余场不同内容的学术讲座。2020年疫情期间，他仍在线上为浙江大学、首都师范大学等高校送去了5场学术报告。今年开春之后，又有南方的高校提前相约。张老师不断有精彩的讲座奉献给各高校的师生。

张建华用不同的方式宣讲他对俄罗斯文学的认知，（张建华2020：1—6）讲述外语学科回归"大文科语文学科"的重要性，（张建华2016：3—8）发出"俄罗斯文学研究要重建形式诗学"的呼唤。（张建华2020：83—93）他在即将出版的"新时代北外文库"丛书《俄罗斯文学的理论思考与创作批评》的后记中说，"讲授和研究俄罗斯文学，介绍文学的历史，分析一个作家，解说一部作品，讲述它的叙述结构，人物体系，语言特色，挖掘它的文化意蕴和思想深度，固然是教学和研究之必须，但是，小格局、小格调的讲授和研究终究难能揭示俄罗斯文学共时性的本质特征——这一民族文学独有的经验形态、精神形态、价值形态。如何对整个俄罗斯文学发展的起落，作家不同的创作理念、叙事风格做一种精神聚焦，对这一文学的精神原点作一个整体的把握和概括，这不仅对于教学至关重要，对于我们自己日后的研究也具有统摄性的引领作用"。（张建华2021）这是张建华在俄罗斯文学研究中更高层次的文化感悟。

2015 年张建华退休之后，立即被北京外国语大学聘为刚刚设立的"长青学者"。这个似乎为他而设置、命名的称谓真切地再现了他的精神和学术风貌。他的精神气并没有因为进入退休年龄而衰减，他对学术研究的投入和付出依然，成果的丰硕产出依然，提携、培养中青年教师的热情依然。

2017 年，应北外欧洲语言文化学院邀请，张建华开始在欧语学院继续发挥余热，如今已经是第 5 个年头了。5 年间他为欧语学院硕博士生开设了西方文论课，帮助青年教师顺利申请到 3 个国家社科基金项目，指导青年教师在高水平期刊上发表了多篇论文，出版专著。2017—2019 年北外专家工作坊成立，他又作为工作坊专家带领法语学院、俄语学院、阿语学院、亚非学院的 5 位青年教师进行科研工作。在工作坊的 3 年里，有阿拉伯语专业、印度语专业两位老师成功获国家社科基金青年项目，5 位老师发表了 10 篇 CSSCI 论文。2019 年欧语学院成立非通用语外国文学翻译与研究中心，张建华又应邀出任该中心主任，成为杂志《欧洲语言文化研究》编委。在欧语学院工作期间主持了 8 个博士、1 个硕士的论文答辩工作，参加两次欧洲语言文化的论坛年会。三联书店"三联中读"邀请他讲授的 58 讲大型音频讲座"俄罗斯文学的黄金世纪"已经成为平台的热门节目，受到高校俄语专业师生、社会上俄罗斯文学爱好者的喜爱与赞赏。三联书店高度肯定音频课的学术质量，并应广大听众的要求，将在今年以书稿形式出版课程内容。

回顾自己的学术和人生经历，张建华说，任何一种成才之道，其共同之点就在于要有吃苦的能力和接受磨难的准备。儒家的成才之道是：天将降大任于斯人也，必先苦其心志，劳其筋骨，饿其体肤，空乏其身，行拂乱其所为。现在我们无需饿其体肤了，但劳其筋骨、苦其心志在今天，对于任何一个想成才的人来说仍然需要。没有体力、脑力的付出，没有精神的磨砺，恐怕很难成为一个好学者。只有以一种肯吃苦的奉献精神，把自己的心奉献给学问，用心去对待学问，对待自己热爱并准备付出的事业，就一定能得到回报。而这种回报绝不是丰厚的利益和金钱，也不是职务、级别的升迁，顶多是师生的喜爱与学术界的认可。

张建华坦言，有时他在想，自己对俄罗斯文学完全了解了吗？尽管已经写了、译了足有几百万字的文字，其实对它的认识还很有限，对这个民族文学史上的那么多大师、那么多经典作品，对这个文学的肌理、发展机制、思想品格、言说方式，我们的研究还远说不上是深入的。如何用现代的观念，中国学者的视角，讲出有真知灼见的思想发现和艺术发现来，太难了。这个文学实在是太丰富了，丰富得就像一个浩瀚的海洋，我们对这个海洋的了解和认知还远远不够，对于我们来说，它永远都是一座取之不尽的矿藏。

五、结　语

在即将完成这一篇"张建华口述史"写作的时候，笔者忽然脑子里冒出了一个词：学术研究的精神史。口述史主人公学术人生所呈现的曲折、坚韧、精彩，以及去功利性的品格气度，恰恰正是书写学术研究精神史的一种尝试。尽管拙文与此要求相去甚远，但起码给予了写作者这样一种心灵的感悟。

张建华始终以一种马拉松的心态去完成一段段的学术短跑。他既努力做到在每一年的教学中不断推陈出新，有新的知识内容，有新的视角观点，有新的话语表达，也在学术研究的每一个阶段都有新的成果，新的进取，新的发现。这实际上是一种学术研究的精神外化。教育型知识分子的精神力量源泉在哪里？我想，主要是凭借自身所受的专业训练以及取得的理论知识。显然，高校教师、学者需要有这样的基于知识和学识的学术精神。

张建华说，教研已经成为他的一种生活方式，学术已经成为他生命中不可或缺的重要构成，一种心灵的需求。岁月积淀在了他的容颜上，但它在给予老学者皱纹与白发的同时，更赋予了他深邃的智慧和精神的力量。如今，张建华教授已向耄耋迈进，但旺盛的学术生命力依然，昂扬的学术精神依然。与他交谈，慈祥、深邃的目光中时有激情的活力溢出，我想，这一定是学术带给他的力量。

参考文献

1. 刘宁. 北京外国语学院研究生论文评阅书 [Z]. 1982-08-27.
2. 夏仲翼. 北京外国语学院研究生论文评阅书 [Z]. 1982-09-01.
3. 张建华. 我认识的第一个外国人叫普希金 [J]. 出版人，2006(16).
4. 张建华. 疆阔任驰骋 路遥驿马劲 [J]. 人物，2006(12).
5. 张建华. 人性的尴尬与人格的缺憾——关于普希金《驿站长》的再思 [J]. 俄语学习，2007(3).
6. 张建华. 当代中国俄语名家学术文库：张建华集 [M]. 哈尔滨：黑龙江大学出版社，2011.
7. 张建华. 俄罗斯文学的思想功能 [J]. 欧亚人文研究，2020(3).
8. 张建华. 确立"大文科外语专业"的学科意识 [J]. 中国外语教育，2016(2).
9. 张建华. 我国的俄罗斯文学批评需要重建形式诗学——跟着纳博科夫读俄罗斯文学 [J]. 外国文学，2020(4).
10. 张建华. 俄罗斯文学的理论思考与创作批评（新时代北外文库）[M]. 北京：人民出版社，2021.

裴玉芳：立德树人，情系俄语

黄雅婷

§ **摘　要：** 裴玉芳1949年出生在江苏滨海县的一个普通家庭，1971年考入北京外国语学院并由此开启了与北外长达半个世纪的缘分。1975年裴玉芳毕业留校任教，从辅导员到校党委副书记再到中国驻俄罗斯使馆公使衔教育参赞，裴玉芳参与并见证了中国教育事业和中俄两国教育交流的历史变迁和蓬勃发展。50余载光阴磨一剑，50余载身心献教育，从热血青年到睿智老年，裴玉芳始终不忘立德树人初心，牢记为党育人、为国育才使命，从未停下奋斗的步伐，为推动中国教育事业发展、增进中俄民心相通、推动两国教育文化等各领域的交流合作做出了贡献。

§ **关键词：** 俄语教育　裴玉芳　口述史　中俄教育交流

一、情起北外：俄语学习的日子（1971—1975）

1968年底，为了保护和储备外语人才，周恩来总理指示，北外六七、六八两届学生由外交部统一组织到唐山地区北京部队的几个农场劳动锻炼，同时学校派出外语教师进行教学和辅导。1970年4月，北外迁校至湖北沙洋，举办"五七"干校。1971年8月，北外恢复招生。同年10月，第一批工农兵学员800人入学，举行"文化大革命"以来的第一个开学典礼。

裴玉芳[1]便是北外恢复招生后的第一批工农兵学员。那时裴玉芳正在老家农村插队劳动，得知北外到滨海招生，并且自己被推荐参加入学考试的消息，裴玉芳既感到兴奋不已，又忐忑不安。因为滨海县共有21个乡镇，每个乡镇只推荐1名表现好的青年学生到县城参加入学考试，最终只能录取一人，21：1。考试分为笔试和面试，回想起来，不算复杂，笔试只需要做一篇作文。裴玉芳回忆道，当时的面试官是北京外国语学院英语系的杨立明教授和杨鑫楠教授，而后者就是著名主持人杨澜的父亲。两位老师当时还只是30出头的中青年，儒雅可亲，没有一点架子，更不会让人产生任何紧张情绪。好像做梦一般，就这样，在插队劳动整整三年后的1971年，裴玉芳来到了北京外国语学院，连她自己也没想到的是，这一来，便是一辈子。

1971年入学伊始的裴玉芳来到了湖北沙洋。回想起刚到沙洋的情景，裴玉芳说，她到了学

---

[1] 裴玉芳，女，汉族，江苏滨海人，中共党员，教授。1975年起就职于北京外国语学院，历任辅导员、党委组织部副部长、俄语系党总支书记、校党委副书记。2002—2011年，担任中国驻俄罗斯使馆公使衔教育参赞。2011年起，担任欧美同学会留苏分会副会长（2011—2019）、欧美同学会留苏分会理事、全国老教授协会常务理事、北京外国语大学老教授协会会长等。

校以后觉得好像进入了天堂。在农村劳动时，他们靠着国家对知识青年的特殊粮食补贴和家里父母的不时资助才能勉强吃饱。到了学校后，实行的是供给制，不仅学费和伙食费全免，还给每人发放每月7.5元的生活津贴。每日三顿饭菜不限量，几乎天天有荤腥，稍微劳动一下，中间还有加餐，裴玉芳与其他同学们一样，都十分珍惜这次重新获得的学习机会。

1971年，在湖北沙洋时俄语系共有11个班。裴玉芳回忆道，当时的沙洋分校经过老师和老生们两年的辛苦建设，已经住上砖瓦房，用上自来水。俄语系老师们都特别淳朴忠厚，对学生关怀备至，教学兢兢业业。师生们吃在一起，住在一起，劳动也在一起，关系十分融洽。俄语系这一届的学生来自四面八方，原有的文化程度和俄语基础差别很大。有北外附校当年刚刚初中毕业的初中生，他们从小学四年级就开始学习俄语，入校时已经不间断学习俄语六、七年；有的是直接由部队选派，也有较好的语言基础；也有像裴玉芳这样，在1966年"文革"开始时已经读到高中二年级的；更多的是"文革"开始时只读到初中一、二年级。

系里根据因材施教的原则，将学生分成三个不同教学层次的班级，使用的教材不尽相同，教学进度也有所差异。因为有俄语基础，裴玉芳被分到了第二快班即八班。班主任是高中音。其他的授课老师还有吴宏金、白春仁、周圣、刘宗次等，每一个老师在裴玉芳眼里都是各自学科领域中的佼佼者，让她仰慕不止。而老师们在教学中的严谨认真、对学生们的耐心细致，更是令裴玉芳牢牢铭记在心，她一次次地告诫自己，要牢牢把握宝贵的学习机会，以不负国家的期望、恩师的培养。

1972年8月，全校迁回北京后俄语系调整为10个班。回到北京的学习条件比湖北沙洋好很多，比如，当时俄语系配备了电教设备。裴玉芳对当时电教室的裴家勤等老师印象特别深，她清楚地记得老师们如何想方设法、尽己所能为学生们创造良好的学习条件。当时每个教室里面有一条线连接电教室，学生在教室里用耳机连接插头便可收听俄语广播。令裴玉芳十分自豪的是，她所在的班级可谓是学风端正、向学勤勉的模范班级。因为每位同学几乎都经历了上山下乡的锻炼，大家十分珍惜这来之不易的学习时光，同学之间关系也十分融洽，互帮互学、一对一蔚然成风。

二、情续北外：留校工作的日子（1975—2002）

1975年2月，裴玉芳毕业留校，成为一名双肩挑的俄语教师和辅导员。当一名传道授业的教师是裴玉芳打小的梦想，初中毕业填报的志愿中除了高中外，她还填报了师范和地质两个专业。裴玉芳说，自己十分喜爱教师这一职业。教学相长，教学对她来说就是一个不断学习、自我提高的过程。为了能使学生学有所得，教师必须不断地充实和完善自己，也可以说在与学生们一起不断成长进步。

留校后的裴玉芳上过俄语语法课、阅读课、听力课、视译课、口译课等各类课型，同时，她始终承担着辅导员的工作。当时还未成家的裴玉芳和其他辅导员一样，与学生同吃同住，朝夕相处，全部工作以学生为中心，尽自己所能，在思想、生活和学业上全面关心和帮助青年学生健康成长，努力用真挚坦诚、润物无声的精神在双肩挑岗位上恪尽职守。

1978年，北外俄语系承担了全国外语教学进修生培训任务，裴玉芳有幸以青年教师身份得到了一年进修的宝贵机会，得以在俄语专业学习方面又上了一个台阶。同年，北外恢复了研究生教育，开始招收研究生。北外成为中国首批具有硕士、博士学位授予权单位之一。1980年，经过认真准备，裴玉芳以总分第一名的成绩考上了研究生。

裴玉芳对研究生时期的课程和恩师记忆犹新。北外俄语学院师资力量雄厚，活跃着一批国内外知名的学者专家。裴玉芳回忆起许多对她成长帮助很大的老先生，有王福祥、李莎、白春仁、段世骥、肖敏等等。

研究生课程上了一段时间之后，开始选择研究方向，裴玉芳选择了我国著名语言学家和外语教育家王福祥作为硕士生导师，研究方向为话语语言学。王福祥是我国第一个获得"普希金奖章"的人，在话语语言学、功能语言学等领域建树颇丰。回想起读研时光，裴玉芳坦言，她最大的感受就是研究生的三年学习对提高自主学习能力大有裨益。作为裴玉芳学术生涯的领路人，王福祥治学严谨、严于律己的精神对年轻的裴玉芳产生了深远的影响，也成为此后裴玉芳兢兢业业工作的典范和标杆。王福祥每周都要求裴玉芳搜集和整理俄语话语例句并做成资料卡片，在王福祥的悉心指导下，裴玉芳洋洋洒洒地写出了300多页的硕士论文，日积月累三三两两的素材卡片为毕业论文的顺利撰写起到了重要的作用。1983年，裴玉芳顺利通过了硕士论文答辩，获俄罗斯语言文学硕士学位。

硕士毕业后，裴玉芳继续承担学校的双肩挑工作。1988年，裴玉芳赴莫斯科大学语文系进修。她回忆道，在莫大进修的一年对她来说收获颇丰，总结起来，主要有两点感受。

第一，1988年是中国实行改革开放政策的第十个年头，十年间，中国经济发生了巨大的变化，人民的生活水平得到实质性提高，中国可谓发生了天翻地覆的变化。而1988年正是苏联解体前夕，戈尔巴乔夫的"新思维""多元化"到处泛滥，各种社会思潮沸沸扬扬，莫斯科大学校园里也不时有集会、辩论会。感觉在俄罗斯，人人热衷于所谓的"政治改革"，对搞好经济似乎无人问津。而当时普通俄罗斯人的生活水平已经在不断下降，尤其是许多基本的生活物资极为匮乏，普通老百姓购买蔬菜、洗衣粉等生活用品，都需要排很长的队。看到当时两国截然不同的社会经济状况，裴玉芳说，最大的感触就是中国的改革开放取得了显著的成就，充分证明了中国改革开放政策的正确性。

第二，真正的学习不仅要注重课堂内，也要注重课堂外。裴玉芳说，她非常感谢国家和学校提供的留学机会，留校工作后，她服从组织安排，长期将主要精力用在日常党政工作中，无法将更多的时间花在自己喜爱的俄语专业上。现在一定要好好把握留学机会，充分利用良好的俄语环境，提高自己的专业能力。除了按部就班认真上好每一节课外，她还经常在排队购物、厨房做饭的时候找机会和苏联人聊天，用俄语聊聊自己的学习和生活。当时苏联人对中国的改革开放情况十分感兴趣，裴玉芳便时常关注收集新华社有关的俄文报道，然后用俄语向俄罗斯朋友讲述中国改革开放的做法和成效。当时和裴玉芳一起在莫大进修的还有社科院的吴仁章研究员，课余时间裴玉芳常常应邀陪同吴仁章一同到苏联中央党校、社会科学院等单位，与苏联的一些教授和研究人员交谈，做社会调查和访谈，这不仅为裴玉芳提供了良好的俄语学习机会，也使得她更多地了解到中苏两国不同的国情。访谈结束后由裴玉芳整理出来的笔录后来还在国内社科杂志上刊登了出来，为国内有关部门和学者们研究苏联当时的状况提供了参考。

凭借着工作的踏实、勤奋，裴玉芳逐渐走上了学院党政领导岗位，先后担任俄语系党总支副书记、党委组织部副部长、俄语系党总支书记。1992年起，裴玉芳任北京外国语学院党委副书记。虽然党政工作任务繁重，但她从未放弃俄语专业的教学和科研，始终坚持上课。

北外的传统优势学科是语言文学，建校几十年中，为国家培养了一批批高素质的外语人才。但随着社会的发展和国家对外工作要求的变化，国家急需既懂外语又具备专业知识的复合型人才。

20世纪九十年代，北外党委和校领导一直致力于组织引导教师们探索复合型人才培养模式，对勇于改革创新、开设新课的教师在政策和资金等方面给予大力支持。时任校党委副书记的裴玉芳身体力行，以实际行动支持教学改革。裴玉芳回忆道，当时由于中俄关系已经有了较大的缓和，双方贸易渐渐扩大，所以北外本科俄语专业三年级开始增设经贸俄语课。课程很受学生欢迎，又有了一些正式出版的教材。但是关于俄罗斯的社会、国情、外交政策等内容还没有课程能够容纳。裴玉芳主动申请开设俄罗斯社会、外交选修课，目的是让即将走上外交工作岗位的青年学生能在在校期间对中俄外交政策等有所了解和比较。项目获批后，她自己从俄文报纸杂志、新华社通讯稿、不同书籍中选取素材，编写教材讲义。

在本科三年级开课后，课程受到了学生的欢迎，学生们普遍感到，课上学到的一些东西平时自己在看报听广播时竟都能用上。有些同学还主动到系里资料室借阅俄文报纸杂志，翻看有关内容。资料室的老师看到以前鲜少有人问津的俄文报纸有时竟不够借的，也都感到高兴。而更让裴玉芳欣慰的是，多年后，遇到分到外交部的一位学生，这位学生一直津津有味地回忆当年上课的情景，不住地说："老师，您在课上讲的东西工作以后都用上了。"裴玉芳感慨道，其实，以前她能教给学生的真是太少了。让她感到高兴的是，近些年来，北外在教学改革、复合型人才培养方面一以贯之，持续探索推进，卓有成效。目前，除了传统的外国语言文学学科得到大大扩展外，又相继开设了经贸、法律、外交、对外汉语等多种学科，培养复合型人才的架构基本完善，提出"高、精、尖、特"的发展目标，她坚信，这一切必将为众多北外学子提供更多的选择、更好的学习环境。

三、忠诚奉献：驻外使馆生活（2002—2011）

2002年5月，裴玉芳被借调到中国驻俄罗斯使馆担任教育参赞。她从北京到莫斯科航班的日期是2002年5月17日，在起飞的前一天即5月16日她还受命在学校接待了俄罗斯的一个访华代表团。

2002年5月17日，裴玉芳抵达莫斯科，开启了自己长达9年的驻外使馆生活。驻外使馆教育处的主要工作包括促进中俄双边教育交流合作关系；负责中国留学人员的服务与管理；鼓励支持中国留学人员回国工作为国服务；促进中文和中国文化在俄的推广，支持孔子学院建设；推动赴华留学；组织教育信息调研；开展教育公共外交；指导与协调中国驻俄各总领馆教育组有关工作。

面对这一全新的工作环境和任务，作为外交战线的新兵，裴玉芳深感责任重大，决心从头开始，努力学习探索，不辱使命，不辜负国家和学校的信任和期望。

　　裴玉芳认为，驻外使馆教育处的重要责任是代表国家管理和服务留俄中国学生，为他们在国外的学习生活创建更好的环境，维护他们的合法利益。2002年到莫斯科到任后不久，她就发现，当时一些俄罗斯高校对中国留学生的教学把关不严，有的甚至用降低教学要求、罔顾教学质量、滥发毕业证书等来吸引一些只想混个文凭的学生，以追求学校的经济效益。看到一些少不更事的学生花着父母辛勤积攒的钱财，在俄罗斯学了几年还说不出几句完整的俄语，她和教育处的同志都非常着急。他们立即利用各种机会多次与俄罗斯教育部门和各高校沟通协调，甚至与个别学校负责人发生激烈的争辩。因为，他们清楚，为留学生争取到良好的学习环境，保证他们学有所得，就是在维护他们的根本利益。得益于教育处与俄方政府教育主管部门的紧密合作，在他们的监管之下，一些高校对中国留学生的教学管理情况大为改观。

　　裴玉芳坦言，在使馆教育处工作的9年间，自己得到了极大的锻炼，在对外交往中加深了对国家外交政策和方针的理解，提高了自己专业俄语应用能力和外交斡旋水平，对自己有幸见证并参与了中俄两国全面合作的发展进程感到十分的欣慰。她回忆道，那些年，在中俄两国国家元首的共同策划推动下，两国交往十分密切。如：每年包括两国元首级在内的高层领导频繁的互访与会晤（国家元首互访、中俄总理会晤、中俄经贸合作分委会会议、中俄人文合作委员会会议、中俄教育合作分委会会议……）；2006—2007年互办中俄"国家年"；2009—2010年互办中俄"语言年"……每一次重大活动都需要驻外使领馆与国内及俄方进行多方协调沟通安排，任务十分繁重。

　　在使馆和教育部的领导下，裴玉芳组织带领教育处的同志严格遵照国内和使馆的指示和要求，积极与俄方有关部门交流沟通，认真落实上级各项指示和要求，力保每一次活动都顺利圆满。裴玉芳提到，因工作需要，教育处与俄方教育主管部门和各类学校的交往十分密切。在长期的真诚合作中，双方不仅在工作中互相支持，同时也建立了良好的人际关系。因此，在遇到棘手问题时，基本上总能"找得到人、说得上话、办得了事"。

　　在谈到俄罗斯的中文教学时，裴玉芳说，俄罗斯的汉学研究历史悠久，随着中俄关系的不断深入发展，中文教学在俄罗斯也得到了广泛的重视。在俄罗斯工作几年的一大收获是结识了一批对华十分友好的汉学界朋友，其中有俄罗斯著名的汉学家，也有大中小学的中文老师。

　　裴玉芳特别介绍道，北外的郑明秋教授当时也在使馆教育处负责中文推广工作。这是一名非常优秀、工作能力极强的好同志，与裴玉芳是大学同学，也是她在使馆工作中的得力帮手。一段时间，在国家汉办（现"中外语言交流合作中心"）的支持下，"孔子学院"在很多国家"遍地开花"之时，裴玉芳和郑明秋等始终坚持从实际出发。她们冷静地意识到，中文推广工作应该切合各国的国情，既要顾及到外方的需求，更要严加考察，要有长期规划，保证这项工作的可持续发展。他们经过反复考察论证，协助孔子学院总部陆续在俄罗斯几个开设有中文专业学科的国立重点高校中建立了"孔子学院"。数量不多，但每一个教学点都有一批热心中文教学的俄罗斯本土教师，他们积极参与孔子学院的教学工作，不仅为有学习需求的大学生和当地居民提供服务，而且自身的中文专业水平也得到不断的提高。由于俄罗斯政府对中文教学的重视，俄罗斯的中文推广工作一直较为顺利和正常。随着中俄两国关系的不断深入和发展，越来越多的俄罗斯人开始学习中文、穿唐装、吃饺子、听京剧、来中国旅游……

2010 年，裴玉芳在接受新华社采访时指出："目前俄罗斯境内有 130 多所大学开设了汉语课程，其中将汉语作为第一外语的就有 40 多所。学习汉语的大学生、研究生达 1.47 万人，以汉语为主要外语的中小学有 20 多所，有学生 1.1 万多人。俄罗斯已跻身中国接收留学生国家的前 6强，共有 9000 多名俄罗斯学生在华深造。这些学生都是中俄友谊的传播者，他们的家人、同学、朋友都会从他们那里受到中国文化潜移默化的影响。"（裴玉芳 2010）提到这些数字，裴玉芳说，十年过去了，现在中俄两国教育文化交流又有了长足的发展。她表示，自己对新时代中俄全面战略协作伙伴关系的发展充满信心，同时也为自己能为中俄两国教育文化交流、为两国人民的友好事业贡献了一份力量而感到欣慰。

四、情系北外，退而不休（2011 至今）

2011 年，裴玉芳结束了驻外使馆工作回到了北外。62 岁，这个年纪于许多人来说或许是一个工作与休闲的分界线。但于裴玉芳来说，却是她又一段风雨兼程的开始。2011 年回国后，裴玉芳相继担任欧美同学会留苏分会副会长（2011—2019）、欧美同学会留苏分会常务理事、中国老教授协会常务理事、北京外国语大学老教授协会会长、北京外国语大学关心下一代工作委员会（以下简称"关工委"）常务副主任、北京外国语大学离退休总支委员。

裴玉芳回国后，一直与一些在俄或已经回国工作的留俄学生保持联系，了解他们的留学和工作情况，与青年人分享学习生活的感悟。担任欧美同学会留苏分会副会长期间，她积极参与分会组织的各种活动。欧美同学会留苏分会作为国际学联的成员单位，与俄罗斯驻华使馆、俄罗斯文化中心等单位有着密切的联系，经常联合举办各种促进中俄友好的大型活动，如：纪念俄罗斯（苏联）高校国际毕业生日活动、纪念中俄建交七十周年、纪念反法西斯战争胜利等。同时，留苏分会还组织广大留俄归国人员举办各种专家报告会、研讨会、俄罗斯音乐会以及每年一次的春节联谊会，为老中青留苏（留俄）学子共叙友谊、加深合作提供不同的平台。

2013 年，裴玉芳当选北京外国语大学老教授协会会长。老教协理事会 15 名理事都是在北外辛勤工作几十年、对北外怀有深厚感情的老同志。他们热心社会公益活动，退而不休，乐于奉献。学校领导十分重视老教协工作，在人力、财力方面给予了很大的支持。在离退休工作处、出版社、附校等单位的大力支持帮助下，秉承为社会培养更多有用人才、促进国家基础外语教育的均衡发展的宗旨，北外老教协携手关工委组织动员了一批有理想、有情怀的北外退休老教授积极投身扶贫支教事业。裴玉芳指出，这是我校享誉多年的"歆语工程"的组成部分。从 2006 年起，北外就有一批知名教授和学者组成培训团队，带领学校青年教师、博士、硕士和本科生志愿者，分别与北京、河北、新疆、四川、黑龙江、山东、广西等地方合作，到外语基础教育薄弱地区、革命老区、边疆地区开办讲座，教授课程，培训当地的外语骨干教师。十几年来，这项工程使全国各地数万名青年英语教师和在校学生受益，北外 700 多名师生也在"歆语工程"的实践中"受教育、做贡献、长才干"。2010 年，这项活动荣获联合国教科文组织亚太地区文晖教育创新奖。

2013 年以来，北外老教协携手校关工委，开始有针对性地开展一系列精准支教帮扶活动，先后组织近 10 个支教团队，老教授们的支教足迹遍及云南、宁夏、浙江、河北等地。如：

2013—2015 年，连续 3 年 4 次派处专家组赴云南大理白族自治州鹤庆县、永平县和丽江市玉龙县等地，通过上公开课、专题讲座等形式，完成了对 2000 多名中、小学英语教师的专业培训。2016—2018 年，连续 3 年为北京市房山区中、小学英语教师举办了 3 次长期的义务培训。2018年 4—7 月，将义务支教服务送到了西部宁夏回族自治区的北方民族大学，并把教育培训支持的对象，由原来的中、小学英语教师，扩大到大学外语教师，并直接面向在校大学生，培训的语种除了原来的英语，还增加了日语和阿拉伯语。

　　2019 年 6 月，北外主动参与教育部离退休干部局在河北青龙满族自治县实施的扶贫项目——"银龄园丁行动"，送教到满乡。为使帮扶活动更有针对性，裴玉芳两次参与支教专家组的前期考察，与老教授们一起深入学校课堂，现场观摩教学，听取县级分管领导的情况介绍，与有关学校领导和任课老师进行交流、座谈。在此基础上，与青龙县教师发展中心一起制定了教师培训计划。7 月份，北外老教协、关工委、教育部离退休干部局联合向青龙县派出了由北外英语专家张耘、北外附校的现职英语教师、外研社 AI 英语智能学习平台专家、教育部国际合作与交流司原司长曹国兴和岑建君等专家组成的支教团队 。支教组的老师们放弃休息时间，利用暑假，从英语教育的国际视野、应有的激情、素质要求等角度，就如何当好中学英语老师，以及教学方案的设定、可用资源的整合、新智能学习平台的使用，阅读、写作、听说课的操练、学习兴趣的激发和引导等内容，对青龙县 40 余名初中英语骨干教师进行为期一周的强化培训。

　　多年的支教活动一直受到各地政府和老师们的热烈欢迎，许多参训学员表示，北外专家团队给我们带来了新的教学理念和实践经验，让人耳目一新，受益匪浅。这种短期强化培训不仅提高了自己的英语实用技能，学到了有效的教学方法和手段，更让我们体会到了一名教师所要承担的责任。支教专家们不辞劳苦、兢兢业业为贫困地区英语教育传经送宝的奉献精神同样深深感动着参训的老师们。房山区教师进修学校向支教老师赠送了绣有"业务精湛、师德高尚"的锦旗。青龙县教师发展中心及全体参训教师在为支教团队赠送的锦旗上写道：爱心寄燕赵情暖冀北，送培到满乡智润塞外。

　　裴玉芳特别提到，这些年支教帮扶等工作取得了一些成绩，既得益于校领导和各单位的支持，更得益于我们有一大批热心教育事业，不计名利，甘于奉献的老同志、老教授，他们是我们永远的榜样。比如英语学院的张耘教授，年过八旬，不仅每次都积极带队参加培训，而且始终坚持教书先育人的原则。 每次培训的第一课必定是张耘老师的英语报告"如何做一名好老师"。在宁夏北方民族大学，张耘老师结合自己的成长经历和大学生活，为学生做了一次"Be a Good Student？"的大型讲座，给全校师生上了一堂轻松活泼的英语课，一堂生动可信的爱祖国、爱学习的情怀课。整个讲座大堂座无虚席，过道里也站满了聆听讲座的同学。近 3 个小时的讲座，同学们听得全神贯注，没有一人中途离场。讲座结束后，同学们纷纷在校园网上发表感言，不少同学说："原来外语还可以这样学？！""这样好的讲座来得太迟了！"还有的同学说"这是我听过的同类讲座中最棒的。"

　　裴玉芳坦言，中国的教育发展不平衡，需要很多人付出努力 。扶贫支教为离退休老教授发挥余热、服务社会提供了崭新的平台，为地方教育和国家基础外语教育水平的提高贡献了力量。支教工作不仅给她和所有参加者们带来了满满的幸福感、充实感和成就感，更深刻地体现老一辈学者们对党、国家和教育事业的热爱与忠诚。

作为北京外国语大学关心下一代工作委员会常务副主任，裴玉芳注重广泛团结组织离退休老教授、老党员中的积极分子，加强学习，不断提高对搞好关工委工作重要性的认识，以建设一支骨干队伍。近年来，在教育部、北京市关工委和学校党委的领导下，北外关工委努力拓宽工作思路，创新工作路径，搭建发挥"五老"优势的工作平台，服务立德树人根本任务。以培养和践行社会主义核心价值观为主线，关工委和离退休工作处等一起，以"学习十九大报告""纪念改革开放四十年"等主题多次组织老少同堂学习座谈活动；学校各院系的二级关工委还结合实际，开展"读懂中国""院士回母校"等主题教育活动，把青年学生的理想信念教育和爱国主义教育贯穿始终；在教学督导、同心抗疫等多方面开展工作，取得一定的成效。（北京外国语大学2020）

北外关工委还联手老教协，与外研书店开展合作，共同参与国家公共文化服务示范区建设。2018年，外研书店正式挂牌成为北外关工委工作基地，包括裴玉芳在内的11位老同志被聘为书店的教授店员。2019年下半年，老教授店员们与外研书店一起，积极参与了2019海淀区全民阅读系列活动，利用周末时间，为书店所在社区的居民举办了9场免费公益讲座。老教授们利用自己专业优势，介绍自己所学语言对象国的概况、中外国情文化的差异、我国与这些国家的关系，宣传我国和平发展的外交政策等。裴玉芳带头做了首场讲座"俄罗斯，你知道多少？"。另外还有汪玉林教授主讲的"《论语》在日本的传播"、肖桂芬教授主讲的"阿尔巴尼亚概况"、邓淑碧教授主讲的"柬埔寨文化概述"、资深编审雷航主讲的"永远的老子"、张良民教授主讲的"老挝文化概述"、张耘教授主讲的"莎士比亚和他的哈姆雷特"、张崇智教授主讲的"德国概况——浮光掠影看德国"、李梅教授主讲的"捷克概况"等。

这些年来，北外关工委还与社区合作，举办"庆六一"儿童义卖、为贫困地区捐款等活动。聘请校内外专家，开办了两期"家长课堂"，内容涵盖英语教育、美学教育、青少年心理和家庭关系等。相关专家与年轻的家长共同探索如何根据孩子的个性特征，优化家庭教育过程，积极构建健康舒适的家庭关系。

五、结　语

回顾个人的成长经历，裴玉芳说，她由衷地感激党和国家的培养，感激时代赋予她的机会，感激北外为她搭建的平台，感激几十年来北外老师和同事们对自己的关心、支持和帮助。现如今，与中华人民共和国同龄的裴玉芳已过古稀之年，依旧步履不停，发挥余热，服务社会，传递正能量。裴玉芳用实际行动践行着自己在入党时的誓言，用热心、爱心和真心凝聚向上向善的力量，努力做好一名合格的教育工作者。在2020年学校举办的"致敬老同志、喜迎重阳节"联欢会上，裴玉芳曾即兴吟了一首小诗，其中有几句是："岁晚责任不敢忘，同心协力国是商。老骥伏枥志千里，发挥余力为小康。喜看人才代代出，北外明天更荣光。"也许这就是裴玉芳晚年生活和心理的写照吧！

参考文献

1. 北京外国语大学. 我校关工委召开 2020 年工作总结会. [EB/OL].（2020-12-28）https://news.bfsu.edu.cn/archives/283581

2. 北京外国语大学. 我校老教授为房山区小学英语教师开展培训 [EB/OL].（2016-11-04）https://news.bfsu.edu.cn/archives/257410

3. 高帆. 中国驻俄大使馆公使衔参赞裴玉芳：掌握汉语成为俄罗斯职场中的重要优势 [J]. 海外华文教育动态，2012(12).

4. 人民网."俄罗斯（苏联）高校国际毕业生日"活动在京举行 [EB/OL].（2014-11-17）http://edu.people.com.cn/n/2014/1117/c1053-26042341.html

5. 中华人民共和国中央人民政府. 裴玉芳：从细节和数字感受俄罗斯"汉语年"魅力 [EB/OL].（2010-11-21）http://www.gov.cn/jrzg/2010-11/21/content_1749877.htm

张金兰：教书育人四十载，心系俄语一生情

劳华夏

§ **摘 要：** 张金兰于 20 世纪 70 年代就读于北京外国语学院俄语系，曾师从赵作英、任平、武秋霞等多位老一辈俄语大师。留校任教 40 余年来，她凭着对俄语和俄语教育事业的一腔热爱，培养了无数活跃在国家建设各行各业的优秀俄语人才，在教学和科研工作中取得了一系列耀眼的成绩，也为汉语国际推广和中俄人文交流事业做出了卓著的贡献，值得年轻一辈俄院人学习。

§ **关键词：** 俄语　教学法　张金兰　口述史

一、俄院情深：从求学到育人

　　张金兰[1] 是北京外国语学院俄语系 1974 级本科生，当年 9 月入学，1978 年 5 月毕业。俄语系 1974 级本科生均为工农兵大学生，共 31 人，分为两个班。张金兰所在的班级一年级的俄语启蒙老师是赵作英。赵作英是全国知名的俄语语音学专家，其语音与俄语母语者无异，对汉语和俄语中的发音器官和发音方法有着独到的研究。赵作英教学态度认真，一丝不苟，要求非常严格，对于学生极为细微的语音瑕疵也会及时纠正。二年级时，实践课的任课教师是任平。任平俄语水平高，授课生动有趣，教学风格活泼，在 20 世纪 70 年代就已在尝试将交际教学法应用到实践课中，经常组织学生在课上用俄语扮演各类角色，对语言知识做到活学活用。三、四年级时的实践课老师是武秋霞。武秋霞常年从事俄语实践课教学，经验非常丰富，教学严谨，对学生口、笔头练习要求严格。在她的教导下，张金兰的俄语水平有了很大提高。

　　北外的学生时代给张金兰留下印象最深的除了老一辈俄语系教师在教学上的兢兢业业，还有特殊时代背景下的亲密融洽的师生关系。当时，师生同在学校生活，亦师亦友，关系十分密切，老师们对学生的学习和生活都非常关怀，如武秋霞就经常去宿舍探望生病的学生，在当时并不宽裕的物质条件下从家中为学生带去各种营养品。同时，工农兵大学生每学期的任务除专业学习外，还要和老师们一起外出学农、学军。学农时，师生们在农场同吃同住，一同参加劳动。老师们都是老一代的大学生，没有太多的农村生活经历，但干起农活来不怕苦、不怕累，还经常给学生做饭吃。学军时，师生们也是一同生活，一同训练。张金兰对这些师生间的场景至今记忆犹新，

---

[1] 张金兰，1951 年生，教授，曾任北京外国语大学俄语学院党总支书记兼副院长。主编《电视俄语》《商务交际俄语》《现代俄语语音基础学习》《"东方"大学俄语（新版）学生用书 1》等教材。1993 年曾主讲中央电视台与外研社联合摄制的《电视俄语》节目，该节目在每日黄金时段播出，反响热烈，广受赞誉。

40 余年后提起，恍如发生在昨日。

张金兰毕业后被分配留校任教。当时，留校任教的老师都需要参加俄语系为期两年的教师进修班，进修后才能正式给学生上课。和张金兰同期的如裴玉芳、郑明秋、李多等都参加过进修班。教师进修班的学习结束后，张金兰在萧维佳的指导下，与萧维佳一同上俄语实践课，自此开启了教学生涯。当时，萧维佳在国内俄语界率先倡导实践课的交际法教学，张金兰也与萧维佳一道，一边授课，一边探索，逐渐将交际教学法系统地运用到了教学实践中。张金兰回忆，俄语系在 20 世纪 70 年代末曾有 80 余位老师。老师们在教学和科研方面积累深厚，各有所长。张金兰在执教初期得到了田守文、吕慕樵、丁树杞等多位老教师的细心指导，他们从如何备课、如何写教案等教学基本功着手，旁听课程，提出改进意见，手把手地引导青年教师站稳讲台，令人受益终身。

留校任教后，张金兰在北外俄语系完成了研究生阶段的学习。读研期间，著名俄语教育家李莎的课给她留下了深刻的印象。李莎在授课中不仅讲解词汇句法等语法及理论知识，还会拓展许多俄罗斯国情文化知识，令学生受益匪浅。在俄院工作期间，张金兰还曾两次赴俄罗斯学习，分别于 1988 至 1989 年和 1998 至 1999 年赴莫斯科国立大学和国立普希金俄语学院进修。

二、给青年教师的教学经验

在 40 余年的教学工作中，张金兰主要承担了俄语基础阶段的实践课和三年级听力课的教学工作，积累了丰富的教学经验，对以上两门课程的教学法也有着独到的见解。

在低年级实践课教学方面，张金兰认为，北外俄语学院的毕业生一直以来以俄语口、笔语实践能力强而广受好评，这与俄院多年以来重视基础阶段教学是分不开的。为培养学生扎实的俄语基本功，俄院为基础阶段的实践课配备了最强的教学团队，强调精讲多练，即以学生为课堂主体，注重师生互动，保证学生在课上的练习强度和频率。特别是对于外国语中学的高起点保送生，由于其在中学阶段的俄语学习并不系统，漏洞较多，更需要在一年级时多多打磨俄语基本功，坚持纠音和强化基础语法知识，不建议在教学中过早地求新、求快、求难。同时，在教学中还应重视对学生"授之以渔"，教给学生正确有效的学习方法，帮助其尽早形成自学能力，尤其是要培养学生自觉主动学习的意识和对自己负责的学习态度。在班级中，也需要积极营造互帮互助的学习气氛，培养学生的协作精神，提高其对"班级是一个整体"的认同感，明白"一个班是一个方队，不能落下一人"。此外，教师还可以利用一些新的教学技术和形式，如慕课、微课等，或开发相关 AI 技术，辅助日常教学。这样学生可以在繁忙的学业间隙随时抽时间练习，有效利用闲暇时间。

在三年级听力课的教学上，张金兰同样总结出了一套行之有效的教学方法，称为"三段式"教学法，即在课前仅给学生录音和生词，要求学生听记；课上检查学生的听记情况，分析原文中的难点和重点，解答学生的疑惑；课下要求学生反复重听录音，体会真实环境下的俄语语流。因为教师在授课时，语流通常比现实中言语的语流速度要慢很多，学生只有多听、多体会，才能逐渐适应，并逐步培养出相应的语感。事实表明，"三段式"教学法培养出的学生的听力能力普遍显著提高，大多在参加俄语专业八级考试时在听力部分取得了较高的成绩。

最后，张金兰还特别提到了培养俄语语音、语调的重要性。北外俄院的学生素来以良好的语音面貌为外界所称赞，要想继续保持这一优势，就需要教师在一年级语音阶段的讲解和训练上多下巧功夫，并在日常的教学活动中坚持纠音。具体说来就是，在俄语元音的训练上要格外注意 [o] 的发音以及元音的弱化现象，尤其是 [a]、[o] 的二级弱化和 [a]、[ɘ] 在软辅音后的弱化容易被忽视。再就是要练好浊辅音、软辅音，这对整体的语音面貌非常重要。上述问题都需要在低年级基础阶段的教学中给予重视。

三、俄院传统与精神的传承和发扬

北外俄语学院的历史植根于延安，在 80 年的发展历程中，一代代俄院教师扎根教学，潜心育人，积累了宝贵的教学经验，形成了深厚的教学传统，需要新一代俄院人薪火相传，发扬光大。关于青年教师最需要传承的俄院传统和精神，张金兰总结了以下几点：

首先，教师要做到爱岗敬业，干一行爱一行。老一辈俄院教师们普遍对俄语和俄语教学怀着极为深厚的感情。张金兰回忆，肖敏老师就曾有过这样一句话："如有来世，还做俄语人。"对专业和教学的热爱激励着老教师们在教学工作第一线兢兢业业地奉献着，对待工作，他们一丝不苟、任劳任怨；对待学生，他们倾囊相授、严慈相济。秉承这种教书育人的态度，俄院 80 年来为国家培养了遍布经济建设各条战线上的大批业务过硬、综合素质突出的俄语人才，也在国内俄语界树立起了广泛的声誉。

其次，教师要注重学生实践能力的培养。俄院的毕业生素有语言质量高、实践能力强的特点，这与俄语实践课多年来秉承的精讲多练的原则是分不开的。即教师的讲解要有的放矢，要注重课上师生间的互动，尤其是学生自主表达练习的频率要高，这也是评价这门课上得成功与否的关键条件之一，是俄院最重要的教学传统。除实践课外，俄语的其他语言技能型课程以及知识型课程也应尽可能将这一原则贯彻到日常教学中，重视学生言语能力的培养。

再次，教师要持续提高自身的俄语水平和科研能力。老一辈的俄院教师中如汪嘉斐、白春仁、肖敏等，不仅俄语造诣深厚，在各自的科研领域也是国内首屈一指的大家。俄院现在的青年教师均为博士毕业，都有海外留学的经历，语言水平高，知识结构合理，更要去除浮躁，踏踏实实地做好教学和科研。一方面，要努力提高自身业务能力和俄语水平，多读俄文名著，主动向前辈们学习教学经验和教学方法；另一方面，要不断提高科研能力，教研相长，合理利用时间，坐好"冷板凳"，在各自的学科领域努力钻研，争取早日产出有代表性的成果。

最后，教师还要注重师德师风建设，保持学院的良好风气。一方面，教师要努力成为有理想信念、有道德情操、有扎实学识、有仁爱之心的"四有"好老师，坚持立德树人，全方面育人；另一方面，教师还要注意工作方法和态度，与人为善，建立和谐融洽的同事关系和师生关系，延续学院多年来民主、团结、向上的良好风气。

四、难忘的孔子学院工作经历

2010 年 11 月至 2012 年 11 月，张金兰被派往莫斯科国立语言大学孔子学院工作，任中方院长。该孔子学院由北京外国语大学与莫斯科国立语言大学共建，于 2011 年 3 月 31 日正式揭牌。张金兰在孔院工作初期正值学院筹建时期，时间紧，任务重，面临着不少困难，但在莫语大校方的积极合作和支持下，张金兰通过认真细致的工作，仅用不到 4 个月时间就完成了确定学院场地、设计装修、购置设备和图书等工作，学院如期揭牌。莫语大孔子学院成立初期缺少专职的中文教师和志愿者，为日常教学活动的正常开展带来了一些困难。张金兰又与莫语大中文系联系，请该系的本土中文教师前来授课，同时也邀请中文系学生参加相关活动。莫斯科国立语言大学孔子学院是莫斯科的第三家孔子学院，虽然在揭牌时间上略晚于莫斯科国立大学孔子学院和莫斯科人文大学孔子学院，但很快便打开了局面，举办了莫斯科乃至全俄汉语比赛等一系列大型文化活动，并被确立为汉语水平考试（HSK）在莫斯科的唯一考试地点，成为向俄罗斯人民推广汉语、介绍中国文化、促进中俄人文交流的重要平台。张金兰为莫语大孔子学院的成立和发展付出了极大的心血，这一努力也得到了俄方的肯定和高度评价。在张金兰两年任期即将结束时，莫语大校方曾多次挽留她在莫斯科继续工作，在孔院的工作时光也成为了张金兰极为难忘的一段经历。

五、结　语

从教 40 余年来，张金兰凭着对俄语和俄语教育事业的一腔热爱，培养了无数优秀的俄语人才，取得了耀眼的教学和科研成绩，也为汉语国际推广和中俄人文交流事业做出了卓著的贡献。如今，已是古稀之年的张金兰依然践行着一个俄语人的使命，从事着诸多与俄语相关的社会服务工作。她的慕课"俄语语音零基础快速入门"一经上线，广受好评。张金兰多年来的教学实践展现了老一辈俄语教育工作者对教学工作的严谨、热爱与坚持，为年轻一辈树立了学习的榜样。

李多：坚守源于热爱

吕亚楠

§ **摘　要：** 李多与北外俄语学院结缘于青年时期，毕业留校后在俄院执教四十载。李多在教学方面是一个"全才"，各种课都上过，没有短板。李多更是一位"人气"教师，深受学生欢迎。坚守的背后是热爱，魅力的核心是业精。

§ **关键词：** 教学　坚守　热爱

一、与北外结缘，开启六年求学路

1973年，李多[1] 开始了在北外的学习生活。与李多同届进入北外学习的学生大部分来自部队，文化基础较差。而李多在西安外语学校度过的小学生活为他之后的大学学习打下了良好的基础。虽然当时的学习生活条件很差，但在农村插队的经历培养了李多不怕吃苦的品质，李多对学习抱有很高的热情，认为学习是一件令人开心的事情。

李多记得，当时有一个口号叫作"不让一个阶级兄弟掉队"。班里只要有一个同学没有学懂，老师就会停下来帮助，直到所有的同学都弄明白，但一周只能讲一页书的内容。这些内容对于李多而言是远远"吃不饱的"，于是李多就自己找课外的东西来自学。

李多上学时，学校每周只放一天假，而他几乎没有休过周日，休息的时间都被用在了学习上。李多清楚地记得，当时系里有一个资料室，可供阅读的纸质资料很少，有声资料稍微多一些。那些都是老师录下来的新闻，被分成不同的专题。资料室是他经常去的地方，里面的资料很少有他没有听过、读过的。

1977年本科毕业后，李多参加了为培养高校师资而设立的全国高校俄语教师进修班。培训班刚毕业时李多正好赶上研究生恢复招生，当时被推荐就可以上研究生。李多和同样留校的裴玉芳获得了推荐的名额，李多对此感到十分欣喜。但当时系里考虑到李多已经受过了专业的培训，而系里急需用人，领导就希望李多先工作一段时间，暂缓攻读研究生，李多听从了安排。但之后研究生的录取方式却发生了改变，不再接受推荐，需要考试攻读。走上工作岗位之后李多全部的时间和精力都投入到了教学当中，无法再有余力准备研究生考试。加上李多通过实践已经逐渐摸

1　李多，北京外国语大学俄语学院副教授。主攻教学，研究方向是俄语语音、语法、俄罗斯社会。主要教授课程有俄语实践、语法、语音、口译、外事外贸翻译等。

索出了有效的教学方法，教学成效也十分显著，旁人开玩笑，说李多没必要再去"研"一下。就这样，带着遗憾，李多与研究生学习机会擦肩而过。

二、扎根北外，潜心教学四十载

经过两年教师培训班的学习，1979 年李多正式开始了自己的执教生涯。当时通过教师培训班留校任教的有 10 人左右，但是后来陆陆续续都走了，只有李多专心教课至今。李多全程见证了俄院的发展：从最初一个班 15 人增加到现在的每班 22 人，从最早招收一个班扩大到现在的四个班，从起初单纯的俄语系发展为涵盖中亚全部语种并增设俄语金融专业的综合性学院。现在俄语学院里的许多教师也都曾受教于李多老师。

在李多四十载的教学生涯中，有改变有坚守。改变的是与时俱进的教学理念和教学方式，不变的是对待教学的严谨态度和热爱之情。李多工作早期每周的工作量是四小时，在这四小时背后却是极大的备课量。李多每上一节大课前，会准备十几到二十页的讲义，晚上备课到十一二点是常事。后来随着课型的增多，李多的工作量也不断增加，最多时一周有十几小时的课时，但他对待教学的严谨态度一直没有改变。李多对自己要求很高，上课时每个举例都要有出处，每一个教学步骤都会提前设计好。为了积累例句，李多每周会做 50 张词汇卡，只要在报刊、文学作品上看到好词、好句就会记下来，制成词汇卡并在上面做好标注。

李多认为自己教学态度的形成也得益于系里对教师的高要求和全方位的培养。在李多刚开始教课时，正式讲课前会有试讲环节。老师需要完整地展示教学过程，其他老师会就试讲教师的仪态、板书、教学语言、课堂节奏等方面提意见。年轻的教师还有老教师作为导师，手把手教导，传授教学经验。刚开始教课时，李多经常去听李英男和萧维佳的课。每次听课李多都会在教室里摆一台录音机，把前辈们的教学过程录下来，回去后反复琢磨，学习课堂用语。李多的讲课方式受到老教师很大的影响，可以说是"听来的"。李多认为听其他老师的课就是一种学习，即使从教多年后，他仍然保持着听课学习的习惯，并且乐于与同事交流感想、经验。

李多一直将老一辈教师视作榜样。他清楚地记得自己第一次试讲时，一个词的发音被高中音老师指出四个错，但高老师的专业水平和认真的态度令李多极其钦佩。赵作英老师也是语音方面的大专家，对教学很有热情，八十多岁还挤地铁、公交来学校上课，直到去世前一两年才彻底退休。论文答辩会上，老师们甚至会因为一个很小的学术问题争辩起来，他们对待专业极其认真，容不得一点含糊。在李多眼中，老一辈教师的心无旁骛，对教学的热情、认真的态度和钻研精神是一把标尺，更是一种鞭策。

多年的教学经验使李多对如何做一名好老师这个问题形成了许多独到的见解。他认为，当老师口才要好。有人学习特别好，却不适合做老师。因为这类人就像茶壶里煮饺子，肚子里东西特别多，但站在讲台上就表达不出来，这些人适合搞研究、写文章。另外，老师要有解惑的能力。学生会不断地提问题，老师要能解答清楚。这种能力书本是无法传授的，需要靠经验积累。一名好教师除了具备教学能力，还应该有较强的科研能力，做到有自己的研究专长。教师在科研中产出的成果能够为教学提供材料，增加授课的深度和广度。

在李多看来，作为文科老师，要有一定的社会经验，不能跟实际生活脱节。老师跟演员一样都需要体验生活，否则上课时只能讲讲文章里的词汇，就事论事，没办法讲得有深度。李多上大学前在农村插队，对农村生活十分熟悉。上大学后学生们每年有一个月的时间参加劳动，李多去过双桥割麦子，去过特钢厂翻砂，去过铸造车间干活，还挖过学校的防空洞。这些经历看起来平淡无奇，但在这些活动里李多接触到各种各样的人，无形中加深了对社会的理解，对人的理解，对生活中语言的使用也产生了新的认识。

现在的年轻教师社会经验有限，针对这个问题李多建议老师们多看书，通过阅读来积累见识，加深底蕴。现在的高校外语教师还肩负有传播中华文化的职责，不懂传统文化就无法把中国介绍给世界，因此老师更需要勤读书、多积累。

外语教师的教授内容主要是语言，而语言是个活的东西。李多认为，语言的核心有两个：第一，语言是反映人内心的思想活动；第二，语言是反映客观世界的活动。外语教师要用外语把美好的东西反映出来，用自己的思想和别人的思想进行碰撞。做到这一点首先就要求老师有思想，另外还要有个人魅力，从而引起学生的兴趣。因为跟学生交流，前提是学生愿意听老师上课，愿意跟老师　起进行探讨。因此，李多建议青年教师要做一个"有个性"的大学老师。

李多对教学的热情并没有因为退休而有所减弱。2013 年和 2019 年，他先后两次前往新疆支教。2012 年北外俄语学院响应中组部支援边疆的号召，成为新疆乌鲁木齐职业大学的对口援助单位，连续三年向职业大学派出教师进行教学指导。2013 年李多虽然已经不在教学一线，但仍然毫无怨言地承担下援疆的任务，前往乌鲁木齐职业大学支教一年。2018 年中国石油大学（北京）克拉玛依校区也与北外俄语学院签署合作协议，成为俄语学院帮助的对象。俄语学院需要连续三年派出教师前往克拉玛依进行支教。李多在 2019 年作为第二批援疆老师，再次前往新疆。在俄语学院历任援疆教师中，李多年纪最大，是唯一的一位退休教师。

新疆乌鲁木齐职业大学和中国石油大学（北京）克拉玛依校区的俄语专业当时刚成立不久，师资十分紧张，仅有两三位新入职的教师，外加一位外教。教师也多为刚毕业的年轻人，教学经验不足。在这样的条件下，李多的教学工作很不轻松。李多在新疆乌鲁木齐职业大学支教时承担了俄语精读和语法两门课的教学任务。新疆大学得知李多来疆支教后，又邀请他为新疆大学的学生授课。这样，在职业大学授课的同时，李多还为新疆大学本科高年级的学生以及研究生讲授口译课程。在中国石油大学（北京）克拉玛依校区支教时，李多也是同时教授多种课程。由于新疆独特的地理位置，与中亚五国交往较多，为了帮助学生对中亚地区的了解能够更加全面、深入，为以后的工作打基础，李多在讲授语言技能型课程，如精读课、语法课、翻译课之外，还专门在中国石油大学（北京）克拉玛依校区开设了中亚五国概况课。

李多在新疆支教时始终坚持因材施教的理念。当时，新疆乌鲁木齐职业大学和中国石油大学（北京）克拉玛依校区的俄语专业招生才刚两年，只有大一、大二的学生在读。受到生源、教师经验等因素的影响，虽然与北外的俄语系一样，也是使用东方系列教材，但学生在学习中会明显感到吃力，难以达到教材所要求的语言熟巧水平。针对这种情况，李多相应地调整了对学生的要求，以保持学生学习俄语的积极性。他视情况降低对学生的要求并不是漠视学生的错误，而是不过分强调分数等评价形式，以免挫伤学生的兴趣。在授课重点上，针对基础薄弱的学生，他会更强调基础知识和实际训练，使他们能较好地掌握语音、语法、词汇等方面的基本知识和技能。李多对待不同特点的学生要求也有所不同：对基础薄弱学生的要求是"不掉队"；为中等水平学生设立的是"跳一跳能触到"的目标；对学习能力强的学生，他尽量做到使他们"吃得饱"，有收获。

李多很注意保护学生的自尊心和积极性。李多对待学生以鼓励为主，经常让学生有收获感，从而使学生对学习俄语产生兴趣，有信心。在讲课时，他会兼顾讲授语言知识和对象国的知识，让学生感受到俄语的丰富生动，俄罗斯历史和文化的厚重。他希望通过这种方式，不仅培养起学生对俄语语言的兴趣，也形成与语言相关的职业兴趣，为今后工作打下基础。

三、结　语

李多与北外俄语学院结缘于青年时期，毕业留校后执教超过四十载，这份坚守源于李多对教学的兴趣和热爱。李多在教学方面是一个"全才"，各种课都上过，没有短板。他更是一位"人气"教师，深受学生欢迎。李多好读书，爱思考，提倡青年教师做一个"有魅力、有个性"的老师。在学生眼中，他自己正是这样的一个人。

郑明秋：追寻师者初心，牢记育人使命

黄雅婷

§ **摘　要**：郑明秋 1952 年生于吉林省东丰县，1971 年考入北京外国语学院，1975 年毕业留校任教，先后被聘为助教、讲师、副教授、教授。从年级组长、基础阶段教研室主任、俄语系副主任、北外教务处处长、科研处处长到中国驻俄罗斯使馆教育处一等秘书、中国驻伊尔库茨克总领馆教育领事再到莫斯科大学孔子学院中方院长，郑明秋始终牢记为党育人、为国育才使命，为推动中国教育事业发展、促进中文和中国文化的推广、推动两国文化教育等各领域的交流合作做出了自己的贡献。

§ **关键词**：俄语教学　郑明秋　孔子学院　中俄教育交流

一、北外的学习生活（1971—1975）

1970 年 4 月，北外迁校至湖北沙洋，办"五七"干校。1971 年 8 月，北外恢复招生，同年 10 月，第一批工农兵学员 800 人入学，举行"文化大革命"以来的第一个开学典礼。

郑明秋[1]便是北外恢复招生后的第一批工农兵学员。当时北外去吉林省招生，郑明秋对当时的情景仍然历历在目。她回忆道，招生考试分为笔试和面试，笔试为一篇作文，面试为读报纸。郑明秋的报纸读得特别好，谈到报纸读得好，这竟是一段有趣的往事。"文化大革命"开始后不久，学校全部停课，郑明秋和兄弟姐妹整日待在家里，她的父亲看到这种情况，便要求每个孩子每晚给他读一段报纸。没想到这日积月累的习惯为郑明秋顺利通过北外的入学考试提供了很大的帮助。由于良好的作文功底和读报纸时展现出清晰的口齿，1971 年郑明秋成功地考入了北京外国语学院。

当时她在长春读初中时的外语便是俄语。郑明秋回忆起最初学习俄语的情景，那个年代中学教学内容十分贴切时代，她还清晰地记得当时学习的内容和黑板上经常写的几个俄语句子：中国是我的祖国，北京是我的首都，人民公社是我的家。郑明秋在长春上初中时，她的俄语发音在班级里就十分突出。老师觉得她发音好，下课后经常叫她去办公室，让她把俄语课文大声朗读一遍，然后用留声机录下来，之后作为典范播放出来供其他同学跟读，就这样潜移默化地让年少的郑明秋越来越喜欢俄语。

1　郑明秋，女，中共党员，吉林省东丰县人，教授，研究生导师。1975 年起就职于北京外国语学院，历任年级组长、基础阶段教研室主任、俄语系副主任、北外教务处处长、科研处处长、党委委员（3 届）。2005 年起，先后任中国驻俄罗斯使馆一等秘书、驻伊尔库茨克总领馆教育领事。2014—2019 年，任莫斯科大学孔子学院中方院长。

大学一年级郑明秋是在湖北沙洋度过的，她的启蒙老师是胡丽华。胡老师是老一代俄语教师的代表，她教学经验丰富，教学严谨认真，兢兢业业，离开自己的家人，和学生们生活在一起，十分不容易。老师们的为人做事对郑明秋的影响是持续一生的。

1972年，全校迁回北京。郑明秋学习十分刻苦，积累了许多俄语学习小技巧，总结起来有以下三点：

第一，照镜子学习法。在俄语语音学习时，郑明秋充分利用小镜子练习发音。与中文相比，俄语对唇形和口腔肌肉的紧张程度要求比较严格。因此，在学习语音时，她在口袋里一直备着一面小镜子，一边对照着自己的口型一边进行练习，对照镜子观察发音部位和发音位置，使得自己可以准确掌控发音的标准程度。

第二，碎片时间+多次记忆法。在沙洋上大学时郑明秋住在下铺，于是她在上铺的床板上粘贴一张俄语名词变格表和一张动词变位表，每天躺在床上的时候就能看着重温变格变位。配合着碎片时间的反复记忆，学过的内容便变得更加牢固。

第三，大声朗读法。郑明秋认为每天的早读对俄语学习至关重要。那时她每天早上都会拿着书对着墙大声朗读。她强调，朗读课文一定要大声朗读，不能默读。因为大声朗读是"听""说""读"三者结合的最好方式，不仅可以提高学习者对文章的理解，也是提升俄语语感、加深印象，乃至给学习者带来自信心的最好方式。

二、北外工作的日子（1975—2005）

1975年，郑明秋毕业留校任教，成为一名双肩挑的教师和行政干部。1984年，她考上了硕士研究生，选择白春仁教授作为导师，研究方向为俄语词汇学。1986年，她完成了硕士学位答辩，获俄罗斯语言文学硕士学位。1988年在苏联伏尔加格勒国立师范大学和国立普希金俄语学院进修一年。郑明秋先后被聘为助教、讲师、副教授、教授，主要讲授本科基础阶段实践课，语法、听力、阅读课、外交等课程。郑明秋历任年级组长、基础阶段教研室主任、俄语系副主任、北外教务处处长、科研处处长、党委委员（3届）。

郑明秋桃李满天下。郑明秋在系里带的最后一个班学生是84级的，至今她还保留着学生给她写的临别赠言。她说道，她非常感怀在她学习生涯中的恩师。中国的俄语教育正是这些兢兢业业、甘于奉献的专家学者们支撑起来的。时至今日，她还保留着上学时李莎老师给她批改过的作文，白春仁老师批改过的作业本，上面李莎老师和白春仁老师的字迹依旧清晰可见，郑明秋十分珍惜这些老教授们留下的宝贵财富。郑明秋说道，这些老教授传递的不仅是俄语知识，更是一种严谨治学、为人真挚的态度，这种精神应该代代相传、发扬光大。

谈到北外俄语系的优秀教学传统，郑明秋指出，北外俄语教学一直注重以学生为中心，所有老师都真挚地为学生倾注所有。当时的教学方法有不同的学派，比如语法教学法、口语教学法等等，郑明秋在教学时会取各家之长，因为俄语教学会把课分成了不同的课型，比如口语课、听力课、写作课、阅读课、精读课，因此需要的教学法也并非单一的。教学方法也要根据所教授的课型和教学对象，比如针对俄语零起点的学生，最重要的是勤加练习，让学生尽快牢记基础语法，增加强化训练在教学过程中的比重。教无定法，针对不同阶段的学生要有不同的教学方法，但是无论何种教学法，都要以学生为中心，让学生在课堂上多听、多说、多练，多交流。

当时北外的外语教学，尤其是俄语教学积累了丰富的经验，教师、教材和教学方法等方面都比较成熟，可谓是有所成就。令郑明秋十分自豪的是，北外俄语基础阶段的教学实力很强，北外的学生也明显要好于其他学校培养出来的学生，这一方面得益于北外拥有优质的生源，另一方面是北外俄语教师的教学水平高，教学方法得当。北外历来重视应用型的教学，良好的语音面貌、扎实的语法知识和自如的交流能力都是北外俄语的优势和特点，郑明秋特别希望这些传统的优势能够保留下来。现在她还十分关注北外俄语的发展，也时常和督导郭聿楷进行交流，希望新一代的年轻教师能够把北外俄语教学的优良传统一代一代地传承下去。

在担任教务处处长期间，郑明秋一直立志于推动北外外语教育改革，在胡文仲教授领导下参与教育部的课题——外语教学改革。郑明秋认为学生在掌握了基本的词汇和语法之后，最重要的是交流。因此，从高年级开始外语教学应该以学生为中心，让学生自主去选择感兴趣的方向，包括经济、语言学、文学、外交、军事等各个方向。这样学生按照自己选择的方向有针对性地进行研究，按照这种思路培养，学生的本科毕业论文一定会是高质量且具备自己思想的。所以教育改革一定要学生为中心，教育模式和教学要适应社会和时代的发展。

此外，俄语教学的培养目标也要适合社会的发展。郑明秋说，从前中国的俄语教学学习苏联，请苏联的专家来华指导中国的俄语教学，当时苏联专家为我们设下了两个培养目标，一个是师资，一个是翻译。但是现在社会和从前完全不一样了，教学目标也要随着社会的发展不断改革和创新，现在社会需要的是高精尖的复合型外语人才。

在一次北外开学典礼时，作为教务处处长的郑明秋在发言时说道：第一，祝贺大家考到了北外，因为这也是不太好考的学校。第二，告诉你们北外不好，不好的意思是指北外是一个很专门的学校，北外给你的只能是外语，但是走向社会，光靠一个外语是不行的，所以其他不足的地方需要你在北外自己去填充知识，去开阔眼界，去充实。

三、国外的三个大学时光（2005—2019）

2005年起，郑明秋先后任中国驻俄罗斯使馆教育处一等秘书、驻伊尔库茨克总领馆教育领事。2013年起，任莫斯科大学孔子学院中方院长。郑明秋笑称如果说4年算作一个大学，那么她在国外工作的12年，应该说上了三个大学。第一个大学"就读于"中国驻俄罗斯使馆；第二个大学"就读于"中国驻伊尔库茨克总领馆；第三个大学"就读于"莫斯科大学孔子学院。

2005—2008年，郑明秋任中国驻俄罗斯使馆教育处一等秘书，主要负责中文和中国文化在俄罗斯的推广工作。在使馆工作的三年半的时间里，郑明秋和同事直接参与和见证了孔子学院在俄罗斯的建设和发展。

在筹建孔子学院时，郑明秋确定了几个原则：第一，俄方合作院校需为俄罗斯最好的院校；第二，合作院校本身要设有中文专业；第三，合作院校需有较好的中文师资队伍，有本土中文师资队伍，并与我国有合作交流。在这三点原则的基础上，郑明秋和教育公参裴玉芳从俄罗斯西部到东部，从莫斯科、圣彼得堡、喀山、托姆斯克、叶卡捷琳堡到伊尔库茨克等大城市依次布局。在驻俄使馆工作期间，截至 2007 年我国共在俄罗斯建设了 12 所孔子学院。当时郑明秋的主要工作是负责中文和中国文化在俄罗斯的推广交流，出于工作需要她和俄罗斯人的交往很多，也因此和他们结下了深厚的友谊。

2008—2013 年，郑明秋任中国驻伊尔库茨克总领馆教育领事。2009 年 12 月 18 日，中华人民共和国驻伊尔库茨克总领事馆正式开馆，总领事馆内设办公室、领事部、商务组、科技组、教育组。当时教育组急需具备独立工作能力、有对外交流合作经验的专业干部，于是郑明秋受命到中国驻伊尔库茨克总领馆参与建馆工作。郑明秋在伊尔库茨克工作了近 5 年，5 年间她凭借自己的卓越的工作能力和突出的表现得到了当地高校和合作伙伴的高度认可。2011 年，郑明秋被俄罗斯伊尔库茨克国立大学授予终身名誉博士。

2013 年，60 岁的郑明秋到了退休的年龄。在离开伊尔库茨克使馆时她跟同事们说，她即将带走两样东西回到祖国。第一，带走的是健康的身体；第二，带走的是健康的心态。这两个东西是郑明秋认为最重要的东西。她感慨到，人的生命很短暂，很顽强，但是也非常的脆弱。生活最重要的是健康和开心，这也是郑明秋一生为人处世的态度。

2014 年，受国家汉办派遣，郑明秋履职莫斯科大学孔子学院中方院长。担任中方院长期间，郑明秋十分关注孔子学院中文教学的师资力量、本土化教材、新型教学方法等方面的发展。在和俄方共同努力下，莫斯科大学孔子学院在中文教学、文化传播、日常管理和特色发展等方面取得了一系列成绩。

2016 年，郑明秋编写《俄罗斯孔子学院工作手册》(《Информационный справочник для институтов Конфуция РФ》)(中俄文对照，供内部使用)，工作手册详细规定了国家汉办的工作范围、开办程序、基本原则和特点、共同建设方式、俄罗斯孔子学院特点、俄罗斯孔子学院业务工作，对"新汉学计划"、"汉语桥"比赛等孔子学院总部项目作了详细介绍，还收录了与孔子学院工作相关的法律法规等内容。

为了提高课堂教学质量和教学效果，孔子学院的班级按照学生的中文水平分为初级班、提高班和高级班，HSK5 级以上的学生的高级班，形成了完善的中文教学体系。面对孔子学院本土化教材短缺的问题，2019 年，郑明秋独立编写并出版了中文教材《Современный китайский диалог. 365 + 1 ситуация. Учебное пособие по разговорному китайскому языку》(《汉语对话 365+1》)，该教材旨在提高学生的口语和听力技能，教材共包括 12 个不同主题，366 个对话。

在郑明秋和中俄双方同事们的共同努力下，莫斯科大学孔子学院立足中文和中国文化在俄罗斯的推广，提升了中国文化在俄罗斯的影响力，推动了中俄两国在教育、文化、经济等各方面的交流与合作。2019 年，郑明秋凭借兢兢业业、精于管理、善于协调、敢于创新的工作表现，被国家汉办评为孔子学院"优秀中方院长"。

郑明秋坦言，担任孔子学院中方院长是一个了解俄罗斯社会、俄罗斯文化、俄罗斯人性格难得的机会。因为每个国家都是从历史走来的，每个国家都有各自的文化习惯。在国外的工作给她最大的感受是要认真了解一个国家的文化，要促进文化的相互理解。

在郑明秋离任时给教育部的报告中写道：文化是流淌在一个民族血液里边的东西，它没有对错之分。正如中国人传统上认为人的脚上一定要穿暖和，家长都要盯着孩子脚上穿暖和、不能着凉，但是戴不戴帽子则是无所谓的事情，正所谓"头寒脚暖七分饱"。然而俄罗斯人的习惯却恰恰相反，俄罗斯人冬天可以只穿个拖鞋，但是帽子一定要戴好。这种文化差异并没有对错之分，仅仅是文化的差异。这就如同你和邻居家的布局摆设不同，生活方式和饮食习惯等都不尽相同，但是这并没有谁对谁错，因为每个人都是一个文化的本体。国家间的文化差异是存在的，因此当我们在和外国人接触的时候，不要急于下结论，要多了解对方的文化，这便是入乡随俗。

四、结　语

时光见证，郑明秋对中文和中国文化的推广事业矢志不渝，年近七十的她十分关注孔子学院和中俄教育合作的发展。郑明秋的社会兼职包括中国俄语教学研究会副秘书长，教育部精品教材评审、回国人员课题资助评审专家组成员，教育部高教司本科外语专业评估、本科教学水平评估、人文社科重点研究基地评估专家组成员。主持参与的教育部研究项目有："外语专业面向21世纪教学内容与课程体系改革"（主笔）、"跨世纪教学内容与课程体系改革"、"外语专业本科学生能力素质培养"、"本科外语专业目录修订"（相关部分执笔）、"本科外语专业评估指标体系"课题研究。北京市项目：北京市教委"普通高等学校本科外语专业毕业论文指导手册"（副主编、撰稿）、北京市精品教材项目"俄罗斯国情多媒体课件"编制。主要著作有：教材《电视俄语》（上、下册）、《"东方"大学俄语3教师参考书》、《汉语对话365+1》（莫斯科出版）等，发表学术论文13篇。

郑明秋特别重视身体健康，每天早起早睡，健康饮食，闲暇时还自己编了一套健身操，规律健康的生活使郑明秋保持着思维的敏锐力和不竭的创造力。

值此北外俄语80周年华诞之际，郑明秋表达了殷切的期待和祝愿。她说，北外俄语人是我国俄语的精锐部队，是教书育人的榜样，是俄语学科发展的主力军，北外俄语人在教学科研各个领域追求卓越、不断创新，同时又踏实肯干、低调务实。她希望新一代的北外俄语人能不忘初心，携手同行，保持优势，再创辉煌！

参考文献

1. 郑明秋，裴玉芳. 大学俄语教学参考书（第3册）[M]. 北京：外语教学与研究出版社，1999.

2. 郑明秋，张金兰. 电视俄语（MP3版）（上）[M]. 北京：外语教学与研究出版社，2007.

3. 郑明秋，张金兰. 电视俄语（MP3版）（下）[M]. 北京：外语教学与研究出版社，2009.

4. Институт конфуция МГУ имени М.В. Ломоносова. Информационный справочник для институтов конфуция РФ [M]. М.: Институт конфуция МГУ имени М. В. Ломоносова, 2016.

5. Чжэн Минцю, Лу Фэнцинь, И. Н. Кузнецова. Современный китайский диалог. 365 + 1 ситуация. Учебное пособие по разговорному китайскому языку [M]. М.: ВКН, 2019.

王凤英：在内助力教育发展，
在外推动文化传播

艾　欣

§ **摘　要：** 本访谈中，王凤英老师从教学、教材、科研、对外交流等角度提出了自己独到的观点和反思。王老师介绍了情境交际法、功能法、任务教学法、认知交际法等方法在学院传统俄语教学中的使用情况，强调了本院尊师重教、热爱学习的优良传统；对于当代俄语教学，指出了教学和科研有机结合的重要性。此外，王老师还结合担任孔子学院中方院长的经历，对中俄两国的教育文化交流建设提出了见解。

§ **关键词：** 俄语学习　教学法　教材　孔子学院　中俄交流

一、遵循教学传统，创新教学理念：王凤英眼中的俄语教学法

　　王凤英[1]在北外开始工作的第一年接手的是87级学生。20世纪90年代以前俄语系每年招收两个班，30—40人不等。生源基本都是开设俄语的外语学校和省市重点中学，例如，长春外国语学校、天津外国语学校、武汉外国语学校、济南外国语学校、太原外国语学校、北京日坛中学等校的保送生。她回忆说，20世纪90年代以后，由于中学俄语生数量缩减，改为一个班是有起点班（俄语班），另一个班是零起点班（即英语班）。生源仍旧来自济南外校、太原外校、长春外校和一些省市重点中学。俄语和英语两个班起点不同，因此教学方式也有所区别。英语班学生的心理压力比较大，学习相对更努力。往往，基础阶段结束时两个班的俄语水平已经基本持平；提高阶段时，不少英语班学生的俄语水平甚至超过俄语班的同学。

　　王凤英在北外工作期间承担过1—4年级的若干主干课，包括俄语实践课、二年级的语法课、阅读课、研究生的修辞学、俄罗斯外交部班的汉语课等课程。

　　王凤英对俄语教学法深谙于心，根据教学对象和教学目的的不同，采用不同的教学方法，即便教授同一门课程也会采用不同的方式和方法。例如，一年级的实践课，北外大一主干课教材的特点是采取对话与小课文结合的模式。针对这个特点，当时主要采用情境交际法（коммуникативно-ситуационный метод），设计接近真实的情境，学生利用该情境中使用的典型句式编撰自己的对话，而不是一味模仿和背诵教材中现成的对话。这种方法可以有效激发学习者的积极性和主动性，逐步培养学习者联想思维和发散思维的能力。

1　王凤英，女，北外俄语系1985级硕士研究生。1988年毕业留校任教，2012年退休。随后前往莫斯科国立语言大学孔子学院担任中方院长。2017年卸任。著有《篇章修辞学》《"东方"大学俄语（新版）学生用书5》等。

二年级实践课主要采用交际法（亦称功能法）——俄语中常常将两个词合成为 коммуникативно-функциональный метод，并辅助使用翻译法、听说法等。

三年级的主干课教材内容基本属于社会话题。王凤英认为，此时学生的特点已经发生了明显的转变——已经掌握了俄语基本语言知识，积累了一定的词汇量，获得了使用俄语进行言语交际的基本能力。因此，该阶段俄语实践课的主要目标是培养学生连贯语的表达能力，就所学话题阐述个人想法，论证自己的观点。因此在她眼中，该阶段以任务教学法（俄语为 проблемное обучение）为主。每一个话题通常占时两周。学习之前给学生留下思考题，让学生带着这些问题学习文章。最后通常安排课堂讨论（семинар）或者辩论赛。辩论赛通常将学生分为两个队：正方和反方。学生自己分配角色。由于辩手人数有限，没能参加辩论赛的学生就正反两个辩题各抒己见。在整个提高阶段的俄语实践课过程中学生可以获得用俄语陈述事实和个人想法的基本能力，同时辅以翻译法、听说法等加以综合训练。

俄语语法课是基础阶段与实践课同等重要的课程。语法课的主要目的是学习俄语词法和句法的系统知识，并能够灵活运用这些知识。认知交际法（коммуникативно-когнитивный метод обучения）则被使用在 92 级二年级的语法课上。演绎法、归纳法、翻译法也比较适合系统学习语言知识的课程。当时尽管这个班是零起点，并且基本用俄语（穿插汉语）讲授语法知识，仍旧收到了很好的教学效果。

王凤英回忆道，俄语学院自 20 世纪 80 年代开始在李英男和萧维佳的影响下，在主干课上一直推崇交际法原则，实施至今。

在王凤英看来，俄语学院历来秉承学生为本、学以致用、学教相长的教学理念。重德、重业务素养（教学和科研水平）是学院教师队伍一直的特点；对学生而言，俄语口笔语表达能力并重。这便使得北外俄语学院师生在全国俄语专业大军中独领风骚。总而言之，尊师重教、热爱学习是俄语学院的优良传统。

二、教材与教学相辅相成，自主学习更显神通：王凤英谈教材与教学的关系

王凤英指出，通常人们觉得，离开教材就无法进行外语教学。其实在没有统一教材的年代，所有教师都是根据自己的教学理念、教学经验和教学对象编撰他个人认为适合的教案。她回忆起在莫斯科国立大学和国立普希金俄语学院访学的时候，修辞学、词汇学、语法、语言文化等课程都没有固定的教材。通常，俄罗斯教师给学生与本学科相关的一个书单，上课时学生需要大量做笔记，课下整理笔记。老师的电子教案从来不发给学生。考试的时候，学生根据阅读过的参考书目和笔记作答。

同时她解释道，这并不是说教材在教学中没有意义。对于教学来说，教材是教学的依据，并且可以在某种程度上减轻教师和学生的负担。但是无论教师，还是学生，仅仅依靠一本教材授课或学习往往收获不到教学的最佳效果。

她总结道，教材一方面是教学的导引，教者和学者可以清楚每一门课程的教学目标，知识

范畴，应当掌握的最基本知识或信息。另一方面，教材如果使用不当，可能会束缚手脚，拘泥于教材使得教和学变得呆板，索然无味。

教材的编写依据是教学大纲、教材编写理论和教学法原则。王凤英举例说，对于俄语主干课教材，国内三家俄语学院（北外，上外和黑大）的教材尽管都是依据大纲编写的，但是三家的教材编写理论和教学法依据均不同，所以教材迥异。北外的《"东方"大学俄语》依据功能交际法原则，围绕生活、学习、工作、社会、文化、经济等场景或者话题选材，编纂成书。

她注意到，俄语学院最近几年引进不少博士，为俄语学院注入了青春活力。新老交替是自然法则。相信每一代俄语人都用自己的方式为北外俄语和中国俄语教学，为中俄文化交流做出贡献。长江后浪推前浪，青出于蓝而胜于蓝。王凤英寄言青年教师："俄语学院年轻的朋友们，有你们的努力，俄语学院的教学和科研一定会更上一层楼！"

三、教学和科研有机结合，业务能力更上层楼：王凤英谈青年教师业务能力

王凤英深知，每一位获得博士学位的年轻教师都有自己的研究方向，又都教授一门甚至更多门课程。如果能够将研究领域和教学内容相结合，双管齐下，则比较理想，如此可以直接相互作用，相得益彰，事半功倍。王凤英认为，无论研究哪个领域，最好都要攻读几本同语言学和教学法相关的著作。她回忆起 2001 年自己开始攻读郭聿楷的博士，那时已经年满 49 岁，五年间一边读书，一边教学，大量阅读了符号学、语义学、语用学等领域的书，计划 12 万字的论文，完成了 8 万字。不过，最终还是放弃了冲刺。尽管这样，曾经读过的著作在很大程度上提高了语言素养，使得后来的教学更游刃有余。

她进一步说，年轻教师入职后通常接手基础课、主干课，同时开设某门自己既感兴趣又擅长的课程。无论教授什么课，最忌讳的是照本宣科。当今的语言教学，除了教材，还有教师参考书，学生使用的各种练习册以及参考答案，将不同学校同一个语言专业的教学几乎划一。如果教师仅仅依照教材和教参授课，教学效果和优化教学便无从谈起。当今的信息社会，学生可以通过互联网猎取各种知识和信息。这给教师带来很大的挑战，对教师的业务能力、文化素养、授课方法和技巧都提出了更高的要求。她认为，如果能够做到始终让大部分学生对你的课感兴趣，在你的课上有收获，满怀期待上你的课，你的课就是成功的。

路漫漫其修远兮，吾将上下而求索。王凤英相信，年轻教师一定会在北外俄语学院这个温暖的大家庭里大展宏图，成为全国俄语界教学与科研的领军人物。

四、为海外国际传播助力，为中俄友好交流添彩：王凤英谈孔院

王凤英曾于 2013 年 1 月赴莫斯科国立语言大学孔子学院担任中方院长，任期四年，2017 年 1 月卸任。她回忆，自己是 2011 年年初做出这个决定的，当时只是觉得这是一件很有意义的事情。通过我们的努力可以让俄罗斯人更直接地接触中国文化，更真实地了解中国和中国文化。

当初她本着"无为而治""和为贵"的工作原则满怀期待地来到莫语大孔院。赴任后面临的第一个问题，就是如何尽快打开工作局面。上任初期，王凤英就遇到不少意想不到的麻烦，主要在于俄罗斯人的矛盾性格——率直且谨慎，不轻易相信他人，特别是外国人。这一点在经历过苏联时期的成年人身上尤为明显。她说，莫斯科国立语言大学孔院的俄方院长的中文水平很不错，但是他行事十分谨慎且有些多疑，在工作伊始设置了不少障碍。按照当时的汉办的工作范围和原则，俄方院长负责协调同俄方合作大学的关系，中方院长负责同汉办和中方合作大学的协调以及中方教师的管理。王凤英举了一件很小的事情为例。孔院的A4打印纸用光了，她告诉了俄方院长，请他去大学的时候顺便领打印纸（他每天都去大学同负责孔院工作的副校长见面）。但是过了一段时间，大家打印还是没有纸张。王凤英想大概是路滑，年纪大了不方便，故又提醒对方，并且建议带一个教师志愿者帮助他，仍旧没有结果。第三次又提醒对方，并且说："要是您不方便，您写一个委托书我去也可以。"得到的回答是：学校领东西需要他亲自签名。当时王凤英也相信了对方。又等了几天，还不见动静。王凤英此时决定一探究竟。就这样没有和对方打招呼叫了一位教师志愿者去了大学的后勤处，后勤处的负责人说，孔院的中方和俄方院长都可以领取办公用品。回来后她告诉了对方学校的这项规定，对方显示出了不悦。类似这样的事情不止发生过一次，这说明中外合作中彼此的信任、理解、支持非常重要，离开这一点，任何工作都寸步难行。王凤英由此点总结说：由于和俄方院长所处环境、工作目的、肩负的责任、性格乃至健康状态均不同，中方院长首要先给对方足够的尊重、理解，主动和对方协商工作，遇到分歧，以理服人，如不能说服对方，退一步或者搁置一段时间再说。工作中难免出现分歧甚至误解，只要心地坦荡，宽容大度，一定能够得到俄方的理解和支持。另外，遇到对方的刁难甚至无中生有编造事件的时候，她也有自己坚定的立场，要据理力争，维护中国人和中方人员的利益。一次暑假后她第一次去大学国际处办事。负责中方事务的老师在她办完事情准备离开的时候居然发难说，暑假里，中方的老师闯入了他们的军事禁区。她立刻警觉起来，让俄方人员告诉她此人是谁，此事是什么时候、什么地方发生的。俄方人员当时说不出。王凤英有礼貌的告知对方，请她注意，"这种事情不是玩笑，不可以随便讲。这关系到外国人在俄罗斯是否遵纪守法的问题"。

王凤英说，孔院工作的四年也有很多值得留恋和回忆的事情。例如，和俄方院长的合作后来还是比较顺利的，成功举办了很多文化活动。大部分中方教师和教师志愿者勤勤恳恳，不分年节，不分假期，无私奉献，出谋划策，齐心协力努力做好孔院的教学和各种活动，常常让她深受感动。至今他们还时常联系，交流想法。

王凤英介绍，俄罗斯现有孔子学院18所，孔子课堂4个。她认为，传播中国语言文化是孔院最重要的任务。中国语言传播比较富有成效，最近这十几年俄罗斯学习中文的人数增速很快，特别是中文纳入俄罗斯高考体系后尤为明显。至于中国文化活动方面，中方曾组织过各种中国传统节日的庆祝活动和剪纸会、赛诗会、书法比赛、作文比赛、打太极等。场地通常在大学内，或者经过努力，在校外某个地方进行。莫语大孔子学院曾和新华社亚欧总分社联袂举办中国文化摄影展，同文化公园管理处合作举办过孔子学院日、中国汉字历史介绍等活动，都取得了良好的效果，受到大学师生和社会受众的欢迎。在汉办和北外孔子学院工作处的大力支持下，连续两年在莫斯科、喀山、下诺夫哥罗德的五所大学开展中国文化巡回讲座。中俄学者教授同台就同一个话题进行对话讲座，收到了很好的效果。中国文化讲座涉及中国的计划生育政策和人口问题、"一带一路：历史，现在和未来"主题，还涉及中国经济、中国姓氏文化、中国文化中的儒家和道家等。受众都是大学各个专业的学生和老师。

五、中俄关系新发展，教育领域展宏图：王凤英谈中俄两国教育文化交流建设

王凤英指出，中俄教育交流越来越深入，在未来的发展中除了深化教育改革外，还应努力扩大国际教育交流的数量和领域。作为北外俄语学院，她认为首先要将自己做强，教学和科研做出自己的特色，独领风骚。譬如 20 世纪 80—90 年代，说到修辞学，非北外俄语系莫属。除此之外，她提出了以下建议：

1）课程设置需要根据社会需求和国内外形势不断调整，避免年复一年往复开设同样的课程。

2）为年轻人创造更多的机会，提倡和鼓励年轻教师开出高水平的课程和讲座，而不是单单教授学生通过网络就可以轻而易举地获得的知识或者信息。

3）针对青年教师，俄语学院的课程通常一人一门课，甚至一门课定终身。希望创造一人多面、一面多人的良性循环。

4）教育国际交流可以再放开一些，完全可以尝试 2+2 留学项目。因为留学 10—12 个月，除去入学离校办手续，实际上的教学时间在 7 个月左右。并且通常中国学生自成一班。这样当然便于管理，但是学生无法融入俄罗斯学生群体。交往的圈子仍旧是自己的同胞。最好是同俄罗斯学生同上课，同活动。10—12 个月的时间，留学生只能看到语言对象国社会、政治、经济、文化、社会等方面的皮毛，语言方面也只是试了一下水，甚至连语感都来不及培养。赴俄留学科目可以根据中方教学大纲提出自己的课程设置，同时吸收对方院校外语教育的长处，弥补他们的短板。

5）中俄双方高校可以互派大学生，组织夏令营，不一定局限在俄语专业。同时组织国际专题研讨会等。

6）在文化交流方面，可以同俄罗斯高校共同主办反映两国文化、风俗习惯的各类展览会，反映当代社会生活和人民风貌的摄影展、画展，举办各类文化讲座等。

最后王凤英秉持着一种教育的大局观，说道：即使在国际形势纷繁复杂的今天，进行各种不拘形式的民间交流仍旧可以促进不同国家、不同民族之间的相互理解，相互包容，相互学习，相互借鉴，谋求共同发展。

第三篇

江山代有名师出　执鞭讲台育桃李

——今日俄语学院教师笔谈

"三高"团队开拓进取，春风化雨培育英才
——记北京外国语大学俄语学院女教工团队

李春丽[1]

§ **摘　要：** 俄语学院是北外历史最悠久的院系。成立以来，俄语学院历代教职工不断传承红色基因，积极开拓，锐意进取，形成了优秀的教学传统和院风。其中，以"三高"（女性教师占比高、学历高和职称高）著称的俄语学院女教工团队在教书育人和社会服务方面始终发挥了重要的作用。2015 年"五一国际劳动节"前夕，俄语学院女教工团队荣获由中华全国总工会授予的"全国五一巾帼标兵岗"称号。

§ **关键词：** "三高"团队　俄语学院　红色基因　培育英才

一、"三高"铸就优秀女教工团队

俄语学院是北京外国语大学历史最为悠久的院系，其前身为 1941 年成立的中国抗日军政大学三分校俄文大队。学院办学层次齐全，培养具有扎实俄语实践能力，广博知识结构，富有创新精神和研究能力的高层次、高素质、高水平俄语和俄罗斯学专门人才，是学院的目标，也是学院的特色。近几年，在学校党委领导下，为应对国家发展对高校人才培养提出的更高要求，学院以学科建设为重点，不断深化教育教学改革，致力提高人才培养质量，加强和改进党建和思想政治工作，各项工作取得新进展。

几十年来，在学院的教学、科研和管理等各项工作中，始终活跃着一支高素质女教工团队的身影。

目前，北外俄语学院拥有一支"三高"女教工团队，平均年龄 45.7 岁。"一高"即女教工在学院教职工中的比例高：学院现有在职教职工 23 人，其中女教工 17 人，占全院教职工人数的73.9 %。"二高"即女教职工的学历高：在职女教工全部具有大学本科以上学历，其中 13 人具有博士学位，3 人具有硕士学位，1 人具有本科学位。"三高"即女教工职称高：现有女教职工中，具有教授职称的有 6 人，副教授职称的有 6 人，讲师职称的有 5 人，无论是男女比例，还是学历、职称，在北外都是名列前茅，是一支名副其实的"三高"团队。正是这些因素，成就了一支优秀的女教工队伍。此外，由党总支书记李春丽，院长黄玫，副院长何芳、戴桂菊组成的现任学院领

1　李春丽，北京外国语大学国际商学院党总支书记。2011—2019 年，担任北京外国语大学俄语学院党总支书记。本文写于 2015 年 1 月。

导班子成员均为女性，她们在学院的教学、科研和管理工作中发挥着积极、重要的作用。

二、锐意进取，开拓创新，教学科研勇挑重担

对学术和真理的探求是大学的精神和灵魂所在。学院女教工团队在教学科研中勇挑重担，开拓创新、勤奋进取，不断做出新的贡献。

加强课程和教学资源建设，提高人才培养质量。俄语语言文学专业经过 70 余年的发展，目前在国内处于领先地位。2002 年，俄语语言文学学科被评为北京市重点学科，2007 年，俄语语言文学学科成为国家重点学科"语言学和应用语言学"的主要参与单位，2009 年起，俄语语言文学学科成为教育部高等院校特色专业建设点。

学院在承继严格要求、注重语言基本功、精细培养的教学传统的同时，不断调整和改革人才培养方案，对教学培养方案进行全面修订，在课程设置、课时安排等方面做出重大改革，以适应新形势下外语教学目标和人才培养目标。继 2001 年在全国俄语院系率先开设社会文化专业课程后，又于 2009 年在全国率先开设区域学专业课程，提出建立俄罗斯学的学科目标。通过"国际化战略人才项目"，重点培养国家亟需的国际型、战略型、通识型高端外语翻译人才和区域研究人才。近年来，戴桂菊（女）教授讲授的"走进俄罗斯"被评为教育部精品视频公开课，王凤英（女）教授讲授的"大学俄语公开课"被评为北京市精品课程；黄玫、武瑷华、李向东、刘索梅等女教授主持的科研项目获国家社科基金、教育部、北京市立项；学院女教师参与的《"东方"大学俄语（新版）》系列教材获评教育部国家级"十一五""十二五"规划教材。

开展科学研究，提升学术水平。近年，学院女教师围绕学科建设，发挥学术创新的主动性和自觉性，积极探索，努力专研，科研成果数量明显提高。七年来，学院女教师共发表论文 200 多篇，其中 CSSCI 论文数、核心期刊论文数以及出版著作、译著、教材、论文集和参与承担国家级、省部级项目数在学校院系中名列前茅。

立足自身优势，发挥辐射和引领作用。学院立足自身在俄语教学方法和模式上的优势，通过教学研讨会、访问学者项目、教学示范课、博士和博士后流动项目、校际对口支援等方式，在全国高校俄语教育中发挥着辐射和引领作用。2011 年至今，学院连续举办 4 届全国教学法研讨会和教师研修班，以公开课、讲座、圆桌会议、讨论等形式与全国俄语专业教师共同探讨俄语专业发展，为提升全国俄语教师教学水平做出贡献。

三、春风化雨，桃李芳菲，悉心育人成绩斐然

学院女教工继承和发扬北外人才培养优良传统，尊重人才的个性发展，以女性的细腻，为人才培养注入一缕温情。

（一）人才培养质量不断提高

学院始终把人才培养作为中心工作。为适应国家发展对人才培养的更高要求，学院不断总

结教育教学经验，调整和改革人才培养方案，加强课程建设，积极推进博雅教育和通识教育，支持学生开展社会实践和学术活动，人才培养质量不断提高。学院学生专业知识和技能突出。由教育部主办的"全国高校俄语大赛"自 2006 年起至今已举办 8 届，在该赛事中，学院先后共有 12 名同学分获不同年级组金牌，10 名同学获得银牌，11 名同学获得铜牌，奖牌总数居全国高校榜首，包揽了 2014 年该赛事的各年级组冠军。2014 年，学院学生团队获得由教育部和中央电视台联合举办的央视首届俄语大赛冠军，学生还在全国俄语口译大赛等全国性专业赛事中获得冠军。近年，学院就业率一直保持高位，学生就业层次较高，用人单位反映良好。持续多年对学院毕业生情况跟踪调查的结果表明，用人单位对毕业生质量满意度普遍较高。

（二）思想政治工作不断改进，帮助学生成长成才

学院党总支围绕学校和学院中心工作，把加强思想政治教育和促进专业学习有机结合，秉承以人为本理念，通过学生自我管理与自我服务的途径，帮助学生成长成才。

学院学生思政工作队伍健全，有一支专兼职教师队伍，为思想政治工作开展提供组织保障。

以思政教育为基础，引导学生树立正确的人生观、价值观。引导学生树立正确的思想观念是党总支工作的核心，党总支多角度、多层次地开展工作。开展入学教育，使同学们认识到德育工作是促进学生自身全面发展和健康成长的强大精神动力；围绕培养学生爱国主义精神坚持长期开展主题活动；通过完善心理委员制度、开展心理拓展活动，提高心理教育专业化水平，培养学生健康心理；发挥学生干部作用，及时了解学生需求，帮助解决学生问题。

健全学生组织，发挥学生主体作用，培养学生自我管理能力。发挥学生党支部先锋模范作用，以党建带团建，促进学生的自我管理与自我服务，"党员之声"宣传栏成为宣传党和国家方针、政策，党员思想交流的重要平台；团总支学生会是学院党总支开展各项工作的得力助手，也是学生实现自我管理与自我服务的骨干力量；学院学生社团组织生动活泼，是学生增长才干、发挥特长、沟通交流的平台。

以文化活动为载体，营造良好校园文化，助力专业学习。学院对开展校园文化活动进行探索，主办俄语文化节、名师讲座等一系列对学生专业大有裨益的文化活动；"认识俄罗斯""俄罗斯拾贝""聚焦俄罗斯"等专栏定期更新，向全院同学介绍俄罗斯国情基本知识、民族文化、时政热点等；学生会定期组织俄语电影放映等。这些活动在丰富学生课余生活的同时，也促进了学生的专业学习。

以人为本，引导、帮助学生成长。通过新生引航工程，帮助学生适应独立的大学生活；不定期邀请杰出校友和优秀毕业生回校，对同学们进行职业规划指导；开展毕业生教育，为学生顺利毕业提供帮助。

四、红色基因，优良传统，服务社会报效国家

宝塔山巍巍，延河水泱泱。从延安走来的俄语学院血脉中蕴含着红色基因。承继和弘扬祖国至上、甘于奉献的优良传统，俄院女教工团队用实际行动践行着校歌中的"人民需要我们到哪

里我们就到哪里"精神。

近年来，学院女教职工积极参加社会服务工作，以自己的专业知识服务北京奥运、APEC 等重大活动和首都国际化发展，参加获得联合国教科文组织亚太地区"文晖教育创新奖"的"歆语工程"活动。

服务国家战略和社会发展需要，认真执行北京外国语大学与新疆大学、乌鲁木齐职业大学的对口支援计划，2011 年至 2014 年，连续 3 年选派优秀教师在乌鲁木齐职业大学授课，其中 2 位是青年女教师；多年坚持每年派 1 名优秀教师赴新疆大学讲学 2 周，与新疆大学共同举办俄罗斯义学文化高级论坛和开展教学法、教材学术研讨。在这些工作中，学院女教师发挥自身优势，为提高边疆地区俄语教学水平做出贡献。

外语是通往世界的窗口和桥梁，借助这个桥梁，俄语学院女教工成为中俄文化交流的重要参与者。由北外承办的莫斯科国立语言大学孔子学院的前任和现任中方院长均由俄语学院女教师担任。由俄罗斯世界基金会在北外设立的"俄语中心"，是中俄两国政府合作重要项目，该中心前任主任李英男教授及现任主任戴桂菊教授均为学院女教师，她们用自己辛勤且卓有成效的工作，为中俄两国的文化交流做出积极贡献。

不忘初心，甘守讲台

——落实立德树人根本任务，提高教师队伍整体素质

黄　玫

§ **摘　要：** 2019 年下半年开展的"不忘初心、牢记使命"主题教育活动让我们接受了一次思想的洗礼。在开展主题教育活动期间，俄语学院努力将落实立德树人根本任务与学院发展大计相结合，充分认识到，落实立德树人根本任务，学科发展是重中之重，而教师是立教之本、兴教之源。落实立德树人根本任务，提高教师队伍的整体素质是关键。

§ **关键词：** 立德树人　学科发展　教师队伍建设

党的十九大报告指出"建设教育强国是中华民族伟大复兴的基础工程"，百年大计，教育为本；教育大计，教师为本。习近平总书记高度重视教师队伍建设，提出了"四有"好老师、"四个引路人"、"四个相统一"等一系列要求。立德树人，是教育事业发展必须落实好的根本任务。立德树人本质上就是全面贯彻党的教育方针，坚持实施素质教育，在教书过程中育人，在育人过程中将德放在首位，努力培养德、智、体、美、劳全面发展的社会主义建设者和接班人，培养能够担当民族复兴大任的时代新人。从这个意义上讲，新时代落实立德树人根本任务之关键，在于加强教师队伍建设。

因此，建设一支思想品德高尚，业务能力突出的教学团队，对于全面提高人才培养能力至关重要。

一、正人先正己，提高自身的政治素质和道德修养

《中华人民共和国教师法》规定，教师是履行教育教学职责的专业人员，承担着教书育人、提高民族素质的使命。《中华人民共和国教育法》《中华人民共和国高等教育法》都规定了教师的行为规范和职业资格。高校教师是全面贯彻党的教育方针、落实立德树人根本任务、培养高素质人才的直接依靠力量。

立德树人，师德为范；教育大计，教师为本。教师是立教之本、兴教之源。要坚持把教师队伍建设作为基础工作，将师德师风作为评价教师队伍素质的第一标准。让每一位老师都有这样的政治觉悟和责任担当，认识到自身职责的特殊性和重要性，不断增强为党的教育事业服务的责任感和使命感，珍惜人民教师这份光荣，爱惜这份职业，严格要求自己，不断完善自己，执着于教书育人，努力将课堂作为发挥自己作用的主要岗位，切实承担好铸魂育人的时代重任，在教书育

人的岗位上为党和人民的事业做出新的更大贡献。

无论是一名普通的教师，还是做什么管理职务，担任什么社会职务，无论名气有多大、荣誉有多高，教师始终是第一身份，教书就是最重要的工作，上课就是天大的事。如果人生的第一粒扣子扣错了，后面的每一粒都会跟着错。因而，教师不能只做传授书本知识的教书匠，而是要自觉利用课堂这个平台，用习近平新时代中国特色社会主义思想武装自己、铸魂育人，成为塑造学生品格、品行、品位的"大先生"，真正给学生心灵埋下真善美的种子，引导学生扣好人生第一粒扣子。

作为高校教师，我们不仅要做专业知识的教授者，更要做先进思想文化的传播者，要做中国共产党执政的坚定支持者，时刻以"有理想信念，有道德情操，有扎实知识，有仁爱之心"的"四有"好老师标准激励自己，用爱培育爱、激发爱、传播爱，用真情、真心、真诚温暖学生，拉近同学生的距离，滋润学生的心田，和学生做朋友。在教书育人实践中，要关注、关心、关爱每一个学生，尊重、欣赏、信任每一个学生，让每一个学生都能健康成长、茁壮成才，让每一个学生都享受成功的喜悦。

高校教师应做到"四个相统一"，即坚持教书和育人相统一，既做传播知识、思想和真理的工作，更做塑造灵魂、生命和人的工作；坚持言传和身教相统一，要用自己的真才实学和人格魅力在传道授业解惑中启发学生、引导学生；坚持潜心问道和关注社会相统一，要潜心研究学问，耐得住寂寞，同时不能"两耳不闻窗外事"，要时刻关注社会现象，在实践中汲取养分；坚持学术自由和学术规范相统一，课堂上怎么讲要有规范，教师的言行要对国家、对社会、对学生负责。"师者，人之模范也"。合格的老师自己首先应该是道德上的合格者，是以德施教、以德立身的楷模。自己的三观正，积极乐观，充满正能量，才能带给学生正面的影响，而不应是牢骚满腹，怨天尤人。

师德是深厚的知识修养和文化品位的体现。师德需要教育培养，更需要老师自我修养。充分认识高校师德建设的特性，有助于高校在习近平新时代中国特色社会主义思想的指引下，深入实施师德师风建设工程，不断提高教师思想政治素质，建立健全高校师德建设长效机制，努力打造一支"师德高尚、业务精湛、结构合理、充满活力"的高素质、专业化、创新型、学习型教师队伍。

二、打铁还须自身硬，全面提升教学能力和研究能力

习近平总书记在全国教育大会上指出，教师是人类灵魂的工程师，是人类文明的传承者，承载着传播知识、传播思想、传播真理，塑造灵魂、塑造生命、塑造新人的时代重任。

一个人遇到好老师是人生的幸运，一个学校拥有好老师是学校的光荣，一个民族源源不断涌现出一批又一批好老师则是民族的希望。

作为教师，我们深深感受到这种尊重带给我们的荣誉感和使命感，要在教书育人的工作中无愧于自己的岗位，像陶行知先生那样，"捧着一颗心来，不带半根草去"，真正把从教作为崇高的事业和一生的挚爱，矢志不渝坚守奉献，在坚定立德树人的职业理想中彰显为师者的尊严和价

值。而全面提升教学能力和研究能力，是我们发挥育人作用的重要方面。

三、俄语教师的初心和使命

2019 年是中俄建交 70 周年。习近平主席 2019 年 6 月 5 日和俄罗斯总统普京在莫斯科大剧院共同出席中俄建交 70 周年纪念大会时指出，经过 70 年风云变幻考验，中俄关系愈加成熟、稳定、坚韧。中俄元首决定将两国关系提升为"新时代中俄全面战略协作伙伴关系"。这是中国对外双边关系中首次出现"新时代全面战略协作伙伴关系"的新表述、新定位，意味着两国把双边关系定位提升到一个前所未有的新高度，意味着两国的战略协作步入更高水平，向更广、更深的方向挺进。中俄关系的稳固发展是俄语专业发展的良好助力，同时也对俄语人才培养提出了更高的要求。

北外的前身是 1941 年成立于延安的中国抗日军政大学三分校俄文大队。俄语专业是北京外国语大学历史最悠久的专业，俄语学科是学校的传统优势学科、国家级特色专业建设点、北京市特色专业建设点和北京市重点学科、国家一流本科专业建设点。俄语学院拥有优秀的教学团队，优良的教学传统，教学成绩显著，也是我国俄语教科书编写的重要基地，编写的各类俄语专业教材几十年来在全国的俄语教学中起着举足轻重的作用，承担全国俄语四级和八级测试的重任。因此，我们北外俄语学院教师的初心和使命，就是延续红色基因，为党和国家培养德、智、体、美、劳全面发展、富有社会责任感、创新精神和实践能力，具有中国情怀、国际视野、思辨能力和跨文化能力的复合型、复语型、高层次国际化人才。

近年来，学院紧紧围绕新时期人才培养目标，按照学校平稳较快的发展战略，根据本科教育综合改革方案，对学院的学科发展进行了规划设计，不断改革创新，形成鲜明的培养特色，实施立足俄语，以"一俄带多语"的语种建设战略，实现以俄语教育为主，多语种教育和区域研究为发展点的专业和学科建制，培养符合国家战略需要的高级俄语人才和既精通俄语，又通晓中亚五国、乌克兰和白俄罗斯等非通用语的复语型俄语人才和俄语＋金融学方向的复合型俄语人才。在改革发展的道路上，我们也面临着诸多亟待解决的问题。

首先要解决学科发展方向不均衡问题。俄语学院拥有语言学、文学、社会文化与区域学和翻译学四大学科方向，学科方向比较齐全，基本上各学科方向上都已形成一个团队。然而，目前这些方向面临的问题十分严峻且紧迫，例如，传统优势学科语言学方向四年后将无一位教授、博导！其他学科也各有问题。

其次，要着力建设一支思想品德高尚，业务能力突出的教学团队。教师队伍团结向上，学院总体氛围和谐积极。专业教师责任感强，对教学工作认真负责，较好地继承和发扬了学院的优良传统。然而，对照"四有"好老师、"四个引路人"、"四个相统一"的要求，我们还有继续努力的空间。

为此，我们今后努力的方向是：

第一，帮助中青年教师闯教学关、科研关、育人关、职务晋升关和生活条件关，使教师胸中有大局、奋斗有方向。1）成立青年教师学习工作坊，由在教学和科研上有经验的教师负责，以集体备课、听课说课、讨论讲座、公开课等多种形式开展定期活动。在时间上也需给予保障。2）一年级教学团队，老带新，给老带新换个名："青年教师导师制"。安排老教师像指导学生写论文一样，一对一指导青年教师的教学和科研，对指导教师明确要求、责任义务和待遇。3）鼓励青年教师参加培训进修，参加教师教学能力、教学之星大赛等，提供信息和物力支持。青年教师助理学院相关管理工作，提升奉献精神和服务意识，了解学院事务，工作程序，也是为今后参与学院管理打下基础。

第二，坚持"高层次人才上讲台"制度，学院全体教授均在本科授课，这是学院的优良传统。事实证明，这些教授博导学养深厚，令学生受益匪浅。其中一批教授授课效果不凡，教学评估成绩几乎年年100分。

第三，鼓励教师把最新的科研成果及时转化为知识体系和教学内容，促进科研与教学良性互动。一些课程结合教师本人的研究专长，集体授课，如语文学研究方法论、学术论文写作、斯拉夫文明等。今后鼓励每位教师在一个学年内为学生开一次讲座，我们自身的优秀资源自己要充分利用。

第四，打造金课，淘汰水课。俄语学院的教学评估成绩常年在学校高居榜首，但所获的奖项并不多。学院应注意发现优秀，树立榜样，并且以榜样的力量影响教师群体，让所有的课程都成为金课。

第五，全方位育人，加强专业教师与辅导员联动制。学院虽然一直实行班主任制，由专业教师担任班主任，但班主任、其他任课教师与辅导员之间沟通不够。

四、结 语

习近平总书记在学校思想政治理论课教师座谈会上提出的政治要强、情怀要深、思维要新、视野要广、自律要严、人格要正的"六要"新要求不仅适用于思政课老师，同样适用于专业课老师。我们将以此为准绳，切实增强师德自律意识、不断提升教学能力，淘汰"水课"，打造"金课"，以人格魅力和知识魅力教育感染学生，回归大学本体育人价值，不忘初心，甘守讲台，切实将立德树人根本任务落在实处。百年大计，教育为本；教育大计、教师为本。建设一支思想品德高尚，业务能力突出的教学团队，对于全面提高人才培养能力，落实立德树人根本任务至关重要，这将是俄语学院未来发展的重中之重。

守初心，重落实，搞好教师队伍建设

戴桂菊

§ **摘　要：** 在"不忘初心、牢记使命"主题教育学习活动中，北外俄语学院重视红色基因传承，邀请资深退休教师现身说法，使在职教师和在校学生接受了一场思想洗礼。此外，还针对人才培养的关键性环节——师资队伍建设问题潜心调研，查找出制约学院师资队伍发展的制约性因素，并从进人机制改革、师资梯队建设、科研成果培育和未来规划筹备等方面提出解决办法。

§ **关键词：** 俄语学院　师资队伍建设　实例效应　科研成果孵化

习近平总书记指出："不忘初心，方得始终。中国共产党人的初心和使命，就是为中国人民谋幸福，为中华民族谋复兴"。概括起来，初心和使命就是"为人民服务，担当起该担当的责任"。对于高校教育工作者来说，初心和使命就是满足人民对"更好的教育的期盼"，为国家输送德、智、体、美、劳全面发展的合格接班人。党的十八大以来，以习近平同志为核心的党中央高度重视教育事业在中国特色社会主义建设中的地位与作用，把教育作为优先发展战略。在各级教育中，总书记赋予高等教育以特殊重要的地位。因此，加快一流大学和一流学科建设，实现高等教育内涵式发展成为我国高教事业的根本任务。

高等教育是各级各类教育的制高点，高校教师是制高点之制高点。高校教师队伍素质直接决定着大学办学能力和水平，建设政治素质过硬、业务能力精湛、育人水平高超的高素质教师队伍是大学建设的基础性工作。在北外"双一流"建设中，教师队伍建设属于最重要的基础性工作。在"不忘初心、牢记使命"主题教育学习活动中，本人在实地调研的基础上，对关乎学院一流专业建设和整体发展的重要问题逐一梳理。针对全院师生关注的教师队伍建设问题，提出了相应的改进措施和解决办法。

一、注重实例效应，加强政治和业务素质双过硬培训

俄语学院是我校最悠久的院系，有着红色基因。我校是中国共产党创办的第一所外国语高等学府，其前身是 1941 年在延安成立的中国抗日军政大学三分校俄文大队，俄语学院正是在俄文大队的基础上发展起来的。在长期的教学实践中，俄语学院形成了优良的教学传统、独特的教学理念和完备的教学体系，孕育出一批享誉国内外的教学行家和学科带头人。俄语学院在全国俄语界保持领衔地位的秘诀之一是拥有一支政治素质过硬和业务水平精湛的师资队伍。无论是 20 世纪 50 年代初帮助我国培养第一代俄语人的苏联专家，还是 60 年代初从苏联学成归国的俄语前

辈以及后来我校自己培养的俄语师资，均在我国的俄语人才培养中做出了突出的贡献。为了加强对现有在编教师的素质培训，我院结合"不忘初心、牢记使命"主题教育活动，邀请身边的楷模来学院讲座，收到了很好的效果。

首先，我院邀请 2019 年"中国俄语教育终身成就奖"获得者刘光准教授为全院师生分享教书育人的经验。刘先生 1960 年毕业于北京外国语学院俄语系并留校任教近 40 年。1999 年 9 月，他退而不休，继续在我校培训学院工作，并且为北京市的中学生奥林匹克俄语人才培养做出了突出贡献。至今，他仍然通过微信公众号开办"俄语开讲啦"栏目，为全国的俄语学习者和爱好者答疑解惑。刘教授回忆了大学期间以及参加工作初期接受周恩来总理和陈毅副总理接见的难忘场面，尤其强调周总理对外语人才提出的"三个基本功"（即政治思想基本功、语言基本功、文化知识基本功）要求以及陈毅副总理在我校东院操场上对北外师生提出的"政治和业务素质兼顾"等寄语。老一代党和国家领导人对外语教育事业的关心和对外语青年教师的勉励成为刘先生学习和工作的内在动力。此外，刘先生还将自己学习俄语的十二字秘诀（抄书、朗读、背诵、默写、搬家、活用）同我院教师进行了分享。刘先生以自己切身的经历为我们上了一堂难忘的家史课。他教育我们要牢记我校红色基因并坚定不移地将它传承下去。同时，刘先生勤奋和严谨的治学态度也为我们树立了学习的榜样。

随后，我院又邀请我国著名翻译家李英男教授讲述了她和母亲李莎教授为中国俄语教育事业辛勤耕耘的故事。李英男是我党早期革命家李立三和俄罗斯专家李莎的女儿，出生在苏联莫斯科，从小受到俄汉双语教育。1967 年毕业于北京外国语学院，后在北外俄语学院任教。1999—2004 年间，担任俄语学院院长。至今，李先生仍在为我院研究生授课。李莎教授于 1946 年来华，随后到我院工作近 50 年，直到 1996 年才告别讲台。由于对中国俄语教学与研究以及中国俄语翻译事业做出的杰出贡献，李莎教授和李英男教授母女二人分别于 1998 年和 2006 年获得国际俄语教师联合会颁发的俄罗斯联邦"普希金奖章"。此外，李英男教授还于 2009 年获得普京总理亲自授予的"友谊与合作"荣誉奖章以及国内外多项荣誉奖章和证书。李英男教授在自己的新书《红莓花儿开：相簿里的家国情缘》中，通过一个独特的中俄家庭几代人的鲜活故事，再现了中俄关系近百年跌宕起伏的历史，重点讲述了自新中国成立至今 70 年间她的母亲、妹妹以及她本人培养中国俄语人的事迹。李先生的家国故事生动感人，她和母亲对中国俄语教育事业的敬业和奉献精神值得我们学习。

两场"身边的楷模"讲座令我院教职工深受鼓舞。榜样的力量激励着我院教师不断进取，努力保持优良传统，积极传承红色基因，力争为国家培养更多政治素质过硬和业务水平精良的俄语人才。

二、全面细致找差距，认认真真抓落实

俄语学院是我国最早获批硕士和博士授予点的人才培养单位之一。目前，学院学科门类和培养层次齐全，拥有本科、硕士和博士三个教学层次。此外，还设有博士后流动站。我院传统和优势学科方向是俄语语言学和俄罗斯文学。进入 21 世纪以来，为满足国家对复合型高端俄语人

才的战略需要，我院在硕、博士研究生培养层面先后增设了两个特色方向——俄罗斯社会与文化和区域学（上海合作组织大学）方向。近年来，随着"一带一路"倡议的实施，我院还及时承担了教育部非通用语种建设任务。在发挥俄语教学传统优势的基础上，采取"俄语+"的复语模式，分期分语依次招收乌克兰语、白俄罗斯和中亚五国官方语本科生。目前，已经实现上述七个非通用语种招生全覆盖。此外，还招收了两届"俄语+金融"复合型专业本科生。俄语学院在人才培养方面努力做到与时俱进，已经形成以俄语教育为主，以多语种教育和区域研究为特色的专业新格局。

人才培养格局的变化对教师队伍建设提出了新要求和新挑战。在"不忘初心、牢记使命"主题教育活动中，我院突出问题导向，努力做到仔细找差距，认真抓落实。经过对全院教职工和本、硕、博在读学生的问卷调查和走访，我们了解到师生对我院教师队伍的一系列意见和建议。从师生反映较为普遍和强烈的问题中找到了制约学院教师队伍建设的阻碍性因素。

从教师反馈意见来看，任课教师，尤其是青年教师认为教学工作量过大，影响了科研时间和科研成果产出。因此，他们希望减少教学工作量并给予更多的科研时间，提高科研能力。许多青年教师提出不超课时，上满定额工作量即可，以便腾出更多有效时间来专心搞科研；少数青年教师认为入职后遇到了科研瓶颈，不确定是继续研究本领域还是开辟新的研究领域；希望学院在科研上给予青年教师指导，帮助其成长；一些老师反映学院在科研方面以"单打独斗"为主，团队合作较少；教师梯队断层，学院70后教师严重短缺，拥有高级职称的教师年龄均在50岁以上，科研后备力量不足，这将严重制约学院的未来发展等。

硕、博士研究生们反映，近年来学院研究生扩招幅度不断加大，研究生数量明显增加。然而，有经验、有能力的教师相对较少，学生和老师的数量比例存在一定的失衡，这在一定程度上影响了教学质量；研究生阶段存在着因人设课现象，教材与现实脱节，需要增加一些贴近实际生活的内容；学生社会实践和学术实践机会较少。

本科生反映课堂学习负担过重，难以兼顾课业与社会实践活动；俄语实践课任课教师更换频繁，个别学生因不能适应新换教师的教学方法而不去上课；课程安排不合理，大部分课程都集中在大二，大三和大四课程骤减，结果造成二年级消化不良；第三和第四学年的课程授课时间分散，学生没有固定的时间参加社会实践活动；学分制度不合理，专业面过窄。目前俄语学院的课程还是以俄语语言为主，应当多开一些俄语加其他专业的课程，否则无法应对日新月异的变化与竞争；专业外教数量较少，质量差，多名同学对外教的讲课效果不满意；学院关注学生心理健康和成长较少。大多数时候学生不敢言，经常等问题十分严重时，老师才着手处理。

潜心研究三个层面的信息反馈，不难发现，设计理念陈旧是阻碍学院教师梯队建设和学科发展的制约性因素。"十年树木，百年树人"，教师队伍建设是一个"树人"的工作，需要顶层设计者有远见，头脑灵活，根据形势的变化及时调整侧重点，精心筹划与经营"人才工程"。俄语学院的师资队伍曾经长期在缺编状态下工作，在21世纪初的第一个十年几乎没有进人。虽然近几年招聘了一批青年教师入职，但依然没有解决缺编问题。况且，长期不进新人导致教师队伍出现了断层现象，70后师资严重短缺。博士生导师和拥有高级职称的教师年龄均在50岁以上。近年来，随着老教师陆续退休，俄语学院传统的优势学科方向——俄语语言学在博士培养层面已经没有指导教师，教授数量锐减，这也严重制约了该专业方向硕士研究生的招生规模；科研后备力量不足。青年教师是学院发展的重要后备力量，一旦青年教师的科研水平和学术素养不足，未来也会成为学院发展的制约性因素。加之本科生新专业的开设以及研究生的扩招，使得本来就超负荷授课的教师课程负担更重，从而导致青年教师没有足够的时间从事科研。

因此，必须从学院顶层设计上改变理念，及时补充新人，缓解师资不足的问题。同时，在课程设置方面要优化"外、特、精、通"四者的比例。俄语学院的课程设置是以传统的俄语专业为核心来设计的。如今，除了俄语课，学生们还需要学习通识教育课、复语型和复合型的相关专业课。课程类型的增多决定了学生无法将所有时间都用在俄语学习上。因此，一些俄语技能课可考虑采用适度的翻转课堂、慕课或网络及远程教学来代替，给学生一些时间来学习其他课程。高等教育的国际理念已经是"宽口径""通识"和"全人"教育，过窄的专业教育无法使受教育者在未来的就业市场上占据优势地位，改变课程设置理念势在必行。

守初心，重在抓落实。在找到制约教师队伍建设的症结之后，就要尽快研究解决思路，制定出时间表来。按照轻重缓急和紧迫程度，逐一落实。

首先，及时将调研结果向全院教师汇报。将主题教育中的理论学习与我院教师队伍建设的实际结合起来，与同事们一起分析问题的原因并探索出路。

其次，对所发现的问题分期分批地解决。当下能做的事，做到立竿见影，即知即改。比如，针对青年教师们提出的不会申请课题的问题，责成学院学术委员会为青年科研团队申请项目把关，指导青年教师填报数据。从校级课题的申请做起，循序渐进，逐步冲击教育部和国家级课题。此外，学院还出台了科研项目培育办法，采取各种办法鼓励教师从事科研工作，为青年教师搭建良好的学术孵化平台。定期举办教职工文娱活动，强化集体荣誉感，加强学院的凝聚力；加强教职工之间的交流，让大家更有亲情感，老教师更关心年轻教师，同龄人之间更多交流。特别是在个人遇到生活困难时，学院能予以关心和爱护。这样，大家都会感觉到更多温暖，也会把学院的发展和建设当成荣辱与共的事业；按照学科方向建立学术团队和教学团队，发挥团队协作精神，克服单打独斗的传统做法；学院对青年教师参加学术会议、购买书籍以及举办专题讲座等给予一定的物质资助；及时关注学校通知，通过学校支持聘请国外学者来我院短期讲学；严格考勤制度，要求教师参加集体活动，增强其主人翁责任感。

针对本科生反映学院内非通语种之间缺少联络的问题，我们及时组织从乌克兰和哈萨克斯坦留学归国的四年级本科生与乌克兰语一年级本科生、二年级中亚语种本科生以及区域学方向的研究生进行交流，还请负责非通语种的教师和中心主任参加。交流活动拉近了同学们之间以及师生之间的距离，各方对此类活动都很满意。此外，还及时成立非通用语种教研室，为俄语复合非通用语种的师生提供全方位服务。

再次，严把进人质量关，根据学院中期和长期发展规划招聘人才。在未来的师资招聘中，要侧重考察应聘人员的学术水平和学术潜力。对于新进青年教师，采取"非优即走"的政策。相信经过几年的建设，我院的科研环境将会明显改善。

整体而言，调研反馈意见比较全面地反映了俄语学院教师队伍建设中存在的问题。其中一些问题是互为因果的。比如，教师教学工作量过大，自然导致科研时间不足，进而影响科研成果的产出。反之，科研能力不强也会致使教学内容不深刻，对学生思维能力培养不利，等等。然而，来自师生的多数反馈是可观察到的现象。想彻底解决目前存在的问题，必须从知识的传授者——教师入手，找到师资队伍建设的阻碍性因素。况且，"教师队伍建设是关于人的一项艰巨工作"，（王定华 2018）不可一蹴而就。需要对学院师资队伍发展提前筹划，制定出五年, 甚至是十年规划，明确目标。只有这样做，才能改善师资结构，克服后备力量不足的弱点。平时要注意调动各位教师的积极性，努力营造一个相互关心，相互爱护的氛围。

俄语学院每位教职工都是一颗金珍珠，学院领导愿发挥"一根线"的作用，将这些珍珠连成一条美丽的项链。

参考文献

1. 王定华.新时代我国教师队伍建设的形势与任务 [J/OL]. 教育研究微刊，2018-05-21，http://www.nies.net.cn/jyyj.

▌不忘初心，追求卓越▌
——"学生心目中的理想教师"调研报告[1]

何 芳

§ **摘 要：** 本文根据俄语学院教师在硕士学位论文《大学生俄语学习动机与去动机研究》中出现在去动机因子之列的情况，借助调查问卷以抽样调查的方式在俄院本、硕、博不同层次学生中展开调研，了解学生心目中的理想教师形象，以期各位同仁在教学实践中自觉贯彻人本教育思想，想学生所想，给学生所需，最大限度地调动学生作为学习主体的内生动力，提高育人成效。

§ **关键词：** 学习动机　去动机因子　教师　人本教育

一、选题缘起

俄语学院 2016 级硕士研究生冯帆在其导师李向东教授的指导下，通过问卷调查、学习日记和访谈等形式，对俄语学院四个年级 272 名本科生的俄语学习动机和去动机情况开展定量和定性研究，完成硕士学位论文《大学生俄语学习动机与去动机研究》，并于 2019 年 5 月顺利通过答辩。根据该论文得出的结论，教师因素出现在学习去动机因子之列，且就影响强度而言，继自信受损、专业就业力不足、教材资源课程因素之后，列于第四位。（冯帆 2019：43）

这个结论引人深思。我们的老师个个都是高学历，且名校毕业，入职时经过了层层考核，个人业务素质都很高，但是在对我们学生的学习动机与去动机研究中，教师因素没有出现在动机因素里，却赫然出现在了去动机因素里。问题到底出现在哪里？我们如何改善这种情况？如何将教师个人的优秀转化成学生的优秀？如何让教师成为提升学生学习动机的因素？而不是阻碍因素？带着这些疑问，笔者决定调研学生心目中的理想教师形象，看看学生需要什么样的老师，因为给学生所需，助学生成长，立德树人——正是教师的初心。

1　本文基于"不忘初心、牢记使命"主题教育调研报告略加修改而成。

二、调查问卷内容

1. 你更看重教师的 ＿＿＿＿＿＿＿＿＿。（单选）

   教学能力　科研素养

   其他答案：＿＿＿＿＿＿＿＿＿＿＿＿＿＿＿＿＿＿＿＿。

2. 请任选 3 项你最希望老师具备的特质并排序：

   ＿＿＿＿＿尊重学生　　　＿＿＿＿＿渊博的知识　　　＿＿＿＿＿品格高尚　　　＿＿＿＿＿处事公平

   ＿＿＿＿＿关心学生　　　＿＿＿＿＿学界知名度　　　＿＿＿＿＿信任学生　　　＿＿＿＿＿有耐心

   ＿＿＿＿＿教授职称　　　＿＿＿＿＿要求严格　　　＿＿＿＿＿理解学生　　　＿＿＿＿＿有幽默感

   其他答案：＿＿＿＿＿＿＿＿＿＿＿＿＿＿＿＿＿＿＿＿＿＿＿＿＿＿＿＿＿＿＿。

3. 请用 3—5 个词描述你最喜欢的一位老师。

4. 请用 3—5 个词描述你最喜欢的一门课。

5. 请用 1—3 个词表达你对教学评估的态度。

三、问卷结果统计及结论

　　本调研采取抽样调查法，俄语学院 23 名本科生、5 名硕士生和 4 名博士生参与了答题，发放调查问卷 32 份，收回 32 份。

　　针对第一个问题：你更看重教师的教学能力还是科研素养？

	教学能力	科研素养	其　他
本科生	20	1	人格品德 1 教学能力 + 人品 1
硕士生	3	2	
博士生	3		两者都重要 1

　　调研结果显示，当把教学能力和科研素养置于二选一的地位时，绝大多数学生（81.3%）都选择了教学能力，可见在师生关系中，学生首先需要老师具有教学能力，老师的教学能力对学生的影响更大、更直接。

　　第二个问题：任选 3 项你最希望老师具备的特质并排序。

	第一位	第二位	第三位	未排序	最重要特质
本科生	渊博的知识 7 品格高尚 4 尊重学生 3 关心学生 1 理解学生 1	渊博的知识 5 品格高尚 3 尊重学生 1 关心学生 1 理解学生 1 处事公平 1 学界知名度 1 有幽默感 1	渊博的知识 3 理解学生 3 要求严格 3 尊重学生 2 关心学生 2 有幽默感 2	6 人未排序 渊博的知识 5 品格高尚 3 理解学生 2 尊重学生 2 关心学生 2 处事公平 2 有耐心 1 其他答案： 教学手法 1	渊博的知识 20 品格高尚 10 尊重学生 8
硕士生	品格高尚 2	渊博的知识 2	尊重学生 2	3 人未排序 渊博的知识 3 尊重学生 2 品格高尚 2 有幽默感 1 有耐心 1	渊博的知识 5 品格高尚 4 尊重学生 4
博士生	有耐心 1 渊博的知识 1 尊重学生 1	渊博的知识 1 尊重学生 1 品格高尚 1	尊重学生 1 有耐心 1 有幽默感 1	1 人未排序 渊博的知识 1 品格高尚 1 理解学生 1	渊博的知识 3 尊重学生 3 有耐心 2

调研结果表明，学生最希望老师具备的特质居于前三位的分别是渊博的知识（87.5%）、尊重学生（46.9%）、品格高尚（43.8%）。

第三个问题：请用3—5个词描述你最喜欢的一位老师。

	学 生 答 卷	要 点
本科生	知识渊博 5（学识渊博 4、博学 2、博览群书）、专业（厉害）、治学严谨、见解独到、敏锐；	学识
	授业解惑、教学有方、讲解详细、循循善诱、深入浅出、补充广泛、旁征博引、时间掌握得宜、善于倾听、善于提出建议；	传授有方
	关心学生 2、理解学生、对学生负责、为学生着想、乐于与同学们交流想法；	师/生，教/学
	风趣幽默 6、经历丰富 2（大佬）、知性优雅、温文尔雅；	
	平易近人 4（有亲和力 3、亲民、亲切）、耐心 7、温柔 5（温柔大方 2）、和蔼 2、	个人魅力
	师德高尚（品德高尚）、人品好、质朴、热心、细致、温暖、包容、认真负责（认真、细心负责、严苛认真）	师德
硕士生	学识过人、知识渊博、博识、博学、引经据典、业务能力高；	学识
	智慧、思考型；	智慧
	多才、有资历；	
	有幽默感 +2、风趣、善解人意、尊重学生、平易近人、温和、耐心	师德

（续表）

	学 生 答 卷	要 点
博士生	品学俱佳、德高望重；	品德、影响力
	尊重学生、宽容和善、平易近人、自信、亲和力、沉稳；	
	知识丰富、知识渊博、见识高远；	学识
	教学中有耐心、逻辑清晰	教学

　　在学生对最喜爱的老师的描述中，我们可以归纳出学识渊博、教学有方、个人魅力等方面的特质。在本科生的答卷中，特别注重师生关系的描述，如"关心学生、理解学生、对学生负责、为学生着想、乐于与同学们交流想法"等。硕士研究生的答卷表达出对智慧型、思考型教师的喜爱。博士生的答卷则反映出对教师影响力（"德高望重"）的看重。

　　第四个问题：请用3—5个词描述你最喜欢的一门课。

	学 生 答 卷	要 点
本科生	知识性、内容丰富5（知识量充足、全面、丰富3、知识丰富、内容充实2、干货多2、知识点详细）、材料新颖（更新频率大）；	知识性
	逻辑性强2（条理性、条理清晰）、结构良好、知识点明确；	逻辑性
	学有所得：扩展知识（有用、必要、实用性强2）；培养能力（思维的碰撞、引发思考、给人启发、发人深思、拓展、创新）；	效果
	作业难度合理；一学期内N篇课程论文，无硬性考试；	
	互动性强（沟通多、参与度高）、注重练习；	考核
	氛围（课堂气氛活跃3、氛围轻松2、氛围融洽）、活力、幽默生动、欢声	互动
	笑语不断、有趣7（趣味性强、引人入胜）；	氛围
	老师超棒（节奏适中、点评精到、深入浅出、循循善诱、因材施教、讲解清晰）	教师
硕士生	深刻、哲思、意义广泛、启发性强、受益匪浅、引人深思、回味无穷；由浅入深；	深刻与由浅入深
	紧张、充实2、内容丰富、节奏紧凑；	紧张、充实与轻松愉快
	快乐、内容生动有趣、引人入胜、轻松愉快	
博士生	知识容量大、内容丰富、有难度、可以得到很好的学术训练；	有难度与循序渐进
	讨论自由、知识碰撞、思考、联想、视野开阔；	自由讨论与学术训练
	内容层次性、循序渐进、生动形象、幽默	

　　学生对最喜爱的课程的描述涉及知识性、逻辑性、课堂效果、作业和考核方式、课堂互动、课堂氛围等几方面。研究生的答卷反映出学生对教学材料的难度、深度和由浅入深、循序渐进的教学法的双重要求。同时，硕士生喜欢既紧张、充实又轻松愉快的课堂氛围。博士生看重自由讨论与学术训练的并重。

　　第五个问题：请用1—3个词表达你对教学评估的态度。

	正　面	负　面
本科生	必要4、支持4、赞同2、实事求是2、认真2、高效（有效）、开心（发现自己有一堆神仙老师，真心全打100分，可是系统总不信）、公平合理、希望有反馈作用、有效了解学生意见的途径、知行合一、很好（好）、积极参与、客观、配合、积极、能反映一定问题、理解；教学相长，值得延续推广	复杂（一串选项点下来很麻烦）；程序麻烦；参考价值不大；有的反馈过于模糊
硕士生	必要、配合、支持、积极	不必要；参考有限
博士生	了解学生学习效果和教师教学效果，增进沟通，提高效率，使双方更有收获；必不可少；适度；有必要、经常性、实事求是	浮于形式

　　绝大多数学生理解和支持教学评估工作，愿意配合。但也有个别学生嫌麻烦，认为评估流于形式，参考价值不大。

四、启　示

　　调研结果表明，学生最看重老师的博学多才，老师就是学生的榜样，他们也想成为学识渊博的人，所以他们不怕学习的材料难，他们希望课堂内容充实、丰富，也愿意接受训练，期待多与老师互动。老师的任务就是找到适宜的教学方法，化繁为简，做合格的引路人，引领学生循序渐进地接近自己的目标，把理想变为现实。而且，在这个过程中，必须要以人为本，必须要做到目中有人，心中有学生，以恰切的方式帮助学生成才。与人打交道要有仁爱之心，了解人性的需要与不需要，对症下药，否则，就算有为学生好的心，但方法不当，也可能沦为学生的学习去动机因素而不自知。

　　辩证唯物主义的基本原理告诉我们，内因是事物发展变化的依据，外因是事物发展变化的条件。事物的发展变化主要由其内部因素决定。在1998年联合国教科文组织在巴黎召开的世界教育大会上，"以学生为中心"的术语首次出现在联合国机构的正式文件中，从此这一提法逐渐成为权威性的术语和全世界越来越多教育工作者的共识。这一理念要求教师必须全面了解自己的学生，因材施教，做好引领和服务，激励和启迪，鼓励学生扬长避短，最大限度地调动学生作为学习主体的内在动力，提高育人成效。

　　习近平总书记提出"四有"好老师[1]、四个引路人[2]、四个相统一[3]，教育部提出"四个回

1　2014年9月9日，习近平总书记同北京师范大学师生座谈时，提出了有理想信念、有道德情操、有扎实知识、有仁爱之心的"四有"好老师标准。

2　2016年9月9日，习近平总书记在北京市八一学校考察时强调，广大教师要做学生锤炼品格的引路人、做学生学习知识的引路人、做学生创新思维的引路人、做学生奉献祖国的引路人。

3　2016年12月，习近平总书记在全国高校思想政治工作会议上强调，要加强师德师风建设，坚持教书和育人相统一，坚持言传和身教相统一，坚持潜心问道和关注社会相统一，坚持学术自由和学术规范相统一，引导广大教师以德立身、以德立学、以德施教。

归"[1]，为每位教师指明努力的方向。教师就是要回归教书育人、立德树人的初心与本分，重视教学，钻研教学，努力提升教学水平。当然，教学与科研是对立统一的关系，互为表里。没有丰厚、坚实的知识基础和不断探索真理的科研精神，好的教学也根本无从谈起，知识与探索、创新精神正是我们教学的中心内容；同时，没有甘当人梯、忘我为人的教学实践，师者的意义也无从体现。

参考文献

1. 冯帆 . 大学生俄语学习动机与去动机研究 [D]. 北京：北京外国语大学，2019：43.

1　2018 年 6 月 21 日，教育部在四川省成都市召开新时代全国高等学校本科教育工作会议，陈宝生部长就建设高水平本科教育和人才培养质量提出"回归常识、回归本分、回归初心、回归梦想"四个回归要求。

发展基层党员过程中党支部委员的工作职责与意识
——以北外俄语学院博士生党支部为例

苑　远　曲　锐　张会燕

§ **摘　要:** 加强新时代党支部建设是推进全面从严治党的必然要求,是推动基层各项工作创先争优的重要举措。大学生党支部在党建工作中实现"严格党员发展程序,端正学生入党动机"有助于推动全面从严治党向高校基层延伸,落实立德树人根本任务。本文以北外俄语学院博士生党支部为例,探讨发展基层党员过程中党支部委员的工作职责与意识。

§ **关键词:** 基层党组织　党员发展　支委　职责　意识

一、引　言

党支部是党的基层组织,是党联系群众的桥梁和纽带,是提高党员综合素质,监督党员切实履行党员义务,保障党员充分行使民主权利,保持全党统一意志、统一纪律、统一步调,具有强大战斗力的基础。党的十八大以来,以习近平同志为核心的党中央高度重视党支部建设。(徐源,彭拴莲 2019:23)党的十九大报告中,明确提出要把基层党组织建设成为宣传党的主张、贯彻党的决定、领导基层治理、团结动员群众、推动改革发展的坚强战斗堡垒。(朱小溪 2018:4530)

加强新时代党支部建设是推进全面从严治党的必然要求,是党建工作的基础任务,是推动基层各项工作创先争优的重要举措。大学生党支部建设更是高校党建中的一项基础性工作,是加强高校党建的一个重要环节,是高校基层建设的一个重要组成部分。在党建工作中实现"严格党员发展程序,端正学生入党动机"有助于全面贯彻落实习近平新时代中国特色社会主义思想和党的十九大精神,深入贯彻落实全国高校思想政治工作会议精神,坚持和加强党对高校的全面领导,推动全面从严治党向高校基层延伸,落实立德树人根本任务,培养德智体美劳全面发展的社会主义建设者和接班人,培养担当民族复兴大任的时代新人。

支部委员在发展党员等工作中肩负着重要的责任,深化其对工作职责的认识是加强党建工作的重要举措之一,这对提升党支部的组织能力、强化党支部的各项政治功能、发挥党支部的带头作用具有重要意义。北外俄语学院博士生党支部设有党支部书记、组织委员、宣传委员和纪检委员。除书记外，历届支部委员均由学生担任。支部委员的思想政治素质如何，直接关系到各支部是否能够健康发展、顺利开展各项党务工作。不断强化支委学生干部的思想政治教育，是在党建中十分必要和迫切的工作。

二、支委的职责

俄语学院博士生党支部经过多年的经验总结与实际工作中的不断磨合，明确了党支部职责及主要任务、工作制度、党员教育与管理制度、党支部书记及各支委的基本工作职责。

党支部书记在党支部委员会的集体领导下，按照支部党员大会、支委会的决议，负责主持党支部的日常工作，主要有以下职责：

1）负责召集支部委员会和支部大会，结合本单位的具体情况，认真传达贯彻执行上级的决议、指示，研究安排党支部工作，将党支部工作中的重大问题及时提交支部委员会和支部大会讨论。

2）认真搞好党的自身建设，了解掌握党员的思想、工作和学习情况，发现问题及时解决，做经常性的思想政治工作。

3）组织检查支部的工作计划、决议的执行情况，了解执行中的问题和反映，按时向支部委员会、党员大会和上级党组织报告工作。

4）与支部委员保持密切联系，交流情况，相互配合，充分调动各方面的积极性。

5）抓好支委会的学习，按时召开支委生活会，认真开展批评与自我批评，加强团结，充分发挥支部委员会的集体领导作用。（金水法，万福义 2003：37）

组织委员在支部委员会的集体领导下，分管支部的组织建设工作。主要职责包括：

1）了解和掌握支部的组织状况，做好党支部在组织方面的管理工作。

2）了解和掌握党员的思想状况，协助党支部书记、宣传委员和纪检委员对党员进行思想教育和纪律教育，收集、整理党员的先进事迹，及时向支部提出表扬和奖励建议。

3）负责做好发展党员工作，正确掌握党员发展工作方针，及时了解和掌握积极分子的情况，并负责培养、教育和考察。

4）做好党员的管理和统计工作。（金水法，万福义 2003：37—38）

宣传委员在支部委员会集体领导下，分工负责宣传工作。主要职责包括：

1）根据上级党组织的指示，宣传党的路线、方针、政策，提出宣传教育工作的计划和意见并组织实施。

2）提出加强党员教育的意见，组织党员学习党的理论、党的知识和党的基本路线、方针、政策。

3）围绕本支部的中心工作，开展多种形式的宣传活动，活跃党员和群众的文化体育生活。

4）办好本支部的宣传阵地。（金水法，万福义 2003：38）

纪检委员在党支部委员会的集体领导下，分管纪律检查工作。主要职责包括：

1）负责党支部的作风建设，协同组织委员、宣传委员向党员进行党性、党风、党纪教育，不断提高党员遵纪守法的自觉性，防止和纠正不正之风。

2）保障和维护党员的民主权利。

3）负责检查党员违纪问题，提出处理意见，对受处分的党员进行帮助教育。

4）受理党员的申诉以及对党员的检举、控告和揭发，及时向党支部委员会和上级党组织汇报。

5）经常向支部委员会和上级纪检部门汇报和反映学校党风党纪情况和纪律检查工作情况。（金水法，万福义 2003：39）

三、支委的意识

党的十九大报告明确指出，党支部要担负好直接教育党员、管理党员、监督党员和组织群众、宣传群众、凝聚群众、服务群众的职责，引导广大党员发挥先锋模范作用。（张拓，康辉 2018：70）为使博士生党支部更好地发挥基层党组织的作用和功能，支部委员在自觉履行上述职责的同时，还应具有三种意识：

第一，自律意识：坚决反对"四风"，严格遵守党章党规，模范遵守各项规章制度。自觉接受群众监督，把自己置于党组织和学生群众的监督下，保持廉洁自律。带头参加党内生活，带头参加党支部组织的专题讨论，带头撰写学习笔记和心得，以身作则认真开展批评和自我批评，不断提升自身素质与党性修养，为更好发挥党员作用奠定基础。

第二，责任意识：切实增强落实党建工作的责任意识。保持政治上的坚定性，在思想、政治、行动上与党中央保持高度一致。增强开展党建工作的严肃性，以严肃认真的态度，严格的纪律要求，有效的方式方法，不打折扣地抓好"三会一课"学习制度的落实，切实提高党支部建设质量。

第三，奉献意识：经常倾听支部党员的心声，了解他们的想法和需求，全力以赴为支部党员排忧解难。尽职尽责，兢兢业业，向老一辈的共产党员焦裕禄、孔繁森、杨善洲等模范人物学习，不忘初心，勇担使命，全心全意为人民服务。

四、支部的举措

俄语学院博士生党支部根据写好教育"奋进之笔"的总体部署，结合工作实际，对接高校各级党组织"对标争先"建设计划，就如何做好博士生党员发展工作提出以下举措：

第一，端正入党动机，加强思想政治学习。坚持把学习党的各项理论、方针、政策摆在首位，大力推进习近平新时代中国特色社会主义思想学习，推动各级博士生学习党章党规党纪，不断增强"四个意识"，坚定"四个自信"，坚决维护习近平总书记党中央的核心、全党的核心地位，坚决维护党中央权威和集中统一领导。俄语学院博士生党支部积极认真做好党员发展工作，重点考核入党积极分子的入党动机。"入党动机是否端正，不仅直接关系到基层党员发展质量，也直接影响基层党组织的先进性和纯洁性。只有端正入党动机，才能确保党员队伍素质过硬。"（冯军 2019：20）在实际工作中，我们发现大多数同志的入党动机是端正的，但是也应该注意到是否有人入党动机不纯，是否有人加入中国共产党只是为了增加升学、就业的砝码，为了在亲朋好友面前更有面子，而没有坚定对共产主义事业的理想信念。为此，党支部应该加强入党积极分子政治考核和政治学习工作，从源头上杜绝入党动机不纯的现象出现。

我们在政治学习和培训中，要以马克思列宁主义、毛泽东思想、邓小平理论、"三个代表"重要思想、科学发展观和习近平新时代中国特色社会主义思想等为主要内容，全面贯彻落实党的十九大和十九届二中、三中全会精神，以党史、《中国共产党章程》（以下简称"《党章》"）为基本教材，严格落实入党积极分子培训，系统强化思想认识，使他们熟知党的性质、宗旨、组织原则和纪律，懂得党员的义务和权利，坚定共产主义理想信念。为此，俄语学院博士生党支部力争制定全面的专题学习计划，有针对性地学习《党章》、党的基本知识，开展经常性的教育培训，因材施教，力争全面提高入党积极分子的思想政治水平，提高政治觉悟和政治素养。党员要定期找入党积极分子谈话，勇于进行批评和自我批评，引导博士生深刻认识党的先进性要求，走出思想误区，校正认识偏差。

第二，全面考核、严格把关，实事求是地确定发展对象。首先，"发展党员必须贯彻的方针原则第一条就是要坚持标准，既要看工作成绩，更要看政治觉悟、理想信念，而不能只是单项突出，要严格用党员的标准来全面考察和衡量。要清醒地认识到，对于发展党员，上级给的名额指标规定的都是上限，并不是要求完成的任务……"（冯军 2019：21）基层党组织发展党员不能只看申请人的业务能力，更要考察其政治素养和道德品质，严格党员考察机制，不能唯"成绩论"和唯"业务论"。我们应该全面考核，吸收优秀的同志加入中国共产党。其次，要严格考察程序，不遗漏考察环节，为党的人才储备把好关。党支部确定发展对象的前提是作为入党积极分子要进行一年以上的考察培养，两次党课培训，且培训合格。在填写完毕申请材料之后，经"支部党员大会讨论、大多数党员同意推荐、征求一定数量党外群众意见、支委会集体研究的程序确定发展对象。"（郑刚 2013：238）在整个考察期间，正式党员会定期与考察对象开展谈话，了解其思想、学习、工作的状态，同时通过与其他党外群众了解情况的方式，对该同志的群众基础进行更全面的了解，力争将优秀人才吸收入党。

第三，明确党支部委员职责，建立监督问责机制。我们要按照《中国共产党发展党员工作细则（试行）》和《党章》的相关规定来进行党员发展工作，不能随意简化程序，降低标准，更不能将发展党员工作当成"走过场"。建立健全发展党员的监督问责机制，是提高新近入党的党员质量的一个重要途径。为此，基层党支部要明确党支部书记和委员的职责、分工，在各司其职的同时要互相配合，在力争高效的同时要站在群众的位置想问题，始终保有"从群众中来，到群众中去"的意识。新冠疫情暴发以后，基层党支部书记和委员要根据工作需要，开展相应的线上、线下学习培训，在学习《党章》和相关法规的同时，还要积极借鉴其他兄弟院所的先进经验，可以采取示范观摩、模拟程序、茶话会的方式来交流发展党员的方式与方法，从而深化党员发展工作的基本标准和程序，切实提高党支部党员发展工作的效率。

五、结　语

习近平总书记指出，要把初心使命变成党员干部锐意进取、开拓创新的精气神和埋头苦干、真抓实干的自觉行动。各级党组织和广大党员、干部要立足实践，不断叩问初心、守护初心，不断坚守使命、担当使命，始终做到初心如磐、使命在肩。（仲祖文 2020：33）作为党支部的委员，应增强自律意识、责任意识、奉献意识，把初心落在行动上，把使命担在肩膀上，与支部全体党员一起砥砺前行，追求卓越，共建优秀支部。

参考文献

1. 冯军. 扎实做好基层党员发展工作 [J]. 政工学刊，2019(2)：20—21.

2. 金水法，万福义. 新世纪新阶段党的基层工作实务 党支部工作 [M]. 北京：人民日报出版社. 2003.

3. 徐源，彭拴莲. 从党章的发展看中国共产党对党支部建设的探索 [J]. 活力，2019(18)：23.

4. 郑刚. 基层党组织做好党员发展工作的思考 [J]. 产业与科技论坛，2013(10)：238.

5. 张拓，康辉. 创建新时期基层党支部学习实践的新模式 [J]. 青年时代，2018(1)：70—71.

6. 朱小溪. 新形势下加强基层党组织建设的若干意见 [J]. 建筑工程技术与设计，2018(25)：4530.

7. 仲祖文. 把不忘初心、牢记使命作为加强党的建设的永恒课题和全体党员、干部的终身课题常抓不懈 [J]. 求是，2020(13)：31—35.

2020 版北外俄语专业本科培养方案修订要点解析

何 芳

§ **摘 要：** 2020 版北京外国语大学俄语专业本科人才培养方案是《外国语言文学类教学质量国家标准》颁布后俄语学院编制的第一版本科培养方案，本文从"对标"和"超越"两方面解析新版方案修订要点，内容涉及北外俄语专业俄语写作课程的系统化建设、口语课程亮点、专业方向课程的人文特色、荣誉本科学士学位的评定标准及课程设置。2020 版培养方案还适当增加了专业必修课的比重，固本强基，切实推进国家级一流本科专业的内涵式发展。

§ **关键词：** 俄语专业 本科 培养方案 修订 2020 版

我校根据社会经济、国家教育事业的发展和学校教学改革发展的需要，一般 3—4 年组织一次本科专业人才培养方案的修订。《北京外国语大学本科专业培养方案（2020 版）》是《外国语言文学类教学质量国家标准》（以下简称"《国标》"）颁布后我校编制的第一版本科培养方案，因此"对标"与"超越"成为本次修订的两个关键原则。《北京外国语大学本科专业人才培养方案修订指导意见（2020 版）》明确指出："各专业应对照《国标》内容合理规划课程体系和设置专业课程，……对本专业建设的培养目标、培养规格、课程体系和学分学时予以重点对标，……重点建设具有高阶性、创新性和挑战度课程，使其满足和超越《国标》的基本要求，体现北外人才培养的高层次定位。"（北京外国语大学教务处 2020：3）

一、"对标"见短长

具体到俄语专业，专业课程的"对标"给 2020 版本科培养方案带来的最大变化是俄语写作课程的系统化、结构化改造。

《国标》规定：俄语专业核心课程应包括"基础俄语、高级俄语、俄语语法、俄语阅读、俄语视听说、俄语写作、翻译理论与实践、俄罗斯概况、俄罗斯文学史、学术写作与研究方法等"。（教育部高等学校教学指导委员会 2018：93）值得注意的是：在这段表述里，"俄语写作"和"学术写作与研究方法"是分开列出的。根据《普通高等学校本科俄语专业教学指南》（以下简称《指南》）的课程属性划分，俄语写作属于语言技能课程，学术写作与研究方法属于专业知识课程（教育部高等学校外国语言文学类专业教学指导委员会俄语专业教学指导分委员会 2019：4）。

在北外俄院现行的 2016 版俄语专业本科培养方案中，只在大四上设有一门"俄语写作"课，包含应用文写作和学术写作两部分训练内容。通过对标，暴露出原培养方案在写作课设置上的薄弱。针对这一情况，在 2020 版本科培养方案的修订中，我们从综合发展言语技能的基础俄语 2—4 和高级俄语 1—2 中，分别析出 1 学分俄文写作训练内容，单独成课。基础俄语写作 1—3 重点训练记叙文的写作技巧，高级俄语写作 1—2 侧重议论文的写作训练。原有的俄语写作则分化成俄语应用文写作和学术研究与俄文学术写作两门课程。如此一来，由 2016 版的 1 门写作课程 2 学分 36 学时，增至新版的 7 门写作课，每门课 1 学分，共 7 学分，112 学时。同时，这种设计并不给学生额外增加学习负担，只是把原来融入俄语实践课（精读课）的训练内容通过单独课程形式彰显出来，且课程名称与教学内容更加匹配，课程之间的逻辑关系和先后顺序更加明晰，突出了写作课程的系统性设计，为夯实专业基础和打造一流专业提供有力保障。

当然，对标工作不仅帮助我们发现弱点，及时通过修订培养方案进行调整，补足短板，同时也使我们更加清晰地看到北外俄语专业人才培养的特点，其中最明显的是：其一，对口语的重视；其二，人文特色鲜明。

在 2016 版俄语专业本科培养方案中，基础俄语口语 1—4 和高级俄语口语 1—2 是主修专业必修课，贯穿了大一到大三的俄语学习过程，共 12 学分，216 学时，占比达到了俄语专业课程学分、学时的十分之一以上，这个比重很好地证明了北外俄语专业对切实培养学生口语表达能力的重视。与此同时，《国标》和《指南》均未明确规定俄语口语课程，对比之下，北外俄语专业重视口语实践能力的培养特色就显得十分突出。成立 80 年来，北外俄语专业学生一向以语音、语调纯正和口语好著称，得到用人单位的青睐。而这一北外特色不是凭空形成的，而是得益于科学的课程设置和精讲多练的教学方法，依靠扎扎实实的课上训练和课下实践点滴积累起来的。在北外俄语学院，俄语技能训练核心课程一向被称作"实践课"，多读、多听、多说、多写俄语，是俄院师生人人共知、共行的学习诀窍。而 2020 版本科培养方案对俄语写作课程的结构性、系统性架构，更是突出了口笔语课程的双轮驱动，有利于学生平衡发展口笔语实践能力，全面、扎实地夯实俄语基本功。

在新文科建设框架下，《指南》强调："俄语专业属于人文社会科学学科，人才培养应突出人文特色。"（教育部高等学校外国语言文学类专业教学指导委员会俄语专业教学指导分委员会 2019：3）目的就是为了避免外界对俄语专业工具性理解的错误认知，同时引导高校推出俄语复合型专业及复合型人才培养的创新性举措。可以说，北外俄语专业在这方面的探索和实践是非常具有前瞻性的。进入 21 世纪以来，俄语学院在扩大俄语语言学、俄罗斯文学传统优势的同时，积极拓展学科内涵，于 2002 年在全国高校俄语院系中率先增设俄罗斯社会与文化方向。2004—2008 年，推出《俄罗斯地理》《俄罗斯历史》《当代俄罗斯》《俄罗斯文化》四册俄罗斯国情系列多媒体教材。2011 年，作为上合组织大学区域学项目单位，增设区域学方向。2012 年，北外俄语专业本科培养方案首次将外语专业选修课分为语言学与翻译学、俄罗斯文学与文化、俄罗斯社会、区域学四个方向。在 2016 版本科培养方案中，俄语学院与北外其他院系共建校级学科方向课，单独设立文化学方向，按照学校的统一要求，每个方向需包含至少六门理论或研讨型课程，在此背景下，除了俄罗斯文化专题研讨，又新建了俄罗斯文化史和文化学导论两门新课，建齐了文化学方向的三大支柱课程。除文化学方向外，俄语学院还参与建设了语言学、翻译学、文学、区域研究方向的课程，共涉及五大学科方向。在 2020 版本科培养方案中，沿袭了五大专业方向课程体系，只是方向名称有微调，分别改为综合俄语、翻译、俄罗斯文学、区域国别研究、文化艺术，隐去了"学"字，更强调基础性、入门性，与研究生阶段的深入学习形成更加明显的递进关系，突出本、硕、博俄语人才培养的整体性考量。目前，综合俄语方向设有 11 门课程，翻译方向——3 门课程，俄罗斯文学方向——4 门课程，区域国别研究方向——6 门课程，文化艺术方向——5 门课程，共 29 门课程供学生选择。

二、"超越"促优学

《国标》是"全国高等学校外语类专业本科准入、建设和评价的依据"，（教育部高等学校教学指导委员会 2018：90）《国标》和《指南》"对全国俄语专业建设提出统一要求，体现标准刚性；同时，也为各高校俄语专业打造人才培养特色留有足够的拓展空间，体现建设过程的灵活性，'保底不封顶'，鼓励各高校分类卓越，特色发展"。（教育部高等学校外国语言文学类专业教学指导委员会俄语专业教学指导分委员会 2019：2）

北京外国语大学 2020 版本科人才培养方案超越《国标》、追求卓越和拔尖创新的重要举措是设立荣誉学士学位课程，规定"各专业应在本专业培养方案中设置 5—7 门深度学习的专业课程，并将其标注为荣誉课程"。（北京外国语大学教务处 2020：8）

俄语专业课内学时及学分明细表（北京外国语大学教务处 2020）

课内总学时		2660		课内总学分		158			
公共基础课程		校级通识课程		专业核心课程		专业方向课程			
必修		选修		必修		必修		选修	
学时	学分	学时	学分	学时	学分	学时	学分	学时	学分
884	47	224	14	1328	83	64	4	160	10

如上表所示，在 2020 版本科培养方案中，俄语专业的课程体系包括公共基础课程（必修）、校级通识课程（选修）、专业核心课程（必修）和专业方向课程（必修和选修），此外，还有 12 学分的实践教学环节（含毕业论文）。俄语专业核心课程主要包括精读、语法、听力、阅读、翻译（笔译、口译）、写作等课型，侧重听说读写译语言技能的训练；专业方向课程涉及综合俄语、翻译、俄罗斯文学、区域国别研究、文化艺术 5 大方向，注重专业知识构建和能力培养，尤其是俄语应用能力、跨文化交际能力和创新能力培养。专业核心课程和专业方向课程构成了上文所说的"专业课程"，俄语专业的荣誉课程就需要从这两类课程里产生。

经讨论，俄语学院设立了 5 门俄语专业荣誉学士学位课程，分别是现代俄语通论、俄语口译（1）、俄罗斯经典文学作品选读（1）、当代俄罗斯社会、俄罗斯文化史。5 门课程分别选自综合俄语、翻译、俄罗斯文学、区域国别研究、文化艺术 5 大方向，是各个方向课程群中具有一定高阶性、创新性和挑战度的代表性课程，且都是专业方向选修课，引导学有余力的学生尽量广泛涉猎，扩大知识面。

学生要获得荣誉学士学位，除必须选修并完成荣誉课程，还需达到下列要求：

第一，按规定完成专业课程和荣誉课程学习，成绩优秀，非专业课程成绩良好；

第二，8个学期的平均学分绩点（GPA）排名在本专业的前10%（含），无补考情况；

第三，满足以下条件之一：

1）本科毕业论文获评校级优秀学士论文奖；

2）获得全国高校俄语大赛二等奖（含）以上；

3）获得全国高校口译大赛（俄汉交传）三等奖（含）以上；

4）参加中国国际"互联网＋"大学生创新创业大赛、创青春全国大学生创业大赛、挑战杯大学生创业计划竞赛等三项赛事中的一项，并获得"国家或省级二等奖（含）"以上；

5）在国际性或全国性学术会议上做主旨发言；

6）作为第一作者在学术期刊上发表学术论文1篇（含）以上；

7）作为项目负责人完成国家级大学生创新创业项目一项（含）以上；

8）入选"外语专业国际化战略人才项目"战略班并顺利结业。

第四，在学期间，无违纪违法行为，无不遵守学术规范行为。

显而易见，上述规定兼顾了优中选优和多元评价原则，既守正，又创新，既注重学生品行和学业成绩，也有对学科竞赛获奖情况、创新创业实践能力和学术创新能力的考察，针对学生的差异性提供多元选择，充分满足学生个性化发展和分类卓越需求。

三、一流任务艰

2019年，北外俄语专业成为首批国家级一流本科专业建设点。一流建设任重道远，要有一流的培养目标，一流的培养规格，一流的课程体系，一流的师资队伍，一流的教学条件，一流的质量保障。2020版俄语专业本科培养方案的修订体现了俄语学院对一流人才培养目标、一流培养规格和一流课程体系的不懈追求。

俄语专业旨在培养具有中国情怀、国际视野、社会责任感、思辨能力和跨文化能力，具有良好的综合素质、扎实的俄语基本功和专业知识与能力，适应我国对外交流、国家与地方经济社会发展、涉外行业、外语教育与学术研究需要的高层次国际化俄语专业人才和复合型俄语人才。

培养要求涵盖素质要求、知识要求和能力要求。

俄语专业学生应具有正确的世界观、人生观和价值观，良好的道德品质；应具有中国情怀和国际视野，社会责任感，人文与科学素养，合作精神，创新精神以及学科基本素养。

俄语专业学生应掌握俄语语言文学知识、俄罗斯及使用俄语的其他国家社会与文化知识，熟悉中国语言文化知识，了解相关专业知识以及人文社会科学与自然科学基础知识，形成跨学科知识结构，体现专业特色。

俄语专业学生应具备俄语运用能力、俄语文学赏析能力、跨文化交际能力、思辨能力，以及一定的研究能力、创新能力、信息技术应用能力、自主学习能力和实践能力。

培养目标和培养要求最终要通过课程体系落到实处。遗憾的是，近年来俄语专业课程的学分和学时不断压缩，详见下表：

最近三版北外本科培养方案俄语专业课程体系、课内总学时和课内总学分对比表

			2012版		2016版		2020版	
课程体系	公共课	公共必修课	思想政治理论		通识课（必修、选修）	历史、哲学与比较文明	公共基础课程（必修）	
			计算机			文学、艺术与文化研究		
		其它	大学生心理健康					
			大学生职业生涯规划					
			体育			社会科学与区域研究		
			公共外语（第二外语）					
	公共课	全校通选课（含六个模块）	中国文化		语言、交流与跨文化传播		校级通识课程（选修）	1.历史、哲学与比较文明
			外国文化					2.文学、艺术与文化研究
			社会科学		科学技术与社会发展			3.社会科学与区域研究
			哲学与方法论					4.语言、翻译与跨文化传播
			数学和自然科学		身心健康与自身发展			5.科学技术、人工智能与社会发展
								6.心理学、生命教育与身心健康
			语言技能					国际通识课程
课程体系	外语技能课（必修、选修）		学时：1584		主修专业课（必修、选修）	学时：1602	专业核心课程（必修）	学时：1328
			学分：88			学分：89		学分：83
	外语专业课（必修、选修）		学时：288		学科方向课（选修）	学时：216	专业方向课程（必修、选修）	学时：224
			学分：16			学分：12		学分：14
课内总学时	2948（其中俄语课学时：1872，占比：63.5%）				2862（其中俄语课学时：1602—1818，占比：56.0%—63.5%）		2660（其中俄语课学时：1552，占比：58.3%）	
课内总学分	162（其中俄语课学分：104，占比：64.2%）				153（其中俄语课学分：89—101，占比：58.2%—66.0%）		158（其中俄语课学分：97，占比：61.4%）	

如上表所示，为了便于比较，我们特意在课内总学时和课内总学分两栏中列出了俄语课的占比。需要说明的是，在编制2016版培养方案时，学校着力开创人才培养大局，拓宽人才培养口径，大力突破院系壁垒，构建互联互通的人才培养体系。俄语学院响应号召积极参与学科方向课共建，2016版俄语专业本科培养方案包括翻译、区域研究、文化学、文学、语言学、历史学、政治学、法学、经济管理、国际商务、社会学、传播学在内的共12个学科方向课程。该类课程均为选修课，学生可以任选1个方向的6门课程，或2个方向的各3门课程，达到12学分216学时的选修要求。鉴于12个学科方向中，只有翻译、区域研究、文化学、文学、语言学方向有俄语学院开设的课程，理论上讲，学生既可以把12学分都用于选俄语学院开设的课程，也有可能全部选修其他院系开设的课程。学校鼓励学生自主构建知识体系，支持学有余力的学生在主修专业之外，跨学科、跨专业学习。因此学科方向课的实际选修情况因人而异，俄语课时和学分只能给出区间值。

表中粗体部分为俄语课程板块。在2012版、2016版和2020版培养方案中，虽然课程的分类名称有变化，课程的选修或必修属性分布也有所调整，但总体趋势是十分明显的：俄语课的总学时占比从2012版的63.5%降到2020版的58.3%，总学分占比从2012版的64.2%降到2020版的61.4%。

在学时学分有限的情况下，要想保证培养质量，必须选择内涵式发展思路，通过优化课程结构和教学方式，提升专业训练的强度和效率，拓展专业知识的广度和深度，用符合高阶性、创新性和挑战度要求的一流课程、一流教法、一流师资、一流教材、一流质量保障全方位支撑一流专业建设。

内涵式发展在培养方案中主要表现为增加专业必修课比重，固本强基，打牢专业基本功。2020版培养方案根据《国标》要求，对专业课程的结构和类型进行了调整，从2016版由主修专业课（必修和选修）和学科方向课（必选和自选）组成，调整为由专业核心课程（必修）和专业方向课程（必修和选修）组成；俄语专业必修课学分由77学分增加到87学分，必修课总学时由1386学时增加到1392学时（学时和学分的核算标准由18学时/1学分调整为16学时/1学分）；2016版必修课单纯由技能型外语主修专业课构成，2020版必修课则包含技能型专业核心课程和知识型专业方向课程，课程类型更加丰富。相应地，俄语专业选修课学分、学时有所减少，由12学分216学时减少到10学分160学时。

上述调整进一步凸显了俄语专业核心课程的主干地位，选修部分的枝叶生发则更加精简，给予学生更多跨专业、跨学科复合知识、技能的空间，在保证俄语专业核心素养养成的同时，充分满足学生个性化、多元化发展需求。

近年来，为满足国家"一带一路"建设的需要，俄语学院的复语、复合专业发展很快。在发挥俄语教学传统优势的基础上，采取"俄语+"的复语、复合人才培养模式，先后招收乌克兰语（2003，2016，2019）、哈萨克语（2016，2020）、乌兹别克语（2017，2020）、塔吉克语（2017）、吉尔吉斯语（2018）、土库曼语（2018）和白俄罗斯语（2019）七个非通用语种的本科生。首批"俄语+金融"复合型专业本科生也于2019年秋季入学。形成以俄语教育为主，以多语种教育和区域研究为特色的人才培养新格局。在这种背景下，着力强化俄语专业核心课程建设，深扎根，强主干，就显得尤为重要。

当然，除了基本学时、学分的保证，内涵式发展还涉及教学理念的革新和技术手段的迭代。俄语学院在"十四五"规划中提出打造一流线上"金课"、线下"金课"、线上线下混合"金课"的任务。鼓励教师更新教育理念，开发慕课和微课，以各种新技术助力传统教学升级。

总之，一流本科专业建设任重道远，我们要始终以全面提高俄语和"俄语+"复语、复合型人才培养质量为核心，遵循高等教育发展规律，充分吸收国内外优秀教育教学改革研究成果，利用现代教育技术扩充教学手段，创新人才培养模式，建设世界一流、具有鲜明北外特色的俄语专业本科人才培养体系。

参考文献

1. 北京外国语大学教务处. 北京外国语大学本科专业培养方案（2012 版）[G]. 2012.

2. 北京外国语大学教务处. 北京外国语大学本科专业培养方案（2016 版）[G]. 2017.

3. 北京外国语大学教务处. 北京外国语大学本科专业培养方案（2020 版）[G]. 2021.

4. 北京外国语大学教务处. 北京外国语大学本科专业培养方案修订总则（2016 版）[Z]. 2016.

5. 北京外国语大学教务处. 北京外国语大学本科专业人才培养方案修订指导意见（2020 版）[Z]. 2020.

6. 教育部高等学校教学指导委员会. 普通高等学校本科专业类教学质量国家标准：全 2 册 [S]. 北京：高等教育出版社，2018.

7. 教育部高等学校外国语言文学类专业教学指导委员会俄语专业教学指导分委员会. 普通高等学校本科俄语专业教学指南 [S]. 2019.

8. 全国高等学校外语专业教学指导委员会俄语教学指导分委员会. 高等学校俄语专业教学大纲（第二版）[S]. 北京：外语教学与研究出版社，2012.

以"俄罗斯学"为导向的俄语专业本科课程体系改革[1]

刘素梅　史铁强

§ **摘　要：** 俄罗斯学是一门研究俄罗斯政治、经济、科学、文化、历史、地理、人口、民族、宗教、语言、文学及其他物质文明和精神文明的综合性学科。在俄语教学中，我们以教材建设带动课程体系和教学方法的改革，我们把"俄罗斯学"的理念融入到俄语教学体系中，改革传统的教学模式，把语言学习与国别研究相结合，其宗旨是使学生熟练掌握俄语，了解俄罗斯的政治、经济、文化等方面的知识，培养更多能够满足国家发展需要的高素质创新型俄语人才。

§ **关键词：** 俄语专业　课程体系改革　俄罗斯学　教材建设　立体化学习平台

一、引　言

近年来，中俄全面战略协作伙伴关系处于历史最好水平，双方积极开展各领域全方位合作，这不仅给两国和两国人民带来福祉，也为地区及世界的繁荣稳定起到了积极的促进作用。中俄战略协作远远超出双边范畴，成为维护世界和平稳定的一个重要因素。

随着中俄两国关系的加强，以及两国经贸的快速升温，人们对俄语专业毕业生的就业前景越来越乐观。但是，良好的社会大背景并不能掩盖俄语专业结构的瑕疵，长期以来我国的俄语专业更侧重于语言文学的教学，单一语言技能型的培养模式越来越受到质疑。以往那种只掌握外语知识和基本技能而别无所长的"纯语言型人才"，已经无法满足当今社会的发展需要。

中国俄语教学在过去几十年的教学实践中特别强调培养学生听、说、读、写、译的技能，要求毕业生一到工作岗位，就能胜任口译、笔译工作。然而，传统教学模式存在着重大不足，学生擅长于传达别人的思想（口译或笔译），却很少形成自己的见解和自己的研究领域，即运用外语进行科学研究的能力较差。原因之一在于国别知识和研究能力培养不够，具体来讲，是教学体系和教材中这方面的知识和训练不足。

针对这种情况，北京外国语大学俄语学院教师进行了一系列教学改革，撰写发表了相关学术论文。我们认为，为了适应当今社会的发展需求，我们应该更新人才培养理念，改革课程体系，把俄语学习与俄罗斯国别研究相结合，注重学生综合素质、跨文化能力、研究创新能力的培养。

1　本研究获得 2017 年北京市高等教育教学成果二等奖。本文在此基础上进行修改。

二、贯彻以"俄罗斯学"为导向的人才培养理念

俄罗斯学是一门研究俄罗斯政治、经济、科学、文化、历史、地理、人口、民族、宗教、语言、文学及其他物质文明和精神文明的综合性学科。

在俄语教学中，我们积极贯彻以"俄罗斯学"为导向的人才培养理念，努力改革传统的教学模式，把语言学习与国别研究相结合，最终目标是使学生熟练掌握俄语，了解俄罗斯的政治、经济、文化、历史、传统和价值观，建立起不同于俄罗斯学者的独特的中国视角。该教学体系特别重视学习知识与培养能力的关系。

我们以俄罗斯学、俄语语言文学，以及外语教学研究的最新成果作为教学体系改革的基础，设计出一套全新理念的课程体系、教材和教学法指导大纲，使中国俄语教学由单一的语言主线转变为语言、文化、国别知识三位一体的结构，培养具有扎实言语技能、宽广国别知识、创新研究能力的新型俄语专业人才。

在教学改革中，我们全面贯彻"俄语""俄罗斯""知识""能力""研究""创新"等核心理念，使学生具备三方面的造诣：技能、知识和能力。技能是指使用外语的熟巧，这是获取知识和培养能力的基础，要求学生在基础阶段打下坚实基础，具备基本的听、说、读、写、译技能。知识是对未来研究的铺垫，尤其是俄罗斯国别知识，只有具备广博的知识，才能进行深入的研究。能力是指研究创新能力，这是更高层次的目标，最终要使学生掌握分析问题，研究问题，解决问题的能力，从而成为研究俄罗斯问题的专家。

三、以教材建设带动课程体系和教学方式的改革

近年来，北京外国语大学俄语学院教师精心编写出版了一系列普通高等教育"十一五"、"十二五"国家级规划教材，它们是《"东方"大学俄语（新版）学生用书》（1—8 册）、《"东方"大学俄语（新版）教师用书》（1—8 册）、《"东方"大学俄语泛读教程》（1—4 册）、《"东方"大学俄语听力教程》（1—3 册）、《"东方"大学俄语口语教程》（1—2 册）等。

我们以教材建设带动俄语课程体系和教学方式的改革，首先在教材中融入"俄罗斯学"的教学理念，并在课程板块中设计教学方式改革、辅助教学手段等方面的改革，全面更新传统的教学模式，将俄语语言知识体系与俄罗斯国别知识体系有机结合。

具体做法是，教材以日常生活专题和当今社会热点问题为主线，围绕专题进行语言训练和国别文化知识的学习。语言知识的学习主要是为了提高俄语水平和言语修养，文学作品的分析重点是为了提高文学鉴赏力，国别知识的学习则注重对俄罗斯民族特性、俄罗斯社会的分析，旨在增强学生对俄罗斯物质文明和人文思想的认识。

教材的语言知识系统、主题分类系统，加上国别文化知识系统构成了全套教材的整体框架，使得学习者在掌握语言知识的同时，能够比较全面地了解对象国的情况，为培养通晓俄罗斯国情的高层次创新型研究人才奠定了基础。

基础阶段的教学任务，主要是培养学生的基本言语技能，以往这个阶段的学生阅读量小，知识面狭窄。在新的教学体系中，我们增加了阅读数量，提高了文章质量。在系列教材中除了基本的精读课教材外，我们还首次配套研发了相应专题的阅读教材、听力教材、口语教材等，为学生全面提升俄语语言水平、了解研究俄罗斯社会搭建了良好的知识平台。

我们改革的创新点在于把"俄罗斯学"的大文化理念融入到传统的俄语教学体系中，将外语学习与国别研究相结合，在教材中始终贯穿语言知识体系、功能交际专题和国别知识三条主线。

教材符合学生的心理特点和认知规律，整体的设计思路为：先导入基本语音、词汇、语法知识，以便学习者在大脑中尽快建立起语言知识网络，并可以自由套用句式来遣词造句，起到事半功倍的效果；与此同时，以交际专题和国别知识，作为语言操练的内容结构，因为语言知识点要建立在具体的交际内容基础上，这就涉及到教材的整体框架和选文系统；教材设计了日常交际的主要话题和当今社会热点问题，如学校生活、城市交通、人与自然、环境保护等主题，语言教学主要围绕这些话题展开，使学习者能够用所学过的专题词汇、语法知识进行言语交际，完成基础阶段的听、说、读、写训练，为以后的学习打下了坚实的基础。

教材中贯穿始终的另一个子系统是对象国国别知识。我们在选材中，充分考虑了俄罗斯的文化元素，同等语言质量和难度的材料中，优选文化信息含量高的材料作为课文，使得学习者在学习语言的同时，了解俄罗斯国情文化，包括自然、社会与人等主要方面，以此最大程度地实现语文教材的工具性和人文性。教材的课文、对话等主体语言材料大多取自于最新的俄罗斯书籍和报刊，反映了当今的俄罗斯社会现实。

为了带动教学方式的改革，我们在教材中设计了许多相关社会热点问题的讨论题，这就要求在教学环节中，学生需要通过探究、研讨的方式来共同完成任务，改变了过去那种以教师讲授为主的教学模式。在教学中我们始终贯彻以学生为本、以学生的发展为本的人才培养理念，以俄语教材建设来引领全国俄语课程体系和教学方式的改革。

此外，在高年级阶段我们还开设了俄罗斯区域学、俄罗斯经济、俄罗斯外交等课程。将部分实践类课型改造为专门的研究型课程，或在传统的课程中加入研究型的学习方法，以此来带动俄语专业课程体系的全面改革。近年来的教学实践显示，学生不仅俄语水平比过去有了显著提高，而且对俄罗斯社会有了更加深刻的了解与认识，在毕业论文中越来越多的学生选择撰写与俄罗斯社会、中俄外交关系、中俄经贸关系有关的论文，做到了学以致用。

实践证明，近年来我们为国家培养了大批俄语水平高、专业知识扎实、实践能力强的高素质创新型人才。在每年举办的全国高校俄语大赛、全国口译大赛、中央电视台俄语大赛中，北外俄语学院的学生表现出色，频频获得大奖。

此外，很多学生毕业后到国家部委、知名企业工作，其中也有很多毕业生选择到国内外著名高校读研究生，而且，所学专业广泛，不仅有传统的俄语语言文学专业，还有俄罗斯区域学、国际关系、新闻、经济等专业，很多学生反映，这些都得益于北外为他们打下了一个扎实的外语基础，并构建了一个合理的知识结构。我们培养的毕业生正逐渐完成由单一的语言技能型的翻译人才向多元的、高层次的创新型研究人才的过渡。

四、以立体化俄语学习平台的构建完善人才培养机制

当今各国均把培养创新型、研究型人才列入高等教育的首要任务，而创新型、研究型外语人才的培养应该是多元的，不应仅限于大学的课堂教学，这其中还包括课外学习。众所周知，一套外语教材不仅应包括内部结构系统，还应该有外部配套系统，如多媒体教学课件、相关试题库、网络课程等。为了更好地贯彻以"俄罗斯学"为导向的人才培养理念，为了能让学生更好地自主学习，我们构建了一个立体化的俄语学习平台。

这个学习平台，包括一套系列教材：精读教材学生用书、教师用书，配套泛读教材、听力教材、口语教材、练习册、多媒体教学课件，供全国广大师生使用。教师用书的主要作用是给予教师教学法的指导，包括教学目标、课时分配、重点难点、习题答案等部分。练习册的作用是巩固所学内容、扩充知识结构。考虑到各校的教学课时不同，学生用书所给的内容比较精炼，在练习册中则补充了大量的语言和人文知识训练。此外，相关慕课、网络视频课程的开设也为教师的教学提供了方法上的指导，为学生的自主学习创造了有利的条件。

五、结 语

2020 年，教育部外指委发布了《普通高等学校本科外国语言文学类专业教学指南》，其中包括《普通高等学校本科俄语专业教学指南》。这是继 2018 年颁布的《普通高等学校本科专业类教学质量国家标准（外国语言文学类）》之后的又一个有关外语教学的纲领性文件。

《指南》在"培养目标"中明确规定，俄语专业旨在培养具有良好综合素质、扎实的俄语基本功和专业知识与能力，掌握相关专业知识，适合我国对外交流、国家与地方经济社会发展、涉外行业，俄语教育与学术研究需要的俄语专业人才和复合型俄语人才。（教育部高等学校外国语言文学类专业教学指导委员会 2020：5）

其中对"培养规格"有三方面的要求，即"素质要求""知识要求""能力要求"。

在"能力要求"中明确提出，俄语专业学生应具备俄语运用能力、文学赏析能力、跨文化能力、思辨能力，以及一定的研究能力、创新能力、信息技术应用能力、自主学习能力和实践能力。

《指南》将跨文化能力、思辨能力、研究能力、创新能力提到了前所未有的高度。在"跨文化能力"中提到，要尊重世界文化多样性，具有跨文化同理心和批判性文化意识，理解中外文化的基本特点和异同，能有效地、恰当地进行跨文化沟通。要求学生在掌握中国文化的同时，学会文明互鉴、文明沟通。在"研究能力"中，提出了具有一定的研究调查能力，以及发现问题、分析问题、解决问题的能力。在"创新能力"中，提出了能够综合运用已有知识和经验提出见解、探索方法、解决问题。

如前所述，目前我们正在按照教育部所颁布的教学质量国家标准和俄语专业教学指南进一步实施俄语专业教学改革。我们将继续遵循以"俄罗斯学"为导向的俄语专业本科课程体系改革，最终目标就是提高俄语教学质量，为学生构建合理的知识结构，培养他们学习的自主性和创新精

神，最终为国家培养更多的高素质创新型俄语人才。

参考文献

1. 白春仁. 俄罗斯学呼唤沟通文化的自觉 [J]. 中国俄语教学，2005(3)：1—4.

2. 教育部高等学校外国语言文学类专业教学指导委员会. 普通高等学校本科外国语言文学类专业教学指南（下）[S]. 北京：外语教学与研究出版社，2020：1—25.

3. 刘素梅等. 对《北外国际化战略人才培养计划》实践的反思 [J]. 中国外语教育，2018(2)：3—10.

4. 史铁强. 关于俄语教学改革的思考 [J]. 中国俄语教学，2004(4)：3—7.

5. 史铁强. 再论俄语专业教学改革——兼谈俄罗斯学的建设 [J]. 中国俄语教学，2007(2)：1—5.

6. 王铭玉，于鑫. 中国俄语本科专业建设的新机遇 [J]. 中国俄语教学，2020(3)：8—16.

《当代俄罗斯》教材修订的意图分析 [1]

戴桂菊

§ **摘　要：**《当代俄罗斯》是一部供高校俄语专业高年级本科生使用的学科方向教材。该教材的修订旨在保持原有格局和写作体例的基础上，对各讲内容进行重新定位。同时，根据我国高校"双一流"和新文科建设需要，增加中国元素和课程思政成分，帮助学生养成从中国立场出发来考察当代俄罗斯现象，努力为学生从事中俄相关领域比较研究打下良好基础；加强顶层设计，注重价值塑造、知识传播与能力培养相统一，充分发挥教材的育人功能。

§ **关键词：**《当代俄罗斯》　修订版　中国元素　课程思政

一、《当代俄罗斯》的产生背景与特色

　　《当代俄罗斯》是本人主持的普通高等教育"十五"国家级规划教材"俄罗斯国情多媒体教程"系列教材之一，2008 年 7 月首次由外语教学与研究出版社出版。目前，已历经五次印刷，在全国高校俄语专业广泛使用。

　　同我国高校俄语专业历史较为悠久的俄语语言技能课教学相比，俄罗斯国情知识课教学在我国改革开放以后才起步。20 世纪 80 年代中叶，我国一些高校俄语专业增设苏联国情课，所使用的教材多为自编油印材料。北京大学俄语系李明滨教授和郑刚教授主编的教材《苏联概况》[2] 是最早的正式出版物之一。北京外国语学院俄语系自 1985 年秋天开始在本科阶段三年级开设为期一学年的苏联地理和苏联历史课，所使用的教材是李传明副教授编写的《苏联地理》[3] 和《苏联史（1917—1945）》[4]。

　　苏联的解体改变了俄语在后苏联空间的命运。在苏联版图上出现的十五个独立国家中，只有俄罗斯联邦以俄语为法定国语，其他独立国家均把本国主体民族的语言确定为国语或第一国语。在这种情况下，我国高校俄语专业开设的语言对象国国情课相应地由苏联国情课转为俄罗斯国情课。不过，在苏联解体初期，许多高校俄语专业依然按照以往的教学传统讲授苏联国情课。不同的是，此时的国情课被冠名为"前苏联国情课"。20—21 世纪之交，我国高校俄语专业依次

1　本文是北京外国语大学《习近平谈治国理政》多语种版本"三进"工作专题教材建设项目（2020）的阶段性成果。

2　李明滨、郑刚主编：《苏联概况》，外语教学与研究出版社，1986 年。

3　李传明编著：《苏联地理》，外语教学与研究出版社，1990 年。

4　李传明编：《苏联史》（1917—1945），上海外语教育出版社，1985 年。

推出《俄罗斯国情文化》[1]《当代俄罗斯社会与文化》[2]《俄罗斯社会与文化》[3]和《俄罗斯文化国情教程》[4]等教材。

苏联的解体也改变了两极世界的传统国际格局。21世纪初，多元化的国际形势以及中俄关系的不断推进要求高校俄语专业本科生及时掌握当代俄罗斯发展的动态与脉络。基于此，我校俄语学院于2001年在全国高校俄语专业本科高年级阶段率先开设"当代俄罗斯"课程。次年，学院在俄语语言学和俄罗斯文学学科方向基础上，增设了俄罗斯社会与文化学科方向。经过六年教学实践，本人主编的《当代俄罗斯》[5]问世。

该教材选取苏联解体16年（1991—2007）间俄罗斯社会政治生活的主要领域作为授课对象，内容包括当代俄罗斯政党派别、国家权力体制、经济转轨与现代化、外交政策演变、独联体政策、中俄关系、人口、民族、宗教、教育、军事以及体育等十三个专题。教材编写目的是使学生全面了解当代俄罗斯社会政治生活的发展脉络，掌握俄罗斯内政和外交政策的演变规律，能够对俄罗斯社会热点问题用俄语表达看法和见解。在结构上，该教材包括两个单元：第一单元通过七个专题将当代俄罗斯内政和外交的基本方针和发展脉络清晰地展现给学生；第二单元包括人口、民族、宗教、教育、军事和体育六个专题。只有在准确把握俄罗斯内政和外交方向的基础上，才能对其社会问题做出客观定位，这样布局结构符合思维逻辑和认知规律。

在表现形式上，《当代俄罗斯》具有多维功能。这是一部立体教材，它由一本纸质教材和一张配有多媒体材料的电子光盘组成。纸质教材包含了全部文字内容，其写作体例以严整见长。这里的每一讲均由主课文（俄语原文）、主课文生词、标准化检测题和补充阅读课文四部分组成。此外，书中还附有三套综合测试题。为了便于学生系统了解当代俄罗斯国家发展和社会变化的脉络，书后附有俄汉对照版的当代俄罗斯大事记；教材的电子光盘并不是简单的纸质教材"电子化"，而是突出重点，只选取纸质教材每一讲的主课文和客观检测题。此外，电子光盘增加了纸质教材中所没有的音、视频和图片、图表等直观材料。其中的音、视频材料摘自俄罗斯官方媒体，具有珍贵的史料价值，能够为同学们直观再现当代俄罗斯的发展历程，有助于学生掌握知识。需要特别指出的是，这些音、视频材料还是难得的俄语原版视听教材。为了帮助同学们验证视听效果，教材还将本书的所有音视频片段文字听记下来，放在附录中。这种体例设计使教材的可操作性增强。它不仅有助于教师组织课堂分层教学，而且能够使学生的课前预习和课后复习更加灵活和有针对性。

俄、汉对照的文字表述形式也使《当代俄罗斯》在我国高校俄语专业教材中独具特色。该书涉及当代俄罗斯政治、经济、外交、社会、军事、体育等各个学科领域，专业术语多，所叙述的自然、社会、历史和文化现象复杂。然而，我国高校俄语专业本科生多数在中学并没有接触过俄语，因而本科三年级学生使用纯俄语原文教材有难度。基于此，本教材采用俄、汉对照的方式

1　王仰正主编：《俄罗斯国情文化》，世界图书出版社，1999年。

2　吴克礼主编：《当代俄罗斯社会与文化》，上海外语教育出版社，2001年。

3　王英佳编著：《俄罗斯社会与文化》，武汉大学出版社，2002年。

4　商玉洁、赵永华、（俄）山鹰著：《俄罗斯文化国情教程》，中国人民大学出版社，2002年。

5　戴桂菊主编：《当代俄罗斯》，外语教学与研究出版社，2008年。

来编写。教材每一讲的俄语主课文部分都配有相应的汉语译文。学生在阅读原文主课文时，如果遇到俄语语言方面的困惑，随时能够在相应的汉语译文中找到答案。此外，俄、汉对照形式的教材对于教师组织课堂教学也很有利。教材之所以将俄语主课文放在每一讲的最前面，主要是想突出俄语专业的本科生掌握俄语的重要性。

总之，《当代俄罗斯》以数据新、体例规范和功能齐全等特点赢得高校俄语专业师生的青睐。2008 年，在教育部第八届多媒体教材比赛中，《当代俄罗斯》电子版获得高校优质课件二等奖。

二、《当代俄罗斯》修订的缘由

当代俄罗斯社会生活的动态性特征决定了《当代俄罗斯》内容的时效性。《当代俄罗斯》第一版自问世至今，历时 13 年。其间，俄罗斯社会生活的诸多方面均发生了明显变化。俄罗斯国家杜马已经从第五届发展到第八届，成员组成和政治见解与前五届大相径庭；目前正在征求意见的宪法修正案赋予俄罗斯联邦总统豁免权，还提出"俄罗斯联邦宪法高于国际法"的草案；"梅普组合"时期的俄罗斯经济改革方针，尤其是近 10 年普京新经济发展战略与 2007 年以前相比，也发生了本质性的改变；2008 年以后，欧洲"亲大西洋主义"者纷纷掌权，俄罗斯与西方的关系出现了"冷和平"局面。克里米亚并入俄罗斯导致西方与俄罗斯对峙加剧，这一态势并没有因疫情暴发而缓解；2008 年，俄罗斯与格鲁吉亚发生了战争。随后，格鲁吉亚退出独联体。2014 年，随着克里米亚并入俄罗斯，俄罗斯与乌克兰的关系降至冰点。欧亚经济联盟的启动（2015）体现了俄罗斯加强独联体一体化进程的意图；中俄关系不断向前推进。2015 年，中俄两国领导人发表了关于欧亚经济联盟与"一带一路"对接的联合声明。2019 年，中俄两国建立起新时代全面战略协作伙伴关系。2021 年，在《中俄睦邻友好合作条约》签署二十周年之际，中俄两国领导人宣布将该条约自动延续五年；虽然自 2007 年起，俄罗斯政府推行的母亲基金政策刺激了生育，但是俄罗斯人口的自然增长并没有持续很久。近年来，俄罗斯的人口又呈现出负增长态势；自 2009 年起，俄罗斯在全国范围内推行新的高考制度，实行国家统一考试，等等。因此，需要随时关注俄罗斯社会各领域的变化，及时将新信息补充到教材中，努力将当代俄罗斯社会发展的主要脉络和最新动态呈现给学生。

在教学实践中，我们每年都将当代俄罗斯的重要数据和最新材料整理出来，作为讲义发给学生。目前，《当代俄罗斯》的补充材料已经全面完善。同时，鉴于课时有限，为了保证在一个学期内完成教学内容，还需要将《当代俄罗斯》第一版的内容适当压缩。因此，《当代俄罗斯》的修订势在必行。

与我国高校俄语专业其他教材一样，《当代俄罗斯》注重在每一讲主课文的俄语表达上花功夫，力求用地道的俄语来表达思想。为此，编者需要大量阅读俄语原文资料，从俄罗斯官方报刊和网站等权威媒体中选择规范和恰当的术语、词组和句子来表述课文内容，旨在帮助学生在学习俄语的同时，"熟识俄罗斯历史、地理、政治、经济、社会、文化等领域知识，并对国别区域研究的基础理论和基本方法有一定的了解"。（教育部高等学校外国语言文学类专业教学指导委员会2020：8）对照普通高等学校本科俄语专业教学新版指南不难发现，《当代俄罗斯》完全达到了要求。然而，随着时代的发展，仅仅满足于此已经不够了。

党的十八大以来，中国特色社会主义进入新时代。经济的迅速发展和国家实力的不断增强使中国日益走向世界舞台的中央。中国的腾飞令世人瞩目。对中国所取得的成就，世界上既有羡慕和赞叹，也不乏嫉妒和恶语。面对新的国际形势，高校俄语教师需要加强对俄语专业学生的中国情怀培养，教会他们在对外交往中维护好中国形象并用俄语讲好中国故事。《当代俄罗斯》中涉及的俄罗斯社会生活的领域，在中国也颇为典型。如果能够在这部教材中加入中国的相关数据，学生就能够进行比较学习和研究，效果自然会更好。北京外国语大学在一流学科和"十四五"建设中，强调发挥外语教育在深化改革开放、推动"一带一路"建设、构建人类命运共同体、实现中华民族伟大复兴历史进程中的独特作用。北外俄语学院"十四五"期间将专业人才建设目标定位为培养具有良好的综合素质、扎实的俄语基本功和专业知识与能力，具有中国情怀、国际视野、社会责任感、思辨能力和跨文化能力的高层次俄语专业人才和复语型、复合型俄语人才。为了加强中国情怀塑造，有必要将《当代俄罗斯》的内容由单纯讲授俄罗斯问题转向融中俄相关问题于一体的新时代教材。

三、《当代俄罗斯》修订版的新功能

2019 年 11 月，《当代俄罗斯》作为北京外国语大学校级教改立项项目开始修订。目前，修订版的主课文、生词翻译、测验题、专题研讨和综合试题（三配）已经完成。未来还需要把每一讲的主课文译成汉语，预计修订版《当代俄罗斯》可于 2022 年末与读者见面。

根据新时代国家对高校俄语人才培养的需要，《当代俄罗斯》修订版较之第一版增加了中国元素。第一版的主要功能是将俄罗斯热点和焦点问题介绍给中国学生。修订版能够帮助学生用俄语将中国介绍给世界，推动中华文明与俄罗斯文明的交流互鉴。这种设计符合中国文化"走出去"的国家战略，对于提高我国的"软实力"及其国际影响大有裨益。

在结构布局上，《当代俄罗斯》修订版保持了原来的 13 个专题，即 13 讲内容。每一讲依然由主课文（采用俄汉对照形式撰写，简化原有内容，增加新数据，将每一讲的数据截止到 2022年交稿前）、生词注释和测验题组成。不同的是，修订版删除了原先的补充阅读材料，代之以中国相应专题的研讨材料，这一部分正是中国元素融入的主阵地。

在内容选择上，《当代俄罗斯》修订版注重价值塑造、知识传播与能力培养相统一，将课程思政成分有机融入教材，努力达到润物细无声的育人效果。作为高校俄语专业三年级本科生专业教材，《当代俄罗斯》修订版在知识传播和能力培养方面的目标与第一版保持不变。具体说来，教材的知识目标是帮助学生全面认识当代俄罗斯的内政和外交政策，关注当代俄罗斯热点问题，掌握当代俄罗斯社会政治生活的主要术语；能力目标是教会学生用俄语表达对俄罗斯重要事件和热点问题的看法与见解，使学生能够对当代俄罗斯社会问题做出中肯评价。教材修订版的新增功能主要表现在价值塑造上，即通过适当融入中国元素和课程思政成分，培养学生养成从中国立场出发来考察当代俄罗斯现象的好习惯。这样做既可以克服中国文化失语症，又增加了立德树人之功效，可谓一举双得。

中国元素和课程思政融入《当代俄罗斯》修订版的路径如下：教师需要在第一学时内完成俄语主课文的讲解和客观测试题的检查工作；在第二学时，先用 20 分钟组织学生就主课文中的相关问题进行研讨。以学生为主，老师只做点拨，提供方法论指导，引导学生做出客观结论。第二学时最后的 30 分钟引导学生对与中国相关的补充材料进行阅读与思考。具体做法是：以《习近平谈治国理政》中的名言警句或经典论述为蓝本，展开专题讨论。比如，在学习完第一讲"当代俄罗斯政党"之后，附上《习近平谈治国理政》第二卷"中国共产党的领导是中国特色社会主义最本质的特征"一文的相关段落，引导学生展开讨论，认识"执政党（правящая партия）"和"权力党(партия власти)"的区别与联系，探讨中俄政党合作对两国关系发展的作用，为未来从事相关工作打下良好基础；在第七讲"中俄关系"主课后附上《习近平谈治国理政》第二卷"共创中俄关系更加美好的明天"一文的俄汉对照版文本，要求学生课前阅读这篇文章。课堂上请同学阐述深化中俄睦邻友好与合作关系的必要性，进而帮助俄语学子认识到自己在新时代中俄全面战略协作伙伴关系建设中的使命与担当；在第十一讲"俄罗斯的教育体制"中，除了介绍俄罗斯各级教育机构的德育课开设内容，还要加上《习近平谈治国理政》第一卷"培育和弘扬社会主义核心价值观"一文中的经典句子，使学生能够通过对中俄各级教育机构德育课内容的对比分析，理解学校在"立德树人"中的作用，等等。这样，《当代俄罗斯》修订后的内容更加丰富，功能也更加齐全。除了增长俄语知识和培养俄罗斯问题研究能力，还能提高学生用俄语阐述中国问题的能力，潜移默化之中对中国俄语学生的"三观"培养发挥积极的作用，从而实现该教材的价值塑造目标。

四、结　语

世界正经历着百年未有之大变局，培养什么人、怎样培养人和为谁培养人是我国外语高等教育的根本问题。《当代俄罗斯》修订版根据我国高校"双一流"建设和新文科建设的要求，结合我校办学定位和专业特色，有机融入中国元素和课程思政成分，优化课程思政内容供给，将价值塑造、知识传授和能力培养紧密融合，将《习近平谈治国理政》的核心内容贯穿于教材全过程，培养具有中国深度、全球广度和人文高度的复合型高级俄语人才；克服中国文化"失语"症，培养学生用俄语讲述中国故事，弘扬北京红色文化，突出北京作为中国政治和文化中心的历史底蕴，提高学生的中俄社会问题比较分析与研究能力；培养既懂俄语，又精通俄罗斯学的新文科俄语人才，积极为我国的"一带一路"建设服务。

参考文献

1. 戴桂菊 . 当代俄罗斯 [M]. 北京：外语教学与研究出版社，2008.

2. 教育部高等学校外国语言文学类专业教学指导委员会 . 普通高等学校本科外国语言文学类专业教学指南 [S]. 北京：外语教学与研究出版社，2020.

3. 李传明 . 苏联地理 [M]. 北京：外语教学与研究出版社，1990.

4. 李传明 . 苏联史（1917—1945）[M]. 上海：上海外语教育出版社，1985.

5. 李明滨，郑刚 . 苏联概况 [M]. 北京：外语教学与研究出版社，1986.

6. 商玉洁，赵永华，（俄）山鹰 . 俄罗斯文化国情教程 [M]. 北京：中国人民大学出版社，2002.

7. 王仰正 . 俄罗斯国情文化 [M]. 北京：世界图书出版社，1999.

8. 王英佳 . 俄罗斯社会与文化 [M]. 武汉：武汉大学出版社，2002.

9. 吴克礼 . 当代俄罗斯社会与文化 [M]. 上海：上海外语教育出版社，2001.

俄语语法教学过程中规范意识的培养

武瑷华

§ **摘　要：** 现代俄语标准语具有规范性，对这种规范性的意识的培养要贯穿俄语语法教学的全过程。教学用语发挥着语言范例作用，是学生模仿、学习的语言典范。形式结构规则应尽量精讲，而规则的具体用法要多练。对于语法错误必须加以纠正，但需要对错误类型和错误成因加以分析，采用适宜的纠正策略。规范意识的培养不仅涉及语法课教学，还关乎俄语语言教学的全过程。

§ **关键词：** 俄语语法教学　语言规范　语法错误　规范意识

在几十年的俄语语法教学实践中，我一直尝试总结一些针对不同个体学生行之有效的方法，但始终无果。究其原因，如同足球运动员，开赛哨声一响，接球、传球、进攻、防守，无暇思考。不过，要谈起进球的经验，他也许会有一些感言。

俄语语法教学终极目标显然是帮助俄语学习者将系统的语法知识转化为语言能力。但这种语言能力不应当被定位为简单的言语交际，而应当是对俄语标准语及其功能变体准确、得体的使用能力，这就涉及语法教学、全过程教学乃至后学习阶段的、终生延续的规范意识的养成。本文主要谈俄语语法教学过程中规范意识的培养。

一、俄语标准语的规范性及规范意识

我们的教学内容是现代俄语标准语语法。现代俄语标准语，"是一种规范的、经过语言大师加工的语言。俄罗斯标准语在发展过程中，在语音、语法、词汇各方面都发生过很大变化。但从普希金时代以来，就其结构来说，变化甚小"。（王超尘，黄树南，信德麟 1982：1）无论是三部苏联科学院语法[1]、俄罗斯高校教学语法，还是简明俄语语法工具书，都强调现代俄语标准语的规范性。我们将这种规范性概括为以下三个方面的内容，一是指俄语构词、词的形变、词组和句子的语言单位构成规则，这种规则具有强制性；二是指统一的、公认的语言成分的使用范例（образец единообразного, общепризнанного употребления элементов языка）；三是指作为俄罗斯民族语言的标准语具有规范性（нормативность）和社会权威性（социальный престиж），个体的言语行为需符合语言手段的标准的使用方法。

---

[1] 三部苏联科学院语法为 1) Грамматика русского языка», т. I. Издательство АН СССР, 1953; «Грамматика русского языка», т. II. Издательство АН СССР, 1954. 2) Грамматика современного русского литературного языка АН СССР. Москва: Наука, 1970. 3) Русская грамматика. т.I, т. II. АН СССР. Москва: Наука, 1980.

俄语是通过词的形态变化表示语法意义和语法关系的屈折语，我们学习的俄语语法都是结构性的语法规则，即大部分语法规则和语法范畴都对应特定的结构形态或具有特定结构形态的一组特征。这意味着我们所教授的语法都是强制性的，是不能出于交际需要打破或违反的。这是我们教学双方应该首先认识到的，并且我们的所有的教学策略都应该建立在这个认识的基础之上。

本文所谈的"规范意识"，就是指教学双方对上述俄语语言规范性和俄语语法特点的认识与理解，以及在言语行为方面的遵循。

二、教学用语的语言范例作用

语法教学用语主要指教科书中语法规则讲解部分的例句，练习中的对话、语句、词组以及教师的课堂用语。

教学用语的基本要求是语言形式结构正确，不能有任何的拼写错误、单词的重音错误、短语及句子的句法错误。其次，教学用语一定表意准确，语境意义恰切、得体，语言形式精炼，能够高效、准确地达成言语交际。但仅此还不足以成为语言范例，语言范例必须是语言集体和官方一致认可和广泛使用的，同时具有社会权威性。显然，这不是一个可量化的指标，而是一个理想的标准。教学用语不能不加选择地使用网络语言、电子通信的即时聊天语言，更不能使用方言。

教学用语的语言范例作用在于使学生明确所学习的目标语言应该是什么样的，而不是满足于用背会的单词按照语法造出句子来。教学用语应该成为学生模仿、学习的语言典范。

好的语言范例可以激发教学双方的兴趣，调动学生诵读、模仿的积极性。例如，练习集合数词时我们自己造的句子远远不及 Кто храбр да стоек, тот десятерых стоит; Один друг шестерых родственников заменит; Семеро одного не ждут 这样的成语，学生理解快，诵读、模仿、背诵的效果好。

要使教学用语成为语言范例，对教材编者提出的要求很高。同时教师也应该对自己提出高标准的要求。教师要不断提高自己的言语质量，认真备课，对每一句课堂用语仔细推敲，做到精益求精。

随着计算机、各类电子设备的兴起和网络语言的广泛使用，学生非正式语言学习的投入越来越多，期间会接触到各类不规则的话语。在这种大背景下，教学用语的语言范例作用尤为重要。它不仅是学生追求自身言语质量的目标语言，更是学生在接触质量良莠不齐的话语类型时的参照标准。把好教学用语的言语质量关，避免发生人为的输入错误[1] 和言语交际偏误，是俄语标准语教学的基本保障。

教学用语的语言范例作用是循序渐进的、日积月累的、潜移默化的。

---

[1] 指教材、教参中出现错误，以及教师教授的语言错误。

三、俄语语法规则的讲解与操练

（一）形式结构规则要精讲

我们目前学习的俄语语法多为基本的形式结构规则，极少涉及解释性或认知性规则。形式结构规则应尽量精讲，因为它们有对应的结构形态，一目了然，没有理解方面的困难，并且精讲便于学生把主要注意力放在结构形态的操练上面。相反，如果过多地解释或涉及过多的功能阐释，容易使学生忽略看似简单的、基础的语言形式，而去纠结一些特殊现象的理解和逻辑。讲解越简单明了，越便于学生对基本规则的理解，并把注意力放在结构形态上。

精讲形式结构规则的好处还在于，学生在初级阶段形成一个边界比较清晰的语法范畴概念，便于分辨正确与错误，不犯或少犯基础性错误。如名词、数词、形容词变格，动词变位，副动词、形动词的构形，各类主从复合句的连接手段，等等。

（二）用法要多练

要使语法规则从概念变为语言能力，重在练习。任何语法范畴意义都体现为一系列具体的用法意义或语境变体意义。用法意义或语境变体意义需要学生通过练习去体会，而不是通过教师的一一罗列让学生背诵。比如俄语集合数词，简单说明不与阴性名词和一般的非动物名称搭配之后，其表示集合数量的范畴意义可通过对十个集合数词 двое, трое, четверо, пятеро, шестеро, семеро, девятеро, десятеро, оба（обе）的练习，让学生自己去体会、总结，自己得出，集合数词单独使用或与人称代词一起表示具有某种共性特征的人，表示有两个组成部分的、只有复数形式的非动物名词的事物，与表示小孩子、小动物的名词一起使用，等等。在充分掌握普遍的、常规的用法之后，指出个别特殊的、语法属性相同但不能被接受的说法（двое профессоров, трое генералов）。在此基础之上，让学生总结一下集合数词与基数词可以通用的情况和它们之间的区别。实际上，在有些问题上，学生的辨识能力与判断能力超乎想象。有一次，做完填空练习和翻译练习之后，让学生自己总结一下形容词短尾与作谓语的形容词长尾的区别。学生不仅指出形容词长尾表示经常或绝对的特征，形容词短尾表示短暂的或相对的特征，形容词长尾作谓语不带补语，形容词短尾带补语，形容词长尾在对话语、口语中更常用，而形容词短尾则很少见等等。有同学竟然指出形容词短尾有类似动词的意义，如支配补语，强调时间变化特征，如，Юбка мне мала, а сестре как раз；На этот раз он умен；Теперь Москва стала близка。

课后练习是对课堂语法教学的延续。有许多语法规则的操练可以放到课后去做。就目前的教材[1]而言，语法项目中的语法点很难配备很多的练习，但涉及的用法又很重要，如比较短语、静词合成谓语中的表语表示法、数次名词词组作主语与谓语的一致关系、动词不定式定语、条件状语表示法等一系列问题。比如，在学习条件状语 при+чем, в случае+чего, без+чего 时，每一个状语只举一例，而且翻译练习只有 6 个句子。笔者在教学中让学生课后自己查找这 3 个前置词

1　仅指《"东方"大学俄语（新版）学生用书》. 总主编：史铁强. 北京：外语教学与研究出版社，2010.

所表示的条件状语。结果两周后每位同学都提交了不少于 30 个状语表示法，其中包括这样一些非常有趣的例子：при всем уважении к вам, я ...; при помощи и поддержке...; при наличии доброй воли。

通过讲解和操练某一项语法内容，很重要的一个教学目的是使学生学会区分规则用法和不规则用法以及标准的语用现象和错误。这里，学生的规范意识表现为辨识规则与不规则的语言结构形式，普遍的和不普遍的，但可以接受的用法，具有特别含义的用法和无特别含义的、不能被接受的用法，并自觉遵守语法规则。

四、语法错误与错误的纠正

语法错误是俄语学生在基础学习阶段不可避免的。在以培养学生语言交际能力为主要教学目标的俄语教学中，任何一门俄语课程，任何教学内容和教师都没有使学生不出错的教学方法。如果教师能够不把学生的错误看作是掌握语言规则的无能或失败，而将其视为一个语言系统[1]规范化的进程或进步的标志，会大大改善监控错误和纠正错误的效果。与学生出错的无意识状态不同，教师对学生错误的监督和纠正是一种自觉的、积极可控的活动。

（一）语法错误的类型与原因

俄语语法教学过程中，学生出现的错误可能影响整个句子结构，如主语谓语一致关系的错误；也可能影响言语行为，如用错主从复合句的连接手段，用错动词时、体、式；还可能是局部的，不影响言语行为和交际目的，如个别一致关系的词组性、数不一致。具体而言，学生所犯的错误可分为以下几种情况：1）语言结构性错误，如名词、代词、形容词变格错误，动词变位错误，从属句连接手段错误，主语谓语一致关系的错误，等等。2）各类范畴意义的错误，如动词时、体、式的用法错误，单部句句型的使用错误，各类复合句句型的使用错误，前置词的使用错误、形容词长短尾的用法错误，等等。3）语言认知障碍导致的错误，如空间关系表达错误，时间关系表达错误，因果关系表达错误，条件关系表达错误，程度度量关系表达错误，等等。

语法错误产生的原因有多种：1）学生最常犯的错误是由于形式结构规则不熟、操练不到位，课堂上大量出现名词变格、动词变位错误，以及搞错一致关系、支配关系、依附关系、动词时体用错或用错前置词、连接词等一系列问题。2）学生较常犯的错误是由于语法知识欠缺，所掌握的语法规则不足以生成一个正确的话语。如，数量常常是语言表达的重要信息，但学生还没有接触到基数词与名词的搭配规则，或数词名词词组做主语时主谓语的一致关系规则，这时就会导致说出 На эту работу поедет три инженера（три инженеров）这样的错误句子。3）也可能是学生根据已掌握的有限的规则，自己推导，造出不正确的词组或句子。如，学生根据动词命令时的构成规则，构成 поехай(-те)；或者根据前置词的使用规则（表示在某国家里和在相对封闭的空间里，应该用 в）而说出 в Филиппинах, в предприятиях；根据时间前置词的使用规则，说出 после

1　学习者习得目标语言过程中建立的、属于自己的中介语系统。

двух месяцев; 根据说明从句连接词的使用规则，造出 Надеюсь, чтобы 的错句，等等。4）汉语母语的影响也是产生语法错误的一个重要原因。大量的带前缀的运动动词的使用错误与汉语空间思维习惯相关。如，войти в открытый космос（进入太空）; Автобус вошел на остановку（汽车进站）。还有受汉语句式影响的错误，如 Потому что я устала, поэтому я решила лечь спать. Не только брат учится, но и брат работает, 等等。

（二）语法错误的纠正策略

伴随着外语教学的功能转向，教学重点从语言结构形式转向语言的交际功能，有些外语教育理论认为纠正学生错误本身就是一种教法错误，理由是影响学生正常交流。但就外语语法教学而言，有研究表明，多数语法教师的观点都支持纠正语法错误。高强、秦俊红在《大学英语教师语法教学信念与课堂教学实践关系探究》一文中，对调查研究的数据进行了定量和定性分析。作者的定性分析与讨论显示，在参与个案调查的语法老师中，大部分（83.3%）支持课堂纠正学生的语法错误，少数教师（16.7%）选择不纠错。笔者与上述大多数语法教师观点相同，即对学生课堂上的语法错误应该纠正。因为不纠正错误就等于教师和其他同学都接受了错误，而犯错误的学生就会认为它们是可以接受的，从而形成错误习惯，影响话语的规范性。（高强，秦俊红 2010：53）

不过纠正错误也不等于是错必纠，随时纠，揪住不放。为了不伤害学生的学习积极性，激发学生的言语交际潜能，并且更为重要的是，使学生深刻理解错误的本质，形成规范意识，笔者认为有必要针对不同类型、不同原因的错误采取不同的纠错策略：

1）语言结构性错误必须纠正。教师可直接指出错误，并给出正确说法。不过此种方法不建议连续使用、多次使用，以免学生无法张口说话。如果错误是由于规则不熟、操练不到位、不下功夫复习，教师还应该指出这一点。对显而易见的错误，更好的办法是启发学生自己发现错误，或鼓励其他同学指出错误。自己发现错误，或在其他同学的帮助下发现错误，是宝贵的学习和成长的机会。2）针对各类范畴意义的错误，教师除了指出错误以外，还需要耐心地讲解。如，未完成体动词过去时表示曾经发生过的行为或事件，无论有或没有表示过去的时间状语（如 давно, давным давно, десять лет тому назад, в прошлом веке 等），都比较难以理解。试比较：– Ты это идешь из библиотеки? – Да, я писал статью. 学生们往往倾向选择 написал。这时可以从俄语动词完成体/未完成体的范畴对立意义出发，对比讲解，理解起来会容易一些。也可以视情况多举些例子加以说明。俄语泛指人称句、不定人称句和无人称句、形容词长短尾的用法错误等都属于这类情况，需要教师多从范畴的对立意义出发，对比讲解。对于类似 Он слишком мал, чтобы не понять такие сложные вопросы 以及用错 давно/долго 这样的语言认知方面的错误，同样不能简单地指出错误了事，也不是一次纠错，学生就能做到再不犯同样的错误。教师在指出错误的同时，可辅以跨语言对比或图片讲解的方式。纠正具有认知因素的错误，教师应善于引导，不但应给予正确的说法，而且要解释充分，多提供一些具体语境，使学生有机会用自己的经验、经历加深对规则的理解。

作为教师，很重要的一个素质是判断学生犯错的原因。如果学生是由于语法知识欠缺，所掌握的语法规则不足以生成一个正确的话语，教师应采取宽容的态度，首先应该肯定学生勇于说话，大胆表达自己的想法，然后再说明这里所需要的知识和规则。要认识到，给出需要的知识和规则是必要的，因为能力的培养、正确规范的话语意识的形成是一个十分漫长的过程。如果学生根据已掌握的普遍规则推导、造出类似 поехай(-те)，в Филиппинах，в предприятиях，或者说出 после двух месяцев，Надеюсь, чтобы... 错误结构，应该予以及时纠正，指出一般规则和特殊情况的关系。对于受汉语母语影响产生的语法错误，往往具有普遍意义，这是教师启发、引导学生通过汉俄语对比找出错误，发现俄语语法特点，帮助学生强化俄语语法规范的难得机会。就错误展开讨论不失为一种好方法，可使更多同学引以为戒。

纠错的时机也应该加以考虑，如果学生在做连贯语言的表述，或正在与其他同学对话，此时学生的注意力主要集中在话语传递的信息上，可能对语言形式结构有所忽略，对这时出现的错误，教师要耐心，不打断学生，等学生讲完之后，作为总结，指出错误。

教师纠错时要尽量采取平等、轻松、愉快的态度，努力减轻学生的心理压力，尽可能多地为学生创造和提供自我纠错或由其他同学间接纠错的机会。

此外，纠错还应该考虑学生个性特点，包括学生认知特点、学习习惯特点，个体差异、语言水平、目前所处的学习阶段等因素，甚至需要考虑个别少数民族学生的特点。如，在口头练习之前，先把容易出错的词句写出来，由教师或其他同学帮助检查一遍。不适合课堂纠正的错误，也可以单独给学生布置课后作业，以此帮助其认识错误。总之，无论出于怎样的考虑，采取什么策略，语法错误必须得到纠正。这是养成规范意识，习得俄语标准语的基本保证。

纠正错误的同时，教师有必要向学生传授有针对性的自我检测错误、自我监控的方法，因为规范意识的形成、掌握俄语标准语最终要靠学生自己。

五、规范意识的全过程培养

语法教学仅仅是俄语教学的一个环节，俄语语法知识和技能体现在听、说、读、写的综合能力上，俄语语法学习离不开其他的俄语语言课程学习，俄语语法知识和技能同样在这些课程中获得、固化和发展。反过来，学生的语法知识和语言规范意识也会促进学生其他俄语语言课程的学习。因此，词汇课、听力课、阅读课、口语课也应该重视语言的规范性，重视教学用语的范例作用，预防输入性错误，重视对学生错误的监控、分析和纠正。避免单纯强调交际能力，忽视言语质量，导致学生的俄语交流只在低水平上进行。学生的语言规范意识需要全过程培养。

参考文献

1. 高强，秦俊红.大学英语教师语法教学信念与课堂教学实践关系探究 [J].外语教学理论与实践，2010(3)：50—56.
2. 史铁强."东方"大学俄语（新版）学生用书 [Z].北京：外语教学与研究出版社.2010.
3. 王超尘，黄树南，信德麟等.现代俄语通论（上册）[M].北京：商务印书馆.1982.

话语的仪式性分析

武瑷华

§ **摘　要：** 话语仪式性是话语分析的新问题，目前还没有深入、系统的理论研究。本文阐释了话语仪式性的基本问题，包括话语与仪式的关系问题、仪式话语的一般性质以及仪式话语的符号特点、语用特点和社会功能问题，深化了对作为文化符号的话语的性质、特征和功能的认识，对话语理论做了必要的补充。

§ **关键词：** 话语　仪式　机构话语

一、引　言

仪式本是文化人类学的命题，近年来又成为媒介文化、传播学、文学艺术、音乐的热点问题。仪式的象征意义引起话语学者的注意（А.Н. Баранов, Д.Б. Гудков, В.И. Карасик, Е.И. Шейгал）。仪式是由传统决定的、具有象征意义的行为序列。（Карасик 2004：333）仪式与象征是最能体现人类本质特征的行为表述与符号表述。仪式符号包括物品符号、话语、行动和场景。所有类型的机构话语，其构成性特征都在不同程度上呈现出仪式性（ритуальность）。仪式性表现为一种特别的交际基调（коммуникативная тональность），即特定语境中的核心价值意识。（Карасик 2004：335）这一思想富有启发性，但有许多问题还需要进一步澄清。本文结合机构话语的特点，谈几个基本理论问题。

二、话语和仪式的关系

虽然学者们指出了话语的仪式性问题，但话语与仪式的关系还要进一步说明。话语和仪式的关系可区分为两种，一种是话语是仪式行为序列的一部分，另一种是交际过程中话语的仪式化（ритуализация）倾向。前者如教堂婚礼、各类庆典活动的话语表达、递交国书、望弥撒和做礼拜等；后者如庭审、外交部新闻发布会、交涉、外交谈判与谈话等。前者具有仪式的一切特征，后者是某些仪式特征在某种程度上的表现，二者都可被视为仪式的话语表达，都可作为话语的仪式性分析的对象。

三、仪式话语的一般性质

仪式话语具有仪式的一般性质。1）作为文化符号，仪式从一开始就是一种集体（原始部落、族群、民族、特定社会群体）认同意识和情感的象征性表达。因此，仪式话语首先是社会集体的话语、机构的话语，属于个人的日常话语不具有仪式性。2）仪式具有纯粹的象征意义，仪式的行为序列具有表演性（сценарный характер），因此，任何一种仪式都对形式有特别的依赖和追求。（曾庆香 2011）机构话语都在不同程度上具有形式化的趋势。如，递交国书、交涉、庭审等机构话语。形式化不仅表现为语言手段具有相对固定的结构形式，还充分地表现为言语行为的程序化和语境空间的结构化。（武瑗华 2013）3）早期仪式所代表的集体认同感是一种与神灵、魔法相关联的、神圣的、非同凡俗的意识与感受[1]，现代仪式的集体认同感首先是一种社会价值。庭审是典型的机构话语，其仪式性体现在法官宣读判决书的话语形式上：全体起立，法官双手持判决书，宣读判决。这种仪式所代表的是社会成员对司法公平、公正的集体认同感和法律至高无上的神圣感。4）仪式一般产生于具有集体意义的事件（战胜自然灾害、战胜敌人），作为文化符号具有记录性。但仪式所体现的认同感是经验的。因此，作为仪式的语言符号意义与一般的语义不完全相同，它不具有理性的逻辑内涵。仪式话语的意义在一般情况下不用逻辑实证性加以验证。如，青少年在烈士纪念碑前的誓词，"人民为先，祖国至上，诚实勇敢，自律自强；奋发有为，誓作栋梁；振兴中华，再造辉煌"。5）俄国人类学者拜布林（А.К. Байбурин）（1988）还指出了仪式的情节性（сюжетность）。仪式实际上都是某种情景的再现，仪式参与者在其中扮演一定的角色（如祭扫仪式、教堂婚礼仪式）。仪式性话语也充分反映了仪式的这一特点，即话语角色的规定性（如，外交部新闻发布会，新闻发言人只发布消息、回答问题，不提问；媒体代表只提问，不回答问题）。

四、仪式话语的符号特征

托尔斯泰（Н.И. Толстой）指出，仪式是包括不同种类的符号成分的文化文本，如特定序列的仪式动作（ритуальные действия）、仪式道具（ритуальные предметы）、语言符号、人物、场所、时间、音乐和造型[2]。（转引自：Карасик 2004：334）从这个意义上说，语言符号与其他具有象征意义的符号没有区别。

仪式话语的意义应该如何解释？阿克瑟尔·米歇尔斯（Axel Michaels）认为仪式类似一个空壳，经历变迁之后，仪式意义并没有被完好地保留于后来的仪式活动之中，仪式活动起源时的意义早已丧失，因而后期的仪式活动并不具备意义（2008：35—46）。从话语的命题内容意义来看，说话人通过命题内容向听话人传递信息，对其知识储备做出贡献或改变其世界知识的心理表征。然而，仪式话语的交际目的不在于传递信息。丘季诺夫（Чудинов）在描写政治话语的仪式性特点时指出："表面上看，政治语篇应该具有最强的交际功能、传达新信息的信息性。然而政治交际却常常是一种仪式，即不以传达新信息为目的的某种固定的形式"。（2007：53）话语的仪式性是与话语的信息性相对立的。话语一旦不具有信息内容，不具有信息性，就成为一种形式。仪式

1　详见涂尔干（1999）关于仪式能够将情感升华为神圣价值的理论。

2　试比较维克多·特纳的观点，仪式的最小单元是具有象征意义的实物、话语、动作和场景的符号（2006：19—28）。

对形式所特有的依赖和追求使卡尔采夫斯基（С. Карцевский）（1965）所发现的语言符号形式与内容的二元不对称性在某些机构语境中发挥到极致。如，在国庆阅兵式上，首长向受阅官兵们说的话："同志们好！同志们辛苦了！"不一定被每一个官兵都听清楚，音符所代表的意义、话语的内容已经不重要，只要看到首长做出说话的动作，听到他的声音，每一位受阅官兵就要立刻回应"首长好！"和"为人民服务！"；而在千万受阅官兵们的齐声回应中，首长不必，也不可能分辨每一位官兵的语句，官兵们只要发出类似的声音，就算完成了受阅任务。据说，在中华人民共和国开国大典上，许多人并没有听清或听懂毛泽东主席的湖南话："我宣布，中华人民共和国、中央人民政府今天成立了。"但只要听到毛主席的声音（忽略音符所代表的意义），他们仍然发自内心地欢呼共和国的诞生。大使向驻在国国家元首递交国书（正本）时所说的话，实际上与此前送交驻在国外交部的国书副本的内容一样，但仍要当面说出；国家元首通过外交部早已知道某国大使递交国书并十分清楚国书的内容，但仍要认真地听完大使的话。作为仪式的语言符号的形式／内容关系与作为正常交际手段的语言符号的形式／内容关系不同：如果说在后一种情况下形式／内容关系呈现的是无标记（常规的）的不对称性，那么在前一种情况下只凸显形式的一面。主要表现为以下两点：1）作为仪式的语言符号形式具有结构程式化趋势[1]，即作为仪式的语言符号其结构形式是固定的，仪式的任何参与者都没有对形式的选择权，相反，只有完全遵守各种形式，才能被视为参与其中。阅兵式上首长的话和受阅官兵回应的话，自新中国成立以来一直保持不变，这是传统的沿袭。外交联络文书的格式始终如一；2）系统意义在不同程度上弱化或消失。如，《庚寅年（2010年）清明公祭轩辕黄帝祭文》，其中黑体字的聚合意义和组合意义在现代汉语系统中都已经弱化或消失："**惟**公元二零一零年四月五日，岁**次**庚寅，节**届**清明，惠风和畅，万象更新。炎黄子孙，聚首于桥山之阳，谨以鲜花时果，恭祭我人文始祖轩辕黄帝，辞曰：大**哉**我祖，肇启**鸿蒙**，修德振武，**韶**德**懿**行。兴文字，创法度，丽九天而垂象；**教稼穑**，**工算数**，**昭**万世以**腾文**。**大勋缨垂旷典**，华盖络结祥云。下拯黎庶，上**符昊命**；**恺乐九垓**，**泽被八纮**。承香火之连绵，历百朝而代**嬗**。融百族于后土，壮新华以集贤。六十年自强不息，国运新天。保增长万众同心，再克时艰；倡公平以人为本，科学发展。西部开发，**赓**续新篇；两岸三通，同胞欢颜；自主外交，和谐为先。转变方式，布局谋篇，开中华振兴新元；**缵**承远祖，奋发**踔厉**，建神州福**祚**绵延。桥山凝翠，沮水流**觞**。衷情拳拳，**雅意**洋洋。告慰吾祖，永**兹瑞康**。**伏惟尚飨**"。祭文中的黑体字在现代汉语语义系统中的意义弱化或消失，而像"南无阿弥陀佛"中的"南无"已经完全没有系统意义。这种情况下，语言符号的象征性与一般的仪式道具的象征性并无两样。试比较2008年北京奥运会开幕式上的鉴缶，它不再具有乐器的功能意义。

1　试比较拜布林（1988）所指出的一般仪式的特点，即神圣形象（сакральный образец）的刚性（ригидность）结构，一般不可改变；丘季诺夫（2007）所说的"某种固定的形式"；古德科夫（1998）所指出的仪式言语行为所特有的形式的固定性（фиксированность формы）。

五、仪式话语的语用特征

仪式话语是一种特殊的、仅适用于机构交际的语用现象。语言符号的使用仅仅具有象征意义，而不以交流信息为目的，因此，无所谓命题的逻辑实证性。仪式性话语排斥个人话语的意向性，无针对听话人的言语意动性，因此，无所谓言语行为的真诚条件、预备条件和本质条件。作为集体认同感、社会情感的表达，仪式性话语不是按照一般的语用逻辑建构的，交际不以量原则、信息原则、方式原则（Levinson 1987）为前提。请看中国外交部副部长与叙利亚大使易卜拉欣扈利的谈话：

> 中国外交部副部长：今天请您来，就是要交给您一份照会，这份照会说明中华人民共和国政府同意阿拉伯叙利亚共和国政府任命易卜拉欣扈利先生为驻中华人民共和国大使。

> 扈利：我很高兴从您的手上接到这份照会。

中国外交部副部长邀请叙利亚驻中国临时代办扈利，这是双方约定的，约请的目的也是早已通知对方的已知信息。在这种情况下，外交部副部长的话具有一定程度的仪式性："今天请您来，就是要交给您一份照会。"仪式化程度最高的是后面的两句话。听话人知道，他本人此前向中国外交部递交了本国政府任命他为叙利亚驻中国大使的国书，作为职业外交官，他也知道，派遣国向接受国派遣大使，要事前征求接受国对大使人选的同意并且接受国要以照会的形式向派遣国正式表示同意或拒绝，他更清楚，他自己国家的名称是"阿拉伯叙利亚共和国"，他自己的名字叫"易卜拉欣扈利"；而说话人外交部副部长已经收到叙利亚共和国任命易卜拉欣扈利先生驻中华人民共和国大使的国书（副本），并且知道对方也知道此事，对方更知道自己国家的名称和自己的姓名，在这种情况下，他仍然重复双方已知的信息（这份照会说明中华人民共和国政府同意阿拉伯叙利亚共和国政府任命易卜拉欣扈利先生为驻中华人民共和国大使）。显然，外交部副部长的话不完全符合量原则（说话人提供了知识范围内的信息），也不符合信息原则（不是以最低限量原则说话）。按照一般的语用逻辑，此话应该说成："我们已经同意您被任命为大使了"。

六、仪式话语的社会功能

涂尔干（Durkheim E.）（1999）关于仪式能将世俗转换为神圣的功能分析，是目前人类文化学的一个基本的理论框架。米歇尔斯区分了仪式的四种意义，分别为功能意义、参考意义、目的意义和无意义的意义。（2008：35—46）在他看来，功能意义包括心理释放和治疗以及社会规则的调适。卡拉西克（Карасик）提出仪式的四个功能：1）肯定某事；2）整合事件参与者，将其联合为统一的集体；3）动员集体成员完成某种行为或形成某一特定的态度；4）以具有核心价值的形式记录交际行为。（2004：335）上述四个功能可以简称为肯定功能、整合功能、动员功能和记录功能。以卡拉西克的观点可以解释机构话语的这样一些社会功能：1）对某种社会价值的肯定（法庭宣判这一话语仪式对公平、公正的肯定；国家元首接见外国使节的仪式话语和外国使节递交国书的言语礼节，体现了对国家主权的尊重）；2）构建话语秩序，形成话语界限（如，法庭话语、外交话语的制度化，言语行为的程式化、程序化）；3）激发社会情感，形成价值态度（如，烈士墓前的誓词、阅兵式上首长和官兵的话）；4）仪式性使机构话语具有日常话语所不具有的特殊的形式标记，用以承载社会意识形态价值或标记话语权力。例如，新闻联播的仪式性——固定不变的音乐，相对固定的播音室和主持人，交替播音的形式，主持人的着装、语气、态度等等，使新闻联播的内容具有绝对的权威性，与之相比，网络爆料只能是传闻。

七、结　语

话语的仪式性与话语的信息性相对立，表现为话语的形式化，具体为语言手段的程式化，系统意义弱化或消失，命题不以逻辑实证为条件，语用不以量原则、信息原则、方式原则为前提。仪式性话语所体现的集体认同感是某种社会价值观念和情感，仪式性话语的主要功能是肯定、巩固某种社会价值观，激发某种社会情感，以特殊的形式标记话语秩序和话语权力。

参考文献

1. 阿克瑟尔·米歇尔斯，阿曼古丽. 仪式的无意义性及其意义 [A]. 王霄冰. 仪式与信仰——当代文化人类学新视野 [C]. 北京：民族出版社，2008.

2. 古斯塔夫·勒庞. 乌合之众：大众心理研究 [M]. 北京：中央编译出版社，2004.

3. 涂尔干. 宗教生活的基本形式 [M]. 上海：上海人民出版社，1999.

4. 维克多·特纳. 象征之林 [M]. 北京：商务印书馆，2006.

5. 武瑷华. 从外交话语的言语行为模式看话语秩序 [J]. 外语学刊，2013(5)：52—56.

6. 曾庆香. 模拟、施为与召唤——论仪式的符号特征 [J]. 国际新闻界，2011(8)：47—54.

7. Levinson S. C. Minimization and conversational inference [A]. J. Verschueren and M. Bertuccelli-Papi (eds.) The Pragmatic Perspective [C]. Amsterdam: John Benjamins Publishing Company, 1987.

8. Байбурин А. К. Об этнографическом изучении этикета [A]. Этикет у народов Передней Азии[C]. Москва: Наука, 1988.

9. Баранов А. Н. Политический дискурс: прощание с ритуалом [J]. Человек. 1997(6), 108-118.

10. Гудков Д. Б. Ритуалы и прецеденты в политическом дискурсе [A]. Политический дискурс в России-2: Материалы рабочего совещания [C]. Москва: Диалог-МГУ, 1998.

11. Карасик В. И. Языковой круг: личность, концепты, дискурс [M]. Москва: Гнозис, 2004.

12. Карцевский С. Об асимметричном дуализме лингвистического знака [A]. В. А. Звегинцев (сост.) История языкознания XIX—XX вв. в очерках и извлечениях [C]. Москва, 1965.

13. Чудинов А. П. Политическая лингвистика: учебное пособие [M]. Москва: Флинта Наука, 2007.

俄语表示价格及其变化的基础模型句分析及翻译

郭淑芬

§ **摘　要：** 数词是俄语中极其复杂的词类，不仅自身的构成和变格很繁琐，而且还有大数、小数、分数、百分数和集合数词以及数名词组的变格和用法，常让俄语学习者感到困难重重。用数词表示物品价格及其各种变化的句子在媒体语言中比比皆是。由于该模型句体系庞杂，本文只对其中最主要的基础模型句的结构进行分析，并对与汉语句型或表达手段完全不同的俄语句子给出翻译方案和特别提醒，以期为数词及价格变化的主要表达方式的学习和翻译提供参考。

§ **关键词：** 数词　价格变化　模型句　分析　翻译

一、引　言

　　学习俄语的人大概都会对俄语数词这个多变的词类感到棘手，尤其对初学者来说更是望而生畏。就数词本身的构成、读法、写法和对其后名词或名形词组变格的要求而言，掌握起来已经是相当沉重的负担，再加上各类数词的各种不同的用法和自身的变格，以及大数、小数、分数、百分数和集合数词的变化及用法，委实会让初学者畏惧退缩或止步不前。此外，数词在各种文本中都必不可少，尤其在媒体语言中使用得更是广泛而频繁，特别是用数词表示价格及其各种变化的句型足以让学习者眼花缭乱，单单是读正确已十分不易，何况还要听明白、记下来、翻译准确、正确使用等等更是困难重重，令人不知所措。比如在我国每年的政府工作报告和媒体的各种报道中我们都会看到一些带大数和百分数句子，请看一些句子的俄语翻译：

　　1）预计 2020 年国民生产总值**突破 100 万亿元**。Ожидается, что в 2020 году ВВП **превысит сто триллионов юаней**.

　　2）就业稳，城镇**新增就业 1322 万人**。Трудоустройство оставалось устойчивым, **число** трудоустроенных в городах и поселках **возросло на 13,22 млн.**（读作 тринадцать миллионов двести двадцать тысяч) **человек**.

　　3）粮食年产量稳定在 **13 000 亿斤**以上。Годовой объём производства зерна стабилизировался на уровне **более 1300 миллиардов**（读作 триллиона трёхсот миллиардов) цзиней.

　　4）全国**居民**人均可支配**收入**实际**增长 8%**。Среднедушевые располагаемые **доходы населения** страны фактически **увеличились на 8%**.

可见，掌握数词在各种情景中的不同用法非常重要。下面我们借助从俄语搜索网站（yandex. ru）和俄罗斯国家语料库（ruscorpora.ru）以当今变化最快的油价和房价作为主要关键词搜集的大量例句来详细，分析俄语表示价格变化的最常见的主要基础模型句（модель предложения，缩写为 МП）。模型句指"相互制约的句法形式最低限度完整的结合，这些句法形式结构是具有一定类型意义的交际单位"。（Золотова 1973: 25）

根据弗谢沃洛多娃（М.В. Всеволодова）（2000）的模型句理论，表达某个类型意义（типовое значение）的模型句体系由基础模型句，其语法变异句、结构语义变异句（структурно-семантические модификации）等构成的句法场（синтаксическое поле）及其同义转换句（синонимические перефразировки）构成。类型意义指"句子的结构语义要素按照述谓关系组合的语义结果"。（Золотова 1973: 25）变异句指在原始模型句的基础上增添了某些附加意义的形式变化，有语法变异（如人称、时间等的变化）和结构语义变异。结构语义变异主要有五种：阶段变异（фазовые）、情态变异（модальные）、信源说明变异（авторизационные）、否定变异和疑问变异。（Всеволодова 2000: 218—225；郭淑芬 2009）

鉴于表示价格变化的模型句种类繁多，是一个极其庞杂的句法和交际聚和体，限于篇幅，无法对全部模型句进行分析，本文只选择几个最主要的基础模型句进行详细的分析并佐以大量鲜活的语料作为例证，同时对那些与汉语句型或表达手段完全不同的俄语句子给出翻译方案和特别提醒，以求为数词及价格变化的主要表达方式的学习和翻译提供参考。为节约篇幅例句后恕不一一标注网址出处。

首先需要指出的是，文中的价格一词是个宽泛的所指，除了专门表示价格的名词 цена, стоимость, себестоимость 外，还包括所有跟费用有关的名词或词组，如 доходы, расходы, зарплата, ставка（工资额、率）, усадка（收缩率）, набавка（加价）, акциз（消费税）, выгода, прибыль（利润）, ВВП（国民生产总值）, фьючерсы（期货交易）等。цена 一词的修饰成分最多，如非一致定语: цена чего, цена на что, за что, что в цене, цена в рознице（零售价）, цена со скидкой（折扣价）；一致定语: рыночная, розничная（零售价）, оптовая（批发价）, максимальная, минимальная, высокая, низкая 等等。例如:

5）**Средняя цена на** однокомнатную квартиру в Московской области – 3 261 968 рублей. 在莫斯科州一居室的**平均价格是 326 万 1968 卢布**。

6）В Москве **бензин** вырос в цене на **5,3%** за месяц.（莫斯科汽油**价格**一个月**增长了5.3%**。（注意：俄语的小数点跟汉语不同，用逗号表示。）

7）**Максимальная стоимость квадратного метра** 107 000 рублей, **минимальная стоимость квартиры** 2 600 000 рублей, максимальная 6 100 000 рублей. 一平方米的**最高价格是 10 万 7000 卢布**，公寓的**最低价格是 260 万卢布**，**最高价格是 610 万卢布**。

二、主要基础模型句的分析及其翻译要点

（一）类型意义为"物品价格是多少"的基础模型句

1. 动词模型句

这个模型句是带动词谓语 стоить 变位形式的句子，主语是表示各种物品名称的名词，补语是表示钱数的数名词组。不同数词后的名词可能是一格、单二格或复二格，大数通常用缩写形式，如 тыс.（千），млн.（百万），млрд.（十亿），трлн.（万亿）等。这类句子译成汉语时，俄语动词 стоить（值）往往不能直译，通常译成"价格是多少"，这是俄译汉句型不对应的典型例子，俄语是动词谓语句，汉语是"是"字句。但难点是，当动词跟 во сколько раз + 比较级 выше, больше, дороже 连用时应译为：高到、贵到 X 倍，或高了、贵了（X-1）倍。而跟 во сколько раз + 比较级 ниже, меньше, дешевле 时连用应译为：降低、便宜到 1/X 或降低、便宜了 X-1/X（见下面例句 13, 14）。如：

> 8）Самая дешёвая однокомнатная **квартира** в Москве **стоит 4,15 млн.** руб. 在莫斯科最便宜的**一居室**的**价格是 415 万卢布**。

动词 стоить 后面的数词通常是一个数名词组，也可是介于两个数字之间的数名词组，如：

> 9）Моя **однушка** в кирпичном двенадцатиэтажном доме в Питере **стоит** 3—3,5 млн. руб. 我在彼得堡的一栋 12 层砖体楼房里有个一居室，**价格是 300 到 350 万卢布**。

该句中的定语较多，如果直译不太符合汉语说话习惯，所以断成两句比较好。

这个动词模型句看似简单，但可带各种不同的扩展成分，能使句子的复杂程度各不相同，比如：

（1）借助前置词 около, порядка, 副词 примерно, примерно + от, 比较级 более, менее, выше 表示的约数。如：

> 10）Самая обыкновенная «хрущёвка» однокомнатная в Москве **стоит около** 4 млн. 在莫斯科普通的"赫鲁晓夫时期建造的"一居室的**价格是 400 万卢布左右**。此处的 хрущёвка 需要用解释的方法翻译，否则不明白是什么意思。

> 11）**Литр бензина** марки АИ-95 **стоит** в Киеве **примерно 39—42 рубля**. 一升 95 号的汽油在基辅的**价格是 39—42 卢布左右**。

> 12）Самая дешевая однокомнатная **квартира** здесь **стоит чуть менее 4 миллионов рублей**. 这里最便宜的一居室的**价格是差一点不到 400 万卢布**。

（2）使用 во сколько раз + 比较级（выше, больше, дороже, ниже, меньшее, дешевле）表示贵多少倍，便宜几分之几，此时翻译要特别小心。如：

13）И **стоит** такое такси **в 10—20 раз дороже** чем у нас. 这种出租车的价格比我们那里贵了 **9 到 19 倍**。

14）Если доля продаётся отдельно, то она (однушка) **стоит примерно в 3—5 раз дешевле**. 如果房屋所有权的份额单卖的话，那么一居室的**价格差不多便宜 2/3 至 4/5**。这里的 доля 需要补充信息，不然只翻"份额"会不明白什么意思。

（3）只有比较级和比较对象，表达价格哪里比哪里贵或便宜。如：

15）Обычно **жильё** в центре **стоит дороже, чем** на окраинах, но и в удалённых районах выделяются более и менее дорогие улицы, микрорайоны, жилые комплексы. 一般**市中心的住宅比郊区的贵**，但在偏远区也有多多少少贵一些的街道、小区和住宅群。

16）Почему новые **квартиры** в Москве **стоят дешевле, чем** вторичное жильё? 为什么莫斯科的**新房比二手房便宜**？

（4）带比较级和比较结果 на+ 百分数表达贵、贱百分之多少。如：

17）Как правило, **квартиры** на первых этажах **стоят** значительно **дешевле (на 20% — 30%), чем** аналогичные предложения на более высоких этажах. 通常一层的住宅比较高楼层类似的住宅要**便宜得多，便宜 20%—30%**。

（5）比较级前带表示程度的副词 значительно, гораздо, намного, ненамного 等。如：

18）А вот в Сибири дело обстоит в точности наоборот – **обжитые квартиры стоят гораздо дороже**. 而在西伯利亚实际情况正相反——**住过的房子要贵得多**。

19）**Недвижимость** на островах **стоит ненамного дороже, чем** на материке. 岛屿上的**不动产比陆地上的贵得不太多**。

通过对上面这个最简单的基本模型句的分析和翻译我们看到，由于附带的扩展成分不同导致句子结构的复杂程度不同。如果这个基础模型句中不出现钱数或倍数的话，翻译时连"价格"两个字也可以不译。可见，句中的扩展成分不同，译文会相应地发生变化。

2. 名词二项式模型句

名词二项式模型句指主语和谓语都是名词或名词性词组的句子，两个主要名词性成分之间多数情况下由破折号表示零系词，有时也可出现其他系词。这是形式和语义完全一致时的最简单的名词二项式模型句，而且翻译也基本是句型对应的，只不过汉语通常使用"是"字句。如：

20）**Средняя стоимость** квартиры в доме экономкласса – **46 201 руб.** за кв.м. 在经济型的楼房里住宅的平均价格是每平方米 **46 201 卢布**。

21）В багаже пассажира нашли наручные часы в количестве 24 штук, **таможенная стоимость** которых – **7,2 млн. руб.** 在旅客的行李里发现了24块手表，其关税价值是 **720 万卢布**。

这种模型句是俄语中结构最简单的句型，翻译也不难，关键是大数的读法和翻译有一定难度。如果按照位数写出数字会比较好读和翻译，注意俄语表达数字千以上是三位级差，一般是三位一空格或标一圆点。比较难的是用小数和缩写单词表示的百万大数，需要展开并换算，俄语里没有"万"的说法，需用千来换算，1 万 =10 千，10 万 =100 千，而汉语与俄语不同是四位级差，需要快速转换，比如 7,2 млн. 展开写出阿拉伯数字是 7 200 000，读作 *семь миллионов двести тысяч*，一般不按小数读，除非是 0,5 млн.，读作 *полмиллиона*（50 万）。另外就是注意价格高、贵多少倍和低、便宜几分之几的译法（见例句 13，14）。因此，熟练掌握俄语万以上大数的读法、与汉语的换算和翻译非常重要，唯有多加练习，方能熟能生巧。

3. 名词二项式模型句的同义句

这类同义句（синонимичные МП）实际上是在名词二项式句的基础上衍生来的，在系词位置上最常使用的是描写述谓动词 составлять/составить（总数为）。翻译时这个动词无需译出，译法跟前面两个模型句一样，也译成"价格是 ..."。如：

22）**Общая стоимость** афиш **составила полмиллиона** долларов. *海报的总价格是 50 万美元。*

23）По состоянию на 08.11.2015 **средняя стоимость** однокомнатной квартиры на вторичном рынке в Москве **составила 8 075 936 руб**. *根据 2015 年 11 月 8 日的情况，莫斯科二手市场一居室的平均价格是 807 万 5936 卢布。*

24）В Швейцарии **стоимость** одного литра бензина A-95 **составляет 1,55 EUR**, бензина A-98 – 1,58 EUR и дизельного топлива – 1,60 EUR. *在瑞士 1 升 95 号汽油的价格是 1.55 欧元，98 号汽油是 1.58 欧元，柴油是 1.60 欧元。*

25）**Стоимость** однокомнатной квартиры (площадью около 35 кв.м.) на сегодня **составляет** в Москве **около 6 млн. руб**. *在莫斯科面积 35 平方米左右的一居室今天的价格是 600 万卢布左右。*

26）**Средняя стоимость** аренды однокомнатной квартиры эконом-класса в Москве **составляет порядка 35 тыс. руб**., двухкомнатной – 43 тыс. руб., трехкомнатной – 52 тыс. руб. *在莫斯科经济型一居室租金的平均价格差不多是 35 000 卢布，两居室是 43 000 卢布，三居室是 52 000 卢布。*

27）По данным отдела государственной статистики Казани, реальная **заработная плата** в январе-апреле 2019 года **составила 93,7%** к уровню января-апреля 2018 года. *根据喀山国家统计局的数据，2019 年 1 至 4 月的实际工资是 2018 年 1 至 4 月水平的 93.7%。*

28）В Англии **цены** на 95 бензин в среднем **составляют 129 пенсов** или 60,26 рублей за литр. *英国 95 号汽油的价格平均是每升 1 镑 29 便士，也就是 60.26 卢布。*

29）Так, по данным Белстата, **валовой внутренний продукт** Беларуси в январе-октябре 2015 г. **составил 716,525 трлн. руб**. *那么，根据白俄罗斯统计局的数据，白俄罗斯 2015 年 1 至 10 月的国民生产总值是 716 万 5250 亿卢布。*

30）В номинальном выражении **денежные доходы** в среднем на душу населения в октябре 2019 года **составили 31 тысячу рублей**. 按照名义值来计算 2019 年 10 月居民的人均**收入是 31 000 卢布**。

这个模型句在表示类型意义是"参数及其数量表达"时极其常用，常见的表示参数的类别名词有 высота, длина, ширина, глубина, объём, рост, число, количество, сумма, мощность, площадь, уровень 等。如：

31）**Число** книг в библиотеке **составляет 20 тысяч**. 图书馆里书的**数量是 20 000 册**。

32）**Мощность** ядерной установки **составляет тысячу мегагерц**. 核装置的**功率是一千兆赫兹**。

33）**Площадь** квартир-студий обычно **составляет** в среднем **от 25 до 30 кв. м**. 开放式一居室的**面积**通常平均是 **25 至 30 平方米**。

34）**Сумма** неуплаченных таможенных платежей **составила более 5 млн. руб**. 未付清的税费数额超过 **500 万卢布**。

35）Среднегодовой **размер** страховой пенсии по старости **составит** в 2020 году **12 603 рубля**. 2020 年的养老保险金**年平均额将达到 12 603 卢布**。

以上带描写述谓动词 составлять 的模型句是俄语书面语中表示数量特征最常用的句型，只要掌握了这个模型句，无论是俄译汉还是汉译俄，当遇到所有表示某参数的数量意义时基本能够以不变应万变。我们在 yandex.ru 网站上用 цена составляет 为关键词进行搜索，结果显示一个月有 6 万多词条，用 стоимость составляет 搜索，结果显示一个月有 7 万多词条，可见这类模型句的使用频率相当可观。

（二）类型意义为"物品价格上涨（至多少）"的基础动词模型句

这个模型句中的谓语是表示增长、升高、变大的动词，常见的有很多，如 расти, вырастать/вырасти, повышаться/повыситься, возрастать/возрасти, увеличиваться/увеличиться, подниматься/подняться, превзойти, подскочить/подскакивать（突然上涨）, подрастать/подрасти（长高一点）, взлетать/взлететь（飞涨）等，虽然词义上有些细微差别，但基本意思都是增长、升高、上涨之意，动词后可接前置词 на /в / до /от...до /с...до，其中可选前置词 на 表示升高了多少或百分之多少，в 表示升高了多少倍，до 表示升高到多少，от...до 表示从多少升高到多少，还可用 с...до 表示从多少涨至多少。翻译时要特别注意 во сколько раз 的译法是"增加到 X 倍，或增加了（X-1）倍"（见例句 38，39，46）。常见的例句如下：

36）**Цены** на бензин в Москве **растут** быстрее среднероссийских. 莫斯科汽油**价格增长**得比俄罗斯平均价格快。

37）В результате, по экспертным оценкам, с начала июля **стоимость** бутылки водки в 0,5 литра в магазинах **вырастет на 30%** – **до 45—46 гривен**, отмечает ИТАР-ТАСС. 俄通社-塔斯社报道，根据专家的评价，从 7 月开始商店里 1 瓶半升装的伏特加的**价格将增长 30%**，

涨到 **45 到 46 格里夫纳**。这里的 гривен 是乌克兰货币 гривна（格里夫纳）的复数二格，其缩写是 грн.。

38）**Стоимость** килограмма гречки в российских магазинах за последний год **выросла** почти **в два раза – на 94, 7 процента**. 在俄罗斯的商店里最近一年一公斤荞麦的价格增长了差不多 1 倍，增长了 94.7%。

39）В первые три-четыре месяца, когда **курс доллара вырос в 2,5—3 раза**, а инфляция – **в 2 раза**, наблюдался ажиотажный спрос на рынке жилья и рост цен на него. 在最初的 3—4 个月，当美元利率提高了 1.5—2 倍，而通货膨胀增长了 1 倍时，房屋市场出现狂热的需求和价格的增长。

40）С начала октября 2019 года **цена** золота **возросла на 5,4%**. 从 2019 年 10 月起黄金价格增长了 **5.4%**。

41）Средняя **цена** по Европе на бензин марки АИ-95 за последние две недели **увеличилась на € 0.0**1 и составляет € 1.17. 欧洲 95 号汽油的平均价格最近两周增长了 **1 欧分**，价格是 1.17 欧元。

42）В следующем году **стоимость** автомобильного топлива **увеличится** как минимум **на 20%**. 明年汽车燃油的价格至少增长 **20%**。

43）Как ни парадоксально, **цены** в целом **увеличатся** ровно **настолько же**. 奇怪的是，整体价格也正好提高了那么多。此句动词后接的不是数名词组，而是表示不定数量的副词。

44）В Москве последнее повышение цены на бензин было в середине июля – **цена взлетела** сразу **на 50 копеек**. 莫斯科汽油价格的最后升高是在 7 月中，价格一下子飙升了 **50 戈比**。

45）Средняя **цена** за литр дизельного топлива **поднялась до** 1,47 фунта. 每升柴油的平均价格升高到了 **1.47 英镑**。

46）**Цены поднялись** на восстановительные работы как минимум **в 3 раза**. 修复工程的价格至少增长了 **2 倍**。

47）Как сообщал "Обозреватель", в Украине **подскочили цены** на бензин: А-95 стал **дороже** почти на 1,5 гривни. 观察者报报道，在乌克兰汽油价格突然上涨：95 号已经贵了 1.5 格里夫纳。

48）**Цены** на бензин в США тоже **подросли**. 美国的汽油价格也升高了一些。

除了以上动词外，还可用动词 дойти до 和带描写述谓 пойти в рост (вверх) 的形式表示升高。如：

49）**Стоимость** такого топлива **доходит до** 50 руб. за литр. 这种燃油的价格长到了每升 **50 卢布**。

50）**Цены** на жилье **пойдут в рост**. 房屋价格将要上升

51）**Цены** на квартиры **пошли вверх**. 公寓价格上升了。

（三）类型意义为"物品价格降低（至多少）"的基础动词模型句

这个模型句中的谓语主要是表示降低、下降、跌至的动词 снижаться/снизиться, понижаться/понизиться, падать/упасть, провалиться/проваливаться 等。动词要求的前置词与上一模型句相同。 关于降低 во сколько раз 的翻译同样需要特别注意，是"降低到 1/X 或降低了 X-1/X"，而不能直译成"降低了 X 倍"，如 понизиться в 3 раза 是降低到三分之一或者降低了三分之二。又如普京总统在一次大型记者招待会上答记者问时说的一句话：В конце этого года мы уже были вынуждены всё перечитывать, потому что **цена (на нефть) упала в два раза**, не в какие-то проценты, а **в два раза**: была сто долларов за баррель, а стала пятьдесят. （今年年底我们已不得不重新考虑一切，因为石油价格**降低了二分之一**，不是几个百分点，而是**二分之一**：本来是 100 美元一桶，却变成了 50 美元）。类似的例句见下面的 69。其他常见例句还有：

52）В рознице **на 30 копеек** (0,8 процента) у одного из поставщиков **снизилась стоимость** зимнего дизтоплива. 有一个供货商的冬季柴油的**零售价降低了 30 戈比**，即 **0.8%**。

53）**Средневзвешенные цены** на московских АЗС за неделю с 16 по 23 октября **понизились** ... 莫斯科汽车加油站 10 月 16—23 日一周内的**加权平均价降低了**……

54）Ранее в декабре отдельные АЗС этих и других фирм Эстонии проводили кампании, в ходе которых **цена** литра бензина **падала ниже одного евро**. 12 月早些时候爱沙尼亚的这些公司和另外一些公司的个别加油站举行了竞买，期间 1 升汽油的**价格曾降到低于 1 欧元**。

55）В 2015 году **арендные ставки** на офисную недвижимость в Москве **упадут на 30%–40%** в валютном выражении. 2015 年莫斯科办公用地的外币**租金额降低了 30％—40％**。

除了以上动词外，还可用动词 провалиться (на, ниже), опуститься +ниже (уровня) + 数名词组以及带描写述谓的形式 пойти (катиться) вниз。如：

56）**Фьючерсы** на нефть **провалились ниже уровня $126** и на утро стабилизировались немного выше $124 за баррель. 石油**期货交易价格跌至 126 美元水平以下**，早晨稳定在了每桶稍高于 124 美元。

57）**Цены** на нефть упали, и не исключено, что **опустятся ниже $105** за баррель. 石油价格下降了，不排除**降至每桶 105 美元**的可能。

58）После этого **цены** на бензин и дизтопливо **пошли вниз**. 此后汽油和柴油的**价格都走低**。

59）**Цены** на топливо на харьковских АЗС **продолжают катиться вниз**. 哈尔科夫汽车加油站的燃油**价格持续下滑**。

表示"价格降到最低点"时的说法是：

60）Ранее **цены** на золото **упали до самой низкой отметки** с 5 апреля – $1.553,10. 早些

时候**黄金价格降到了最低点**，从 4 月 5 日起是 1533.10 美元。

（四）类型意义为"物品变贵（多少）"的基础动词模型句

这个模型句中的谓语是表示变贵的动词 дорожать/подорожать，其后可接的前置词与前面模型句相同，主语大都是表示物品名称的名词。这个模型句的翻译相对容易，跟汉语句型基本一致，同样需要注意的是倍数的译法（见例句 63，64）。例如：

61）В некоторых регионах за пару дней **бензин подорожал на 1,5–1,7 рубля** за литр. 在一些地区两天内**汽油每升贵了 1.5 到 1.7 卢布**。

62）В ночь на среду **продукция** компании Apple в России **подорожала** в среднем **на 25%–27%**. 周三夜里苹果公司的**产品**在俄罗斯平均**贵了 25%—27%**。

63）При этом импортные **лекарства дорожали** почти **в четыре раза** медленнее отечественных. 同时**进口药**涨价速度比国产药差不多**慢了 3 倍**。

64）**Еда** в Москве **подорожала втрое**. 莫斯科的**饮食贵了 2 倍**。

65）**Тарифы** на денежные переводы **могут подорожать на треть**. 汇款的**手续费可能贵三分之一**。

66）В среднем по России, как пишут «Ведомости», с 28 марта по 25 апреля **дизельное топливо подорожало до 23 000 рублей за тонну**. 据《公报》报道，从 3 月 28 到 4 月 25 日整个俄罗斯**柴油价格平均每吨涨到了 23 000 卢布**。

（五）类型意义为"物品便宜（至多少）"的基础动词模型句

这个模型句中的谓语是表示便宜的动词 дешеветь/подешеветь。前置词的用法与上个模型句基本相同，但最常使用的是前置词 на，表示便宜了百分之多少。主语也主要是表示物品名称的名词，但有时会是表示价格的名词（见例句 84）。翻译时同样要注意降低 во сколько раз 的译法（见例句 85）。例如：

67）В Москве **бензин подешевел на 0,8%**, в Санкт-Петербурге – **на 0,1%**. 在莫斯科汽油**便宜了 0.8%**，在圣彼得堡**便宜了 0.1%**。

68）Подобная ситуация приведёт к тому, что **стоимость** квадратного метра **подешевеет в целом на 3%**, поскольку покупателей не так много. 类似的情况将导致 1 平方米的**价格将整体降低 3%**，因为买家不是很多。

69）В итоге к концу года, в сравнении с его началом, **жильё** в стране **подешевеет в 2 раза**. 与年初相比，年底全国的**房价便宜了一半**。

（六）带其他类型意义的基础动词模型句

为保证该模型句体系的相对完整，除以上列举的比较重要的基础模型句外，我们把一些带其他类型意义的动词模型句简列如下：

（1）类型意义为"物品价格达到或超过多少"的基础动词模型句，其中常用的是表示达到、超过、突破的动词 достигать/достигнуть (чего), превышать/превысить (что), перевалить (за что) 等。如：

70）В прошлом году **цена** североморской смеси Brent **достигла 114 долларов** за баррель. 去年北海混合液布伦特的价格达到了每桶 114 美元。

71）**Доллар превысил 73 рубля** впервые за год. 1 美元在一年内首次兑换超过了 73 卢布。

（2）类型意义为"物品卖多少钱"的基础动词模型句：

72）В среднем, однокомнатная квартира площадью 54 кв. м **продаётся от 1 до 1,5 млн.** рублей. 面积为 54 平方米的一居室平均**卖 100 万到 150 万卢布。**

（3）类型意义为"物品需花费多少"的基础动词模型句：

73）То, во сколько **вам обойдётся аренда** квартиры в Москве, зависит от множества различных факторов. 在莫斯科**您租房需要花多少钱**，取决于很多不同的因素。

（4）类型意义为"物品的起步价是多少"的基础动词模型句：

74）**Цены стартуют (начинаются)** примерно **от 4 миллионов рублей** и выше. 价格大概从 400 万甚至更高起步。

（5）类型意义为"买物品要付多少钱"的人称或无人称动词模型句：

75）**За** литр высокооктанового бензина (АИ-95 и выше) покупатель **выкладывает** в среднем 25,90 рубля. 为买 1 升高质量的 95 号或更高的汽油买家平均掏 25.90 卢布。

76）**Около 450** долларов в месяц **придётся платить за** однокомнатную квартиру на востоке и юго-востоке Москвы. 在莫斯科东部和东南部为租一居室公寓每月要付 450 美元左右。

77）При этом китайские **реплики** брендовых марок **можно приобрести по цене от €** **80 до € 250** (естественно, без бриллиантов и прочих излишеств). 与此同时名牌的中国复制品用 80 到 250 欧元就能够买到，当然不包括钻石之类的奢侈品。

78）В Барселоне вино **можно купить по цене 7—8 евро** за бутылку, сладости – **за 3—4** **евро** за упаковку, а кусочек хамона **можно приобрести** и **за 10 евро**. 在巴塞罗那 7—8 欧元就能买一瓶红酒，3—4 欧元能买一包甜品，而一块火腿 10 欧元就能买到。

（6）类型意义为"物品价格变化、在某范围之内或在某范围之内波动、浮动"的动词模型句，常见表达方式是动词 меняться, изменяться /измениться 或词组 держаться (колебаться, варьироваться) в пределах (в районе, в диапазоне) + 2 格数名词组，варьироваться + около + (от...до, в диапазоне от...до) + 2 格数名词组，колебаться + между + 5 格数名词组等。如：

95）**Скидки** в этом бизнесе **варьируются в пределах 5—10 долларов** на тонне топлива. 这个商业活动的**折扣是每吨燃油在 5—10 美元间浮动**。

此外，还有类型意义为"使价格升高或降低"的使役动词模型句、长尾或短尾形容词句、短尾被动形动词句、比较级句等等，由于篇幅所限，恕不一一详细分析。

三、结 语

通过以上对俄语表示价格及其变化的模型句的分析和翻译，我们发现这是一个丰富而庞杂的体系，值得进一步深入细致的研究。熟练掌握这些模型句以及其中的数词和表示升高或降低的各种动词的用法，对提高我们的俄语表达和翻译水平大有裨益。

参考文献

1. 郭淑芬. 俄语服饰特征述体模型句分析 [J]. 中国俄语教学，2009(2)：31—36.

2. 郭淑芬. 俄语名词二项式模型句意义体系及其学习顺序 [J]. 外语学刊，2011(3)：68—71.

3. 黑龙江大学俄语语言文学研究中心辞书研究所编. 大俄汉词典 [Z]. 北京：商务印书馆，2006.

4. 张会森. 最新俄语语法 [M]. 北京：商务印书馆，2000.

5. Всеволодова М.В. Теория функционально-коммуникативного синтаксиса [M]. М.: МГУ, 2000.

6. Золотова Г. А. Очерк функционального синтаксиса [M]. М.: Наука, 1973.

7. Золотова Г. А. Коммуникативные аспекты русского синтаксиса [M]. М.: Наука,1982.

俄语语法课新教学方法探索及课堂设计分享
——以俄语运动动词为例

郭淑芬

§ **摘　要：** 俄语语法课是俄语专业极其重要的一门核心技能课，各种语法规则繁杂，较难掌握，对刚入门的学生是极大的挑战。要让学生不惧怕这只"拦路虎"，能够在复杂的变化和规则中看到俄语的丰富多变和严谨缜密，要通过新的教学方法让学生更加轻松容易地掌握语法知识点，并把所学的语法规则盘活，准确地运用到言语实践中，不只把语法当作需要通过考试的知识来死记硬背，而是能够灵活运用，达到用正确的俄语语法表达思想的目的。

§ **关键词：** 俄语语法课　教学方法　课堂设计　运动动词　翻转课堂

一、俄语语法的特点与难点

众所周知，俄语是世界上最难的语言之一，俄语不仅在发音、构词、词汇等方面有相当难度，在语法方面更是困难重重。俄语语法范畴极多，如名词、形容词的性、数、格范畴，动词的时（现在时、过去时、将来时）、体（完成体、未完成体、单体、兼体）、态（主动态、被动态）、式（陈述式、命令式、假定式）等；（参见张会森 2000）而代词是跨界最多的词类（如代名词、代形容词、代数词等）。俄语词形变化复杂，容易混淆出错的地方不胜枚举。

俄语语法对初学者来说，其艰难体现在很多方面，仅从动词变位这一点即可见一斑。俄语动词大致分为能产型和非能产型，学习变位时会把动词分为 I 式和 II 式变位法，但这条规则却无法囊括所有动词。即使能够归入常规变位的动词也常有特例，如 спать, ждать 等。有些动词变位时有重音跑动和音变现象，如 I 式变位是所有人称都发生音变，如 писать – пишу, пишешь, пишут; пиши (те); II 式变位则只在单数第一人称发生音变，如 ответить – отвечу, ответишь, ответят; ответь (те)。

另外，俄语动词分类时不只是按照不定式词尾（-ть, -чь, -ти）来划分，还有其他一些非常重要的从构形角度对不定式形式的划分。比如：

1）以 -ать/-ять 结尾的动词（читать, стоять）；

2）以 -еть 结尾的动词（греть, болеть; зеленеть, гореть）；

3）以 -оть 结尾的动词（колоть）；

4）以 -ить 结尾的动词（строить, пилить, любить）；

5）带后缀 -ну 的动词（крикнуть, столкнуть, свернуть）；

6）以 -чь 结尾的动词（печь, мочь）；

7）在 -ти 前是辅音的动词（везти, вести, нести, ползти）或在 -ть 前是辅音的动词（сесть, учесть, упасть）；

8）单音节无前缀的动词（бить, пить, мыть, слыть）。

其中每一类动词内部还可细分，如以 -ать 结尾的能产动词内部又分为：

（а）带后缀 -ова-, -ева- 的动词（рисовать, чувствовать, плевать, танцевать）；

（б）带词根 -да, зна-, ста- 的动词（дать – давать, встать – вставать, узнать – узнавать）；

（в）现在时词干有元音 о/е 跑动的动词（звать – зову, барть – беру）。

在 8）类动词内部还包括以下不同的变位形式：

（а）词干变软音符号的动词：бить – бью, пить – пью；

（б）与 -о 发生音变的动词：петь – пою, мыть – мою；

（в）现在时出现 -в 的动词：плыть – плыву。

即便如此细分，也依然无法穷尽所有动词。

动词在实际使用时经常出现各种特例，比如构成现在主动形动词时依据的是动词现在时复数第三人称的后缀，如 читать – чита-ют – читающий; сидеть – сид-ят – сидящий; 而以 -сти/ -зти/ -сть/ -зть 结尾的动词构成过去时的时候依据的却是现在时，此时词根中的辅音 -т/-д 在变过去时阳性时替换成 -л 或者是直接截掉词尾，如 плести – плету – плёл; вести – веду – вёл; нести – несу – нёс; грести – гребу – грёб。而其他性形式的过去时重音大都跑到了词尾上，如 плела́, плело́, плели́; вела́, вело́, вели́; несла́, несло́, несли́; гребла́, гребло́, гребли́ 等。（Всеволодова 1995: 98）

可见，俄语词法虽然有各种变化规则，但常有特例，很多规则不能类推，一推就失灵，比如一些名词单数第六格是特殊的词尾 -у：в часу́, в году́, в лесу́, в саду́, в шкафу́, на носу́, на мосту́ 等，这些词形其实跟第三格的词尾一样，只是重音不同，比较：к ле́су – в лесу́, к са́ду – в саду́, к бе́регу – на берегу́, к но́су – на носу́ 等。复数也有很多不规则的变化，比较一些词的复数一格和复数二格：стол – столы – столов; 不规则变化如 стул – стулья – стульев, город – города́ – городов, сын – сыновья – сыновей, брат – братья – братьев, друг – друзья – друзей, плечо – пле́чи – плеч, окно – о́кна – окон, письмо – пи́сьма – писем 等。

此外，定向和不定向运动动词的选择以及动词体的选择都是中国学生常常出错的地方，比如表示"过去一次往返"使用不定向动词过去时：Вчера я **ездила** к другу. 表示"时间背景"通常使用定向动词过去时：Когда водитель **вёз** пассажиров в аэропорт, машина сломалась в полпути. 又如，动词过去时未完成体表示"过去事实意义"：Вчера на улице я **видела** преподавателя Вана. "结果消失意义"：Саша, ты **брал** мою тетрадь? Она лежит не на своём месте. Саша, твоя подруга **приходила** к тебе и оставила тебе записку. 带前缀运动动词表示"过程"意义时使用未完成体过去时：Когда мама **уходила** на работу, она сказала, чтобы я не забыла выключить телевизор. Когда

Маша **переходила** улицу, автобус **подходил** к остановке. 同义前置词的选择和接格对初学者也有相当的难度，比如表示空间意义的前置词 в 和 на 的区分有一定的规律，但规律中又是常有特例，如表示四周无边界或无顶的空间通常使用 на：на поляне（在林间空地），但类似的空间有的却要用 в：в степи（在草原），в тундре（在冻土带），в пустыне（在沙漠）；常有相同类别的名词却用不同前置词的现象，如同是表示街道的名词，有的用 на：на улице, на бульваре，而有的用 в：в переулке, в аллее；в 和 на 有时跟同一个名词连用意义基本相同，如 в кухне – на кухне, в небе – на небе, в тарелке – на тарелке, в блюде – на блюде；而有时却表示不同的意义：в поле（泛指田间）– на поле（具体的某块田），в углу（屋子的内角）– на углу（外角），во дворе（在院子里）– на дворе（在外面），в доме（在房子里）– на дому（居家办公或接诊），в автобусе（在交通工具里面）– на автобусе（乘坐交通工具），等等。又如，表示之前时间意义的同义前置词 до (до Пушкина)，перед (перед сном)，к (к пяти часам)，под (под Рождество) 都有语义和搭配上的细微差别，特别容易混淆。这些语法难点经常使初学者感到苦恼和困惑，在说和写俄语时常常犯错。

另一方面，句法的难点也不少，主要表现在各种主从复合句的结构、连接词、关联词的选择和使用上，如比较从句的 иной (другой), чем; иначе, чем..., лучше умру, чем...; скорее..., чем...; Чем..., тем... 等。说明从句的连接词 чтобы не (как бы не)。程度度量从句的对应连接词 не так..., чтобы ...; слишком, чтобы。之前时间从句的同义连接词：до того, как; перед тем, как; прежде чем; пока не; до тех пор, пока не; с тех пор 等。以上在理解和使用上都有相当的难度，需要反复巩固和掌握。

二、语法教学的现状和教学方法的革新

（一）教学要求

语法是俄语语言文学专业的必修课，核心技能课之一，闭卷考试课。使用的教材是《"东方"大学俄语（新版）学生用书》2—4 册中的语法部分，三个学期学完三本书（2，3，4 册），每册 12 课，每学期 15—16 周，每周 4 学时。教学大纲要求语法课达到的基本目标是掌握俄语词法和句法的基本知识。虽然有专门教师独立授课，但依然感到课堂任务量大，学生需要学习和掌握的知识点多，学时不够用，很多重点和难点训练不足，导致学生的基础知识掌握得不够熟练，基本功不够扎实，说写俄语时常常出现重音、变格、变位、体和时等各种意想不到的语法错误，令教师和学生都很焦灼。如何面对课堂时间紧任务重的现状，如何快速提高学生的掌握速度是摆在每个语法教师目前的艰巨任务。

（二）学生状况

如今考入我们俄语学院学俄语的学生，除个别外语中学保送的学生学过俄语，大部分都是零起点生，上大学前完全没有接触过俄语，对俄罗斯这个国家也了解甚微。除了俄语语言文学专业的学生，还有很多学生是复语生，他们在学习俄语的同时，还要学习乌克兰语、白俄罗斯语、哈萨克语、乌兹别克语、吉尔吉斯语等语言中的一种语言。此外，还有学生是双专业的，除学习俄语专业外，同时更主要的任务是学习国家关系、经济、金融等专业。学生的学习压力非常大，需要上的课极多，分给俄语的时间实在不多，功夫没下到，基础打不牢，无法对学过的知识举一反三，无法做到熟能生巧，学习效果欠佳。很多语法知识只是成为死知识，无力将其盘活并运用到言语实践中去。没有牢固的基本功，缺乏熟巧，学生说起俄语来常常是磕磕绊绊。如何让学生快速掌握所学语法知识，提高学生运用语法知识熟练表达思想的能力，这依然是每位俄语教师需要思考和解决的问题。

（三）教学方法革新与教师角色转换

多年来我们的俄语课堂采用的主要还是传统教学法模式，即归纳法或演绎法，教师讲授为主，学生做练习为辅，教师为中心，学生被动接受、死记硬背。教学效果不甚理想，主要原因是语法知识没有盘活，没有进一步把知识变成言语在实际情景中得到充分运用，语法知识只是停留在书本和头脑中，只是应对各种考试的工具。造成的结果是，学生明明知道语法非常重要，但不知道如何学以及学了如何用。

在当今互联网信息技术高速发展的时代，网络和智能手机改变了人们的交往方式、生活方式、经营方式，甚至是学习方式。同时也给传统的外语教学模式带来了极大的冲击和影响。在新型网络化环境下能快速掌握现代化网络技能的学生们迫使我们不得不对原有的教学模式实施改革，因为现在一部智能手机、一个移动终端就可以帮助学生突破时空限制随时自觉自主地学习。那么传统课堂上应该做什么？教师的作用何在？

笔者认为，如今的教师必须学会转变身份和角色，应该利用慕课、微课和丰富的网络资源，采用混合式教学法，利用翻转课堂[1]的方式，让学生课前利用教材和放在教学平台上的教学课件、微视频、网络课程等提前自主学习，在课堂上学生展示自己的学习成果（单元的主要知识点、难点和易错点、知识点之间的联系和区别等），教师通过提问跟学生互动，使师生、生生之间充分交流、协同合作来达到教学目标。教师了解学生在学习中的问题后再进行讲解，在课堂上完成练习和作业，在学生做课堂作业遇到困难时给予一对一的个性化指导。相当于老师教两遍、学生学两遍。混合式教学法的优势对俄语教学有积极的影响和作用，能提高我们的俄语教学水平和学生"听、说、读、写、译"的能力。

我们在语法教学中采用的翻转课堂方式有以下两个角度：

1）一个主要做法是让学生在课前通过教材、课件和微视频先自主学习单元的语法点，使知识内化，记录下学习中遇到的问题、难点和重点，带着问题到课堂上来寻求解答和互动，再运用交际教学法在教师设计的具体情景中把语法知识盘活，完成从输入到输出的过程，逐渐达到在言

1　翻转课堂也称颠倒课堂，起源于美国，是采取让学习者在课前学习教学视频，在课堂上完成作业、工作坊研讨或做实验的方式，教师则在学生做课堂作业遇到困难的时候给予他们一对一的个性化指导。（金陵 2013）所谓翻转课堂就是通过对知识传授和知识的颠倒安排，改变传统教学中的师生角色并对课堂时间的使用进行重新规划，实现对传统教学模式的革新。

语表达时灵活运用所学语法点，进一步把内化的知识变成言语技能。如此一来，在课堂上教师不再是知识的"讲授者"或"灌输者"，而是由原来的"演员"变身为"导演"，通过精心的设计，把学生课前已经掌握了的语言知识运用到实践中，对语言点结合语境，运用提问、交际、联想、串珠、滚雪球、对比（俄汉、俄英）、翻译等方法反复循环练习，形成听、说、读、写、译一体化，不只练习语法项目，同时纠正发音、语调，进行同义词辨析等，以加强理解和灵活运用。

2）另一个辅助做法是让学生自己尝试做老师，选择所要学习的单元，提前备课、做课件并亲自上课，在学生讲解和与同学互动的过程中教师给予及时的点评和总结。这种"翻转式学习"的目的是改变现行教育体制中"重教轻学"的弊端，开发学生的自主学习能力，最大限度地调动学生的积极性，提高学习效率。同时减少母语的负迁移，尤其是汉语思维流对汉译俄的影响。

三、几种有效的具体教学方法

（一）同根词联想法

构词知识很重要，学生应该学会通过词根联想并猜测称名各种事物的词，比如跟 стол（桌子）同根的词 – столовая（食堂）– столяр（木工）– столешница（桌面）；称名不同性别的名词：ученик – учница, студент – студентка；称名个体和集合的名词，如 картофелина – картофель；称名动物幼崽的名词，如 кот – котёнок；称名主观评价的名词，如指小表爱或指大的 столик – столище, домик – домище, 指小表爱的形容词 новый – новенький；通过词缀派生出同根词链，如 читать – чтение (газеты) – читатель – чтательский – читальный – читабельный 等。

（二）交际法和滚雪球法

为了不把语法知识点只当作知识学习，而是把知识与生活场景联系起来，设计交际情景来盘活语言，如在学习否定代词和副词（никто, ничто, ничей, никакой, нигде, никогда, никуда, ниоткуда）、不定代词和副词（кто-то, кто-нибудь, кое-кто, где-то, где-нибудь, кое-где）时，可以采用对话形式来巩固知识点，让学生感受用 никто 类的否定人称句和用 некого 类的无人称句的区别，以及词缀 -то, -нибудь, кое- 的区别。比如教师要求学生按照要求进行下面的对话：

1） – Маша, где ты была вчера?

– Я **ходила** в магазин.（此处可顺便复习巩固定向动词的用法）

– Что ты купила?

– **Ничего** не купила.

– Почему **ничего** не купила?

– Мне **нечего** было купить.（强调无人句主体必须用第三格）

2） – Олег, **кто-нибудь приходил** ко мне, когда меня не было в общежитии?（顺便复习带前缀运动动词的未完成体过去时的"结果消失"意义：人来过又走了）

– Да, **приходил** к тебе кто-то.

– А кто именно?

– **Какая-то** красивая девушка.

– **Что-нибудь** она передала?

– Да, она оставила тебе **какую-то** записку.

在做交际训练时，要特别强调俄语词序问题。我们的学生受汉语词序的影响，回答问题时常常忘记所答的新的信息必须放在句末，而不是说出答案后再接着补充已知信息，比如上面对话中的后一个话轮就有可能回答成：Да, **какую-то** записку она оставила тебе. 此处要让学生明白俄语的词序不是绝对自由的，而是有功能性的，新的信息通常放在句末，除非在新信息上用加强语调才可移至句首。

（三）比较法

在学习俄语特有的语法知识点时，与汉语或学生学了很久的英语进行比较能够帮助学生更好地理解和掌握俄语语法的特点。比如，在学习动词体的意义时，由于汉语里没有"体对"概念，学生常常在很多情况下喜欢使用完成体，特别是表示过去时的各种意义时，较难的几个未完成休过去时意义建议使用比较法来强调其区别，如未完成体过去时表示过去事实意义、结果消失意义时，可跟汉语的动态助词"过"进行对比：Раньше я **читала** эту книгу. （以前我**读过**这本书。）Кто открывал окно? Почему в комнате так холодно?（谁**开过**窗户，为什么屋里这么冷？）又如在学习带以下连接词的程度度量从句时，比较难理解，可与英语进行对比：

1）не так..., чтобы (не) = not so... as to...: Я не настолько глупа, чтобы ему поверить. – **I am not so** stupid as to believe him.

2）слишком..., чтобы... = too... to... （肯定表否定，否定表肯定）: Бактерии **слишком** маленькие, чтобы увидеть их без микроскопа. – Bacteria are too small to see without a microscope.

3）достаточно..., чтобы = so... as to... （肯定表肯定，否定表否定）: Мы задали достаточно вопросов, чтобы получить как можно больше информации. – We asked a lot of questions **so as to** get as much information as possible.

（四）翻译法

应该从学习之初就培养学生的翻译意识，首先从俄译汉入手，尽量避免拘泥于词与词对应的翻译，要使译文符合母语的表达习惯，尽量利用汉语的四字成语或词组，有时能起到事半功倍的效果。如：Дожди льют как из ведра —— 下着**倾盆大雨**；...как грибы после дождя —— 好像雨后春笋；Они похожи как две капли воды —— 他们长得**一模一样**；Стоят сильные морозы —— **天寒地冻**；Ручья **шумит** —— 小溪在**哗哗**流淌；От волнения он **не находил слов** —— 他紧张得**无言以对**；В автобусе был набито столько людей, что **яблоку негде упать** —— 公交车里人挤得**水**

泄不通；Я сделаю настолько, настколько смогу —— 我将**尽力而为**；Она просто **потеряла голову** от радости —— 她高兴得简直**忘乎所以**；От беспокойства маме **не сиделось** и **не спалось** —— 妈妈担心得**坐卧不宁**。

　　而汉译俄时则更要注意俄语语法规则类推引起的错误，比如名词不规则复数的构成：плечо – плечи; номер – номера; 形容词的软硬变化不分：до поздней (*поздной) ночи; 同根词混淆造成的语义失误：праздничный（节日的）和 праздный（无所事事的）; 带 –ся 和不带 –ся 动词混淆：将"娜塔莎介绍我认识了一个跟她一起学习过的女孩"译成 *Даша <u>познакомилась</u> меня с девушкой, с которой она вместе занималась. "我们好像在哪里见过"译成 *Мы с вами, кажется, где-то <u>встречали</u>. 几个表示"学习"的动词 учиться, научить (ся), заниматься, изучать, учить, выучить 相互混淆：*Вчера он <u>учился</u> в библиотеке. *Он <u>занимается</u> на филфаке и <u>учит</u> русский язык. 再比如母语的负迁移引起的词序和标点符号错误。有些学生常受汉语思维流的影响，翻译时拘泥于汉语的词序和字词，会忘记俄语的句法结构和关系，如将"位于祖国东南端的台湾有很多名胜古迹和丰富的自然资源"译成：*<u>Тайван</u> находится на юго-востоке Родины есть много достопримечательностей и <u>богатые природные ресурсы</u>. 将"俄罗斯饮食节将于 2022 年 2 月 1 日至 5 日在莫斯科旅馆举行"译成：*<u>Праздник русской еды</u> будут проходить в гостинице <u>Москва</u> пять дней, <u>с первого февраля</u> по пятое 2022 г. 同时对俄语词序的交际功能不敏感，习惯把不是表达新信息的词语放在句末。如：Миша работает на сетевой Фирме и часто работает до самой поздней ночи <u>в офисе</u>. Наступила сессия, много студентов готовятся к экзаменам до рассвета <u>каждый день</u>. 使用标点符号时也常会受到汉语的影响，比如在状语后面点逗号：*<u>Два дня назад</u>, наша семья переехала из деревни в город. 单句与单句之间也点逗号：*Я ни во что не умею играть, <u>учи</u> чему-нибудь <u>меня</u>（喜欢把代词放在句末）. 说明从句前点冒号：*Какая-то женщина подошла ко мне и спросила: <u>как</u> доехаать до вокзала? 受英语影响表示名称的每个词都大写：*«<u>Лебединое Озеро</u>», *«<u>Мир Животных</u>» 等。

（五）其他用于高年级的教学方法

1. 句法派生法

　　学会由运动动词 ехать – ездить 派生动名词 езда 和 поездка; 由带前缀运动动词 приехать, приходить 和 отъехать, отходить 派生动名词 приезд, приход 和 отъезд, отход; 由运动动词 лететь – летать 派生动名词 лёт 和 полёт 等。

2. 推导法

　　学会词类的相互转换，掌握描写述谓（описательные предикаты），如 помогать – оказать помощь; убирать – заниматься уборкой; убить – совершить убийство 等，并通过描写述谓这一公文事务语体和科学语体极其常用的词组构成句法同义转换句系列，使语篇不仅符合语体要求，还能使言语表达丰富多样，例如下面从原始句推导出的同义句的转换：Они давно **дружат** – Они **давнишние друзья** – Их связывает **давнишняя дружба** – У них **давнишние дружеские отношения**.

3. 数词联想法

无论上什么课都观察并强调比较难的语法知识点，如数字的读法及变格：в 3 л. (в трёх литрах); в 2 эк. (в двух экземплярах); к 31 октября (к тридцать первому октября)。小数、分数、合成数的读法及与其连用的名词格形式：принтер весом 1,5 кг. (полтора килограмма); 2/3 (две трети) студентов；комната площадью 9 × 7 (девять на семь)。

4. 视觉刺激法

在课堂上适时给出表格、图片、图表、图示或短视频，以便产生视觉冲击，从而增强快速记忆。详见后文的课堂设计。

四、以运动动词为例的课堂设计

（一）运动动词的难点

俄语运动动词是学生学习的难点，因为运动动词有定向（идти, ехать）和不定向（ходить, ездить）之分，但这些词本身却不表示空间定位的方向，把上面四个运动动词跟汉语的"来""去"和英语的 to come, to go 相比较便一目了然。对外国人来说俄语运动动词的移动范围（идти /плыть /лететь）、移动方式（идти /лететь /ехать）、移动速度（идти /ехать /бежать）都较难确定。俄语若要表示方向意义则必须借助带前缀动词，如 прийти, уйти, выйти, въехать 等，而且它们和方向的关系也不总是一致的。俄罗斯人把空间分为一定的区域，如 прийти, приехать 只能表示从别的区域来，在一个区域范围内运动是 подойти, подъехать。区域可分为内部和外部，如войти, въехать 可表示进入区域内，所以从门厅进入走廊，从外面进入阳台要用 войти: войти в коридор из прихожей, войти на болкон с улицы. 而从房间进入走廊和阳台则只能用 выйти: выйти из комнаты в коридор, на болкон. 在学习空间移动的表达手段时，可以把俄语带前缀 при 的动词 прийти 和 приехать 与其在其他语言中的对应形式相比较，如英语的无前缀基础动词 to come 和汉语的"来"（приходить, приезжать）既表示主体朝指定方向移动的过程，也表示其结果，而俄语带前缀 при 的动词表示的是移动主体出现在此地的事实并跟之前的运动无关，因此，在英语、汉语及其他语言中可以使用上面提到的动词及其表示过程的相应形式，如：I see him coming —— 我看见他来了（翻成俄语为：Я вижу, что он пришёл.）。受母语的影响，在表示"彼得来了"时，一些外国人会犯类似这样的错误：*Вон приходит Пётр. 而正确的说法应为：Вон идёт Пётр.

（二）课前布置

鉴于运动动词有多处难点，我们要求学生课前把常用的 8 对运动动词的定向和不定向动词的变位、过去时、第二人称命令式写出并熟练掌握。可将下图发在教学平台或微信群供学生参考。

ГЛАГОЛЫ ДВИЖЕНИЯ

Конкретная ситуация			Общая ситуация, норма		
идти	ехать		ходить	ездить	
иду	еду		хожу	езжу	
идёшь	едешь		ходишь	ездишь	
идёт	едет		ходит	ездит	
идём	едем		ходим	ездим	
идёте	едете		ходите	ездите	
идут	едут		ходят	ездят	
шёл, шла, шли	ехал, -а, -и		ходил, -а, -и	ездил, -а, -и	
иди(те)!	поезжай(те)!		ходи(те)!	езди(те)!	
лететь	плыть	бежать	летать	плавать	бегать
лечу	плыву	бегу	летаю	плаваю	бегаю
летишь	плывёшь	бежишь	летаешь	плаваешь	бегаешь
летит	плывёт	бежит	летает	плавает	бегает
летим	плывём	бежим	летаем	плаваем	бегаем
летите	плывёте	бежите	летаете	плаваете	бегаете
летят	плывут	бегут	летают	плавают	бегают
летел, -а, -и	плыл, -а, -и	бежал, -а, -и	летал, -а, -и	плавал, -а, -и	бегал, -а, -и
лети(те)!	плыви(те)!	беги(те)!	летай(те)!	плавай(те)!	бегай(те)!
вести	везти	нести	водить	возить	носить
веду	везу	несу	вожу	вожу	ношу
ведёшь	везёшь	несёшь	водишь	возишь	носишь
ведёт	везёт	несёт	водит	возит	носит
ведём	везём	несём	водим	возим	носим
ведёте	везёте	несёте	водите	возите	носите
ведут	везут	несут	водят	возят	носят
вёл, вела, вели	вёз, везла, везли	нёс, несла, несли	водил, -а, -и	возил, -а, -и	носил, -а, -и
веди(те)!	вези(те)!	неси(те)!	води(те)!	вози(те)!	носи(те)!

表1

（三）课堂活动

1）以学生为主，教师以提问方式检查学生的掌握情况。首先依据上图检查每个动词的变位、过去时、第二人称命令式（复习巩固以前学过的第二人称命令式的构成）。

2）提问检查每对运动动词的意义和用法的区别：

Какая разница между нести (носить) и везти (возить)?

Какая разница между вести (водить) и везти (возить)?

此处可运用图片来展示这些动词之间的区别，能一目了然，易于学生理解。

Официа́нт несёт чай и ко́фе.

图1

Ри́кша везёт пассажи́рку.

图2

Санита́ры веду́т больно́го.
图3

Машини́ст ведёт по́езд.
图4

同时强调 везти (возить) 这对运动动词一定是使用交通工具，哪怕是人力车、小推车、自行车等（见图2和图5），即使东西拿在手上，但只要人坐在车里，就要使用这个动词。如：Он едет в метро и везёт цветы.（他坐在地铁里，手里拿着花。）见图6。

— Что вы везёте? Откро́йте ваш бага́жник.
图5

Он е́дет в по́езде и везёт цветы́.
图6

3. 举例说明区别

Я вожу (водил/водила) экскурсии по городу. = Я экскурсовод и хожу (ходил/ходила) по городу с туристами.

Я вожу (возил/возила) детей в школу на машине. = Дети ездят (ездили) в школу со мной на машине.

4. 问答练习

1）Куда вы идёте?

2）Куда вы часто ходите по воскресеньям?

3）Куда вы ходили вчера вечером?

4）Куда вы ездили на прошлой неделе?

5） Куда вы едете завтра?

6） Что вы несёте в библиотеку?

7） Что вы часто носите в сумке?

8） Куда ведёт мальчика молодая мама?

10） Куда везёт больного сына отец?

9） Кто водит ребёнка в детский сад каждый день?

11） Что возят крестьяне на рынок в город?

5. 按示例进行对话训练，注意前置词的选择：

1） – Куда вы идёте так рано?

　　– Иду <u>на площадку</u> заниматься спортом.

　　– Почему вы несёте <u>в руке</u> книгу?

　　– Потом иду <u>в библиотеку</u> и её верну.

2） – Куда вы часто ходите в свободное время?

　　– В свободное время мы часто ездим <u>на выставку, концерт и спектакль</u>.

　　– <u>На чём</u> вы часто ездите в театр?

　　– <u>На автобусе</u>, иногда <u>на метро</u>.

6. 强调易错点

1）表示过去一次往返需使用不定向运动动词，可用 Где ты был вчера? 替换 Куда ты ходил вчера? 如：Вчера я ходила к другу = я была у друга.

2）表示单程和时间背景需使用定向运动动词。如：

Утром я встретил друга. Он <u>шёл</u> из библиотеки и <u>нёс</u> книги. Он сказал, что он <u>носил</u> эти книги в библиотеку, но библиотека закрыта.

Когда водитель <u>вёз</u> пассажиров в аэропорт, вдруг сломался его автобус.

（四）翻译训练和家庭作业

汉译俄练习反复多次做：学生课前先自己尝试做，课上口头做一遍，展示答案，强调易错点。课后学生笔头手写或打成文档，之后找互助伙伴互批，之后在 Blackboard 平台上按时提交。教师批改、做批注、打成绩，下次课讲评，对普遍的共性错误再次重点强调，如句子"请你讲一讲去过的城市和国家"的翻译运动动词的错误 *Расскажите о городах и странах, куда ты ехал. 请学生修改并解释错误原因。

（五）拓展训练

1）学习兴趣是学习的自觉性和积极性的最直接因素，同时也是最强大的学习动力。鼓励学生根据自己的兴趣做展示或写小论文，在提高学习兴趣的同时开发学术志向和科研能力。

2）依据某个语法知识点，老师提供或学生自己在网上搜集带插图的常识类简单易懂的美文美句或押韵短诗，使学生在巩固知识点的同时感受语言的美感和教育意义。如：

图7

图8

图9

图10

（六）课后要求

学生复习巩固所学重要知识点，总结难点和易错点。除了要记住语法规则，还要把所学语法知识活用到编对话、做转述和写作文之中。

五、结　语

通过以上对混合式教学法，主要是翻转课堂优势的介绍，对运动动词单元教学设计的展示，我们进一步明确，俄语语法教学只停留在输入知识的阶段是远远不够的，应该利用丰富的网络资源，使我们的语法课堂翻转起来，采取灵活多样的混合教学方式激发学生的学习积极性和自觉性、帮助学生把知识盘活。重要的是要让学生明白，不应该为学习语法而学习语法，不应该为了通过考试而学习语法，而应该是运用所掌握的语法知识来准确地表达思想，提高知识输出能力，把死的语法知识变成生动活泼的、符合俄语表达习惯的、能够达到交际目的的正确且标准的俄语。

参考文献

1. 陈立群."翻转课堂"与传统教学方式的差异 [N]. 中国教育报，2014-04-09(7).
2. 金陵. 大数据与信息化教育变革 [J]. 中国电化教育，2013(10)：8—13.

3. 王奕标. 翻转课堂的五大潜力 [J/OL]. http://blog.sina.com.cn/s/blog_90b8be2a0101sfgp.html. 2014-05-04.

4. 张会森. 最新俄语语法 [M]. 北京：商务印书馆，2000.

5. Всеволодова М.В. Объём и содержание курса «Функционально-коммуникативная грамматика»[J]. //Весник Московского университета. Серия 9. Филология. 1995 (2), С97-106.

对俄语实用写作课教学方法和措施的思考

郭淑芬

§ 摘　要：俄语实用写作课是我院开设的专业必修课，使用的教材是笔者在几年的教案和收集的俄汉语资料基础上编写并于 2009 年出版的《俄语实用写作教程》。本文主要对该课的教学情况、存在的主要问题和原因、教学思路和教学方法、实战中积累的经验和教训做简要介绍，探讨课程改进的应对措施，以便为今后新教学大纲对写作课这门专业必修课提出的新要求和新内容提供一定的参考。

§ 关键词：俄语实用写作课　应用文写作　毕业论文写作　教学思路　教学方法

一、俄语实用写作课教学情况简介

为了我院准备开设俄语实用写作课，笔者于 2006 年申请并获批了我校教务处的教材立项，经过一年多的准备，收集了大量资料，开始编写教案，2007 年 9 月开始上这门专业必修课，在四年级上学期开设一个学期，每周两个学时，共 16 周，期末是闭卷考试。该课由两大部分组成，8 周学习应用文写作，8 周学习毕业论文写作，主要目的是为即将毕业的学生参加实习、应聘、各种考试和撰写毕业论文做准备，预期达到的知识目标是掌握俄语公文事务语体和科学语体的特点，学习各类公函、官方文件、业务信息文件和私人文件的格式要求和拟写方法；学习俄语毕业论文的写作方法，主要包括各类学术论文摘要、毕业论文各个组成部分（包括前言、主体内容、结束语、引文和参考文献）的总体要求和撰写格式。能力目标是熟练掌握俄语各类公函和文件的格式要求和拟写方法，为八级考试、求职考试和未来可能从事的与俄语相关的工作提供必要的写作常识；掌握学术论文摘要和毕业论文的写作规范、格式要求和写作方法，重点掌握学术论文写作时惯用的标准套语结构。素质目标是培养学生最基本的实用写作能力，适应未来将要从事的事务性或学术科研类工作的能力。

出于当时是三个班（75 人左右）同时上大课，课时紧、任务重，教材还没有出版，学生只能看 PPT，课堂上主要以教师讲解为主，无法照顾所有学生，也无法让每个学生都有机会参与课堂活动，师生和生生互动都相对比较少。刚开始教学时老师和学生都感到有些吃力，2009 年《俄语实用写作教程》出版之后，学生可以课前预习了，课堂学习稍微轻松了一些，但学生的参与度和实战操练的机会依然不多，主要原因还是学生人数太多，作业量过大，没办法每次课都留书面作业，多数教材里的练习都需要学生课后独立完成，导致学生并没有完全掌握一些最常用和常见应用文的写作规范和技巧。毕业论文写作更是没有办法实操，只能通过撰写文献综述这样的长作业来局部掌握学术写作的常用标准言语套句，一般是给学生两篇内容类似的俄语学术论文，请学生在期末前一周提交一篇概述性摘要（обзорный реферат），作为平时成绩的依据，占总成绩的20%，另外的10%根据学生的作业完成情况、课堂表现和出勤情况来评判。当时的期末考试是闭卷，占总成绩的70%，不仅考应用文写作，还有词汇考察和公文翻译，最重要的组成部分是根据所提供的文章撰写一篇不少于300俄文单词的概要综述。考试成绩呈现为两头少中间多的趋势，基本上达到了教学目标。但依然存在着不少亟待解决的问题。

二、开设俄语实用写作课的目的和教学思路

我院在本科四年级上学期开设俄语实用写作课的目的，就是为了给学生补充修辞学方面的相关知识，主要了解公文事务语体和科学语体的特征和各自在语言使用方面的特点，培养学生遵守格式规范和语言规范的科学态度和习惯，使学生掌握学术写作的规范格式和标准言语套句，为学生扫除行文结构和俄语学术语言表达方面的障碍。

任何一种语言和类型的写作都主要包括语言、结构和内容三个方面（赵永青，孙鑫 2009），由于俄语水平还比较低以及汉语写作习惯（注重语言的优美、修辞的丰富和词藻的华丽）的影响，学生在使用其弱势语言——俄语写作时，就会在语言方面注意得最多，花更多的精力在词汇的选择、语法的正确、句型的运用等方面。通过我们的教材和教学，至少可以帮助学生首先解决语言和结构这两道难题。学生在写作过程当中，只需深入地思考写作的内容，深入地分析语料、论证观点，把考虑成熟的内容安排在规范的结构和格式中，运用规范的标准言语套句，从前只把精力放在语言上而忽略结构和内容的情况定会大有好转，自然也就会大大减轻教师花很多时间和精力修改学生论文的语言和格式规范的负担，而把更多的精力放在指导整个论文的内容阐述、逻辑层次、问题分析、观点论证和得出结论等方面，以便相对轻松地完成多篇本科生论文指导的任务。

三、学生在俄语实用写作方面存在的主要问题

（一）应用文写作的主要难点和存在的问题

根据笔者的阅读、思考和观察，总结出俄语专业大学生在应用文写作方面可能遇到如下困难和问题：

（1）公文交际（деловое общение）虽然是人们日常生活的一部分，无论在中国还是俄罗斯，我们每个人都有可能与官员、商人、合作伙伴、单位领导、银行职员等打交道，但离学生的生活比较远，接触较少，对公文语言的规律和特点几乎不了解，生词多、条条框框多、语句结构与口语完全不同，掌握起来有较大困难，需要花时间和精力去认真学习。

（2）公文交流的主要形式是书面语，比如合同（договор）、便函（служебная записка）、申请书（заявление）、命令（приказ）、指示（инструкция）、报告函（докладная записка）、委托

书（доверенность）、收据（расписка）、自荐申请（резюме）等。虽然公文语言也会在电话交谈、求职面试、机场广播、会议报告中遇到口语形式，但那都不是正式的公文语言。（Муравьева 2005）

（3）在公文交际中参加者都不是具体的个人，他们要么是领导或卜属，要么是订货人或供应商，要么是客户，要么是受委托者，要么是承租者，要么是求职者等等。拟写文件时都不是以个人而是以法人（юридическое лицо）的名义（如组织、企业、集团、公司等）。在任何情况下，公文交际参加者的关系都是正式的，即有距离的，生疏的，即便双方可能是相知相熟的。（Муравьева 2005）

（4）公文的内容一定与权利和义务有关，如委派工作、房屋租赁、提供产品、权利和义务的界定，违规犯法等，而且每份文件只能有一个主题，对内容的陈述需简练具体、清楚明白，不能模棱两可、含糊不清。

（5）公文事务语体的特点决定了公文语言不同于文学、报刊、科学语言和口语，除了首先要正确和符合规范外，它在词汇、词法、语法和句法方面都有自己的特点和使用规律。对学生来说主要难点表现在以下几个方面：

1）公文语言的词汇特点是高度的术语化，常使用法律、经济、政治、外交、科技等方面的术语；常使用表示国家、机构、组织名称的固定缩略词。

2）使用频率最高的是名词，尤其是动名词，名词与动词的比例大约是 7：1，（吕凡等 2000：96）如：**нарушение** трудовой дисциплины (это может быть **опоздание, прогул, явка** на работу в нетрезвом виде и т.д.); **срыв** графика поставок (**задержка** в пути, несвоевременная **отгрузка** товара и т.д.). 常使用成语式固定词组，如 принять во внимание, принять к сведению, поставить на голосование, принимать меры, довести до сведения 等。

3）使用频率较高的词是表示"应该""允许""禁止""权利""责任""义务""委托"等法规意义的词语：обязывать, поручать, постановлять, разрешать, воспрещать, иметь право, нести ответственность, привлекать к ответственности, признавать необходимость, вправе, должен, обязан, необходимо, нужно, следует. （吕凡等 2000：93）如：В случае реорганизации страхователь **обязан** произвести полный расчёт по платежам в бюджет Фонда.

4）经常使用派生前置词构成的名词短语形式。如 исходя из (чего?) имеющейся потребности, в заключение (чего?) отчёта, сообразно (с чем?) с принятым ранее решением, согласно (чему?) приказу ректора, включая (что?) начисления (пени) за непогашенную задолженность, впредь (до чего?) до особого распоряжения 等。

5）大量使用不带感情色彩的固定词组和公文套语（канцеляризмы）вступать в силу, свидетельствовать почтение, иметь место, нанести ущерб, провести оплату, во исполнение постановления, в целях улучшения, за неимением средств, со стороны администрации, по истечении срока, настоящим доводится до Вашего сведения, поставить в известность, присвоить звание, понести наказание, согласились в нижеследующем, договаривающиеся стороны 等。公文中的术语和程序化词语占整个使用词语的 50% 到 70%。（Красивова 2001）这些公文用语都有固

定的格形式，以构筑公文特有的文本骨架，其中文本的段落之间和句子片段之间都是相互制约的，比如套句 Договор вступает в силу со дня подписания 就无法区分句子的谓语和次要成分，因为所有词都粘合成一个语义统一体，不能写完"Договор вступает"就点句号，那样就把谓语"вступает в силу"给分割开了；而从法律和语言学的角度看"Договор вступает в силу"都不是个完整的句子，必须指出从何时开始。可见，公文语言中的有些句子不可分解，起建构和成文作用，在合同、命令、指示及其他文件的开头和结尾经常使用类似的句子。

6）由于公文语言中名词的主导作用，使得动词常用被动态。如：Информация для водителей о введённом пропускном режиме **обеспечивается** соответствующими дорожными знаками. При изъятии пропуска сотрудником ГАИ **делается** запись в путевом листе водителя с указанием номера пропуска и причины его изъятия.

7）在公文书面语中简单句占优势，其功能特点是它们在文件中传达的信息量与复合句相等。达到这一点靠的是句子的长度和句子的语义容量，比如一些变成事件称名的词组可以传达与从句相当的信息，很容易用来替换句子：**При неуплате налога до указанного срока** плательщик лишается права повторно выставлять свою кандидатуру на получение кредита. = **Если налоги не будут уплачены до указанного срока...** 这类比句子短的词组不仅浓缩了信息，而且建构了牢固的表达结构，其中的成素与成素之间相互依赖，就像一个行为，是不可分割和必需的表达成素，如 В случае задержки оплаты..., Для принятия решения..., С целью скорейшего принятия решения 等。（Муравьева 2005）

8）公文书面语中的句子经常是简单扩展句，即包括很多确切成分、补充成分、同位成分、独立成分、被动形动词和副动词短语的合成体。于是，一个句子就可能是一段，有时甚至是一页，特别是在命令、决议和指示等文件中尤其如此。在有些文件中（如机关便函、电报、命令、决议等）整个信函就是一个句子。表格也是特殊结构的句子：主语是固定信息，列于侧旁，而谓语是变化信息，列于纵行，这一点在把书面语转换成口语时需要特别注意。在无人称句和被动结构句中主语的位置由次要成分占据。如：Комиссией устанавливаются ответственность и размеры компенсации за причинённый ущерб.

（6）文本组织的形式逻辑类型由简单句的断句来体现，一般被断开的句子是同等成分，它们经常是被动形动词和副动词短语、从句、插入语的合成体。如：

Посредник своевременно предупреждает Заказчика:

о непригодности или недоброкачественности товара, полученного от Заказчика;

о том, что соблюдение указаний Заказчика в процессе выполнения работ, обусловленных договором, приведёт к порче товара;

о наличии иных, не зависящих от Посредника обстоятельств, грозящих ухудшением качества товара или невозможностью выполнения условий настоящего договора.

（7）公文中的逻辑关系是用插入语来表达的，如 следовательно, таким образом, сверх того, с одной стороны, с другой стороны 等。而联系手段则是靠指示代词和代替文中的称名列表和术语的形动词来表达的：указанный, приведённый, следующий, данный, 等，如：Подрядчик обязан приступить к выполнению работ не позднее трехдневного срока после перечисления оплаты. **Указанный** срок необходим для приобретения материалов по данному заказу.

综上可见，公文语言委实是一种不同于其他语体语言的特殊语言，不能用其他语体类似的表达方式随便代替，而且公文语言的语气一般比较严肃冷漠，不宜在口语中随便使用，以免造成修辞错误。以上这些属于公文事务语体的语言，学生在低年级较少接触，其中有很多不会使用的生僻词语和句式，导致学生理解原文和照例仿写都有一定困难，需要专门学习和掌握。

（二）毕业论文写作的难点和存在的问题

用俄语撰写毕业论文一直是困扰本科生和指导教师的难题，根据多年的教学实践经验，我们发现主要存在以下难点和急需解决的问题：

（1）学生语言表达能力差。目前我们绝大部分学生是中学没有学过俄语的零起点生，俄语之于他们是非常难掌握的外语，比如俄语有太多容易混淆的语法现象，有大量常常出现特例的语法规则，这一切都给从来未接触过俄语的初学者带来极大的困难，导致学生需要花大量时间和精力在语言本身的学习上，这也造成了"我国外语专业教学一直存在着重言语能力训练、轻思维能力培养的倾向"。（文秋芳，刘润清 2006）由于大量削减专业课时，实用写作课由原来的专业必修课变为选修课，大多数学生放弃了这门课的学习，加之本科阶段没机会学到修辞学和逻辑学等方面的相关理论知识，以及母语社会、文化、思维习惯的负迁移，导致俄语学生的逻辑思维能力、科研工作能力和论文写作水平受到严重影响。学生即使强化学习了三年半的俄语，掌握了一些听、说、读、写、译的基本技能，但俄语毕竟还是他们的弱势语言，在没有任何学术论文写作准备的情况下，要求他们用俄语写一篇 5000 字的学术论文，既要符合格式和结构要求，又要符合科学语体规范，委实是项非常困难的任务。这实际上是造成学生畏难心理的重要原因之一。

（2）相关理论知识缺乏。因为俄语对零起点生来说比较难学，不得不把几乎 90% 的课时都分配给语言技能训练课，（郑体武 2008）无暇顾及其他相关知识的学习，造成听、说、读、写、译五大外语技能还没培养好，原有的逻辑思维能力因长期不用而开始退化（跟其他文科学生相比）。同时很多学生还面临二外、三外、双学位、双专业等方面的学习压力，导致学生少有机会接触到语言学、文学、修辞学和逻辑学等方面系统的理论知识，造成学生知识面狭窄，逻辑思维能力欠缺。学生整体反应在写作时缺乏总结概括和逻辑推理方面的知识和能力，表达思想时经常出现整体和局部层次不清、逻辑关系混乱的情况，缺乏深度分析和讨论问题的能力，缺乏严谨的批判性和创造性思维的能力。

（3）不了解学术规范。不知道如何选题、论证、布局和表述。主要原因是我们俄语专业的本科三年级学生没有经过专门的循序渐进的学术写作训练，几乎未涉猎科学语体和年级论文写作，不清楚学术论文写作的总体要求，不知道如何选题、界定研究对象、进行文献综述、运用科学的方法推理论证学术观点、正确使用引文和注脚、准确录入参考文献、得出有说服力的结论等。若不经过专门训练，大部分学生论文的初稿都有牵强附会，东拼西凑，逻辑混乱，层次不清的问题，引文和自述没有界限，看不出哪里是别人的观点，哪里是自己的论述。常见整页都是引文，不标出处的有抄袭嫌疑的片段。

（4）对毕业论文写作的重要性认识不足。临近毕业时，学生大都心浮气躁，为各类考级和考试、实习、投简历、应聘等现实事情而奔波忙碌，正常上课都常常受到影响，留给毕业论文写作的时间和精力可谓少之又少。因此，很多学生就是靠两个星期的论文假突击"写作"，在没有计划，缺乏独立思考，不主动收集资料和大量阅读文献的情况下，再加上不感兴趣的题目等因素影响，突击出来的论文，其质量常常难以令人满意。初稿经常是一堆杂乱无章的材料堆砌，把"作业"留给指导教师，致使导师在时间紧、任务重的情况下，感到焦灼和疲惫。

（5）综述性论文多，批判性和实证性论文[1]少，论文原创性差。虽然原创性是科研追求的目标，但是在短短的几个月时间里，让语言基础还很薄弱、相关理论知识极其贫乏的本科生写出完全原创的论文委实强人所难。所以，总体看综述性的俄语毕业论文相对较多，主要是介绍他人的观点和相关的论述，少数内容为作者的分析和看法，原创性内容较少。

（6）论文创新性相对不足。毕业论文的创新是其价值所在。创新性，一般来说，就是要求不能简单地重复前人的观点，必须有自己的独到见解。毕业论文虽然着眼于对学生科研能力的基本训练，但创造性仍是需着力强调的一项基本要求。然而，受俄语专业和语言水平的限制，俄语专业的学生能把前人研究过的成果消化理解，用自己独立组织的语言阐述清楚已实属不易。如果学生能够独立总结出几条站得住脚、能自圆其说的有一定说服力的结论，就算是比较成功的科研活动了。

以上这些现实问题正是实用写作课程需要解决的问题。要想写好学术性论文不是一件轻而易举的事情，这是由几个不同阶段构成的漫长的创作和酝酿的过程，不经过专门训练很难一举成功。那么老师应该做什么呢？

（三）教师对毕业论文写作提出的要求和建议

（1）首先教师应该做的是提高学生对该课程学习的认知和重视度，感受到写毕业论文的重要性和紧迫性；端正学生写毕业论文的学术态度，警示学生要认真严肃地对待毕业论文的写作，绝不可有应付、对付、侥幸、蒙混过关，甚或抄袭和剽窃他人成果的行为，更不可请人操刀。必须培养学生严肃的学术态度和写作习惯，凭良心和能力踏踏实实做学问的品质，不惧怕查重，避免论文被淘汰或取消答辩资格的情况发生。鼓励学生独立写出自己满意的论文，这将是一个极好的锻炼，对未来的工作和学习都将大有裨益，切望学生用诚实的劳动为自己的学业划上一个圆满的句号。

---

[1] 批判性和实证性论文的原创成分最大，批判性的原创部分是建立在对相关理论的批判之上，它所提出的新见解必须论据充分，条理清晰，逻辑性强；而实证性论文一般是根据以往研究中出现的不足提出一个新见解并加以证明，包括：1）分析性／推理性实证：将论点建立在语言事实及其分析上，重语言事实及分析工具；2）实验性实证：根据以往研究的不足提出新的观点或假设，设计试验方法，控制相关变量，收集有效数据并加以分析，并用数据分析的结果来证明文章提出的假设；3）调查性实证：它是根据以往研究引出的问题设计的调查问卷，探索调查对象在某方面表现出的规律性特征，其中调查性实证又可分为定性与定量两类。实证研究是通过复杂的论证过程、实验过程、数据分析来证明一个直觉性的结论。（曹瑞青 http://www.studa.net/zhidao/090505/15531320.html）类似的论文需要花费很大的人力物力，本科生一般难以胜任。

（2）强调论文选题的重要性，必须用心斟酌选定，因为论文题目是一篇论文给出的涉及论文范围与水平的第一个重要信息，是论文的主旨，题目选好了，论文就几乎成功了一半，题目选不好，恐怕要功亏一篑。要求学生认真阅读并参考《学生手册》中各主要专业方向类别论文的选题范围和要求。选题需要遵守的原则是：

1）价值性：选题要有科研价值、有现实意义；

2）针对性：选题应跟自己所学专业和课程紧密结合；

3）可行性：选题要符合个人兴趣和能力，考虑资料占有条件和指导教师的条件；

4）实用性：能跟未来的工作或继续学习紧密相联；

5）可操作性：题目要具体，所谓的具体就是题目中限定词越多越具体，不可太抽象，太宽泛，选题宜小不宜大，最好从小处着手，以小见大，深入发掘，并有所创新。

（3）建议学生在动笔之前尽可能多地收集与自己题目相关的参考文献以及所要分析的数据或语料；认真检查和阅读所引用的术语或观点，必须使其内容契合主题，不能逻辑混乱、语无伦次。

（4）在论文写作的语言上要求学生必须准确、客观、严谨、规范、统一、流畅，学会使用教材中给出的各种标准言语结构套句，保证文法正确，标点恰当、准确。

（5）为拓宽学生的研究领域和视野，建议写语言文学方向的学生广泛浏览和阅读近年来发表在各类期刊和学术权威刊物上的文章，如《中国俄语教学》《外语学刊》《俄罗斯语言文学研究》（电子期刊）、《外语与外语教学》、《中国外语》、《外国语》、《现代外语》、《外语界》、《俄罗斯文艺》等杂志，以便了解目前学术前沿和科研的最新动态，获得一定的灵感和启发，同时弄清楚自己所感兴趣的领域及该领域的研究现状。

（6）反复向学生强调科学态度和学术道德问题，要求学生坚决不能抄袭，所有引文必须标明出处。学会区别直接引用与间接引用、一手资料和二手资料。一手材料要公正，要反复核实，要去掉个人的好恶和想当然的推想，保留其客观的真实。二手材料要究根问底，查明原始出处，并深领其意，不得断章取义，转引的二手资料也必须标明出处。

（7）学生可以模仿相关重要文献的格式、行文方式，模仿国内外著名学者的论证方式、研究方法等，但要尽量追求论义写作的原创性。

（8）鼓励学术创新，即要求学生对前人已做出的结论不盲从，而要善于独立思考，敢于提出自己的独立见解，敢于否定那些陈旧过时的结论，既要会继承前人的成果，又要会批判和发展。对毕业论文创造性的具体要求要做正确的理解，它可以表现为在前人没有探索过的新领域，前人没有做过的新题目上做出成果；也可以表现为在前人成果的基础上作进一步的研究，有新的发现或提出新的看法，形成一家之言；也可以表现为从一个新的角度，把已有的材料或观点重新加以概括和表述。哪怕只是提出某种新现象、新问题，能引起人们的注意和思考，也不失为一种创新。学生创新可从以下几个方面入手：

1）所提出的问题在本专业学科领域内有一定的理论价值或实际意义，并通过独立研究，提出自己一定的认识和看法；

2）虽然是别人已经研究过的问题，但作者可采取新的论证角度或新的实验方法，所得出的结论在一定程度上能够给人以启发；

3）能够以有力而周密的分析，澄清在某一问题上的混乱看法，虽然没有更新的见解，但能够为别人再研究这一问题时提供一些必要的条件和方法；

4）用较新的理论和方法为实际问题的解决提供新的思路和数据等；

5）用相关学科的理论较好地提出并在一定程度上解决本学科中的问题；

6）用新发现的材料（数据、事实、史实、观察所得等）来证明已证明过的观点。[1]

最关键的是要让学生不畏惧创新。

四、俄语实用写作课的教学方法和预期目标

（一）教学思路、方法和步骤

根据上文列举的主要难点和问题，笔者认为，我们的课程应该主要采取任务教学法，基本步骤如下：

（1）课前预备。由于所要学习的语言材料是学生比较陌生的领域，词汇、句法结构和语义都相对难懂，一些生词和固定用法必须借助词典才能明白，所以每次作业除了书上的练习外，教师要根据教学大纲和教材内容提前布置学习任务，让学生课前预习教材上的内容，以免上课时一头雾水。尤其在学习毕业论文写作之初就要让学生进入思考、准备和酝酿选题的状态，在课程结束时就应该选好导师并敲定题目，院学术委员会审查通过后，学生就可以利用寒假开始制定写作计划和提纲、查找资料、阅读文献、收集语料、按规范做引文摘抄、按要求整理排列参考文献，练习快速盲打俄语，为顺利进入正式写作做好各项准备。

（2）课堂活动。课上教师通过展示 PPT 对相关题目的主要内容做简单讲解并解答学生的疑问；学生通过小组合作相互检查对例句和范文的理解，之后仿例造句或仿写某一片段，各小组轮流派代表制作 PPT 并负责演示自己的成果；根据相关题目选做书上练习；布置课后口头、笔头和下次课需要展示的作业。

（3）自主学习。很多应用文都有时效性，教材上的一些文本有的已经过时，要求学生到网络上搜集与题目相关的更新的应用文样本或学术论文范文的片段，并根据所学的语体知识对文本进行语言特点、使用的标准言语套句、结构布局和逻辑层次等方面的分析，以巩固所学的语体知识。

（4）积极展示。让学生把独立或集体完成的作业在课堂上进行展示并与同学互动，以增加学生的学习积极性和展示个性的意愿。

（5）团队合作。把班级按人数分成小组，部分书面作业由小组合作完成，先共同商讨主题内容和结构，然后轮流执笔和检查，以增强团队合作精神。

（6）课后要求。每次课后学生以小组形式按照要求完成所布置的任务，书面作业都要按期在 Blackboard 平台上提交，教师批改后根据作业情况给出成绩，对写得不好的同学，在他们按

1　以上观点参见网址 http://lunwen.24en.com/zhidao/2006-03-17/8755.html.

照修改要求重新完成后再给出成绩。对普遍的共性错误教师需在课堂上统一讲评。

（7）提交长作业。在学习毕业论文写作时，给学生留两篇内容相似的论文，预留三周时间完成，在期末考试前提交到 Blackboard 平台，占总成绩的 20%。

（8）期末考核。在考试周以开卷的形式（即可使用教材和词典），翻译一篇公文，仿写两篇公文和根据所提供的文章内容撰写一篇概要型文献综述，占总成绩的 70%。

（二）预期达到的教学目标

通过以上手段的教学，学生在课程结束后应该达到以下学习目标：

（1）了解科学语体的基本知识，提高公文和学术语言水平。在教材里我们大量列举了应用文和学术论文中经常使用的标准言语套句，学习过程中我们要求学生在阅读范文时注意常见标准言语套句的用法，诸如带动词和被动形动词短尾的被动结构，带描写述谓的结构等口语中少用的表达方式。

（2）掌握科学研究需要遵循的主要逻辑规则，比如研究题目的选择（выбор темы исследования）、研究的对象的阐明（выявление предмета исследования）、选题现实意义的论证（обоснование его актуальности）、研究过程的描写（описание процесса исследования）、分析方法的选择（выбор метода анализа）、对成果的讨论（обсуждение результатов）、结论的形成（формулирование выводов）。选好题目是重要的第一步，学生应该尽量独立地选择自己感兴趣的、有现实意义简单易懂的且符合俄语语言文学专业主要内容的题目。论文题目不能离自己的专业太远，不能过于抽象和过于宽泛，越具体越利于限定范围和收集材料，越能做到细致入微的描写。如果毕业论文题目选得好、有研究前景，那些致力学术研究的同学可以在研究生阶段将之补充扩展升华为硕士或博士论文，使自己的研究有较好的传承性。

（3）灵活运用标准言语套句撰写读书报告、年级论文、毕业论文和硕士论文（магистерская диссертация）。

（4）学会搜集和录入参考文献，一般毕业论文要求不少于 10 本必要的参考书目，录入信息按照作者姓氏的字母顺序排列，应包括作者姓名、书名、出版年代、出版城市、出版社和文献识别码，如果是杂志或析出文献，则需要录入具体页码。

（5）学会在文中注明引文出处，通常的格式是（作者姓名 出版年代：页码），在需要特殊解释时也可使用脚注。

（6）学会按固定要求设计、排版和装订整个论文，完整的论文应包括：封面、扉页（титульный лист）、中俄文论文摘要（注明关键词）、论文目录（оглавление）、前言（введение）、主体部分（至少三章）、结束语（заключение）和参考文献（литература），如果需要可加附录（приложение）。最后定稿的论文应该没有语法、书写和打印错误，逻辑通顺，层次清晰，引文出处准确，语言通顺，符合学术规范，没有修辞语体错误。

（三）毕业论文各组成部分的具体要求

（1）论文的前言应该包括以下几大要素：1）选题动机和研究背景；2）选题的研究对象和

范围；3）研究的现实意义；4）学术新义（научная новизна）；5）研究目的和为实现这些目的需要完成的主要任务；6）研究方法；7）论文的理论价值（практическая ценность）和实际意义（практическая значимость）；8）对论文结构（структура работы）的简述。

（2）论文的主体部分要将论文的题目深入展开，正文必须切题并内容充实，主题明确，论点明确，旁征博引、多方佐证，论据翔实可靠，论证严密有力，材料充分；论文要布局合理，结构严谨、层次分明、脉络清晰，语篇连贯，总论点和分论点之间要有紧密的逻辑联系，每一逻辑段落应冠以适当的标题。要想使论证严密，富有逻辑性，必须让学生掌握分析、比较、综合、抽象、概括、归类等形式逻辑思维能力，教给学生使用俄语表达逻辑联系的语言手段和写作规范。使引言中列举的任务逐一得到解决，以达到预期的目的。一般情况下，主体部分按章和节写，至少应该有三章，而且三章的篇幅基本相当。好的论文不应该只是单纯地转述参考书上的东西，作者应该在比较和分析已有的观点、引用前辈的思想的基础上，努力在每个章节后独立地做出小结，以便在结束语中进一步归纳总结主要结论。

（3）结束语需对全文做出总结，归纳论证的要点，独立得出主要结论，指出研究的局限性和未来继续深入研究的潜力和可能性。

（4）论文中引用的文献必须按规范格式排列在参考文献中，文献资料的来源可以是多方面多渠道的，既可以是国内的期刊、书籍，也可以是俄语专著、文章或学位论文，同时还可以去网上搜索获得自己所需要的最新资料。

五、结　语

经过十几年的教学实践，不敢说学生的应用文和毕业论文写作情况有了多么显著的提高，但我们采取的一些应对措施还是起到了很大的督促和引导作用。我们让学生意识到，这两项写作技能是展示他们学习能力和研究能力的重要途径之一。公文和毕业论文无论在内容还是形式上都有严格的要求，必须注意语体样式的明确性和规范性，不能随意使用其他语体代替，一定要避免语言和语言上的修辞错误。

希望这门写作课能让学生真正受益，使所学到的知识和技能在各种考核、考试、实习和应聘中得到应用，帮助学生顺利完成毕业论文的写作和答辩，为大学学业画上圆满的句号。

参考文献

1. 曹瑞青. 论如何写好毕业论文-道客巴巴 [J/OL]. http://www.doc88.com/p-89122125712.html .

2. 高等学校外语专业教学指导委员会俄语组. 高等学校俄语专业教学大纲 [Z]. 北京：外语教学与研究出版社，2003.

3. 郭淑芬. 俄语实用写作教程 [M]. 北京：外语教学与研究出版社，2009.

4. 教育部高教司，北京市教委. 高等学校毕业设计（论文）指导手册. 外语卷 [Z]. 北京：高等教育出版社，经济日报出版社，2001.

5. 吕凡，宋正昆，徐仲历. 俄语修辞学 [M]. 北京：外语教学与研究出版社，2000.

6. 穆凤英. 英语专业本科生毕业论文的调查与思考 [J]. 徐州师范大学学报（哲学社会科学版），2001(4)：138—142.

7. 入世与外语专业教育课题组. 关于高等外语专业教育体制与教学模式改革的几点思考（一）[J]. 外语界，2001(5)：9—15.

8. 孙文抗. 英语专业学士论文写作现状分析 [J]. 外语界，2004(3)：59—64.

9. 文秋芳，刘润清. 从英语议论文分析大学生抽象思维特点 [J]. 外国语，2006(2)：49—58.

10. 薛媛. 英语议论文写作中 because 因果关系结构中的逻辑推理缺陷分析 [J]. 外语教学，2009(3)：57—62.

11. 赵永青，孙鑫. 英语写作过程中注意的分布和意识程度的研究 [J]. 外语与外语教学，2009(1)：32—36.

12. 郑体武. 俄语专业的翻译教学：问题与对策 [J]. 中国俄语教学，2008(2)：3—33.

13. Красивова А.Н. Деловой русский язык: Учебно-практическое пособие [M]. М.: 2001. https://www.gumer.info/bibliotek_Buks/Linguist/krasiv/02.php.

14. Муравьева Н.В. Привила и исключения делового языка[J]. Русская речь. 2005 № 1, С.69-72.

15. Муравьева Н.В. Как устроен деловой текст[J]. Русская речь. 2005 № 6, С.48-50.

外语教学与第二语言个性

李向东

§ **摘　要：** 本文以语言个性理论的基本观点为指导，探讨如何在对外俄语教学中帮助学生在语言意识中建构俄语词语——联想网，将俄语语言个性的常量内容，特别是共同的俄罗斯语言类型的基本特征植入词汇教学实践，以实现外语教学的最终目标——培养具有跨语言跨文化交际能力的"第二语言个性"。

§ **关键词：** 外语教学　语言个性　常量　俄语词语——联想网　第二语言个性

一、俄语语言个性与常量特征

1987 年问世的《Русский язык и языковая личность》（М., Наука, 1987）是俄罗斯学者卡劳洛夫（Ю.Н. Караулов）创立的语言个性理论的奠基之作。"语言个性指决定一个人生成、理解言语作品（话语）的能力与特征的总和，其言语作品（话语）在语言结构的繁减程度、反映现实的深浅程度、目的意向上有所区别"。（Караулов 1989：3）

语言个性由三个层级构成：1）言语语义层（вербально-семантический уровень），即语言主体——人对自然语言的一般掌握；2）认知层（когнитивный уровень），即语言世界图景；3）语用层（прагматический уровень），即言语行为的目的、动机、兴趣、意向等。三个层级涵盖了语言个性在掌握语言、理解语言、使用语言过程中的能力和特征总和。

每个语言个性都是独一无二的，在语言知识、认知空间和语言运用方面有各自的特点。与此同时，"语言个性是一种深刻的民族现象"。（Караулов 1987：48）共同的历史根源、民族文化传统和社会主流意识形态决定了语言个性与民族性格之间有着深层次的一致性，语言个性结构中存在民族共有的成分——常量（инвариант）。常量体现在语言个性结构的每个层级，在语言个性中具有普遍意义，占据核心地位，决定了语言个性的民族归属。

体现俄语语言个性（русская языковая личность）常量的特征是什么呢？基于俄语材料，卡劳洛夫研究俄语语言个性的常量。（Караулов 1987：39—48）在言语语义层级上，常量表现为共同的俄罗斯语言类型（общерусский языковой тип），其基本单位是词汇，词汇之间通过聚合关系、组合关系相关联，定型组合为常见的、标准的词组、套话，它们决定了词语——语义联想网（ассоциативно-вербальная сеть）中标准的、固定的部分。在认知层级上，俄语语言个性常量的单位是概念、观念、思想；单位之间的关系构成变化的、多层级的语义场，定型组合多为定义、至理名言、成语、谚语、俗语，它们构成了俄罗斯人世界图景的基础部分。在语用层级上，常量的单位是交际活动需求，单位关系表现为由交际范围、交际情景、交际角色构成的交际网，定型组合包括先例文本、经典艺术作品。先例文本具有如下特征：1）对某一语言个性的认知与情感具有特定的意义；2）具有超个性特征，即为该语言个性的大众（包括前人及同代人）所共知；3）在该语言个性的话语中多次复现的文本。（Караулов 1987：216—217）先例文本构成语言个性语用层的常量部分，对语言个性认识、评判事物和现象具有指导意义。

下面，我们以《联想规范辞典》（«Словарь ассоциативных норм русского языка»）中的"лес"（森林）一词为例，（Леонтьев 1977：113）说明在语言个性语言意识中语汇的存储方式以及它与语言个性各层级的关系。（李向东 2015：101—102）

刺激词 лес 与它所引发的反应词之间存在多样的关系。1）从结构形式上可分为：组合关系，如 лес – дремучий（茂密的），лес – наше богатство（我们的财富）；聚合关系，如 чаща（密林），луг（草地）。2）从意义上可分为：语义关系、语法关系、专题情景关系、评价——语用关系。其中，语义关系包括同义、反义、上下义关系等，如 бор（针叶林），чаща（密林），дубрава（阔叶林），луг（草地），тундра（冰原，冻土带），ель（云杉），дуб（橡树），деревья（树）；语法关系，如 лес – вырублен（被砍伐），лес – шумел（发出响声）；专题情景关系反映对世界的认识，包括专题关系，如 ягода（浆果），грибы（蘑菇），болото（沼泽），тропинка（小路），поляна（林中旷地）；形象情景关系，如 река（河流），отдых（休息），палатка（帐篷），тишина（宁静），прогулка（散步）；反映世界观的固定套语，如：Леса рубят – щепки летят.（伐树时总有碎木飞溅。说明"做大事情难免会有失误"。）Берегите лес.（爱护森林）；评价　　语用关系或是显现的，如 прохладно и ягоды（凉爽，有浆果），люблю（喜爱），прелесть（美妙），отдыхать хорошо（休息好），或是隐性的，暗含对先例现象的诉求，如：

лес – Венский［源自著名的华尔兹舞曲《维也纳森林的故事》（*G'schichten aus dem wienerwald, Walzer op*）］

лес – русский［源自俄罗斯作家列昂诺夫（Л.М. Леонов）的长篇小说《俄罗斯森林》（«Русский лес»）］

лес – Островского［源自奥斯特洛夫斯基（А.Н. Островский）的喜剧《森林》（«Лес»）］

лес – Шишкин［希什金（И.И. Шишкин）是以描绘森林著称的俄罗斯画家，"Шишкин лес"是俄罗斯电台一档著名的儿童电视节目］

上述例子说明：

1）语言承载的知识作为"现实的反映"的成果，以词语——联想网的形式存在于人的语言意识中，语言符号的组合体和聚合体呈现了语言体系的组合关系和聚合关系，对言语的生成与理解具有支配作用。

2）由刺激词引发的高频反应词反映了语言个性词语——联想网中标准的、固定的部分，属于语言个性的常量内容，蕴含着某一民族共同的语言类型特征。

3）语言个性的言语——语义层、认知层、语用层的同层级单位之间、各层级单位之间相互交织、相互交融、相互作用。

语言个性理论拓展了语言教学法的研究视野，对外语教学实践具有重要的方法论意义和实践意义：1）它指出了外语教学的培养目标。语言个性是体现在语言掌握、语言理解和语言运用过程中的广义的语言能力。从语言个性理论出发，外语教学的目的不仅仅是语言知识的掌握，还包括语言理解和语言运用，"认知"和"语用"两个层级对塑造语言个性来说是必须的、必要的，对交际而言甚至是更为重要的；（Прохоров 1997：59）2）明确了外语教学的基础内容。既然语言个性中的常量集中了一个民族核心、稳定、基本的部分，无疑，应该成为外语教学实践中讲授和训练的基础和重点。

二、外语教学中建构以俄语语言个性常量为主体的俄语词语——联想网

外语教学实践中，学生记不住词、用错词、说不出完整句子、表达不地道是常见现象。词汇是外语实践课教学的基本单位。如果名词的讲授类似《详解辞典》的释义，动词、前置词的讲授以语法关系为主，那么在学生的语言意识中词汇大多是孤立存在的，缺少与相关语言单位应有的联想关系；学生往往只知词义而不会使用词汇或使用不当；生成的话语是词的堆砌；对话语的理解停留在表面而不解其深层含义，或者感受不到其中的评价和情感色彩等等。这是俄语教学中普遍存在的问题。在我们看来，问题的症结在于对语言个性的本质和能力缺乏深刻的理解，忽略了词语——联想网对语言掌握的作用和意义，语言教学过程缺少了一些应有的、必要的环节。

在对外俄语教学实践中，采取什么途径可以落实语言个性理论的原则和方法，将语言个性的常量融入课堂，最终使中国学生掌握具有俄语语言个性民族特征的知识和技能呢？

我们认为，帮助学生建构以俄语语言个性常量为主体的俄语词语——联想网是解决这个问题的有效途径。为此，我们确定了以下基本原则：1）以俄语言语中的积极语汇和句式为主要语言点；2）着重语言点惯常使用的意义和用法；3）精心挑选例句，尽可能地反映俄语言语的定型组合；4）以语言点或关键词为中心，利用语义、语法、修辞等关联，建立词语联想网。

举例说明。动词 страдать / пострадать 是积极词汇，也是多义词。我们不主张在课堂上把该词汇的所有意义一一罗列出来，而应把重点放在该词在言语中的常见意义和用法上。

1) (без доп., от чего) испытывать физическую или нравственную боль, мучение, подвергаться чему-н. неприятному, терпеть ущерб, урон.

　　Например：

　　a. Мы готовы радоваться и страдать наравне со всеми остальными.

　　б. В район, пострадавший от землетрясения, срочно отправлена медбригада.

2) (чем) иметь какую-н. болезнь, несовершенство, быть не на должном уровне.

　　Например：

　　~ головной болью, ~ бессонницей, ~ бюрократизмом

　　в. Его мнения страдают крайностями.

　　г. Доклад страдает отсутствием конкретных примеров.

例句的挑选很重要。生词过多、句子过长、语境信息不完整的例句不能称之为合格例句，而带有惯常搭配的词组、套话的例句是我们的优先选择，因为这包含俄语语言个性的常量信息，有助于提高学生语感、学会地道的俄语，避免或减少"中国式俄语"（китаизмы）的出现。

通常我们从俄罗斯国家语料库网站 Национальный корпус русского языка 中挑选典型例句。比如例句 а 的被选是因为 радоваться и страдать（快乐与痛苦）是具有反义关系的一对词，готовы радоваться и страдать наравне с кем（与谁同甘共苦）是言语中的定型组合。例句 б 的被选是因为 район, пострадавший от чего（受灾地区）是俄语的固定搭配。

在俄语教学过程中，特别是词汇教学，可以采取多种手段构建词语——联想网并植入共同的俄罗斯语言类型的基本特征：（李向东 2011）

1. 惯常搭配训练

比如，требование（要求）一词，可以设计这样的组合关系网：

предъявлять – предъявить требование 提出要求

выполнять – выполнить требование 完成要求

удовлетворять – удовлетворить требование 满足要求

отвечать требованию 符合要求

соблюдать требование 遵守要求

какое требование 什么要求 (техническое, обязательное требование, общее требование)

требование к кому-чему 对……的要求（~ к себе, к выпускникам, к поступающим в вузы, к точности ... ）

требование чего 谁（什么）的要求（~ жюри, жизни ... ）

2. 同根词训练

普通高等教育"十一五"国家级规划教材《"东方"大学俄语（新版）学生用书》第六册"Современная молодёжь"专题的课文里出现了 ценить, оценивать, ценность, ценностный 等词汇，为此我们设计了下面的练习，帮助学生辨别和区分词义。

ценить, оценивать/оценить, ценность, ценностный, цена, ценный

1）В современном российском обществе постепенно формируется новая _____ система.

2）В каждом обществе существуют свои _____.

3）Современная молодёжь высоко _____ свободу.

4）Что ты считаешь для себя самым _____?

5）Что вы _____ больше всего в людях?

6）Как старшее поколение _____ современную молодёжь?

7）Ваше внимание очень _____ для меня.

8）Общество может заплатить высокую _____ за невнимание к проблемам молодёжи.

9）Эта диссертация имеет большую научную _____.

10）Просто мы всегда стараемся сохранить те главные _____, которым нас научили и которые теперь мы передаём следующим поколениям.

3. 同义词（或近义词）辨析

受母语干扰，被学生们看似同义的词汇，实则在语义、修辞、搭配、使用场合等有所不同。这个训练帮助学生在言语运用中避免张冠李戴。比如：

прав/права/правы 与 правильный 虽都指"正确"，但指称对象不同：前者指某人的观点正确；后者指行为的正确。

воспитание 与 просвещение，образование 虽都表示"教育"，但外延不同：воспитание 品德教育，просвещение 学校教育和社会教育，образование 系统的知识教育。

избрание 与 выборы 都有"选举"之意，差异在于搭配：前者必须与二格形式的扩展名词搭配使用，如 избрание кого-чего кем-чем（选举某人作为……）。后者既可以与地点意义的扩展词搭配使用，也可以无扩展词，如 выборы в парламент（议会选举）；Сегодня день выборов.（今天是选举日。）

хлебосольство 与 гостеприимство 的"好客"之意差异在于由文化伴随意义导致的外延不同：前者专指俄罗斯人的慷慨款待，后者泛指好客。

в конце концов，в конечном счёте，в итоге 所表示的"最后""最终"与 наконец 的"终于"的差异在于使用场合：前者单纯指事情发展的结果；后者带有说话人期待的结果。

4. 形近词辨析

形相近且有共性意义的词往往是教学中的盲点、外语学习的难点，学生在使用过程中容易混淆。可以采取释义和选词填空形式进行形近词训练：

терпение 忍耐力　　терпимость 容忍

Терпение（忍耐力）– способность терпеть (боль, неудобства) или долго, настойчиво что-то делать.

Терпимость（容忍）– способность мириться с кем-либо, чем-либо, относиться снисходительно.

1) Ещё в XVIII веке иностранные путешественники больше всего удивлялись ... русских людей. 2) Работа с архивными документами требует ... 3) Он всегда отличался ... к чужим недостаткам. 4) Меня поражает его ... – по нескольку раз он объясняет ученикам одно и то же. 5) ... к национальным привычкам и обычаям – необходимое условие жизни в многонациональном государстве.

5. 反义词训练

该训练帮助学生有效地辨别词义、丰富词语网。例如：

сторонник（支持者）≠ противник（反对者）

сходные（同样的）≠ противоположные（相反的）мнения（观点）

обоснованное（有根据）≠ необоснованное（无根据的）мнение（观点）

справедливое（公正的、正确的）≠ ошибочное（错误的），ложное（不符合实际的）мнение（观点）

объективное（客观的）≠ субъективное（主观的）мнение（观点）

положительное（正面的）≠ отрицательное（反面的）мнение（观点）

личное（个人的），собственное（自己的）≠ общепринятое（公认的）мнение（观点）

6. 同义表达训练

不少学生学习俄语，从大学一年级到四年级，只学会用一或两种形式表达某意义，语言贫乏。同义表达训练可以丰富语言手段，提高语言修养。通过下列练习，学生可以学会并积累"观点、立场"的多种表达方式：

иметь（持有） свое мнение（自己的观点），свою точку зрения（自己的观点），свою позицию（自己的立场），свои взгляды（自己的观点），свои убеждения（自己的见解），свои принципы（自己的原则）

стоять（站在） на позиции (чего)/на (какой) позиции（某立场）

придерживаться（坚持）мнения, точки зрения（观点）

7. 专题语汇整理

该训练有助于学生积累相关语汇，建立联想词语网，就某一专题展开较为丰富的表达。

比如，在讲授《"东方"大学俄语（新版）学生用书》第六册环保专题时，给学生提出的学习任务之一就是要求他们最后搜集、整理专题语汇，按照环境的现状、环保问题、污染源与后果、政府的举措、个人的行为、能源等称名分类。

再如，婚姻专题的语汇练习：

брачные отношения 婚姻关系

любовные отношения 情爱关系

гендерные отношения 性别关系

супружеские отношения 夫妻关系

гражданский брак 试婚

официальный/зарегистрированный брак 正式 / 办理登记手续的婚姻

первый брак 初婚

повторный брак 再婚

вступить в брак (по любви, по расчету, в спешке, необдуманно) 结婚（因为爱情、因为贪图利益、匆忙、未经深思熟虑）

создать семью 创造家庭

жениться 结婚

выйти замуж 出嫁

состоять/жить/пребывать в браке 已婚

играть свадьбу 举办婚礼

устроить медовый месяц 度蜜月

завести детей 生孩子

«Третий лишний» 第三者

ревновать и подозревать в измене 嫉妒和怀疑出轨

развод 离婚（动名词）

разводиться развестись 离婚（动词）

8. 反映俄罗斯民族心态文化的套语训练

教学中适时地提供与某一词汇或句法结构相关的固定套语（包括谚语、俗语），是了解俄罗斯民族心智的自然而有效的方式。比如带有动物名词的比较短语：

упрямый как осел (козел) 像驴（山羊）一样倔

глупый как осел 像驴一样蠢

грязный как свинья 像猪一样脏

голодный как волк 像狼一样饿

трусливый как заяц 像兔子一样胆小

хитрый как лиса 像狐狸一样狡猾

неуклюжий как медведь 像熊一样蠢笨

молчаливый как рыба 像鱼一样沉默

здоровый как бык 像牛一样壮实

задиристый как петух 像公鸡一样好斗

усталый как собака 累得像狗一样

9. 先例现象的言语训练

《"东方"大学俄语（新版）学生用书》第六册的《Русский фольклор》专题由俗谚语、民间故事、谜语三个部分组成。俄罗斯民间故事的特点之一就是其中的一些故事人物会在不同的故事中重复出现，而且保持基本的特点和性格。《Царевна лягушка》（青蛙公主）里的主人公伊万（Иван）和华西里莎（Василиса）就是正面人物的典型代表。伊万英俊、崇高、勇敢、强壮、善良、聪慧、有洞察力，承载了俄罗斯民族对完美的男性形象的评价；华西里莎集中体现了俄罗斯民族对美好女性的评价：美丽、善良、温柔、聪明智慧。而 Кащей Бессмертный 和 Баба Яга 是俄罗斯民间故事中具有定型形象的反面人物代表。Кащей Бессмертный 的先例性特征包括：1）外表瘦如柴；2）在必死无疑的情况下依旧能存活下来。Баба Яга 的先例性特征包括：1）外表又老又丑；2）凶恶，掌握妖法的秘密。上述人物形象在俄罗斯人的认知和情感活动中逐渐定型，成为先例名，属于俄语语言个性语用层的常量内容。先例现象知识的学习、掌握和积累对学生了解语言个性的交际需要和目的至关重要。教学过程中我们通过例句说明先例现象在现代俄语中的意义和使用特点。如：

Стоит только женщине прийти в политику, как она тут же из Василисы Прекрасной превратится в Бабу Ягу.

说话人通过 Баба Яга 和 Василиса Премудрая 的鲜明对照，表达对女人从政的否定态度。

– Да, удивительная дочка у нашего генерала: и красива, и умна. Ну прямо Василиса Прекрасная!

说话人借用 Василиса Премудрая 先例名，强调将军女儿的美貌和聪颖，表达赞美之情。

建构词语——联想网的意义和作用是多方面的。孤立掌握、没有关系的词汇犹如一盘散沙，很容易被遗忘；网中的词汇处于与其他词汇的各种关系中，词汇不会轻易遗忘，词义的理解和使用更加准确。建构词语——联想网也是新、旧知识相融合、学习新词与巩固旧词同步进行的过程。最为重要的是有助于学习、掌握俄语语言个性中的常量内容，进而获得对俄语语言个性民族特征的了解。此外，这可以培养学生搭建知识框架的学习习惯。所以建构词语——联想网对外语学习者而言是事半功倍的学习策略。当然，这样的外语实践教学对教材编写者和授课教师提出了更多、更高的要求。

三、第二语言个性的塑造

语言教育的结果是形成语言个性，外语教学的最终目的是培养具有跨语言跨文化交际能力的"第二语言个性"。"第二语言个性"的概念是俄罗斯学者哈列耶娃（И.И. Халеева）提出的，该概念衍生于语言个性理论。哈列耶娃在《外语理解的教学理论基础》(«Основы теории обучения пониманию иноязычной речи (подготовка преводчиков)», Москва, 1989.) 一书中探讨了第二语言个性的培养问题。她认为，第二语言个性是跨文化交际特有的产物。在交际过程中，第一语言个性与第二语言个性在言语语义层、认知层、语用层三个层级相互交织、相互作用，或冲突或接近。最初，外语言语语义层的词汇——语义联想网的交织不可避免地会遭遇母语的干扰。在熟练地掌握了外语词汇、词汇的聚合关系和组合关系，并善于运用各类标准的词组、套话后，第二语言个性开始由外部言语（внешняя речь）进入内部言语（внутренняя речь），进入个性的认知层和语用层，去判断、理解另一种语言个性的语义和语用特征，从而进入新的"世界图景"，学会用另一种语言思考。在认知层，需要知晓一定的基本概念、思想、观念词和先例现象。语用层级是最难达到的，第一语言个性与第二语言个性所处的民族和社会背景不同，有时充当的交际角色是不相符的。在交际角色的转换过程中，第一语言个性与第二语言个性相互作用，在错综复杂的关系中第二语言个性逐渐形成，第一语言个性也在一定程度上发生变化。

参考文献

1. 李向东. 当代俄罗斯语言与文化研究 [M]. 北京大学出版社，2015.

2. 李向东. 语言个性理论与外语教学实践 [J]. 中国俄语教学，2011(2).

3. Караулов Ю. Н. Русский язык и языковая личность[M]. Москва, Наука, 1987.

4. Леонтьев А. А (ред.) Словарь ассоциативных норм русского языка[Z]. Москва, Издательство Московского университета, 1977.

5. Прохоров Ю. Е. Национальные социокультурные стереотипы речевого общения и их роль в обучении русскому языку иностранцев[М]. Москва, Издательство ИКАР, 1997.

6. Халеева И. И. Основы теории обучения пониманию иноязычной речи (подготовка преводчиков)[М]. Москва, 1989.

大学生俄语学习去动机研究

冯　帆　李向东

§ **摘　要：** 本文以北京外国语大学 275 名俄语专业本科生为研究对象，探究俄语学习去动机现状。研究表明，自信心受损、对就业信心不足是导致学习者学习动机衰退的主要原因；学习者的年级、出国经历、是否"高起点"等个人因素与学习动机衰退有显著关联；对本专业的负面态度、对目标语和语言对象国的负面态度、社交娱乐因素是与学习者努力程度相关性较大的去动机因子。

§ **关键词：** 俄语学习　去动机　调查问卷

一、引　言

　　学习动机（motivation）是影响外语学习的主要因素之一。（Skehan 1989）随着动机研究逐步进入深层思考和实证研究阶段，国内外学者"不可避免地关注到外语教育情境下的另一个显著现象——学习动机的衰退"。（周慈波，王文斌 2012：48）外语学习动机的衰退即二语去动机（demotivation），指在外语学习中普遍存在的学习者由于某种原因失去原有学习动机的现象。去动机相关研究始于 20 世纪 90 年代初，戈勒姆（Gorham J.）和克里斯托费尔（Christophel D.M.）曾于 1992 年开展了有关"教师课堂不当行为影响学习者动机"的实验，从情境、结构和教师三大层面探索学习者的动机因素和负动机诱因。德尔涅伊（Dörnyei）访谈了 50 名学习英语或德语的匈牙利中学生，归纳出九类去动机影响因子，这一研究成果成为后人进一步开展研究强有力的理论基础。（2001）

　　近年来，去动机研究逐步成为二语习得的研究热点，我国研究者多致力于探究导致动机衰退的因素及后果，如梁良对大学英语课堂进行研究调查，发现教师因素在所有去动机因子中占比最高；（2008）周慈波、王文斌归纳出导致中国本科生外语学习动机衰退的五类去动机因子；（2012）孙云梅、雷蕾发现，英语学习成绩与教师因素影响造成的动机衰退程度呈显著负相关；（2013）刘鹏辉总结出三大类英语学习去动机因素，发现去动机因素与专业、性别之间存在重要的相关性。（2016）

　　目前，我国二语学习去动机的研究对象主要是英语学习者，较少涉及其他语种，俄语学习去动机研究属于空白。近年来，随着"一带一路"倡议的提出，我国与多个俄语国家在政治、经济、文化等领域的交往不断扩大，国家对俄语人才的需求不断增加，国内各大高校俄语专业的招生规模也逐年扩大。因此，有必要对俄语学习者进行深入的社会心理研究，推动高校俄语本科教学和管理模式改革，为国家培养合格的俄语专业人才。与此同时，我们的研究成果将丰富对外俄语教学的理论建设，弥补国内该领域研究的空白。

本研究主要探讨以下三个问题：

1）导致俄语学习者动机衰退的去动机因子有哪些？

2）俄语学习者的个体因素差异与去动机因子有怎样的关联性？

3）不同的去动机因子会对学习者的努力程度造成何种影响？

二、研究方法及过程

本研究主要采用发放调查问卷的方式，并采用 SPSS（20.0）统计软件对回收问卷进行数据分析，同时辅以学习日记和访谈的方式，求证学习者去动机状况背后的原因。

（一）调查问卷的编写

我们借鉴德尔涅伊等人的理论，编写了若干个包含去动机相关因素的题项，力求穷尽各种可能的去动机因子，之后进行了小规模预测试，通过访谈、学习日记等方式，对去动机题项进行调整和完善。最终发布的问卷共分为三个部分：

第一部分为学习者个体因素部分，共 6 个题项，包括性别、年级、始学年龄、是否有出国经历等题项。

第二部分为去动机因子部分，共 31 个题项。采用李克特五级量表式，每个题项对应五个选项，分别是"很不同意""不同意""不确定""同意""非常同意"，对应分值为 1—5 分。

第三部分为动机强度部分，共 6 个题项，同样也采用李克特五级量表式。

本次问卷调查的对象是北京外国语大学俄语学院大一至大四的本科生（2015 级——2019级），正式发放问卷 275 份，回收有效问卷 272 份。受试者特征统计见表 1。

表1 受试者特征分布

个体因素	分类项	总计
年级	大一	75
	大二	71
	大三	64
	大四	62
性别	男	65
	女	207
始学年龄	中学开始	41
	大学开始	231
总人数		272

（二）调查问卷信度与效度检验

1. 去动机因子部分的效度与信度检验

为判断问卷去动机因子的数据是否适合做因子分析（效度检验），我们首先对这部分的数据进行 KMO 检验和 Bartlett's 球状检验，得出 KMO=0.918，大于 0.5，Bartlett's 球状检验 sig=0.000，小于 0.05，检验结果显著，说明问卷去动机部分原始变量之间有较强的相关性，数据适合做因子分析。

我们采用正交旋转因子分析法，糅合关于去动机的 31 道题项，自然归类共提取出 7 个特征值大于 1 的因子，它们对去动机部分题目的解释程度为 72.0%，解释程度较高，每个因子的起始变量指标间的相关性较为显著，说明问卷去动机部分结构效度较高。

最后，我们对问卷的去动机部分进行内部一致性信度检验，各维度 Cronbach's Alpha 均大于 0.8，31 个题项整体信度达到 0.948，去动机部分信度高。

根据 7 个去动机因子所对应的题项，我们对它们进行了归纳和命名：

1）去动机因子 1 包含 7 个题项，主要涉及由竞争压力、策略不当、课业过难等因素导致的学习者的自我怀疑、信心不足，我们将该因子归纳为"自信心受损"。

2）去动机因子 2 包含 4 个题项，涉及俄语教师的授课方式、专业能力、对待学生的态度、个人魅力等因素对学习者造成的消极影响，我们将该因子归纳为"教师因素"。

3）去动机因子 3 包含 3 个题项，反映了学习者对俄语、俄罗斯文化、俄罗斯国家和俄罗斯人的负面情绪，我们将其归纳为"对目标语或对象国的负面态度"。

4）去动机因子 4 包含 4 个题项，反映了学习者因非自愿学习俄语引发的负面因素，我们将该因子归纳为"对本专业负面态度"。

5）去动机因子 5 包含 6 个题项，涉及学习者对俄语课程设置、课程进度、教材、学习资源、语言环境等的不满，我们将其命名为"课程教材资源因素"。

6）去动机因子 6 包含 4 个题项，反映学习者因恋爱、社交、娱乐活动导致学习动机下降，我们将该因子归纳为"社交娱乐因素"。

7）去动机因子 7 包含 3 个题项，体现了学习者因认为俄语专业就业竞争力不强而导致学习动机下降，我们将该因子归纳为"对就业信心不足"。

2. 动机强度部分的信度检验

这一部分共 6 个题项，衡量学习者的努力程度，涉及学习者主动获取俄语信息意愿、课外俄语学习时长、上俄语课认真程度等指标。

我们对动机强度部分进行内部一致性信度检验，Cronbach's Alpha=0.818，大于 0.8，信度较高。

三、调查问卷分析

（一）俄语学习者去动机整体现状

如表 2 所示，自信心受损、对就业信心不足两个因子平均值最高，是导致学习者学习动机衰退的主要原因。

表2　去动机部分-因子均值与标准差

	均值	标准差
自信心受损	2.7295	.930
教师因素	2.5597	1.106
对目标语、对象国负面态度	2.2978	.960
对本专业负面态度	2.4099	.908
教材、资源、课程	2.5956	.785
社交娱乐	2.3676	.820
对就业信心不足	2.7010	1.031

（二）俄语学习者个体因素与去动机因子的关系

1. 性别因素与去动机因子的关系

我们将性别作为分组变量，将去动机因子作为检验变量，对数据进行独立样本 T 检验，检验结果表明，女性学习者在"课程教材资源"因子上的得分显著高于男性（双侧 sig=0.003，小于 0.05，均值差 =0.32），这说明女性学习者更容易受到课程安排不佳、教材不合心意、学习资源不足等去动机因子的负面影响。

除此之外，性别因素对学习去动机情况的影响不大。

2. 年级因素与去动机因子的关系

我们将年级因素作为因子，各去动机因子作为因变量，对数据进行单因素方差分析，分析结果表明，随着年级的增高，学习者在"自信心受损"因子上差异不显著，但在其他 6 个去动机因子上均存在显著差异（sig 小于 0.05），且整体呈现不断增强的趋势（见图 1）。

3. 始学年龄与去动机因子的关系

本研究将学习者的始学年龄划分为"中学开始"和"本科开始"，前者为"高起点"学生，后者为"零起点"学生。我们将始学年龄作为分组变量，将去动机因子作为检验变量，对数据进行独立样本 T 检验，结果显示，始学年龄不同的学习者在对目标语言及语言对象国的态度上差异不显著，而其他六个去动机因子均与始学年龄显著相关（sig 小于 0.05），且"零起点"学习者各项去动机因子平均值均显著高于"高起点"学习者。

图1 各去动机因子随年级变化情况

4. 出国经历因素与去动机因子的关系

由于有出国交流学习经历的学习者集中在高年级，为避免个体因素交叉干扰，我们选取了大三年级的学习者作为研究出国经历与去动机因子关系的样本（见表3）。

表3 大三年级学习者特征表

		有出国经历	没有出国经历	共计
性别	男	4	4	8
	女	26	30	56
始学年龄	中学开始	10	0	10
	本科开始	20	34	54
总计		30	34	64

我们将是否有出国经历作为分组变量，将各去动机因子作为检验变量，对数据进行独立样本 T 检验。结果显示，有出国经历的学习者在自信心受损、教师因素、课程教材资源因素、对就业信心不足这四类去动机因子方面显著低于没有出国经历的学习者，而在社交娱乐因素、对本专业的负面态度、对目标语言及语言对象国的负面态度上差异不显著。

（三）去动机因子与动机强度的关系

我们采用皮尔逊相关分析法，探究不同种类去动机因子与学习者动机强度的关系，相关系数和显著性见表4。

表4　去动机-动机强度-相关性

		自信心受损	教师因素	对目标语、对象国负面态度	对本专业负面态度	教材资源课程	社交娱乐	对就业信心不足
动机强度	Pearson相关性	–.333**	–.162**	–.444**	–.477**	–.351**	–.431**	–.358**
	显著性（双侧）	.000	.008	.000	.000	.000	.000	.000

**. 在 .01 水平（双侧）上显著相关。

　　数据显示，所有的去动机因子都与学习者的动机强度显著负相关，即每类去动机因子的增强均会显著减弱学习者的努力程度。其中，教师因素与动机强度的相关性最小，而对本专业的负面态度、对目标语或对象国的负面态度以及社交娱乐因素与动机强度的相关性较大。

四、结　论

　　1）自信心受损、对就业信心不足是导致学习者学习动机衰退的主要原因。综合问卷数据和对学习日记、访谈的分析结果，我们发现，俄语学习者普遍面临竞争压力过大、焦虑感较强的问题。对一部分同学来说，压力可以转换为动力，而对另一部分同学，过大的压力会导致自信心严重受损、对未来迷茫。而在被问及对教师的期望时，超过半数的学习者表示"希望老师能多鼓励"。这启示我们，应该给予学生更多的鼓励和肯定，并引导他们正确认识学习中的各类竞争，增强抗压能力；同时要加强对他们的就业指导，提供更多的就业信息，如定期邀请毕业生与在读学生交流求职经验，让学习者对未来发展有更清晰、更坚定的决心和动力。

　　2）本科四年中，学习者的去动机因子水平呈动态的、由低向高发展的基本态势。我们认为，应针对不同年级学习者的特点，在课程设置、教师配置、教学方法、课程进度上进行科学合理的安排，帮助学生克服去动机因素的干扰。学习者在学习日记里对不同阶段的任课老师表达出不同的期待：低年级任课教师更多一些耐心，帮助他们打好语言基础，做好监督和检查工作，初步培养起对俄语的兴趣；高年级任课教师可适当拓展课堂内容，将课堂教学与实际应用有机结合，多为学习者提供实践机会。此外，大二下学期至大三上学期是俄语课程难度陡增的阶段，教师应多关注学生的学习跟进状况，循循善诱，避免操之过急。

　　3）相比"零起点"学习者，"高起点"学习者心理优势明显，相对不易受到负面因素的干扰，尤其是在低年级阶段。在学习日记中，不少学习者对这种现象给出了自己的看法，如："我是零起点，刚开始学的时候，入门难，受到的打击大，会影响到后面的学习，自信心也会降低。""我身边的高起点生在入学时已经有一定俄语基础，有更多时间参加课外活动和进行课外的俄语学习，发展更全面。"需要注意的是，高起点学生是少数，零起点学习者代表了更大多数俄语学习者的特点。因此，鼓励零起点学生克服困难、迎头赶上，帮助高起点学生保持学习势头，是教师的重要任务。

　　4）出国经历能有效地减弱或避免学习动机衰退的情况发生。相比没有出国经历的学习者，有出国经历的学习者对自己的语言水平和本专业的就业前景更有自信，受来自教师、教材、学习资源等去动机因子的不利影响小。不少学习者在学习日记和访谈中表示，身处俄罗斯"在与母语者的交流中对自己的外语水平有了自信"；"对俄罗斯的风土人情更加了解，对俄语也更有兴趣了"；"这里的老师都很温柔"……这说明，出国交流学习举措利大于弊。我们可以鼓励有条件的学习者多出国，在语言环境中培养兴趣，增强自信。而在国内的教学中，可以适当增加文化方面的课程和外教口语课，多组织"语伴"活动，为学习者营造良好的俄语学习环境。

5）增强学习者对所学专业的认同感，帮助学习者客观看待语言对象国的社会文化现实，是提升他们动机程度的有效手段。此外，还应引导学习者合理处理专业学习与社团、休闲娱乐等课外活动的关系，注意轻重缓急，莫要顾此失彼。

学习者个体因素、去动机因子、动机强度之间的关系具有多样性、复杂性、动态性的特点。在今后的研究中有必要进一步深入探究上述因素之间的相互关系和作用，以及它们作为一个整体对学习者的综合影响。此外，还应把学习成果纳入研究范围，如学习者的学习成绩、自我认同、职业发展满意度等。

参考文献

1. 梁良. 大学英语课堂中的动机削弱初探 [J]. 天津工程师范学院学报，2008，18(3)：75—78.

2. 刘鹏辉. 本科生英语学习动机与去动机影响因素的实证研究 [D]. 南京邮电大学，2016.

3. 孙云梅，雷蕾. 大学英语学习动机衰退影响因素研究 [J]. 外语研究，2013，141(5)：57—65.

4. 周慈波，王文斌. 大学英语学习者负动机影响因子调查研究 [J]. 中国外语，2012，45(1)：48—55.

5. Dörnyei Z. Teaching and Researching Motivation[M]. Harlow: Longman, 2001.

6. Gorham J. & Christophel D.M. Students' Perceptions of Teacher Behaviors as Motivating and Demotivating Factors in College Classes[J]. Communication Quarterly, 1992, 40(3): 239-252.

7. Skehan P. Individual Differences in Second Language Learning [M]. 1989, London: Edward Arnold.

От интерпретации текста – к освоению культуры

Светлана Владимировна Косихина[1]

§ **Реферат:** В рамках преподавания студентам-магистрам темы "Толерантность" в статье исследуется оппозиция «свой–чужой» в рассказе А. И. Куприна «Гамбринус». В свете антропоцентрической парадигмы представлены особенности бытования данной бинарной оппозиции в художественном тексте. Предметом исследования являются языковые средства репрезентации оппозиции «свой–чужой» в рассказе. Особое внимание уделяется лексемам «свой» и «чужой», категории оценки, экспрессивным этнонимам, именам собственным с точки зрения представления категории «свойственности». Используемый в работе филологический анализ текста позволяет определить критерий понимания «свой» в этическом пространстве рассказа, на основании чего автор приходит к выводу о трансформации границы «свой–чужой» в художественной картине мира А. И. Куприна.

§ **Ключевые слова:** А. И. Куприн; «Гамбринус»; оппозиция «свой–чужой»; категория «свойственности»; этнонимы; экспрессивные этнонимы; имена собственные

Введение

«Всякая культура начинается с разбиения мира на внутреннее ("свое") пространство и внешнее ("их")». (Лотман 2004, С. 257) Оппозиция «свой–чужой» пронизывает всю культуру и является, по мнению Ю. С. Степанова, «одним из главных концептов всякого национального мироощущения». (Степанов 2001, С. 126) Данная оппозиция является универсальной категорией, которая основывается на самоотождествлении личности с определенной общностью.

---

[1] Светлана В.К., доцент кафедры русского языка и теории словесности переводческого факультета Московского государственного лингвистического университета (ГБОУ ВО), с 2017 г. работает в институте русского языка Пекинского университета иностранных языков.

Неотъемлемым свойством оппозиции «свой–чужой» является ее оценочность. Свое всегда больше и значительнее, чем чужое, и наделено положительной оценкой, в свою очередь, отрицательная оценка является одним из устойчивых показателей отнесенности к миру чужих. Передаваемая данной оппозицией оценка носит глубинный характер, так как относится к древнейшим архетипическим представлениям человека, связанным с представлением об идентичности. Эти аксиологические архетипы уже не осознаются носителями языка и являются важным условием формирования этноса и его языка. В научной литературе оппозиция «свой–чужой» представлена разными вариантами: «свой–другой», «свой–иной», «я–другой», «свои–несвои», «мы–они» и т.д. Такое терминологическое варьирование свидетельствует прежде всего о сложности и неоднозначности данной категории и поиске того определения, которое позволит снять аксиологичность, заложенную в бинарных оппозициях. К ядерным средствам языкового выражения категории «свой–чужой» относятся собственно единицы «свой» и «чужой».

Лексемы «свой» и «чужой» в рассказе «Гамбринус»

В «Гамбринусе» становится особо заметной непропорциональность использования автором этих лексем: слово «свой» встречается в рассказе 28 раз, в то время как «чужой» – всего пять раз. Такая ассиметричность связана прежде всего с особым смысловым наполнением этой оппозиции, где «чужой» представлен автором как иной, другой, непривычный. Подобное смещение акцентов не только смягчает негативную оценку слова «чужой», но и требует иной экспликации чужого мира, которая не отчуждает, а очуждает. Для этого А. И. Куприн использует слова «причудливый», «странный», «диковинный», «непонятный» и др.: «К большому восторгу и потехе завсегдатаев Гамбринуса пивная огласилась странными, капризными, гортанными звуками африканской песни». (Куприн, т.4, С. 347) В данном случае речь идет об оппозиции «свой–чужой», где граница связана с принадлежностью к тому или иному народу. В этом значении слово «свой» приобретает в рассказе контекстные синонимы – любимый, знакомый, привычный: «Каждому хотелось своих любимых, знакомых песен». Употребление слова «свой» в значении «национальный» особо подчеркивается А. И. Куприным с помощью фразы «что-нибудь свое...». Последующий комментарий автора устраняет возможность понимания в данном случае слова «свой» как собственного сочинения и эксплицирует национальность главного героя: «Со струн Сашкиной скрипки плакала древняя, как земля, еврейская скорбь» (Куприн, т.4, С. 344) Фразу «что-нибудь свое...» А. И. Куприн повторит в рассказе дважды, при этом сохранит фигуру умолчания, которая подчеркивала намеренное непроизнесение мадам Ивановой слова «еврейское». Таким образом, при лексическом повторе фразы становится заметным усложнение у местоимения «свой» основной функции замещения дополнительной эвфемистической функцией.

Этнонимы в экспрессивные этнонимы в рассказе

Следует отметить, что, наряду со словами «свой» и «чужой», важными языковыми средствами репрезентации оппозиции «свой–чужой» являются этнонимы, при этом в рассказе не только нет неразличения разных категорий «чужих», исходя из их нерусскости, но нет даже обобщенных наименований, таких как европейцы или азиаты. Напротив, А. И. Куприн предельно точно передает особенности речи, внешности, одежды, поведения представителей разных народов, при этом сознательно устраняет этноцентризм и говорит о русских, ничем их не выделяя и включая в один перечислительный ряд с представителями других народов. В «Гамбринусе» А. И. Куприн использует 14 этнонимов (евреи, русские, турки, греки, англичане, грузины, японцы, негры, немцы, малороссияне, персы и др.), при этом в трех случаях, наряду с обычными этнонимами, он употребляет экспрессивные, или неофициальные, названия народов – японцев, греков и евреев.

Использование экспрессивных этнонимов во всех случаях связано с изменением точки зрения и передачей чужих слов. Особо заметным в рассказе становится перечисление разных вариантов прозвищ для греков: «Гамбринус часто посещали малоазиатские греки –"долголаки", которые приплывали в русские порты на рыбные промысла» (Куприн, т.4, С. 347); «"Куропаткин-марш" был навсегда вытеснен песней, которую привезли с собой балаклавские рыбаки, "соленые греки", или "пиндосы", как их здесь называли». (Куприн, т.4, С. 353) Слово «пиндос» в конце XIX–начале XX века использовалось в просторечии как уничижительное прозвище местных греков. Негативные коннотации были связаны с близостью в новогреческом языке со словами «грязь», «болото», «дно», «бедняк». Большой академический словарь фиксирует это слово как устаревшее и просторечное в значении «презрительное название грека». (БАС 2011 т.16, С. 563-564) В рассказе А. И. Куприн употребляет слово «пиндос» лишь как факт существования другого имени для греков и не передает отрицательные коннотации этого слова, исключив какую-либо оценку, комментарии или контекст. Уничижительное название «япошки», напротив, подчеркивает негативное отношение к японцам, что во время русско-японской войны звучит вполне естественно из уст русских солдат: «Каждый вечер кто-нибудь грозился один разбить всех япошек». (Куприн, т.4, С. 353) Если в первых двух примерах использование экспрессивных этнонимов не усиливается автором с помощью контекста и дается со стертой негативной коннотацией, то случаи употребления слова «жид», напротив, содержат оценку и отсылают читателя к этностереотипам. Слова «еврей» и «жид» в «Гамбринусе» четко распределены: точка зрения автора связана со словами «еврей» и «еврейский», причем в одном случае этот этноним заменен перифразой «избранный народ божий», подчеркивающей положительную коннотацию и авторскую точку зрения. Помимо автора, слово «еврей» произносит только сам Сашка, при этом сочетание с местоимением мы в значении «общенациональное мы» становится двойным маркером категории «свой–чужой»: «Что ж мы, евреи, такой народ... мы любим родственников». (Куприн, т.4, С. 354). Слово «жид» в рассказе произносят и представители официальной власти, отправляющие Сашку на войну, и представители новой власти в дни еврейских погромов, и сам народ, что отражает негативное отношение в обществе рубежа XIX–XX веков к сврсям. Таким образом, в рассказе экспрессивный этноним «жид» оказывается в эпицентре не только конфликта национального, но и конфликта, где пересекаются границы «свой–чужой» на социальном, государственном и конфессиональном уровнях. Именно на этом пересечении слова «чужой» и «свой» обрели у А. И. Куприна дополнительное значение и прочертили новую границу, представляющую уже не национальное, а этическое поле. Свидетельством того, что теперь деление пространства на «свое» и «чужое» носит не национальный, а нравственный характер становится появление слов «Бог» и «дьявол». В качестве причины, побудившей людей пойти на бессмысленные, жестокие убийства, автор называет победу дьявольского начала в человеке: «грязный, хитрый дьявол, живущий в каждом человеке, шептал им на ухо: "Идите. Все будет безнаказанно: запретное любопытство убийства, сладострастие насилия, власть над чужой жизнью"». (Куприн, т.4, С. 359) В этом этическом пространстве слово «чужой» теряет свою национальную прикрепленность и выступает уже в расширенном значении – «любой другой человек». Состояние людей, у которых шепот дьявола заглушает голос Бога, А. И. Куприн называет состоянием безумия. Эту мысль он особо подчеркивает в описании каменщика, убившего собаку Сашки: «Он в эту хмельную, безумную, бредовую секунду готов был убить кого угодно – отца, сестру, священника, даже самого православного бога». (Куприн, т.4, С. 360) Для того чтобы подчеркнуть смещение границы «свой–чужой» из национальной сферы в этическую, автор сталкивает Сашку со «своим» же – евреем, который называет Сашку «жидом», тем самым отделяя себя от своего народа. Право не считать себя больше евреем Гундосову дало крещение в православной церкви: «прежде вор, потом вышибала в публичном доме, затем сутенер и сыщик, крещеный еврей». (Куприн, т.4, С. 360) Выражением «крещеный сврсй» А. И. Куприн подчеркнуто замыкает перечислительный ряд профессий, который построен таким образом, что каждая профессия становится очередной ступенью падения человека. Автор при этом не дает каких-либо оценок и уходит от прямого морализирования: проводником авторской интенции становится главный герой.

Таким образом, оппозицию «свой–чужой» с точки зрения религии и национальности автор перемещает в человеческую плоскость, где «своим» становится тот, в ком есть совесть и сострадание, вне зависимости от вероисповедания. Именно поэтому в «Гамбринусе» А. И. Куприн намеренно устраняет религиозный хронотоп, причем как православный, так и иудейский: в рассказе нет храмов, не слышно колокольного звона, нет православных праздников и чтимых иудеями суббот. Православная мадам Иванова, провожая Сашку на войну, крестит его «на дорогу». На вопрос Сашки «я от русского креста не подохну?» отвечает сам автор, в точности повторив слова своего героя: «он не только не подох от русского креста, но не был даже ни разу ранен».

(Куприн, т.4, С. 356) Таким образом, перемещение границы «своих» и «чужих» в национальной сфере связано в рассказе с особым этическим критерием, в свете которого «чужим» может стать «свой», а «своим» могут считать того, кто принадлежит к другому народу и даже к другой вере.

Оппозиция «свой–чужой» на социальном уровне

Еще более заметной в рассказе, с точки зрения необычности авторского деления на «своих» и «чужих», становится оппозиция «свой–чужой» на социальном уровне. Критерием «свойственности» в данной группе становится не профессиональная принадлежность, а присутствие такого качества, как отвага, чему А. И. Куприн даст особое имя и выделит из всего текста курсивом – «небоязнь боязни». Обладание этим качеством делает Сашку-музыканта не просто «своим» для рыбаков и моряков со всего мира, но значимым «своим», чье мнение способно изменить поведение и оценку остальных. Доказательством того, что критерий «свойственности» связан не с профессиональной принадлежностью, является и единая цель идущих в Гамбринус: «душе без него тесно». (Куприн, т.4, С. 354) Такое особое деление на «своих» и «чужих» требовало и особой экспликации: «чужой» представлен в данной оппозиции с помощью слов «случайный», «посторонний». Таким образом, определение границы «свой-чужой» в национальном, конфессиональном и профессиональном пространствах рассказа позволяет увидеть этический критерий выделения «своих» – единый для всех сфер. Именно на основании этого критерия сам Гамбринус противопоставлен всему остальному пространству: как «нарядному, всегда праздничному городу», так и «липким, зловонным улочкам». (Куприн, т.4, С. 343) Гамбринус, который находился на возвышении, в самом центре города, метафорически преобразует географическую вертикаль в вертикаль духовную, которая формирует этическое пространство в рассказе. В центре этого особого пространства находился Сашка, который, благодаря расширению границы «свой», сумел объединить людей, принадлежащих к разным культурам и говорящих на разных языках.

Категория «свойственности»

Оппозиция «свой–чужой», с точки зрения самого Сашки, наиболее ярко представлена в рассказе именами собственными. «Свой» мир для говорящего всегда конкретен, и именно в силу этой конкретности предметы окружающего мира названы им собственными именами. «Свой мир – это мир собственных имён». (Пеньковский 1989, С. 57) Категория «свойственности», по мнению Р. Н. Порядиной, распадается на три взаимосвязанные зоны: «близкий к "Я"», «необходимый для существования "Я"» и «требующий участия "Я"». (Порядина 2002, С. 78) Все эти зоны «свойственности» Сашки имеют в рассказе четкие границы. В зону «близкий к "Я"» входят мадам

Иванова и Белочка – те, кто чувствует Сашку и по-своему понимает его. Зона «необходимый для существования "Я"» в рассказе – это родные в Гомеле и Жмеринке. Зона «требующий участия "Я"» – это все друзья Сашки. Это пространство заметно расширяет национальные границы и поэтому представлено самой многочисленной группой имен собственных в рассказе: от названий песен и танцев до имен городов, портов и стран. Именно в этом пространстве можно наблюдать не только подвижность границы «свой», но и доказательство того, что при кажущейся очевидности деление «свой-чужой» не является дихотомическим принципом.

Заключение

Таким образом, «Гамбринус» А. И. Куприна можно назвать той моделью мира, где красота создается взаимосвязью разного: облаченное в эстетическую форму «чужое» перестает угрожать «своему». «Искусство как сфера духовной самореализации человека и способ образного переосмысления действительности показывает нам яркий и сложный пример бытования оппозиции «свой–чужой». (Москалюк 2014, С. 411) В рассказе «Гамбринус» именно под углом данной бинарной оппозиции можно увидеть новые грани взаимопроникновения духовного опыта различных культур. Условием для этого диалога культур, по мнению А. И. Куприна, должен быть уход от этноцентризма и отрицательных оценок «чужих», при этом в основе деления пространства на «своих» и «чужих» должен присутствовать этический критерий, позволяющий людям разных национальностей осознать и пережить общую им человечность. В рассказе автор в художественной форме доказывает важную и для настоящего времени идею: «Будущее не в стирании национальных границ, а в понимании чужого, в понимании необходимости чужого. Нам нужен – другой. Тот, кто нас понимает, и тот, кто нас не понимает». Но для того чтобы настроиться на понимание, мы должны измениться, так как «восприятие соседа не как врага требует другой психологии, которая ставит себя не за забором, а на открытом окне». (Лотман 2005, С. 291)

СПИСОК ЛИТЕРАТУРЫ

1. Большой Академический словарь русского языка РАН / отв.ред. Герд А. С. М., СПб.: Наука, 2011. Т.16. С.639.

2. Куприн А. И. Собрание сочинений : в 9т. Произведения 1905-1907 гг. М.: Художественная литература, 1971. Т.4. С.486.

3. Лотман Ю. М. Воспитание души. СПб.: Искусство–СПб, 2005. С.624.

4. Лотман Ю. М. Семиосфера. СПб.: Искусство–СПб, 2004. С.704.

5. Москалюк М. В.«Свои»и «чужие» через призму искусства. // Диалог культур и партнерство

цивилизаций: XIV Международные Лихачевские научные чтения, 15-20 мая 2014г. СПб.: СПбГУП, 2014. С.411-414.

6. Пеньковский А. Б. О семантической категории «чуждости» // Проблемы структурной лингвистики 1985-1987. М.: Наука, 1989. С.54-82.

7. Порядина Р. Н. О семантической категории «свойственности» в русском языке / Р. Н. Порядина // Картина мира: модели, методы, концепты: Мат.всерос. междисциплинарной шк. мол. ученых. Томск: Национальный исследовательский Томский государственный университет, 2002. С.74-80.

8. Степанов Ю. С. Константы: Словарь русской культуры. 2-е изд. М.: Академический проект, 2001. С.990.

教学比赛与高校俄语教师专业发展[1]

黄雅婷

§ **摘　要：** 教学比赛在提高教师队伍素质中发挥着示范引领作用，有助于进一步激发教师更新教育理念和掌握现代教学方法的热情，推动教育教学改革。本文指出，教学比赛对高校俄语教师专业发展具有良性的导向作用。在俄语教学中高校俄语教师要善于反思教学，包括教学设计反思、教学过程反思和教学效果反思；建立合作共同体；重视学生的素质培养；重视思维能力的培养；积极构建"互联网＋教学"模式；设置自我评价环节。

§ **关键词：** 教学比赛　教师专业发展　教学反思　素质培养

笔者以青年教师的身份参加过 2018 年外研社多语种"教学之星"大赛和 2019 年北京外国语大学第四届青年教师教学基本功赛，并分别获得了全国总决赛亚军和外语类二等奖。在比赛中笔者收获的除了奖状和荣誉，更多的是对俄语教学理念及高校俄语教师专业发展的深刻认识。本文以笔者参加的两次教学比赛的准备和参赛过程为出发点，探讨教学比赛对高校俄语教学工作及对俄语教师专业发展的启示。

一、教学比赛回顾

（一）外研社多语种"教学之星"大赛

外研社多语种"教学之星"大赛是由教育部高等学校外国语言文学类专业教学指导委员会、教育部高等学校大学外语教学指导委员会和外语教学与研究出版社共同举办，面向全国高等院校教学一线多语种教师的大型公益赛事。比赛涵盖俄语、日语、德语、法语、西班牙语、阿拉伯语和韩语。比赛由初赛、复赛和决赛三个阶段组成。初赛阶段为校园选拔赛，各高校选拔优秀教师参加全国复赛。复赛阶段为全国赛，要求录制真实课堂视频，视频时间为 10—12 分钟，组委会组织专家对复赛视频进行专业评定，评选出复赛中 10% 的选手参加全国总决赛。复赛的评选标准包括教学设计、教学组织及方法、语言教态和视频制作四个方面。总决赛阶段为现场赛，由主办方提前指定参赛教学材料，包含现场讲课、教师说课和专家提问三个环节。

笔者从收到比赛通知到全国总决赛期间认真研读了历届多语种"教学之星"大赛的评审标准、

1　本文系北京外国语大学 2018 年新入职青年教师科研启动项目"认知语义学视角下的语言与翻译研究"（2018QD003）的阶段性研究成果。

参赛选手视频、评委点评等相关资料。在组委会公布总决赛指定的教材和课程之后，笔者在教学理论的指导下不断完善说课流程和现场讲课，有针对性地做了如下准备：根据教学对象确定明确的教学目标，包括知识目标、能力目标和素质目标；准确把握教学任务，根据教学计划、学生需求和学习材料设计课程，兼顾总体课程和个体需求；分析课程的重点和难点，制定教学流程和方法。在设计课程过程中，笔者运用了问题导入法、合作学习法、思维导图法、情景任务法等教学方法，注重启发学生，力求有效调动学生的俄语思维和学习积极性。此外，精心制作多媒体课件，力求板书与多媒体配合得当，打造立体化教材，以取得"1+1大于2"的效果；通过反复的练习保证课堂语言清晰、流畅、语速适中，肢体语言运用合理、恰当，教态自然大方，亲和力强。

（二）北京外国语大学青年教师教学基本功赛

北京外国语大学青年教师教学基本功赛是北京外国语大学以加强青年教师教学基本功训练为着力点，面向全校青年教师举办的一场比赛。基本功赛旨在进一步提升青年教师的教学能力，搭建青年教师成长平台，培养青年教师爱岗敬业、严谨治学的态度，努力造就一支师德高尚、业务精湛、充满活力的专业化教师队伍。比赛以"上好一门课"为理念，由教学设计、现场展示、教学反思三个环节组成。

本次比赛与多语种"教学之星"大赛有若干不同。第一，组别设置。多语种"教学之星"比赛是按照语种设立比赛组别，从初赛、复赛到全国总决赛都是同一语种选手之间的比赛。教学基本功赛设置组别为外语类和非外语类，也就是说，教学基本功赛的外语类比赛是校内不同语种教师之间的比赛。第二，现场展示环节。多语种"教学之星"大赛现场展示环节没有学生参加，教学基本功赛教学展示允许每位教师自带学生，最多5名。笔者一直从事低年级实践课教学，参赛时选用的是当时正在讲授的课程，因此本次比赛邀请了五名本班同学共同参加比赛，彼此默契的配合也极大地保障了良好的课堂互动效果。第三，教学反思环节。教学基本功赛设置专门的教学反思环节，参赛教师结束教学展示环节后，进入指定教室，结合本节课堂教学实际，从教学理念、教学方法和教学过程三方面着手，在20分钟内完成对本节课的教学反思材料。要求思路清晰、观点明确、联系实际，做到有感而发。

在接到比赛通知后，笔者针对上述三个环节做了认真的准备。在教学设计方面，根据课程的教学对象、教学目标、重点和难点，遵循OBE（Outcomes-Based Education）成果导向教学理念对课堂进行设计，采用教学任务反向设计正向实施原则，在俄罗斯文化背景下开展言语技能实操，真正实现将符号语言转化为真实言语活动最终上升到文化认知。在现场展示环节，明确学习目标与成果产出，以影片导入话题，使学生在情感驱动下开展言语活动。使用六何记忆法（5w1h），即何人（who）、何时（when）、何地（where）、何故（why）、何物（what）、何如（how），以问题为牵引，帮助学生梳理课文的逻辑关系，精讲课文，讲解重点词汇和语法，达成实现"学以致用，用以促学，学用相长"的教学过程。在教学反思环节，不仅让笔者对本节课的教学工作有了再认识和再思考，而且使笔者在之后的教学工作中养成了教学反思的习惯，通过教学反思总结经验教训，以此来提高教学水平。

二、参加教学比赛的几点思考

参加教学比赛既是压力也是动力。教学比赛可以促使教师调动全部热情，反思自己教学的各个层面并有所改进或修正，有效促进教师能力的全方位提升。笔者对两次教学比赛和日常的教学工作进行总结，集中起来，有以下三点值得思考。

（一）善于反思教学

1. 教学设计反思

在教学设计方面，应把教学内容与今日的社会生活话题联系起来。比如，教师应将课程中涉及的词汇、短语和句型密切联系社会热点和现实生活，让学生觉得俄语学习是活生生的，是现实有用的，而不只是用来考试，或者学习的是距离我们生活比较远的国外的文字。

每节课课前的值日生报告也可以让学生联系生活实际或时事热点，学生可根据自己意愿讲述一个与本课主题或与时事相关的小故事。比如，教学基本功赛现场展示时学生选用当时刚刚结束的"一带一路"国际高峰论坛作为切入点，讲述了作为一名俄语学习者对中俄关系的切身体会，引起了其他学生的共鸣，不仅激发了同学们学好俄语的信心，同时也有助于培养当代学生的国际化视野。

2. 教学过程反思

在教学过程方面，目前，外语教师普遍接受了大学外语课不能上成纯粹的语言知识课，也不能上成纯粹的专业知识课这一理念。但如何把握语言知识传授与语言技能训练之间的平衡、如何把握语言训练和专业知识拓展之间的平衡则在很大程度上取决于教师个人的理解和综合素质。（束定芳 2012）

的确，现在的俄语课堂上不应该再单纯地就对话讲解对话、就课文讲解课文。教师可以通过任务情景的创建，让学生以个人或小组为单位完成任务，从而使其在听、说、读、写、译各方面得到锻炼，培养学生的团队协作能力。

教师在教学中应努力探索适合不同学生的方法，认真制作多媒体课件，课堂上做到与学生最大程度的互动，吸引学生的注意力。因为，注意在外语学习中发挥着重要的作用。著名语言学家 Ellis 强调，"没有注意，习得就不会发生"。（Ellis，R. 1995）教师可以组织丰富多彩的课堂活动，如采用话剧表演、辩论等形式，引导学生有意识地锻炼和提高俄语水平，积极为学生寻找与实际生活密切相关、课本之外的内容。

教学过程中鉴于学习者是俄语零起点学生，中学时均为学英语的学生，因此讲解过程中注重中、英、俄语对比的讲授，促使学生实现语言间的正迁移。比如比赛讲授的课程中有информация 等词汇，这些词都可以实现与英语的拉丁文转换，在授课过程中可有意识地引导学生。

教学过程中还要注意学生的心理变化，心理变化对语言学习的影响也很大。因此，如何让学生大胆开口，不怕错、不害羞，让他们有良好的情感体验，创造一个良好的学习氛围同样是教师的重要任务。

3. 教学效果反思

在教学效果方面，为了使教师和学生对教学效果有一个更加清晰的认识，可以采用自我评价法，向每名学生发放自我评价表。根据学生自我分析结果，针对各分数段的学生给予不同的补充任务，有针对性地提升学生的学习效果。

学生语言能力和掌握情况存在梯度差异，需要强化学生的课前预习意识。鉴于课堂时间有限，在本节课未能充分展示的内容可以移到课下或者练习课加以延伸，多找几组同学，使学生充分感知。

（二）建立合作共同体

两次教学比赛让笔者深刻认识到建立合作共同体的重要性。在准备比赛的过程中，笔者得到了各位老师和同事的指导和启发，在教学理念、教学方法、课程设置等诸多方面有了极大的提高和进步。在教师培养方面，北外俄语学院一直采取"老带新"模式，该模式不仅有助于提高青年教师的教学和科研水平，而且能够将北外俄语教学 80 年来优秀的教学传统一代代传承下去。

此外，同年级平行班的教师可以集体备课，共同参与教学过程。合作教学可以加强教学的深度，各位教师充分发挥各自优势，扩充课程的知识含量。该模式可以有效地提高教学质量，改善课堂效果，激发学生的学习兴趣。这种教师之间合作共同体的建立也有助于增进教师间的相互了解和相互信任，促进共同成长和进步。

（三）重视学生的素质培养

在教学工作中教师要体现政治思想性，尊重学生，向学生传递积极的生活态度。结合专业学习，主动关心学生的思想状态，引导学生树立正确的专业意识、人生观、世界观和价值观。比如，教师在具体的讲授内容和例句中要宣传积极阳光的心态，宣传正能量，通过某一课程主题的讨论给学生以正确的导向，发挥教师既教书又育人的功能。激发学生良好的合作意识，在教学中注重营造良好的课堂氛围，加强师生的情感交流，让学生体验和积累积极的情感，增强合作能力，使他们不断树立学习的自信心，形成健康的心理和健全的人格，为就业打下良好的情商基础。

（四）重视思维能力的培养

中国古代学者就提倡"学而不思则罔，思而不学则殆""学以思为贵"，可见，思维能力培养在学习中占据着重要的位置。特别是在素质教育的今天，教师充当的不仅是知识传播者的角色，更是学生思维的启迪者。因此，在授课过程中，教师应注重学生思维能力的培养。比如，2018年多语种"教学之星"大赛全国总决赛指定的教材和课程是《"东方"大学俄语（新版）学生用书 3》第 6 课，课程主题为《网络》(«Интернет»)。笔者在教学设计环节采用了思维导图法，在梳理课文结构和阐释课文意义的同时，启发学生并和学生共同制作一张"网络利与弊"的思维导图（图 1）。

Схема «Интернет: польза или вред»

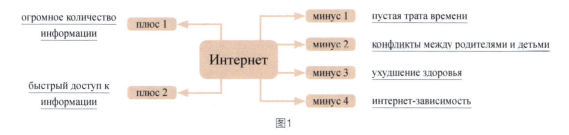

огромное количество информации — плюс 1

быстрый доступ к информации — плюс 2

Интернет

минус 1 — пустая трата времени

минус 2 — конфликты между родителями и детьми

минус 3 — ухудшение здоровья

минус 4 — интернет-зависимость

图1

（五）构建"互联网＋教学"模式

现代科学技术的发展和教学对象的不同决定了我们要采取的教学手段、教学方法都要随之改变。教学手段日渐更新，从最初的黑板、粉笔加录音机（听力），到黑板、粉笔、多媒体、网络课堂（自主听力），这种种变化无疑深刻地体现了新的教学理念指导下的教学模式是以现代化信息技术特别是网络技术为支撑，使俄语的教与学可以在一定程度上不受时间和地点的限制，朝着个性化和自主学习的方向发展。

在实践课中贯彻"互联网＋教学"理念，将优势的互联网技术、智慧教学产品与经验引进实践课。特别是在后疫情时代，高等教育"互联网＋教学"模式已成为必然之举。新冠肺炎疫情对国际高等教育形势产生了颠覆性的改变，成为高等教育国际化发展进程的新转折点。（吴薇，张靖佶 2020：11）在教学中可利用现代网络信息技术增加教学的信息量和教学的互动性。Blackboard 校内平台、U 校园智慧教学云平台、北外 e 课堂、中国高校外语慕课平台等可以作为同班同学之间、同校不同语种之间、同校不同年级之间在线交流平台。

（六）设置自我评价环节

在具体的实践课教学中，为了使学生更加清晰地认识自己的学习成果，可以根据学生的实际情况对实践课评价标准进行细化。教师将课前准备好的自我评价表发给学生，每人一份，让学生从 5 个维度进行自我评价：1）词汇语法；2）课文理解；3）言语交际；4）国情文化知识；5）小组合作。考核标准包括 Отлично；Хорошо；Плохо。通过学生自我评价，让学生回顾本课授课重难点内容，反思自身学习效果，为课后巩固复习提供方向。

三、结　语

外研社多语种"教学之星"大赛和北京外国语大学青年教师教学基本功赛已成为常态化赛事，为外语教师搭建了良好的交流与学习的平台。教师可以通过这些平台，共同研讨教学技艺，创新教学观念。笔者通过参加两次教学比赛更加确认，教学比赛在促进高校俄语教师专业发展方面发挥着十分重要的作用，既有效促进了教师能力的提升，又有助于大学俄语教育教学改革的开展。教学比赛也让笔者对俄语教育教学工作和俄语教师专业发展有了更加深刻的认识，今后在俄语教学中要通过教学反思、建立合作共同体、重视学生的素质培养、重视思维能力的培养、构建"互联网＋教学"模式、设置自我评价环节等方式进一步提高俄语教学水平，为国家和社会培养出更多既具备专门知识又具有国际化视野的高水平复合型人才。

参考文献

1. 教育部高等学校外国语言文学类专业教学指导委员会. 普通高等学校本科外国语言文学类专业教学指南（下）[M]. 北京：外语教学与研究出版社，2020：24—25.

2. 束定芳. 大学英语教学大赛与教师发展——第二届"外教社杯"全国大学英语教学大赛评审手记 [J]. 外语界，2012(3)：34—41.

3. 吴薇，张靖佶. 重大疫情下跨境高等教育中的学生管理研究 [J]. 比较教育研究，2020(8)：11.

4. Ellis，R. Modified Oral Input and the Acquisition of Word Meaning[J]. *Applied Linguistics*，1995(16)：409-441.

俄语基础听力课程线上教学的课程设计探究

吕亚楠

§ **摘 要：** 随着信息技术革命的深入，线上教学已经成为高校教学方式改革的必然趋势。听力课程线上教学具备线下教学所没有的优势，可以为学生营造一个更加轻松的学习环境，缓解学生的焦虑情绪。听力课程在线上教学过程中，可以将与文化热点相关的音、视频材料引进课堂，增加学生的兴趣，帮助学生掌握最新的表达方式。选择合适的教学平台是听力课程采用线上教学模式的关键。各类线上教学平台各具特点，教师需要根据自身的需求进行选择。阶段性教学实践表明，听力课程相较于其他课程更能适应线上教学的新模式。

§ **关键词：** 听力教学 线上模式 课程设计

在信息技术时代，我们的生活早已离不开各种电子设备和网络资源，高校课堂教学也同样迎来了"信息技术革命"。"翻转课堂"的推广促使教师们开始重视线上平台及资源在授课中的应用。2020 年突如其来的新冠肺炎疫情则加速了信息技术在教学过程中的普及。出于防疫需要，2020年春季学期的教学全部采取线上授课的模式，这为高校教师们提出了新的挑战：如何通过线上教学实现"停课不停教"，并保障学生在家学习的效果。

俄语基础听力课程在线下教学时是使用电子设备和网络资源较多的一门课程，但当全面实行线上教学时听力课教学也面临着许多新问题，例如，如何解决课堂上师生互动的问题，尤其是教师与多位同学的互动；如何及时收到学生对教学效果的反馈；如何观察学生的学习过程，并给予帮助等。笔者以俄语基础听力课程的线上教学模式作为研究对象，通过一个学期的实践，对听力课程线上教学的特点及教学环节的设计进行了思考并提出一些方案。

一、听力课程线上教学的特点

（一）听力课程线上教学的优势

听力理解过程是一个复杂的、受到多种因素影响的理解构建过程，它不仅是一项思维活动，也是一项心理活动。美国语言学家克拉申（Stephen D. Krashen）在 20 世纪 80 年代初提出"情感过滤假说"，明确指出了情感因素与二语习得的关系。克拉申把情感因素看作是可以调节的过滤器，它让语言自由通过或阻碍其通过。（吴泽琼 2008：100）习得者并不完全吸收输入的语言材料，习得者的情感因素会对输入的语言材料进行过滤，从而阻碍语言材料的有效输入。（吴泽琼2008：100）如果学习者学习动机强、自信心足、焦虑感适度，"情感过滤"就弱，学习效果就会越好；反之"情感过滤"则强，学习效果就越不理想。（官品 2012：214）情感反应一旦产生，就强烈地影响着话语的感知、解析和运用，对其后信息的选择、理解、推理和预测等过程起着重大的作用。（宋畅 2017：165）由此可见，情感因素是语言学习的关键，影响着听力教学的效果。根据情感过滤理论，在教学过程中，教师应该避免让学生产生焦虑的情绪。同时，为了达到更好的教学效果，教师应尽量激发学生的兴趣，增强学生的自信心，让学生在比较放松和富有启发性的环境中进行学习。

相较于传统的线下课堂，线上教学为教师和学生提供了较为放松的教学环境和学习环境。在线上教学平台，学生可以更多地关注自身学习状态，减少因被其他同学无意中关注而可能产生的焦虑。另外，线上教学可为学生提供更多的图片及视频资料，为听力材料的理解提供了背景，起到补充信息的作用，从而降低学生听力理解的难度，缓解学生的紧张情绪。

（二）听力课程线上教学面临的问题

传统的线下教学之所以一直受到青睐，主要是由于面对面的师生互动能够营造积极的教学与学习氛围，方便教师随时观察学生的反应，把控课堂节奏。学生在线下课堂由于处在教师的监督下，注意力更加集中。线上教学虽然通过网络平台可以实现师生见面，但由于听力课需要播放大量的音频及视频资料，为了避免影响网速，减少卡顿现象，听力课线上教学时，教师与学生很少会全程开摄像头。在只有语音交流的环境中，学生的注意力更容易受到外界影响。笔者曾对参加线上听力课学习的学生进行调查访问，在被问及线上听课状态时，有接近一半的学生表示可以积极跟随老师的讲课进程，还有一半的学生则反应，虽然在努力跟进，但有时会走神。在没有教师面对面监督的情况下，如何维持学生的注意力是线上教学的一个难点。从教师角度而言，由于无法随时看到学生在教学过程中的反应，增加了把控教学节奏的难度，可能会出现在部分知识点停留时间过长，而在一些学生理解不到位的知识点上讲解不深的现象。

二、听力课程线上教学环节的设计

（一）课前准备

1. 选择合适的教学平台

在课程正式开始前，教师应做好教学技术上的准备。选择合适的线上教学平台对教师来讲十分重要。适合开展线上听力课教学的平台主要有：腾讯会议、腾讯课堂、ZOOM、北外 e 课堂等。

腾讯会议的主要优点是：1）可以进行音、视频直播。教师通过电脑端或手机端即可进行直播，学生在手机或电脑上下载 APP 即可听课，操作简单。2）课堂容量大。课堂每次可最多容纳 300 人同时在线，并且可以提前预定会议。3）在 2 小时内可保证流畅度。鉴于每次听力课时长一般为一小时五十分钟，流畅度不会受影响，很少出现卡顿现象。4）有在线协作功能。教师可以发布文档、音频、视频，共享屏幕，方便进行远程讲解。5）可以实现师生对话。师生可以在会议里随时开麦克风进行交流，老师也可以发起提问，学生自动解除静音即可回答问题。6）有留言区。学生可以随时在留言区留言，教师可以及时进行反馈。

腾讯会议的不足之处是：1）无法实现音频与文档同时运行。由于在腾讯会议播放音频需要进行屏幕共享，通过教师电脑的系统声音播放音频材料，而文档也需要共享屏幕才能让师生共同看到 word 文档或 ppt，因此播放音频时就无法让学生看到文档材料。针对这个问题，有一个解决方案。教师可以提前在会议里发布文档，由学生自行下载，在课上由教师提醒学生查看文档相应的部分。但这一办法可能会由于学生查看速度和查看情况的不同影响课程进度。2）无法提供保存记录。教师可以在会议中看到学生的出席情况，但如果人数众多，就无法快速判断出具体的出勤情况。而且腾讯会议无法提供出席者名单，也无法提供录像功能。

腾讯课堂的主要优点是：1）可以进行音、视频直播。教师有专属操作端，通过电脑或手机即可进行直播，学生在手机或电脑上下载 APP 即可听课，操作简单。2）有在线协作功能。教师可以发布文档、音频、视频，共享屏幕，方便进行远程讲解。3）提供保存记录。教师可以在课后查看到课名单，输出并保存在电脑上。4）有交流板。学生可以随时在留言板上留言，教师可以通过学生的留言对课堂进度及内容随时进行调整。5）提供回放功能。腾讯课堂可以全程录课，为学生提供回放。如果有学生因为网络原因错过课程中的某个部分，可以通过回放课程自主学习。

腾讯课堂的不足之处是：1）无法实现音频与文档同时运行。虽然腾讯课堂可以实现文档共享，由教师自由操作文档，但当需要播放音频时就需要切换界面，无法停留在文档页面上。2）无法实现师生对话。腾讯课堂仅支持教师开麦克风说话，但学生无法发言，教师无法安排互动活动。

ZOOM 的功能与腾讯会议相似，可以实现屏幕共享、录制课程、师生互动，但也无法实现音频与文档同时运行，无法提供到课名单。

北外 e 课堂是由北外信息技术中心推出的，主要供北外师生使用的网络教学平台。e 课堂集合了腾讯会议及腾讯课堂的功能：1）可以进行直播。教师及学生主要通过电脑客户端进入课堂，教师及学生都可打开摄像头，模拟面对面的学习环境。2）可以进行师生互动。教师可以在课堂上自主安排语音讲解，在提问时，学生点击"举手"功能按钮，教师解除学生麦克风的静音后，学生即可发言。3）展示课件。教师无需共享屏幕即可展示课件，并自主对课件进行操作。4）可播放音频及视频。教师可以在教师端播放音视频材料，自主决定材料的进度。5）提供回放功能。e 课堂也可以全程录课，为学生提供回放。e 课堂的不足主要集中在操作流畅度上。由于全校师生都可以使用 e 课堂，在同一时间就会进行许多门课程的直播，影响了 e 课堂的流畅度，出现卡顿现象。

2. 组建课程微信群

在选择好教学平台后，教师应组建班级微信群，便于同学生进行沟通。不同于线下上课时，学生集中居住在学校，参与线上课程时，学生有可能分散在家。建立微信群后，学生有任何问题就可以在群里直接与教师进行联系。例如，在课上出现技术故障，课下无法查收课程资料时，学生可以通过微信群及时反馈给教师。课程微信群还有助于学生间交流，自主解决问题。当一位同学在微信群里提出一个问题时，其他同学经常在老师回复前就已经回答了问题。

3. 提醒学生检查设备、调整状态

如果学生在家参与线上课程，状态难免有些松懈。因此，教师需要及时提醒学生做好课前准备工作。在课程开始前，教师可在班级微信群里提醒学生登录教学平台，检查设备及网络，完成签到。同时，教师可在教学平台播放一些与课上主题相关的视频短片，帮助学生进入状态。

（二）线上授课

听力课程线上授课时可以延续线下授课的基本思路，同时充分利用网络资源，通过音频、视频、图像等方式增强学生对教学主题的兴趣，调动起学生的积极性。

每次授课可以设定一个教学主题，选取的材料都与该主题相关。由于在基础阶段学生尚未积累足够多的词汇及句式，对基本日常情境的掌握有限，因此基础阶段听力主题的选择可以同实践课程的教学主题保持一致。这样在课前，学生在实践课上已经对主题有了一定的了解，掌握了主题所涉及的部分积极词汇，在听力课上对主题不会感到陌生。听力课选用的材料与实践课互为补充，可以帮助学生拓展词汇及句式，进一步了解教学主题中所涉及的国情文化知识。

在基础阶段，学生的听力能力尚处于形成过程中，教师更应注意教学节奏，做到循序渐进。在开始一个主题时，教师可以利用情景教学法，播放与主题相关的图片或视频，将学生引入教学主题。听力材料的练习顺序可以按照词汇练习、句子练习、对话练习、短文练习来安排。在练习过程时，教师可以使用任务教学法，根据材料的特点布置不同的练习方式。例如，在听对话材料时，教师可以提前针对材料提出问题，让学生带着问题有目的性地听材料，锻炼学生快速、准确捕捉材料中关键要素的能力。教师还可以带领学生进行转述练习，在材料播放几遍后，请学生根据记住的信息完成转述。转述练习可以帮助学生提升对材料的整体理解以及对信息的整合能力。当教师选取的材料很有故事性时，还可以安排学生进行角色扮演，增强学生对语言的应用能力。除了"泛听"练习外，教师还可以在课上适当地安排一些"精听"练习，如听写。填空、听写小短文都是适合课上练习的方式。

（三）课后练习

线上教学在布置课后练习时也需要选择合适的网络平台。常见的平台有微信群、公邮、学校的教学平台。利用微信群布置听力作业时，教师可以在群里直接发布音频及视频，并将练习要求发在群中，学生有不清楚的地方可以直接与教师沟通。只是在收作业时，利用微信群会略显不便，需要教师逐一下载群里学生的作业，保存到电脑上再进行批改。使用公邮布置作业也可以上传音、视频，注明作业要求，在收作业时可要求学生将作业发至教师的个人邮箱。北外的线上教学平台除了 e 课堂外，还有 Blackboard 平台。e 课堂主要用于课堂直播，Blackboard 平台主要用于发布课堂资料、布置及批改作业、进行小测验。教师在课后可将课上所用资料通过 Blackboard 平台上传，在"作业"栏布置作业，设定作业提交截止日期，还可以在平台上批改作业，给学生留言。此外，教师还可以在 Blackboard 平台上看到学生对材料的查看情况，关注学生的学习

状态。

三、结　语

随着信息技术革命的深入，线上教学已经成为高校教学方式改革的必然趋势。听力课程线上教学具备线下教学所没有的优势，可以为学生营造一个更加轻松的学习环境，缓解学生的焦虑情绪，提高学生的学习主动性。虽然线上教学面临如何维持学生注意力的问题，但通过提问、师生交流等方式可使教师及时了解到学生的学习状态并获得学生的反馈。听力课程在线上教学过程中，可以将与文化热点相关的音、视频材料引进课堂，增加学生的兴趣，帮助学生掌握最新的表达方式。

选择合适的教学平台是听力课程采用线上教学模式的关键。线上教学平台根据功能可以分为直播类平台及材料发布类平台。教学直播常采用的平台有腾讯会议、腾讯课堂、ZOOM 平台，布置作业及发布材料常用的平台有微信及公邮。北外面向全校师生还推出了教学直播平台 e 课堂和教学活动 Blackboard 平台。这些线上平台各具特点，教师需要根据自身的需求进行选择。

阶段性教学实践表明，听力课程作为在线下教学时较多使用网络资源及技术设备的一门课，相较于其他课程更能适应线上教学的新模式。

参考文献

1. 官品.“情感过滤假说”在对外汉语教学中的运用 [J]. 外国语文，2012(3)：214—216.

2. 李弢.“后疫情时期”混合式教学模式的探索与实践—以英语听力课程为例 [J]. 北京印刷学院学报，2020(12)：109—112.

3. 宋畅. 学习策略训练与外语听力教学 [M]. 北京：中国书籍出版社，2017：165.

4. 吴泽琼. Krashen 的语言输入假说与情感过滤假说对二语习得的启示 [J]. 吉林省教育学院学报，2008(10)：100—102.

美人之美，美美与共

——大一俄语实践与俄罗斯艺术史课程教学实践反思

艾　欣

§ **摘　要：** 本文梳理和分析了新时期基础阶段本科生的学习心理特征，结合自身教育背景和教学经验对大一俄语实践和俄罗斯艺术史两门课程的教学实践进行反思，总结和呈现了几项有益的教学方法与案例。国情文化知识与语言教学要做到融合互鉴，利用多种方式让学生体验俄罗斯语言的优美和俄罗斯文化的丰富。外语专业的教与学本身也是审美教育的一个环节，"美人之美，美美与共"是外语人应该具备的开放心态。

§ **关键词：** 俄语实践　关联式教学　国情文化知识　美感体验

作为从事教学工作刚满一年半的青年教师，当前尚处在一个起步、适应和累积教学经验的重要阶段。从博士生到高校老师的身份转变一方面带来了职业新鲜感和十足的工作热情，另一方面也遇到不小的挑战、不少的难题。"上好一门课"不单关乎教师具体的课堂表现、掌控课堂节奏的能力以及向学生传授新知的诸多实际方法，其背后真正体现的是教师的个人综合修养、性格气质以及对所教学科全面与深入的理解和科学的思维方式。于是在笔者看来，如何根据教师的个人特质和学科背景"上好一门课"是初入职场的青年教师需要不断反思的问题。

笔者 2008 年以俄语零起点的身份进入北京外国语大学俄语学院学习，本科毕业后转而学习艺术史论，并在这一新的领域探索多年，获得圣彼得堡大学艺术批评硕士和北京大学艺术理论博士学位。2019 年重回母校，入职俄语学院后，结合本人两个专业的学习与研究背景，承担了必修课大一俄语实践的教学任务，并同时开设了面向大二学生的专业方向选修课俄罗斯艺术史。经过了完整一轮的教学，积累了一定的经验，也产生了一些思考。以下，就从自己教授的两门课程出发，试析语言和国情文化类课程教学实践中的几点关键问题。

一、启发、引导与关联式的语言教学

同笔者的情况一样，北外俄语学院目前招收的本科学生中大部分以零起点高中生为主，其组成的两个平行班为学院本科教育的重要主体。经过深入接触，笔者发现，这批同学有两个共同的特点：一是中学阶段英语成绩优秀，对外语学习充满热情，有着较好的外语学习习惯和方法；二是对俄语和俄罗斯不甚了解，选择俄语为修读专业的理由多是"分数刚好能达到俄语专业录取线"，或由于服从调剂"无奈"进入了俄语学院，而非纯粹自发、自主的抉择。这种情况可以理解，对于"00 后"学生而言，虽然知晓俄罗斯在全球格局中的重要性，知晓中俄两国关系较为乐观的发展前景，知晓俄罗斯经典文学艺术的璀璨辉煌，但俄罗斯和俄语对他们的吸引力仍远不如西、法、德、日等"热门"语种强。其中的原因是复杂的——譬如苏联解体后俄罗斯文化生产和输出的相对弱势造成的当代国人对俄罗斯的刻板印象，譬如对俄罗斯经济局势、生活水平和国际地位衰弱的担忧，抑或单纯出自对掌握基里尔字母这一不同于拉丁字母体系的"未知恐惧"，等等。在充分了解了当前学生基本情况和学习心理后，笔者认为，基于零起点学生已有的知识体系、群体特征和文化认知开展启发、引导与关联式的教学是俄语专业基础阶段教育的重点和培育学生持续学习能力的突破口。

在初次带领大一新生进入俄语的系统学习课程前，一堂难度适中、具有引导和启发性质的语言导论课显得十分重要。对俄语在语言学中的位置和基本特点做一些简单的梳理和介绍，将俄语与零起点学生已掌握的两门语言——中文和英文进行一些科学化的对比，能够使学生迅速了解俄语在人类语言之林中存在的位置，并能有效降低其对全新语言学习的未知性焦虑。笔者主要从三个方面引导学生对俄语做基本了解：第一，重点介绍俄语在印欧语言谱系中的身份，知晓俄语和其他欧洲语言，尤其是同英语的亲缘关系；第二，简要介绍俄语的发展历史，包括俄语字母体系的起源、俄语文学语言的生成、俄语的外来词借入现象等；第三，简要介绍俄语的语音和形态学特征，包括俄语的发音特点、调型以及作为屈折语的形态特点，试图让学生理解俄语学习的难点所在，尤其是变格、变位体系存在的意义。事实证明，在基础语言课程的起始阶段梳理清楚如上问题能够解决学生在接下来俄语学习中的很多疑惑，形成较为科学的学习方法，树立学习的自信心。

基于北外学生对语言符号的敏感度和已有的较高的英语水平，在整个大一基础阶段教学中，与其语言学习的知识性基础进行关联和引导成为了一项促进教学活动的有益工作。譬如，在学习字母的过程中，将基里尔字母同与其有密切关系的希腊字母和拉丁字母进行对比和联想——如 A，E，K，M，O，T 等字母和拉丁字母形态的一致，В，Г，Д，Л，П，Р，Ф，Х 等字母与学生中学熟悉的数学、物理常用希腊符号 В，Г，Δ，Λ，П，Р，Ф，Х 等在形态甚至发音上的接近与亲缘关系——能有效降低字母的学习难度。而根据笔者的不精确统计，大 俄语实践上下两册教材的生词总表中约有 20%—30% 的词汇属于俄英同源词（原始印欧语同源）、俄英共有借词（主要借自法语、拉丁语）或英语单方向借词，对这些词汇的引导式讲解有助于学生更好地记忆和理解词汇。例如，常见积极词汇 балет, банк, футбол, институт, концерт 等和英语相应词汇形态接近、意义一致，вода，молоко, церковь, брат 和英文的 water, milk, church, brother 为印欧语系同源词，可引导学生进行联系性记忆。再比如，学习语法时，который 引导的定语从句或 бы 与动词过去时构成的假定式等现象都可以和英语的相关语法规则进行类比式讲解，比起用中文来解释要清晰简单得多。

这些穿插在课堂中的语言学小知识或俄英双语的对比联系看似与传统的俄语学习方法有很大不同，却在很大程度上提高了课堂的活跃度和学生的学习兴趣，让学生感觉俄语并不是一门真正"从零学起"的高难度语言；同时，这些引导和启发也开阔了学生的视野，让语言学习变得鲜活，而不仅仅停留在生硬死板的记忆层面。此外，在课堂上灵活使用年轻一代学生喜闻乐见的多媒体和网络资源辅助教学，创造轻松、愉快、积极且平等的互动与讨论环境，利用翻转课堂的方法突出学生课堂学习的主体性也是成功的语言教学所必不可少的要素。

二、国情文化知识与语言教学的融合互鉴

谚语有云："Сколько языков знаешь, столько в тебе и людей"（"知晓几门语言，就有几重人格"）。任何人类语言都并非孤立的符号系统，其背后是语言对象国丰富的历史、文化积淀，承载着一个民族独特的思想观念和精神特质。掌握一门新语言便是开启了语言背后庞大的新世界，语言的习得过程即是对异文化体验与吸收的过程。因此，语言教学无论如何都无法脱离对象国的文化而独立存在，俄语的教与学也必须和俄语国家的国情文化知识有机地结合在一起。

笔者认为，在大一俄语实践的教学过程中，学生对俄罗斯国情文化的习得主要反映在三个维度上：一是透过词汇本身洞悉语符蕴含的历史文化现象，二是通过学习特定的语言表达习惯了解俄罗斯民族的性格和风俗，三是通过完整的语篇或课程主题掌握相关的俄罗斯国情文化知识。

针对在传统语言教学中经常被忽略的第一个维度，笔者在课堂上尤其强调"单词即是概念，概念即是文化"的思想，对一些富有文化深度或具备有趣文化现象的词汇深入精讲，在教授语言本身的同时也试图增加实践课的趣味性和知识性。譬如，在学习和辨析 Китай 和 Россия 二词的时候，从词源的角度向学生介绍两国人民在历史中对彼此的认知方式——不同于欧洲大部分民族通过波斯和古印度认识中国，并由波斯语和梵语借入"秦"一词（如英语 China，法语 Chine）指代中国，东斯拉夫人是通过北亚操突厥语的游牧民族认识的中国，于是俄语"误用"了本指中国北方游牧民族"契丹"一词指代中国；反之，中文则是借用词首颤音前加元音的蒙古语（Oros）译出"斡罗斯"的称谓，形成了今日的"俄罗斯"一词。又如，由荷兰语借入俄语的名词 апельсин（橙子）原指"中国苹果"（appel + sien），印刻在词汇符号中的是东西方物质文明沟通与交流的历史。再如，数词 40 与其他的整十位数词构词形态截然不同，给学生造成了不小的疑惑，而搜寻与介绍该词背后的文化现象同样有趣——сорок 一词在古俄语中专指"一捆（40张）黑貂皮"，反映了古代俄罗斯民族的生存特点，加深了学生对俄语中特殊词汇形式的理解。

针对第二个维度，笔者认为应当尽量在课堂上多介绍和补充包涵丰富俄罗斯文化现象的习语、俗语、谚语等，使学生在学习语言知识的过程中自然而然、潜移默化地了解俄罗斯文化观念。例如，讲解顺序数次和集合数词时介绍"на седьмом небе"（如登天堂般欢乐）、"Семеро одного не ждут."（少数服从多数）等有趣的表达方式；又如，解析"– Ни пуха ни пера. – К чёрту."（祝愿好运）的词汇意义和民俗理念等等。

针对第三个维度，基础阶段教材内容的编写和与之匹配的教学实践一方面应当尽可能地贴近现实生活，让学生充分感受对象国日常生活的方方面面，能面对各种基础性的主题用外语熟练阐释自己的观点；但同时，语篇选择也需兼顾文学性和艺术性，让学生尽可能地体验俄罗斯语言的优美和俄罗斯文化的博大精深。对此，教师应多鼓励学生在课后多听、多读、多看优秀的俄罗斯文艺作品，利用好语言这个有力的工具，自主、自由地探寻语言背后广袤的文化世界。

在俄罗斯艺术史课程的教与学过程中，语言同样扮演了极其关键的角色。这门国情文化选修课看似是一门与语言技能没有直接关系的知识性课程，看似跨出了外国语言文学一级学科的藩

篱，但其核心追根究底仍然是语言。正如中央美术学院人文学院李军教授具有洞见地指出：学习和研究外国艺术的历史和现象，"必须进入到我们所研究对象所使用的语言，因为所谓的'外国美术史'或者'西方美术史'，其叙事单位，实际上是由一个个说着具体民族语言、属于一个个具体民族国家的艺术家组成"。（李军 2019：68）对语言对象国经典艺术作品的简要了解和欣赏诚然重要，但理想的大学学习不能仅仅停留在艺术鉴赏的层面，而是应该借助对象国语言深入到作品背后的概念和文本中，通过广泛的阅读，更深刻地理解艺术作品、艺术观念生成背后的历史与民族文化现象，还原俄罗斯艺术的"原文化语境"，这对学生丰富俄罗斯国情文化综合知识、提升语言水平也是颇有裨益和帮助的。

对于大二的学生而言，虽然俄语水平尚不够高，俄语阅读能力还处于中低阶段，但此时，训练学生开始养成使用俄语查找资料和原文文献的良好习惯显得十分重要——循序渐进阅读体量庞大且较易上手的艺术文本有助于其语言水平的迅速提升，以及综合人文知识与个人素质的增进。课堂教学中，笔者常常在介绍艺术史知识时贯穿讲解相应的原文词汇概念，补充相关的原文文本进行精读；学期论文的布置更促进了学生课后泛读习惯的养成，实现国情文化课程学习和语言学习的相辅相成、融合互鉴。

例如，在讲授 19 世纪上半叶俄罗斯浪漫主义艺术时，先由词汇概念切入，带领学生分析 Романтизм 一词的词源、意义，进而引向浪漫主义作为艺术风格的观念与特点；在介绍基普连斯基（О.А. Кипренский）著名的浪漫主义肖像画作品《普希金肖像》（«Портрет А.С. Пушкин»）时，补充讲述了俄罗斯"黄金时代"文学和文化的发展历程和特质，并加入了普希金与该画作相关的诗作《致基普连斯基》（«Кипренскому»）对绘画作品进行互文式的解析，增强学生对作品本身、对浪漫主义风格和该时期俄罗斯文化现象的认识。又如，在介绍格林卡浪漫曲创作时，特意选取了改编自普希金经典诗歌《我记得那美妙的一瞬》（«Я помню чудное мгновенье»）的同名歌曲作品，并将诗歌原文、译文与歌曲演唱视频同步播放，从语言文学和艺术赏析的多重视角呈现俄罗斯文化的综合风貌，将语言教学和艺术史教学生动、有机地结合在一起。

三、教与学中的美感体验与人格提升

北外拥有全国独一无二的多语种学习环境，在这里，学习一门外国语就意味着以开放的态度去了解外国文化，尊重世界文化的差异性和多元性，实现一种语言和文化双重意义上的平等沟通、平等交流。这正呼应了费孝通先生提出的"各美其美，美人之美，美美与共，天下大同"。

笔者认为，对外国语言的学习、对外国文化的认识与研究本身也是审美教育的一个环节。从语言教学出发，使学生有效地掌握与世界其他文明相互沟通的工具，进而体验不同民族文化自身在不同地理、历史环境中所孕育的独特美感，在对美的共同感知下享受、拥抱和吸收整个人类社会最优质的文明成果。此外，外语学习的过程也教会我们时刻站在"他者"的角度上审视别国文化、重视本国文化，既能懂得和而不同、美美与共的优秀处事原则，也能养成相互借鉴、取长补短的开放心态，这无论对于学生未来的职业发展还是自身的人格提升都是非常重要的。

既然外语和外国文化的教与学是一种美感体验的过程，那么大学的外语教育也应该同审美教育一样，淡化专业学习的功利性，逐渐步入真正意义上的博雅教育或通识教育——这也契合新时代我国高等教育的发展方向与建设理念。此所谓的淡化功利性并不意味着降低专业教育的质量和语言自身的工具属性，而是尽可能地让学生跳出语言符号的束缚，跳出传统记忆式语言学习的枯燥和乏味，在丰富的文化语境中更灵活、更轻松地掌握语言、习得新知。因此，无论是基础阶段语言实践课还是国情文化课，教师应该用多种方式方法让学生感受语言文化的美和"无用之用"，抵制机械式、功利式学习对人的副作用和"异化"，在美感的熏陶中降低学生对专业学习的困惑和对未来发展的焦虑。往往，一个穿插在语言课中的民俗文化小知识、一段诗句欣赏中的韵律解析、对一幅经典画作深入且新颖的形式风格分析都能深深印刻在学生的脑海里，成为可以永久记忆的美的瞬间，成为其专业学习乃至终生学习的潜在动力。

学为人师，行为世范。最后，希望俄语学院的青年教师们齐心协力，共同进步，守住传统，大胆创新，让更多优秀学子加入光荣的北外俄语人的队伍，一同在俄罗斯语言文化的浩瀚天地中探索美、感受美、拥抱美。祝愿北外的明天更美好。

参考文献

1. 李军. 为什么故事总是可以有两种讲法？[J]. 美术研究，2019(4)：68—73.

线上教学背景下的俄语教学：前景与挑战
——以北外低年级基础俄语课为例

熊乐平

§ **摘　要：** 2020 年新冠肺炎疫情席卷全球，各国教育事业遭遇重大考验。我国教育谨遵党和国家的指挥与部署，实现了线下到线上的顺利迁移。北京外国语大学的俄语教学成功克服了网络教学中的困难，在实践中逐渐孵化线上教学新模式，力争在后疫情时代线上与线下有机结合的教学中继续保持高质量的俄语人才培养模式。

§ **关键词：** 线上教学　基础俄语　前景　挑战

2020 年初，新冠肺炎疫情的突然爆发给各行各业按下了"暂停键"。面对疫情，党中央、国务院高度重视，举国上下众志成城，我国疫情在较短时间内得到了有效控制。此后，在教育部的领导下，全国大中小学有序开展"停课不停教、不停学"工作。北京外国语大学迅速行动，按照上级要求，带领全校师生积极应对疫情，有效保障了教学工作的顺利进行。

一、全面启动线上教学

2020 年春季学期开始前，我国的疫情防控工作正处于攻坚克难阶段，全国各校师生基本处于足不出户的居家状态。北京外国语大学外语在线学习平台自 2020 年 2 月 1 日起，面向全国免费开放外语在线学习平台，向全国大、中、小学师生和社会公众免费提供 300 门优质线上外语课程以及在线外语教学综合解决方案，帮助相关院校制定线上教学管理应急方案，帮助全国学生足不出户提高外语水平[1]。在此背景下，北外各项核心语言类专业课程有条不紊地开展，充分利用优势资源由传统线下教学逐步过渡到新型线上教学。北外师生在学校组织下，参与了多轮培训、测试、模拟，体验了多种授课模式与网络教学平台，最终基本确定了各科目的线上教学方式。北外俄语学院作为我校历史最悠久、教学经验最丰富的教学科研单位，在学校各部门的支持与配合下成功登录云端，高效地实现了教学模式切换。

二、线上俄语教学的前期困扰

线上教学开始后，我院师生通力合作，逐渐摸索出了线上俄语教学的有效路径。尽管如此，

1　北京外国语大学新闻网：https://news.bfsu.edu.cn/article/280299/cate/4

低年级的俄语网络教学依然遭遇了一定的挑战。

首先，俄语学科的图书资料、网络资源相对有限。对于俄语初学者而言，可选择的纸质书籍与数字产品较少；对于大学本科俄语专业的低年级教学来说，所能采用的教材更需要精挑细选。疫情导致国内物流服务受阻，师生获取俄语实体资源的途径进一步缩减。一直以来，北外俄语专业使用外语教学与研究出版社（以下简称"外研社"）的《"东方"大学俄语（新版）》作为教材，2020 年疫情暴发时，国内大多数高校已放寒假，因假期时间相对较短，又临近春节，许多师生随身未携带俄语教材和习题。随着新学期的邻近，教学环境成功实现转换，但部分师生却遭遇了"学习资料荒"。以笔者授课的北外俄语学院 1903 班（大学一年级下学期）为例，笔者在当时疫情最严重的城市——武汉经历了近百日"足不出户"的窘境，家中仅留有 2008 年版《"东方"大学俄语》教材。学生的情况也相差无几，自 2019 年秋季学期起，随着"东方"教材更新换代，俄语专业新生开始使用试用版最新教材。试用教材分单元印刷，学期结束时，师生尚未获得完整的 1—2 册课本[1]。2020 年春季学期开学前，受疫情影响，北外俄语学院 2019 级的学生都面临着"有网课可上，无教材可用"的情况。值得庆幸的是，外研社及时向全国广大师生伸出了援手。疫情防控期间，该社发布了多项数字教材及数字产品，帮助超过 5 万名教师、4400 万人次的大学生、3000 万人次的中小学生居家在线学习，2020 春季外研版大中小学教材电子版下载次数超过百万。外研社为保障各地学校"停课不停教，停课不停学"作出贡献，得到全国师生及广大学习者的高度认可。（左志红 2020）外研社免费分享的海量多语种电子版教学资源中就包括了大学俄语基础阶段教学所需的教材，解决了北外俄院师生的燃眉之急。

其次，大学本科俄语专业的低年级零起点学生在线上教学中的学习效果难以得到有效验证。相比而言，高年级的俄语专业教学可以通过演讲、辩论、翻译（听译、视译）等方式检验并巩固教学效果，教师在线上教学中依然可以游刃有余地指导学生进行训练。而对于基础阶段俄语专业课教学来说，传统线下教学情境下的词汇听写、课文背诵、会话演练都是必不可少的环节，只有得到充分落实，才能基本保证教学效果。当教学活动在教室进行的时候，教师通常有机会观察到每个学生的举动，甚至可以通过表情和神态判断学生是否熟练掌握所学知识，并对表现不积极的学生进行抽查。线上教学若照搬线下的抽查模式，在低年级日常教学效果检验的工作中会出现盲点，这往往会掩盖许多问题，并且会为日后的教学埋下隐患。师生若不能对此做到心中有数、实事求是，反而自我感觉良好，自欺欺人，就难以判断实际的教学质量。比如，在线下教学情境中，教师在听写词组时，通常禁止学生借助任何手段查资料；学生在朗诵课文、演练对话时，其言语状态一目了然。而在线上教学过程中，所有的参考标准都变得模糊，教师必须对所见所闻时刻保持怀疑，冷静地看待学生在练习时的"优异的表现"。与此同时，教师在与学生共事时，要给予后者足够的尊重、信任与鼓励，以便达到更好的教学效果。因此，一方面，教师要做到认真负责，及时发现、指出问题；另一方面，不宜吹毛求疵，过分追求完美。线上教学的开展无疑对教师提出了更高的要求，如何在客观条件有限的情况下寻求最适宜、最客观的教学效果检验方式，仍需要师生进一步共同探索。

1　外研社《"东方"大学俄语（新版）学生用书》1—2 册版次为：2020 年 2 月第 1 版.

三、线上俄语教学的后期发现

经过初期的摸索与适应，线上俄语教学进入了稳步推进的阶段，在师生的共同努力下，网络教学逐渐呈现出一些有别于线下教学的独特之处，其中既有"云端知识库"的总体优势，又有基础俄语线上教学的专属闪光点。

首先，线上教学的启动促进了俄语网络教学资源的再次推广、更新和产出。现有的资源获得了更大的关注，焕发了"第二春"，得到了更广泛的传播。同时，现实需求的激增为俄语公共知识产品的制作与创新注入了强劲动力。师生在教学模式被动转型的过程中都或多或少地产生了利用网络资源的意识，学生在搜索在线学习资源和与专业相关的最新资讯中接触到了更多的知识与信息，学会了更高效地利用网络平台的各项功能，这无疑对教学内容的复习巩固提供了良好的条件。

其次，低年级的俄语线上教学存在一定的"书写障碍"。所谓的"书写障碍"指的是大多数低年级俄语专业学生往往只具备俄语书写能力，尚不熟悉在电子设备端录入俄语。这种对键盘输入的生疏在俄语专业本科教学中并不罕见，但在本科阶段，多数国内高校的教学和考试都在线下以手写形式进行，因此这种"打字障碍"历来似乎都没有被视作问题。使用俄语字母键盘经验严重不足的情况甚至时常出现在高年级的俄语专业学生身上，许多同学直至撰写本科毕业论文时才意识到该问题的存在。俄语"书写障碍"或许需要"小题大做"，它不仅影响了毕业生在俄语论文撰写过程中的效率，而且在一定程度上代表了他们未来从事俄语专业工作时的基础业务能力。随着线上教学的深入开展，"书写障碍"的问题有望解决。师生受网络教学环境的天然影响，不得不开始关注俄语字母的输入问题，针对俄语键盘输入的训练因此得以提前启动。

最后，俄语线上教学可以充分发挥网络优势，培养低年级学生对俄语学习的兴趣，同时锻炼其应用信息技术的能力。在传统教学过程中，教师通常要求学生根据所学内容轮流进行口语表述，形成"值日报告"等定期的展示环节。对许多外语专业的师生来说，它是教学中的必备程序，能对学生的语音面貌、言语状态、演讲仪表等素养进行全方位的塑造。然而，当这种教学模式成为日常规定动作后，学生有时候难免产生倦怠，感到枯燥乏味。首先，对于学习俄语仅半年的学生而言，要做到演讲内容丰富、观点新颖不是一件容易的事情。同时，在课堂教学过程中，部分学生由于语言不够熟练，比较胆怯，在进行报告时表现比较生硬，不够活跃，除此以外，在口语展示环节并没有出现更多形式与内容的创新。久而久之,学生就只是敷衍应付地完成"值日报告"，在课堂上，这甚至可能演变成发言人"自说自话"的状况，其余的学生冷眼旁观，几乎没有参与感。这显然违背了设计该教学环节的初衷，既没有充分调动学生的学习兴趣，也没有在教学过程中形成共同探讨、分析问题的互补互助互鉴机制。随着线下教学转至线上，网络平台的屏幕共享功能为师生提供了展示更多内容的机会。如果说在以往线下教学中，受师生互动的惯性模式、教学场地技术条件有限等因素影响，学生展示口语训练的形式多半以独立演讲、小组对话、PPT幻灯片放映为主，那么线上教学则为同样内容的呈现方式创造了更多可能。师生均可在自己熟悉的设备上充分发挥自己的创造力，制作出更为丰富多彩的原创内容。这些作品在原创者的设备上或各类在线平台能够长久保存，不仅可以作为学习材料反复观看，发现可能的问题并进行改正，还具备了无限传播的可能。它们既是作者学习成果展示的复现，又能为他人所用，绽放自己的光芒，创造自己的价值。以笔者授课的北外俄语学院 1903 班为例，在疫情期间的大学俄语第二册线上教学期间，许多同学别出心裁，自发在轮流"值日报告"、会话编写与演练的口语展示环节采用了新的模式，出现了一系列让师生喜闻乐见、受益匪浅的原创短视频作品。部分实例如下表[1]：

俄语原创短视频标题	练习类型	内容梗概	作品时长	上传时间	播放次数（截至2021-03-05）
菜鸡俄语学生的极简邋遢风对话	根据情景编写对话	调查员询问嫌疑人在某时刻的行踪	4 分 16 秒	2020-04-10	350
俄语原创短片《祝你生日快乐》	口语自述	如何度过生日的一天	2 分 2 秒	2020-04-13	811
俄语配音:《比基尼海滩的欢乐时刻》	值日报告	动画片《海绵宝宝》选段配音	3 分 45 秒	2020-05-23	105
俄语配音版《你的名字是学渣》	值日报告	动画片《你的名字》改编视频	2 分 29 秒	2020-05-27	100
俄语配音:《疯狂动物城之恶霸 Илья》	值日报告	动画片《疯狂动物城》选段配音	1 分 34 秒	2020-05-27	509
俄语配音: 视频《补作业的时间永远是个谜》	值日报告	动画片《校园小子》选段剪辑的俄语版	2 分 43 秒	2020-06-13	1156
《太原市第二外国语学校学子赴俄罗斯萨拉托夫市进行文化交流》	值日报告	新闻报道	1 分 37 秒	2020-06-13	182
《黑寡妇预告片》俄语版	值日报告	电影预告片俄语配音	2 分 9 秒	2020-06-13	105

根据上表内容，仅分享在网络上的 8 个原创作品获得了超 3000 次的播放量，这无疑是对学生付出的莫大肯定。此外，学生在口语展示的视频制作过程中，除了听说读写译的俄语技能训练外，还至少熟悉掌握了以下技能：电脑绘图、音视频处理、文件剪辑、外语字幕译制、配音混音合成、剧本创意设计等。与此同时，学生在创作团队作品（如对话、配音）时还培养了组织协调能力以及团队合作精神。在教师的鼓励和集体带动的影响下，线上教学期间的优秀学生创作不断涌现，全班共同打造出具有鲜活创意、轻松氛围的俄语课堂。笔者在班级内针对学生的访谈调查表明，绝大多数学生对线上教学中的精彩瞬间印象深刻，高度评价相关教学环节的积极效应，普遍的共识是：俄语口语原创作品的展播培养了学生的学习兴趣，提高了他们的学习积极性，调节了学习气氛，改善了学习效果。因此，笔者认为，教师或有必要引导俄语专业新生在日常线上或线下教学中推陈出新，丰富言语训练形式，实现学生俄语水平和应用技能的全面突破。

---

[1] 表中列举的视频素材详见北外俄语学院 1903 班在 bilibili 视频网站注册的视频发布主页：https://space.bilibili.com/538134050

四、线上教学总结

随着我国疫情防控的常态化，如何做好线上与线下教学的有机结合和有益互补，是教育界重点探讨的问题。2020年春季学期的线上教学虽然开展得比较仓促，但总体的教学效果比较乐观。正如厦门大学教师发展中心在线教学课题组展开的线上教学情况问卷调查的结果所示，我国首次大规模线上教学达到甚至超出了预期目的，是一次成功的在线教学实践，对后疫情时代高校信息化建设，实现线上与线下混合式教学具有重要的参考价值[1]。（邬大光，李文 2020：1）尽管如此，不宜过分夸大线上教学的优势，而遗忘教书育人与疫情防控的初心。实际上，线上教学至今仍有许多问题有待解决。有研究人员指出，线上教学的确给教师和学生带来了新的体验，而且线上教学所产生的大数据更便于管理者精准施策。但同时也暴露出在线教学过程中平台流畅度、灵活性受阻；教师在线教学操作不熟悉，师生互动未达到预期效果，缺乏良好的教学设计；学生自我管理难以把控，学生的任务量增加，学生个人条件差异大等问题。（胡小平，谢作栩 2020：18）外语教学在后疫情时代的发展不仅要关注上述共性问题，而且要充分考虑外语教学的特性，实现线上与线下教学结合的效果最优化。

线上教学的快速推广为外语教育的发展创造了新的机遇，也带来了前所未有的挑战。一方面，受疫情影响，在线上与线下教学进行反复切换时，师生的生活节奏、工作环境发生改变，这不仅给教师带来了额外的负担和压力，也容易让学生感到焦虑和无所适从。另一方面，为了促进网络教学质量的持续提升，师生既要想方设法地弥补传统线下教学时间减少所导致的潜在损失，又要竭尽全力地发掘云端教学的优势，打造和利用更多优质资源，任重而道远。此外，线上教学还存在一系列尚未明确的权益问题。比如，未经授权的电子版教学资源在网络世界里快速传播的现象屡见不鲜，尽管其中有诸如分享互助的善意行为，但这不改变行为本身侵权的事实。另外，在部分线上课程、讲座、研讨进行的同时，有学生在未经教师允许的情况下，擅自录制教学内容，通过网络进行小范围分享，甚至公开传播。这种行为涉及到师生的知情权、肖像权、知识产权等切身利益，如何避免相关问题的出现，教育管理部门以及有关各方仍需要深入研究与讨论，以便制定出相应的行为准则与约束机制，同时开展相应的引导工作。北外作为中国外语教学的"旗舰"高校，在服务国家与社会的同时，也应该保护师生合法权益，加强维权意识，防止优质资源遭到非法利用。

五、线上与线下结合的俄语教学

对基础俄语教学而言，线下课程的作用无可替代。课堂教学过程中的语音纠正、面对面辅导、听说读写训练在线下能够比较准确地落实，在线上则很难对这些教学环节严格把关。比如，线上教学期间，教师只能勉强通过照片批改学生的家庭作业，难以对学生的错误进行手把手的指正。

---

1 为了全面了解2020年新冠疫情期间我国高校的线上教学情况，厦门大学教师发展中心在线教学课题组展开了线上教学情况问卷调查，共有334所高校，13997名教师和256504名学生参加了此次调查。

另外，网络信号的不稳定、学生所处环境的不确定性都对师生的即时交流造成了一定的阻碍。这些实际问题都对低年级的俄语教学形成了较大挑战。实际上，多数师生常年处于线下教学环境中，校园课堂对他们而言，不单单是授受知识的场所，它早已成为一种心理情境，督促师生更好地各司其职。因此，在线下教学过程中，教师要有意识地加强师生互动，为低年级的俄语专业学生打下坚实的学习基础。同时，师生要树立"危机"意识，在线下教学中就做好教学模式切换的准备。教师应努力将可用于线下教学的线上资源搬入课堂，突破传统教学的瓶颈，在坚持优秀传统教学方法的同时，加大课堂教学形式的创新力度，努力培养出更多、更优秀的专业人才。

在后疫情时代，线上与线下教学未必是非此即彼的关系，它们可能会按需转换或同时进行。因此，如何提前做好预案是学校与师生必须认真思考并妥善解决的问题。怎样根据教学的需要进行合理的线上与线下的教学安排，需要学校行政部门、教学部门以及课程相关领域的专家、师生共同评估决定。对于外语专业零起点低年级的教学工作而言，设置定量的线下面授课程，辅以少量的线上拓展课堂，或许能够成为最优化的融合教学模式。

北京外国语大学包括俄语专业在内的外语教育历来处于国内领先位置，我校师生要充分汲取北外80年外语教学的丰富经验，利用好线上教学带来的新契机，才能在教学发展与人才培养方面获得新的动力，在新的历史时期再创辉煌。此外，在国际形势复杂多变、多国抗疫形势依然堪忧、国际人文交流受限的背景下，北外师生应提高站位，加强与世界的对话，通过网络向世界讲好中国故事，为传播中国软实力贡献自己的力量。在扩大北外全球影响力的光荣使命中，我校俄语人必须不忘初心，砥砺前行。

参考文献

1. 胡小平，谢作栩. 疫情下高校在线教学的优势与挑战探析 [J]. 中国高教研究，2020(04)：18—22.

2. 邬大光，李文. 我国高校大规模线上教学的阶段性特征——基于对学生、教师、教务人员问卷调查的实证研究 [J]. 华东师范大学学报（教育科学版），2020(07)：1—130.

3. 左志红. 外语教学与研究出版社：数字出版和线上营销快速崛起 [N/OL]. 中国新闻出版广电报／网，https://www.chinaxwcb.com/info/569013.

对俄汉笔译教学的几点思考

赵 为[1]

§ **摘　要：** 开设俄汉笔译课程的目的是帮助学习者建立正确的翻译思维，助力学习者摆脱教学翻译的影响，尽早进入学习和掌握应用翻译的阶段。培养学习者的批判性思维亦是翻译课教学的一项重要任务。只有建立起批判性思维，学习者才能够发现问题、解决问题。灵活运用翻译技巧可以提升译文质量。熟谙新闻翻译原则有助于学习者在外宣工作中站稳政治立场。

§ **关键词：** 俄汉笔译　批判性思维　翻译技巧　新闻翻译

随着中国国力的不断增强，传播中国声音、讲好中国故事，向世界真实、全面地展现中国形象，提高国家文化软实力和中华文化影响力显得尤为重要。对于外语学子来说，不仅要学好外语，更要在翻译上下功夫。

开设俄汉笔译课程的目的是让大学生、研究生能够通过修习该门课程，掌握翻译不同体裁、题材文字的方法，夯实双语翻译基础、提高互译能力。笔译教学可以帮助学生建立起正确的翻译思维，掌握翻译技巧，真正做到理论与实践相结合。

一、中国翻译史带给我们的思考

无论是笔译课还是口译课教学，中国翻译史是课程导论部分必讲的内容。中国外译汉的发端始于汉代。若细究源头，还可追溯到更久远的年代。我国是多民族、多方言的国家，存在着从一种方言转换成另一种方言的翻译现象，例如：楚辞中的《越人歌》（约公元前 545 年），就是存在这一现象的例证。据记载，楚灵王的弟弟子皙在河边小憩，听到船夫唱了首悠扬的越人歌。但子皙一句也没听懂。于是请行走于楚、越两国间的楚人将其"译"成楚语。这首越人歌便和楚国的其他民间诗歌一起成为了《楚辞》的艺术组成部分。

而佛经的翻译"确凿可考者应自东汉桓帝时（公元 147—167 年），从安世高译出《明度五十校计经》始。这位高僧的译经工作约止于东汉建宁（公元 168—171 年）年间。前人评论安世高的译作，认为其译本义理明晰，文字允正，辩而不华，质而不野。但从总体的方面说，还是偏于直译"。（马祖毅 1998：17—23）

通过对相关文献的梳理和分析，不难发现，佛经翻译是从直译加音译开始的，之后才慢慢向意译过渡。三国时期佛经翻译者支谦（生卒年不详）译有《维摩诘所说经》：

1　作者 2020 年受聘北京外国语大学俄语学院兼职教授。

　　复有万梵天王尸弃等，从余四天下，来诣佛所，而为听法；复有万二千天帝，亦从余四天下，来在会坐；并余大威力诸天、龙神、夜叉、乾闼婆、阿修罗、迦楼罗、紧那罗、摩侯罗伽等，悉来会坐；诸比丘、比丘尼、优婆塞、优婆夷、俱来会坐。彼时佛与无量百千之众，恭敬围绕，而为说法，譬如须弥山王，显于大海，安处众宝师子之座，蔽于一切诸来大众。（节选）

　　这段文字中，可见大量的音译，如夜叉、乾闼婆、阿修罗、迦楼罗、紧那罗、摩侯罗伽，诸比丘、比丘尼、优婆塞、优婆夷，却鲜见使用汉语修辞手段。《大佛顶首楞严神咒》则是通篇音译，更令普通读者费解。

　　盛唐时期，高僧玄奘（公元602—664年）奉旨组建了译场。《中国翻译简史》中记述了唐代的译场制度，其中翻译职司多达十一种：

　　译主：为全场主脑，精通华梵，深谙佛理，遇有疑难，能判断解决；

　　证译：为译主的助手，凡已译的意义与梵文有何差殊，均由他与译主商讨；

　　证文：或称证梵本，译主诵梵文时，由他注意原文有无讹误；

　　度语：根据梵文字音改记成汉字，又称书字；

　　笔受：把录下的梵文字音译成汉字；

　　缀文：整理译文，使之符合汉语习惯；

　　参议：即勘校原文是否有误，又用译文回证原文有无歧异；

　　刊定：因中外文体不同，故每句每节每章须去其芜冗重复；

　　润文：从修辞上对译文加以润饰；

　　梵呗：译文完成后，用读梵音的法子来唱念，看音调是否协调，便于僧侣诵读；

　　监护大使：钦命大臣监阅译经。

　　由此可以看出，十一种职司分工明确，可见其对润校工作异常重视。

　　唐代的佛经翻译降低了音译的比例，采用更多翻译技巧，译文质量得到了明显提升，例如《般若波罗蜜多心经》：

　　观自在菩萨，行深般若波罗蜜多时，照见五蕴皆空，度一切苦厄。舍利子，色不异空，空不异色，色即是空，空即是色，受想行识，亦复如是。舍利子，是诸法空相，不生不灭，不垢不净，不增不减。是故空中无色，无受想行识，无眼耳鼻舌身意，无色声香味触法，无眼界，乃至无意识界，无无明，亦无无明尽，乃至无老死，亦无老死尽。无苦集灭道，无智亦无得。以无所得故。菩提萨埵，依般若波罗蜜多故，心无挂碍。无挂碍故，无有恐怖，远离颠倒梦想，究竟涅盘。三世诸佛，依般若波罗蜜多故，得阿耨多罗三藐三菩提。故知般若波罗蜜多，是大神咒，是大明咒，是无上咒，是无等等咒，能除一切苦，真实不虚。故说般若波罗蜜多咒，即说咒曰："揭谛揭谛，波罗揭谛，波罗僧揭谛，菩提萨婆诃。"

　　译文中可见大量汉语修辞格，例如：四字结构、顶针、取中、重复、排比、递进等。例如：色不异空，空不异色，色即是空，空即是色；不生不灭，不垢不净，不增不减等。音译占比降到

13%。佛经翻译走到这一步，用时约 500 年。

中国翻译历史长达一千八百多年。安世高翻译佛经比圣杰罗姆翻译拉丁语圣经早近二百年，但我们尚不得见系统的中国翻译理论研究，不能不说是一件憾事。

今天，初涉翻译者似也多从直译起步，译作质量通常不佳。要想使译文达到理想的高度，译者需要提高自身的语言文化修养，拓展知识面，熟练掌握翻译方法和技巧。直译方法本没有错误，但过量使用直译，往往会引发一系列的质量问题。

二、教学翻译与应用翻译

翻译文稿既不该逐词对译（有重要的先决条件），也不该刻意追求句子成分的对译。有些人始终认为翻译的本质就是两种文字的转换。事实上文字转换仅仅是翻译的表征。产生这种错误认识的根源似与教科书中语法例句翻译有一定关联，试比较：

原文：Преподаватели и студенты оказали большую помощь в проведении вечера.

译文 1）老师和同学们在晚会的举办中给予了极大的帮助。

译文 2）筹办晚会过程中，老师和同学们给予了我们很多帮助。（分译＋增词）

原文：Они без труда прошли этот отрезок пути.

译文 1）他们毫无困难地走过了这段路程。

译文 2）他们轻松地走完了这段路程。（反译）

我们暂且将译文 1）的译法称作"教学翻译"，将译文 2）的译法称作"应用翻译"。因为二者的交际目的截然不同。

教学翻译的交际目的是要帮助学生理解例句或检查学生是否掌握了词汇和语法知识。译者着重考虑词语、句子成分的对译，暂不考虑译文是否符合译语规范。译文带有典型的中介语特征。

应用翻译的交际目的是要说服受话者、打动受话者，使其相信施话者讲述的内容或承诺。这就需要译者在遵守译语规范的前提下，根据语境选用合适的词语，从而达到交际目的。译者不再考虑词语、句子成分的对译，会自觉或不自觉地使用翻译技巧。试比较：

原文：Я буду делать так, как обещал.

译文 1）我将照我答应的那样去做。（教学翻译）

译文 2）我肯定说到做到。我说话算数。（应用翻译）

基础阶段使用教学翻译的方法解释例句有其合理的考量。到了高年级和研究生阶段，教师有必要提醒学生尽快摆脱教学翻译的影响，进入学习和掌握应用翻译的阶段。

"翻译是把一种语言传达的**信息**用另外一种语言传达出来，是使用不同语言的人进行交际、交流思想、达到相互了解的中介手段"。（蔡毅 2006：1）只考虑对译、保留原文句子结构，而不考虑信息传递有效性的翻译方法不可取。

三、培养批判性思维

现代社会中，批判性思维被普遍确立为教育，特别是高等教育的重要教学目标之一。培养学生的批判性思维也是翻译教学不可或缺的教学任务之一。只有建立起这样的思维，学生才能学会发现问题、解决问题。某次，笔者跨专业听课，授课教师将下面一段文字投到屏幕上，要求学生译成外语：

> 关于吃月饼自唐代起就有这样一个传说。说是当时地球被 10 个太阳包围着。有一天，10 个太阳同时出现在天空中，巨大的热量几乎把地球烤焦了……

50 分钟之内，无论是老师，还是学生，没有一人质疑唐朝人是否掌握了"地球"这一概念。可见，不具备批判性思维，必然会出现误读、出现文理不通或逻辑错误。

实践告诉我们，无论哪种体裁、题材的翻译，都要求译者调动批判性思维。

俄罗斯译者戈卢别夫（И.С. Голубев）在翻译陆游的《钗头凤》时，将红酥手，黄滕酒，满城春色宫墙柳……译成：О, бледные, бледные, / Чуть розовые ладони, / Вина и цветов / На прощание принесли вы...

"红酥手"本是一种糕点的名称。将其译成"粉红的小手"显然是误译。译文中如果出现逻辑不通的问题，往往与译者的批判性思维没有被激活，文化视野过窄有关。

四、常用的翻译技巧

翻译过程中，只有遇到困难时，我们才会求助于翻译技巧。课堂教学中，我们选出 12 种常见翻译技巧，作为课堂学习的内容，为方便记忆，概括总结为 12 个字：**增、减、分、合、反、转、申、化、专、序、形、润**（我们简称"十二法"）。根据笔者的统计，使用最多的是"增、转、序"。由于原文作者会不同、体裁会不同，译文中这三种技巧的使用频率也会发生变化。我们要求学生记牢这 12 个字，因为它们是"翻译课上的语法"。这里我们仅简述几种常见的翻译技巧：具体化转抽象概括化，专有名词与术语的处理原则，以及隐喻、泛指人称句、涉外文本的翻译技巧。

课堂上，我们通过篇章（包括文学作品）来练习和巩固翻译技巧。要求学生先翻译篇幅较短的篇章，之后逐渐加大篇幅。点评作业时，加入对运用技巧的分析。重点强调一些使用频率高的技巧，以 2019 年普京胜利日阅兵讲话中的呼语为例：

> 原 文：Товарищи солдаты и матросы, сержанты и старшины, мичманы и прапорщики! Товарищи офицеры, генералы и адмиралы!
>
> 译文 1）士兵们和水兵们、中士们和准尉们！海军准尉们和少尉们、军官们、将军们、海军上将们！（对译）
>
> 译文 2）陆海空三军的将士们！（采用具体化转抽象概括化的翻译技巧）

这里采用简单的对译会出现逻辑不通的问题：水兵也是士兵；士官和尉官也是军官。运用"十二法"中的"化"，就可以有效规避这一问题。

专有名词与术语的处理原则，同处理回译的原则一样，都属"零翻译原则"。现有的翻译教程中都可见到"专有名词的翻译"一节。学生很容易认为，翻译过程中，凡见到专有名词，译者就要考虑翻译它们。因此，专有名词误译便成了常见错误之一。我们不主张见到专有名词或术语就立刻上手翻译，而是要求学生查证译文。实践中，首译新专有名词的机会并不多。"多数情况下，还是要采用约定俗成的既有译法。没有先例时，才考虑翻译。所以，普通语境下首选的处理原则是——查"。（赵为 2014：147）

本科阶段，如果不重视阅读课教学，研究生阶段学生在翻译文字时，就会暴露出"误读"的问题，且常常集中在对隐喻的误读上。阅读能力是翻译的重要基础之一，扩大视野和提高理解力是一个持久的实训过程，要持之以恒。学习修辞格则是提高翻译审美力的另一有效途径。

我们将隐喻翻译技巧归于"十二法"中的"形"（民族文化中形象的去留问题）。这主要涉及隐喻、成语、谚语等文化翻译。要求学生权衡利弊，考虑是要翻译代表异族文化的喻体，还是要直接翻译本体，但无论翻译本体还是喻体，保持功能对等是底线。试比较：

原文：Венера перешла выше сучка, колесница Медведицы со своим дышлом была уже вся видна на темносинем небе... («Анна Каренина»)

译文 1）金星已经升到了树梢上方。大熊星座的车身与车辕已经清楚地出现在暗蓝色的夜空中。（《俄汉翻译教程》，保留了喻体的形象）

译文 2）长庚星已经升到了树梢上方。北斗星的斗和斗柄已经清楚地出现在暗蓝色的夜空中。（智量译，舍弃了喻体的形象，按本体形象译出。但似有过度归化之嫌）

译文 3）金星已经升到了树梢上方。暗蓝色的夜空中大熊星座已经清楚可见。（舍弃喻体形象，采用翻译本体的方法，将其译为'大熊星座'，不再保留车身与车辕、斗和斗柄的形象）

"翻译俄语中的比喻也应立足于移植，保留形象，不得已时才采取换用形象或舍弃形象的办法"。（王育伦 1992：311）

俄语泛指人称句有自己的特点。俄语动词单数第二人称具有泛指意义，而汉语的第二人称不具备这种功能。如果译文不转换人称，就会产生歧义。因此，译者需根据语境选择译语的人称。基础阶段的教材、实践课教学都巧妙地回避了这个问题，不提人称转换问题。例如：

原文：Век живи, век учись.

译文：活到老，学到老。

原文：Что посеешь, то и пожнешь.

译文：种瓜得瓜，种豆得豆。（均不译出主语）

受此类译文的影响，学生在翻译泛指人称句时或具有泛指意义的句子时，往往会保留第二人称，出现指向不清，失去泛指意义的译文。试比较：

（语境：一位记者来医院探视病人，一进走廊她便感受到……）

原　文：... Стерильная чистота. Тихие, бледные, с синеватыми губами больные. Говорят медленно, шепотом "больно". Здесь больно всем. Но кажется, тебе одной.

译文 1）周围散发着浓浓的消毒水味，患者个个面色苍白，嘴唇发青，低声呻吟，有气无力。病人都很难受，可感觉只有**你一个人**疼痛难忍。（保留第二人称）

译文 2）周围散发着浓浓的消毒水味，患者个个面色苍白，嘴唇发青，低声呻吟，有气无力。病人都很难受，可**每个人都感觉只有自己**才真的是痛苦不堪。（改译第三人称）

肖洛霍夫（М. А. Шолохов）的作品《一个人的遭遇》（《Судьба человека»）中，许多泛指人称句仅具第二人称形式，并不具泛指意义，需要根据语境选译第一人称。这里我们以草婴的译本为例：

– Беда мне с этим пассажиром. Широко **шагнешь** – он уже на рысь переходит...

这个小家伙快折磨死我了，我步子迈得大些，他就开始小跑了。（草婴处理成第一人称）

– Иной раз **не спишь** ночью, глядишь в темноту пустыми глазами и думаешь: "За что же ты, жизнь, меня так покалечила?"

有时夜里睡不着，眼前漆黑一团，我就在想，这命运干嘛这样惩罚我呀？（草婴处理成第一人称）

– Смотришь на нее и **отходишь** сердцем, а спустя немного **обнимешь** ее, **скажешь**: "Прости, милая Иринка, нахамил я тебе."

译文：看着她，我这心呀就软下来了，过一阵儿我就会低声告饶："宝贝儿，我又错了，你再原谅我一次。"（草婴处理成第一人称）

– А тут ведь за ним глаз да глаз нужен. Чуть **отвернешься**, а он уже по лужине бредет или леденику отломит и сосет вместо конфеты.

译文：少照看一眼，他就跑到水洼里蹚水去了，更要命的是还会掰下根冰溜当糖吃。（草婴没有译出主语，但暗含了第一人称）

课堂上涉外文件翻译中的"倒版"问题也应予以关注。翻译纪要、备忘录、条约、协定之类的文本时，需按要求"倒版"。所谓"倒版"，就是将外文版里外方机构名称排在前的译法转为中文版里中方机构名称排在前的译法。"倒版"这一术语多在外事部门使用。毕业后到外事部门工作的同学应该记住这个原则。机器翻译无论如何也不会这样排列文字。例如：

中俄人文合作委员会第＿＿＿＿＿＿＿次会议纪要

……

中方代表团团长为委员会中方主席。

俄方代表团团长为委员会俄方主席。

ПРОТОКОЛ

＿＿＿＿＿＿ **заседания Российско-Китайской**

комиссии по гуманитарному сотрудничеству

...

Российскую делегацию возглавила председатель российской части Комиссии.

Китайскую делегацию возглавила председатель китайской части Комиссии.

这里必须强调，翻译双语版涉外文件有其特殊要求，不可以任意扩大"倒版"的使用范围。翻译其他文稿时，是不可以"倒版"的。

前面我们曾提到，翻译不是逐词逐句的对译，而外交文件里，关键条款却恰恰会出现逐词翻译。例如，在一次涉及农业问题的谈判时，中外双方在某个问题的措辞上谈不拢了，一方说应该这样译，另一方说不能这样译。因为一个单词的译法，两方在视频会议上争了两个多小时。最后，决定暂时搁置，先谈其他问题。

五、语境与词义选择

词义的选择必须考虑诸多因素，不能仅仅以词典为准，语境会产生一些语境词义，译者应考虑所选的词义是否能融入该语境，是否能为读者理解、接受。试比较：

（某型飞机机舱里的公示语）

原文：Stow and latch handset for taxi, take off and landing.

译文：在滑行、起飞和降落时，控制手柄必须收起并锁好。

译者没有按照客舱服务用语将"handset"一词翻译成小桌板，而是根据词典的释义，将其翻译成了控制手柄。如果这条公示语不是贴在座椅靠背上，很难判定它在提示什么。如果参照语境译成"滑行、起飞和降落时，请收起小桌板并扣好"便不会再产生疑问。

《俄汉文学翻译词典》为译者提供了许多这类译例，例如：

原文：Через две недели дело могло слушаться в сенате, и к этому времени Нехлюдов намеревался поехать в Петербург и в случае **неудачи** в сенате подать прошение на высочайшее имя, как советовал советовал составивший прошение адвокатю.

译文：玛丝洛娃的案子可能过两个星期后由枢密院审理。这以前聂赫留朵夫打算先上彼得堡，万一在枢密院败诉，那就听从写状子律师的主意，去告御状。

《俄汉大词典》中，对 неудачи 一词的释义为：失败、挫折、不走运、没得手、不巧。如果照搬词典释义，译文质量必受影响。事实证明，译者只参照词典中的释义，选取其中的词义用在译文中，不考虑其是否符合语境的要求，所指是否正确，不考虑读者是否能正确理解，必然导致译文的可读性下降，甚至产生误解。这种翻译方法也明显有悖于"翻译目的论"。

在选择词义方面，专业译员考虑的因素比较多。例如：语言内因素和语言外因素。

语言内因素可包括：

功能语体：

口语语体、政论语体、公文事物语体、科技语体、文学语体。

语境：

1）语言语境：上下文、词语搭配；

2）文化语境：宗教信仰、政治观念、民俗风情、历史背景，价值观念；

3）情境语境：时代、地点、人物、场合。

修辞：

词汇修辞、语法修辞、语义修辞格、句法修辞格。

语言外因素可包括：

作者因素：个人经历、语言修养、知识面、写作风格；

译者因素：母语和外语修养、百科知识、翻译经验；

读者因素：身份、年龄、文化素养、认识能力。

译者考虑到的因素越多，选择的词义就越贴近原文。

六、国际新闻的翻译

国际新闻翻译要注意国内、国际有别，友善、中立、敌对立场有别。在我们的媒体上绝不允许出现侵犯我国主权的文字，绝不允许出现攻击我党、我国家领导人、我国政府的文字，绝不允许出现攻击我国现行社会制度的文字，绝不允许出现制造舆论、混淆黑白的文字。

涉及外国媒体的不实报道时，译文要使用能明确表明我方立场和态度的词语。例如：抹黑、诬蔑、歪曲、妄言、颠倒黑白、捏造事实、台湾伪国防部、达赖窜访、藏南地区（指所谓"阿鲁纳恰尔邦"）等。报道通常使用第三人称。例如：

据环球网 8 月 31 日报道，日前，捷克参议院主席维斯特奇尔一行窜访台湾，30 日，中国外交部长王毅表示，中国政府和中国人民决不会听之任之，坐视不管，一定要让其为自己的短视行为和政治投机付出深重代价。

新闻的译文标题也会常常做改动，改动占比也比较大。根据我们对 2021 年 1—2 月《参考消息》转载的俄语新闻稿的统计，媒体对三分之一以上的标题做出了不同程度的改动。例如：

«Американский капитализм против китайского социализма США будут наращивать мягкую силу в Поднебесной»

《俄著名汉学家：美国梦的破碎格外抢眼　中国成就正从量变转向质变》（见 2021.01.26 《参考消息》）

«Орбита на миллион: кто составит конкуренцию SpaceX в космической ндустрии»

《近地轨道成"唐僧肉"，全球企业争相发射卫星》（见 2021.02.03《参考消息》）

新闻译稿还要标明稿件来源（包括通讯社或媒体的名称和日期）、原标题名称、撰稿人等。删去不予采用的部分（删除部分平均占比 35%）。这部分是译者主动去掉的，还是编辑删除的，尚需进一步调研。译文中有减，也有加，部分稿件的结尾处会出现译者或编者的评论，以及对事件背景的简介，便于中国读者对所报道的事件有一个整体认识。

七、对翻译质量的评判标准

课堂教学应力求最大限度接近应用翻译的标准。想要达到这个目标,我们还有一段路程要走。比较我国高校与俄罗斯高校对翻译质量的评判标准,可以看到一些差异。以莫斯科大学高级翻译学院的期末考试题为例:试题的原文长度平均为 1200 个俄语字符,20 个小句;总分 20 分,每句 1 分。评判标准:句子无法理解、逻辑不通、关键词错,全句无分;格式错误、修辞错误、语法错误、用词不准扣 0.5 分;标点符号错误每个扣 0.25 分。三人交叉阅卷。

我们的翻译考试题:原文平均长度约 750 个俄语字符,10 个小句;总分 10 分,每句一分。语法错误、用词错误扣 0.5 分。标点符号错误每个扣 0.25 分。一人或二人阅卷。

莫大高翻学院的阅卷从宏观角度切入,首先看译者是否完成了交际任务,是否误导了读者,如果错了,全句无分;之后再从微观角度看译文,才考虑文字的总体质量以及译文格式、语法、用词、修辞、标点等错误。阅卷过程中更多关注交际任务完成的质量。

我们似也可以考虑,将莫大高翻学院对翻译的评判标准用来作为应用文写作的评判标准,例如:

写作要求:

Напишите объяснительную записку вашему российскому преподавателю, указав, что вы не можете прийти на урок, по какой причине и т.д. В конце не забудьте поставить подпись и дату.

答题:

A

Дорогой преподаватель!

Довожу до вашего сведения, в связи с тем, что я подрабатываю в магазине №15, в среду не могу прийти на Ваш урок. Прошу освободить меня от занятий. Уроки обязуюсь выучить самостоятельно.

С уважением,

2021.05.07

B

Дорогая Мария Ивановна:

Я заболел, не может прийти на ваши занятия, прошу прощение.

Ли Шубин

2021.05.08

第一张假条(A)格式符合要求,文字数量饱满,没有语法错误。但称呼不规范,语体不符合要求,请假理由不当,没有签名,不知是谁要请假。这位"勤工俭学的同学"未能完成交际任务,教师无法准假。故此应得 0 或 1 分。

第二张假条（B）格式有瑕疵，文字不多，行文有数个语法错误，但呼语使用正确，请假理由正当，学生签了名字，老师可以准假。这位"生病的学生"基本完成了交际任务。虽然质量不佳，但可以考虑酌情给出合理分数。

八、结　语

学习翻译时，学生不是被教会的（师傅只能领进门），而是自己练会的（修行全都在个人）；听、说、读、写是译的重要基础，但距离译还有最后一里路要走，不是每个外语专业的毕业生都会成为合格的翻译。在翻译课老师的指导下，同学们进步会快一些，会避开一些误区，少走弯路，少犯错误。我们也要更多关注机器翻译对翻译教学的影响，教学要侧重机器翻译做不好、做不到的方面。人机结合或将会成为我们今后翻译教学和翻译工作的常态。

参考文献

1. 马祖毅 . 中国翻译简史 [M]. 中国对外翻译出版公司，1998.

2. 蔡毅 . 俄汉翻译教程（上）[M]. 外语教学与研究出版社 ,2006.

3. 赵为 . 论专有名词的"零翻译"原则 [J]. 俄语教学与研究论丛 (19). 黑龙江大学出版社，2014：147.

4. 王育伦 . 俄译汉教程 [M]. 黑龙江教育出版社，1992.

对 MTI 培养中俄汉文学翻译课的教学思考

潘月琴

§ **摘　要:** 文学翻译课在 MTI 学生的培养和教学中具有独特意义,文学作品所固有的体裁形式和语言表达手法,一方面可以拓宽学生的语言视野,提高他们的俄语理解能力和语言修为,另一方面,可以使他们在文学文本的翻译实践中进一步领会所学的翻译理论及运用方法。对文学篇章的选择要秉持丰富多样又难易适度的原则,篇幅也不宜过长。在课堂教学中,要充分尊重和鼓励学生的积极性和独立思考,对有共性的问题和难点进行适时的分析和讨论。

§ **关键词:** MTI　俄汉文学翻译　教学思考

北外俄语学院自开始进行 MTI 教学起便设置了俄汉文学翻译课,近十年的教学实践中,通过与学生们之间的互动和交流,我们不断完善教学内容和方法,逐渐积累了一些经验,形成了相对比较稳定的教学模式,学生们的反馈也以积极肯定为主。在此,我们对这一课程的教学略作一些总结。

一、俄汉文学翻译课在 MTI 教学中的定位

我们将俄汉文学翻译课纳入 MTI 的教学体系中,有以下两个方面的认知。

首先,我们认为俄汉文学翻译课是 MTI 教学中非常重要的一个方面,具有自己不可替代的独特价值。大而言之,文学翻译本就是翻译活动及翻译教学中不可或缺的一个组成部分,而俄罗斯文学特别是 19 世纪的俄罗斯文学成就巨人,在整个世界文学史的发展中占有重要地位,俄罗斯文学所具有的厚重的社会内容、深刻的人性分析、崇高的道德情感和审美趣味等人文价值,对学生思想、个性及审美情感的培养具有显而易见的裨益。同时,俄罗斯文学特别是经典文学作品,作为俄语语言艺术的高峰,对于俄语学习者而言本身就是一个异常丰富的语言学习宝库,在具体的文学翻译活动中,学生们势必从深刻、准确的理解原文入手,因此他们将能格外深切地领会到俄语在语言表达上的无限丰富性、复杂性以及独特魅力,这对提高学生的俄语语言水平具有不言而喻的积极作用。在实际教学过程中,学生们对此也都具有比较深切的感受,对课程本身的价值持有比较一致的肯定态度。

其次,俄汉文学翻译课应强调实践性和具体性。学校为 MTI 教学所设定的总体目标是:培养"高层次、应用型、专业型"[1]的俄汉、汉俄翻译人才。因此,我们认为文学翻译课应始终坚持

---

[1]　北京外国语大学专业型学位硕士研究生培养方案,2018 年,第 56 页。

以具体的文学翻译实践为教学的核心和基础，以提高学生实际的文学翻译能力、鉴赏能力为目标，进而使这一课程成为提升学生整体的翻译能力的重要组成部分。

二、俄汉文学翻译课的教学内容

基于对俄汉文学翻译课在 MTI 教学中的定位，我们在教学内容的安排以及教学方法的设计上贯彻了以下的几个原则。

第一，在翻译材料的选择上，我们从一开始就确定了以 19 世纪到俄罗斯当代的文学名家名作为主要教学材料的方针，并将材料大致按散文、小说、戏剧和诗歌四个不同的文学体裁样式，划分成四个主要的教学单元，每个单元用时 3—5 周，目的在于使学生对各单元的俄语文学作品的体裁特征有所了解，对同一体裁在俄汉翻译过程中遇到的共性问题能有比较清晰的感受和认识，便于展开课堂分析和讨论。如在散文单元中，选择了普希金、果戈理、屠格涅夫、罗扎诺夫（В.В. Розанов）、舍斯托夫（Л.И. Шестов）、安德烈耶夫（Л.Н. Андреев）、高尔基、邦达列夫（Ю.В. Бондарев）等 19 世纪及 20 世纪俄罗斯著名作家、哲学家的自传、书信、散文诗、哲理散文、抒情散文等不同类型的作品；在小说单元中，选择了莱蒙托夫、屠格涅夫、托尔斯泰、布宁（И.А. Бунин）、瓦尔拉莫夫（А.Е. Варламов）、托卡列娃（В.С. Токарева）、乌利茨卡娅（Л.Е. Улицкая）等人风格殊为不同的作品；在戏剧单元中，选择了冯维辛（Д.И. Фонвизин）、果戈理、奥斯特洛夫斯基、高尔基、契诃夫、布尔加科夫（М.А. Булгаков）等人的戏剧作品；而在诗歌单元中，选择了普希金、莱蒙托夫、叶赛宁（С.А. Есенин）、阿赫玛托娃、勃洛克（А.А. Блок）、茨维塔耶娃（М.И. Цветаева）、罗日杰斯特文斯基（Г.Н. Рождественский）、西蒙诺夫（К.М. Симонов）、伊萨科夫斯基（М.В. Исаковский）、塔尔科夫斯基（А.А. Тарковский）等人的作品。当然，以上这些材料是我们逐年积累而成，实际上在每一年的上课过程中，我们都会有所筛选、调整和补充，适时加入新的篇目。

第二，在翻译材料的选择上，我们遵循的另一个原则是篇幅不宜过长、难度应当适度。我们以周为单位给学生布置翻译作业，诗歌材料每周大致控制在 2—3 首，其他文体的材料大致控制在 800 俄语单词左右，最多不会超过 1000 俄语单词。鉴于我院的 MTI 学生大多为应届本科毕业生，翻译经验有限，实际的翻译能力尚处于一个需要开发和提升的阶段，对俄语原文的理解和掌握也还有不足之处，因此，我们所选材料的难度也以中等水平为主，一个单元中最多一篇高于中度水平的文本。确立走持中道路的原则，源于在我们的教学过程中，不止一次地发现：语言难度过高或内容理解方面难度过大的作品，如偏哲理性的文本或过于隐晦的诗歌作品等，对学生而言受益不多，反而会造成他们的排斥心理和畏难情绪，在整体课时非常有限的情况下，求难、求高不仅不符合实际，而且有得不偿失之虞。

三、俄汉文学翻译课的教学思路

MTI 学制是近十年来我国研究生教学体系中出现的新生事物，应运而生的俄汉文学翻译课作为一门独立的课程，在我院也是首次出现，因此对这一课程教学方法的探讨，尚处于粗浅的起步阶段。以下我们不惮鄙陋对我们近些年来文学翻译课的教学过程及其经验教训进行一个初步的总结。

首先，我们在学期开始的第一次课会向学生简单介绍以下两方面的内容：

一是有关文学翻译的一些基本知识、概念和俄国、中国文学翻译的知名流派及其观念、成果等。鉴于 MTI 学生另外开设有俄汉笔译基础、俄罗斯与西方译论等专业必修课，因此这一部分的介绍将主要强调文学翻译的艺术性特征以及文学翻译实践中翻译策略的灵活性、多样性、多元性原则，如在俄罗斯的翻译思想中着重介绍的是丘科夫斯基（К. Чуковский）、加切奇拉泽（Г.Р. Гачечиладзе）等人的文艺学翻译学派的思想，而在中国的翻译思想中，着重介绍的是鲁迅、傅雷、钱钟书、许渊冲等文学翻译大家的翻译观念。

二是文学文本翻译前的基本准备以及汉语译文形成过程中需要注意的一些问题。如译前的准备工作可以包括对作家生平、创作观念、艺术个性以及对具体文本的产生年代、社会历史背景、艺术潮流等背景知识的了解，也包括对原文本身的深入、准确的理解，这种理解不仅是指对原文的故事情节、人物形象、作者态度、社会文化信息等内容层面的理解，还必然包括对原文的文体形式、语言特色、修辞手段以及整体艺术风格的认知和把握，这一点将直接影响到文本翻译过程中对词语、句式、修辞手段以及褒贬色彩的选择。上述两个方面是完成一篇译文必不可少的准备，只有在此基础上形成的汉语译文才有可能在内容和形式的两个方面都传达出原文的面貌。当然，在这一环节上，汉语的表达与运用能力也将对译文水平的高低产生直观的影响。

从第二周开始，我们通常将教学过程分为课下和课上两个环节来进行。

在课下环节中，首先要求学生对提前发下的翻译材料进行充分的译前准备，熟悉材料，最好能顺畅阅读，在诗歌单元中，甚至会要求学生在课堂上进行有表情朗读，以感受俄语诗歌的韵律，切实体会诗人的情感，加深对于其诗作的理解。接着，要求学生在课上教学之前书面完成翻译工作，在这一过程中，要对翻译材料的难点、重点做到心中有数，并有所思考和体悟，以便在随后的课堂环节中与大家共同讨论和分享。

在课上环节中，首先是要检查学生对翻译材料背景知识的了解程度，然后会分段落请2—3 位同学读出或展示出自己的译文，这些译文往往在俄语理解及汉语传达思路、方式——包括词语、句式的选择，褒贬色彩的判定等方面有所不同，我们会就此进行相关的讨论，邀请全班同学发表意见或提出自己的方案。当原文中存在比较明显的语言难点，造成同学普遍的理解困难时，教师应当予以必要的语言分析和解答，而当文中出现文学篇章中所特有的复杂的隐喻、象征、潜台词等艺术手法问题时，教师更应该从文学的角度去充分地解释和分析其丰富的深层含义。总之，教师要帮助学生尽可能地厘清原文中的每一个词的字面意义和潜在意义，以求在原文理解这个层面上不出现大的错漏。在对译文的讨论中，我们注重汉语表达是否通顺，措辞是否符合原文语境、修辞和语言风格，以及汉语句式与原文句式的差异所带来的信息传达优劣、缺失等问题，在戏剧篇章中，则还需突出剧中人物对白的性格特征、戏剧语言的口语性特征等等。

在课上环节中，我们常做的另一件事情是对名家译作的鉴赏分析。在我们为学生选定的翻译材料中，包含了不少俄罗斯经典文学中的名家名篇，这些作品往往有多个汉语译本，在这些译者中既有如戈宝权、草婴、巴金等老一代的翻译大家，也有如顾蕴璞、飞白、乌兰汗等成就显著的当代翻译名家，中青年译者的翻译作品也不鲜见。为了使同学们更好地领略不同译文中所体现的翻译思路、翻译手段方面的不同，我们往往就一篇文本选择2—3个不同译者的译文，或是同一个译者在不同时期的译文，放在一起加以比较和分析，讨论不同翻译策略下译文在内容、语言及信息传达等诸方面的取舍以及长短所在。在这个鉴赏和讨论的过程中，同学们大都能体会到攀登文学翻译高峰的艰辛，以及这种艰辛带来的挑战和魅力。

　　最后，需要特别强调的是，课堂讨论应该是俄汉文学翻译课教学中的关键环节。大而言之，研究生阶段的学生，应当着重培养其独立学习、独立思考、独立判断、独立表达以及独立完成一项工作的能力，从教师的角度来说，给予学生展示自己能力的机会，也是对学生潜在素质、能力的一种尊重和鼓励。在我们的俄汉文学翻译课的教学过程中，学生们大都能够积极参与课堂讨论，踊跃发表自己的意见，有时因课时紧张而不得不中断课上讨论时，有些同学还会自发地通过电子邮件或微信群等方式继续进行交流，并互相分享自己的译文等。如在诗歌翻译单元中，同学们就对俄语诗歌一诗多韵、甚至一节多韵的特征感到十分苦恼，因为在汉语诗歌里普遍为人接受的押韵方式是一韵到底，如果将俄语诗歌的韵律特征依样还原到汉语中，得到的可能是完全不符合汉语欣赏习惯的"诗歌"，不仅不便于吟诵，而且还可能给人佶屈聱口的感受，这个俄汉诗歌翻译中的"难点"问题引起同学们极大的关注。在翻译作业中，同学们通过自己的译文来实际地表达自己对这一问题的立场和处理办法，如有同学原封不动地在译文中还原俄文原诗中的偶韵、环韵、交叉韵等诸种形式，也有同学会在保持原诗段落的基础上，打破俄语诗歌韵律的禁锢，按照汉语诗歌一韵到底的习惯来翻译，还有同学则完全摒弃俄语诗歌的规范，直接将原诗译成类似汉语五言或七言的格律诗。在就此问题展开的课堂讨论中，同学们依据各自的翻译感受和立场，对俄语诗歌格律在汉译过程中的"归化"和"异化"问题，提出各自不同的看法和处理方案，在坦率的讨论中，不同方案的得失所在也逐渐变得清晰起来。有关文学翻译策略的讨论本身也许很难得出绝对的、一面倒的结论，但同学们在自身实践的基础上所进行的热烈讨论，不仅表达了他们的切实感受和思考，起到了相互交流、相互启发、集思广益的作用，而且更重要的是激发了他们发现问题、解决问题的能力，并使他们对文学翻译这个事业本身产生了浓厚的兴趣。

四、结　语

　　MTI学生的俄汉文学翻译课自开课以来不过十年的时间，我们的经验积累还不够多，需要进一步完善和调整的地方还不少，但总体而言，我们认为俄汉文学翻译课对MTI的学生是一个提升语言文化素养和翻译能力的有益、有效途径，而教学过程中课上、课下相结合，理论与实践相结合的理念，以及通过课堂讨论来最大程度地激发学生的专业兴趣、探索精神及独立思考能力的做法，将对学生的未来发展产生积极的影响。

参考文献

1. 蔡毅等.俄译汉教程（增修本）[M].北京：外语教学与研究出版社，2009.

2. 胡显耀，李力.高级文学翻译 [M].北京：外语教学与研究出版社，2015.

3. 彭甄.跨语言的书写——翻译文学文本的"异"性结构 [M].北京：中国青年出版社，2011.

4. 许渊冲.任尔东西南北风 [M].北京：清华大学出版社，2014.

5. 张宝红.文学翻译 [M].北京：外语教学与研究出版社，2016.

6. 郑海凌.文学翻译学 [M].郑州：文心出版社，2000.

翻译硕士俄汉笔译基础课程教学中的案例分析

周清波

§ **摘　要:** 本文探讨了案例分析在翻译硕士俄汉笔译基础课教学中的地位和作用,分析了该课程教学中具体案例触发、导入、分析和总结的机制,并以实际例证介绍了案例分析的操作流程。

§ **关键词:** 翻译教学　案例分析　翻译原理　翻译思维

案例分析教学法,是指根据教学目的和教学目标的要求,教师在教学过程中,以案例为基本素材,把学生带入特定情景事件中分析问题和解决问题的教学方法。这种方法广泛用于各门学科的教学中,对教学质量的提高起到了很大的促进作用。笔者于 2011 年开始在翻译硕士俄汉笔译基础课程教学中引入案例分析法,尝试通过具体案例的分析加深学生对翻译原理的领会和掌握,优化翻译技能训练的效果,并促进学生翻译理念的更新。十多年的教学实践表明,这一尝试取得了一定的成效,但也存在着这样那样的问题。本文的目的在于探讨笔译基础课教学中案例分析法的应用机制,并以实际例证介绍案例分析的操作流程。

一、俄汉笔译基础课程简介

俄汉笔译基础课,是北京外国语大学翻译硕士俄语笔译和俄语口译两个专业的学位必修课,也是俄语语言文学专业各方向学生的选修课,一般在每年秋季学期开设,教学目的为通过时政语篇的翻译训练,提高学生的笔译技能,培养学生调用已经掌握或寻知尚未掌握的语言知识、跨语言知识和超语言知识在实际翻译活动中发现问题、分析问题和解决问题的能力,并为后续其他课程的教学打下知识、技能和理念方面的基础。

该课程的教学材料,主要是任课教师从俄语媒体上选取的时政类语篇,内容涵盖政治、经济、文化、社会、国际关系和生态环境等专题。在具体的训练过程中,遵循的是"专题搭台,技能唱戏"的原则,教学重点是培养和提高学生的原文分析能力、译文评价能力和译文构建能力,知识目标则侧重与以上三种能力密切相关的翻译原理。

得益于明确合理的课程定位、与时俱进的教学内容和灵活多样的训练方法,俄汉笔译基础课受到越来越多的学生的青睐和好评,成为北京外国语大学俄语学院研究生阶段人才培养体系中不可或缺的重要一环。

二、案例分析在俄汉笔译基础教学中的地位和作用

（一）案例分析在教学方法中的地位

在俄汉笔译基础课开设之初，课堂教学采用的主要是学生展示译文、教师讲评译文、学生讨论修改方案的传统教学方式。这种相对单一的教学方式下，学生的主动性受到限制，而教师讲述的翻译原理也流于走马观花，学生印象不深刻，掌握不全面，应用不得当。后来引入了问题导向的启发式教学和针对重点语句（体现翻译原理的语句）的分组讨论，虽然一定程度上活跃了课堂气氛、释放了学生的主动性，也使学生对翻译原理的掌握有了一定程度的改善，但仍然停留在"就句论句"的狭隘视野中，学生对重点语句揭示的翻译原理"听得懂"，但"记不住""用不上"。在引进案例分析之后，课堂的组织形式从单一走向多元，学生在课堂上的角色从被动变为主动，对翻译原理的分析从单一的待译语句扩大到一个或多个相关案例，教学效果从"一得"（听得懂）逐步向"五得"（听得懂、吃得透、记得住、练得熟、用得上）转化。这样，案例分析成为笔译基础课传统教学方式的重要补充，与译文讲评、课堂讨论、重点讲解一起，构成了笔译基础课多元化教学方法的有机整体。

（二）案例分析在笔译基础教学中的作用

如上文所述，笔译基础课教学重在提高学生的原文分析能力、译文评价能力和译文构建能力。这一目标的实现又涉及知识、技能、思维和理念等诸多层面。在每一层面上，案例分析都扮演着重要的角色，承担着"穿针引线"和"锦上添花"的辅助作用，有时甚至能起到"画龙点睛"的关键作用。

1. 语言知识的补足

在某种程度上讲，翻译的过程就是知识调用的过程。在硕士研究生阶段，学生对外语知识的掌握应该是比较全面和熟练了。但是，由于各种各样的原因，学生所掌握的外语知识和跨语言知识，无论从深度还是广度来说，还远未达到翻译实践所要求的水平。翻译教学本不以语言知识的传授为主要目的，但翻译方法和翻译原理的讲授却是以相关的外语知识（词汇用法、语法规则、修辞规范等等）和跨语言知识（语言的系统性差异、语际对应、非对应、伪对应等等）为前提的。也就是说，笔译基础课教学中的知识补足带有迫不得已的性质。单一的译文讲评虽也可起到补足知识的作用，但通过案例分析，可以加强学生对相关知识的掌握。而学生在理解了相关知识后，对案例分析所揭示的翻译原理又能理解和运用。多数学生反映，通过翻译案例的分析，他们学到了很多其他课程上没能学到的外语知识和跨语言知识，纠正了很多原来把语际非对应误认为语际对应的"伪知识"（伪对应）。

2. 翻译技能的习得

翻译技能，归根结蒂是译者在翻译过程中调用或补足知识来发现问题、分析问题和解决问题的能力。其中，知识的调用或补足是前提，发现问题是切入点，分析问题是支撑点，解决问题

是落脚点。案例分析中，无论是发现问题所依据的线索，还是分析问题所遵循的思路，或是解决问题所使用的方法，均可通过待译语句和案例语句的比照，得到学生更多的认同和接受，从而使学生认识到具体问题在翻译实践中的可复现性、具体思路在翻译实践中的可推广性和具体方法在翻译实践中的必要性和有效性。如果说，"就句论句"的讲解只是说明了某一问题在当前语句中的产生原因和解决方法，那么案例分析则加强了学生对问题背后客观规律的认知，若能将案例分析与课堂讨论和课后思考结合起来，则能在更大程度上促进学生翻译技能的习得和提高。

3. 翻译原理的掌握

理论上讲，翻译原理指的是翻译过程中两个或多个变量之间的相互联系和相互作用。在翻译实践中，翻译原理的掌握和运用是翻译技能得以有效发挥的前提条件。在翻译硕士研究生入学之初，他们在课堂上最关心的问题是"这个地方怎么译""A 译文对还是 B 译文对""老师能否推荐一个最佳译文"，而对于"这个句子为什么要这么译""为什么 A 译文对而 B 译文不对"等涉及翻译原理的问题则很少关注。换言之，在最初的翻译教学中，学生的兴趣点偏向结果而不是得出这一结果的过程。有鉴于此，笔译基础课教学的重要任务之一就是借助语篇翻译的平台，结合具体译例的分析，揭示并使学生掌握具体语句翻译背后的深层原理。

可以毫不夸张地说，任何语句的翻译的背后，都有一定的翻译原理在发挥作用。其中，有些原理比较简单、浅显，如"根据上下文确定词义""译文的词语搭配""音译规则"之类，一般不需要在课堂教学中强调或扩展讲解。但是还有很多翻译原理，尤其是以现、当代语言学研究成果为基础的原理，如"译文结构的开放化""关系动词句中句法题元的情态""原文交际结构的传达""逻辑关系与逻辑推导""翻译中的语法异常"等等，多数学生入学前并不了解，更谈不上将这些原理运用到原文分析、译文评价和译文构建之中。当然，在传统的笔译教学方法下，教师也可以结合具体语句的翻译向学生阐述相关的原理，但是，"就句论句"的分析和阐释，从教学效果来看，常常与学生的实际需求和教师的预先设想相去甚远，往往是"教师讲得口干舌燥，学生听得莫名其妙"。在引入案例分析后，一方面可能通过多个平行或近乎平行的语句的分析，揭示这些语句具体翻译操作背后的共同规律，另一方面又可通过一系列启发性的问题引导学生自己去发现这些规律，发挥学生的主动性，并进而促进学生正确翻译思维的养成。

4. 翻译思维的养成

俄罗斯翻译理论家科米萨洛夫指出，翻译是一项创造性的智力活动。"智力活动"的含义是：翻译不是靠机械操作就可以完成任务的"熟练工种"，而是一个复杂的思维过程，期间，译者不仅仅要在字、词、句的层面孤立地寻求对应或转换，每每需要进行由表及里的分析、由此及彼的关联、去粗取精的筛选和取伪存真的鉴别。学生在译文构建层面表现出来的粗糙和稚嫩，诚然与知识的不足和技能的不熟有关，但其深层原因往往是思维层面的偏颇或肤浅。学生正确翻译思维的养成，不仅要靠教师在每一关键处进行方法论上的引导，更需要在大量的实际案例分析中一次次地进行由浅入深、由点到面、由现象到原理、由感性到理性的认知。在这方面，案件分析比"就句论句"有着相当大的优势。

5. 翻译理念的更新

高水平翻译人才的培养，脱离了翻译理念的更新是无法实现的。现实的情况是：学生在入学前很少接触翻译理论，有些学生甚至连"教学翻译""考录翻译"和"实践翻译"三者之间在功能、要求和侧重点上的差异都没有起码的认识。翻译理念的更新在教学上主要有两个渠道：一是开设专门的翻译理论课程（如北外俄语学院开设的俄罗斯与西方译论），二是在各种实践类课程（包括笔译基础课程）中结合具体的训练材料，引导学生正确地认识翻译的本质、翻译的过程、翻译的原则和翻译的方法。前者的优势是系统性和理论性，但其明显的缺点是抽象性过强，教学内容往往脱离学生的实际需求，阐述的原理在学生那里理解起来都困难，更不用说领悟和应用了。而在基础课教学中，则可能结合具体的语篇或语句，在学生的具体操作中发现问题，并结合具体的问题讲解相关原理，这样可能让学生更直观、更切身地感受到原理的必要性和可行性，使学生对原理的掌握更透彻。如果能在待译语句之外再引入两个或多个案例，则能大大增强原理讲授的说服力，实现通过原理的掌握带动理念的更新。

三、翻译案例的来源

在共享翻译案例库建成并开放使用之前，翻译教学中所用的案例主要来自教师本人自建的案例库。在俄汉笔译基础课教学中分析的案例，主要来自以下几个方面：正式出版的俄汉翻译作品；有关翻译的学术著作和论文；正式出版的翻译教材；任课教师本人的翻译实践；本课程和与本课程相关的其他课程的教学材料；以往翻译专业毕业生的学位论文。

四、案例分析的过程

案例分析应该由哪些步骤构成，这一问题并无统一的标准答案，往往因学科、课程、教学目的和课堂教学的组织模式而各不相同。在俄汉笔译基础课程教学中，我们所进行的案例分析，主要出案例触发、案例导入、案例分析和案例总结四个阶段组成。在不同的情形下，以上步骤可能会有局部的调整，但总体上遵循了"四步走"模式。

（一）案例触发

笔译基础课教学中的案件分析，多数情况下缘起于教学过程中评议、讨论或讲解的特定语句所隐含翻译原理。一般情况下，这一（这些）原理仅靠教学材料中的待译语句分析是无法让学生全面认知和透彻把握的。这样，就需要从教学材料之外引入能揭示该原理的案例，通过案例分析引导学生体会和领悟原理的精髓。

为表述方便起见，我们把教学材料中引发案例分析必要性的待译语句称为"案例触发句"。

（二）案例导入

任课教师在认定学生展示的译文存在的亮点或瑕疵背后隐藏着某一翻译原理，并因此可以触发案例分析时，首先应针对译文的亮点或瑕疵提出启发性问题，在学生不能完满回答问题时导入需要分析的案例。导入案例时一般应遵循以下几个原则。

1. 质的原则

质的原则要求导入的案例一要真实，二要牢靠。真实是指导入的案例必须有可靠的来源，教师不能自行"构建"案例，还要避免导入"假案例"。如有可能，最好告知学生案例的来源，当然，在涉及原译者名讳时可做适当的遮挡性处理。牢靠的含义是：案例的译文在关键问题上经得起质疑，避免导入可能使学生拒绝认同甚至否定相关原理的"反案例"。

2. 量的原则

量的原则要求任课教师严格控制导师案例的数量，一般以两个案例为佳：一方面，仅导入一个案例可能减弱案例分析的说服力，也有碍原理阐述的深度和广度；另一方面，导入过多案例则为授课时间所不允许，有时也没有必要。如确实需要导入更多案例才能透彻说明问题时，建议采用预留思考题的方式，或通过其他渠道（如网络教学平台上的"论坛"栏目）与学生在相关问题上开展扩展式沟通。

3. 关系原则

关系原则要求导入的案例必须紧扣触发句所隐含的翻译原理，避免导入与该原理无直接关联的"邻案例"和与该原理不相干的"异案例"。如需要导入的案例篇幅过长，可将案例中与原理不相关的部分隐去，由此造成的语境因素缺失可由任课教师口述予以补足。

4. 方式原则

方式原则要求任课教师根据具体的案例触发情形，采用灵活多样的方式导入案例。一般情况下，教师应首先有针对性地提出启发性问题，视学生对问题的回答情况，选择肯定式导入、否定式导入和引导性导入等不同方式，将学生引入到案例世界中。另外，在教学设计层面，也可以视课堂教学的具体进程，分别进行预设性导入（教师在备课时发现待译语句的案例触发价值，预先设定在课堂教学的特定环节导入特定案例）、临机性导入（在译文评议或课堂讨论中临时发现具有案例价值的问题，借助临机导入的案例引导学生分析问题和解决问题）和预留式导入（在本次课堂教学靠后时段触发的案例，本次课程无足够时间完成案例的分析和总结，这时教师可先将案例导入，待下次课再进行分析和总结；或在分析了一到两个案例后先不进行案例总结，预留一个案例作为思考题，下次上课时由指定学生独立进行分析）。

（三）案例分析

案例分析的目的是引导学生感知、认同和领悟案例触发句所蕴含的翻译原理，因此在具体的操作层面，教师应采取循序渐进的策略，通过一系列启发性问题，并视学生对每一问题的具体回答情况，因地制宜、因人而异地将学生由表层的翻译问题引向问题背后的翻译原理，并尽量发挥学生的独立思考能力，使其由浅入深地了解原理、认同原理和领悟原理。在这一过程中，教师可视必要补足或带领学生重温某些相关知识（有的知识也可在案例导入阶段补足）。在具体的教学活动中，我们在案例分析时遵循了三个原则，即启发性、深入性和切题性（避免枝衍）。

（四）原理总结

案例分析的最后一步是案例总结。通过案例分析，学生已经对触发句和案例句所蕴含的翻译原理有了初步的感知、认同和领悟。但是，为了保证知识传授的系统性、技能训练的实用性和原理掌握的科学性，必须对触发和分析的每一组案例进行最后的总结，并对相关原理做出严谨、准确、全面的表述。通过总结得出的原理表达式本身可能会比较冗长，可以用相对简练的语言对其概括地命名，如下文所提及的"名词的语法异常"等等。

五、案例分析实际操作（以"语法异常"为例）

在实际的翻译教学中，我们会从每学期的教学材料中，提炼出 15—20 个案例触发句，导入和分析的翻译案例总数在 30—50 个之间。案例分析所揭示的翻译原理，涵盖了翻译实践的方方面面。篇幅所限，我们在此仅以"名词的语法异常"为例，展示一下翻译硕士俄汉笔译基础课程教学中案例分析的具体操作流程。

【触发】

В случившемся специалисты фондового рынка видят полное бессилие нынешнего правительства перед проблемами рыночного преобразования экономики страны.

金融市场专家们认为，这一事件表明，本届政府根本没有能力应对国家经济市场化问题。

【导入】

问题 1：听了刚才大家的评议，疑问之处集中在词汇语义上，比如"这一事件""经济市场化"的意思是否与原文对应位置上的词语完全一致。如果各位同学还记得我们在本学期初讲过的"形动词的回指功能"和"非后缀表示的'化'"，便不难认同这两处词汇语义的处理上是无可挑剔的。此句译文的问题不在词汇语义方面，而在语法方面，哪个同学发现了这方面的问题？

回答 1：词组有点奇怪，我们平时都用 специалисты по чему-л.

问题 2：完全正确！那么现在问题来了：把 специалисты фондового рынка 翻译成"金融市场专家"是否正确，换句话说，这里的第二格和 по чему-л. 是否表示相同的语法意义呢？

回答 2：应该不是同一意思，但原文是什么意思还真说不准。

【知识补足】如果将 специалисты 替换成 исследователи，此后的第二格可以表示功能客体意义，即中心词表示的事物的惯常功用行为的客体，如 завод автомобилей 意为"生产汽车的工厂"，школа иностранных языков 意为"教授外语的学校"。但是如果针对特定的中心词，这一意义已经有约定俗成的表达形式，那么第二格定语则不再表达这一意义，如 продавец мяса 与 торговец мясом，учебник русского языка 与 учебное пособие по русскому языку。 所以原文中的第二格定语并不表达"专家的研究对象或研究领域"。另一方面，如果将 специалисты 替换成 сотрудники，那么则可以肯定第二格定语表达的是"工作单位或工作场所"。因此，原文词组的译文应该是"金融市场内的专家"或（考虑到俄语 специалист 一词并不强调指称对象的权威性）"金融市场的业内人士"。这个句子蕴含着一个很普遍的翻译原理，叫作"语法异常"，其含义是：

当你准备用译语表达式 Y1 翻译原文中对应位置上的表达式 X1 时，发现 Y1 在原语中常用的对应语法表达式不是 X1，而是 X2。这里我们遇到的是名词的格异常。那么在发现语法异常时，我们应该怎么办呢？不妨先看两个案例。

【案例 1】

Мнения заседающихся сошлись в том, что нельзя укрепить рубль одной отменой долларов.

与会人士的共同意见是，仅靠取缔美元的流通并不能强化卢布。

问题 3：本案例取自 20 世纪 90 年代我院本科三年级俄译汉课程的教学资料。哪位同学发现了此案例中的语法异常吗？

回答 3：同样是表示币种，"卢布"用单数，"美元"怎么会用复数？

问题 4：这个同学翻译直觉非常敏感。问题正在于此。那么，用复数和用单数在意思上有什么不同吗？

回答 4：如果表示币种的话，复数形式表示的肯定不是"美元"这一个币种，应该是"以美元为代表的所有外币，主要是各种可自由兑换货币"。所以此句正确的译文应该是"仅靠取缔外汇的流通并不能强化卢布。"

教师：这位同学的意见完全正确。正面我们再看一个相关案例，此例取自莱蒙托夫抒情诗《高加索》(«Кавказ»)的一个中译本。

【案例 2】

... ...

Как сладкую песню отчизны моей,

Любю я Кавказ.

像爱一首醉人的祖国的赞歌，

我爱高加索。

问题 5：请 A 同学指出此案例中的语法异常，强调一下，是名词的语法异常。

回答 5："赞歌"而能"醉人"，感觉有点违和，不过这应该不属于语法异常，而是"语义异常"，如果有这个说法的话。

问题 6：更确切地说是语义上的"不兼容性"，说白了就是"不搭配"。这种不搭配暗示原文中某个词的意思在译文中可能被歪曲了。接下来请 B 同学回答：哪个词的意思被歪曲了？

回答 6：сладкая 应该是"甜美的"，但"甜美的赞歌"也不搭配。看来问题出在 песня 一词，这个词就是"歌""歌曲"的意思，没有"赞歌"这一层意思，可是有"祖国"在前，不是"赞歌"又能是什么呢？

问题 7："祖国的赞歌"确实没有搭配上的问题。但是大家想一想，"祖国的赞歌"，如果由你来翻译成俄语，应该怎么处理？请 C 同学回答。

回答 7：应该是 песню об отчизне 或者 песню отчизне 吧，"赞颂祖国的歌"或"唱给祖国的歌"。老师，我发现这里确实存在语法异常的，而且和案例 1 一样是名词的格异常。但是我说不清这里的第二格定语表示的是一种什么语法关系。

【知识补足】看来大家对俄语中名词第二格的用法还没用全面的了解。我们不妨试着替换一下原文词组中的一个成分。比如说，把 отчизны моей 替换成 сестры моей。替换之后，第二格定语和中心词之间的语法关系应该很清楚了吧？当然，如果"我的姐姐"不是词作家或作曲家的话。毫无疑问，就是"我姐姐唱的歌"。这里名词第二格的用法，叫作"生成主体二格"，表示"生成第二格定语的指称对象需要做出的惯常行为的发出者"，如同 вопрос преподавателя "老师提出的问题"、продукция фирмы "公司生产的产品"等。

问题8：如果将原诗中的第二格 отчизны моей 理解为 песня 的生成主体，那么可能得出什么样的译文呢？请 D 同学回答。

回答8：应该是"像爱我祖国唱出的一首甜美的歌，我爱高加索"。

评议：意思是正确的，实际上"唱出的"可以省略，避免译文诗行过长。

【原理总结】以上两个案例说明了一个翻译原理，那就是：当你在译文构建时准备用或被评价译文中已经用表达式 Y1 来翻译原文中的表达式 X1 时，凭借自己的跨语言知识直觉上感觉到，X1 通常用来翻译的是原文的语法表达式 X2 而不是表达式 X1，这时你要做的是：首先考证 X2 是不是 X1 的同义表达式。如是，则保留 Y1，如不是，则重新分析 X1 的语法关系和语法意义，并用能确切表达该意义的译语表达式 Y2 替换 Y1。

【预留案例】名词的语法异常主要表现在格和数的异常。我们刚才分析的是名词的格异常，其实此案例中还有一处异常是名词的数异常。时间关系我本堂课是不再细讲了，留作思考题。请有兴趣的同学指出该语法异常的关键词，并参照我们今天的分析过程，写出案例分析并发到老师电子邮箱。

【预留案例正确答案】此案例中名词数异常的关键词为 проблемы。译文"国家经济市场化问题"中，定语揭示的是"问题"的具体内容，如同"互利共赢原则"和"改革开放政策"，但是这样一种语义关系，在俄语原文中，中心词不应该用复数。既用了复数，原文词组中心词与定语间的语法意义便发生变化，不再表示内容关系，而表示另一种关系。我们学习《现代俄语通论》时，老师讲到名词第二格可以表示各种不同的语意义关系，其中包括举隅关系，即"局部—整体"关系，第二格定语表示一个整体（包括人物、事物和过程的整体），中心词表示整体的一个或多个局部。此案例中，原文词组的语形式表达的正是这种关系，因此应该译为"国家经济市场化过程中发生的各种问题"。

六、问题与建议

案例分析法的引入，在一定程度上改善了笔译基础课的教学效果，但在实际操作中，我们也遇到了一系列的问题。主要的问题有：案例库建设严重滞后，有些非常重要的翻译原理尚无合格的案例作为支撑；学生的俄语知识尚不全面，案例导入或分析时必须花费相当多的时间进行知识补足；课程教学时数有限，案例分析和译文展示、评议之间有时不能兼顾。针对以上问题，我们提出如下几点建议，作为本文的结束语。

（一）加强俄译笔译教学和研究用案例库建设

目前笔者本人建设的案例库尚待进一步充实和优化，距离最终的完成还有相当长的路要走。建议教研室和学院整合力量，申报省部级"翻译教学案例库"项目，在项目获批并完成后形成可以供不同课程、不同学科和不同院校共享的网络平台。

（二）调整案例分析各步骤的时间权重

建议压缩案例导入和知识补足所占时间，将更多课堂时间用于案例的分析和原理的总结。导入方式中以预设式导入为主，尽量减少临机导入的次数。在知识补足方面，建议老师预先将案例分析所需要的知识以文档形式发给学生，避免占用过多课堂时间讲解需要补足的知识。

（三）开设与教学内容相关的案例分析工作坊

最理想的方式是，开设与教学内容相关的案例分析工作坊，由任课老师担任工作指导，每次课后由入坊学生集体对课堂上触发的案例进行分析，并在此基础上总结出相关的翻译原理。工作坊的成果应该形成文字形式，以供本届未入坊学生和以后各届学生参考。这样，案例分析的过程可以从课堂教学中分离出来，而其结果却可以反哺课堂教学，形成学生老师共同参与、课上课下相辅相成的良性局面。

MTI 俄语口译教学案例举例

苗 澍

§ **摘 要：** 北外 MTI 俄语口译课程广泛采用案例教学。同声传译课程的练习语料通常是国际会议的真实发言。对于同传学习者，知名学者的科普讲座也是优质的训练语料。面对人工智能（AI）的挑战，在教学过程中可以比对人类译员与人工智能（翻译软件）译文的差异，使学习者养成深入思考的习惯，进而在未来工作中更好地实现人机协同的翻译过程，促进译文优化。

§ **关键词：** 人工智能翻译　口译案例　译文优化　同声传译训练语料

一、"时间守恒"定律在同传领域的体现

　　同声传译在国际会议中已经被广泛采用，它能为会议节省大量时间（发言人数和参会听众越多，节省时间带来的效益就越显著）。时间是人类最不能驾驭的范畴之一，它总是不停流逝。同声传译省时效的达成，究其实质是译员多年学习、积累、训练的结果，这种技能不仅靠学习阶段努力习得，也要靠译员终身训练才可维持。即译员本人花费远超普通外语学习者的训练时间，才可能换来国际会议与会专家间的高效信息传递和顺畅智力碰撞。许多外语类高校都希望把MTI 学习者中素质最优的学员培养为未来同传译员。

　　国际会议同声传译是世界各地外语院校毕业生最希望从事的工作，能给译员提供较高的职业成就感。因其责任重大，所以入行"门槛"也相对较高。然而在教学中，经过教师引导，学生可以较早开始视频（外语译母语）同传练习，此类语料清晰，语速适中，材料优质且易于获取。教师教学中可以不局限于本人做过的同传会议，各国和国际组织官网提供的完整会议视频在效果上优于教师采集的同传录音；即使是清晰的音频也仅能保留语调，而视频还可提供发言人的表情与动作，易于学习者放松和入境，预测语义走向；会议视频恰恰吻合国际网络视频会议的新业态，如今真实情境中的译员也并不总在会议现场，而是越来越普遍地通过远程传输的实时视频画面提供同声传译服务。从训练效果看，就真实发生过的国际会议而言，视频有完全对应的文字内容。学习者有较充分的时间学习：熟悉讲者思路，依托网络查证事实等。基于透彻理解演讲者内容而进行的同传训练可以让学习者也获得职业成就感。

二、人类译员与人工智能（AI）翻译的竞争

人工智能逐渐取代越来越多的职业，包括人们曾经认为机器不可替代的职业。外语人必然要学会利用 AI，在竞争中胜出并与之合作。因此，在教学所有环节，学生与教师都应关注人类译员的优势在哪里。比如，可以持续训练，提高思考能力；不断提升对自己和他人译文（包括机器译文）的鉴别、判断、评价能力，而且做到让这些判断和评价有据可依，以理服人。

近年神经网络翻译技术使 AI 在国际会议同声传译领域的应用成为必然趋势，未来人类译员应提供更优质、听众体验更好的译文。

为达上述目的，译员应当做到：译文简练而有逻辑，能正确指称发言人提及的各类行为主体及相关事实。在国际关系论坛当中，这可能体现为发言中涉及的国家、国家集团、国际组织以及引发国际格局变化和各国综合实力（包括经济力量）对比变化的各方面事实。译员应清晰简洁地传达演讲者针对这些事实和国际关系行为主体的态度。这似应成为译员译文区别于机器译文的最显著特征，也是高水平院校翻译硕士（MTI）人才培养中应着力强调的职业准则。

三、案例举例

（一）案例梗概

以"瓦尔代国际辩论俱乐部"（也称"瓦尔代论坛"）2016 年第十三次年会上俄总统普京演讲视频为语料，模拟真实情境下的国际会议同传过程。采用（俄译汉准确率较高的）"DeepL"在线翻译软件（https://www.deepl.com/translator）生成 AI 译文，原文共 3946 词，AI 翻译软件每次可译 1500 原文字符，耗时小于 10 秒。案例以机器译文模拟有投屏译文的远程会议同传情境。

在学生做较充分译前准备基础上，课上对学生的模拟同传录音。在点评译文环节，增加"与机器译文的对照与思考"。通过展示丝毫未加修饰的机器译文说明：AI 生成的译文准确率已经相当高（见附录表格 1），以此激发 MTI 学生对自身译文提出更高要求；同时思考人类译员应保持哪些方面的优势（见附录表格 2），如：对语篇所谈及的现实世界中不同行为主体及相关事实的透彻理解，译文表达力求简洁和逻辑严谨。

（二）教学计划

1. 学生的译前准备

提前一周阅读类似文本（2004—2015 "瓦尔代论坛"年会发言），了解其中至少三次年会的内容。

提前 2 天发布 2016 年"瓦尔代论坛"普京演讲视频与文字链接，允许学生以自己习惯的方式预习准备，重点关注国际关系格局及各国力量对比变化；鼓励通过网络查证文中涉及的国际关系行为主体及相关事件。

（普京演讲视频共 26 分钟，文本总量约 A4 纸 7 页，该演讲视频与文本材料均来自俄罗斯政府官网：http://www.kremlin.ru/events/president/news/53151）

演讲语篇有别于即兴话语，不适合无准备练习。演讲文本要作用于听众，发言人是深思熟虑和有充分准备的，由于文本行文和词序的特点，应允许学习者先通读，然后再进行同传训练，完全无准备的同传练习至少不适用于同传初学阶段。

2. 教师课堂安排

教师备课时找出原文理解难点，有针对性地检验学生对难点的理解。

在配有同传训练设备的语言实验室模拟国际会议同传过程：通过每位学习者面前的小屏幕播放视频，在教师控制台为每位参与训练者生成录音文件；同时播放 AI 译文，模拟目前广泛使用的远程视频国际会议同传 AI 投屏过程（学习者分两组轮替，每组每个训练单元做 10—12 分钟的视频内容），教师点评主要针对原文理解、译文发布内容与规格方面的要求（包括技术细节等注意事项）；同时也包括"如何让自己的译文质量高于机器译文"等内容。展示机器译文成功与欠缺之处。随着技术进步，机器译文质量（主要指准确率与通顺度）不断挑战人类译员，学习者应增加提升译文质量的紧迫感，以此激发学习动力。

课程总结环节：教师与学习者一起总结同传新业态带来的新体验，鼓励学习者通过思考得出结论：

首先，与 AI 相比，人类译员在会议前需要经过艰苦的准备，耗时至少相当于 AI 的数百倍，精力投入与时间成本上早不占优势；

第二，神经网络翻译技术使译文质量产生质的飞跃，不称职的译员在准确度上可能已经远被 AI 超越；经过外语院校有意识的训练和学习者主观努力，从译文质量讲，在可预见的未来，译员在对现实世界行为主体及相关事实等信息的梳理加工方面尚可保有某些优势；

第三，国际会议主办方将投屏译文提供给与会者，而译员应基于人类特有的理解与思考能力，力求让自己的译文至少能给听众提供更轻松的理解过程（即为其提供更好的与会体验）；

第四，当会议发言者在发言时仍未向译员提供发言稿的情况下，译员同传过程中应首选语音识别软件实时生成的发言原文（而非 AI 译文）：语音识别技术的准确率已经较高，原文能提供充足的上下文，使译员有可能通过思考形成和发布优于机器、言简意赅的译文。

3. 课下思考

学习者至少将两个译文录音（可选择自己的和班里能力较强的一位同学）重新听一遍；之后快速完整地阅读 AI 译文。思考 AI 目前在哪些方面容易出错，错误原因是什么。力争在学习阶段就养成习惯，在人与 AI 的较量中，让自己的每段译文都优于机器译文一点点。

（三）案例内容（片断）

2016 年举办的"瓦尔代国际辩论俱乐部"第十三次年会主题为"未来始于当下：明日世界的轮廓"。普京在演讲中就美国及其盟友的某些做法明确表态，指责某些国际行为主体未能充分重视联合国及世贸组织等国际组织。该发言是具有典型意义的语料，可用来梳理加工国际行为主体及相关事实。

附录:(表中左栏为 AI 译文;右栏为译员译文)

表1 机器译文较为成功的语句
(稍加润色就完全能让听众接受)

原文例 1	Противоречия, связанные с перераспределением экономической мощи и политического влияния, только нарастают, груз взаимного недоверия сужает наши возможности для того, чтобы эффективно отвечать на стоящие перед мировым сообществом реальные вызовы и реальные угрозы. По сути, в кризисе оказался сам проект глобализации, а в Европе говорят уже, мы это хорошо знаем и слышим, о несостоятельности мультикультурализма.	
译文比对	与经济权力和政治影响力重新分配<u>有关的矛盾只会加剧</u>,相互不信任的<u>负担缩小</u>了我们有效应对国际社会面临的<u>真正挑战</u>和<u>真正威胁</u>的能力。事实上,<u>全球化项目</u>本身就处于危机之中,而在欧洲,<u>我们已经谈</u>到了多元文化主义的失败,这一点我们<u>非常清楚</u>。 (此段机器译文最大的失误在于,最后一句话的主体区分不清:"在欧洲人们……","我们……")	引发的矛盾日益凸显 削弱 现实挑战 现实威胁 全球化 在欧洲,人们已谈及…… 对此我们已有耳闻
原文例 2	Находясь в явной эйфории, они по сути отказались от содержательного, равноправного диалога с другими участниками международной жизни, предпочли не создавать и совершенствовать универсальные институты, а попытались распространить на весь мир действие своих собственных структур, норм и правил, пошли по пути глобализации и безопасности «для себя, любимых», для избранных, а не для всех. Оказалось, что далеко не все с этим согласны.	
译文比对	……处于明显的兴奋之中,基本上拒绝与国际生活的其他参与者进行<u>有意义的</u>、平等的对话,不愿意建立和改进<u>普遍性的机构</u>,而是试图将<u>自己的</u>结构、规范和规则的<u>行动</u>扩大到全世界……事实证明,并非<u>所有人</u>都同意。	具体而平等的对话 全球性国际机构 本国的机构…… 影响范围 所有国家
原文例 3	Важная задача – это развитие человеческого потенциала. Только мир с широкими возможностями для всех, с высококвалифицированными работниками, доступными знаниями, богатством путей самореализации может считаться по-настоящему свободным. Только мир, в котором люди разных стран живут полноценной жизнью, а не борются за выживание, может быть стабильным. Достойное будущее невозможно без заботы об экологии, конечно, и решения климатических проблем. Поэтому сохранение природного богатства и его многообразия, снижение антропогенной нагрузки на окружающую среду в ближайшие десятилетия станут всё более значимым делом.	

	Не менее важна и задача глобальной охраны здоровья. Безусловно, здесь немало проблем с масштабными эпидемиями, снижением смертности в ряде регионов мира и множество, множество других. Здесь же огромное поле для развития, конечно. Дать жителям планеты, причём всем опять же, а не избранным, возможность по-настоящему здоровой, долгой, полноценной жизни – это очень благородная цель. Словом, фундамент для будущего мира нужно, безусловно, искать уже сегодня, вкладывая средства во все приоритетные направления развития человечества. И конечно, важно, чтобы контуры нашего общего будущего широко обсуждались, чтобы все здравые, перспективные предложения были услышаны.	
译文比对	一个重要的任务是开发人的潜能。只有一个人人都有机会的世界，有高技能的劳动力，有可获得的知识，有丰富的自我实现的途径，才能算是真正的自由。只有来自不同国家的人们过着充实的生活，而不是为生存而挣扎，这样的世界才是可持续的。 当然，不爱护环境，不解决气候问题，就不可能有可持续发展的未来。因此，在未来几十年里，保护自然财富及其多样性，减少人为的环境负担将变得越来越重要。全球健康保护的任务同样重要。无疑，世界上一些地区存在着大规模流行病、降低死亡率等许多问题。<u>当然，还有一个巨大的发展领域。</u>让地球上的所有居民，而不仅仅是少数人，有机会过上真正健康、长寿和充实的生活，是一个非常崇高的目标。简而言之，今天必须通过投资于人类发展的所有优先领域来寻求未来世界的基础。当然，重要的是广泛讨论我们共同未来的轮廓，以便听取所有合理的、前瞻性的建议。	发展还有巨大的空间。

表2　当原文出现与现实世界对应的事物与理念
（各类代词词组、国家、组织及相关事实）时，AI表义清晰度与译员差距则相对明显

原文例1	Полагаю, что особенно в этой аудитории мы должны быть откровенны друг с другом, должны вести открытую дискуссию, иначе она не имеет смысла, она будет постной и абсолютно неинтересной.	
译文 比对	我相信，特别是在这里，大家要坦诚相待，要开诚布公地讨论，否则便没有意义，会很沉闷，绝对没有意思。	我相信，既然是智库论坛，在这个场合大家应尽可能地畅所欲言，让不同的观点碰撞交锋，否则论坛就会显得异常乏味，也会失去举办的意义。

（续表）

原文例2	Оказалось, что далеко не все с этим согласны. Что греха таить, мы с вами прекрасно знаем и понимаем: многие были не согласны, но кто-то уже не мог этому противостоять, а кто-то ещё не был к этому готов. Но в результате, тем не менее, систему международных отношений лихорадит, глобальная экономика не может выйти из системного кризиса.	
译文比对	事实证明，并非所有人都同意这一点。<u>不用说，大家都很清楚也很明白：很多人</u>不同意，<u>但有些人忍不住</u>，有些人还没有做好准备。但结果是，国际关系体系陷入动荡，全球经济无法走出系统性危机。	其实我们也清楚，远非所有国家都赞同以冷战胜利者自居的那些国家（的观点与做法），只不过不赞同的国家中，有的已经失去了与之抗衡的能力，而有的则暂未积蓄足够的实力。结果导致国际关系动荡，全球经济无法走出系统性危机。
原文例3	При этом принципы и правила – как в политике, так и в экономике – постоянно перетасовываются, зачастую **выворачивается наизнанку** то, что совсем недавно считалось истиной, возводилось в догму. Если сегодня «сильным мира сего» выгодны какие-то стандарты или нормы, они заставляют подчиняться им и всех остальных. Но если завтра такие стандарты начинают мешать, их немедленно отправляют «в корзину», объявляют устаревшими и устанавливают новые правила или пытаются это сделать.	
译文比对	无论是政治还是经济方面的原则和规则——都在不断地被重新洗牌，常常把最近被认为是真理的东西<u>从里面翻出来，提升为教条</u>。如果今天"当权者"从任何标准和规范中获益，他们就会让其他人都服从这些标准和规范。但如果明天，这种标准开始干扰，就会立即<u>被扔进"篮子"</u>，宣布过时，并建立或试图建立新的规则。	政治与经济中的诸多原则与规则往往被随意解释。某些国家甚至不惜推翻曾经坚守的真理和信条。 世界上的强权国家，对于同一些标准和准则，今天认为它们于己有利则将其强加别国；而明天若觉得对自己有所妨碍，就会立即宣布其过时弃之不用；随之建立或者尝试建立新的规则。
原文例4	Мы видим, как жертвуют свободой торговли и используют так называемые санкции для политического давления, в обход Всемирной торговой организации пытаются формировать закрытые экономические альянсы с жёсткими правилами и барьерами, где главные выгодоприобретатели – свои транснациональные корпорации. Почему это происходит, мы тоже знаем: не удаётся решить в рамках ВТО накопившиеся проблемы, значит, в стороночку отодвинем все эти правила и саму организацию и создадим новую.	
译文比对	我们看到<u>他们如何牺牲</u>贸易自由，利用所谓的制裁来施加政治压力，绕过世界贸易组织，试图结成具有严格规则和壁垒的封闭式经济联盟，而主要受益者是他们自己的跨国公司。我们也知道为什么会发生这种情况：如果<u>我们</u>不能解决世贸组织内部积累的问题，那么<u>让我们</u>把所有这些规则和该组织本身放在一边，建立一个新的组织。	我们看到贸易自由是如何被某些国家践踏，他们以制裁施加政治压力，无视世贸组织的存在，试图结成具有严格规则和壁垒的封闭式经济联盟，以达到让本国的大公司受益的目的。他们的逻辑也很清楚：如果不能靠世贸组织解决现有问题，那就应当放弃其规则，放弃世贸组织，建立一个新的组织。

（续表）

原文例5	Более того, теракты последних лет в Бостоне, других американских городах, в Париже, Брюсселе, в городах ФРГ, да, к сожалению, в нашей стране, показывают, что террористам уже не нужны ни ячейки, ни организационные структуры, они могут действовать и в одиночку, автономно, достаточно лишь идеологически их мотивировать и направить на врага, на нас с вами.	
译文比对	此外，去年在波士顿、美国其他城市、巴黎、布鲁塞尔、联邦共和国各城市的恐怖行为，是的，不幸的是，在我国，这些行为表明，恐怖分子不再需要细胞或组织结构，他们可以单独、自主地行动，只需在意识形态上激励他们，把他们引向敌人，引向你我。	此外，去年发生在波士顿和美国各地、巴黎、布鲁塞尔、德国各地和俄罗斯的恐怖行动表明，恐怖分子不再需要核心组织与机构，他们可以自作主张、独立行动，只需有人在思想上加以引导。而恐怖分子眼中的敌人的即是你我。

四、案例类别扩展

想要比对机器译文与人类译文各自的优势，除国际会议（论坛）发言，还可选择能够较充分体现发言者主观态度的其他语料，如政要、学者接受采访实录（体现问答双方观点），双边会谈后的记者会，知名学者的科普讲座（包括问答环节讲座人与听众的观点交锋），国际会议分论坛的多人讨论等。从话语形态上，上述材料涵盖独白、双人对话、多人互动等类型。

其中科普讲座是很有价值的一类语料。因为它篇幅较长（讲座时长一般不低于一个半小时），是真实发生的口头话语，能体现讲者与听众的互动，有一定的认知难度，又广泛涉及客观世界的事物及其相互关系（体现人类译员优于机器译文的方面），能够体现讲话人的观点与说话方式（语气、语调等）。

现实生活中，讲座需要同声传译的情况仅偶尔可见，比如俄罗斯某宇航员在清华大学（关于太空摄影）的讲座就曾有外交部的译员提供同传。不过，讲座语料的确是训练同传译员的优质材料。在内容丰富度、语料篇幅与认知难度方面，与其他类型的语料相比，科普讲座具有明显优势，而且优质科普讲座材料（视频及对应的文字）相对易于获得。若比较机器与人类译员对讲座的译文版本，应能发现许多值得深入探究的口译问题，或许也能找到优化机器翻译软件的突破口。

目前直观看，人类仍有优势的领域在于对原文整体把握、直觉判断的能力。人类译员的理解过程要借助自己掌握的整个知识体系；理解时叠加自己的理性思考（包括逻辑）与感性认知（包括生活常识）。由此可见，相比机器译文，人类译员的译文可以，也应当更准确、质量更优。

从译文生成速度讲，人类早已落后于 AI。尽管机器译文正确率在有些场景下已经超过 95%，但机器译文正确率再高，静心细想，仍须人类译员判断，到底哪 95% 的内容是正确的。因此，从准确度来讲，在可预见的未来，机器还无法与最优秀的译员相比。北外培养的外语专业毕业生，应当有能力迅速发现并纠正机器译文的所有错误。人类译员对机器译文的纠错速度也很关键（纠错速度足够快，译文才能及时定稿，否则机器译文的速度优势就大大降低）。优化机器翻译软件的译文质量是未来外语人职业细分的重要领域。

追求"理解与表达接近母语者"的境界
——MTI 诠释的目标

苗　澍

§ **摘　要：** 掌握俄语并非易事，时代和社会需要水平突出的外语人；既能与人工智能（机器翻译软件）合作，又能迅速为其译文纠错。大学生是成年学习者，应当拥有更充足的自主学习时间。教师应引导学习者进行大量练习与深度思考。学习者应具备（但不局限于）以下能力：优质学习资源辨别力、高难度材料理解力、接近母语的阅读速度、解决问题能力、思辨式写作能力。应用型语言人才应在理解与表达能力方面超过母语者平均水平。

§ **关键词：** 俄语教学　俄语学习者潜能　俄语教学理念　俄语教学资源

一、高校外语专业学生理解与表达能力应优于母语者平均水平

简单说，外语人的使命是（近期）服务国家间交往，（长远）促进各国文明互鉴。北外每位师生都应追求卓越。学生入校就应认识到，译者不是外语人的终身身份，可能仅对应职业生涯的起步阶段；外语人应当成长为思考者、决策者。这里指广义的决策，不特指担任某个层级的职务，而指在职业生涯中能够不断发挥潜能，持续优化工作水平。

以俄语人面临的挑战为例，我们要译的语料往往在国际交往和文明互鉴中具有重要价值。拿口译来说，无论为政要、顶尖学者还是企业家做翻译，原语发言者都是行业领域的精英，论学识与人生阅历都远超过译员。译员别无选择，必须近乎苛刻地要求自己，力求高质量完成每次翻译任务，对此我们责无旁贷。

我国需要大量应用型高端外语人才。苛刻地讲，在工作场合限定的交际话题内要胜任工作任务，应用型俄语人才的理解与表达能力应超过中等水平的俄语母语者，挑战母语者中的佼佼者。

当下外语教育已接近普及，如果以苛刻标准要求，成材率（或者准确说，毕业生优材率）不高，即使在最好的外语类高校，根据专业课教师的直观判断，优材本科毕业生也仅占学习者总人数20% 左右。从这点看，外语与体育教育和艺术教育有共通之处，人才呈金字塔式分布，优秀者比例甚小。

优材生有哪些特点？拿零起点外语生来说，他们到大四毕业时，已经真正实现专业入门。这里"入门"不是常规意义上的理解（外语学习的起步阶段）；而是指学习者可以不依赖教师，掌握独立学习能力，并已体验到俄语学习过程的认知乐趣；愿意学到更多，善于甄别课外"一手"

俄语资源，能根据自己现阶段学习的主要目标调整学习内容与策略；不断给自己正向激励；能够独立发现问题和解决问题。

二、外语专业职业细分与学习策略

毕业生如果在未来职业生涯中把俄语当作语言工具，建议在大学和研究生阶段大幅度增加文学作品（尤其是经典文学）阅读量。经典作品阅读速度应提至毕业于语言文学专业的俄语母语者的70%。

如果未来计划从事区域国别研究，应大幅度增加写作量，提高对写作（母语写作和外语写作）质量的要求，大学毕业时水平不低于语言文学专业母语者大学入学时的写作水平（从逻辑、语言表达等方面）。

如果以在国际组织工作为长远职业目标，则应通晓国际法、国际关系等专业，但不建议大学辅修此类课程，否则会造成俄语学习时间不足，无法高水平掌握俄语本身。建议利用大学假期，或在毕业后学习非外语专业知识。

如果学生以语言研究为兴趣点，则英语、俄语都应能够深入理解所阅读的语言学理论书籍。北外提供多种外语选修课，可以多学习几种语言（便于对比各门语言的各个层面），应分别在各语言入门阶段打下扎实基础（各语言学习的起步时段不应重叠，否则事倍功半，造成多种语言的混淆和学习过程的负迁移）。

三、如学习钢琴演奏般学习外语

建议探索"大幅度减少授课时间，显著增加自主练习时间"的学习模式。

这样的小标题并非哗众取宠，俄语学习的确与音乐学习、乐器演奏有诸多共通之处：其一，都是从零起点开始，重视技能与熟巧。其二，都要形成肌肉记忆：如钢琴演奏凭借全身及手臂、手腕、手掌、指尖等，实现手、脑协调；外语初学者的肌肉记忆集中在发音器官，实现发音器官与大脑的高度协同。在音乐学习或者语言学习中想达到高水平、高境界，大脑的作用最为显著。

对比语言学习与音乐学习的差异：学习者年龄有所不同，琴童的演奏练习从小开始，而专业外语院校的零起点生已经接近成年。人们普遍认为，成年人更有自控力，更利于发挥自主学习的潜能。

有种观点认为，只要是技能，就一定要有足够多的课堂时间才能巩固，这种看法并无确凿依据。技能对音乐演奏的重要度并不低于外语学习，业余琴童通常每周仅有1—2小时教师面授，而以专业演奏为目标的艺术类院校附中学生，每天音乐技能面授课程时间也不超过2小时，其他时间都是独立练习。音乐教师面授时，主要针对学生接触到的新曲目答疑解惑，预先指出难点，建议练习策略，提示乐谱包含的所有表情信息、表现力符号，并且通过高水平示范让琴童获得感性认识。教师示范包含演奏时应有的技巧与情感，对乐谱内容和作曲家意图的充分诠释，演奏不同曲子适宜的速度（包括初始练习速度和熟练弹奏速度等）。总之，优秀的音乐教师往往也是高水平的示范者，他们反复强调训练策略与方法，预见学习者练习过程中各种可能出现的困难并给予前瞻性的解决建议。

受到音乐学习过程的启发，可以设想，俄语学习者也应当在学习各阶段都拥有充足的自主练习时间。每种学习内容都应由"教师精准示范——学生自主练习（并非在课堂上）——学生下次课堂展示学习成果——教师做出评价反馈"等几个步骤构成。拿一次课来说，各环节的交替顺序是：学生展示成果——教师反馈——（若学生水平已达标）布置新材料——教师讲解疑难——教师示范并提示学习策略。

依照这一思路，建议学生用于俄语精读内容的学习时间不变，但是仅保留30%左右的课堂时间，重复以上各环节，其他70%的精读课时间"还给"学生，让他们在独立空间，以自己可支配的速度和节奏进行独立练习。提倡上短课，比如语音阶段，一次示范课最多仅须20分钟，一天当中可在上、下午各安排一次示范课，其余时间让学生自主练习，效果可能远超全班一起学习。目前大学外语专业零起点一年级动辄每天4小时精读课，全班一起做大量语音练习，效率不高。由于学生能力不同，导致很多学生在外语起步阶段不得要领，模仿能力强的学生可能由于进度过慢而丧失兴趣；模仿能力差的学生则丧失信心。高校要相信学生的上进心与自控力；教师在短课堂每日两次的答疑完全可以使学生在自学时段获得充足的心理支持。

正如音乐学院要为学生提供琴房，外语院校应为学生提供适合语言学习的舒适教室。让学生有条件进行充足的朗读练习，又实现互不干扰（在北京，合适户外朗读的季节大约为4—9月，秋季学期的大半和春季学期第一个月都不适宜在户外朗读）。

学习意愿是制约潜能发挥的重要因素。很多刚经历过高考的学生想休息一下，持此想法的学生在零起点俄语学习中注定会成为失败者。建议此类新生保留学籍一年，考入北外后直接办理休学。第二年精力充沛地投入学习并不失去什么，仅是晚一年开始学习俄语而已；而投入度不够地勉强学习，毁掉的可能是专业学习的全部。高考理科生因拥有数学等自然科学课程优势，逻辑思维能力强，往往能在语言学习的高年级显示出独特的优势；个别理科生在外语专业起步阶段也许"入境"稍慢，但如果教师循循善诱，高年级他们也可能成为领跑者。另外，建议学校人性化管理，"因材施教"，可以让自认为没有外语学习天赋，但愿意多下功夫的同学，有机会比同班同学提前两周开学，让他们从第一节课就找到自信。

高校的许多外语零起点生，整个大学期间忙于上课和写作业。他们几乎完全没有自主学习、外语课外阅读、深入思考和写作的时间，课上口头表达的机会也极有限。结果导致，四年时间换得了毕业所须的全部学分，却丝毫没找到学习的成就感，没有养成自主学习的能力与习惯。几乎可以断言，这样的外语毕业生在未来职场没有与人工智能软件竞争的实力。

建议外语零起点教育全面实施翻转课堂，让学生有充足的时间消化语言材料与规则，提升教师对学生学习策略和方法的引导，提高对学习成果检验的效率（着重检验那些真正深入思考，肯于花费大量时间和努力，学习卓有成效的学生）。这可能是外语高端人才培养的必然选择。简言之，就是大幅度减少课时，保证学生每天4小时及以上的充足自主训练时间（为什么是4小时，而不是2小时，从事俄语专业的人知道，起步阶段低于每天4小时无法在大学4年成材）。问题在于充分调动学生自主学习潜能，别把这4小时用来在课堂上观望他人的学习过程。学生自己毫不付出努力或者低效率参与课堂，再多课时也难有成效。

四、班级规模带来的挑战

以北外俄语学院为例，目前班级人数是 25 人左右（而 30 年前班级规模约 15 人），与那时相比，现在学生能力更加多元，再用类似的教学方式已经显得不与时俱进。

拿登山打个比方。老师可以带着全班同学爬香山，如果班级规模不大，学生体能素质接近，这很有效率，全过程有合作的乐趣。可如果诸多条件发生变化：团队变大，团队成员身体素质和体能差异拉大，而且最关键的是，要爬的已经不是香山，而是一座 6000 米以上的雪山，旧策略就行不通了。这时可能要根据体能测试结果分几个小队，做相应的高原适应性训练，然后教师给出不同建议，按各团队的实际能力确定登顶路线与时间进度（甚至建议体能最弱组不登顶，达到能看到风景的某个高度就返回）。高校外语专业扩招后，就出现类似情况：每个班的规模显著增大，每位同学的综合素质和学习能力差异也拉大。在这种新情况下，如果教师还执着地希望带领全班一起攀登雪山，速度慢不说，可能最终无法实现登顶目标。如果体能参差不齐的人团队要集体登山，这种方式想培养高水平运动员几乎不可能。同样道理，外语专业通过大班操练，想要培养出高端外语人才也是希望渺茫，而北外是以培养高端外语人才为目标的高校。扩招必然需要新的教学策略来应对。

在人工智能尚不普及的时代，社会对外语人的要求一般，可类比为登香山。而目前普通水平的外语人才早已饱和，高端人才面临的任务未来会逐渐接近于在专业领域登雪山，甚至登珠峰，而且是限时登顶。高等学校的外语零起点教学与上文所说的登山情形相似。大家虽都从山脚起步，但不容忽略，大班里学生学习习惯与学习能力截然不同；大学阶段的专业外语学习和中学外语的普及式学习路径与目标也有很大差异。依靠刷题也许能够在测试中得分，但可能导致学习者未能掌握应有的语言运用能力。比较现实的出路就是，仿照体育训练的思路，每日做"体能测试"，将学生分层并保持一定的层际流动性。每个具体学习目标都针对不同层级的学生做出相应调整。这样，对于能力最强的学生，教师就可以分配难度最大的学习任务，给出适当的学习策略建议（类似于教练指导运动员规划登山路径，预先讨论遇到各种疑难如何解决等）。这样，每个班里外语水平优异学生的比例可能增加，外语类高校和专业就更好地完成了国家赋予的使命。

成年人学习外语与孩童在国外母语环境中的沉浸式习得有着完全不同的机制，人类无须语法训练而掌握自然语言的年龄段大约在 6 岁左右就已关闭。我们默认，考入北外的每位学生都天然有足够强的上进心。问题在于，零起点的学习任务集中，起步快，进度"加速度"明显。这就导致，自制力稍差的学生，容易在一开始就产生挫败感。因此，要想筑牢语音、语法知识熟巧，特别重要的是，学生自己应能掌控学习节奏与进度。"听""读"属于输入式练习，学生尤其要自己掌握速度，学习效果才能达到个体最优。集体训练固然也需要，况且外语专业的毕业生在工作岗位上很强调团队合作，但要多穿插学生可支配进度的自主练习。否则在大班里，教师的指导比较笼统，可能缺乏针对性，造成学生们互相耽误时间。

五、外语教学理念：听、说、读、写、译，没有其他排序方式?

建议尝试"听读并重：以听促说，以读促写；输出导向"的理念。力争让毕业生的外语输入能力（听与读）接近母语者优秀水平，输出能力（说与写）优于母语者平均水平。以"读、写"能力作为判定毕业生水平的重要依据。"读与写"（书面理解表达能力）将成为"听与说"（口头理解表达能力）的重要基础。

"听说领先"理念对应的时段大体是（20世纪70—80年代之交）我国改革开放之初。那时许多外语学习者接触不到有声外语资源，形成所谓"哑巴外语"，因而"听说领先"曾有其现实意义。随着人工智能和翻译软件的进步，机器已经能够解决旅行等日常情境的交往需要，低水平的"听说"能力早已失去其迫切性。今天的外语专业学习者，如果仅以"围绕某话题随便说些什么""与母语者自如交谈"为目标，显然已经不能满足社会对高水平外语人才的需求。

"听读并重"指，阅读内容应尽量配有音频链接供学习者使用，读与听这两种输入方式就不再矛盾，可以相互促进。重视"读、写"能力意味着，学习应以输出为导向。外语院校俄语专业不同程度存在对"写"训练不足，学生"写""说"语体不分等问题。

于是，"读什么""怎么读"提上日程。这需要教师对选材和阅读策略提供指导和答疑。"写什么""写到什么程度才合格"也应贯穿高校外语教学全过程，对学生写的内容，教师要有反馈，及时批阅，提出优化建议，以优质语料为参照，"以读促写"。"写"训练的重点，应聚焦某些领域或话题，让学生系统阐述观点、解决实际问题，进而体现创造性思维。因为，程式化的常规内容，机器也可以写。机器人写股市评论或者普通新闻早已驾轻就熟，甚至达到叫人难以判断作者是人还是机器的水平。所以，人的价值就应体现在，更能胜任"无套路"可循的创造性写作，更好地梳理逻辑，以实现不同观点的碰撞、不同主体的深度交流等。"写"的作用还体现为，巩固"读"的收获，加深理解，变消极掌握为积极运用。如果能做到"读写并重""听读同步"，学生提高"说"的能力就有了更为可靠的依托。"听"解决"说"的方式，"读"解决"写""说"的内容。

以输入（听与读）促进输出（说与写），优化"听说读写"技能之后，"译"的基本功就夯实了，学生的口译和笔译就能更加自如地实现从理解到表达的过程。

六、首先要多读，并阅读优质语料

（一）学习者阅读材料的类别

首先应阅读原文文学作品（经典与当代均可涉猎），二者的比例可按照未来工作需要，也可参照个人喜好。当代俄罗斯文学奖项众多，可是获奖文学作品并非都可取，因为作品获奖除了语言有时还受到其他因素影响。可以从"短名单"，甚至"长名单"（即入围作品）中选择，兼顾语言和思想等维度。

文学作品的价值在于：可以模拟母语者的阅读理解体验，文学作品内容与外部客观世界有着最丰富的映射关系；文学作品是非母语环境中优质语言材料的最便捷来源（它有充足篇幅和表义复杂度，理解"解码"过程有足够难度）。

具体到翻译硕士（MTI）的培养，许多外语专家认为，MTI培养实用型译员，训练应全部采用"非文学"语料。短期看，也许这样做没有太多损失；可是，缺少文学语料助力，译员的语言积累与提高就会失去很大一类宝贵资源，学生业务精进也会少很多乐趣。从语言质量来说，作家是母语者群体中语言运用能力最高超的群体，文学作品的"营养价值"不应被外语学习者和翻译学习者忽略。

除文学作品外，还可推荐学生阅读以下各类材料：纸质书的电子版（可以筛选某些章节，兼顾内容和语言）；顶尖学者科普讲座的文字实录版（可模拟口语语调与句式）；优质期刊的优质专栏文章；优先选择"时间密集"型语料（即作者长时间思考积累深沉的内容，如高水平学术专著与论文，科学院研究所网站刊载的院士访谈等，重点聚焦译员经常使用的领域）。

（二）提升阅读速度

值得反复阅读的资源建议分类永久保存电子版。打印纸质版阅读，利于训练阅读速度、保护视力。阅读速度提高意味着理解得更快更准确，可以为翻译过程中的深度思考以及"转换""表达"环节赢得更充足的时间。

（三）对优质资源的判断力

现阶段研究生教材建设刚刚提上日程，大多数外语类院校MTI上课使用的是教师自选内容。教师在提供课上学习材料与课外学习资源时，应给出原始链接，并简短向学生解释选材原则；学习特定专题时，可以建议学生分组，合作选择部分学习材料，教师对学生的选材做点评、提建议，逐渐教会学生自主甄别材料的优劣。

据了解，学生自己学习的语料通常仅限于新闻类，或者外语学习公众号推荐的内容，且以时政类短文为主。公众号有时提供简单注释、生词或讲解。虽开卷有益，但此类材料不可作为课下学习的主体内容，更不应当成为课下学习资源的唯一来源，否则就会严重"营养不良"。并且公众号提供的注释与生词乍看上去节省了学习者的时间，但也"剥夺"了学习者解决疑难的乐趣，有些错误注释还会误导学习者。

有条件的院校与教师应引导学生把"触角"伸向一手资源，即经过甄别的俄语互联网优质资源。一般来说，应引导学生关注对象国国家层面或具有官方机构背景、有专家把关的网站（国家部委、主流媒体、国家科学院研究所的网站等），以获取更加优质的语料。即便对于母语者，这些网站也是获取可靠信息的来源，外语学习者自然也会从中受益。但应有意识地区分意识形态与价值判断与我国不相符的内容，避免在学习语言的同时受到不正确的价值观的影响。选择书籍和报纸杂志时，要看出版方的声誉和品牌，学习材料选择应时效性和非时效性兼顾，既明晰语言对象国国情，也能将视线放长远，得到长久有益的知识。

七、俄语专业毕业生必备技能

由于学制时间所限，在校学习期间不可追求面面俱到，这是无法实现的目标。不过，合格毕业生必备的能力应包括（可能不限于）：

- 严格区分"会"与"不会"（即知道哪些内容有把握，哪些没有把握尚待查证）；
- "不会"时知道何种方式能查到权威答案，能有理有据地证明并说服他人某个答案的可靠性；
- 知道持续从何处寻求可供学习和提高的优质语料，知道如何汲取其中的营养；
- 知道依据长远目标如何取舍与调整自主学习（能力塑造）的内容；
- 查证满意的答案，除了意愿与能力，还须时间资源，知道在时间资源不足时，如何团队合作，挖掘时间潜力；
- 未来工作中，无论岗位如何，都有志于最大限度地贡献才智，发挥影响力；
- 面对多项任务，能做出合理判断与排序，必要时做出取舍。

八、"理解"的重要性怎么强调都不为过

理解与沟通是人类的本能，深究起来，理解是因人而异的复杂过程，但这个过程也有诸多共性。有些认知类研究专门借助复杂精密的仪器追踪人类阅读时眼球的微小动作，比如在哪些词句做了片刻停留，哪里有回看动作，回看的次数与回看内容有何规律等。

好的"理解"习惯（无论是听辨理解还是阅读理解）更要通过不懈努力来练就，绝非自然而然能够形成。

据笔者在教学一线的观察，学生的误译（无论中译外还是外译中）若究深层原因，首先是（对外语或者母语）理解有误，而绝对不是因为不知道某种翻译技巧，或者翻译技巧使用不熟练。从这个意义上说，MTI 学生在毕业论文的译文中应更坦白些、真实些，聚焦于理解，善于在原文理解环节发现问题、解决问题。

本文所涉及八个方面的内在逻辑是：一、社会给外语学习者提出的目标；二、未来职业细分；三、音乐教育对外语教育的启发；四、外语班级规模扩大带来的挑战；五、外语教学理念更新（"听说读写译"各能力如何相互助力）；六、学习资源；七、外语专业合格毕业生核心能力；八、对原文的准确理解是外语学习最基础与最重要的环节，是学习者其他能力形成的可靠基石。以上方面未必能概括外语专业学习者面临的所有问题，仅代表笔者的个人判断。

科学传记中的专有名词翻译
——以《朗道传》翻译实践为例

李雪莹

§ **摘　要：** 专有名词的翻译是科学传记翻译中的一个难点，需要确保译文的准确性和专业性。关于专名的意义，学界存在着不同的观点。我们认为，专名既具有指称意义，也具有内涵。翻译专名时，需结合社会文化背景，灵活使用各种方法，如音译法、约定俗成法、注释法、直译法、意译法、增词法等，以准确地在目标语中再现专名的所指，并力求充分地传达其内涵。

§ **关键词：** 专有名词　翻译　人名翻译　译名

一、引　言

列夫·达维多维奇·朗道（Лев Давидович Ландау，1908—1968）是苏联最伟大的理论物理学家。1962 年他由于对液氦理论的研究而获得诺贝尔物理学奖。朗道本人和他所培育的学派，对理论物理研究和教育的贡献在历史上空前绝后。（比萨拉比 2018：1）

朗道和他的学生栗弗席兹（Е.М. Лифшиц）合著的十卷本《理论物理学教程》是一套影响深远的理论物理学巨著，这套教程的中译本由高等教育出版社引进出版，在我国物理学界产生了巨大的反响。在此背景下，高教社决定翻译并出版由朗道侄女、传记作家迈娅·比萨拉比（М. Бессараб）撰写的《朗道传》（«Лев Ландау Роман – биография»）。笔者有幸承担了翻译《朗道传》的重任。

科学家传记翻译的难点在于其中既包括文艺语体，又包括科学语体，因此要求译文既具有文学性，同时又保持科学的严谨性。翻译《朗道传》过程中遇到的最大困难来自于物理学术语和专有名词的翻译，需要确保译文的准确性和专业性。术语翻译方面得到了已故的中国科学院院士郝柏林先生以及北京大学力学系老师的帮助，中译本出版后得到了物理学界专业人士的认可。在本文中，笔者想和大家分享一些翻译专有名词的心得。

二、专有名词的主要翻译方法

专有名词即专名，与普通名词相对，指单独事物专用的名称，包括人名、地名、机构名、书名等等。关于专名的意义，学界存在着不同的观点。以弗雷格（Friedrich Ludwig Gottlob Frege）

等为代表的摹状词理论认为专名不仅有指称而且有涵义。（弗雷格 1994：94）而以克里普克（Saul Aaron Kripke）为代表的历史因果理论认为，专名只是贴在其指称对象上的一个标签，没有描述性的内涵或意义。（克里普克 2001：116）

我们认为，专名是否具有意义，与其种类、命名机制、社会因素等密切相关，并不能一概而论。例如，机构名与人名相比，通常前者具有更多的内涵；就人名而言，"雷锋""诸葛亮"等名字比普通人的名字具有更多的社会历史内涵。因此翻译专名的时候，也需要根据不同情况采用不同的翻译方法。例如，普通人的名字主要承载的是指称功能，因此宜用音译；名人、著名地点、机构的名字要保证其指称的统一性，因此宜采用约定俗成的译法；历史人物或者文学作品中的人物承载着一定的历史文化信息，因此可以采用加注的形式，以充分再现其内涵。

1. 音译法

对于普通人名、地名的翻译我们一般采用音译法。音译时要遵从"名从主人""同名同译"的原则。所谓"名从主人"是指外国人名的翻译应按照其所属国家或民族的读法来翻译。请看下面两个例子：

1) Он родился в 1908 году в Баку, в семье преуспевающего инженера-нефтяника **Давида Львовича Ландау** и его жены **Любови Вениаминовны**.

他 1908 年出生于巴库，父亲达维德·利沃维奇·朗道是一位事业成功的石油工程师，母亲名叫柳博芙·韦尼阿米诺夫娜。

2) В начале **Дмитровского** шоссе Судаков начал обгонять автобус, и, увидев идущий навстречу грузовик, очень резко затормозил.

刚一上德米特罗夫公路，苏达科夫就开始超越一辆公共汽车，突然他看到一辆迎面开来的货车，便猛地踩下刹车。

对专名进行音译时，要保证译名的规范、统一，为此国家有关部门制定了相关的规范和标准，是我们进行翻译的重要依据。

新华通讯社译名室以"辛华"为笔名，先后分语种制定了外汉译音表，编译了一批外国姓名译名手册，对译名的规范统一起到了很大的作用。1982 年，商务印书馆出版了《俄语姓名译名手册》。然而，这些单行本的译名手册难以满足人们对标准化译名的需要，因此，新华通讯社译名室收录各单语种人名译名手册中的译名，编译了《世界人名翻译大辞典》，并于 1993 年由中国对外翻译出版公司出版。

关于外国地名的翻译，《外语地名汉字译写导则（GB/T 17693）》（以下简称《译写导则》）系列国家标准的第 4 部分规定了俄语地名汉译的规则。

2. 约定俗成法

虽然对于外国的人名和地名，通常遵循"名从主人"的原则进行音译，但是对于一些习用已久的人名、地名，即使在译音上有些出入，也不宜更改，以免产生混乱，应按照"约定俗称"的原则进行翻译，以保证"同名同译"。《俄语姓名译名手册》便是在音译的基础上，对少数延用已久、影响较大的译名予以保留，如高尔基、莱蒙托夫等。（辛华 1982：3）请看下面的例子：

3) Благодаря стараниям директора ЛФТИ академика **А.Ф. Иоффе** он был прекрасно организован.

在列宁格勒物理技术研究所所长 А.Ф. 约飞院士的努力下，会议举办得非常成功。

按照译写规则，Иоффе 应译为"约费"，但 А.Ф. 约飞是苏联著名物理学家，这一译名已被物理学界广泛使用，因此宜沿用约定俗成的译法。与孙中山签订过《孙文越飞联合宣言》的苏联早期革命家和政治家 А.А. Иоффе 则采用了已广为人知的译名"越飞"。

另外《朗道传》作者的姓氏 Бессараб 在初稿中曾音译为"别萨拉布"，后采用郝柏林院士的建议，改为"比萨拉比"。因为该姓氏来自摩尔多瓦比萨拉比亚的犹太族群，翻译时应考虑到惯用的历史和地理名称。

3. 注释法

有时专有名词承载着特定的历史文化信息，译文不仅需要向读者传达专名的指称信息，还要传达其内涵，若只采用音译会造成语义缺失。这时可根据情况，综合运用多种翻译方法，如音译＋直译，或者音译＋注释。

4) Дау оставил листок у себя и долго веселился, цитируя такие перлы, как Трактор Михайлович, близнецы **Рева и Люция**[1], девочка по имени Великий Рабочий, мальчик **Джонрид**[2] и тому подобное.

道把那张纸留了下来。特拉克托尔·米哈伊洛维奇、双胞胎廖娃和柳齐娅、小姑娘韦利基拉博奇、小男孩约翰里德……这些奇特的名字被他取笑了好久。

5) – Не от большого ума отец назвал сына **Разумом**[3]. – вздохнул он.

"父亲给儿子起名叫'拉祖姆'可不是明智之举。"——他叹了一口气。

以上两个例子中，朗道在讨论一些具有时代特色的俄罗斯人名。人名通常应使用音译法，但是音译显然无法使读者理解源语中所包含的历史文化信息，因此，译者采取了音译＋脚注的方式处理。如：

1. "廖娃"（Рёва）和"柳齐娅"（Люция）合起来在俄语中是"革命"的意思。

2. "约翰里德"（Джонрид）是由美国左翼新闻记者、美国共产党创始人之一约翰·里德（John Reed）的姓名而来。

3. "拉祖姆"（Разум）在俄文中意为"理智，智慧"。

4. 直译法

《译写导则》中规定："专名一般音译，但具有 город, село 等含义的专名化通名与专名分写时意译""通名一般意译"。（2009：4）如例 2）中的 Дмитровское шоссе 译为"德米特罗夫公路"，就是采用了专名音译＋通名意译的方法。需要指出的是，《译写导则》中所提到的"意译"，是与"音译"相对的翻译方法，其实还是翻译字面意思，即我们平时所说的"直译"。

6) – Час от часу не легче, – сказал он. – Слыхала? **Теплый переулок** переименовали! В улицу Тимура Фрунзе.

"真是每况愈下，"他说，"你听说了吗？'暖巷'改名了！改成了'铁木尔·伏龙芝'大街。"

根据地名译写规则，"修饰地名通名的形容词音译"，但例6）中的 Теплый 若音译，便无法反映出源语的语义，读者无法理解朗道为何对这一更名感到不满，因此需要加注说明。但是 Теплый переулок 并非大家所熟知的重要地名，且1965年之后就不再使用，因此为使译文更为顺畅和简洁，译者将其直接翻译为"暖巷"。

5．意译法

意译和直译的区别在于：直译要求译文的内涵和形式都与原文保持一致；意译则是只保持原文的内涵，而不保持原文的结构形式。专名的翻译首先要求准确性，因此在不宜音译的情况下，首先采取直译法。但是由于不同民族的文化差异以及语言结构的差异，有时通过直译无法得出既能够传达源语内涵，又符合目标语语言习惯的译文。因此，意译可作为翻译专名的一种补充手段。

7) Копенгаген тех лет называли **Меккой** физиков-теоретиков.

在那个年代，哥本哈根被称作理论物理学家的圣地。

麦加是伊斯兰教的第一圣地，引申可指对于某事具有重要意义的地点。这对于西方读者属于常识，《Большой словарь русского языка》中就收录了 Мекка 的直义和转义。但中国读者并不一定具备理解该专有名词所指或者内涵的知识背景。鉴于此，可采用音译加注法或意译法。但若频繁加注，尤其是与作品内容无直接关联的注解，无疑会干扰译文的流畅，影响原文风格的传达，因此在例7）中，译者采取了意译法，用内涵基本对等的普通名词"圣地"代替了"麦加"这一专有名词。

8) К тому же он не мог не помнить, что в свое время дал прозвище **Крокодил** своему любимому патрону – Эрнесту Резерфорду.

况且他不会不记得，自己曾经给敬爱的上司欧内斯特·卢瑟福起了"鳄鱼"这个绰号。

9) Родители прозвали маленького упрямца **Мальчик-наоборот**.

父母给这个倔强的小男孩起了个外号，叫做"叛逆小子"。

绰号既是一种语言现象，又是一种文化现象，幽默生动，富有表现力。对于绰号的翻译，没有可以遵循的固定法则，因此应以最大限度传递源语意义和效果为目标。为此，例8）中的 Крокодил 采取了直译法处理；而例9）中的 Мальчик-наоборот 则采用了意译法处理，使语言结构更符合汉语的习惯，并力求达到与源语同样的修辞效果。

6．增词法

由于文化背景及语言本身的差异，对于某些专有名词，源语读者与目标语读者可能并不具有共同的认知背景。为了准确传递原文的信息，有时可以使用增词法，以补充目标语读者认知世界中所缺失的信息。

10) Около десяти утра у двери Ландау остановилась **«Волга»**, за рулем – физик Владимир Судаков, рядом его жена Вера.

将近十点钟的时候，一辆伏尔加牌小轿车停在朗道家门前，驾车的是物理学家弗拉基米尔·苏达科夫，他的妻子薇拉坐在旁边。

11) Во время войны он больше читал **Симонова**: его поэзия в те годы была ближе всего его душе.

但是在战争期间他读得最多的是西蒙诺夫的诗，因为西蒙诺夫的诗在那个年代最能让他产生共鸣。

例 10）中，对于俄罗斯读者来讲，根据上下文，很容易理解 Волга 指的是伏尔加牌小轿车，而中国读者并不一定具有该背景知识，因此译者采用了增词法，补充了缺失的常识性信息，我们称其为语义增词。而例 11）中的增词则属于语法增词。在俄语中，作家的名字可以用来指代其作品，但这并不符合汉语的语言习惯，因此，处理此类情况应使用增词法，以避免不同语法体系所造成的理解误差。

三、人名翻译中一些难点的处理方法

科学传记中通常会出现大量的人名，如何妥善地处理这些人名，是翻译中比较棘手的问题。下面举例说明《朗道传》翻译过程中对于人名的一些处理方法。

1. 俄罗斯人名的翻译

俄罗斯人写作时喜欢变换人物的称谓，《朗道传》中，同一个人名常常有好几种写法：名字、小名、爱称、姓、名字加父称、全名等等。翻译时如果完全遵循"名从主人"的原则，跟着原文换来换去，会给读者造成理解上的障碍，但是如果全都用某一种形式代替，有时又不符合俄罗斯的文化国情，并且难以传达源语所蕴含的情感态度。

在《朗道传》中，主人公姓名出现最多的形式是"道"，这是物理学界对朗道的称呼。俄文原文的 Дау 是以大写字母打头，表明其是一个专有名词，而汉语中的"道"无法大写，又是单字，很容易产生歧义，干扰阅读。因此，译文中译者将作者叙述部分的"道"以及其他形式的称呼大都用"朗道"代替，这也符合中国人通常用姓称呼外国名人的习惯。例如：

12) а. Фрадков расхохотался и рассказал **Льву Давидовичу**, в какой панике была Стецкая, когда узнала о денежном переводе.

弗拉德科夫哈哈大笑，他告诉**朗道**，斯捷茨卡娅知道汇款的事以后，吓得魂不守舍。

12) б. За полтора месяца **Лев** овладел разговорной речью и научился читать со словарем.

朗道在一个半月之内掌握了口语，并学会借助词典阅读。

而在对话或信件中，则根据情况保留其他形式的称呼，以体现原文的语气和源语民族的语言习惯。例 13）是中学老师和朗道的对话，老师通常用名字而不是姓来称呼学生；例 14）保留了妻子对朗道的称呼，以体现真实的人物关系；例 15）是物理学爱好者给朗道的来信，名加父称表示尊敬，若改为姓则不符合文化国情。

13) — **Лев**, только теперь я могу честно сознаться, как я боялся тебя... спрашивать.

"**列夫**，直到现在我才能承认，当时我是多么害怕提问你。"

14) Однажды Кора сказала:

— **Дау,** у тебя столько холостых учеников, а племянница ходит не замужем.

有一次，科拉说："**道**，你有那么多单身的学生，而我的侄女还没嫁人呢。"

15) Глубокоуважаемый **Лев Давидович**!

Во-первых, поздравляю Вас с днем рождения и желаю Вам счастья, здоровья и новых больших успехов в работе!

尊敬的列夫·达维多维奇：

首先，祝您生日快乐！祝您幸福、健康，在工作中取得新的卓越成就！

2. 非俄罗斯人名的翻译

《朗道传》中出现了大量物理学家的名字，对于俄罗斯人名的翻译我们基本采取音译法或约定俗成法。而对于非俄罗斯物理学家的名字，则首先应遵守"名从主人"的原则，比如德国物理学家的名字，不能从俄文音译，而应从原语，也就是德语进行汉译。

翻译著名人物的名字，比如例 16）中这些著名的物理学家，需先通过俄文确定其原语名或者拉丁语的译名，然后再找出其对应的中文译名。互联网资源为我们解决这一问题提供了便利，但应确保翻译的准确性，尤其注意与已广为人知的汉译名保持一致。对于不太有名的人物，翻译起来就更为棘手，只能先通过俄语音译，还原其原语名，再由相应的语种音译为汉语。

16) И вот в этой шкале **Эйнштейн** имел половинный класс, а **Бор, Шредингер, Гейзенберг, Дирак, Ферми** и некоторые другие имели первый класс.

根据这个标准，爱因斯坦被定为半等，而玻尔、薛定谔、海森堡、狄拉克、费米和其他一些物理学家则被划为一等。

下面分析两个处理此类问题的具体案例。

17) Точно так же он вел себя и в отношении **Эдварда Теллера**.

朗道对**爱德华·泰勒**也是这样做的。

18) В биографической повести известного французского физика русского происхождения **Анатолия Абрагама** приведен разговор с университетским приятелем Дау **Георгием Гамовым**...

著名的法国俄裔物理学家**阿纳托利·亚伯拉罕**在他的自传体小说中记录了他与朗道的同窗好友**乔治·伽莫夫**的一段谈话……

例 17）中提到的 Эдвард Теллер 是美国著名理论物理学家，是杨振宁先生在芝加哥大学的博士论文导师。其英文原名为 Edward Teller，应音译为爱德华·特勒，国内也有译为爱德华·泰勒的。但是鉴于他的主要贡献 Jahn-Teller effect 通常汉译为姜–泰勒效应，因此译者最终采用了爱德华·泰勒的译法。

例 18）中提到的两位物理学家 Анатолий Абрагам 和 Георгий Гамов 都是俄裔，后分别移民法国和美国，书中给出的是他们的俄语原名，但是他们在物理学界被熟知的却是法语名 Anatole Abragam 和英语名 George Gamow，因此应从法语和英语进行汉译，分别译为阿纳托利·亚伯拉罕和乔治·伽莫夫，这也符合我国物理学界对他们约定俗成的称呼。

由此可见，翻译非源语国家的人名时，应充分考虑人物经历、社会背景等因素，以确保原文信息的准确传递。

四、结　语

科学传记结合了文学文本和科技文本的特点，对译文的要求首先是确保与科技相关的信息的准确性，然后才是可读性和文学性。专有名词主要承载着指称功能，同时也具有一定的社会文化涵义。我们在翻译专名的时候，需灵活采取各种策略和方法，准确地在目标语中再现其所指，并力求简单明了地传达给读者。与所指相比，内涵较难完全传递。无论采取何种手段，源语文化中特有的意象都可能在语言转换过程中受到一定程度的损失，而译者的使命就是探求使目标语产生的效果无限接近源语的途径。

参考文献

1. 比萨拉比. 朗道传 [M]. 李雪莹译. 北京：高等教育出版社，2018.
2. 弗雷格. 论涵义和意谓 [A]. 弗雷格哲学论著选辑 [C]. 北京：商务印书馆，2001.
3. 克里普克. 命名与必然性 [M]. 上海：上海译文出版社，1988.
4. 辛华. 俄语姓名译名手册 [M]. 北京：商务印书馆，1982.
5. GB/T 17693.4—2009, 外语地名汉字译写导则 俄语 [S]. 北京：中国标准出版社，2009.

新时代背景下口译基础课程的改革与创新

李重洋

§ **摘　要:** 口译基础是针对北京外国语大学俄语学院 MTI 翻译专业硕士研究生开设的专业必修课,以培养学生基本的俄汉口译思维及翻译职业技能为主要教学目标,以训练学生核心口译技能为主要授课方式。在新时代高校课程思政融合及研究生教育改革发展的背景下,自 2020—2021 年秋季学期起,口译基础课程在教学内容、教学模式及教学方法上也进行了一系列的改革与创新,以适应新形势对高校 MTI 研究生培养提出的新要求。

§ **关键词:** 口译基础　MTI 研究生　课程思政　教学创新

作为北外俄语学院 MTI 研究生的专业课,口译基础课程有多年的开设历史,经过前辈老师们的辛勤钻研发展,形成了较为科学完善的教学体系,积累了大量宝贵的教学经验。近年来,党和国家相继出台多份重要文件,对高校教学尤其是研究生培养做出了新的指示。同时,随着学校、学院发展规划及研究生培养方案的修订,鉴于社会需求及就业形势的变化,口译基础课程也基于此前的教学体系及方法,从教学内容、模式及理念三个维度进行了改革创新,以顺应时代发展趋势,提升我院翻译专业研究生培养的质量。

一、教学内容创新: 优化课程思政融合

MTI 研究生经过本科阶段的学习,已经具备了基础的学科知识架构和较好的俄语水平。与本科阶段的教学相比,研究生阶段的教学在提高学生语言技能及科研能力的同时,还要承担起进一步培养其思辨能力,引导其树立正确价值取向的任务。口译基础课程以其教学内容的多样性、现实性、时效性、灵活性等特性,成为了课程思政融合的优先选择。

(一)口译基础课程思政融合的必要性

从国家、学校、学生个人三个层面的需求与目标来看,对口译基础教学内容进行课程思政融合创新是必要且极具现实意义的举措:

从国家层面来看,口译基础课程思政融合是国家发展战略的要求。习近平总书记早在 2016 年全国高校思想政治工作会议上所作的报告中就提出了高校思想政治工作的重要性。2020 年 5 月教育部印发的《高等学校课程思政建设指导纲要》(以下简称"《纲要》")进一步明确指出,"全面推进课程思政建设是落实立德树人根本任务的战略举措""必须将价值塑造、知识传授和能

力培养三者融为一体、不可割裂"。(中华人民共和国教育部 2020)

从学校层面来看，口译基础课程思政融合符合我校人才培养理念及规划。北外是中国共产党创办的第一所外国语高等院校，始终以服务国家及人民的需要为己任，坚持为党和国家培养政治立场坚定、专业素质过硬的外语人才。

从俄语学院 MTI 研究生个人层面来看，国家党政机关也是学生就业的优先选择去向之一。在就学期间，通过课程思政融合帮助学生了解世情国情民情，坚定学生的理想信念，强化其爱党、爱国意识，对其长期职业发展及公民意识的提高也有极大的助益。

(二)口译基础课程思政融合的途径

《纲要》指出，在建设高水平人才培养体系的过程中，"必须将思想政治工作体系贯通其中，必须抓好课程思政建设，解决好专业教育和思政教育'两张皮'问题"。(中华人民共和国教育部 2020)课程思政不是简单地将思政教育内容直接植入专业课程，而是要进行深度的有机融合。具体到口译基础课，就是以教学语料内容作为载体，寓思政于教学。因此，口译基础教学内容的课程思政创新集中体现于教学材料内容的选择方面：

首先，直接选择党和国家领导人有关国家重大发展方略的讲话及文稿作为口译教学语料。口译基础课程在培养目标及授课方式方面具有鲜明而突出的实践性特征，这也是其区别于思政类课程的客观特性。因此，在贯彻课程思政理念时，口译基础课程的定位在于帮助学生掌握中国特色社会主义话语体系及其基本概念，分析此类语料的语体风格、篇章结构及其翻译方法。以2020—2021 学年秋季学期为例，本学期语料中选取的领导人讲话主要可分为以下三类：

一是以党的十九大报告为核心的关于国家整体发展规划的语料。其中集中阐述了党和国家的发展目标及总体布局，涉及到了"五位一体"(пятиединое строительство)、"四个全面"(четырехаспектная всесторонняя стратегическая концепция развития)、"四个自信"(уверенность в собственном пути, теории, строе и культуре)、"中国特色社会主义法治体系"(социалистическая правовая система с китайской спецификой)等核心术语的翻译。在课堂口译时，教师不仅向学生讲解词组的译文，更为重要的是向学生介绍这些概念背后的深刻内涵及其时代意义，再通过对发言原文与俄文译文进行对比，探讨得出中国特色话语体系术语的一般性翻译规律及方法，加深学生对中国特色社会主义相关内容的理解与认同。

二是党和国家领导人涉及对外政治、经济、文化交往领域的讲话文稿，具体包括习近平主席在第三届中国国际进口博览会开幕式、巴黎和平论坛、亚洲基础设施投资银行第五届理事会年会视频会议开幕式等场合所做的主旨演讲及致辞。在翻译此类文本时，既能够结合国际时事，锻炼学生对较为复杂的中文语料的翻译处理能力，同时也让能学生了解并内化我国在诸多重大国际问题上的立场。

三是与中、俄两国关系及两国共同加入的国际组织相关的讲话语料，例如习近平主席在中俄建交 70 周年纪念大会、第二十三届圣彼得堡国际经济论坛全会、上海合作组织成员国元首理事会第二十次会议上的讲话。上述语料充分结合了俄语学院 MTI 研究生的学科背景特点，涵盖了中国与俄罗斯及其他俄语国家交往的主要方面，对于学生日后从事各领域的俄汉口译具有普适性的参考价值。

四是考虑到学生群体的实际语言水平及翻译能力基础，口译基础课程还选择了大量经济、社会、科技、文化等主题的难度适中的语料，其中包括小米公司智能设备新品俄罗斯发布会、中白"巨石"工业园建设概况、第一财经"中国经济论坛"、山东国际友城合作发展大会等活动的音视频材料。通过对上述语料进行翻译分析，并结合其背景进行讲解，在扩充学生知识储备的同时，也直观全面地展现了中国在各领域的最新发展成就，通过潜移默化的方式增强学生的道路自信、理论自信、制度自信、文化自信。

二、教学模式创新：技能与实战相结合

教育部、财政部、发改委联合发布的《关于加快新时代研究生教育改革发展的意见》指出，新时代的研究生培养应当以需求为导向，服务于国家战略及社会需求，重视专业学位硕士的培养。（中华人民共和国教育部 2020）为此，MTI 研究生培养的改革创新也应当与国家发展的现实目标和未来方向紧密联系在一起。因此，根据国家专业人才培养战略，现阶段的口译基础课程在教学模式上也进行了一定创新，在完善丰富原有教学体系的基础上，引入了一些新的教学实践环节。

（一）以"技能＋实战"为核心思路

新的时代背景以及学生群体自身特点的变化，对 MTI 研究生的培养提出了更高层次的要求。口译基础通常以语料文本为核心，重点在于训练学生对该特定主题的语料进行口译的能力，侧重于语言层面的翻译能力培养。得益于学习条件的不断改善，现阶段学生的语言水平普遍有所提高，且已有一定的实习或实践经历。同时，学生的就业领域也在不断拓展，除传统的外交外事领域之外，金融、工程、科技、互联网等专业性领域在 MTI 专业硕士就业结构中的占比也正日益扩大。因此，基于单一主题语料的语言表达教学已经难以满足学生自我提升及求职的现实需求，亟需采用更加符合学生切实需求的教学模式。

在这种背景下，口译基础课按照"技能＋实战"的思路，在一学期的课程中，选择了"概括复述与笔记""汉译俄难点理解""术语准备与临场处理""数字翻译"等四个最具代表性、实操性且应用范围最为广泛的基础核心技能，循序渐进地培养学生的基础口译能力。通过一讲技能训练附加一讲实战演练的集中教学方式，让学生能够将口译技能在真实口译场景中学以致用，深化对口译技能与实践之间关系的理解，及时获得学习成果的正向反馈，从而激发其持续学习的兴趣及热情。

（二）真实多元的模拟实战场景

当前 MTI 研究生对于口译教学的一大关切就是学校教学训练与口译工作实践之间的关系。高校基础口译教学阶段的语料选择通常以中、外领导人讲话为主。一方面，此类语料通常篇幅长短及难度适中、语言表达规范且音视频材料相对容易获取，能够在短期内高效扩充学生套词、套句的储备，是较为理想的口译教学材料。但另一方面，口译语料的单一化也在一定程度上限制了学生专业视野的拓展和整体翻译思维的培养。学生在翻译实践及未来工作中接触到的真实口译场景往往难以限定于单一主题或单一形式，且由于中国与对象国合作领域的特殊性，口译中经常遇

到专业性较强的领域。因此，需要在口译基础课程中尽量让学生接触到多种主题、难度各异的语料，将主题与场景相结合，培养学生在各种口译场景下的应变能力。

"概括复述与笔记"是口译工作的基础技能，通过案例对学生进行科学口译笔记法的训练，能极大地提高学生后续口译学习的效率。针对这一技能的巩固训练，主要采用了汉、俄语采访及发布会等语料，培养学生口译长语段时归纳信息及整理笔记的技能。

在"汉译俄难点理解"技能部分，结合翻译等值理论，选取了文艺活动、领导人讲话等突出表现汉语修辞、隐喻、文化先例及表达习惯的语料，加强学生在口译此类材料时的语言转换能力。

在"术语准备与临场处理"技能训练课中，通过对涉及跨境金融合作、石油化工、技术转移等内容的语段进行口译练习及分析，集中从译前准备、译中应变及译后整理三个环节向学生讲授针对任意主题的口译工作准备方法。在随后的实战课中，以小米公司俄罗斯新品发布会为场景，要求学生提前查阅背景资料、整理术语表，并在课上现场做无稿交传，模拟了偏技术类口译的场景。学生在口译过程中开拓思维，灵活运用了此前技能课中讲述的语境理解、联想构词、替代描述等方法，临场翻译出了"坪效"（эффективность использования площади）、"跨境柜面取现"（снятие наличных в кассах за границей）等专业词汇，也增强了学生应对复杂主题口译的信心。

此外，针对学生普遍感到困难的"数字翻译"也辟出了专门的课时，侧重于数字口译中的常用技巧的讲解与训练，并结合大量来自实际翻译工作中的语料，巩固数字翻译技能。除此之外，为了避免练习的枯燥，还借鉴了其它语种数字口语的训练方法，引入了多媒体手段，使用"随机数视频速译"等方法使学生通过高强度的练习达到熟巧。

三、教学理念创新：培养发展型翻译人才

学生是教学的主体，教学应当以人为本，以学生为本。与知识型课程以老师讲解为主的授课方式不同，口译基础作为技能型课程，课上学生的参与以及师生间的互动探讨才是保障授课成效最为关键的因素。同时，学生自身语言水平及口译技能的提高程度是评价本门课程最为直观的参考指标。同时，随着行业整体水平的提高以及竞争的加剧，要让北外俄院的 MTI 学生摆脱同质化竞争，在口译领域脱颖而出，就需要从教学理念上有所转变，不是单纯着眼于训练从事语言翻译转换的"工具人"，而是要培养具有较高的表达与思辨能力、具有长期持续发展潜质的口译人才。因此，口译基础课程在课前、课中、课后等所有教学阶段都进行了一定的调整，积极调动学生对教学过程的参与度，重视发挥其主观能动性，逐渐培养学生养成终身学习、主动提高的意识。

（一）全方位语言及口译能力的培养

一名优秀的口译人才不仅要具有良好的母语及外语转换能力，同时还应当具有优秀的口头表达能力及丰富的背景知识。基于此种培养目标，口译基础课程也积极引入了"课前语段"的口译练习。每周由教师指定两至三个新的概念，学生围绕上述概念自行查找资料，并将搜集到的信息进行提炼压缩，在课上做总词数 200 词左右的主题口头表述（分为 2 至 3 个语段）。同时，其他同学将语段进行口译，由教师现场对学生的口译情况进行评讲和总结。在关键词的选择

上，侧重于选择跨文化交往中常用的新词、热词，尤其是选择一些易理解、难翻译的概念，例如"十四五"（Четырнадцатая «пятилетка»）、"加密货币"（криптовалюта）、"电子支付"（электронный платеж）、"网红直播"（онлайн трансляция интернет-селебрити）等。

这一练习以学生为主体，将拓展知识背景的理念贯穿始终，综合锻炼了学生搜集提炼背景信息、即兴语言表述及即席口译的能力，同时还帮助学生养成了平时积累新词新译法的意识和习惯，达到了全方位培养其口译能力的目的。

（二）激发主观能动性的任务型教学理念

根据动机理论，如果学生认为所学知识及技能得到运用或产生收益，则会得到鼓舞，其学习的外部及内部动机都会得到强化，发挥出更强的主观能动性。因此，口译基础课程也结合当前口译工作的实际情况，进行了创新，采用了更能激发学生学习动机的任务型教学方式，在课堂上为其模拟出日常教学中不常见的口译工作流程及氛围。

在一学期的课程中，学生会接触到带稿口译（讲话、发言）、有相应准备材料（PPT、宣传册等）的口译（讲座、展示会）、预先知晓主题的无稿口译（访谈、谈判）、无准备无稿口译（新闻发布会）等各种形式的口译任务。这些口译任务的难度逐渐递增，学生需充分发挥其自主学习能力，结合课上学习的口译方法及技能，提前做好稿件翻译、术语整理、背景信息搜集等准备工作。在这一过程中，从学生的角度而言，不仅口译实操能力得到了充分锻炼，同时还通过自主解决问题的方式获得了成就感与满足感，激发了其主动提高、追求进步的动力与信心。

四、结　语

口译基础课程在教学内容、教学模式及教学理念方面的新变化，体现了课程思政融合与研究生教改发展的新趋势，不仅符合新时代背景下党和国家对研究生培养所提出的高标准及新要求，也是实现我校"十四五"期间加强学科建设整体规划的教学创新举措，为我院口译教学对接国家及社会高层次人才需求提供了新的思路。

参考文献

1. 叶澜.教育学原理 [M].北京：人民教育出版社，2007.
2. 张大均.教育心理学 [M].北京：人民教育出版社，2015.
3. 中华人民共和国财政部.关于加快新时代研究生改革发展的意见 [A/OL]. (2020-09-23). http://www.mof.gov.cn/zhengwuxinxi/caizhengxinwen/202009/t20200923_3593379.htm#10006-weixin-1-52626-6b3bffd01fdde4900130bc5a2751b6d1
4. 中华人民共和国教育部.高等学校课程思政建设指导纲要 [A/OL]. (2020-06-01).http://www.moe.gov.cn/srcsite/A08/s7056/202006/t20200603_462437.html

俄语 MTI 研究生课程优化刍议

韩博文

§ **摘　要**：笔者从俄语 MTI 教学课程与俄语语言文学专业课程设置区别度着手，探讨俄语 MTI 课程优化路径，从现代化翻译辅助软件的熟练应用、语料库辅助翻译教学的作用、俄语翻译专业相关学科课程的增设、建立以发展翻译能力的为中心的课程模式四个方面建言献策。

§ **关键词**：课程　模式　优化

翻译专业作为一门独立专业成立时间并不长，香港中文大学是华语地区的先行者，1994 年正式成立英汉翻译本科专业，内地俄语 MTI 翻译专业迄今为止也只有十几年的办学经验。俄语 MTI 的成立源自社会和市场的需求和呼唤，目的是培养汉俄言语技巧熟练、综合素质高，能胜任外贸、文化、外事等领域的专门翻译人才。

作为人才培养的重要环节之一，课程是指为获得预期结果对学习进行的具体规划，使之符合内容标准。以学生发展核心素养为纲着力建设和完善课程体系。同时，对于如何开展有效且有吸引力的教与学，可以在课程中将学习内容（来自外部标准和本地目标）融入学习计划当中。因此，课程不只是一系列主题和一系列关键事实与技巧（输入），而且还是一张如何实现学生预期表现"输出"的地图，其中会提供适当的学习活动和评估以使学生更容易达到预期结果。课程应展示达到特定学习结果的最佳方式。结合俄语翻译硕士的培养目标，区别于传统的俄语语言文学专业，目前现存的俄语翻译硕士课程体系尚可进一步优化，引导学员通过课程学习实现自我成长。

一、现代化翻译辅助软件的熟练应用

笔者先后对国内独立设立俄语 MTI 的院校进行走访调查后发现这些院校都有翻译工作室，教师和学生每天都在进行着大量的笔译翻译工作，翻译时都要借助一种翻译工具 CAT。这种翻译工具不仅可以帮助译者提高翻译效率，而且对于同一文体下术语的统一，译文的质量提供保障。国际组织和很多大型企业、翻译公司在招聘笔译译员时，能够使用熟练计算机辅助翻译工具已成为招聘时的必备项。

俄语 MTI 的课程设置中虽有计算机辅助翻译课程，但从笔者的调查问卷中，得到的答案是能够使用翻译软件的人不到 3%，约 90% 的学生回答是知道这种软件，但不知道怎么利用相关软件进行俄译汉的笔译工作。造成这种现象的原因有很多，但主要原因笔者认为有三个：

第一，国内俄语翻译专业相对英语翻译专业教学的发展滞后，计算机辅助翻译起源于欧美国家，国内技术引进自然要靠英语界同仁的努力。

第二，相对于其他语种，俄汉平行语料库的建设滞后。

第三，国内外语院校能够教授 CAT 软件的教师资源短缺。

在多数开设 MTI 院校中，我们发现翻译辅助软件的应用存在实践与行业需要脱轨的情况，针对这一现象，我们可以尝试将翻译项目管理引入课堂，让学生利用 CAT 软件进行翻译、修改、审校。这种做法可以帮助学生更好的转到自己未来翻译擅长领域，做到术业有专攻，向翻译产业附加值更高的职业发展。

二、语料库辅助翻译教学的作用

随着语言学的发展，人们的社会文化和语篇意识也随之提高。语料库分析中经常出现的四种理论结构，分别是排列顺序、综合、语义选择、语义韵来研究消极语义韵是否可以应用于名词上，以及它的这种特征在考试中是否可以用于区别同义词。通过语料库的辅助，我们发现，培养翻译学习方法的关键是提高学生对语言现象的敏感程度，理解这些语言规律对翻译地道文本的重要性。通过语料库辅助教学，可以帮助学生们学习如何根据上下文来推测文本中出现的词汇的意思和作用。语料库以真实的语言数据为研究对象，对大量的语言事实进行分析，通过考查语言的实际运用来找寻语言的使用规律。语料库不仅为翻译研究提供了大量的素材，"而且通过内省、自造例证和取样的方法使材料真实可靠"。（丁信善 1998：6）

除了提高翻译认知的功能外，语料库还可以帮助提高学生的翻译技巧。语料库辅助翻译教学为学生创造条件，培养翻译的交流能力。语篇语言学家博格兰（Beaugrande）和德雷斯勒（Dressler）提出的翻译交流能力包括：

1）解决问题的能力；

2）善于规划的能力；

3）提出，测试和修改假说的能力；

4）模式匹配的能力；

5）善于处理可预见问题的能力；

6）处理突发或不可预见问题的能力等。

语料库的发展，特别是俄汉翻译语料库的建立和完善，使翻译专业的学生或者职业翻译寻找辅助性文本就更为方便了。20 世纪 90 年代学者开始利用语料库来研究翻译。适用于翻译研究的语料库主要有两种，一种是平行语料库，另一种是可比语料库。

平行语料库收集了原文和译文的文本，在翻译教学过程中可以对比两种文本在词汇、句子和篇章上的差别来总结翻译活动的特征，归纳总结翻译规律，研究产生差异的原因和特点。平行语料库为译者提供了一个新的研究翻译的角度，即从规定性研究向描述性研究过渡。平行语料库广泛应用于翻译教学、计算机辅助翻译、机器翻译和术语学、词典学中。

可比语料库是在收集原文和译文的基础上，将原文翻译成其他语种。可比语料库相对于平行语料库的发展还相对滞后，可比语料库主要是探究"特定历史和社会环境中的翻译规范"，（高华丽2008：15）帮助研究者发现翻译的普遍性。

综上，语料库对翻译教学研究提供新的视野和条件，对翻译研究的影响深远。翻译专业的学生借助语料库译出符合目标语的表达习惯，符合文体要求的译文，特别是对专有名词、术语、固定搭配等译义的处理，语料库发挥着巨大的作用。所以我们要在MTI课程模块中重视语料库的学习与建设，提高翻译的实际操作能力，发现翻译活动的特殊规律。

三、俄语翻译专业相关学科课程的增设

在MTI教学过程中我们应注重培养学生翻译的策略能力、翻译单位的辨析能力和交叉学科的知识能力。这三种能力的培养离不开语言学等交叉学科知识的教授。这些课程可以促进学生培养翻译能力，对翻译技巧进行进一步的思索。同时很多学习翻译硕士专业的研究生毕业后也致力于继续深造，如果没有交叉学科的基础学习，恐难在理论上进一步提升。

语篇分析、语义学、应用心理学、语用学等新兴学科，对提升翻译专业学生的翻译能力意义重大。特别是语用学，因为它研究特定情境中的特定话语，研究在不同语言交际环境下如何理解和运用语言。

英格拉姆（Ingram D.E）认为，"语言学、心理语言学、社会语言学、心理学和社会学等学科研究成果为应用语言学提供了理论依据"。（1980：22）MTI教学课在此基础上结合语言学教学原则，加入相关学科的课程。

俄罗斯莫斯科国立语言大学开设翻译专业较早，语言文体学、词汇学、句法学、形态学对翻译专业学生来说是必修课。同时，学生还可以选择一些选修课，例如阅读课、文本分析、对比语言学、功能句子观、商务外语和文化研究课程。

通过对俄罗斯这所开设翻译专业大学的调查我们发现，其翻译学课程分为两个体系，本科学位课程和研究生学位课程。学生只有在顺利完成本科和研究生基础课程学习后，才可以进入高级翻译学的学习。顺利通过高级翻译学考试的学生，他们的毕业证上将会比别人多一个翻译学学位。

学生们最先修完的两门课是翻译实践课。通过实践向学生们介绍翻译基本问题，在第二门课中，学生们开始翻译文本。修完这两门课后，实践课将根据文本类型的不同划分为新闻翻译课、文学翻译课、科技专业翻译课等。科技专业翻译课的文本选择有一个共同点，即适用于一些特殊场合，专业术语多的科技类文本，通常，我们不会使用法律或者政府文件作为课上的文本进行教学。文学翻译课的内容则让学生们意识到文学和其他文本翻译之间存在巨大的差别。学生学完这些翻译实践课之后，才开始进行翻译理论的教学。翻译理论课包括翻译学简介、翻译史、翻译方法论、文学阐释。专业母语课程包括语言文体学、词汇学、句法学、形态学。

虽然说MTI培养以翻译实践为主的翻译人才，但相关学科的学习会潜移默化帮助学生提高其翻译能力，所以笔者建议在俄语MTI教学当中增设相关学科的课程，提升学生的理论高度，指导翻译实践。

四、建立以发展翻译能力为中心的课程模式

MTI 教学的主旨是发展培养翻译能力，那么课程是如何围绕翻译能力来设定的呢？根据学者研究，大学专业课程模式一般有三种，即"目标模式、过程模式、环境模式"。（靳玉乐 1995：208）文军根据翻译教学的特点，分别提出了两种翻译教学模式。一种是以翻译技巧为中心的教学模式："确定目标→围绕翻译技巧确定相关材料→实施课堂教学→检查评估"。另一种是以翻译理论为中心的教学模式："确定目标→以理论的系统性为标准选择教学材料→实施课堂教学→课程评估"。（2005：5—7）

这两种课程模式各有千秋，一种侧重于培养学生的翻译实践能力，另一种培养学生的翻译理论水平，我们结合以上两种教学模式，拟设计出一种实践＋理论的翻译教学模式，旨在进一步发展俄语 MTI 学生的翻译能力。具体如下图：

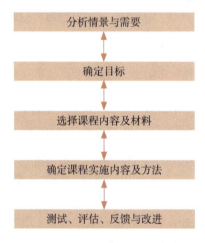

这种教学模式是双向的，因为 Macky 在外语教学中有五个变量：M（方法和材料）、T（教师行为）、S（社会文化环境的影响）、I（教学内容）、L（学习者行为），MTI 组成一个教学变项三角，ISL 是一个学习变项三角。所以上图中任何一层都不是单向的，而是相互影响的。此图是针对 MTI 翻译课程设计的，下面我们针对各层的含义做一个解释。

1. 分析情景与需要

这层包括外部与内容的情景与需要。外部情景与需要是开设单位以毕业生的去向调查为基础，考虑社会对俄语 MTI 学生的需求，来确定课程目标，对培养课程方法做出及时合理的调整。内部情景与需要是开设单位根据自身的教学条件和师资力量等因素来决定一门课程开设的时间。我们举个例子，社会上对俄语同声传译的译员需要较高，那么学校是否有同传教学设备，是否有相关经验的老师。所以在开设或增设课程时，情景与需要的外部与内部因素要结合考虑。

2. 确定目标

对于翻译专业来说，课程目标是以提高翻译能力为己任，在第二节我们论述了如何提升学生翻译能力，它包含了四方面的内容，即策略能力、翻译单位的文本能力、交叉学科知识的能力

和使用现代翻译工具的能力。在实际教学过程中，根据这一目标和学生的需要，对课程进行合理的安排和取舍。

3. 选择课程内容及材料

课程目标确定，下一环节落实到课堂教学的内容和材料。比如提高学生的翻译策略能力，课程内容重点应放在翻译技巧的传授，培养交叉学科知识的能力课程内容重点应放在语言学、语用学等学科课程内容的教授。接下来把相关授课内容放到具体的材料上，辅之以合理的语言材料保证课程的体系化。

4. 确定课程实施内容及方法

这个层面要注意的是根据目标、材料和内容实施具体的教学模式、教学方法。这是整个翻译课程模式的中心，这一阶段教师发挥主导作用，要充分调动学生的学习积极性，组织合理的课堂教学活动。

5. 测试、评估、反馈与改进

任何的课程活动都需要测试、评估、反馈和改进工作。测试是确定学生对所学课程知识掌握程度的一种方法。评估是双向的，既是老师对学生翻译能力获得程度的评估，也是学生和主管部门对老师的课程教授的评估，为进一步改进翻译教学提供依据。

定期的评估和检查为教师和培养单位提供了反馈意见，可以为课程的内容、材料、教学效果等提供一手的资料，对课程进行改进。

翻译教学课课程模式由五个层面组成一个整体，每层因素都会相互影响，模式具有层次性，课程模式重在发展学生的翻译能力。合理的课程模式有助于"在研究、探索和实践的过程中概括出课程存在与运行的形态"。（有宝华 2002：12）

合理的俄语 MTI 课程设置关乎人才培养质量，是教学中的重要环节，课程设置不仅要满足社会和市场的需求，同时要考虑到个人需求和国家发展需求。我们应充分利用各方资源开设相关课程，充分体现翻译学科的交叉性和实践性，进一步推动本专业长足发展。

参考文献

1. 丁信善. 语料库语言学的发展及研究现状 [J]. 当代语言学，1998(1)：4—12.

2. 高华丽. 翻译教学研究：理论与实践 [M]. 杭州：浙江大学出版社，2008：15.

3. 靳玉乐. 现代课程论 [M]. 重庆：西南师范大学出版社，1995：218.

4. 文军. 翻译课程模式研究——以发展翻译能力为中心的方法 [M]. 北京：中国文史出版社，2005：5—7.

5. 有宝华. 综合课程论 [M]. 上海：上海教育出版社，2002：12.

6. Ingram D.E. Applied Linguistics: a search for insight [J]. Kaplan,1980, p.22.

服务"一带一路"建设"俄语复合非通用语"人才培养创新模式探索

黄　玫

§ **摘　要：** "一带一路"倡议提出后，我国同欧亚地区国家关系快速发展。新的现实要求我国对外语人才的培养战略及时做出调整。俄语复合东斯拉夫及中亚五国非通用语人才培养项目经过充分论证于 2016 年在俄语学院启动，2019 年 9 月已经完成第一轮全部涉及语种的招生工作，并且第一批复语学生已经毕业。这种培养模式具有明显的创新性，培养目标符合国家的战略需求，培养方案和课程设置符合教学和学习规律，培养效果显著。

§ **关键词：** "一带一路"　俄语复合非通用语　人才培养　创新

一、现状与背景

"一带一路"倡议提出后，我国同欧亚地区国家关系快速发展，独联体地区逐渐成为我国战略伙伴关系全覆盖的区域，也是共建"一带一路"的先行实验区和示范区。历史渊源决定了俄语在独联体国家和民族之间的交往中依然具有实际通用语的地位。与此同时，该地区越来越多的非通用语国家出现了"去俄语化"趋势，在同我国的高层交往中也倾向于使用本国官方语言。新的现实要求我国对外语人才的培养战略及时做出调整。

俄语学院经过充分论证，根据国家战略需求，在发挥俄语教学传统优势的基础上，决定采取"俄语复合非通用语"的人才培养模式。

我们认为，目前乌克兰、白俄罗斯、哈萨克、乌兹别克、吉尔吉斯、塔吉克和土库曼语尚不具备单独开设专业的条件。这些国家的语言使用面比较窄，需求量小，单设专业十分不利于未来毕业生的就业，也很难招到理想的生源。基于此，培养既精通俄语，又熟练掌握俄罗斯以外的独联体某一个国家官方语言的复语人才是我国高校俄语院系服务国家战略的优先选择和必由之路。

如前所述，由于历史原因，来自这些国家的教师均为"双母语"，可以使用俄语讲授本国语言。而用俄语编写的这些语种的教材和工具书也基本上是完备的。学院从国内著名的外国语学校招收一批优秀的俄语高起点保送生，一年级全面强化俄语教学，二年级在继续强化俄语教学的同时，增开所复合语种的基础课，这批学生有中学六年的俄语基础，经过强化俄语，基本上具备了使用俄语学习另一种语言的能力。因此，采用这种方式开设乌克兰、白俄罗斯和中亚五国语言，实际上是可以随时招生的，可以借助对象国合作院校雄厚的教师资源，为培养自己的专业教师赢得时间，准备好充分的条件。

学院于 2015 年确定了四年内分期分批开齐俄语复合东斯拉夫和中亚七种语言的复语人才培养战略，并于 2016 年 9 月开始正式招收第一批学生，每年开设两个新语种。至 2019 年 9 月，已全部完全预计任务，乌克兰语、哈萨克语、乌兹别克语、塔吉克语、吉尔吉斯语、土库曼语、白俄罗斯语已全部开齐，并开始进入下一轮循环招生。

二、建设目标与创新点

北京外国语大学在"十三五"规划中提出，要坚定不移推进非通用语人才培养战略，造就更为务实的高素质国际化人才。加强外语非通用语种人才培养，是深化高等教育综合改革、提高人才培养质量的内在要求，是实施对外开放特别是"一带一路"倡议的迫切需求。北外将致力于打造国家级非通用语发展战略基地，到 2020 年前，将开设所有与我国建交国家相关的语言专业。

"十三五"规划对非通用语专业建设提出了新的要求。而要推进非通用语种教学改革，就要从创新人才的培养模式入手，围绕创新人才的培养目标而展开。

（一）主要问题

经过全面调研和论证，学院设计了"以俄语为主，复合一门非通用语"的复语人才培养方略。该培养方略所要解决的主要问题包括：

1. 俄语学习与非通用语学习的关系

学院从国内著名的外国语学校招收一批优秀的俄语高起点保送生，一年级全面强化俄语教学，二年级在继续强化俄语教学的同时，增开所复合语种的基础课，三年级全班出国到对象国最好的大学学习所复合的语种，四年级回国继续俄语学习，撰写毕业论文。这个培养方案保证了俄语学习贯穿全过程，因为即使在对象国，仍是借助俄语学习另一门语言，同时我们要求合作院校开设少量俄语课程，而且，对象国日常交往中也不乏俄语语境。

2. 两种语言学习的国际培养问题

为保证非通用语教学，我们努力与所涉及的七个国家最好的大学签署合作协议，由这些大学派双语优秀教师来学校授课，并整班接收三年级学生留学进修。我方在国家留学基金委的支持下，实现了整班派出。我们与合作院校共同制定国外学习期间的课程设置，保证俄语和非通用语学习顺利进行。2018 年 9 月，7 名 2016 级乌克兰语（辅修俄语）专业同学赴乌克兰利沃夫伊万·弗兰科国立大学作为本科插班生进修乌克兰语，俄语复合哈萨克语专业的 10 名同学赴哈萨克斯坦国立阿里—法拉比大学插班学习。2019 年 9 月，2017 级俄语复合乌兹别克语和俄语复合塔吉克语同学分别赴乌兹别克斯坦世界语言大学和塔吉克斯坦国立大学作为插班生进修一学年。

3. 语言学习与对象国知识、综合素质的关系

为了加深学生对非通用语种对象国的了解并培养他们对国别研究的兴趣，除了开设相关课

程外，我校还及时设立了相应的研究中心。2015 年 12 月，北外哈萨克斯坦中心成立。2016 年 6 月，乌克兰中心成立。2017 月 5 月，北外斯拉夫国别与区域研究中心成立；7 月，北外俄罗斯研究中心、哈萨克斯坦研究中心和乌克兰研究中心在教育部备案。2019 年 1 月，成立了白俄罗斯研究中心。这些中心经常邀请对象国的专家和使馆官员来做讲座、与学生交流，举办各种文化活动，相关国家的驻华使馆也邀请我院非通用语种师生参加节日庆典等活动。

4. 本土双语师资的培养问题

从长远看，开设一门专业，需要有本校独立的师资。在开展教学的同时，学院立即着手进行师资培养的工作。目前学院已有一名俄语复合乌克兰语双语优秀教师；2016 年哈萨克语开设之初，我们便选派了一名优秀的俄语硕士毕业生到哈萨克斯坦国立大学攻读博士学位，同时学习对象国语言；2019 年，我们派出了一位年轻的俄语教师赴白俄罗斯进修白俄罗斯语；2020 年，选拔一名硕士生准备派往乌兹别克斯坦攻读双硕士。未来还将从现有复语班中选拔优秀吉尔吉斯语和塔吉克语本科生，派往对象国攻读学位的同时继续进行语言深造，完成本校师资培养的任务。

以"俄语复合非通用语"模式培养出来的师资，既可以承担俄语课，也可以承担非通用语种课程的教学任务，对于学校来说，这无疑可以节约编制，最大限度地利用人力资源。而对于教师本人而言，除了可以满工作量完成教学任务，积极进行教学科研，编写对象国语言教科书和词典外，还可以利用所学语言的优势和俄语学界对东斯拉夫国家和中亚国家区域研究的成果在科研上有长足发展，逐渐成长为这些地区区域研究的专家，服务国家战略需要。这些未来非通用语种师资也是为国家储备的该语种高级翻译人才，在相关部门需要时，可以为国家提供翻译服务。

（二）创新点

从设计论证，到迅速进入教育部要求的"见专业、见学生"，学院创新性地解决了师资和招生问题，积极探索俄语＋非通用语、国内＋国际、语言教学＋区域研究引导、课堂教学＋第二课堂活动等人才培养模式。本项目的主要创新点在于：

1. 创新培养模式，迅速实现"见专业、见学生"

开设语种前，学院对七个国家的相关语言政策进行了研究和预判，邀请了外交部、商务部以及前驻这些国家的大使和官员、用人单位代表召开了论证会，制定了具有前瞻性的"俄语复合非通用语"人才培养目标和切合实际的培养方案，做到了当年论证，当年招生。

2. 创造性解决了国内这些语种师资为零的问题

在开设语种的最初阶段，招收外校俄语保送生，强化俄语教学，聘请外教，以俄语为中介语教授另一门非通用语，并通过为期一年的对象国进修学习，巩固语言教学成果。

3. 最大限度利用人力资源，培养双语师资

目前，国内能够用俄语和上述非通用语授课的人才几乎无处可寻。这种培养模式允许我们从容开展师资培养工作。学院已经选派了优秀俄语硕士毕业生或年轻俄语教师赴对象国攻读博士学位或专门进修语言。以"俄语复合非通用语"模式培养出来的师资，既可以从事俄语教学，也

可以从事非通用语种教学，并且逐渐成长为这些地区区域研究的专家，服务国家战略需要。

2018 年 11 月 2 日，在哈萨克斯坦驻华使馆举办的"哈萨克斯坦在华之友俱乐部第五次会议"上，我校哈萨克语人才培养的成绩及在中哈教育合作方面取得的成果得到了与会者的高度评价。

2019 年 12 月 13 日，外交部专门邀请俄语学院负责人参加俄语复语人才咨询会，了解我校俄语复合非通用语人才培养情况，对该人才培养模式给予了高度肯定，并表示俄语复合这几门非通用语人才为国家外交事业所急需，外交部未来将考虑采取多种形式与我校进行联合培养。

三、人才培养成果

经过近五年的建设，我们的俄语复合非通用语人才培养之路尽管举步维艰，仍然取得了丰硕成果。

（一）科研成果丰硕，教材建设同步

在开展语言教学与研究的同时，学院积极推进教学改革及非通用语教材、词典建设，开展区域国别研究。相关教师积极发挥俄语和双语优势，申请各级各类项目，参加相关研讨会。

1. 主持或参与科研项目

序号	参与排名	项目名称	项目类别	完成情况
1	劳华夏（参与）	冷战后全球主流媒体意识形态演变与人类命运共同体理念引领国际舆论对策研究	国家级	进行
2	劳华夏（参与）	乌克兰近代史研究	国家级	进行
3	丛鹏（主持）	乌克兰与俄罗斯关系研究	省部级	完成
4	劳华夏（主持）	乌克兰政党制度研究	省部级	完成
5	劳华夏（主持）	"后乌克兰危机"背景下的乌克兰对外政策与乌俄关系	校级	完成
6	孙芳（主持）	塔吉克斯坦在上合组织中的作用研究	省部级	已结项
7	蔡晖（主持）	哈萨克斯坦与俄罗斯关系研究	省部级	已结项
8	李向东（主持）	哈萨克斯坦第三次现代化研究	省部级	已结项
9	孙芳（主持）	中国与哈萨克斯坦产能合作研究	省部级	申请中

2. 参加研讨会

序号	时间、主办单位	学术活动名称	提交论文或报告题目
1	2016 年 4 月 16—17 日 北京外国语大学主办	全国高等学校外语教育改革与发展高端论坛	黄玫："俄语＋X"复语人才培养的必要性和可行性
2	2017 年 5 月 26 日 北外俄语学院和欧语学院联合主办	全国首届斯拉夫国别与区域研究学术研讨会	劳华夏：乌克兰独立初期的"去俄罗斯化"运动及影响 李重洋：白俄罗斯史学发展的主要阶段及其特征 张艳波：哥萨克在乌克兰民族中的影响
3	2019 年 5 月 12—13 日 中国人民对外友好协会主办	第四届中国–中亚合作对话会	戴桂菊：中亚官方语言在我国高校的专业设置与发展——以北京外国语大学中亚语种群建设为例
4	2019 年 9 月 27—28 日 北京外国语大学与西安外国语大学联合主办	第二届全球外国语大学联盟校长论坛	孙芳："俄语 +X 语"复语人才培养模式探索研究
5	2019 年 11 月 22—23 日 北外俄语学院主办	2019 年全国高校俄语中心和孔子学院经验交流暨学术研讨会	劳华夏：北外乌克兰语专业与乌克兰研究中心建设 孙芳：北外哈萨克斯坦中心与"俄语 + 中亚语"复语人才培养
6	2019 年 11 月 23—24 日 上海外国语大学主办	第二届"跨学科视野下俄罗斯东欧中亚研究"国际学术研讨会	何芳：北外俄语学院"俄语 +"复语人才培养模式的实践与思考

3. 举办学术讲座

序号	时间及地点	讲座名称	主讲人
1	2016 年 5 月 24 日 北京外国语大学	乌克兰——硝烟中的雅努斯	社科院世界历史研究所苏联史专家闻一
2	2016 年 12 月 21 日 北京外国语大学	中国与欧亚地区的经贸合作	商务部欧亚司副司长王开轩
3	2017 年 4 月 4 日 北京外国语大学	上海合作组织现状及其发展前景	上海合作组织秘书长拉希德·阿利莫夫（Р.К. Алимов）
4	2017 年 12 月 20 日 北京外国语大学	"新丝绸之路"背景下的中国与乌克兰	乌克兰驻华大使奥列格·焦明（Олег Дьомін）
5	2018 年 5 月 18 日 北京外国语大学	乌克兰口头文学传统漫谈	乌克兰利沃夫伊万·弗兰科国立大学语言系东方学教研室副教授伊琳娜·雅莱姆丘克（Ірина Яремчук）
6	2018 年 6 月 15 日 北京外国语大学	上海合作组织：成就、问题与前景	中国社会科学院俄罗斯东欧中亚研究所俄罗斯外交研究室主任柳丰华
7	2018 年 10 月 19 日 北京外国语大学	白俄罗斯和中国：共同的道路，共同的命运	白俄罗斯驻华大使鲁德·基里尔·瓦连其诺维奇（К.В. Рудый）

（续表）

序号	时间及地点	讲座名称	主讲人
8	2019 年 9 月 9 日 北京外国语大学	何为中亚？谁之中亚？—— 兼论新时代中国中亚研究的发展路径	上海外国语大学国际关系与公共事务学院教授杨成
9	2019 年 12 月 2 日 北京外国语大学	中亚形势及中国与中亚国家关系	中国驻土库曼斯坦大使、驻吉尔吉斯斯坦前大使肖清华
10	2019 年 12 月 11 日 北京外国语大学	身份认同与乌克兰的国家转型	中国社会科学院俄罗斯东欧中亚研究所乌克兰研究室研究员张弘

（二）人才培养效果显著

以"俄语复合非通用语"模式培养出来的学生，具有两种专业语言的优势，在就业时具有明显的竞争力。乌克兰语班王碧玥同学在二年级末通过了外交部的遴选，王艺璇同学考上了本校俄语区域学专业的硕士生；哈语班张韵迪和张淼煜两位同学通过了保研考试，以推免方式被录取为俄语学院 2020 级硕士研究生；另有同学进入中信建设等大型国有企业。

在获奖方面，这两个班的同学也收获甚丰，据不完全统计，张淼煜获得 2017 年全国高校俄语大赛低年级组二等奖、2019 年全国交传口译大赛一等奖；俄语复合塔吉克语班李玥获得 2018 年全国高校俄语大赛二等奖；俄语复合乌兹别克语国雅晴获得 2019 年全国高校俄语大赛二等奖。哈萨克语班韩佩珈、刘佳彤、刘卓在 2016 年第四届"俄语好声音"朗诵大赛中获一等奖；塔吉克语班高世琦获"2018 年北京外国语大学俄语学院俄语演讲比赛"三等奖；乌兹别克语班闫博获"2018 年北京外国语大学俄语学院俄语演讲比赛"二等奖；吉尔吉斯语班成博文获"2019 年北京外国语大学俄语学院俄语演讲比赛"二等奖。

各非通用语种专业的同学还分别在国内或境外通过不同的形式展示了自己的非通用语水平。哈萨克语班同学在哈留学期间参加了哈萨克斯坦阿里法拉比国立大学举办的"第六届全阿拉木图大学生及青年学者学术研讨会"，10 名同学均做了主题发言；在 2019 全国高校哈萨克语联赛中，该班张淼煜获得二等奖，刘卓、张韵迪、韩芷玥获三等奖；刘佳彤和郑钰获才艺表演二等奖。塔吉克语班 6 名同学参加塔吉克斯坦驻华使馆纳乌鲁兹节庆祝活动时用塔语朗诵诗歌，收到塔吉克斯坦驻华大使颁发的感谢信；在塔吉克斯坦总统访华时，他们还受到总统的接见和鼓励。乌兹别克语班同学在乌兹别克斯坦留学期间受到中国国务院总理李克强接见。乌克兰语 7 名同学与中央广播电视总台国际广播电台乌克兰语部合作制作"冬日读书会"节目，用乌克兰语朗读了 7 部乌克兰经典著作中的片段，受到好评。

在专业建设方面，为了配合新开中亚语种专业人才的培养，我院利用来华外教的力量，积极推动乌克兰语、白俄罗斯语和中亚语种教材的编写工作。目前，乌克兰籍教师伊戈尔·戈尔什科夫（Игор Горшков）与劳华夏共同编写的《新经典乌克兰语入门》已经面世。其他语种教材和词典等也纳入学院"十四五"规划之中，如《新经典乌兹别克语入门》《乌克兰语汉语——汉语乌克兰语小词典》《新经典哈萨克语入门》《新经典白俄罗斯语入门》《新经典塔吉克语入门》《新经典吉尔吉斯语入门》等。"乌克兰文化"在线慕课也正在积极开发中。

在师资培养方面，2020 年 9 月，学院派出遴选的优秀硕士生赴乌兹别克斯坦进行双语学习；2021 年，派往哈萨克斯坦攻读博士的培养对象毕业；2021 年，从毕业的复语班优秀学生中遴选并派出赴塔吉克斯坦和吉尔吉斯斯坦攻读硕士学位的未来师资各一名。

2020—2022 年，发表 3 篇复语或所复合非通用语方面论文；哈萨克斯坦研究中心、乌克兰研究中心完成教育部委托项目 2 项。

四、结　语

俄语复合非通用语人才培养项目是我院经过充分论证于 2016 年开始启动的，至 2019 年 9 月已经完成第一轮全部非通用语的招生工作，并且第一批复合乌克兰语和哈萨克语的学生已经毕业。这种培养模式具有明显的创新性，实践证明，这种模式是成功的，培养目标符合国家的战略需求，培养方案和课程设置符合教学和学习规律，培养效果显著。俄语复合非通用语方向是俄语学院未来重点发展方向之一，希望该项目在各方的大力扶持和帮助下，继续为我国"一带一路"倡议的顺利实施培养优秀的后备人才。

北京外国语大学乌克兰语（复合俄语）专业与乌克兰研究中心建设概况

劳华夏

§ 摘　要：北外乌克兰语（复合俄语）专业开设于 2003 年，2016 年恢复本科阶段招生后，在专业建设和人才培养方面取得了初步成绩。北外乌克兰研究中心以乌克兰语（复合俄语）专业复招为契机于 2016 年 6 月成立，核心工作立足于推进专业建设，开展乌克兰语教学与研究，推动乌克兰语本科教学改革。2017 年 7 月入选教育部国别和区域研究中心备案名单后，中心密切结合"一带一路"倡议，启动了乌克兰国别研究，涵盖政治、外交、文化、历史等多个领域。

§ 关键词：乌克兰语（复合俄语）专业　乌克兰研究中心　专业建设

一、乌克兰语（复合俄语）专业概况

北京外国语大学乌克兰语（复合俄语）专业设立于 2003 年 9 月，第一批本科生毕业后停招。国家"一带一路"倡议提出后，在教育部非通用语政策的大力支持下，乌克兰语专业于 2016 年 9 月恢复本科阶段招生。根据课程设置，该专业为"乌克兰语 + 俄语"复语专业，学生本科一年级学习俄语，二年级起在学习俄语的同时逐步引入乌克兰语专业课，三年级赴合作院校乌克兰利沃夫伊万·弗兰科国立大学语言系进修一年，四年级回国完成学业，用俄语或乌克兰语撰写毕业论文。在四年学习期间，学生需要通过教育部高等学校俄语专业四、八级水平测试。

二、乌克兰语（复合俄语）专业建设

（一）人才培养

乌克兰语（复合俄语）专业恢复招生后的第一届 2016 级本科生共 7 人，均为俄语零起点生。这批学生学业负担较重，一、二年级的俄语课程设置与俄语专业学生完全相同。二年级起，每周开设四学时乌克兰语课程，同时还有乌克兰国情方向的选修课。三年级在利沃夫伊万·弗兰科国立大学语言系以学习乌克兰语为主，俄语为辅，利大开设的乌语课程包括乌语实践课、乌克兰口头文学、乌克兰文学史、乌克兰历史等，每周 10 学时左右，俄语每周 4 学时。四年级回国后与俄语专业学生同等选课，并开设选修课乌克兰语文献阅读与翻译。

　　从培养效果来看，复招后的第一届乌克兰语（复合俄语）专业学生取得了优异的成绩。7 名学生均在二年级时通过了俄语专业四级测试，其中 3 人成绩为优秀（俄语专业八级测试因疫情推迟，尚未举行）。7 人中有 6 人还通过了英语专业四级测试，其中 1 人成绩为优秀。所有学生均如期完成毕业论文并顺利通过了答辩。其中，王碧玥、王艺璇 2 名同学用乌克兰语撰写的论文被评为北外优秀本科生毕业论文。王碧玥同学的《从后缀构词法角度分析乌克兰名词性姓氏》一文还被评为北京市普通高等学校优秀本科生毕业论文。

　　"乌克兰语 + 俄语"复语人才培养模式得到了包括外交部欧亚司在内的许多用人单位的肯定。2019 年，乌克兰语（复合俄语）专业参与了由俄语学院申报的"服务'一带一路'建设'俄语复合非通用语'人才培养创新模式探索"，集体获得了校级年度教学成果奖一等奖。

　　2019 年 9 月，乌克兰语（复合俄语）专业恢复招生后的第二届本科生入校，共 7 人，均为外国语中学的俄语高起点保送生，有 6 年的俄语学习基础。这批学生一年级以学习俄语为主，巩固俄语基本功，提高语言能力。二年级在继续强化俄语的同时开始学习乌克兰语，上学期为 4 学时，下学期为 6 学时，同时选修乌克兰概况课程。目前，2019 级本科生刚刚开始二年级下学期的学习。

（二）实习与就业

　　2016 级本科生在乌克兰进修期间参加了部分实习工作，主要包括与中国国际广播电台乌克兰语部合作制作了"冬日读书会"节目，用乌克兰语朗读了 7 部乌克兰经典著作中的片段。王艺璇同学还应邀在利沃夫市图书馆做讲座，向当地的小学生们介绍中国和中国文化。四年级时，学生们在传媒、金融、教育等领域参加了各类实习工作。

　　乌克兰语（复合俄语）专业学生在就业与升学方面表现出良好的知识水平和能力素养，具有明显的竞争力。毕业去向包括外交部、解放军外国语学院、特变电工集团、中国花样滑冰协会等。有 1 人考入北外俄语学院区域学方向硕士研究生，另有 1 人被莫斯科国立大学外国语学院区域学专业录取为硕士研究生。

（三）教材与教学资源建设

　　北外乌克兰语（复合俄语）专业虽开设于 2003 年，但因招生中断、师资缺乏，专业建设尚处于起步阶段。放眼全国，乌克兰语专业也属于新兴专业，教学中多采用乌克兰本国编写的教材，国内系统编写的高质量乌克兰语教材依然缺失，教学资源也比较匮乏。面对这一情况，教材与教学资源建设便成为了专业建设的重点之一，并取得了一定的成果。

　　2019 年 12 月，由乌克兰籍教师伊戈尔·戈尔什科夫和俄语学院教师劳华夏合编的《新经典乌克兰语入门》由外研社出版，在一定程度上弥补了国内同类教材的空白。

　　同时，与外研社合作的《汉语小词典》（乌克兰语版）和与高教社合作建设的"乌克兰文化"在线慕课均按计划推进，将于近期出版或上线。

三、乌克兰研究中心概况

北京外国语大学乌克兰研究中心成立于 2016 年 6 月，在行政管理上隶属于北外俄语学院，于 2017 年 7 月入选教育部国别和区域研究中心备案名单。

中心的成立以 2016 年 9 月乌克兰语（复合俄语）专业恢复本科阶段招生为契机，核心工作立足于推进乌克兰语（复合俄语）专业建设，开展乌克兰语教学与研究，推动乌克兰语本科教学改革。2017 年 7 月备案后，为响应教育部国际司工作精神，密切结合"一带一路"倡议，中心以对焦国家需求、服务国家战略为宗旨，启动了乌克兰国别研究，涵盖乌克兰政治、外交、文化、历史等领域，积极申报相关课题，按时提交研究成果，参加相关学术会议。

中心积极发挥合作平台作用，多次与乌方合作或独立举办乌克兰民族文化特色活动以及国别研究学术讲座，同时加强和促进北外与乌克兰相关高校及科研机构的国际交流与合作。

（一）队伍建设

中心现有专职教师 4 人，其中 3 人为北外俄语学院教师，1 人为北外国际关系学院退休教授，均可熟练使用俄语或乌克兰语开展学术研究，保证了研究资料来源的一手性和可靠性。中心兼职教师 5 人，其中 3 人为中国籍，分别来自北外俄语学院和社科院俄罗斯东欧中亚研究所；2 人为乌克兰籍，来自乌克兰基辅国立大学和利沃夫伊万·弗兰科国立大学。外单位兼职教师与中心来往密切，均曾受邀来北外做学术讲座或进行学术交流，对中心研究工作起到了必要的引领作用。

（二）资源建设

中心配有办公用房，办公设备齐全。在网络资源方面，可使用学校统一购买的"国别国际问题学术科研数据库——列国志数据库"中的乌克兰国家库查询学术资料。同时，中心在俄语学院网站的国别研究栏目建有专门网页（https://ru.bfsu.edu.cn/gbzx/wklyjzx.htm），定期更新中心活动信息和各类新闻。

（三）科研情况

自 2017 年入选教育部国别和区域研究中心备案名单至今，中心人员发挥俄语和乌克兰语双语优势，在密切配合乌克兰语（复合俄语）专业学科建设和人才培养的基础上，稳步开展乌克兰国别研究，申请和参与各级各类科研项目，参加学术研讨会，已完成教育部国别和区域研究课题 2 项，发表论文多篇。

目前，中心人员参与在研课题 2 项，分别为 2018 年度国家社科基金重大项目"冷战后全球主流媒体意识形态演变与人类命运共同体理念引领国际舆论对策研究"和 2019 年度国家社科基金冷门"绝学"和国别史等研究专项"乌克兰近代史研究"。

（四）举办学术讲座

为紧跟乌克兰国别研究动态，促进中心科研工作的开展，开拓师生的学术视野，中心成立以来多次邀请本专业相关领域的国内外知名人士和专家学者来北外做学术讲座。

2017 年 12 月 20 日，乌克兰驻华大使奥列格·焦明先生应中心邀请访问北外，为师生作题为"'新丝绸之路'背景下的中国与乌克兰"的专题讲座，介绍了乌克兰的历史起源、民族特色、国情概况等，探讨了中乌合作、"一带一路"倡议背景下的中乌关系等问题；2018 年 5 月 18 日，乌克兰利沃夫伊万·弗兰科国立大学语言系东方学教研室副教授伊琳娜·雅莱姆丘克受邀来北外做了题为"乌克兰口头文学传统漫谈"的讲座，介绍了乌克兰口头文学的起源和发展历程；2019 年 12 月 11 日，中国社会科学院俄罗斯东欧中亚研究所乌克兰研究室张弘研究员为北外师生做了"身份认同与乌克兰的国家转型"讲座，介绍了乌克兰国家转型中的历史、文化和语言问题，阐释了乌克兰的文化认同危机、语言政策纷争以及地区分化争论。

（五）举办国情文化活动

中心成立以来多次举办乌克兰国情文化特色活动，丰富学生的第二课堂，增进其对乌克兰语言文化、民俗习惯和风土人情的了解。

2016 年 11 月 18 日至 30 日，中心在北外图书馆一楼展厅举办了"乌克兰之旅"系列活动之"乌克兰民族文化及绘画展"。此次展览由乌克兰驻华大使馆和北京卡秋莎画廊协办，北京外国语大学校长彭龙教授和乌克兰驻华大使奥列格·焦明先生莅临展览开幕式并致辞；2017 年至 2019 年，中心连续三年举办乌克兰复活节彩蛋艺术大师班，介绍了彩蛋的历史、象征意义和主要制作工艺。乌克兰驻华使馆一等秘书弗拉基米尔·西多连科（Володимир Сидоренко）及家眷、中国国际广播电台乌克兰语部中乌两国记者曾于 2018 年 4 月 14 日莅临第二届大师班活动；2019 年 10 月 22 日，刚刚完成在乌进修回国的 2016 级乌克兰语（复合俄语）专业学生与刚入校的 2019 级复语班本科生及俄语学院区域学方向硕士研究生开展了交流活动，介绍了留学乌克兰的经验和学习体会；2019 年 12 月 15 日，中心与乌克兰驻华大使馆在北外联合举办了乌克兰冬季节日民俗文化活动，使馆文化二秘瓦莲京娜·奥莉内克（Валентина Олійник）女士向北外师生介绍了乌克兰庆祝圣尼古拉节、新年和圣诞节的习俗，并一同制作了圣尼古拉糖人饼干；2021 年 2 月 25 日，乌克兰语（复合俄语）专业 2019 级七名本科生参加了乌克兰驻华使馆举办的纪念莱西亚·乌克兰茵卡（Леся Українка）诞辰 150 周年线上活动，通过视频表达了对这位著名诗人的深切怀念和对乌克兰人民的美好祝福，并朗诵了乌克兰茵卡的诗歌代表作——《我站在那儿聆听着春天……》（«Стояла я і слухала весну…»）。

（六）国际交流与合作

中心一直积极开展国际联络，拓展各类合作渠道，希望借助与乌克兰重点高校及科研机构的合作，共建北外乌克兰语专业和乌克兰研究中心，促进学科和科研的双发展。目前，北外与利沃夫国立伊万·弗兰科国立大学和基辅国立语言大学已签署校际合作协议，建立合作院校关系。

中心成立以来独立或协助学校多次举办国际交流活动，如 2017 年 5 月 19 日，中心协助学校接待了到访北外参加"全球外国语大学联盟"成立仪式的基辅国立语言大学副校长马特维延科（Ольга Матвієнко）；2017 年 6 月，校领导和中心负责人访问了乌克兰利沃夫伊万·弗兰科国立大学和基辅国立语言大学，并出席中国—乌克兰大学校长论坛；2017 年 11 月，校领导和中心负责人在北外接待了乌克兰新闻媒体负责人代表团，同月，中心协助学校邀请乌克兰驻华使馆公使衔参赞维克多·波诺马廖夫（Віктор Пономарьов）出席"2017 北京外国语大学国际化人才培养高峰论坛暨生源基地校工作会议"开幕式并致辞；2018 年 10 月，校领导和中心负责人在北外接待了乌克兰校长代表团。

中心与乌克兰驻华使馆、中国国际广播电台乌克兰语部保持着密切的合作关系，联合举办了一系列活动，取得了较好的社会反响。

（七）社会服务

中心人员常年为各类机构和人士提供与乌克兰相关的语言翻译与教学、文化讲解、旅游信息以及政策咨询服务，如参与 2018 年上海市公务员考录工作、多次参与中央广播电视总台高质量发展阶段性成果材料（国际传播部分）评审等。2020 年 10 月，中心负责人接受了"一带一路"官网的采访，相关观点发布于该网站 10 月 29 日的《丝路大家谈：疫情之后的"一带一路"该怎么走？》和微信公众号推送中。

疫情期间，中心应河北省石家庄市某社区服务中心求助，组织 2016 级乌克兰语专业学生义务翻译了一批产自乌克兰的医用防护口罩说明书和相关证明文件，确保了当地防疫物资的及时、顺利使用。同时，中心人员还对北京语言大学语言资源高精尖创新中心研发的《疫情防控外语通》进行了审校。

乌克兰语（复合俄语）专业俄语教学的探索与思考

劳华夏

§ **摘　要：** 北外乌克兰语专业为"俄语＋乌克兰语"复语专业，这一培养模式下的俄语教学存在诸多难点，如俄语相关课程学时学分较少、俄乌两门语言易出现混淆、学生三年级在乌克兰留学期间缺乏俄语环境等。为克服上述困难，教师在学生入学伊始即帮助其做好心理准备，明确任务目标，合理构建知识体系，在加强基础阶段教学的同时，做到课堂教学功效的最大化，同时将乌克兰国情文化知识引入日常俄语教学，收到了良好的教学效果。

§ **关键词：** 乌克兰语（复合俄语）专业　俄语教学　复语型人才

在"一带一路"倡议提出与实践的背景下，我国与其沿线国家在各个领域的联系与合作不断密切，客观上催生了对高素质外语人才、特别是精通对象国当地语言的非通用语人才的需求。2015 年，在教育部等五部委联合印发的《2015—2017 年留学工作行动计划》中，外语非通用语人才被列入需要进行重点培养的 5 类"国家战略和重点行业发展急需人才"中。同年，教育部印发实施《教育部关于加强外语非通用语种人才培养工作的实施意见》，对加强外语非通用语种人才培养做出总体部署，明确了总体思路、主要原则和工作目标。在这一背景下，北京外国语大学在"十三五"规划中提出，要"培养复合型、复语型、高层次国际化人才，特别是国家亟需的非通用语人才"，（北京外国语大学 2016）在"十三五"期间开设外语数量达到一百种，实现所有已建交国家官方语言的全覆盖。同时，还提出以外国语言文学学科集群为支撑，健全"通用语种＋非通用语种"人才培养机制。作为对"通用语种＋非通用语种"复语型人才培养模式的实践，俄语学院从 2016 年起开始分阶段、分专业地招收"俄语＋乌克兰语""俄语＋中亚语""俄语＋白俄罗斯语"等专业的本科生。

一、乌克兰语（复合俄语）专业概况及培养目标

乌克兰语（复合俄语）专业开设于 2003 年 9 月。2016 年，"俄语＋乌克兰语"的复语人才培养模式得到进一步明确，成为北外响应国家"一带一路"倡议、在教育部非通用语种政策大力支持下建设的第一批复语专业之一。2016 年 9 月，乌克兰语（复合俄语）专业复招后的首批七名本科生入校，均为俄语零起点学生。学生在本科一、二年级基础阶段学习俄语，三年级赴乌克兰利沃夫伊万·弗兰科国立大学学习乌克兰语，同时继续俄语的学习，四年级回国完成学业和论

文答辩。本科毕业论文使用乌克兰语或俄语撰写。在四年学习期间，学生需要通过教育部高等学校俄语专业四、八级水平测试。2019年9月，乌克兰语（复合俄语）专业第二批本科生入校。与2016级学生不同的是，2019级学生均为外国语中学保送北外的俄语高起点同学，有一定的俄语基础，故在基础阶段强化俄语的同时，从二年级第一学期起开设4—6学时的乌克兰语课。

　　课程设置上，乌克兰语（复合俄语）专业学生主要学习乌克兰语和俄语语言、文学、历史、政治、经济、外交、社会文化等方面的基本理论和基本知识，接受乌克兰语和俄语听、说、读、写、译方面的熟巧训练，以培养国家和社会亟需的国际型、通识型、学习型、复语型翻译人才和区域研究人才。毕业生应具备国际化视野和中华民族情怀，必要的乌汉、俄汉、乌俄互译能力，跨学科知识结构，思辨与深度学习能力和一定的适应、沟通、合作、创新能力。

二、乌克兰语（复合俄语）专业俄语教学的主要难点

　　2016版乌克兰语（复合俄语）专业本科培养方案对毕业生的俄语水平提出了较高的要求。然而"俄语＋乌克兰语"复语专业的特殊性为具体的俄语教学实践带来了一些困难。

（一）俄语相关课程学时学分相对偏少

　　2016版乌克兰语（复合俄语）专业与俄语专业在学时学分设计上完全相同，主修专业课必修1386课时、77学分，选修216课时、12学分；学科平台课必选108学时、6学分，自选108学时、6学分。但与俄语专业不同的是，乌克兰语（复合俄语）专业的主修专业课中有288学时、16学分为乌克兰语语言技能类必修课，学科平台课中也有72学时、4学分的与对象国有关的知识型必选课程。因此，乌克兰语（复合俄语）专业俄语相关课程的学时学分要远远少于俄语专业，但其培养方案中对学生在本科毕业时俄语水平的要求并不逊色于俄语专业。尤其是该专业复招后的第一批2016级本科生，俄乌两种语言均为零起点教学，要在本科阶段的四年时间里全面掌握两门全新的语言更是难上加难。即便是对于2019级俄语高起点学生，由于其入校时的俄语基础并不扎实，要想进一步巩固和提高俄语水平，也需要大量的学时作为保障。而培养方案囿于种种限制，无法使乌克兰语（复合俄语）专业在俄语课程的设计上做到与俄语专业完全一致，为该专业的俄语教学带来了相当大的难度。

（二）俄语和乌克兰语同时学习容易混淆

　　俄语与乌克兰语同属印欧语系斯拉夫语族东斯拉夫语支，在字母书写和语法结构上非常相似，即便在词汇方面也有近62%的相似度，导致两种语言极易混淆。即便是在乌克兰，也有很多人无法明确地将俄语和乌克兰语区分开来，甚至存在相当一部分人在日常生活中说俄乌混合语（Суржик）。本国人尚且如此，外国人同时学习两门语言的难度可见一斑。对于乌克兰语（复合俄语）专业的本科生，无论是从三年级开始学习乌克兰语的俄语零起点生，还是从二年级开始上乌克兰语课的俄语高起点生，在引入乌克兰语课程伊始，均遭遇到了俄乌两门语言混淆的问题。随着乌克兰语学习的深入，也越来越容易在俄语表述中出现乌克兰语的词句痕迹，影响了俄语的表

达质量。

（三）赴乌克兰进修期间缺乏俄语语言环境

　　根据培养方案，乌克兰语（复合俄语）专业本科生在三年级时需赴合作院校——乌克兰利沃夫伊万·弗兰科国立大学语言系进修一年。该校所在的利沃夫市位于乌克兰西部，是乌克兰的"文化之都"。与普遍在日常生活中使用俄语的东部和南部地区以及混用乌克兰语和俄语的中部地区不同，乌克兰西部地区在各个领域均使用乌克兰语，讲俄语的人数极少。利沃夫国立大学的乌克兰语语言文学专业在乌克兰国内高校中排名前列，但俄语仅类似外语讲授，由一个教师人数很少的小教研室负责。这就导致学生在乌克兰学习的一年时间里基本处于乌克兰语语言环境，俄语语言环境严重缺失，加之利沃夫国立大学语言系俄语课排课较少，使学生在完成国外的学业后容易出现俄语退化的情况，如不能在回国后及时补齐，将影响学生四年级时用俄语就业和升学。

三、乌克兰语（复合俄语）专业俄语教学中的应对措施

（一）明确目标任务，做好学生心理预备

　　为帮助学生在入学伊始充分了解乌克兰语（复合俄语）专业的培养目标和培养方案，专业负责教师通常会在新生见面会上作专门讲解，解答学生对于复语专业学习的疑惑，强调一、二年级基础阶段的俄语学习对于专业整体学习的重要性，使学生在入学之初便树立起学好俄语的目标，意识到"俄语＋乌克兰语"复语学习将是一个艰难的过程，帮助其做好充分的迎难而上的心理准备。同时，教师在学生各学期的选课过程中要适时给予指导，推荐其即便在学分已满的情况下依然继续选修比较关键的俄语专业技能型课程和知识型课程，协助其构建合理的知识体系。此外，教师在学生三年级出国前还会进行行前教育，提示其在乌克兰留学期间缺乏俄语语言环境的情况，鼓励学生积极应对困难，利用各类线上线下俄语资源做好自学，并通过微信等渠道解答学生在自学中出现的疑问。

（二）加强俄语基础阶段教学

　　扎实的俄语基础不仅是高效学习和掌握乌克兰语的前提，也是减弱俄乌两门语言混淆程度，尽快在表述中剔除另一门语言影响的有效保证。因此，一、二年级基础阶段的教学对于专业整体学习来说至关重要。对于俄语零起点学生，2016版乌克兰语（复合俄语）专业本科培养方案在学时学分有限的情况下保留了俄语专业本科培养方案基础阶段中所有的必修课，在课程设置上与后者完全相同，确保"俄语＋乌克兰语"复语学生能够完整地完成俄语基础阶段学习，并通过俄语专业四级考试。对于俄语高起点学生，在基础阶段也保证了培养听、说、读、写、译等基本语言技能的俄语专业课学时学分，目的是在高中语言学习的基础上进一步纠正发音，巩固俄语基础，有针对性地提高其语言质量和能力。同时，俄语高起点学生还可以在二年级自由选修高年级各类俄语技能型课程和知识型课程，以便学有余力的学生获得更大、更自由的发展空间。

（三）追求课堂教学功效的最大化

对于乌克兰语（复合俄语）专业学生，无论是俄语零起点生，还是俄语高起点生，要在本科阶段的四年时间里，在语言环境相对不足的情况下，掌握俄乌两门语言并达到培养目标规定的水平是极富挑战性的，特别是在目前"复语型、复合型"人才培养目标导向下，学生还需要选修一定数量的非外语知识型课程，这也进一步挤压了专业外语教学时间和学生的课下练习时间。因此，在日常教学中应当强调"功能性训练"，"提倡对课堂教学功效最大化的追求"。（丁超 2018：6）这便要求教师精心进行教学设计，充分有效地利用课堂时间。如课前指导学生预习，提高预习质量，要求学生在预习中扫清生词和词组障碍，对精读课中的对话做到能够背诵，课文做到能够熟读，对语法课中的各类语法现象和规则做到理解和熟记，教师在课堂上仅解答学生预习中的问题，将大部分课堂时间用于熟巧练习和拓展训练。课上，应坚持以学生为课堂主体，尽量避免教师长篇累牍讲解、学生机械听讲的情况，让学生成为课堂的主角，教师仅起到引领和纠错的作用。课后布置作业时，也应注意作业质量，避免出现无意义的重复性作业。同时，增加课上小测验的频率和检查力度，督促学生及时复习，形成良性的教学循环。此外，教师还应尝试利用新的教学技术和手段辅助教学，如录制微课、慕课帮助学生完成预习或复习任务等。

（四）将乌克兰国情文化知识与俄语课堂教学相结合

由于乌克兰语（复合俄语）专业学生是先学习俄语，再学习乌克兰语。为了帮助其在俄语学习的过程中形成对乌克兰语和乌克兰国家的基本认识，为日后学习乌克兰语做准备，同时增强课堂上学生的关注度，提升学习兴趣，可将乌克兰国情文化知识引入到俄语教学中。具体做法包括在教材中出现与乌克兰相关的内容时，如地名、名胜古迹、典型的乌克兰人姓名与姓氏等，扩充相关知识，详细加以讲解。更为有效方式是，在俄语精读课选择生词和词组的例句时赋予例句乌克兰国情文化背景，如一年级时可以提及与乌克兰相关的人物、事件、地点等，避免使用没有任何知识性内容的简单口语化例句；学生升入二年级后，可选择俄语政论文体中与乌克兰政治、经济、外交、文化、历史等相关的语句，这样既保证了俄语语料的纯正性，也兼具了知识性的功能。教学实践显示，学生对这种授课方式普遍反响良好，课堂注意力和学习兴趣均显著提高。

四、教学实践的效果与问题

乌克兰语（复合俄语）专业 2016 年复招后的第一批本科生于 2020 年 6 月顺利毕业。其四年中各个阶段的学习成果表明，"俄语＋乌克兰语"复语专业的俄语教学取得了一定成绩。二年级时，7 名学生均通过了俄语专业四级考试，其中 3 人成绩为优秀（四年级俄语专业八级考试因疫情取消，目前仍未进行）。王碧玥同学通过了外交部欧亚司俄语人才的遴选考试，被外交部录取。四年级时，王艺璇同学考上了北外俄语学院区域学方向硕士研究生，卢若云同学被莫斯科国立大学外国语学院区域学专业录取。在选择就业的 5 位同学中，有 3 人依靠自身专业找到了工作，去向分别为外交部、解放军外国语学院、中国花样滑冰协会。

　　与此同时，2016 级学生在俄语的学习上仍存在不少问题，如俄乌两门语言混淆的情况虽尽力克服，但在部分同学的表述中依然存在。同时，三年级赴乌克兰进修期间，利沃夫全乌克兰语的语言环境的确对学生俄语水平的进一步提高造成了很大影响，导致学生回国后花费了大量精力来恢复俄语水平。此外，学生中也有同学学习外语比较吃力，同时从零开始学习两门语言对其而言更为困难，各科成绩均仅勉强通过。以上情况都需要专业教师认真总结经验教训，努力在日后的教学中采取有效的方式加以应对，进一步提高教学质量，培养出真正适应"一带一路"建设需要的"俄语＋乌克兰语"复语型战略人才。

参考文献

1. 北京外国语大学. 北京外国语大学"十三五"教育事业改革和发展规划 [S]. 北京. 2016 年编制.
2. 丁超. 关于非通用语种人才培养机制变革与创新的若干思考 [J]. 中国外语教育，2018(1)：3—9.
3. 苏莹莹."一带一路"非通用语人才培养模式的思考与探索 [J]. 中国外语教育，2017(2)：3—7.

对比语言学在非通用语复语专业课堂上的运用[1]

——以北外俄语（复合白俄罗斯语）语法教学为例

赵 鑫

§ **摘 要：** 本文根据语言迁移规律和对比语言学的基本原理，对俄语和白俄罗斯语的部分语法现象做了对比分析与研究，认为在两种相近语言的语法教学和学习过程中，应使用对比方法使其异同明朗化，使俄语基础学习者在学习白俄罗斯语的过程中能够清晰认识到两语之间的区别，减少混淆，以达到较好的教学效果。

§ **关键词：** 非通用语复语专业　俄语（复合白俄罗斯语）　对比语言学　语法教学

　　随着"一带一路"倡议、全球治理和共建"人类命运共同体"理念的相继提出，"建设国家语言能力"这一议题引起了政府和学界的广泛重视。（如李宇明 2011；魏晖 2015；文秋芳 2016；文秋芳等 2011；赵世举 2015；郑咏滟 2020）国家战略和社会发展对复语复合型人才的需求与日俱增，单一的外语学习模式已不能满足社会发展的需求。李宇明（2008，2011）认为语言教育应从"单言单语人"过渡到"多言多语人"。近年来，为满足国家发展需求，各外语类院校纷纷增设非通用语本科专业，（董希骁 2017；文秋芳 2016b）培养非通用语专业人才。

一、非通用语复语专业教学现状综述

　　"复语型"专业外语人才主要指除母语外，能够比较熟练掌握两种或两种以上外语的人才，具有跨文化交流能力。与单语种外语人才相比，语言能力综合发展均衡，相关国际知识丰富、跨文化工作能力强，能够适应全球化背景下多变互动国际环境的工作需求。（孙伟 2018：148）

　　"复语型"专业外语人才的基本类型可以从办学层次和专业语种类型两个方面进行划分。（孙伟 2018：149）按照办学层次，王雪梅认为当前的外语人才可以划分为学术型、专业型、智业型等不同类型：高校教师、高级翻译等属于学术型人才，国际公务员、商务英语人才等属于专业型人才，外语导游、报关员等属于智业型人才。（王雪梅，徐璐 2011）按照专业语种，可分为通用型外语和非通用型外语两大类。通用型外语，即联合国 6 种工作语言（汉语、英语、法语、俄语、阿拉伯语与西班牙语），此外的所有语言则被称为"非通用语"。（苏莹莹 2017）在当前全球化、

1　本文为 2018 年北京外国语大学新入职教师科研启动项目"以俄语为基础的白俄语学习模式建构研究——以北外白俄语教学为例"（编号：24320190119）的阶段性成果.

国际化的时代进程当中，非通用语种也发挥着各自的作用，特别是"一带一路"沿线国家，大部分国家官方语言属于非通用语。

近年来，国家层面一直高度重视非通用语种建设。"国家语言政策与规划的制定得到越来越广泛的关注，非通用语的建设性已获得广泛认同"。（宁琦 2019：84）全国多所外语高校纷纷将非通用语作为重点工作之一，新增设众多非通用语种专业及对象国研究中心。

北京外国语大学作为国家外语非通用语种本科人才培养重要基地，积极响应国家号召，配合国家战略，深入思考自身内涵式发展模式，将非通用语种作为学校整体发展的一个战略支点。（苏莹莹 2017：4，孙芳 2020：68）

二、北外俄语（复合白俄罗斯语）专业的成立背景

白俄罗斯地处欧洲平原，是亚欧大陆桥的重要通道，是连接欧亚经济联盟与欧盟两大市场的枢纽，也是丝绸之路经济带进入欧洲的门户和重要节点。此外，还是世界最长铁路"义新欧"（即义乌—新疆—欧洲）线路的重要站点。（裴长洪 2019：41）白俄罗斯是我国"一带一路"建设的积极响应者，是我国的全面战略伙伴，对于我国"一带一路"建设和发展有着重要的地缘战略意义。

白俄罗斯语是白俄罗斯的官方语言之一，属于斯拉夫语族的东斯拉夫语支，与俄语和乌克兰语为近亲。虽然，目前俄语在白俄罗斯占主要官方地位，但受 2013 年乌克兰危机影响，近年来，白俄罗斯民族意识增强，越来越多的民众强调自己的民族语言和身份认同，"去俄罗斯化"势头明显。在"一带一路"合作倡议的发展蓝图上，我们深刻地认识到，只有语言相通、文化相通才能实现真正意义上的"民心相通"。（苏莹莹 2017：3）白俄罗斯语作为白俄罗斯的民族语言、官方语言，对其进行专门的学习和研究有助于我们在日后的外交、贸易往来及日常交流中对白俄罗斯有更加深刻和全面的了解，能够更好地实现跨文化交流，从而实现"合作共赢"的发展思路。

由于考虑到白俄罗斯语的受众范围较小，需求量小，尚不具备单独开设专业的条件，北外采取了"通用语＋非通用语"的新型复语专业培养模式。鉴于白俄罗斯语与俄语的同宗同源性，且俄语作为该国的官方语言之一等因素，该专业开设在北外俄语学院，与乌克兰语、中亚（五国）语一道，成为了北外俄语学院开设的新型"俄语＋"复语人才培养模式中的一种。特别是，早在2003 年北外俄语学院就有过双语培养的尝试，当时开设的"俄语＋乌克兰语"双语班为国家输送了一批俄乌复语人才。虽然，由于当时国家对非通用语种人才需求较小，只办了一届便停止招生，但是"俄语学院在这次尝试中积累了宝贵的人才培养经验"。（孙芳 2020：69—70）

北外俄语学院的俄语（复合白俄罗斯语）专业成立于 2018 年，2019 年正式对外招生，成为北外响应国家"一带一路"倡议、在教育部非通用语种政策大力支持下开设的非通用语种特色专业之一。

与此同时，2019 年北京外国语大学与合作院校——明斯克国立语言大学在中白教育年背景下一起成立了白俄罗斯研究中心。在中心的基础上展开对对象国——白俄罗斯的基础及区域国别研究。目前，北京外国语大学白俄罗斯语教师共有两名：1 名外教，1 名本土教师。

三、北外俄语（复合白俄罗斯语）复语专业的培养方案

俄语（复合白俄罗斯语）专业本科学制 4 年，基础阶段 2 年，着重培养学生的俄语和白俄罗斯语的听、说、读、写、交际能力，打好双语基础；提高阶段 2 年，学生在大学三年级出国赴合作院校——明斯克国立语言大学以俄语为中介强化学习白俄罗斯语，在继续巩固和深化俄语语言技能的同时，通过"俄语＋白俄罗斯语"双语复合型人才培养模式，努力成为具有过硬的语言技能、广博的人文社科知识、突出的国别认知与国际素养的新世纪复语型、复合型人才。大四回国，完成毕业论文。本科毕业论文使用俄语／白俄罗斯语撰写。毕业生需通过教育部高等学校俄语专业四、八级水平测试。考虑到复语专业学习的难度，俄语（复合白俄罗斯语）专业的生源为俄语高起点生。这些学生在中学阶段均已有 3—6 年的俄语学习经历，俄语底子好，入校后，俄语学习压力较小，能以俄语为中介，把更多精力和时间放在新语言的学习上。

俄语（复合白俄罗斯语）专业课程体系包括公共基础课程（必修）、校级通识课程（选修）、专业核心课程（必修）、专业方向课程（必修和选修）和实践教学环节（含毕业论文）。课程设置兼顾通识教育与专业教育、语言技能训练与专业知识教学、课程教学与实践环节。俄语（复合白俄罗斯语）专业课内总学时为 2772 学时，计 165 学分；实践性教学环节为 12 学分，总学分为 177 学分（详见明细表）。

俄语（复合白俄罗斯语）专业课内学时及学分明细表

课内总学时		2772		课内总学分		165			
公共基础课程		校级通识课程		专业核心课程		专业方向课程			
必修		选修		必修		必修		选修	
学时	学分	学时	学分	学时	学分	学时	学分	学时	学分
884	47	224	14	1248	78	256	16	160	10

俄语（复合白俄罗斯语）专业核心课程主要包括基础阶段和提高阶段的白俄罗斯语实践课和口语课，以及俄语精读、语法、听力、阅读、翻译（笔译、口译）、写作等课型，侧重听、说、读、写、译语言技能的训练，而专业方向课程则涵盖白俄罗斯和俄罗斯地理、历史、文学、文化、外交、经济、社会等内容，以及白俄罗斯语文献阅读与翻译课，帮助学生全面了解白俄罗斯和俄罗斯两国国情，注重专业知识构建和能力培养，尤其是白俄罗斯语、俄语的应用能力，跨文化交际能力和创新能力培养。

"俄语＋白俄罗斯语"复语模式培养出的学生能够同时掌握两门专业语言，并具有较高的英语水平。俄语（复合白俄罗斯语）专业本科毕业生具有良好的知识水平和能力素养，符合国家战略和经济社会发展需要，在就业方面具有明显的竞争力，毕业去向包括国家部委、外事部门、大型国有企业、高等院校等单位，也有不少毕业生考取国内外知名大学硕士研究生继续深造。

目前，俄语（复合白俄罗斯语）专业学生 7 人。正在大学二年级就读，学习白俄罗斯语的基础知识及国家概况，根据考核成绩来看，全班同学成绩俄语、英语、白俄罗斯语皆为优秀。证明该种教学模式是行之有效的，也是学生能够接受的。

四、复语专业学习中的语言迁移

根据奥德林（Terence Odlin）的定义，语言迁移是由目的语和先前习得（可能不完善的）语言之间的相似及差异所引起的那种影响。如果这种影响对目的语的习得起促进作用，则成为"正迁移"。起干扰作用的成为"负迁移"。（陈梦然 2009：223）

俄语（复合白俄罗斯语）专业的学生皆为俄语高起点生，即有 3—6 年的俄语学习经历。他们基本掌握俄语的语法，具有 4000 左右的词汇量。由于俄语和白俄罗斯语的同宗同源性，两语之间有着诸多相似之处，特别是语法方面，俄语和白俄罗斯语极为相似，但是却有各自的特点。在语音、词汇、语法等方面既有语言的正迁移，也存在语言的负迁移。因此，在双语教学中，教师应把握好两语之间的正负迁移，为学生起到警示作用，避免两种相近语言在学习过程中互相干扰。以俄语和白俄罗斯语的发音为例：俄语和白俄罗斯语如今都使用基里尔字母，无论在数量还是书写上都基本相似，但是读音却有不同之处。如：俄语和白俄罗斯语中共有的字母 Ч，在俄语中 Ч 永远是软辅音 [ч']，发音时舌中部向上颚高高抬起。在与元音的搭配上没有特别的要求和限制。而在白俄罗斯语中，[ч] 则永远是硬辅音，发音类似汉语的（chi）音，在与元音的搭配上，不能与 e，ё，ю，я，i，ь 一起用。在语法方面，例如：собака（狗）在俄语中是阴性词汇，而сабака（狗）在白俄语中则是阳性词汇。Пыль（灰尘）在俄语中是阴性词汇，而пыл（灰尘）在白俄语中则是阳性词汇等。

俄语和白俄罗斯语中有大量相似的字母、词汇、语法，这些对俄语高起点生在学习白俄罗斯语时有正向的协助作用，存在着一定的正迁移，使其能很快入门。但是其细枝末节的差异也是容易给同学们造成混淆的地方，有很多的负迁移。语言的正负迁移现象是人们对于两种语言做出对比发现的，其解决办法也可以通过两种语言对比的方式。通过对比，梳理出两语之间的异同，将会使学生的学习起到事半功倍的效果。

五、对比语言学概述

对比语言学，即对比分析语言学。"对比语言学是语言学中的一个分支，其任务是对两种或两种以上的语言进行共时的对比研究，描述他们的异同。特别是其中的不同之处，并将这研究应用于其他有关领域"。（许玉龙 2000）

对比语言学作为一门学科的形成，始于 20 世纪。在欧洲，早在 1808 年，德国作家、评论家兼诗人施莱格尔（Schlegel）就提出了"比较语法"的概念。在美国，对比语言学始于人类学语言学家沃尔夫（B. L. Whorf），他第一次提出了"对比语言学"这个学科名称，同时还把它跟比较语言学做了比较，说明了其价值和特点。一直到 1957 年美国语言学家拉多（R.Lado）出版了《跨文化语言学》（*Linguistics Aross Cultures*），对比语言学才成了一门真正独立的科学。在我国，对比语言学成为一门独立的学科是 20 世纪 70 年代末，1977 年 5 月，吕叔湘先生在北京语言学院发表了《通过对比研究语法》的演讲，后来整理成文章发表。文中提出："要认识汉语的特点，就要跟非汉语比较"无论语音、语汇、语法都可以通过对比来研究"。后来，在这篇文章的指引下，对比语言学在我国迅速建立和发展起来。（刘婧 2009：37）

对比语言学虽然既研究和分析两种或多种语言之间的相同之处，也研究其不同之处。但是，重点是语言之间的不同之处。"对比语言学这一名称中的"对比"，不同于一般的"比较"，其目的是突出语际的相异。"（陈梦然 2009：223）

六、俄语和白俄罗斯语语法的异同

语法是一个语言的逻辑思维，中国学生无论是学习俄语还是白俄罗斯语都是通过学习大量的语法知识来掌握该门语言的。在中国学生以俄语为媒介学习白俄罗斯语时，应采用对比的手法了解两语之间在语法方面的异同。在语法方面，俄语和白俄罗斯语有着极高的相似之处，主要都是通过词形变化来表示语法关系。因此，了解两语之间的细微区别可减少语言的负迁移现象。以下就语法的若干要点对俄语和白俄罗斯语在语法领域的异同进行简单对比分析。

（一）俄语和白俄罗斯语的语法对比

1. 名词

白俄语和俄语的名词都有性、数、格的语法范畴，且性、数、格的判断和变化皆通过词尾体现。

不同之处，词性方面，受白俄语语音规则 a 音化[1] 的影响白俄语中的一些中性词汇也以 -a, -я 结尾，如 мора, падарожжа, ягня。有些俄语和白俄语中的共有词汇，在词性方面恰好相反。如：собака 在俄语中是阴性词汇，而 сабака 在白俄语中则是阳性词汇；пыль 在俄语中是阴性词汇，而 пыл 在白俄语中则是阳性词汇等。

名词数的方面，不同之处在于，俄语的复数词尾有三种不同的情况：以硬辅音结尾的 +ы：стол – столы；以 -a 结尾的去 a 变 ы：мама – мамы；以 -o 结尾的 -o 变 -a：окно – окна；以软辅音及 г, к, х 结尾的 +и 或者变 -и：книга – книги, стих – стихи, бронь – брони 等等。而白俄语则相对简单，只有两种结尾 -i 和 -ы，以及特殊的 -e. 词干以硬辅音、硬化辅音结尾 +ы：сын – сыны, сябар – сябры；词干以软辅音和 г, к, х 结尾 +i：вучань – вучні, зямляк – землякі；词干以анін / янін 结尾的 +e：грамадзянін – грамадзяне, мінчанін – мінчане 等。对于学生来说，容易产生混淆的点在于有些单词是在俄语和白俄语中的共有词汇，该些词汇意思相同，书写方式略有不同，但是所代表的数的语法范畴却完全相反，如在俄语中"门"一词是有单数和复数之分的：дверь, двери，而在白俄语中 дзверы 只有复数；крупа 一词在俄语中只有单数形式，但是在白俄语中则只有复数形式等等。

名词的格的方面，不同的是白俄语名词在变格时有丰富的音变现象：如白俄语的阴性名词第三格有三种词尾：-e, -ы, -э：词干以硬辅音结尾的单词三格 -e：бульба – бульбе, вада – вадзе (д – дз)，词干以软辅音结尾的 +i：цыбуля – цыбулі，词干以硬化辅音 ж – ш, дж – ч, р, ц 结尾的 +ы：

1　-o,-э 在白俄语中处于非重读音节时，变 - a 的语音规则。

каша – кашы, ікра – ікры, 词干以 г, к 结尾的变 -е，但会有音变，[г – з'], [х – с']: смага – смазе, скруха – скрусе，以 -к 结尾的有两个词尾，重音落在词尾时为 -э: мука – муцэ, 重音不落在词尾时为 -ы: юшка – юшцы, [к-ц] 有音变等。而俄语则相对简单，虽然阴性词汇也有三种结尾 -е, -и, -ии: газета – газете, неделя – неделе, тетрадь – тетради, аудитория – аудитории, 但基本没有音变现象。丰富的辅音音变现象是学生学习白俄语变格的一大难点。除此之外，由于部分俄白共有词汇词性相反等原因，在变格时词尾变化也不太相同，如俄语中 боль, медаль, тень, шинель 等是阴性词汇，在变格时，属于第三变格法：боли, медали, тени, шынели, 而在白俄语中 боль, медаль, цень, шынель 是阳性词汇，变格时属于第二变格法规则：болю, медаля, ценю, шыняля。此外，相同词性的单词，变格词尾也会不同，如阳性物质名词单数二格的结尾为 -а(-я): лес – леса, песок – песка, огонь – огня 而白俄语中阳性物质名词单数二格的结尾为 -у(-ю): лес – лесу, пясок – пяску, агонь – агню; лес, сад, берег 俄语第六格词尾为 -у: в лесу, на берегу, в саду。在白俄语中第六格词尾为 -е: у лесе, на беразе, у садзе 等。

2．形容词

白俄语和俄语中形容词的第一个区别在于阳性、中性、复数词尾的书写方式上：俄语中阳性形容词的词尾为 -ый, 在白俄语中则是 -ы: добрый（俄）– добры（白）；俄语中性形容词词尾为 -ое: доброе, 在白俄语中则是 -ае: добрае（受 -а 音化的影响）；复数词尾，同样有细微的区别，俄语中是 -ые: добрые, 白俄语中则是 -ыя: добрыя（受 -а 音化的影响）。但这不是构成学习者困难的地方。

白俄语和俄语形容词之间最主要的区别在于：1）在俄语中性质形容词一般具有长尾和短尾两种形式：веселый – весел, смелый – смел; 而在白俄语中形容词短尾形式只会出现在民间故事和文学作品中，起修辞作用：славен, грозен і ты твой хорам-астрог (Я. Купала)。2）在俄语中物主形容词一般用历史遗留下的短尾形式：отцов, отцова, отцову。而在白俄语中物主形容词（除一格和四格之外）都具有长尾形式：бацькаў, бацькавага, бацькаваму。3）俄语形容词的五格和六格的阳性单数是不同的词尾：добрым – в добром, летним – в летнем, молодым – в молодом。序数词和代词也同样如此：восьмым – в восьмом, тем – в том。而白俄语中形容词的五格和六格阳性单数形容的词尾则相同：добрым – у добрым, летнім – у летнім, маладым – у маладым, восьмым – у восьмым, тым – у тым。4）俄语中形容词单一式比较级是通过去掉词尾加后缀 -ее(-ей), -е 构成的：дороже, добрей, шире。而在白俄语中则是通过后缀： -эйш-, -ейш-, -ш- 并且要加前置词 за 表示： даражэйш за, мілейшы за, лепшы за。5）俄语中形容词单一式最高级形式是通过后缀 -ейш-, -айш- 构成的： сильнейший, строжайший。在白俄语中这样的后缀可构成单一式比较级，而单一式最高级则是通过前缀 най- ＋单一式形容词比较级构成：наймацнейшы, найлепшы。

3．数词

1）俄语中数词 два, две 在间接格形式上没有性的差别：двух столов, двух досок, двум столам, двум доскам, двумя столами, двумя досками。而在白俄语中数词的词性不仅在一格上有所体现，在其他间接上都有体现：двух сталоў, дзвюх дошак; двум сталам, дзвюм дошкам; двума сталамі, дзвюма дошкамі。2）当数词 два, три, четыре 与名词相结合的时候，名词后面加相对古老的词尾 -a: два стола, два дуба，而在白俄语中则为 -ы: два сталы, два дубы。3）在俄语中数词"四"保留了古老的书写方式 четыре，而在白俄语中则是 чатыры。4）在俄语中数词 девяносто 有两种形式：девяносто（一格）和 девяноста（其他格）。而在白俄语中所有格的形式都是 дзевяноста。5）在俄语中数词"二百"的书写方式是 двести，而在白俄语中则保留了古老的书写方式 дзвесце 等。

4. 代词

1）在俄语中指示代词保留了历史遗留的简单形式：та, то, те。而在白俄语中则保留了历史遗留的复杂形式：тая, тое, тыя。2）俄语中第三人称代词使用的是古老的指示代词：он, она, оно, они。而白俄语则使用历史进程中遗留的复杂代词：ён[и+он], яна, яно, яны。3）俄语中人称代词和反身代词的二格使用历史发展进程中产生的新词尾 -я: меня, тебя, себя，而白俄语中则保留了古老的词尾 -е: мяне, цябе, сябе。4）俄语中人称代词的单数第三格形式 мне, тебе, себе 是古斯拉夫语 тебе, себе 替换了古俄语的 тобе, собе 而来的，而白俄语则是 -мне, сабе, табе。5）俄语中的物主代词阳性二格的词尾是 -его，三格是 -ему: моего, твоего, своего; моему, твоему, своему（保留了两个元音，中间通过 -j- 间隔）。而白俄语的二格词尾是 -го，三格词尾是 -му: майго, твайго, свайго; майму, твайму, свайму。6）物主代词复数一格的词尾是 -и: мои, твои, свои。而在白俄语中是：мае, твае, свае。（Бордович, Гируцкий, Чернышова 1999）

5. 动词

俄语和白俄罗斯语动词方面的区别，一是在书写上，如：动词不定式，俄语是通过后缀 -ти, -ть, -чь 构成：нести, писать, помочь。而白俄语则是通过后缀 -ці, -ць, -чы 构成：несці, пісаць, таўчы。俄语反身动词是通过后缀 -ся, -сь 构成的：собрались, доиграться。而白俄语则是通过后缀 -ся (-ца, -цца) 构成：сабраліся, дагуляцца。二是在语法构成上，如简单式俄语第一人称命令式的构成方式主要用复数第一人称形式表示，如果对方不止一个人，或者对方虽然是一个人但是为了表示尊敬和客气，在复数第一人称形式之后加上 -те，如 пойдём(пойдёмте), едем (едемте)。白俄语第一人称命令式复数的构成是去掉人称词尾加 -ем(-эм, ам), -ім(-ым): хадзем, бяжым, 或者加后缀 -ма: заспяваймa, спачыньма。三是在动词的支配关系上也与白俄语不同，如"感谢您"这一词组，俄语是 благодарить вас（四格），白俄语是 дзякаваць вам（三格）；"对祖国的热爱"这一词组，俄语是 любовь к Отчизне（三格），白俄语则是 любоў да Айчыны（二格）；俄语中 смеяться, насмеяться над кем? чем?（接五格），而白俄语则是 смеяцца, жартаваць, дзівіцца, кпіць з каго（二格）等等。（Лукашанец, Мезенко 2005）

6. 副词

俄语和白俄语副词的定义和使用相同，异同点在于俄语和白俄语的副词比较级和最高级的构成方式上。

副词比较级的构成方式：俄语和白俄语的副词比较级都分为单一式和复合式两种形式。俄语单一式副词比较级的构成与形容词单一式比较级完全相同，即去掉词尾后加后缀 -ee, -е, -ше,

-же, 有的在此基础上还加前缀 по-, 有的借用其他词干构成（异干构型）。如 быстро – быстрее (быстрей), побыстрее; высоко – выше(повыше); хорошо – лучше(получше)。白俄语单一式副词比较级的构成使用后缀: -ей, -эй(ай), 有的借用其他词干构成（异干构型），如 добра – лепш, весела – весяляй; куды вясяляй。复合式副词比较级的构成: 俄语复合式比较级的构成是在形容词前加 более（更大）或 менее（更小）构成。如 более(менее) быстро, глыбоко 等。复合式比较级一般用于书面语体。口语常用单一式比较级。白俄语复合式比较级的构成是通过 болей (меней), больш (менш) + 副词构成，如 болей (меней) вясела, добра 等。

副词最高级的构成方式: 俄语和白俄语的副词最高级也分为单一式和复合式两种形式。俄语单一式副词最高级的构成是去掉词尾加后缀 -ейш-, -айш- 加词尾 -ий 构成: новейший, широчайший。而白俄语单一式副词最高级的构成方式是通过副词比较级添加前缀 най- 构成: найболей(найбольш), найменей(найменш), найлепей(найлепш) 等。俄语复合式副词最高级的构成是通过辅助词汇 наиболее, наименее + 副词原型构成: наиболее(наименее) быстро, глубоко, рано 等。还可以通过副词比较级 + 辅助词汇 всего, всех 来表达: быстрее всего, быстрее всех, раньше всего, раньше всех, выше всего, выше всех 等。白俄语复合式副词最高级的构成是借助词汇 найболей(найбольш), найменш(найменей), найлепей + 副词原型构成，如 найболей яскрава, найменей значна 等，还可以通过副词比较级 + 辅助词组 за ўсіх, за ўсё 构成，如 далей за ўсё, больш за ўсё 等。

7. 前置词

虽然白俄语和俄语保留了很多共性，但是在一些词组，特别是动词、前置词的支配关系方面存在着一些区别。而这些区别，特别是相同前置词后不同的接格关系以及动词后不同的支配关系，是语法学习过程中一大难点。如: 俄语 скучать по матери 这里 по + 三格。而在白俄语中，сумаваць па маці 这是 па + 四格等。

其他的辅助情态词的不同之处主要出现在词汇的书写方面，其用法及语法大体相同，且记忆简单，对学生不会造成特别的困难。在此不一一赘述。

（二）俄语（复合白俄罗斯语）复语专业语法教学过程中的难点及建议

通过以上语法现象对比可以发现，常常令俄语基础学习者感到困难的主要有以下两点: 1）俄语和白俄语中的共有词汇，由于其大体相同、细节不同，或者规则恰恰相反的特点，如部分共有名词的性和数、相同动词的不同支配关系、相同前置词的不同接格关系等对学生容易造成困扰，解决这一问题的最佳办法是通过类似的对比研究，把已知的两种语言通过表格的方式罗列出来，形成一个清晰的认识，然后进行突击专项练习。2）一些在俄语中还没有掌握熟练的规则，如动词的体、动词的接格关系、形动词、副动词等，在学习相近语言时，也会遇到同样的问题。由于我国目前白俄语的教学大多是通过外教教授，一般情况下，俄语会作为媒介语，又基于俄语和白俄语的同宗同源性，其相似度之高，容易给学生在学习之初造成很多困扰。白俄语的掌握能力，与俄语的掌握能力有着很直接的关系。一般来说，俄语学得好的，白俄语也会学得好，其中最主要的原因就是这些学生已经对俄语的语法体系规则有了比较清晰的认识和了解，以及熟练的掌握，所以在学习白俄语时就会触类旁通。如果俄语语法知识掌握不是十分牢固，那么学习相近语言时就会有双重的困难，语言混淆的状况也会更加严重。鉴于此，建议在教授白俄罗斯语的相似语法时，可以对俄语的语法知识进行回顾和复习，然后对新学的语言与已知语言进行对比分析，这样既能对已知语言不牢固的地方进行回顾，又能比较清晰地了解所学语言的语法特性。且对比能够加深对此项语法现象的理解和认识，从而起到加深印象的作用，减少双语的负迁移。

七、结　语

相近语言的学习过程，也是语言对比的过程，通过对比的方法学习语言，一则是可以对已知语言进行复盘和回顾，检验自己的知识结构，查缺补漏。二则是可以对所学语言体系有个比较清晰的认识。有助于加速对所学语言的了解和掌握。三则可以锻炼学生的辨析能力，扩展学生的知识面，调动学生的学习能动性，培养学生的科研兴趣和自主查阅资料，整理信息的能力。

参考文献

1. 陈梦然. 对比语言学在英日双外语语法教学中的应用 [J]. 新西部（教学改革版），2009(24)：223—225.
2. 宁琦. 中国俄语教育 70 年回顾与展望 [J]. 上海交通大学学报（哲学社会科学版），2019(5)：76—88.
3. 李宇明. 当今人类三大语言话题 [J]. 云南师范大学学报（哲学社会科学版），2008(4)：21—26.
4. 李宇明. 提升国家语言能力的若干思考 [J]. 南开语言学刊，2011(1)：1—8.
5. 吕叔湘. 通过对比研究语法 [J]. 语言教学与研究，1992(02)：5—19.
6. 吕叔湘. 中国人学英语 (修订本)[M]// 中国人学英语（修订本）. 商务印书馆，1962.
7. 刘婧. 对比语言学的历史语现状综述 [J]. 考试周刊（文学语言学研究版），2009(50)：37—38.
8. 裴长洪. 中白工业园掀开两国经济贸易合作新篇章 [M] // 张翼，王镭. 中国与白俄罗斯在"一带一路"建设中相伴而行. 中国社会科学出版社，2019.
9. 彭龙. 全球治理体系变革与国际组织人才培养 [J]，社会治理，2017(4)：10—12.
10. 孙芳. 培养非通用语创新人才，服务"一带一路"倡议——北京外国语大学"俄语＋中亚语"专业建设探索与思考 [J]. 中国外语教学，2020(04)：68—75.
11. 苏莹莹. "一带一路"非通用语人才培养模式的思考与探索 [J]. 中国外语教育（季刊），2017(02)：3—7.
12. 孙伟. "复语型"专业外语人才培养模式探究 [J]. 兰州教育学院学报，2015(05)：90—92.
13. 王雪梅，徐璐. 国际化复语型人才的内涵与培养模式探索 [J]. 外语与外语教学，2011(5).
14. 魏晖. 国家语言能力有关问题探讨 [J]. 语言文字应用，2015(4)：35—43.
15. 文秋芳，苏静，监艳红. 国家外语能力的理论构建与应用尝试 [J]. 中国外语，(3)：4—10.
16. 许余龙. 对比语言学 [M]. 上海外语教育出版社，2000.

17. 赵世举. 全球竞争中的国家语言能力 [J]. 外语界，2015(2)：44—52.

18. 郑咏滟. 综合性大学外语复语人才培养探索—以复旦大学英西双语模式为例 [J]. 外语教育研究前沿，2020(02)：8—14.

19. Бордович А.М., Гируцкий А.А, Чернышова Л.В. 1999 Сопоставительный курс русского и белорусского языков. — [M]. Мн.універсітэцкае С. 99-137.

20. Лукашанец А.А., Мезенко А.М. 2005 Сопоставительный анализ восточнославанских языков [M]. Мн.:ИВЦ Минфина, 2005. С228

21. Щукин А.Н., Фролова Г.М., 2015, Методика преподавания иностранных языков, [M]. М.: Академия.

第四篇

今忆往昔犹昨日　育人育德恩难忘

——俄语学院学子回忆教与学

从北外出发，讲好中国故事

——试论斯拉夫区域国别研究与塑造我国家形象

新华社对外部俄文室主任编辑　高　帆[1]

§ 摘　要：北京外国语大学是国内开设斯拉夫国家语种最齐全的高校，这为开展对当代以斯拉夫民族为主体的各个国家的全方位研究提供了得天独厚的优势。北外俄院历来不仅重视语言学习，同时关注对象国国情文化研究，这对毕业生日后从事相关工作有着极大助益。本文作者从北外毕业后即进入新华社工作，并曾在俄罗斯和波兰驻外共近七年，亲身体验了东、西斯拉夫文化，回国后又有幸多次参与北外举办的斯拉夫学研究会议。本文理论结合实践，试论了区域国别研究对我国在国际上塑造国家形象的重要性。

§ 关键词：斯拉夫学　区域国别研究　国家形象塑造

一、斯拉夫学联合研究

（一）东、西斯拉夫文化联合研究

我于 2008 到 2015 年曾在莫斯科和华沙担任驻外记者共近七年时间，亲身体验了东、西斯拉夫文化的异同，并专访了上任和现任两位波兰总统。

近年来，我多次受邀回校参与俄语学院和欧语学院联合举办的世界斯拉夫文字与文化节等学术研讨活动——这让我更切身感到联合研究非常有利于对斯拉夫国家的语言、文化及历史和现状问题进行横向比较研究，是一项很有意义的创新。

2017 年 5 月，北外俄语学院和欧洲语言文化学院联合申请成立的"斯拉夫国别与区域研究中心"成立仪式暨全国首届斯拉夫国别与区域研究学术研讨会在北京举行。此举旨在为我国高校和科研院所国别区域教学与研究搭建良好学术交流平台，共同为我国"一带一路"建设提供智库服务。

能够受邀回到母校参与此次研讨会，并以《波兰——"一带一路"在欧洲的形象大使》为题做交流发言，我倍感荣幸。后来此论文也被收入《全国首届斯拉夫国别与区域研究学术研讨会论文集》。

今年是我从北外毕业参加工作的第十五个年头，回首我从一名实习生成长为主任编辑的来

1　高帆，2002—2006 年，在北京外国语大学俄语学院读本科，毕业后赴新华社工作至今。

时路，母校一直都是滋养我这棵小树成长的源泉。

记得在北京新华社总社参加培训，惊喜地见到周清波老师，他受邀来新华社讲授的"新闻编译的合作原则"被同事们交口称赞；也记得在莫斯科驻外时正值裴玉芳老师在使馆任教育参赞，我在报道中俄"语言年"框架下的诸多活动时都得到了老师的鼎力支持。

正像校友卡上写的那样：北外，爱你一世。虽然离开了校园，却总能感受到来自母校的温暖。"谁言寸草心，报得三春晖"，无论是参加研讨会还是给学生讲课，每次回到母校我总会带一些自己在国外多年搜集的有斯拉夫特色的文化纪念品或音视频资料赠送给教研室和同学们，希望能借此为母校学科建设尽一份绵薄之力。

（二）留学经历助力驻外工作

2008至2010年我在新华社莫斯科分社（亚欧总分社）任驻外记者。这并不是我第一次踏上俄罗斯的土地，2003年，我在老师们的悉心指导下，获得俄罗斯国情文化知识大赛二年级组第一名，并于次年由国家公派留学圣彼得堡赫尔岑师范大学。在准备竞赛的过程中，老师们精彩纷呈的教学让我发自内心地感到学习是一种享受，同时也对国情学产生了浓厚兴趣。而接下来近一年在俄罗斯的进修学习更让我的俄语学习和对俄罗斯现实情况的理解发生了从书本上到实践中的质的转变。这段宝贵的经历也为我后来的驻外工作提供了很多"实战"经验。

在我驻莫斯科的两年间，2009年恰逢震惊世界的别斯兰恐怖分子劫持人质事件五周年，且该事件幸存儿童曾应中国政府邀请赴华疗养，身心得到很好康复。

在异国他乡采访不比国内便利，尤其还是要去远离驻地莫斯科的俄南部敏感地区，前期的联络都只能靠电话和邮件进行，这对当时还是年轻记者的我提出了语言和沟通能力方面的挑战。好在语言基础和留学经历给了我"初生牛犊不怕虎"的底气，一番努力过后，我和同事们顺利抵达了别斯兰第一学校。

几番曲折，曾赴华疗养的小鲁斯兰（Руслан）终于来到了我的面前，他在人质事件中不幸失去了母亲和妹妹，但幸运的是他当时机智勇敢地从恐怖分子手中成功逃脱。

在北外打下的良好语言基础让我和小鲁斯兰及其家人、老师的沟通十分顺畅，我用白描手法写成的《通讯："妈妈，我已不再害怕"——别斯兰恐怖事件幸存儿童鲁斯兰的故事》让无数读者为之感动落泪。后来这篇文章的节选和其他同事的同类作品片段一起编辑成的综述获得了联合国儿童基金会颁发的国际儿童日优秀报道作品一等奖，文章本身获得了二等奖。我用俄文撰写的同题文章也被众多俄罗斯媒体转载，并得到领导高度评价："不愧是北外的，中文好，俄文水平也高。"

二、用外语塑造我国家形象

（一）了解国情准确判断新闻点

2015年，我结束在波兰的近五年驻外工作回到北京总社对外部俄文室继续从事对外新闻报道。

2017 年，俄罗斯国立特列季亚科夫美术馆和上海博物馆联合举办"巡回展览画派"珍品展。这本是个不太起眼的文化事件，很多媒体只是根据主办方提供的通稿编发了简短消息。但我敏锐地发现，在此次展出的几十幅画作中，世界级的俄罗斯"美女"——克拉姆斯柯依（И.Н. Крамской）的名画《无名女郎》（«Неизвестная»）赫然在列。

这让我马上想起了李英男教授和戴桂菊教授合著的《俄罗斯历史之路——千年回眸》一书中关于俄罗斯文化的"黄金时代"一节。回到家中从书柜里取出这本珍藏了多年的书，翻开标满了笔记的书页，仿佛忽然回到了愉快的求学时光。

还记得当年在准备俄罗斯国情文化知识大赛时，我最爱的部分就是俄罗斯艺术史，根本不觉得每天从早到晚看书看材料是什么辛苦的事情，那一幅幅名画背后的故事令我如痴如醉。

在俄罗斯留学和驻外期间，我曾无数次到特列季亚科夫美术馆参观。每次站在《无名女郎》面前，和"她"目光交汇的时刻，我都会深深感到这是一位代表了俄罗斯民族精神的高贵女性。

正是由于北外对学生长期以来的俄罗斯文学艺术熏陶，我立刻意识到这幅名画来华对于中国和俄罗斯受众来说具有双重新闻价值。

近年来，俄罗斯画展、艺术展陆续在中国各地举办。其原因除了中俄人文交流的不断密切、俄罗斯画派的艺术价值外，也说明进入新时代后，中国人民对艺术、精神方面的追求更加迫切。

经过精心策划，我和上海分社前方记者合作的中文消息及深度稿件在新华社客户端浏览量总计达 70 多万，反响强烈。我撰写的俄文稿件播发后，被俄罗斯主流大报——《劳动报》（«Труд»）全文转载并配发点评。在俄罗斯社交媒体 VK 上俄罗斯网友点赞及评论热烈，有人留言说："为中国人对艺术的热爱点赞！"

（二）对外传播中华文化

俄语对象国受众对什么样的中国故事感兴趣，一直是个值得思考的问题。

近年来中医在国际上广受欢迎，在俄罗斯更是深入人心。一位在成都学中医的俄罗斯小伙子引起了我的兴趣，顺着这个线索挖，一定能挖到一个体现中国文化自信，展示外国人主动学习并传播中医文化的精彩故事。

"如果你的照片拍得不够好，那是因为你靠得不够近。"摄影家卡帕（Robert Capa）的这句名言一直深得我心——就是要和采访对象尽一切可能多接触，多聊天，忘记采访，成为朋友。

《俄罗斯 90 后小帅哥扎针灸，你敢来吗？》一文发表后，成都中医药大学党委在专门致我社的感谢信中提到这样一句："贵社记者跟随我校俄罗斯留学生格里申（Гришин）一起学习、工作、吃食堂……"估计我一直坚持"吃食堂"是让校方比较意外的事——视频、照片都拍好了，也聊了大半天了，怎么还不走？

"这里有很多不图名不图利，只一心做好自己事情的老中医，我也想成为这样的人。"这句话就是格里申在食堂边吃着红油抄手边说的。结束正式的访谈，小伙子放松了下来，不经意间却讲出了最触动我的一句话。

小伙子不仅普通话说得溜，接诊村里来的患者时还能讲方言，被巴蜀乡亲们亲切称为"格大夫"。经过一番"贴身"采访，一个"不怕扎，不怕辣，还会讲四川普通话"的洋中医形象跃然纸上。

俄罗斯政府机关报《俄罗斯报》（«Российская Газета»）纸质版用一整版的篇幅全文刊登了这篇俄文报道。他们的编辑反馈给新华社说："很高兴能得到对俄罗斯读者而言这么有意思的故事。"而作为记者的我，看到自己的名字作为文章作者印在了俄罗斯主流知名大报上，成就感油然而生，同时也深深感到在国际传播领域重任在肩。

此次报道还有一个创新就是在稿件播发时，在文后附上了我的联系方式，这方便了与受众的直接互动。一位现居成都的俄罗斯人在读到文章后立刻发来了求医信，她非常希望能得到中医的治疗，但正苦于找不到会讲俄语的中医。我在征得了采访对象"格大夫"的同意后将其联系方式给了这位急需帮助的患者。我当时心里真是感到自己的稿子没有白写，哪怕只能帮到一个人也是值得的。这正是对外传播强大影响力的鲜活体现，是我们继续讲好中国故事的不竭动力。

三、结　语

今年 9 月，母校将迎来 80 周年华诞。届时，俄语学院作为北外历史最悠久的院系，也将迎来同龄生日。80 年来，北外俄语学院凭借优良的教学传统、一流的师资和完备的教学体系，为国家培养了一大批高层次俄语人才。

十年前，《风雨历程——北京外国语大学俄语学科 70 周年回顾文集》里收录了我的一篇小文《北外俄院——小帆启航的地方》，我曾用略显稚嫩的笔触写下："每次从西三环北路路过，我都会久久注视着那熟悉的校门。在我生活和工作中有欢乐或烦恼时，我也会习惯性地和俄院老师们分享或向他们征求意见，而老师们也像我从未离开一样无微不至地关怀我。"

凡是过往，皆为序章。回到启程时的地方，再次扬帆起航。

谨以此文，献给我最亲爱的北外俄院，祝生日快乐！

参考文献

1. 戴桂菊，赵刚.全国首届斯拉夫国别与区域研究学术研讨会论文集 [M].外语教学与研究出版社，2019：341—348.

2. 李英男，戴桂菊.俄罗斯历史之路——千年回眸 [M].外语教学与研究出版社，2002：311—312.

3. 史铁强，黄玫.风雨历程——北京外国语大学俄语学科 70 周年回顾文集 [M].外语教学与研究出版社，2011：142—145.

4. 任光宣.俄罗斯艺术史.北京大学出版社，2000：136—147.

5. 赵嘉麟，高帆，新华社新闻业务周刊 [J].2009(48).

感恩母校十年培养，扎根基础俄语教学
——浅谈新文科理念下基础俄语课程思政教学改革

浙江外国语学院　劳灵珊[1]

§ **摘　要：** 从 2004 年到 2014 年，笔者在北外俄院度过了漫长的本硕博学习阶段。在这十年中，笔者从零起点接触俄语时感到迷茫到夯实了语言基础、提升了人文素养后变得自信，再到成为体验"俄语＋"复合型人才培养新模式的幸运儿，最后克服重重困难，坚定未来的教学和科研道路，点点滴滴的改变和进步都离不开母系的培养。如今，笔者扎根在高校俄语教学第一线，积极探索课程教学改革，努力传承母系老师的优良传统，时刻谨记立德树人这一教育的根本任务。

§ **关键词：** 北外十年　复合型人才培养　教学改革　立德树人

刚刚过去的 2020 惊心动魄，相信很多人都是怀着一种劫后余生的心情送别了这不平凡的一年。在经历了疫情笼罩的阴影之后，我们便更加期待 2021 带来的全新发展和变化。而对于每一个北外俄语人来说，2021 更是意义非凡。今年 9 月，母校将迎来 80 周年华诞。届时，俄语学院作为北外历史最悠久的院系，也将迎来同龄生日。80 年来，北外俄语学院凭借优良的教学传统、一流的师资和完备的教学体系，为国家培养了一大批高层次俄语人才。而我作为一名曾经的俄院学子，在这特殊的时刻回忆曾经在北外度过的宝贵时光，感慨万千。

一、漫漫俄院求学路

（一）青涩的本科时光：夯实语言基础，提升人文素养

我和北外俄院的故事始于 2004 年的春天。"北京外国语大学来我们学校招生了。这是一所国内顶尖的外语类高校，师资一流、开设语种最多，被称为外交官的摇篮。感兴趣的同学可以试试报名。"最初我对于北外的全部认知仅限于班主任这几句简单的招生动员，尽管如此，我还是没有错过与北外的缘分。因为英语成绩较好，我一直希望报考外语专业，于是便报了名。当时正值普京连任总统，俄罗斯因这个硬汉总统的出现备受关注，而中俄建交也将进入第 55 个年头，两国战略合作伙伴关系变得更加稳定和成熟。因此，当我在招考语种中看到俄语时，便果断选择

1　劳灵珊，2004—2014 年，在北京外国语大学俄语学院顺利完成本科、硕士和博士阶段学业并获得学士、硕士和博士学位。

了它。幸运的是，俄语最终也选择了我。

9月的北京秋高气爽。当我终于站在在录取通知书上看了无数遍的朱红色大门前时，我并没有想过自己会在这里度过人生中最美好的10年光景。其实，初到北外时，它给我的直观印象是"小"和"旧"，不高的四层主楼，布置简单的教室，略显拥挤的五人间宿舍，平平无奇的食堂，遥远的公共澡堂，这些都曾一度让我怀疑：这就是那传说中的"最高外语学府"吗？甚至连它"花园学校"的别称都让我失笑，因为对于从小生活在南方的孩子来说，眼前的这些绿化是最普通不过的了。但是，慢慢地，北外让人着迷的奥秘就一点一点展现在了我的眼前。这里的礼堂虽然并不金碧辉煌，但却总能邀请到各国大使参赞和众多文化名人。这里的教室虽然没有一流的设备，甚至真的简单到只有桌椅黑板，但是你总能看到老师和学生们眼中闪烁的光芒，听到老师们激昂的讲课声，学生们整齐响亮的朗读声。这里的校园虽然没有奇花异草，假山泉池，但也许和你擦肩而过的一位再普通不过的老者就是会让你崇拜到尖叫的神仙级教授。我终于了解到，北外的魅力不在于漂亮华丽的外表，这里的文化底蕴，这里的每一位老师和学生就是它最好的名片。认识到这一点的我感到了无比的自豪，却也有了巨大的压力，因为俄语正在"虎视眈眈地看着我"。

还记得新学期的第一个月，我们是在东西两院的穿梭中度过的。每天我们都会从东院宿舍出发，穿过西三环北路的地下通道，来到马路对面、与外研社一墙之隔的西院上课。第一个月是俄语学习的语音阶段，地道标准的语音面貌是北外俄院对学生的首要要求。我作为一个零起点学生，其实这段时间过得并不容易。上课强度大，老师要求严，同学水平高，这都给了我很大的压力。仍然清晰地记得老师们在课堂上为学生纠音的场景，安静的午后，教室里老师同学一遍又一遍地重复着某个字母或单词的发音，不厌其烦，直到完美。性格内向的我一开始有点招架不住这样的学习方式，尤其是学到颤音的时候，面对老师甚至都不敢张口。但是老师并没有责备，反而安慰着不要着急，耐心地示范，传授各种小妙招。于是，上课路上，洗澡路上，打水路上，吃饭路上，回宿舍路上，任何一个地方都可以成为我们练习发音的场所。而再害羞内敛的人，都会在老师们敬业精神的感召下，为了学好一个发音而旁若无人地练习。这也许就是北外的魔力，它会让人因为对知识的渴望而变得强大。攻克了语音阶段的难题之后，随之而来的又是纷繁复杂的语法规则。但俄院的老师们总有办法抽丝剥茧，让知识变得条理清晰，帮助学生打下扎实的语言基础。当然，除了精读、语法、泛读、写作、翻译、听力等语言类基础课程之外，俄院还开设了经贸俄语等应用型课程，以及一系列旨在提高学生综合人文素养的俄罗斯文化类课程，包含地理、历史、文化在内的俄罗斯国情系列课程，文学史、文学选读等经典课程，甚至还有俄罗斯绘画史这样专业的课程。也许正是如此多元的课程设置和浓厚的学术氛围，使我萌生了在这里继续深造的想法。

（二）精彩的硕士生活："俄语＋"复合型人才培养模式初体验

2008年，我顺利成为了俄院对外关系方向的一名研究生。这在当时是俄院新开设的一个专业方向，是顺应时代发展，对复合型高端外语人才培养的大胆探索。学院与北外外交学院开展合作，学生可以在外交学院选修相关课程并计入学分。这仿佛打开了我通往新世界的大门，我贪婪地吸收着那未曾接触过的浩如烟海的新知识，同时也开始思考，作为一名俄语人我们究竟应该如何进行自我定位，如何更好地实现自身的价值，为社会做贡献。答案是在戴桂菊老师的课堂上找到的。早在本科阶段就很喜欢戴老师的课，每次上课老师都会早早地来到教室，给我们播放最新的俄语新闻，时刻提醒我们学习语言不能只盯着书本，更要关注对象国的国情文化，而最终语言只能成为我们学习的工具，而绝不是目的。在研究生阶段，戴老师给学生上当代俄罗斯课程，要求学生关注俄语重大新闻，每次课上都会请学生上台分享一周的收获，并尝试用俄语对新闻内容进行评论。同学们对于这样的开放性作业感到既兴奋，又紧张。对于当时的我们来说，搜集俄语新闻并不难，难的是要对眼前的文字形成自己的思考和判断，并用俄语表达出来。戴老师对学生这种基于语言知识之上的跨文化理解能力和思辨能力的培养，也让我对母系的人才培养目标和自己的使命有了更为深刻的认识。

如今，北外俄语学院在新的历史潮流中一如既往地展现出了勇于担当的社会使命感，积极响应国家新文科建设的号召，努力将"俄语+"高端国际化人才培养模式做实做深。学院结合实际情况，不拘一格引进人才，尝试将俄语复合历史学、俄语复合金融学、俄语复合政治学、俄语复合法学、俄语复合新闻学以及俄语复合教育学等复合型人才培养模式作为学科发展的新增长点。与此同时，学院还借助于在全国俄语界率先将后苏联空间国家的官方语言作为复合语种开设的优势，积极探索俄语复合非通用语种的新型"俄语+"复语人才培养模式，这在全国都是史无前例的尝试。

（三）执着的博士岁月：坚定科研和教学道路

2011年，即将硕士毕业的我面临了读博还是就业的选择。在思考这一问题的时候，母系老师们面对学生时坚定而温暖的目光常常在我眼前浮现。最终，我选择继续深造，希望若干年后也能像他们一样站在讲台上、活在科研中，把俄院教师爱岗敬业的精神传承下去。当然，这一次的目的地依然是我深爱的北外俄院，而戴老师则再一次成为了我的导师。

北外俄院博士阶段的课程多以研讨为主，老师会提前布置主题，要求同学们课前广泛收集资料，整理自己的观点，课堂上同学们自由交流，老师会适时地进行点评。这对我来说又是一种全新的课堂模式。我的学术写作能力在课前准备的过程中慢慢得到锻炼，并开始在老师的指导下尝试发表论文。我的思辨能力和学术敏感性在和老师、同学们一次次的思维火花碰撞中日渐加强，博士论文的灵感就来源于课上老师曾提到的一个学术空白点。

而在我的学术道路逐渐开启的同时，我也迎来了人生中最为重要的一个变化。2012年5月我得知自己即将升为人母，这使我感受到了难以言表的幸福，却又让我有点惊慌失措。这个小生命的突然到来打乱了我原本的计划，我想专心提高科研能力，我想尝试进行教学实践，我想出国进修，我想按时毕业……想做的事情那么多，而现在该怎么办？记得我当时是哭着走进戴老师家的，着实把她吓了一跳。在听完我的诸多担心之后，戴老师却温和地笑了，她耐心地开解我，告诉我这是女孩子人生中必会经历的一个过程，要好好珍惜这段宝贵的时光。老师还教我如何在紧张忙碌的科研工作之余做一些简单方便又有营养的饭菜，分享了很多带娃趣事。就这样，在老师的不断鼓励和帮助下，在2013年我迎来了一个健康的小男孩，并在初为人母的手忙脚乱中坚持学习，于2014年按时完成了论文答辩。当得知我的毕业论文还被推荐为北京外国语大学优秀博士学位论文时，心中百感交集。就像我在论文致谢中写的那样，彼时彼刻，想说的就只有感谢二字，感谢母校，感谢母系，感谢每一位曾经给予我帮助的老师。

二、心怀感恩，传承师训

毕业之后，我回到家乡，成为了一名高校俄语教师。6年以来我一直坚守在基础俄语教学岗位，心怀感恩之情，时刻以母系老师们对待工作的态度为榜样，帮助一届又一届学生走过初识俄语时的迷茫，带领他们认识俄罗斯文化的绚丽多彩。还记得 2015 年 10 月，我带着学生回到母校参加全国高校俄语大赛，那也是我们第一次参加如此高规格的大赛。幸运的是，那个女孩以一曲自弹自唱的俄语版《月亮代表我的心》获得了才艺三等奖。虽然只是个单项奖，但当时我们的俄语系才成立一年多，只有一届学生，一切都在摸索中前进，这个奖让所有的孩子都欢欣鼓舞，看到了学习俄语的希望。而也是在那之后，我校学生连续多次在俄语大赛中取得二等奖、三等奖的好成绩。2018 年的毕业季，最初获奖的那位幸运女孩发来信息，告诉我她成功考取了北外俄院研究生，她写道："感谢您当时的悉心指导，感谢您带我去北外参加比赛，让我有机会领略这所原本只存在于想象当中的神圣学府的风采，并参与其中。看到台上那些一张口就带有北外印记的优秀选手，看到您和您的老师们亲切的互动，我就暗自下定决心以后也要来这里上学。"同样是在这位优秀学姐榜样力量的带动下，至今为止我们学校每年都有相当数量的学生考上国内知名院校俄语专业的研究生，包括北外、上外、黑大、广外、天外、川外等。看着孩子们从最初入学时因害怕发错音而不敢张口，到毕业时顺利升学、找到工作，我才真正体会到，为什么母系老师们能在平凡的工作岗位上几十年如一日地保持着热情，始终把立德树人作为教育的根本任务。

而随着课程思政建设改革浪潮的来袭和"新文科"建设的大力推进，我也在积极进行教学改革尝试，思考如何更好地挖掘蕴含在基础俄语课程中的隐性思想政治教育资源，真正实现全员、全程、全方位育人。

基础俄语作为高校俄语专业必修课程之一，是培养学生俄语语言能力的最主要课程。因此，针对基础俄语的教学改革研究不在少数，如设计翻转课堂、探索线上线下混合模式、强化听说等应用能力培养、增加国情文化知识类教学内容等。这些改革探索虽然路径不同，但是其落脚点都是如何更好地培养学生的语言知识能力，而忽略了对于应该融入基础俄语课程教学全过程的隐性思想政治教育的关注。这显然不符合目前的高等教育改革趋势。而基础俄语课程的教学内容都是采用专题的形式设置单元，主题涵盖自我认知、家庭关系、终身学习、文学艺术、消费观念、信息安全、城市交通、公共服务、高等教育、人与自然、传统节日、中国文化、民族性格等，融佳作赏析、语言能力训练、应用写作能力与思辨能力培养于一体，倡导人文情怀，传播优秀文化传统，弘扬正确的理想信念，具有极佳的人文价值导向和思想政治育人功能，完全可以作为思想政治课程的有力补充，为大学生的成长成才提供精神引领。为此，我们尝试在"新文科"理念指导下，构建"三育三全"课程思政模式，打造基础俄语金课来化解当前外语专业课程中思想政治教育的缺位问题。"三育"即德育、智育、美育融通，以价值引导落实立德树人，以技能传授实现立技育人，以审美熏陶达成以美化人。"三全"即全员、全程、全方位育人，构建"线上自学、线下研讨、实践体验"金课体系，突破育人主体、育人时间、育人空间限制。具体可以从以下几个方面着手改革：

（一）发挥教师的教育示范作用

面对处于可塑期的教育客体，直接施教主体的政治站位、师德师风、对党和国家的忠诚度是实施"课程思想政治教育"的首要前提。因此，首先要组织教师深入学习相关文件，强化教师的政治素养，使其认识到课程所肩负的思想政治教育责任，有意识地去开发和挖掘课程思政元素。

学生对任课教师的尊重和喜爱也会在无形中提高教学和"课程思想政治教育"的效果。因此，教师要从细节出发，更好地实现"育人"目标。比如，教师提前进入教室做好上课准备，认真对待每一堂课，热情积极地鼓励同学回答问题，认真批改作业、答疑辅导，做好对学生知识掌握程度的日常考察和学习情况的记录，严格纪律要求，对学生进行公正的评价，等等。这些都将对学生产生潜移默化的影响，是最直接的"课程思想政治教育"。

（二）围绕教学内容深挖育人资源，精心设计教学环节

各类专业课中所蕴含的科学精神、人文素养和思想政治教育元素，是开展"课程思想政治教育"不可或缺的现实条件。因此，教师首先要厘清所授课程内容的育人核心是什么，然后围绕文本开展与之相呼应的教学设计，以教材中的观点和结论为起点，沿着解疑释惑的认知路径展开教学，层层递进，有针对性地引入正确的思想。

1. 将课程教学与爱国主义教育相结合

如在"我的家庭"这一主题的教学中，教师可通过让学生绘制"家庭族谱树"、组织"家庭在社会中的作用"主题演讲、拍摄俄语版"我和我的家乡"短视频等，引导学生增强"有国才有家"这一理念，开展爱家人、爱家乡、爱祖国教育，增强学生的国家自豪感和民族荣誉感。

2. 将课程教学与法治诚信教育相结合

如在"手机网络"这一主题的教学中，教师可结合电信诈骗、网络信息安全等社会生活实际，通过让学生编排短剧的形式，引导学生增强法律意识、诚信意识和如实上报虚假信息的自觉性，营造良好的网络空间和舆论环境。同时，提醒学生要注意保护好个人信息，提高防骗意识。

3. 将课程教学与生态文明教育相结合

如在"人与自然"这一主题的教学中，教师可结合新冠疫情，通过视频、图片等各种方式，讲述人与自然的和谐相处，引导学生敬畏自然、尊重自然、顺应自然、保护自然，拒绝食用野生动物，增强生态文明意识，深入理解习近平主席提出的"构建人与自然生命共同体"的伟大理念。

4. 将课程教学与价值观培养相结合

如在"我的大学生活"这一主题的教学中，教师可引导学生要掌握好专业知识，树立正确的人生观和价值观。以问题为导向，通过学生的主动思考引导他们树立积极的学习和人生态度，理性对待大学生活中出现的人际、学习等方面的难题，进行合理的职业规划，培养爱岗敬业的职业态度。可以提出的问题有：如何建立对大学清晰的认知、如何自主规划时间、如何处理同学矛盾、如何看待转专业问题、如何进行职业选择等。

5. 将课程教学与跨文化传播素养提升相结合

如在"伟大的思想家与教育家——孔子"这一主题的教学中，教师可通过设计"孔子与当代青年大学生对话""孔子与俄国思想家托尔斯泰对话"等深受学生喜爱的穿越情节，来引导学生深入思考中国教育制度的变革和中俄教育传统的异同，强化学生对国家的热爱、对中华民族优秀文化的认同，提高学生的文化自信，使其自觉成为中国传统文化的传播者。

（三）充分利用现代技术，创新课程教学模式和评价方式。

1. 创建"线上＋线下"混合式教学模式

针对线上教学，在课前预习环节，将词汇、句型、语法、国情等讲授型基础知识以"短视频"的形式作为任务点发布至平台，要求学生自主学习并完成在线测试；在课后作业环节，利用平台的丰富功能，发布优秀作业、在学生之间进行作业互评等。针对线下教学，创建线下多课堂联动，打破教学的空间和时间约束，将教学由传统45分钟面授课堂延伸到社团、实践周、实习单位、社会场所、语言对象国等，注重体验式学习的效果。

2. 创新课程评价方式

推行过程性评价和终结性评价相结合的评定方式，并利用在线教辅系统，在过程性评价环节中探索"教师测评为主、学生互评为辅"的新型考核机制。过程性评价侧重师生之间、生生之间的互动，考评要素包括课堂互动、语言能力、观点创新等。此举旨在凸显学生的主体地位，充分发挥考核制度"促优学精"的作用，激发学生的积极性。

三、结　语

80年征程波澜壮阔，80年初心历久弥坚。从"中国抗日军政大学三分校俄文大队"到"北京外国语大学"，从"团结紧张，严肃活泼"到"兼容并蓄，博学笃行"，北外一直都在积极回应时代的挑战，主动作为。而同样走过悠悠80载的俄院也一直默默坚守着为国家培养高端俄语人才的使命。未来，俄院必将继续落实立德树人的根本任务，以"俄语＋"高端国际化人才培养模式的探索与实践为契机，助力中国应对百年未有之大变局。

走过生命里最闪亮的年华
——北外求学小记

太原理工大学外国语学院　杨晓笛 [1]

§ 摘　要：2010—2013 年北外读博生涯，是笔者生命中最美好的记忆。三年时光里，笔者跟随老师们的讲解，遨游于俄罗斯文学的浩瀚海洋，在阅读与思考中有了更多启发与感悟；有幸得到莫大进修机会，徜徉于莫斯科 9 月的树林中，感受到来自大地的诗意与温暖；多次口译实践与文学会议拓宽了眼界，增长了见识。而最终，一纸优秀博士论文评定书更是为笔者的博士生涯画上圆满句号。时光匆匆流逝，北外和北外的老师们，特别是笔者的导师，都将是笔者生命中永远牵挂的情思。

§ 关键词：俄罗斯文学　莫大进修　记忆与牵挂

2013 年 6 月末，北京寻常的夏日，阳光晴好。我穿上梦寐以求的博士服，在校园里快乐留影：图书馆、小凉亭、绿茵场……处处辗转，处处不舍。大礼堂里，庄严的学位授予仪式隆重举行，我挽起导师黄玫老师的胳膊，站在台上合影。一张张照片，记录了那一天的点滴，将一切定格为记忆中的永恒。

对于给予了我最高学位的母校，我是充满感恩的。

事实上，直到如今，若谈及是否相信命运，我想，我的答复依然是肯定的。无关任何宿命思想，我想强调的是，命运从来不会辜负任何一颗积极努力的心。

至少，之于我而言，读博北外，便是命运一个莫大的恩赐。

我的本科与硕士阶段，就读于北京城另一所外语院校。那座红墙绿瓦的校园，开启了我与俄语最初的缘分。很多次，听闻北外大名，却从未将自己与北外联系在一起。甚至是研三阶段，"读博"这一念头也从未进入脑海。那时，我一心期待毕业后能去一所心仪的高校任教，实现"大学老师"的梦想。可命运给予我的安排却不是如此。它在那一年设下重重障碍，让我以硕士生的身份，无法就职高校。于是，继续读博的念头第一次浮上心间。那时，唯一一想去的学校，便是北外。

恰逢好友在北外读研，通过她得到了导师的电话。怯怯发去了短信，表达了自己渴望读博的心愿。从未谋面的导师很快回复了我，并给予了我热情的鼓励。很快，我前往北外，带着自己读研期间发表的作品去见导师。那其实是一个非常普通的九月午后，但那间整洁有序的办公室里，导师温和的笑容却像一道耀眼的光照入我的心灵，让我看到了希望熠熠生辉的模样。随后，新学期初始，她向白春仁老师说明了我的情况，引荐我旁听博士生课程。清楚地记得，那一天，她穿

1　杨晓笛，2010—2013 年，在北京外国语大学俄语学院顺利完成博士阶段学业并获得博士学位。

着深蓝色的西装套裙，站在走廊尽头，明亮而优雅。德高望重的白老师也欣然接纳了我。

那是最初的幸运。学海无涯，学术无疆。璀璨的知识之光，就这样在我的面前徐徐绽放。整整一学期，我走入北外课堂，和博士学姐们一起，系统而完整地学习了白老师的文学修辞学课程，感受到大师的儒雅与深厚，亦被从未接触过的另一片领域深深吸引。

课程结束，我也有了更多的自信备考，并在随后的博士研究生入学考试中顺利通过。2010年9月，我手持色彩绚丽的录取通知书，正式入校，成为北外俄语学院的一分子。崭新的读博生涯拉开帷幕。那时，校园里的绿植正骄傲盛放，空气里都是甜甜的味道。

紧张而充实的学习生活带给我很多的快乐。沉浸于俄罗斯文学的浩瀚海洋，发自内心的热爱令我欣喜不已。导师为我们介绍了文学修辞学领域的众多经典作品，进一步深化了我对严谨理论的认知。它不再是枯燥无味的学术体系，而是一代代学术大师呕心沥血之作，鲜活而灵动，有其隽永魅力。

同时有幸聆听张建华老师的文学课。事实上，在我硕士论文答辩那一天，张老师作为评委，便给予了我很高的评价。他鼓励我吹响俄罗斯文学之笛，并为我写下了读博推荐书。对于他，我同样深怀感谢。而他在授课时的激情与睿智的才思，也深深刻入我的心里。印象较深的还有王立业老师的诗歌讲解，空灵飘逸的诗行悬浮在空气里，落入心间的，却是诗人沉甸甸的生命哲思……那是一段快乐而充实的学习时光，每天都期待上课。以至毕业后多年，每每回想起求学时光，想要再一次踏入北外课堂的心总会因渴望不得而隐隐作痛。那些再也无法回去的岁月，是心底里绵延一生的眷恋。

博二那一年，在导师和柳老师帮助下，我获得了前往莫斯科大学进修的机会。起飞日期是在9.11，前一天恰逢教师节。于是同门相约聚集在导师家里，庆祝节日的同时也为我践行。那个美丽的夜晚，导师亲手为我剥开香喷喷的螃蟹，同门笑语盈盈，温馨温暖。翌日，我便踏上了飞往俄罗斯的航班，带着好奇的心，追梦异国。

俄航班机平稳落地谢列梅捷沃机场。乘车前往校园，我第一次看到恢宏壮观的莫大主楼在蓝天下傲然耸立。坐在树下等莫大老师前来的时刻，一只只小松鼠在我身边欢快雀跃，毫不惧生……新鲜感在那一刻铺天盖地而来。那些天，住在幽深曲折的莫大主楼，每日顺利返回住处便成为我最担心的事，甚至还为此手绘了路线图。时逢金色9月，小树林里金黄色落叶铺满一地。每一天，我踩着密密麻麻的落叶，在孤独平和的心境中前往国图寻找布罗茨基研究资料，渐渐适应了异国生活。也是在那一时期，图书馆开始成为我生命中无法割舍的依赖。当我如期返校时，行李箱中所携一叠厚厚的资料成为博士论文写作最有力的帮手，为未来的顺利毕业打下了基础。

一切都没有白白度过。所有逝去的时光，那些年，都在某种程度上给予了我馈赠。

回国后，恰逢寒假临近。导师介绍我与师妹一起以翻译身份，随莫斯科明星芭蕾舞团在全国巡回演出。又是一段难忘经历。南南北北，我们走过了十几个城市，从吉林直下广州，相差了一件羽绒服的温度。而与芭蕾舞团舞者、导演、技术师的接触，也为我稍显单调的人生增添了几分色彩。所有这一切，铺垫在记忆之盒中，小心翼翼珍藏。

博二下学期，开始日日往返于北外与国家图书馆，着手论文写作事宜。小论文拟投稿，大论文定下基本思路。如今想来，三年读博生涯里，除了北外，我去的次数最多的大概便是国图了。

距离不远，我常常在网上预约好所需图书，而后慢悠悠散步到那里，一路听歌一路欣赏风景。读读写写，累了便走出阅览室，在偌大玻璃窗前眺望城市风景。有时，街头忽然下起大雨，便久久站于入口处，看雨水结实击打土地的执拗，闻雨中空气潮湿的味道……因为论文写作而疲倦的头脑，总会在那时得到莫名放松。

尽管遇到过一些麻烦，但总体而言，一切都朝着预想的方向前行。与导师保持每周一次的见面频率，在午后办公室一起吃水果，聊论文。厚厚的博士论文初稿完成于博三上学期的 12 月初。当我带着打印好的文本，兴奋而又忐忑将它递交到导师手中时，她笑了：第一张饼总是要糊的，没关系。

事实上，三年读博期间，导师从未给予过我任何压力，一贯亲切温柔的笑是她留给我永远的印象（至今我都没有见过她生气的模样）。学术上，她给予了我充分的信任和画龙点睛的指导。无论小论文，还是博士论文，我都会在写完的第一时间找导师，而她总是及时给予我反馈，提出修改意见。原本平淡的文本经她指点后就像被施予了神奇魔法，瞬间变了模样，逻辑也通顺了许多。特别是博士论文初稿，几乎每一页都有导师做出的标记。毕业多年，每每想起这一切，我依然感动不已。

2013 年 6 月 3 日，小雨淅沥的夏。我走上讲台，怀着忐忑之心，在 5 位评委老师面前进行论文答辩。如果说，在那之前我从未想到过自己可能成为命运的宠儿，那么，王立业老师的总结发言却在那一刻消除了我所有的不安。在满满一屋子老师与学生面前，他说，"经答辩委员会讨论，一致同意推荐该论文为优秀博士论文……"

三年的求学生涯在那一刻画上了圆满的句号。心底里积攒已久的不安与焦灼、紧张与忐忑，化为甜蜜的眼泪。手捧鲜花，献给导师，看到她的笑容，也看到三年时光如何缓缓流逝……这三年，她所带给我的，是学术之海的深邃美妙，更是全新的人生领悟。她的智慧与谦和，温柔与坚定，都成为我心中灼灼燃烧的长明油灯，在未来的人生中，为我指明了方向。

事实上也的确如此。毕业后至今，当我如愿以偿在家乡一所不错的高校就职，以大学老师的身份走上讲台，传道授业解惑；当我翻阅资料潜心科研，累并快乐时，都会想起导师，也一直与导师保持密切联系。取得一点点成就，迫不及待与导师分享；遇到困难与挫折，也第一时间向导师求助。她一次也没有拒绝过我，总是及时出手相助。那一份纯粹而真挚的师生情，是我无论身在北外，还是离开之后，都无法割舍的眷恋。

而这期间导师几次来太原，也都有机会得以相见。特别是 2019 年冬，导师和学院几位老师出差之际，途径太原，我们也因此有机会相约用餐。无论毕业多久，和俄院老师们在一起，我的心依然是求学时的状态。看到他们，就像看到了那时的自己，开心不已。

时光飞速流逝，转眼我已毕业八年。从 2013 到 2021，步入工作岗位的这些年，在导师鼓励和帮助下，我从最初的稚嫩一步步提升自我，艰难却又执拗前行。2017 年，获国家留学基金委资助，前往圣彼得堡大学访学；2018 年归来，获评"副教授"职称，并于 2020 年 9 月，迎来第一个研究生……一切都刚刚开始，一切都还很漫长。可是，那一年，当我步入北外，三年后又走出北外之时，生命便已赐予了我全副武装的铠甲。俄院和我的导师，给了我前行的不竭动力。

2016 年 12 月，我与学院领导前往莫斯科国立鲍曼技术大学参会，并协助两校顺利完成合作协议的签署，得到领导的高度肯定。他在会议上向校领导表扬了我的功劳。分管国际合作的副校长听完报告后，微微一笑。他说："北外毕业的嘛，那肯定是最优秀的。"那一刻，我的眼眶竟微微有些湿润，心里涟漪阵阵浮泛。很快给导师发去微信，转述副校长话语。想起布宁。暮年之时，他曾平静而自信地说，"我能肯定，我没有玷污一个半世纪之前始于卡拉姆津（Н.М. Карамзин）和……茹科夫斯基（В.А. Жуковский）的文学"，那么，如今，我也可以自豪断言：工作之后，我没有辜负"北外人"的光荣称号，没有给母校丢脸……

今后，我想，我将一如既往勇敢前行。如果说，八年前，命运将我与北外连接是一次恩赐，那么，这一恩赐将会贯穿我生命的始终。母校、俄院、导师，会是我永远的精神支柱。我会砥砺前行，不负厚望。

诲我谆谆，南针在抱；感恩，师道山高。

我的求学笔记：与俄罗斯文学相伴

中山大学 李 暖[1]

§ 摘 要： 北外俄语学院的俄罗斯文学课程设置独具特色。从本科阶段的文学史、文学选读开始，相关课程旨在夯实文学基础并贯穿硕博士培养方案，实现整体思维和研究能力的提升。在北外求学生涯中，笔者对此深有体会，不仅领略了俄罗斯文学的魅力，积累了相关知识，而且在俄院教师的启发下，获得了自成体系的思考方式和大量的实践机会。本文既是求学笔记的反思，也是学习生涯的回顾，以期通过感悟的形式对俄院课程体系的培养效果做出更真切的反馈。

§ 关键词： 俄罗斯文学 北外俄语学院 课程体系 求学感悟

曾经读到过这样的文字：俄罗斯文化包含着一种广大世界的情怀，即便是钟楼也要做得让钟声在很远的地方还可隐约听见，每每设置新的大钟，一定派人骑马穿过林莽和田野，到很远的地方听一听钟声能否传到，古老乡村教堂的钟声甚至会越过茫茫的白夜，飞到奥涅加湖中心的渡船上。这也是我在俄语世界跋涉的过程中，母校给我的独特体验。2009 年入学的时候，俄语学院只是北外东院主楼顶层朝南的一个"翅膀"，透过走廊尽头的小窗可以看到对面的塔松。它就像一座小小的钟楼，呈现出一种辽阔而宏大的景象，在这里求学的人即便离开很远，也时常听到亲切的回响。

俄语学院似乎受到俄罗斯"文学中心主义"的些许感染，语言教学总是环绕着文学这座纪念碑。我至今都感谢它别具一格、循序渐进的文学课程设置。俄院老师合授的文学选读使我仅仅学了两年半俄语，就能领略原汁原味的经典，比如普希金的《驿站长》(《Станционный Смотритель》)、勃洛克的《陌生女郎》(《Незнакомка》)，这些篇目在王立业老师的讲解下散发出无穷的魅力，很多难以忘却的生动词汇和表达方式都是在王老师这里学到的。此外，印象最深的一篇是谢德林 (М.Е. Салтыков-Щедрин) 的童话《聪明的鮈鱼》(《Премудрый пескарь》)。我们在何芳老师的指导下吃力地冲出单词的重围，却读到一个令人困惑的结局——鮈鱼在河底战战兢兢地活了一百年，做起了梦，"忽然，它消失的无影无踪了"。鮈鱼为什么消失了？这是那堂课留下的疑问。记得何老师提到，早在谢德林的时代就已经有了后现代的荒诞感，而类似的消失可能会贯彻整个俄罗斯文学。之后遇到每一位作家，我都没忘记用鮈鱼的视角来追问：阿卡基·阿卡基耶维奇 (Акакий Акакиевич) 如何就在彼得堡的雪夜变成了鬼，科瓦廖夫 (Ковалёв) 的鼻子何以突兀地躺在了理发师的面包里，索洛古勃 (Сологуб) 的小矮人如何化作了一粒尘埃……

后来，我似乎在一本叫作《巴赫金之后的陀思妥耶夫斯基》(《Достоевский после Бахтина》)

---

1 李暖，2009—2019 年，在北京外国语大学俄语学院顺利完成本科、硕士和博士阶段学业并获得学士、硕士和博士学位。

的书中找到了最接近答案的答案：一种建立在"偏离"之上的书写方式，偏离正常，偏离日常，走向异常、极端和假定性的发展。"鲥鱼"这个词可以延伸至阿斯塔菲耶夫（В.П. Астафьев）的鱼干和普拉东诺夫（А.П. Платонов）笔下所有沉默的游鱼。它还让我想到青年画家皮斯卡廖夫[1]，他带着一种都市漫游者般的神秘震颤，沿着涅瓦大街追逐自己画中的女郎。吉娜·哈帕耶娃（Д.Р. Хапаева）说，皮斯卡廖夫就像谢德林的鱼一样，追逐着某种无以名状的东西，用近似怪诞的行为替自我制造恐惧，从而捕捉噩梦真正的深度和完全的幻象；这是果戈理和谢德林的梦境，也是俄罗斯文学裸露的荒诞存在。在我的笔记本上，类似的解答积累得越来越多，尽管并没有形成论文。我记录的并非某个问题的确切答案，而是俄院的每一位老师留给我的一种直击本质、一以贯之的提问方式。

我了解到哈帕耶娃这位天马行空的学者是在硕士阶段——那时学院要求的专业文献阅读量骤增。在写俄国小说史的课程作业时，我读到哈帕耶娃的一篇论述合成主义和反乌托邦的文献，文中提及一个陌生的名词——"哥特社会"。这又一次颠覆了脑海中俄罗斯文学的固有印象，因为在很多版本的文学史中，经常遇到的词是"神秘主义"，不是"哥特"。为了完成那篇作业，我不停地翻着俄文版的《我们》（«Мы»），终于在边角处发现一个词组"哥特式寂静"。它来自阿克梅派的哥特教堂，还有《岛民》（«Островитяне»）里伦敦林立的烟囱和城堡的废墟，而卡拉姆津早在 1790 年就从草莓山庄和西敏寺里体会到了现代式的无言的焦虑。它让我立刻明白了张建华教授在课堂上反复提及的谱系学，认识到另一种由语词而非主题串联起来的截然不同的潜流，试着放弃目的论和决定论的框子，去注意那些被叙事忽略掉的边边角角。在这个阶段，解谜代替了提问，阅读和写作似乎在还原某些飞速消逝的词语被文本掩盖的过程。为此我必须感谢俄国小说史这门课，它始终在用前沿的视角反思经典。它让我明白，文学研究其实是万花筒般的讲述——人与事总是从不同的角度被解读，但没有一个角度应当享有绝对的偏好，就像每一件遗留的旧物，即便不被收藏进博物馆，也在讲述自己的故事。

让我感到新奇而震撼的还有戏剧。潘月琴老师讲授的俄罗斯戏剧让我知道，文学不仅可以被阅读，还可以在表演的过程中被赋予新的意涵。最快乐的时光莫过于这门课的年终排演，演的是安德列耶夫的（Л. Н. Андреев）《人的一生》（«Жизнь человека»）。它让深藏不露的同窗一个接一个地暴露了精湛的演技和高超的导演能力，更重要的是，让我们把眼光从文本表层转向了更能揭示本质的时空维度。我们把演出的时间定在晚上，为的是以低廉的成本再现斯特拉文斯基（И.Ф. Стравинский）的"黑光"——夜色就像庞大的黑天鹅绒充分吞噬光线，消除舞台的三度空间感，让所有的人物和道具看起来就像平面上的图案和剪影。如果没有这场表演，我们可能不会让脑海中的俄语如此直观地走进戏剧空间。此外，它让我反观扎米亚京（Е.И. Замятин）被"哥特式寂静"笼罩的广场、安娜·卡列尼娜（Анна Каренина）烛光明灭的车厢和文本中一切类似戏剧舞台的东西，继而去寻找整个文学进程的戏剧性转折。

黄玫老师为博士生开设的文学修辞学带领我走进一片更加复杂的场域。在翻转课堂的模式

1　果戈理《涅瓦大街》（«Невский проспект»）的主人公，"皮斯卡廖夫"（Пискарев）与"鲥鱼"（пескарь）一词音形相近。

中，我们彻底丢掉中文的拐杖，去自主研读一本本尚未被译介完全的文艺学原著。那时候教室已经从主楼四层的"翅膀"搬进了崭新的"国际大厦"。这里的窗子明亮一些，窗子对面还有窗，使我想起利哈乔夫（Д.С. Лихачёв）的"语言的眼睛"和舍斯托夫的"双重视力"。黄老师的课让我知道，语言像那些窗玻璃一样，是分层的，叫语层；每一层都有自己的"眼睛"，也就是视点。视点可以是一种眼光，也可以变幻成符号和记忆的结构，在文学地图上留下一层又一层彼此遮掩的痕迹，因此它更像是文学进程的另一种诠释。黄老师还发明了一种学术论坛式的研讨课。我们试着把笔记里的存货用生动的语言讲出来，从加斯帕罗夫（М.Л. Гаспаров）、洛特曼（Ю.М. Лотман）谈到纳博科夫（В.В. Набоков）的戏剧和以色列的俄语诗歌，充分领略到语言的喧哗和视角的分裂，正是这种分裂的图景定义了当代俄罗斯文学。

当时，每周四下午都会去外文所的地盘上听汪剑钊老师讲诗歌，是在获取新知，也是在消化修辞学。这两门课形成了可爱的互文性，啃完雅各布森（Р.О. Якобсон）的原文，再去听曼德尔施塔姆（О. Мандельштам）和阿米亥（Yehuda Amichai），自己译诗、写诗，滋味就像诗会上的挂耳咖啡一样浓烈，这也使我把兴趣转向比较文学。博士论文的灵感直接来自这些鲜活的体验。我把视线聚焦在当代，看到俄罗斯语言的"眼睛"越发频繁地望向南方的海洋，似乎在寻找一种"к морю"式的诗的元素和消散了的族群记忆；有时它又成为纳博科夫所说的反地域，窥视个人的王国或者转向纳喀索斯的自我凝视。答辩会就像这段时光的总结和重现，没有刻板的评价和紧张的辩驳，而是在修辞和诗的探讨中圆满完成的。回去的路上，看见白杨的树荫和三五成群的学生，他们手里拿着鲜花和北外的毕业礼物——一只只蓝眼睛的毛绒鹦鹉。文学的诗结构未尝不是一种美好的生活态度。

俄语学院很尊重学生的自主性，有丰富的文献资料，更有令人眼花缭乱的实践机会，甚至有那么几年我都保持着一种双重状态——前一秒还在路上奔波，后一秒又扎进文字里不知日月。这绝不代表浮躁，而是另一番沉浸和探索。在北外，俄语书一读就是十年，却从不觉得寂寞，在热闹的西三环边上，一切都散发着勃勃生机。这反而让我向往某种寂寞的情怀，因为利哈乔夫在《思考俄罗斯》（《Раздумья о России》）中说，俄罗斯总是"坐在空旷的路边"。古罗斯的一座座书籍中心多建在偏远的地方，有的甚至在林莽之中，譬如圣三一谢尔吉修道院、瓦拉姆修道院。这些修道院制作的书籍覆盖了一片片森林、湖泊，俄罗斯文学一度像坐在空旷路边的黑衣人，摆出沉思和祈祷的姿态。毕业离开的时候，我也像俄罗斯人那样默默地坐了一会儿，似乎感到一丝落寞，但更多的是美好的、沉甸甸的记忆。在俄语学院 80 周年院庆之际，这些记忆愈发耀眼，遂翻阅记事本，回味往昔，感恩，祝福。

▌思变求新，独具匠心▌

——俄语学院区域国别研究教学法的启示

海南大学 王 佳 [1]

§ **摘 要**：北外俄语学院的区域国别研究教学起步较早，基础雄厚。历经多年的建设和发展，俄语学院探索出一套卓有成效的区域国别研究人才培养模式，在课程设置、培养理念、教学方法等领域积累了丰富的区域国别研究教学经验。在俄语学院区域国别研究方向求学期间，笔者对此深有体会，受益良多。在当前"俄语＋"复合型人才培养需求的驱动下，俄语学院的区域国别研究教学必将大有作为。

§ **关键词**：区域国别研究 北外俄语学院 教学法 求学感悟

北外俄语学院的区域国别研究教学有着深厚的基础，历经数十年的建设和发展，形成了以俄罗斯社会文化和区域学（上海合作组织大学）方向为代表的两大优势研究领域，吸引着全国俄语学子的目光。目前，区域国别研究正与传统的俄语语言文学研究一道，成为北外俄语学院打造全国俄语界复合型俄语人才培养基地的强大助力。

2008 年，怀着对俄罗斯文化的浓厚兴趣，我慕名考入北外俄语学院，成为俄罗斯社会文化方向的一名硕士研究生。工作数年后，我有幸又重返北外，攻读社会文化及区域学方向的博士研究生。在俄语学院求学的六年时光，为我开启了区域国别研究的学术之门，使我得以系统地接触到区域国别研究的科研方法和理论体系。即便毕业离开后，每每回忆起来，这些宝贵的经历仍令我受益良多。如今的我也站上了三尺讲台，将自己对俄罗斯语言文化的感悟传递给年轻一代。从事一线教学数年来，我对俄语学院区域国别研究的教学法也有了更多切身的体会。

一、循序渐进，构建一以贯之的课程培养体系

俄语学院为区域国别研究方向构建了全方位、多层次的人才培养体系，制订了全面贯穿本、硕、博各层次的人才培养方案。在此基础上，学院设计了独具特色的课程结构，从本科阶段的俄罗斯历史、地理、文化等传统国情课开始，逐步深入全研究生阶段的文化学和区域学理论课程，旨在由浅入深、循序渐进地夯实区域国别研究的理论基础，提升学生的系统思维能力和科学研究素养，为博士研究生阶段的专题研究和学术研讨课程做好准备。

---

1 王佳，2008—2011 年，在北京外国语大学俄语学院完成硕士阶段学业并获得硕士学位；2016—2019 年，在北京外国语大学完成博士阶段学业并获得博士学位。

本科阶段的课程设置以知识介绍型的国情文化课为主，旨在培养学生对俄罗斯文化的兴趣，为后续从事区域国别研究打好基础。课程设置多样，涵盖了俄罗斯社会文化方向的各个领域，既有俄罗斯历史、地理、文化等全国俄语高校普遍开设的传统国情文化课程，也开设了当代俄罗斯社会、俄罗斯经典艺术作品赏析、俄罗斯外交、俄罗斯经济等"冷门"课程。这得益于俄语学院多年来组建的多层次区域国别研究师资队伍，使外交、经济、社会等按照惯例只作为专题讲授的内容，能够拓展成一门单独的课程，极大地丰富了相关专题的授课内容，拓宽了学生的知识面。这些课程多选用中俄对照教材，在讲授俄罗斯社会文化领域基本知识的同时，也提升了学生的言语实践能力。

与本科课程相比，研究生阶段的课程设置以文化学和区域学的理论课程为主。旨在系统地构建区域国别研究的理论框架，为学生夯实学术研究的理论基础。其中，俄罗斯思想史、俄罗斯文化史、文化学理论研读、俄罗斯东正教文化、俄罗斯区域学、中亚区域学、斯拉夫文明等课程共同打造出色彩斑斓的知识层次，提供了丰富多元的研究视角，对于培养研究生的理论体系和发散思维起到了重要的作用。而博士研究生阶段的专题研究和论文研讨等课程，则是以"问题意识"为导向，侧重培养学术思维和科研素养，为学生的学术科研提供平台。

二、求变创新，打造复合型区域国别研究人才培养模式

俄语学院在区域国别研究的人才培养和教学实践中，从不墨守成规，而是敢于突破，思变求新。早在 1988 年，在保持语言文学传统优势研究方向的基础上，俄语学院便另辟蹊径，开始招收苏联国情学方向的硕士研究生，2002 年在此基础上设立了俄罗斯社会与文化方向，成为全国俄语高校中率先开设俄罗斯区域国别研究方向的院校之一。2007 年，在原有俄罗斯社会文化方向的基础上，又增设了国际关系与俄罗斯外交方向，旨在重点培养国际关系领域的俄语人才；之后，作为我国最早加入上海合作组织大学区域学方向的院系，俄语学院于 2011 年开始招收上海合作组织大学区域学方向的硕士研究生。随后在修订的 2012 年版研究生培养方案中，增设了"区域学（上海合作组织大学）"方向，将"国际关系与俄罗斯外交"方向并入其中。

近年来，为服务国家"一带一路"建设的需要，俄语学院依托俄语国家区域研究的传统优势，率先开辟"俄语＋非通用语种"的复语人才培养模式，将区域国别研究的视角拓展至乌克兰、白俄罗斯和中亚五国等独联体其他国家。此外，为服务于高校外语教育培养高素质国际化复合型人才的要求，俄语学院在传统的国别研究基础上，积极探索"俄语＋"复合型人才培养模式。目前，学院已于 2019 年正式开设"俄语＋金融学"的复合型本科专业，"俄语＋政治学""俄语＋艺术学""俄语＋历史学""俄语＋法学""俄语＋新闻学"的复合型人才培养模式也在持续探索和积极建设中。这些探索和创新顺应了时代的发展和社会的需要，提升了学生的知识技能和综合竞争力，也增强了俄语学院的人才吸引力。

三、潜移默化，培养具有国际视野和爱国情怀的俄语人才

针对外语专业人才培养中容易出现的中国文化"失语症"现象，早在"课程思政"要求提出之前，俄语学院在区域国别研究方向的课程设置上，就注重充分发挥语言文化的育人功能，将中国文化的各类元素融入俄语专业教学中，旨在培养具有国际视野和爱国情怀的高素质俄语人才。一方面，学院在培养方案中加入了中国思想史原典选读、中国文学、中国文化概论等课程，以培养中国文化的传播者和中外文化交流的使者为目标，要求学生掌握中国传统文化的精髓，为用俄语"讲好中国故事"夯实理论基础；另一方面，学院在区域国别研究方向的课程中还设置了中俄文化比较等课程，在课程学习中培养学生的分析思辨能力，引导学生自觉对比中俄民族历史文化差异，强化学生的跨文化交际能力和多元文化素养，在潜移默化中厚植爱国情怀，坚定文化自信。

四、齐头并进，重视理论教学与语言实践的融合

语言实践向来是北外俄语学院的优势传统，这一点不仅体现在区域国别研究方向的本科人才培养模式上，在研究生教学阶段同样如此。在俄语学院攻读研究生的六年间，我不仅系统修读了区域国别研究方向的理论课程，还得以接触各类丰富多样的语言实践机会。

"纸上谈来终觉浅"，作为一门研究对象国国情文化的学科，区域国别研究与传统的语言文学研究相比，更要求学生对语言对象国的国情文化具备切身的经历和体会。因此，学院搭建了多渠道、多层次的留学平台，为学生提供亲身感受语言对象国国情文化的机会。作为上海合作组织大学的成员单位，学院为区域学和社会文化方向的研究生提供了为期一年的出国交换机会。此外，学生还可以通过申请国家留学基金委的中俄政府奖学金项目、国际区域问题研究及外语高层次人才培养项目，以及各类校际交换项目，赴语言对象国交换学习。

另一方面，针对在国内学习的学生，学院同样积极搭建多元化的语言实践平台，组织学生参加政府部门和外国驻华使馆等机构举办的外事活动，动员学生参加大型国际赛事的翻译接待和志愿服务等文化交流活动。尤其值得一提的是，学院依托北外与"俄罗斯世界"基金会联合设立了俄语中心，定期组织举办文化节、诗歌朗诵会、演讲比赛、俄语晚会、专题研讨会和圆桌会议等各类丰富多样的语言实践活动，充分发挥了"第二课堂"的育人作用，为学生们搭建了深入了解语言对象国国情文化的重要平台。

五、教学相长，重视学生在教学过程中的主体作用

在俄语学院求学期间，令我印象最深的，便是"翻转课堂"这一理念在教学过程中的广泛应用。区域问题研究方向开设的每门课程都会安排专门的研讨学时，供大家就所学内容发表看法。

还记得戴桂菊老师在讲授当代俄罗斯这门课程时，每节课前都会请同学讲述近期俄罗斯国内发生的重大事件，并引导全班同学展开讨论，以此培养同学们对俄罗斯热点问题的关注度和敏

感度。李英男老师的俄罗斯文化史课程每次都会围绕当堂课的内容预留两三个思考题，留待下次课前由同学们汇报研讨。文化学理论研读和中俄文化比较两门课程全程围绕"研读"和"比较"展开，课程以围桌讨论的形式进行，由何芳老师和郭世强老师带着大家研读中俄文化学的经典理论著作，师生们针对中俄文化的异同各抒己见，畅所欲言。

这类研讨课的形式打破了以往教师唱独角戏的传统教学模式，使学生能够真正参与到课堂教学活动中来，既加深了学生对所学知识的理解，也提高了学生的整体思维能力。

六、匠心独运，培养学生的科研精神和学术素养

刚考入俄语学院时，我还是一名毫无科研经验的学术门外汉。六年的研究生学习经历，不仅使我掌握了区域国别研究领域的专业理论知识，更重要的是使我养成了严谨的科学研究方法和系统的学术思维能力。这些无疑都令我受益终身。

区域国别研究方向开设的每门课程，从不仅仅局限于简单的知识讲授和技能训练，而总是善于将科学研究的方法论贯穿于课程始终。从硕士阶段开始，学院的课程设置就着重围绕着培养学生的问题意识而展开。李英男老师在俄罗斯文化史的授课过程中，并不单纯满足于梳理俄罗斯文化的某个具象特征，而是一直引导我们从共时和历时的视角，挖掘文化现象背后的深层次原因；在当代俄罗斯专题研究课上，戴桂菊老师总是高屋建瓴地启发我们选取感兴趣的课题，鼓励大家多阅读、勤动笔、深钻研，踏踏实实地将选题做细做深。我在研究生阶段发表的几篇论文的选题，都是在修读这门专题研究课程时受戴老师启发而确定的，最终的成稿更是得益于课堂上的反复研讨和打磨。而博士毕业论文的完稿，更是离不开这门课程在选题技巧、研究方法、谋篇布局等方面给予我的帮助。

除依托专业课程培养学生的科研素养之外，俄语学院还充分利用学校和学院的优秀学术资源，为大家打造开放的学术交流平台。俄语学院的俄语中心每学期都定期推出"名家面对面"活动，邀请汪嘉斐教授、史铁强教授、赵为教授等俄语名家与学生面对面交流，为同学们在学术研究中的困惑指点迷津。此外，俄语中心每年还举办"全国高校俄语专业硕博士研究生学术论坛"，为学院乃至全国俄语高校的学子搭建学术交流的平台。

区域国别研究教学并不只是国情文化知识的简单传授，而是培养学生运用所学语言研究对象国的政治、经济、宗教、外交、社会等各方面问题的能力，强化学生的分析思辨能力、跨文化交际能力和多元文化素养，其宗旨在于培养具有国际视野和爱国情怀的高素质外语人才，为中华文化"走出去"战略、"一带一路"建设和人类命运共同体建设服务。历经数十年的建设和发展，北外俄语学院在区域国别研究领域已经探索出卓有成效的教学经验。桃李不言，下自成蹊。即将迎来八十周年院庆的俄语学院，自当乘风破浪，披荆斩棘，再创佳绩。

秋水蒹葭，难忘师恩

北京第二外国语学院　申达宏[1]

§ **摘　要：** 导师是博士研究生培养过程中的主体方，导师与博士研究生之间的培养关系是否和谐、融洽直接影响着博士生教育的质量。本文选取北京外国语大学俄语学院三位博士生导师在教书育人过程中的典型事例，以回忆叙述的方式折射出俄语学院在人才培养过程中始终坚持以"立德树人"为根本任务，在80年的风雨历程中不忘初心、砥砺前行，接续红色基因、赓续家国情怀的优良传统。俄语师资团队以高尚的道德修养、良好的道德风尚以及对学生严谨负责的态度保证了人才培养的高质量，从而为国家培养了一大批服务于外交、国防、教育、文化交流等领域的杰出人才。

§ **关键词：** 导师　博士研究生　师德　人才培养

作为北外的创始院系，与母校同龄的俄语学院凭借优良的教学传统、一流的师资和完备的教学体系，为国家培养了一大批高层次俄语人才。作为一名从高中就开始学习俄语的"俄语人"，北外在我心目中始终是一座神圣的殿堂，遥不可及，只能心向往之。2013 年，终于有幸步入殿堂并徜徉其中，虽学艺不精，但学校浓厚的学术氛围和老师们严谨的治学态度，让我的思辨能力得到提升、眼界也为之开阔，可谓受益匪浅、感触颇多。碧波万顷中，精彩的瞬间、难忘的片段有很多，受篇幅所限，只能掬捧浪花儿朵来表达我对老师们的崇敬、感激之情。

一、学为人师，行为世范

我的导师丛鹏教授当过兵，做过外交官，执教于高校，担任过党政领导，在核心学术期刊的主编岗位上工作数年，人生经历称得起精彩，生活阅历算得上丰富。每每谈及这些，我都是一脸羡慕，而丛老师则很平静，谦逊地称自己还有很多不足和不尽如人意的地方。

我考取博士时，年龄已接近四十岁，家庭、工作的压力都不小，科研能力和学术潜力平平，还不能脱产学习，相较于同一级的其他同学，可以说我自身的条件不是很好，而最终能被录取，被丛老师收入门下成为关门弟子，现在想来，是当时丛老师下了很大决心和勇气才做出的"冒险之举"——冒着付出心血培养却很有可能得到"无果而终"的结局。当然，从另一个角度来看，能成为丛老师的学生应该也是冥冥之中的缘分。

丛老师为人朴实正直、做事细致严谨、待人诚恳热情，是位尊崇中华传统美德的高校学者。无论是做学问，还是为人处世，丛老师的言传身教对我影响至深。与戴老师一样，丛老师对我偶

1　申达宏，2013—2019 年，在北京外国语大学俄语学院顺利完成博士阶段学业并获得博士学位。

尔上课迟到或踩着上课铃声进课堂的情形，更多的也是给予我包容、理解，从未面露不悦或严厉苛责，而我时至今日内心仍存对老师们的歉意和自责。

在博士学习的后期，当我因为工作和家庭琐事不能按时完成学位论文时，我满心惶恐、焦虑，甚至一度出现了逃避、放弃的念头。丛老师敏锐地觉察到我内心世界的这些起伏变化，于是不厌其烦地劝慰我、开导我、鼓励我："达宏呀，既然咱读了这个博士，就要坚持读完，拿到学位，不能半途而废，否则周围同事怎么看你，对你日后的发展也不利。另外，前期你也为此付出很多心血，假如无果而终，也太可惜了。""你呢，论文写作抓点紧，但别给自己太大压力，该休息还是要充分休息，别把身体搞垮了，那样可得不偿失。"……导师对我的理解和关怀给了我信心、勇气和动力，让我在纷繁复杂的工作之余，静下心来，认真面对学术、面对自己，使我能以严谨的态度，积极热情地投入到论文的写作中。2019 年，我的博士论文终于撰写完成并最终通过了答辩，顺利毕业。无论是从论文最初的选题，还是在写作过程中的严格指导，以及最终的定稿都凝结了丛老师的心血和智慧。丛老师传授给我的不仅是专业知识，还有严谨的学术态度，更重要的是以身示范的做人哲理，这让我受益终生。再次向我的导师丛鹏教授致以衷心的感谢和崇高的敬意！

二、文化传承，家国情怀

李英男教授为一年级的博士研究生讲授俄罗斯文化史这门课，我是第一次以学生的身份坐在教室里听她讲课，没有新生常有的新奇、忐忑和紧张，更多的却是久违的亲切。之所以这样说，有两方面的原因：一是之前既闻其名也见过其人。在本科阶段学习时所用精读教材《基础俄语（1—4）》[1] 编者中就看到了李老师的名字，硕士研究生阶段学习时曾在学术研讨会和学术讲座上与李老师有过见面之缘。二是李老师讲课时不愠不火、娓娓道来，态度亲切、温和，风格自然、清新，注重课堂教学的互动交流。因此，才会让人感到可亲可敬。

李老师讲这门课时，深入浅出、旁征博引，充分发挥了自身"双母语"以及对俄罗斯历史文化深刻认知的优势，使我们在语言上得到精进的同时，对俄罗斯历史文化有了更为全面的认识、深入的思考和细致的把握。记得在讲到"俄罗斯文化的欧洲化"章节时，课件中有一张克里姆林宫总统卫队仪仗兵身着制服的图片引起了我极大的兴趣，"在礼仪制服中保留俄国骠骑兵制服元素的现实意义何在？"李老师表扬了我对细节问题的引申思考，并从文化传统、民族精神等角度进行了分析、解释。在启发式的教学过程中，李老师循循善诱，潜移默化之中拓宽了我们的国际视野。在进行跨文化比较时，她也总能将家国情怀润物细无声地浸润学生们的心田，积极引导学生们正确认识中国特色和跨文化比较。

而今，年近八旬的李老师仍秉持一颗爱国之心，孜孜不倦地活跃在中俄两国文化教育交流领域，为巩固、深化中俄两国间的传统友谊做出自己的贡献。祝福李英男教授健康快乐、幸福如意！

1　北京外国语学院俄语系编，《基础俄语（1—4）》，外语教学与研究出版社出版，1986。个人认为，这是一套用于俄语基础阶段教学的非常经典的教材，无论是教材内容编排还是装帧质量均属上乘之作。

三、治学严谨，待人宽厚

自身专业素养高，科研能力强，学术成果丰硕；在培养过程中对学生的要求高，近乎严苛——这是开启我的博士学习之旅前，接收到的关于戴桂菊教授的信息素描画像。这让我这个边工作边学习的大龄学生内心不免紧张，生怕自己达不到老师在学业上提出的标准和要求，进而影响到后续的学习。

在国际问题研究的课堂上，戴老师讲话思维敏捷、条理清晰、态度谦和，这让我紧张、焦虑的情绪稍稍得到缓解，在较短时间内以轻松自然的状态融入到了课程学习中去。

2013年11月4日，应俄罗斯总统普京邀请，戴老师作为学校俄语中心主任出席了在莫斯科克里姆林宫举行的俄罗斯民族统一日招待会。这既是对戴老师为推动俄语中心建设、发展所付出心血的认可，也是她为俄语和俄罗斯文化传播中所做贡献的肯定，更是她多年坚持潜心问道、专注学术所取得成就的有力证明。我想，这份荣誉不仅属于戴老师，也属于所有的北外俄语人。能亲耳聆听这样一位实力派教授讲课，是幸运，更是荣幸！

为充分激发我们的科研兴趣，更好地培养我们的学术思辨能力，戴老师坚持让我们每次课都要围绕授课内容进行研讨、交流，同时就我们每个人发言的内容进行点评。在课堂讨论时，她曾强调，"搞科研，做学问，不能只靠聪明的头脑，最重要的还是要靠兴趣、信心、毅力和吃苦耐劳的精神。"这样的学术训练对提升我的科研能力帮助很大，使我受益无穷，终生难忘。

戴老师除了承担本科、硕士研究生、博士研究生三个层次的教学工作，还在学院担任行政领导，事务性工作庞杂，承受的压力很大，但在教学、科研方面却是要求毫不放松、标准绝不降低，治学严谨、要求严格在我们学生中是出了名的。就拿学生的论文来说，遣词用句是否切意妥帖，全篇行文是否流畅，甚至标点符号的对错她都会要求得一丝不苟。记得在我博士毕业论文预答辩时，戴老师作为答辩委员会主席不仅对论文中存在的部分论点表述方式不严谨、部分段落的逻辑顺序不合理、结论性观点不明晰等"大的"问题给出了建设性指导意见，还指出了论文题目的俄文译法用词不够精准、脚注内容不够规范等"小的"毛病。正是戴老师的这些中肯意见对我后来顺利通过论文答辩帮助很大。

戴老师的"严"只是在做学问方面的严格要求，日常则是"宽以待人"——给予学生无微不至的体贴和关怀。每次从二外去北外上课，都要先步行、再坐地铁、后换乘公交，几乎是穿越大半个北京城区，单程就要花费近1个小时的时间。有时因为处理工作事务或换乘时等车耽搁了时间，我就会上课迟到。戴老师从未因迟到去批评责备我，总是很宽容地说"小申离得远，来一趟不容易"，让我别着急，稳定好情绪状态再继续上课。戴老师时常关心我家庭、孩子的情况，宽慰我要处理好家庭、工作、学习之间的关系，不要给自己太大压力。师者父母心，这些暖心的片段以及对戴老师的无限感激会永远珍藏在我的心底。

四、结　语

清华大学的老校长、著名教育家梅贻琦先生在《大学一解》中非常形象地指出："学校犹水也，师生犹鱼也，其行动犹游泳也，大鱼前导，小鱼尾随，是从游也。从游既久，其濡染观摩之效自不求而至，不为而成。"在学校这片知识的海洋里，老师应该是导游者，学生则是从游者。师者，为师亦为范。教师在教书育人中，除了言传——学博为师，用自己掌握的渊博学识传授给学生们丰富的专业知识；更要身教——德高为范，用自己正确的示范行为和良好的人格魅力影响自己的教育对象，对待每一名学生都要晓之以理，动之以情，使学生耳濡目染，奋力从游在广阔海面上。由此，学问得以延续接替，品德、情操可以传承发扬，化于无形，得之不失。

俄语学院就拥有这样的师资团队。虽然在本文中只叙述了李英男、戴桂菊、丛鹏三位教授的点滴过往，但他们正是这个优秀团队的缩影和代表。他们不仅继承了红色基因，也在传承着革命底蕴。老师们都本着"捧着一颗心来，不带半根草去"的奉献精神，关心学生们的学习、生活和工作，对待学生们就如同对待自己的孩子一样大公无私、充满爱意。我们学生后辈不仅从老师们那里汲取到了专业知识，更真真切切地感受到了老师们独特非凡的人格魅力。也正是这样优秀的师资群体，为实现"具有娴熟的外语技能、深厚的文化素养、全面的知识结构，兼具国际视野和中国情怀的国际化创新型人才"的人才培养目标奠定了非常稳固扎实的基础。再次向老师们致以崇高的敬意，感谢你们的悉心培养，感念你们的无价师恩！

今年是意义非凡的一年：时值建党 100 周年之际，我们取得了脱贫攻坚战的全面胜利，取得了抗击新冠肺炎疫情斗争重大战略成果。而作为中国共产党创办的第一所外国语高等学校——母校北外也将迎来自己的八十华诞，作为一名俄语学院的学子，衷心祝福我们伟大的祖国国泰民安、繁荣昌盛！祝愿母校北外宏图更展、蒸蒸日上，"十四五"期间再创辉煌！祝愿俄语学院桃李满天扬四海，硕果累累誉全球！

心中有爱，何惧远方

——听汪嘉斐"俄语诗朗诵：理论与实践之格律"讲座有感

广东外语外贸大学　贾明秀[1]

§ **摘　要：** 汪嘉斐教授的俄语诗歌研究具有系统的美学观，音、形、义、用、修辞多元视角统一在诗歌格律之中。相应地，俄语诗歌翻译也应以格律转换为主，诗歌翻译中的语形、语义和语用都应追求格律的极似和美。

§ **关键词：** 俄诗欣赏　俄诗格律　诗歌翻译

2017 年的秋天我怀着敬仰与激动的心情，如愿进入北京外国语大学俄语学院攻读博士学位，师从知名俄语语用学家武瑷华教授，在武老师的引荐下，我与几位同门有幸探望了老师的老师——师爷汪嘉斐汪老。

想着马上就要见到传说中的俄语学界老前辈，我们个个难掩兴奋。汪老与夫人孟老师在家中早早为我们准备了水果、点心和茶水。汪老亲切和蔼，笑容可掬，儒雅而健谈，声音清晰又温暖。没有陈词滥调的说教，也没有居高临下的训导，仿佛他与我们是多年未见的"老友"，诉说着彼此的俄语情缘。汪老欣喜于我们在俄罗斯学习和工作的经历，他说，只有深入到俄罗斯社会才能体会到俄语不同的美。汪老向我们讲述了他留苏的趣事、北外俄院的历史，在他娓娓的讲述中，我们仿佛穿越回到了那个求知若渴、勤奋忘我学习的年代。他告诉我们，一定要保持对俄语的热情，博士阶段需要阅读大量的文献资料，但也不能荒废口语训练、脱离鲜活的翻译实践，否则，理论就只剩了空中楼阁，艰涩而没有吸引力。

"鹤发银丝映日月，丹心热血沃新花"。2018 年的春天，受学院邀请汪老开始准备"名家面对面"的讲座。每次探望，他都会询问现在的学生都喜欢听什么，特别担心自己准备的东西得不到大家的共鸣，帮助不到大家的学习。汪老的认真与细致让我们肃然起敬，如果不是对俄语教育事业的热爱，又会是什么支撑着他蹒跚的步履？回到阔别许久的俄院，他兴奋的环顾着讲台下面年轻的面孔，带着对后辈们无尽的期待与爱，这位耄耋老人倾其所有地将自己毕生所爱与所得，悉数与大家分享。汪老向我们传递了最朴素的诗歌之美，它并不空洞、抽象、神秘，韵律是诗歌的灵魂，朗诵形成的音效流更能加深我们对诗歌美的体会。整体说来，诗歌的句法、语义、语用和修辞是有机联系的整体，朗诵最能把握整体的美，抑扬顿挫或者高亢轩昂的声音与遣词构句相得益彰，更与诗歌情景密不可分。比如诗歌的意义多是若干个语义中心共同构筑，相应地，朗读

1　贾明秀，2017—2020 年，在北京外国语大学俄语学院顺利完成博士阶段学业并获得博士学位。

时就要语调和声音上扬。诗歌的句法形式多工整、对称、反复、绵延，在修辞方法上多采用排比句、句首重复、圆周句等修辞手法。此外，汪老打破了诗歌的体裁分类限制，将朗诵方式引入诗歌分类，将俄罗斯的诗歌分为如歌型、激越型和讲说型。将形美、义美、境美融入到声美，注重诗歌美的传递与情感的共鸣。席间汪老多次深情朗诵俄罗斯诗歌片段，向我们展示俄罗斯诗歌的律动美，那些曾经让人望而却步的抽象格律理论，在他的演绎中都化成了绵延的音符，悦耳动听、潜入人心。朴素的幻灯片没有花哨的动态效果，不同颜色标注的重点却饱含着老人对俄罗斯诗歌的热爱。

这次讲座对我来说还有另外一个收获——诗歌翻译。讲座中，汪老展示了他翻译莱蒙托夫的《祖国》，整个翻译过程经历了还原原作到极似转化与表达，他没有引经据典地讲述翻译标准或者翻译方法，而是将这首诗的翻译与格律和朗诵结合起来，他对诗歌翻译过程中的格律转化认识值得我们深思。诗歌翻译十分考验译者，中外翻译史上不乏这样的例子，同一原作的不同译本在受众的接受度方面存在很大差异，专业受众与非专业受众的接受度也同样存在差异。探究其中原因，通常将译作传播不佳的原因归咎于译者的业务水平，但考究后也会发现，有些译者明明忠实再现了原作诗歌，却收效不佳。而有些译者对原文作出了改动，却在受众中间广为流传。根据汪老的诗歌翻译经验来看，格律在译作评价和传播过程中起到了关键的作用。诗歌的格律在翻译过程中会发生两次转变：首先，在翻译理解阶段，译者通过反复推敲诗歌的句法规律、修辞手法、语义和情景意义可以最大限度地理解原作诗歌的格律特点，相应地，在接下来的转化环节，译者也会逐一将理解的内容进行译语思维的转化。转化过程中，尽管译者会最大限度地追求原作与译作的"极似"，但双语的差异决定了这种极似的有限程度，继而在表达环节，译语与原作会出现一定差异，也包括格律效果的差异。译作格律或近似于原作，抑或与原作迥异，这都是译者的选择，可视为整个翻译过程中的第二次格律变化。

此外，在讲述这个例子的过程中，汪老还反复提及了诗歌格律的朗诵。在他看来，译作要想再现原作诗歌的美，其本身应是美的，是可以被当作一首诗去诵读，而不仅仅是翻译出来的毫无生气的文字。从这个意义上来说，诗歌翻译与其他笔译是不同的，与朗诵原作诗歌不同的是，译文朗诵有助于译后修改，用声音的美去再现原作的美。在句法、语义、语用、修辞基础上还需统筹"音"美，也就是格律的美，这不仅是指修辞手法所带来的音律效应，更多的是整体翻译过程中的音律要素的翻译与转化。比如理解原作诗歌的朗诵效果，差异化语言手段前提下，如何转化以求得译作接受度的最大值？显然是格律。格律不仅是原作诗歌的灵魂，也是译作诗歌的灵魂。格律在诗歌翻译过程中的理解、转化和表达中的重要性不必多言，值得注意的是译作格律对诗歌译作接受度的影响。汪老对诗歌的爱让他在诗歌修辞和翻译方面建树独到，理论阐释与语言实践紧密相连，他钻研求实、严谨奉献的精神值得我们敬仰和学习。

除了这次讲座，汪老曾经的一部译著对我也影响颇深——俄罗斯当代著名翻译理论家科米萨洛夫的《当代翻译学》，这是国内继费道罗夫、巴尔胡达罗夫之后译介的第三位俄罗斯翻译理论家。汪老曾说这本书"雅俗共赏"，对不同层次的翻译研究者都会有所助益。读研究生时，苦于俄语水平有限，对原文理解不透彻，查阅该译著后，很多困惑迎刃而解。书中再现了原作的风格，语言清晰明快，翻译精准到位，理论系统而阐述生动。原作中引入了大量的英译俄的例子，汪老逐一将这些译例附上了汉译，并对译案进行了详细的说明和分析。科米萨洛夫翻译理论思想堪称翻译理论研究的经典，其代表作品的译介对国内翻译研究贡献巨大。国内译学界常以英美学术潮流和走向为指针，俄罗斯翻译理论研究传统不同于欧美翻译理论研究，具有历史的延续性和独特的学术传统，对同一翻译问题也具有历史而系统的讨论和延伸。比如时下颇受关注的翻译学研究的语用转向问题，这是继翻译研究的语言学、文化转向后的又一次较大突破。受西方研究的影响，国内多以语用学的理论框架为指导，阐释翻译手段和策略。但科米萨洛夫对于二者之间的关系持有另一种观点，在他看来这并不是解释与被解释的关系，而是翻译中的语用问题，并提出了诸如语用等值、语用调整、语用潜能、语用目的等一系列术语概念，构建了科氏的翻译语用思想体系。科氏的翻译思想还远不止于此，因而，汪老的译介让更多人了解到了当代俄罗斯的翻译思想，为国内译学相关研究提供了新视角和新思路。

然而，遗憾的是2019年夏天汪老永远地离开了我们。"斯人已逝，风骨犹存"，汪老是心中有爱和信仰的人，不仅体现在他对俄语教育事业的热爱和执着，更体现在他热爱生活、包容一切的人生态度方面。记忆中他从未谈及过往岁月的艰难时刻，总是心怀感恩，温和而从容。汪老热爱养花，也是出于喜爱，他熟知每一株花草的习性，每一朵花都绽放得勃勃生机。退休多年，他一直深居简出，不想麻烦大家，也从不要求特殊照顾。每次我们去探望他的时候，他总是说"读博很辛苦，不要总跑来照顾我！我很好！尤其是你，小贾，成家之后还跑到北京念书，更要加倍珍惜"。美国探亲回来后，汪老的手指骨折了，漫长而痛苦的治疗让他备受折磨，但他仍不想让大家牵挂，反而总是想着我们这一群"娃娃"。记忆深刻的是，汪老在身体每况愈下时给我的鼓励，嘱咐我一定要规划时间，不要轻易放弃学业！汪老的话让产后迷茫而抑郁的我得到了莫大的关怀，却未曾想到，月余之后，天人永隔。

如今的我已经完成了博士学业，进入博士后流动站继续坚持自己所热爱的东西。翻看汪老赠予的书，想起他温暖的笑容和声音，脑海中总会浮现出他所说的"热爱"。汪老是北外俄语人心中的一座丰碑，北外俄院三年时光里，感受更多的是俄院诸位恩师对中国俄语教育事业的热爱，这是一种精神，也是一种传统，它的传承在每位恩师默默耕耘的讲台，在每一本厚重的论文，更在于恩师对我们的殷切祈盼和无私的爱！

三年里，老师们精益求精的授课点滴仍然清晰印在我的脑中，对我树立正确的学术价值观帮助良多。导师武瑷华老师严谨的治学态度和诙谐的话语极富启迪，每每遇到困惑，都能得到老师耐心的解答，醍醐灌顶之余倍感信心十足。史铁强老师广博而睿智的学识，让我在语篇语言学课堂上真正感受到俄语语言学的魅力和传统，他富有见地的探讨式教学总会让人眼前一亮！作为北外俄院的学术传统之一，黄玫老师的修辞学更是引人入胜，深入浅出的理论阐释，鲜活的文学片段分析，让人望而却步的修辞学就这样走进了每个学生的心里！俄罗斯语义学研究享誉世界，周清波老师将其对语义学的独到理解与我们分享，让我对语义-语用接口问题产生了兴趣，同时，周老师的翻译研究造诣极深，兼容并蓄，扎根翻译实践，在语际转换中升华对翻译的规律认知。

桃李不言，下自成蹊。我们感怀汪老，感谢恩师，更感恩俄院！扎根自己的岗位，踏实做事，勤勉做人，让俄院的精神与传统在坚守对俄语的热爱中流动！心存热爱，不惧远方！

雪泥鸿爪：涓滴琐屑忆汪老
——记汪嘉斐教授二三事

山东大学外国语学院　张　洁[1]

§ **摘　要：** 汪嘉斐教授是北京外国语大学著名教授、博士生导师。汪老师出生于 1935 年，籍贯浙江吴兴，于 1955 年起便在北外任教，一生桃李无数，为国家培养了许多的外语人才，他本人更是精通俄语，其俄语水平连俄罗斯专家听了都要佩服。2019 年 6 月 24 日汪老师在北京家中突发急病，溘然长逝。汪嘉斐教授求学于北外、躬耕于北外、育桃李于北外；其专业造诣令人叹服，其师德风范令人感佩。他一生诲人不倦、桃李无数，对青年后辈惠泽深远，令无数北外学子受益感念。

§ **关键词：** 北外求学　教书育人　汪嘉斐教授　师德风范

梅贻琦在就职台湾清华大学校长时说，所谓大学之大，非有大楼之谓也，乃有大师之谓也。一所大学，被无数学子惦念，绝非因为校园中的湖光山影、碧水清泉，而是因为有着光风霁月、授业解惑的恩师前辈。2016 年 9 月我有幸考入北京外国语大学攻读俄语语言文学博士学位，北外求学的时光是我最为珍视的岁月，在这里我不仅感受到北外兼容并蓄，博学笃行的校训学风，主修旁听了许多高水平的专业课程，参加了北外俄语学院举办的多种多样的学术科研活动，还近距离接触到了许多的俄语界老前辈，其中令我受益匪浅、难以忘怀的便是汪嘉斐教授。

一、初识汪嘉斐教授

我考入北外之后，我的博士生导师为武瑗华教授，武瑗华教授是国内较早一批率先获得博士学位的学者，其博士论文指导老师正是汪嘉斐教授。汪老师年事已高，生活上多有不便，武老师便请我们这些年轻的博士生常去看顾一下汪老师。我们自然是欣然前往，能够接触到汪老师这样的学界耆宿是不曾想象过的美事。

2017 年十月份，正是菊花怒放的时节，我们与汪老师相识了。其时，汪老师已是耄耋之年，却依然精神矍铄、神采奕奕、走路健步如飞、说话声如洪钟。2018 年我出国赴莫斯科国立大学留学一年，但与汪老师一直保持着微信联系，2019 年 6 月 23 日回国，尚未及看望，隔日就惊闻汪老师去世的噩耗。在我出国前夕，汪老师曾提议拍下一张合照，却不想成为最后的影像纪念。每思及此，不禁痛悔。

1　张洁，2016—2020 年，在北京外国语大学俄语学院顺利完成博士阶段学业并获得博士学位。

在与汪老师相识的短短两年中，汪老师热忱开朗、谦和温润的风度一直令我难忘。

二、汪老师谈往事

汪老师待人热忱，并且非常健谈，和老师坐在一起，只需奉上耳朵即可。每次去汪老师家中，老师定要热情留下吃饭。饭后休息时，汪老师便讲自己的大学生活，说他们的老师都是苏联专家，其语言学习环境就和出国一样，大二时期便已经开始看大部头的俄文原著，并且用俄语进行讨论、演讲；大学毕业之后留校教书，当时不过二十出头，班里有些学生的年龄比他还要大。

汪老师讲起往事，总是饶有趣味。他说他曾在莫斯科访学一年，冬天的莫斯科路上结了冰，穿着皮靴在上面就像滑冰一样，一不留神就摔跤；在莫斯科举行的会议上进行演讲，说自己是西行前来取经，这一说法令众人捧腹，以后凡有演讲，必然请他说几句，科斯托马罗夫（В.Г. Костомаров）戏称他为"社会活动家"（общественный деятель）；谈到与著名言语交际理论家西罗京尼娜（О.Б. Сиротинина）教授的友好交往，他说西罗京尼娜教授所在的城市萨拉托夫（Саратов）当时实行军事戒严，不允许外国人进入，他就给西罗京尼娜教授写了一封热情洋溢的信，称赞其言语交际理论对言语交际现象的洞察入微以及出色的解释，西罗京尼娜教授收到来信非常感动，去莫斯科开会的时候特意拎着一大摞直垂地面的书刊资料赠予了他，他将这些资料带回国内，黑大的张会森教授看到了十分眼热，恨不得夺去；他曾跟随中国政府代表团去苏联国家访问，在赠送礼物的时候，他说"礼轻情意重，千里送鹅毛"，对方回言，这些珍贵礼物可不是гусиное перо！俄语中也有类似的表达，如 Не так дорог подарок, как дорого внимание。但巧妙使用汉语典故，使语言表达更加风趣幽默，体现了汪老师演说乃至翻译的纯熟技巧。

汪老师籍贯浙江吴兴，却长于上海。其父亲汪宏声是上海圣玛利亚教会中学的聘任教师，这样的教会中学一般人难以入读，但因是教师子女，汪老师得便在这所学校就读。中学期间已经开设英文课程，老师们采用极快的英文问答方式对学生进行言语训练，这为汪老师打下了极好的英文基础，也是其外语学习的启蒙；后来汪老师去美国探望女儿，并在美国短暂居留时去参加演讲训练营，其英语演讲甚至获得美国听众喝彩，与其年少时的英语基础不无相关。汪老师的父亲是著名作家张爱玲中学时代的语文老师，我们问及此，汪老师说"张爱玲是'蔫坏'"，某位教员脖子较短，张爱玲便写打油诗讽刺，"橙黄眼镜翠蓝袍，步步摆来步步摇；师母裁来衣料省，领头只有一分高"，某位夫子不善教学，她写"夫子善催眠，嘘嘘莫闹喧；笼袖当堂坐，白眼望青天"。与汪老师的对谈亦使我仿佛回到了那个年代，于历史光影中窥见了一个刻苦读书的少年，一个"蔫坏"的张爱玲。

三、汪老师的北外情缘

汪嘉斐青年时期就读于北外，甫一毕业就登上三尺讲台。他于 1955 年起便在北外任教，期间育人无数。北外是他的母校，也是他一生诲人不倦的园地。2016 年 11 月 19 日在北京大学举行的中国俄语教学研究会成立 35 周年纪念大会上，汪嘉斐教授被授予"普希金奖章"，该奖章由国际俄语教师联合会颁发，以表彰对世界俄语教学作出突出贡献的人物。发表获奖感言时，汪老师深情地说，感谢你们没有忘记我，这个已经退休多年的"老兵"，他在发言中特意感谢了一生都与之息息相关的母校北外。汪老师的演讲十分动人，无论俄语、汉语都典雅别致。特抄录如下：

"如果只用一两句话来表达我此刻的所思所想，那就是：

Глубоко и сердечно благодарен я Мапрялу и нашему родному Капрялу за то, что не забыли меня, старого ветерана, который уже много лет как вышел на заслуженный отдых. Глубоко и сердечно благодарен я Мапрялу и Капрялу за то, что высоко оценили скромные мои заслуги и торжественно отметили их, эти заслуги. Низкий мой поклон за все это! И если мне будет позволено сказать чуть чуть больше, то я скажу еще следующее:

此时此刻，我格外感念我一生都与之息息相关的母校北外、北外俄语学院。是北外，把我从零起点培养成才；是北外，不拘一格降人才，使我在弱冠之年就脱颖而出；是北外，使我不断得到培养和历练，使我一步步走向事业的高峰。在长达半个世纪的时间里，我得以在良好的氛围里，从事自己钟爱的事业，和青年人分享知识和技能，并由此获得最宝贵的回报——弟子们真诚的尊敬和爱戴！

我感念北外，就是为了这一切。我感念北外，就是因为我在北外度过了有益于青年，有益于国家的充实的一生。

如果说，我胸前的"普希金奖章"，就是一枚军功章，这枚军功章里有小一半属于汪某，它的多一半属于北外，属于北外俄语学院！这就是我的获奖感言。谢谢大家！"

汪老师退休之后，仍积极关心俄语教学工作，并为北外俄语学院的师生开办了数场教学、学术讲座，孜孜不倦地向年轻学子传递知识与学习俄语的热情，其生前最后一个讲座便是讲述诗歌朗诵的技巧，其抑扬顿挫的朗诵令在场学子沉醉其中。

四、汪老师的爱好

汪老师的爱好有四：热爱俄语、爱护学生、钟爱鲜花、热心新事物。

汪老师待人谦和温润，对待学生总是不吝赞美。他学识渊博、俄语纯正地道，是公认的俄语大家，但他对学生总是由衷地赞美，学生有一点点优点就进行褒扬，很少批评学生，便是有，也是极委婉地指出他们的缺点与瑕疵。北京第二外国语学院的张惠芹教授在其专著《教师的语言艺术》中记录了汪嘉斐的授课语言实例，在这些语言实例中，从不见汪老师对学生疾言厉色。汪老师在诗歌朗读方面钻研颇深，我们就请汪老师指点诗歌朗读，待读完，自己都感觉糟糕，汪老师并没有说什么批评的话，只说朗读诗歌的前提一定要熟读，若连词语句子都生涩的话，情感又从何谈起呢；因我曾在俄罗斯留学过几年，汪老师便说，你在俄罗斯学的口语是很好、很地道的，我却愧领老师的称赞。汪老师对待学生是无尽的赞美与宽容，令学生受益的不仅是其渊博的学识，更有其教书育人的热忱与仁心。

除了自己钟爱的事业和关爱的学生之外，汪老师还极爱花。与汪老师初识之后，汪老师就通过微信给我们发送图片，请我们一起欣赏他阳台上怒放的菊花，大大的蜷曲的花头，白色的，黄色的。客厅里摆放着一盆仙客来，盛开出红色的花朵；书房里挂着一盆佛珠绿植，圆滚滚的一串串绿珍珠垂覆下来，在阳光下更显晶莹透亮。汪老师去世之后过了几日，在给汪老师爱人孟老师打电话时，孟老师跟我说："汪老师前段时间还念叨着你呢，说你什么时候回来，要和你一起去花市买花呢！"我难过哽咽，这世上有太多的来不及与等不到。

　　汪老师虽然年事已高，但思维敏捷，能很快接受新事物，电脑、手机软件应用非常熟练。他曾自己刻录光盘，将自己演唱的俄语、英语歌曲都录入光盘；打车软件、网络购物软件他都能使用；微信、邮箱等通信软件更不在话下。2017 年 10 月 11 日与汪老师互加微信，2019 年 6 月 13 日和汪老师在微信上聊天，却不想，这竟是最后的交谈。汪老师说他最近有些病病歪歪，但不要紧。鲁钝如我，竟未将此放在心上，觉得老人偶感不适是正常的，只是劝说他好好休息。却未料到，汪老师的身体状况已然堪忧，竟至离世。翻看与汪老师的合影与微信聊天记录，总觉得他音容宛在，并未离去。

五、结 语

　　"笔耕不辍嘉文斐声传四海，虚怀若谷汪洋学识泽后生。"这是汪老师的挽联，也是他一生的写照。鸟随鸾凤飞腾远，人伴贤良品自高。何其有幸，能够伴在大师左右，感沐大师风华，习得汪老师品性的分毫。谨以此文纪念汪老师，感念汪老师的教诲。Светлая память профессору Ван Цзяфэй!

参考文献

1. 汪嘉斐. 试论言语民族风格的翻译处理 [J]. 中国俄语教学，2004(02)：41—45.

2. 汪嘉斐. 俄语讲演体研究 [J]. 中国俄语教学，1990(02)：10—17.

3. 张惠芹. 教师的语言艺术 [M]. 北京：中国国际广播出版社，2009.

心怀感恩，追梦前行

江苏科技大学外国语学院　周言艳[1]

§ **摘　要：** 北外俄语学院作为国内高层次俄语人才的培养基地，在博士生培养方面已经具备了成熟的体系并积累了丰富的经验。笔者在俄语学院攻读俄罗斯社会、文化及区域研究方向博士学位期间，对学院博士生培养的几个方面感受颇深，并从中受益匪浅。本文将从课程学习、第二课堂、文献信息资源、博士生党支部这四个方面回顾自己在北外俄院的求学经历，以期对俄院博士生培养的过程与效果做出真实的评价与反馈。

§ **关键词：** 博士生培养　北外俄语学院　求学感悟

相信对于所有学外语的人来说，北外都是一个梦想，我亦如此。对于学俄语的我来说，北外俄院就是我的追梦园。三年前，出于对俄罗斯文化和区域学的热爱，我慕名报考了北外俄语学院俄罗斯社会、文化及区域研究方向的博士生。经过充足的准备，我如愿以偿地考入了北外，加入了俄语学院这个大家庭，开始了我的追梦之旅。

一、课程学习的收获

考入俄院并不是一件容易的事，需要一步一个脚印地稳步前进。既要做好前期的科研成果积累，又要提高专业水平、外语能力和综合素质。当然，考入俄院并不是目的，如何在俄院读博期间提升自己的专业能力和综合素养才是应该思考的问题。其实在考博的笔试和面试中，我已经清楚地意识到自身存在的不足，对俄院的课程学习充满了向往。至今还记得第一次坐在俄院教室的心情，像幼儿园的小朋友第一天上学，充满了期待、好奇和对新知识的渴望。在这样的心境下，我修完了自己专业方向的所有课程，涉及俄罗斯社会文化、区域学、国际关系等多个领域的知识。这些课程广度与深度兼具，趣味性与学术性兼备，它们仿佛为我打开了一个俄语学习与俄罗斯问题研究的新世界。

众所周知，科研能力的培养是博士生培养过程中的重点环节。俄院在最初的课程学习环节就已经开始同步培养学生的学术素养与科研能力。感受较深的是戴桂菊老师开设的俄罗斯问题研究这门课。每节课结束，戴老师都会给我们留几个思考题，并建议我们选择感兴趣的问题撰写成一篇小论文。下节课上课的时候，我们先各自分享自己的写作成果，同学之间讨论交流，接着就是老师点评，这是我们最喜欢的环节。她总是能精准地判断出我们与前人研究的区别在哪里，并帮助我们思考在哪些内容上可以再突破创新，抑或是在研究方法上予以指导和改进，循循善诱。

1　周言艳，2018—2021 年，在北京外国语大学俄语学院顺利完成博士阶段学业并获得博士学位。

此外，老师在不同的专题还会分享关于此专题的中俄文参考书目、俄文官方网站、学术期刊等权威学术资源，并传授我们合理使用这些资源的方法和探索新资源的路径，授之以渔，使我们受益良多。在这个过程中，我养成了多看书、勤动笔、爱思考的好习惯，并且在一次次的练习中积累了丰富的写作素材，为后期学术论文的发表和毕业论文的撰写打下了坚实的基础。

值得一提的是，我有幸在北外读博期间选修了李英男老师的俄罗斯文化史。李老师的课都是要提前去抢占座位的，因为教室里不止有选课的俄院学生，还有慕名前来旁听的北外其他学院的学生以及校外人员。李老师在课上充分发挥自己双母语的优势，深入浅出地解释一些文化现象背后的深层次原因，细致入微，让我们在不断思考中掌握俄罗斯文化演进的主要脉络，帮助我们对俄罗斯文化长河中的主要文化思潮形成自己的认识。

二、第二课堂的滋养

除了精品课程以外，俄院还为我们提供了查阅俄文资料、汲取专业知识、与名家名师面对面交流、感受俄罗斯文化魅力的第二课堂——北外俄语中心。这是我国第一个俄语中心，它以北外俄院为依托，在组织教学观摩、俄语比赛、俄语文化节，举办俄罗斯语言、文学、社会、文化及区域学学术研讨会和邀请中俄资深学者讲座等方面做了大量工作，为我们在俄院的学习和生活增添了一抹绚丽的色彩。

学院和中心会定期邀请国内外相关领域的专家学者为我们开办讲座，有针对本科生俄语学习和翻译技能的专题讲座，也有针对研究生俄罗斯语言学、文学、社会文化、区域学四个研究方向的专业知识讲座。讲座选题多样，内容充实，覆盖面广，专业性强，对开阔我们的视野、拓宽我们的知识面大有裨益。此外，得益于北外自身优势，学院和中心会为我们邀请到一些奋战在一线的大使，亲自为我们讲述外交官的故事。他们在讲座中会结合自身工作经历为我们讲述我国与俄罗斯以及他国关系，还会分享一些外交中应该注意的细节、外交人员的使命与担当等内容，在无形中培育我们的家国情怀。

此外，中心每年还会举办针对俄语专业的硕、博士生学术论坛，这已经成为我们与国内同专业博士生交流的一个重要平台。不能关起门来做研究，要拥有开放的心态，学会在交流与分享中碰撞出新的思想火花，这也是我在俄院学习到的重要一课。此外，中心秉持"来了就是主人"的开放与热情，为俄院博士生提供了一个心灵休憩的家。在学习和科研之余，来听一听俄罗斯传统歌曲，读一读俄罗斯经典诗歌，共度俄罗斯传统节日，共享俄罗斯文化大餐，放松疲惫的心灵，感受着来自俄院大家庭的温暖与活力。

曾担任中心学生助理的我，在读博期间参与了许多丰富多彩的活动，耳濡目染之下，对俄罗斯文化魅力的认识得到深化，这份经历值得我一生珍藏。

三、文献信息资源的应有尽有

说到文献信息资源，首先要说到的就是北外的图书馆。还记得第一次见到由 55 种语言组成的图书馆外侧多语种装饰墙时的震撼，真切地感受到了北外独特的文化特色和国际视野。当然，我们的图书馆不仅外观独具特色，内部馆藏也十分丰富。对于俄语专业学习者来说，这是我见过的馆藏俄语相关书籍最多最全的图书馆，这一点让外校同专业学生好生羡慕。图书馆还利用自身区域和资源优势开通了馆际互借和原文传递服务，如果学生在图书馆内没有找到所需的纸质图书，可以通过馆际互借（包括北京高校、BALIS、国家图书馆、CASHL）从其他图书馆借阅，或者通过文献传递（BALIS、CALIS、CASHL、TESOL）获取中外文图书部分章节。此外，针对外语专业老师和学生需要经常查找外文原文资料的需求，图书馆建立了覆盖18个语种多达167个常用数据库的数据资源库以及涉及多个语种的语料库，这也成为我读博期间查找文献的途径之一。图书馆还会安排专门的老师为我们讲解资料库的使用方法，为我们查找文献提供了诸多便利。

此外，俄语中心也是一个微型图书馆。它收藏了很多与俄语和俄罗斯研究有关的资料，为同学们提供了丰富的俄语学习资源。每周中都有中心学生助理在中心值班，为老师和同学们提供图书借阅服务。同学们也可以在中心看书，查阅有关资料。在中心值班时，我经常遇见斯维特兰娜外教来借书，在与她的交谈中，我感受到她对俄语的热爱和在教学工作上的严谨。在为老师和同学们服务的空余，我也会阅读一些俄罗斯文化、文学之类的书籍，还有国内关于俄罗斯问题研究的权威期刊杂志，提高自己的文学修养和专业素养。

四、博士生党支部的人文关怀

从本科入校开始，我就积极向党组织递交入党申请书，但因为出国等原因，中断了入党事宜。直到进入北外俄院，在学院博士生党支部的指导与关怀下，我积极参加党课学习，参与党支部举办的各项活动，积极向党组织靠拢。在中国共产党百年华诞到来之前，我光荣地加入了党组织，成为了一名预备党员，完成了自己二十多年的心愿。在入党过程中，俄语学院党总支组织员苑远老师十分认真负责，对我们关怀备至，深受我们的欢迎和爱戴。

俄院博士生党支部经常举办各式各样的党日活动，以加深我们的党性认识，提高我们的党性修养，增强党支部的凝聚力。读博期间，党支部曾采用线上线下相结合的方式，举办了诸如党史学习教育系列讲座、"不忘初心，牢记使命"主题系列教育讲座、党史知识竞赛、参观博物馆和校史馆、党员自学与支部学习、名师大讲堂、主题故事讲演、爱国爱党系列及扫黑除恶专题片观影等丰富多彩的活动。此外，党支部还关注我们博士生科研方面的需求，积极动员博士生充分发挥专业优势开展相关课题的申报工作，肩负起当代青年应有的责任和担当，为党的崇高事业做出应有的贡献。

还记得博二期间，在党支部的支持下，我们博士生党支部申请了一个关于北京市旅游景点俄语翻译纠错的课题。在项目的申报过程中，我们博士生党支部成员充分发挥了俄院博士生数量多、研究方向齐全的优势，互帮互助，团结友爱，有力地彰显了俄院博士生的智慧与担当。在前期资料收集阶段，我们踏遍了北京各个有俄语标志的旅游景点，收集了大量第一手俄文素材。之后，我们按照研究方向的不同分成了俄语语言学、俄罗斯文学和俄罗斯社会文化及区域学三个小组，各小组凭借自己的专业优势，根据自己的研究方向从不同角度开始了申报材料的撰写工作。语言学方向从词语理据出发，探讨景点俄译的内部规律；文学方向从挖掘旅游资源背后的文化、文学内涵出发，对北京带有俄语元素的文化地标进行研究，以期绘制"北京文学地图"；社会文化及区域学方向则在"一带一路"大背景下分析旅游文本俄译对我国文化传播、软实力提升和国家形象建设的影响。该项目的申请工作，不仅大大加强了俄院各研究方向博士生的交流，还有效增强了博士生党支部的凝聚力，取得了良好的效果。

五、结　语

转眼间，我已经离开母校，走向新的工作岗位。回首望去，想跟当初第一次站在主楼前的自己说：谢谢你当初的选择。在俄院的三年里，课程学习使我受益良多，科研能力也在不断训练与摸索中得到锻炼与提高；丰富多彩的第二课堂开阔了我的眼界，充实了我的生活；应有尽有的文献信息资源为论文的写作提供了诸多便利；充满人文关怀的俄院博士生党支部在学习和生活中给予了我们博士生充分的关注、理解与支持；真正地践行了"兼容并蓄，博学笃行"的校训，培育了我们"人民需要我们到哪里，我们就到哪里"的家国情怀与使命担当。在近三十年的求学生涯中，北外俄院作为我学生生涯的最后一站，是连接我学习和工作的重要节点，也是我身份转换的拐点，对我一生来说都意义重大。人们常说，二十岁之前要见高山，我见到了。临近而立之年的我，感谢俄院给予我的一切。如今，我也成为一名高校教师。我深知身为人师的分量，愿带着俄院给予我的宝贵财富去滋养更多的人，把俄院给予我的这份爱传递给更多的人，像俄院陪伴我一样，陪着同学们一起在人生的道路上继续追梦。

今年9月26日是北外俄语学院80周年生日。80年来，俄语学院不断在传承红色基因中汲取奋进力量，凭借其优良的教学传统、一流的师资和完备的教学体系，为国家培养出一批批优秀的高层次俄语人才。能够成为俄院一员，我倍感幸运。感恩俄院无私的培养与付出，感恩导师对我的用心栽培，感恩俄院每一位老师的辛勤耕耘，感恩所有在读博路上陪伴我、帮助过我的同窗。一日归属俄院，终身永不忘。谨以此文，献礼80周年院庆校庆，祝福北外和俄院年年桃李，岁岁芬芳！

感恩母系的素质培养，努力做好中俄文化交流工作

张艳波 [1]

§ **摘　要：** 值母校北京外国语大学和母系俄语学院喜迎八十华诞之际，回顾在此求学的青葱岁月和美好时光，心中无限感慨。感恩母系的素质培养，让我得以有在事业和生活中劈波斩浪的信心和勇气，让我对做人、做事、做学问常怀敬畏。如今有幸从事中俄文化交流工作，我将时刻秉承兼容并蓄、博学笃行的北外精神，认真履责，不负使命，为推动中俄文化交流高质量发展贡献力量。

§ **关键词：** 北外精神　俄罗斯　文化交流

　　枫林浸染，稻花飘香的金秋九月，母校北京外国语大学喜迎八十华诞。望校园钟声悠悠，忆往昔岁月荣昌，惊觉已在母校的培养下走过人生最美好的七载春秋。七年里，兼容并蓄、博学笃行的北外精神始终深深鞭策着我；止于至善、一丝不苟的俄语学院治学氛围始终深深激励着我；身正为表、正己为率，以崇高的学术品格树人、育人的俄院老师们始终深深感染着我。因为北外的培养，学子们得以过硬的本领和自信的姿态走向国际舞台；因为北外的培养，我们始终铭记学无止境，路漫漫其修远，继而在人生道路上奋进不息。北外教给我们的不只精湛的专业本领和能力，还有放眼世界的视野与胸怀；不只如何实现个人的理想与追求，更有为天地立心，为生民立命的家国情怀与担当。

　　怀揣着理想初入北外时，被这里的一切深深吸引，校园里绿草茵茵，书声琅琅；学子们朝气蓬勃，阳光向上；老师们春风化雨，可爱又亲切。所在的俄语学院更是以系统、科学且勇立时代潮头、与时俱进的学科设置，为我们打开认知与钻研俄罗斯的大门，让我们对所学习的专业充满兴趣与热爱，对未来即将从事的事业充满信心与期待。李英男老师教授的俄罗斯文化史课程不仅内容精彩浩瀚，脉络严谨清晰，更让我们深深领会到史学之精神，文化之力量。每次看到李老师精神矍铄、满怀热情授课时的场景，心中都感到无比珍惜、温暖与崇敬。戴桂菊老师的当代俄罗斯和区域学研究课程则带领我们深入了解俄罗斯历史、文化、政治、经济、社会的全貌，不只让我们对俄罗斯当代社会发展有全面系统的认识，更从全球战略博弈、现代国家治理等更高视野和站位带领我们探究斯拉夫民族国家发展背后的深层次原因。戴老师的课程总是与时俱进、紧跟时代发展步伐，在戴老师的课堂上，我们永远能够接触到最新、最前沿的学术信息以及最新、最全

1　张艳波，2008—2011 年，在北京外国语大学俄语学院顺利完成硕士阶段学业并获得硕士学位。现为北京外国语大学俄语学院 2017 级博士研究生。

面的俄罗斯国家发展动态。跟随戴老师求学，不只她渊博的学识、严谨的治学态度、永远孜孜不倦的勤奋刻苦感染着我们，更有她亦师亦友、对待学生如自己孩子般的关怀和爱护打动着我们。还有深受学生们喜爱的何芳老师，她让我们在学好专业知识的同时，更教会我们应该如何从容而优雅地生活，自信而笃定地面对未来。可以说，俄院的每位老师都让我们深深感受到做人、做事、做学问应有的态度和品格。在北外俄语学院宝贵的求学经历，对我们一生的事业与生活都产生了极为重要而深远的影响，在俄院老师们的悉心栽培和教导下，当我们带着北外的精神与烙印走向祖国的外交事业，心里是从容与自信，肩上是北外人的责任、使命和荣誉。

从北外出发，我很幸运能够发挥自己的专业特长，为中俄文化交流贡献一份微薄的力量。近年来，在中俄新时代全面战略协作伙伴关系指引下，两国文化合作蓬勃开展，取得丰硕成果。互办文化节、文化论坛、文化展会、文化产业商务洽谈会、大师班、培训班，互派高水平艺术团、展览巡演巡展，互相参加在对方国家举办的国际艺术节和艺术比赛，共同举办青少年文艺联欢会，合办中俄文化大集、"欢乐春节"等品牌文化活动，冬宫桥点亮中国红共同庆祝中国农历新年等等丰富多彩的文化交流，为中俄两国人民彼此加深了解，夯实友谊基础，扩大合作意愿筑就了桥梁与纽带。以两国互办文化节为例，自 2006 年以来，中俄两国互办文化节已成为机制性项目，是两国文化交流中活动规模最大、影响范围最广、受众人数最多的品牌活动，受到两国各界民众广泛关注。2018 年 "中国文化节" 在俄罗斯莫斯科、圣彼得堡、符拉迪沃斯托克（海参崴）、大诺夫哥罗德、索契等多个城市成功举办，中央芭蕾舞团的芭蕾舞剧《舞姬》、国家大剧院的原创歌剧《这里的黎明静悄悄》、中国歌剧舞剧院民族乐团的 "春江花月夜" 中秋音乐会、北京京剧院的《齐天大圣》、上海昆曲团的昆曲《牡丹亭》以及中俄著名艺术家共同参与的中俄舞台艺术对话等等丰富而精彩的演出和活动，受到俄罗斯观众的热烈欢迎和高度赞赏。2019 年，"俄罗斯文化节" 在北京、天津等地举办，俄罗斯著名中提琴演奏家尤里·巴什梅特（Ю.А. Башмет）率莫斯科独奏家室内乐团与莫斯科大剧院首席芭蕾舞演员叶卡捷琳娜·希普利娜（Е.В. Шипулина）等为中国观众呈现了震撼人心的乐舞盛宴。"俄罗斯文化节" 期间，北京、天津等地还举办了中俄建交 70 周年图片展、俄罗斯民族服饰展等丰富多彩的展览活动，深受中国观众欢迎和喜爱。

深受两国边境地区民众喜爱的中俄文化大集活动已连续举办 10 年。10 年来，该活动从最初在中俄双方两个友好边境城市黑河和布拉戈维申斯克（海兰泡）共同举办，已发展为中俄 80 多个省州（共和国）地市县级城市参与，活动内容也不断扩展为集文化、旅游、商贸、体育、民间友好交流等多个领域，实现直接商品销售额 900 余万元，切切实实让两国民众在文化合作中体验到参与感、获得感以及幸福感。

两国人民不断在文化交流中增进了解和友谊，努力践行平等互信、包容互鉴、合作共赢的精神，向世界生动树立大国关系的典范。2020 年，面对突如其来、席卷全球的新冠肺炎疫情，中俄两国依然没有停下文化交流与合作的脚步，而是守望相助、共克时艰，积极探讨应对疫情的举措，携手创新交流与合作模式。通过中俄两国艺术家 "云对话" "云携手" "云演绎"，隔空共谱交响，线上文化马拉松，"欢乐春节" 线上音乐会，线上文化内容展览展示等生动灵活的创新形式，通过共同探讨分享支持文化领域渡过疫情难关、健康发展的扶持政策，为中俄新时代全面战略协作伙伴关系乃至全球抗击新冠肺炎疫情注入温暖的人文力量。

　　中俄都是拥有悠久历史和灿烂文化的大国，回首两国 70 多年交往历程，文化交流始终在拉近两国人民情感，增进双方对彼此的认同，在推进双边关系不断深入发展方面发挥着积极作用。两国之间的文化交流从最初的一个展览、一场演出、一个文艺院团互访发展至今天双方对口文博机构之间深入、全面的合作，双方共同培育的文化交流品牌深入人心，双方在文化产业发展、科技赋能文化等等方面的共同钻研和探索，互相学习和借鉴，其中凝结了两国一代代文化领域工作者的辛勤付出与智慧，体现了两国文化领域交流与合作的不竭动力。如今，在百年未有之大变局牵动世界格局不断深刻调整的大背景下，文化的力量更是促进两国合作共赢最持久、最深沉的力量。作为新时代的文化工作者，我们除了沿着前辈们开拓出的道路继续向前，更要秉承时代精神，认真思考新形势下如何更好推进中俄文化合作高质量发展，深挖潜力，培育动能，使其更好地为两国关系服务、为增进两国民众幸福感和获得感服务、为促进两国人民世代友好服务。展望未来，两国在文化领域的合作有着广阔的空间和发展机遇。随着科学技术的不断革新，双方文化领域合作也将不断创新形式、开拓渠道并丰富内涵。在两国文化主管部门的引领下，在持续深化两国专业对口机构间的合作，推动双方在舞台艺术、音乐舞蹈、造型艺术、非遗传承和保护等领域密切交流，推动双方传统经典与当代艺术的交融互鉴，增进专业人员的思想对话，推动两国文化交流与合作不断向更广阔的地域范围延伸，为双方文化企业搭建更多合作平台等等方面都将不断提质增效。我们有理由期待有更多专业机构、企业、行业组织等民间和社会力量积极投身两国文化交流，有更多文化产品和服务走进两国市场，期待两国文化在交流与合作中不断碰撞出更耀眼的火花。

　　八十年砥砺奋进，新时代续写华章。北京外国语大学俄语学院作为北外历史最悠久的院系，凭借优良的传统、一流的师资和完备的教学体系将不断在新形势下开新局、育新机，培养出一代代更加优秀的学子，创造出更加辉煌的成绩。而我们作为北外俄语人，将始终不忘初心，努力为中俄文化交流事业增光添彩。

　　祝福北外，祝福俄语学院！祝福中俄文化交流迎来更美好的未来！

北外俄语语言学对我的滋养

曲　锐[1]

§ **摘　要：** 八十载立德树人，八十载砥砺前行。北京外国语大学秉持"兼容并蓄，博学笃行"的校训，推动中国外语教育事业与研究蓬勃发展。与北外同龄的俄语学院以其完善的培养体系"滋养"了无数学子，桃李满园，芝兰绕阶。值北外八十周年校庆之际，回忆在北外求学的宝贵时光，感念北外俄语语言学对我的培养与熏陶。

§ **关键词：** 北外　俄语语言学　教育

穿过时间的缝隙，翻过岁月的沟壑，我的思绪仿佛回到了 2012 年的北京，回到了初秋的海淀魏公村，回到了晨光熹微的西三环北路 2 号，回到了我最爱的北外、我最爱的俄语学院。从那时起，俄语就如一粒种子，在我的心中深种，北外则以她无尽的养分滋养着我。

一、初识北外

从小学五年级的初次接触俄语，到中学时期逐渐深入地了解俄语，2012 年的我学习俄语已近八年，在这之前俄语对于我来说只是学校的一门课程。直至我站在高考的十字路口时，我才意识到俄语可以是我的专业。进入北外后，我看到俄语的多种可能，深刻地认识到俄语不只是一门课程、一个专业，它更应该是我的梦想，是我愿为其奋斗终生的事业，是我实现人生价值的领域。

北外俄语学院具有完善的培养体系，在俄语学习的初期，系统的纠音、语法、阅读、听力、口语等课程既保证零起点学生打下坚实的学习基础，掌握俄语学习的要点，又能帮助高起点学生及时纠正错误的发音习惯，完善语法知识体系，进一步提高听说读写的水平。中学时的我，更注重语法学习和书面表达，对口语练习关注得不够，发音也存在一些不好的习惯。进入北外后，老师们不厌其烦地为我纠音，帮助我找到口语表达的自信。课上，老师们细致认真地授业解惑，课下，老师们无微不至地给予关心。通过在北外的学习，我打下了扎实的俄语基本功。

俄语学院在注重听说读写基础能力均衡发展的同时，开设俄罗斯地理、历史、文学等多门课程，不断拓展学生的知识储备。在选修课的选择上，俄语学院给予同学们极大的自由，课程涵盖俄罗斯语言理论、俄罗斯文学、俄罗斯国情文化、俄汉翻译等领域，让我们能够在本科阶段就接触到与俄语相关的不同研究方向，既开拓视野，又能为毕业论文以及硕士研究方向的选择提供借鉴和参考。

学院给予同学们选择论文导师的自由，让同学们有机会跟随各研究领域的大家，就感兴趣

1　曲锐，2012—2016 年，在北京外国语大学读本科并获得学士学位。现为北京外国语大学俄语学院 2019 级博士研究生。

的学术问题进行科学研究，总结四年所学，升华知识储备。在准备毕业论文的过程中，导师带我踏入了语言研究的大门，众多语言学家的观点如星辰一般点亮了我的世界，我努力想要探索这片星空的奥秘。我对语言学以及俄汉语言对比研究的方法产生了越来越浓厚的兴趣，也意识到需要进一步学习、不断完善自我的必要。北外俄语学院不止教给我广博的语言知识，更培养了我的批判性思维，这为我后来在语言学领域展开研究奠定了坚实的基础。

"借得大江千斛水，研为翰墨颂师恩"。与北外的初识只有匆匆四年，北外却赠予我受益终身的财富——战胜困难的信心，勇攀高峰的决心，"活到老，学到老"的恒心。初识北外，我幸运地找到人生前进的灯塔——俄语语言学，虽惊鸿一瞥，却已是魂牵梦绕，心之所向，身之所往。

二、暂别北外

我与北外的暂别一共有两次，每一次都是北外赠予的宝贵机会。所谓暂别，是期待更加美好的重逢。

第一次与北外的暂别是大三时，通过国家留学基金委的"与有关国家互换奖学金"项目，在俄罗斯喀山联邦大学进行本科交换学习。对于第一次国外求学，我心中既兴奋又紧张，既向往在母语国家的环境中不断提升自己的专业水平，又担心自己的俄语水平还无法适应国外的教学。到了国外后，我的担心逐渐褪去，北外的教学优势逐渐显现，无论是入学初的随堂听力、口语测试，课上的即兴主题讨论，还是期末考试与老师的一对一交谈，北外学生的俄语水平与知识储备都得到了国外老师的肯定与认可。到了交换的最后一学期，我通过喀山联邦大学的校内选拔，代表喀山联邦大学参加四年一届的外国留学生俄语奥林匹克竞赛，获得第二名。这一次，面对全世界各高校留学生的激烈竞争，北外的优势再度得到彰显。这次交换学习的经历，让我明白北外俄语语言学对我的滋养已不仅是学识的增加，更是面对挑战的底气与自信。

第二次的暂别是本科毕业后，通过国家留学基金委的"与圣彼得堡大学互换奖学金"项目，在俄罗斯圣彼得堡国立大学对外俄语方向的俄罗斯语言与俄罗斯文化专业攻读硕士学位。与国内不同，俄罗斯的研究生论文一般在入学时就需要确定题目。如何在短时间内确定兼具前沿性与可操作性的题目是值得思索的问题。通过在北外的本科学习，我了解到语言学的众多流派与研究方法，学会运用批判性思维来看待语言理论与现象，因而很快便确定了与俄汉语言对比相关的研究题目。从最初的与导师讨论定题，到论文课上的主题讨论，再到期末论文考核及毕业答辩，老师们都对我的论文表示认可。毕业答辩中，我的论文获得优秀论文评价，论文研究成果得到答辩委员会的一致肯定，并在圣彼得堡国立大学对外俄语与教学法教研室的年刊上发表。

俄罗斯的教育与考试形式与国内有所不同。彼大的课程安排大多偏重理论层面，期末考试多采取口试的形式，需要学生对课堂所讲内容融会贯通，利用相关理论解决实践问题。这不仅需要学生具有良好的听说读写能力，更要求学生具有思辨意识，而这些恰恰是北外赠予我的"财富"，让我可以勇敢面对学习中的挑战。在研二的教学实践中，我有幸成为负责研究生教学的唯一外国学生。教学方面，教师需要从课堂的倾听者转变成知识的讲述者，教学材料的选择、教案的编写及课件设计都要求教师具有良好的语言基础及较为完善的知识体系，而北外循序渐进的教学方式帮助我"聚沙成塔""积水成渊",使我可以从容应对学习身份的转变。

当我接过优秀毕业证书的一刹那,我明白,北外俄语语言学对我的滋养不只是知识养分的给予,更是赋予了我严谨、认真的学术态度,北外给予我的"信心""决心"与"恒心",鼓励我在学习生活的困难中勇往直前、不断前行。

离家越远,就会越想家。家是我们每个人的起点,是我们走了再远也终会回去的地方。临近毕业,彼大的许多老师都劝我留在彼大读博,那一刻我很欣慰,我没有辜负北外给予我的每一次宝贵机会,在母校的滋养下,我得以脱颖而出,获得国外老师的认可。那一刻我也很想念,想念在北外食堂一层早读的每一个清晨,想念主楼四层教室里老师的每一句叮嘱,想念图书馆浩如烟海的图书典籍。

我深刻地认识到,我所从事的俄汉语言对比研究,只有在国内才能展现其最大的价值,也只有在北外,我心中的梦想才能破土而出,茁壮成长。树的繁茂依赖根的深广,鱼的自由依赖海的无垠,鸟的翱翔依赖风的飞扬。

三、重回北外

2019年的初秋,时隔七年,我再次以一名新生的身份回到北外,这一次与七年前不同,没有紧张与担忧,只有兴奋与激动,就像离家游子终于回家了一般。与以往关注理论层面的传统语言学研究不同,这一次我想要深入研究语言与人之间的关系,我师从武瑷华老师,以语用学作为博士研究方向。若将我们的大脑比作一台运转的机器,我们日常生活中所使用的言语便是这台"机器"加工制造的"产品"之一。语用学理论则是指导"机器"加工生产言语的说明书,在其帮助下,我们更好、更科学、更准确地表达自我、提出问题、互动应答。我们得以窥探感性言语背后的理性支撑、感悟语言世界的无穷奥秘、憧憬言语表达的艺术追求。

这一次,北外给予我的是对语言本身的思考。导师及各位专业课老师的悉心指导,使我得以穿过冰冷的语言规则,去观察鲜活的话语与交际情境,去超越这语言之界,去探索世界之界。界为井字,受制于语言的人只能聆听井外的声音来构建自己的世界意义。(高文平2015:204)而北外俄语语言学教育秉持"兼容并蓄,博学笃行"的校训,让我们的语言学研究能够冲破语言的边界,去探索更深刻的文化内涵。语言是人的工具,语言研究应以"人"为主,目的是实现人对语言的更好运用。语用学研究符号和解释者之间的关系。(Morris 1938)作为当代语言学研究的两根主线之一,语用学与语言学中的众多学科有着紧密联系,研究内容广泛而多样。不同于国外的单一语种教学,北外俄语语用学基于得天独厚的外语教学条件,充分调动俄、英、汉三门语言同时进行研究,既系统学习欧美传统语用学理论,又关注俄罗斯、中国学界的新兴观点,促进研究深度的进一步拓展,这也为我的研究选题提供了更广阔的思路、更多维的角度。

"仰之弥高,钻之弥坚"。北外俄院乃至整个北外,拥有一大批蜚声中外的著名学者,他们的学识与德行是我们后辈学习的榜样。学院与学校积极为我们搭建与名家对话的平台,创造向名家学习的机会,让我们从中受益匪浅。北外人工智能与人类语言重点实验室的成立展示了语言研究的无限可能,使我们看到了人工智能、人类多元智力研究发展的前景,语言学研究不仅要服务于人类，更要努力推动人工智能和人类多元智力研究的发展。

北外俄语语言学对我一直以来潜移默化、润物无声的滋养，让我在博士入学后能够有底气和能力去俄罗斯的核心期刊发表文章，去参加国际学术会议，去展示北外学子的学术修养。在国内外的学术会议上，北外语言研究的前沿性与创新性得到充分展现，北外语言研究兼具国内外语言研究的长处，既有语言研究理论夯实的一面，又有大量语料予以支撑，立意新颖，见解独到。我深知每一段文字的输出，每一篇文章的撰写都是北外语言学对我滋养的果实。

从 18 岁到 27 岁，北外在我最美好的青春里种下希望的种子，从北外的 71 岁到 80 岁，我有幸在最好的北外留下奋斗的身影。"路漫漫其修远兮，吾将上下而求索。"语言研究的道路虽充满荆棘，北外人"不服输"的精神必将助我披荆斩棘。

四、结　语

北外于我，如水之于鱼，风之于鸟，根之于树。而北外所教授的俄语语言学，就如这水之氧，风之力，根之养，支撑着我、推动着我、滋养着我不断前进，不断成长。种子吸收土壤的膏腴，破土而出，苗壮成长，虽然高处风景无限美丽，但最初的心意永不会变。昔日，树苗依赖土壤的滋润，终有一日，树木成荫，为土地遮风避雨，传递着对土壤的情意。

八十年在历史的长河中不过沧海一粟，而北外却用她的养分滋养出无数的国之栋梁，推动中国外语教育事业与研究从无到有，从有到好，从好到精，从精到强。八十载，风雨兼程，辛勤耕耘，桃李芬芳满园；八十载，铸造辉煌，回首同庆，举杯再续华章。

参考文献

1. 高文平.语言之界 [M].重庆：重庆大学出版社，2015.
2. Morris, C. Foundations of the Theory of Signs[M]. Chicago: University of Chicago Press. 1938.

新时代高端俄语翻译人才应具备的基本素质

王 峰[1]

§ **摘 要：** 高端俄语翻译人才，是能够高水平满足包括官方正式往来在内的各种沟通需求的俄语口、笔译专业工作者。新时代高端俄语翻译人才应具备的基本素质包括：思想政治素质、翻译技能素质和背景知识储备。其中，思想政治素质是根本前提，翻译技能素质是重要基础，背景知识储备是有效保障，三者联系密切，相辅相成，缺一不可。北京外国语大学俄语学院具有历史传统，同时与时俱进，从培养三项基本素质出发，在俄语翻译教学上不断取得重要成绩。

§ **关键词：** 北外 俄语学院 翻译人才 基本素质

北京外国语大学是中国共产党创办的第一所外国语高等学校，素有"中国外交官的摇篮"这一美誉，长期承担为党和国家培养高端外事翻译人才的重大使命。俄语学院则是北外创立最早、历史最悠久的院系，北外的前身正是 1941 年成立于延安的中国抗日军政大学二分校俄文大队。所以高端俄语翻译人才的培养也是北外俄院的历史责任和重要优势。在我国开启全面建设社会主义现代化国家新征程、向第二个百年奋斗目标进军，北外和俄语学院迎来成立 80 周年之际，思索新时代高端俄语翻译人才培养之道、明确培养对象应具备的基本素质、更好满足实行高水平对外开放的人才需求显得尤为迫切。

所谓高端俄语翻译人才，指能够高水平满足包括官方正式往来在内的各种沟通需求的俄语口、笔译专业工作者。基于北外的历史传统和教育定位，俄语学院长期以向中央和国家机关输送本领过硬的俄语翻译人才、不断满足党和国家对外事翻译干部的多样化需求作为翻译教学的重要标准。得益于这样的高标准、严要求，北外俄院大多数毕业生无论进入中央和国家机关，还是大型企事业单位，都能迅速适应各项工作要求，并开辟广阔的职业发展前景。笔者自 2010 年从北外俄院本科毕业后，曾到中央机构担任译员 7 年多，专门从事翻译工作超过 10 年，对北外与时俱进培养高端翻译人才的理念具有切身体会，以下结合自身学习与工作实践谈谈对新时代高端俄语翻译人才基本素质的思考和认识。

高端俄语翻译人才以保障官方正式往来这一最高标准为培养要求。官方正式往来中的翻译任务往往层次高、时间紧、任务重、要求严，随着当前对外开放事业向高水平推进，对外交往工作不断丰富和深入，新时代高端俄语翻译人才应具备的基本素质大致分为三个方面：

---

1 王峰，2006—2010 年，在北京外国语大学俄语学院读本科并获得学士学位。现为北京外国语大学俄语学院 2020 级博士研究生。

一、思想政治素质是根本前提

外事翻译同政治密不可分，坚定信念、站稳立场、熟悉政策是对翻译人员的基本要求。特别是中央和国家机关的翻译干部，往往在国际场合充当官方喉舌，一言一行都体现国家形象和原则立场，关乎对外政策的有效传达和具体落实。思想政治上犯错误，无论是给党和国家的对外工作，还是给译员本人都会带来难以挽回的影响。所以必须要时刻加强思想政治学习，培养政治与政策敏感性，严格依照党和国家大政方针开展翻译工作。

培养思想政治素质，要深入学习党代会、全会和两会上发布的重要文件，留意其中新思想、新举措和新提法；时刻关注党中央、国务院出台的大政方针，留心媒体正式报道和权威解读；密切跟踪党和国家领导人出席的重大活动和有关讲话，注意外交部就国内国际热点问题所作表态；充分观察外国政府和媒体有关中国的言论和报道，了解外方对涉华重要问题的基本立场。

坚持不懈开展思想政治学习，就能不断提升政治与政策敏感性，在外事翻译中做到准确传达、严格把关。官方正式往来中的翻译服务对象比较特殊，他们往往代表国家和政府，出于不同的工作需要，对外表态有时严谨明确，有时隐晦委婉，甚至话中有话。这要求译员凭借对政策的熟练掌握，对翻译内容高度重视并专业负责，深刻把握服务对象的真实用意，在翻译表达上力争精准到位、恰到好处。在某些工作场合，译员作为己方团队的正式成员，甚至要在敏感问题上为发言人最后把关，确保立场传达符合国家政策精神。

外事翻译中经常会遇到有关党和国家大政方针的表述，一些概念和提法具有鲜明的本国政治传统与制度文化特色，在俄语中不易找到完全对应的表达方法，例如"四个意识""四个自信""两个维护""五位一体""一带一路"等等。遇到类似问题，一方面可以向政策水平高、外事经验丰富的翻译专家求教，另一方面要积极借鉴相对权威的参考资料。例如，党政国家机关与外国官方正式签署的有中、俄双语文本的宣言、条约、协议等文件；中央外宣办、中央编译局、中国外文局等单位经常组织有关专家翻译重要党政文件，集册出版或以电子版形式发布，如党代会报告和两会政府工作报告的俄文版在新华网、人民网和央视外语频道等网站上通常可以找到。这些资料可作为翻译具有中国特色的政治术语和概念的主要依据。

二、翻译技能素质是重要基础

重要的外事翻译任务对准确性要求很高，同时要充分尊重两种语言的表达习惯和国情文化，在不影响语义传达的基础上，尽可能做到译语通顺地道。这需要翻译人员具备极其扎实的语言功底和高超的翻译技能。技能可分为技巧和能力，翻译技巧指基于一定理论形成的翻译方法体系，翻译能力指译员在实践中驾驭翻译技巧、有效实现语言转换的水平。翻译技巧可以要靠理论研究和比较验证来探索归纳，而翻译能力则只能靠踏踏实实、日积月累的翻译实践来逐步提高。评价译员水平高低，不仅看其使用的翻译方法是否巧妙丰富，更要看其运用这些方法是否熟练灵活、翻译效果是否充分满足工作需要并稳定持续。

目前翻译教材等相关书籍主要以介绍翻译理论和技巧为主，如功能翻译、等效翻译、释义翻译等理论，以及增译法、省译法、转换法、合并法等技巧不一而足。可翻译技巧往往"看花容易绣花难"，这是翻译初学者常有的困惑：不论技巧多么精妙、理解多么透彻，实际翻译中却常常想不起来或来不及运用。主要原因在于翻译初学者容易将技巧与能力脱钩。孤立地学习翻译技巧是没有意义的，翻译技巧要依靠翻译能力的培养，才能得到运用并发挥作用，否则就成为无源之水、无本之木。而翻译能力的训练，却只能依靠持之以恒的大量实践，少有所谓捷径可循。很多优秀的翻译家并没有系统学习过翻译理论和技巧，但却无师自通并在工作中不知不觉地熟练运用，其根本在于他们从事了大量翻译实践，在实践中不断揣摩和积累，在翻译能力提升的基础上自然而然掌握了翻译技巧，正所谓"熟能生巧""实践出真知"。而当实践积累到一定程度，再适当学习翻译技巧，常常会恍然大悟，后续实践中更是触类旁通、锦上添花。

因此翻译技巧与能力的提升，根本均出自实践。而翻译实践本身，其实是母语和外语各自认知和相互转换能力不断强化的过程。这一过程不仅没有止境，还"如逆水行舟，不进则退"，一旦疏于实践，翻译能力不升反降。所以要掌握翻译技能，就要针对母语、外语和双语互换坚持不懈地学习实践，大致可分三个阶段：

（一）基础阶段

指译员从事翻译实践时间不长，胜任一般交往活动的口译和普通题材的笔译工作。这一阶段要做好学习规划，以训练外语实践能力为主，珍惜每一次翻译实践机会，敢于尝试并勤于总结，努力保障口头与书面交流的基本顺畅，逐步适应翻译工作的基本要求。基础阶段致力于做好语言能力向翻译应用的转化，只要足够用心，往往进步效果较为明显。

具体到俄语实践能力，主要是训练听、说、读、写等俄语基本功。"听"要多练精听，即反复听一段语音材料，直到听懂听熟。听力练习内容和形式应不断丰富，既有政治外交，也有经济社会；既听讲话和新闻，也看访谈与电影；除了听标准发音和规范表达，还要开始习惯各种口音和俗语俚语。"说"要见缝插针。每日要坚持朗诵俄语篇章；利用工作机会与外方口头交流，请教语言和翻译问题；零散时间可用俄语自言自语或随机视译、口译。"读"要广博深入。在大量阅读中积累常用和地道的俄语词汇、搭配与句式；通过阅读跟踪国外形势、熟悉国情和丰富知识。"写"要字斟句酌。在笔译中反复思量、力求精准，把笔译当作对翻译技能的重要检验。译员笔译能力的下限往往决定其口译能力的上限，只有笔译能力不断提升，口译水平才有进步空间。基础阶段认真对待笔译工作，对译员整体翻译能力的提升大有裨益。

（二）提高阶段

指译员拥有比较扎实的语言功底，开始承担重要的口、笔译任务，业务水平在一定范围内受到认可。这一阶段主要在翻译实践中探索和总结翻译工作规律、补足翻译技能短板，以训练母语和外语表达能力为主，重视双语转化的质量和效率。提高阶段往往会遭遇翻译技能"瓶颈"：感觉付出经常大于收效，很难取得明显进步。如果不能找准原因并有效应对，该阶段持续时间会比较长。

出现翻译技能"瓶颈"的常见原因有：一是翻译训练不均衡。如重阅读轻听力、重口头轻笔头等。一项能力明显滞后，将影响其他能力的发挥，出现"木桶效应"。二是知识储备不足。翻译工作涉及领域广泛：政治外交、经贸人文、国防军事、科教卫生、法律金融等等。各领域知识不可能都懂，但最好能略知一二，有助于在翻译中迅速理解背后逻辑。三是忽视母语学习。母语水平深刻影响一个人的理解和表达能力，母语基础不好的人外语也很难学好。翻译中出现思维混乱、脱离重点、似是而非等问题，往往同译员母语能力不足有关。

（三）成熟阶段

指译员业务水平受到业内广泛认可，经常负责重大口、笔译任务，并承担翻译业务指导和质量把关工作。这一阶段主要将翻译实践经验上升到理论高度，对翻译工作精益求精并发挥引领和带头作用，加强对翻译工作本质和原则的认识。成熟阶段重在保持良好的实践习惯，努力将翻译技能长期维持在较高水平。

熟练运用口译笔记，是口译译员翻译技能达到成熟阶段的一项重要体现。口译笔记不同于一般速记，主要服务于理解和脑记，通过梳理逻辑，为有效记忆关键信息和顺利转译输出创造条件。口译笔记具有两大特性：一是专用性，译员的记录习惯千差万别，不同语言记录特点也有所不同，所以不存在普遍适用的口译笔记体系，每位译员应通过长期实践，形成并掌握一套自己专用的记录方法。二是辅助性，口译笔记仅作为即时提醒，不能取代脑记，甚至要由脑记发挥主导作用。将精力过度用于笔记，会影响听辨理解与思维转换，最终影响翻译质量和效果。所以，口译笔记不能面面俱到，要有所记、有所不记，至于记录的侧重和多少也是因人而异，与译员翻译能力高低息息相关，并在翻译实践中逐渐得到完善。

三、背景知识储备是有效保障

背景知识储备主要指在学习工作中，搜集整理同翻译任务相关的基础性材料，以备不时之需。根据实践经验，以下三类基础材料最为必要：一是翻译用语汇总。主要搜集翻译工作中常用的词汇、搭配、句式和表述等。搜集时要不断分门别类，便于总结查找。可根据工作内容分为会见用语、宴请用语、参观用语等；根据应用领域分为政治用语、经贸用语、军事用语等；根据热点专题分为朝鲜问题用语、中东问题用语、中俄关系用语等；也可根据使用偏好划分出成语熟语、名言警句、领导人讲话常用诗词等。二是双语文章汇总。主要搜集中俄双语对照的国际条约、讲话文稿和采访报道等文章，为翻译工作提供参考借鉴。三是翻译注意事项。包括译员本人犯过的语法错误、值得注意的翻译细节、经典的翻译处理案例等。这些材料日积月累，形成一定规模，可配合计算机数据查询技术进行利用，有助于提升翻译工作效率。

此外，针对口译工作还要进行专门的译前信息储备，确保翻译任务的顺利完成。口译工作的译前信息储备，指在确定具体口译任务后，在有限时间内进行有针对性的译前准备工作。为提高准备效率，往往要制定具体准备方案，合理分配时间。下面分别以准备双边会见（交传）和研讨会（同传）为例，根据准备时间长短，列举准备方案：

（一）准备时间较短，不足 1 天

主要准备活动中必然涉及的内容。

例1：双边会见（交传）

　　1）熟悉中方谈话参考要点；

　　2）熟悉双方出席人员名单和主要发言人简历；

　　3）大致了解所谈问题的背景情况。

上述信息重要性依次递减，涉及关键称谓、术语和表述要重点记忆。

例2：研讨会（同传）

　　1）双语对照列出研讨会主题和议程；

　　2）熟悉出席人员姓名、国别和职务；

　　3）熟悉主要发言人讲话提纲。

上述信息重要性依次递减，涉及关键称谓、术语和表述要重点记忆。

（二）准备时间较长，有 1—3 天

在上述准备工作基础上，对可能提及的内容略作准备。

例1：双边会见（交传）

　　1）充分熟悉中方谈话参考要点；

　　2）书面用双语列出双方出席人员名单，充分熟悉主要发言人简历；

　　3）详细了解所谈问题背景情况，确定问题产生的原因和现状、双方的立场和应对举措；

　　4）了解两国关系发展总体情况和存在的主要问题；

　　5）了解对方国家基本情况，如政治制度、经济实力、重要人物、地理概貌、资源禀赋、历史沿革、风俗习惯等。

上述信息重要性依次递减，涉及关键称谓、术语和表述要重点记忆，越重要的内容，准备时间上应越靠后。

例2：研讨会（同传）

　　1）双语对照列出研讨会主题和议程；

　　2）双语对照列出出席人员姓名、国别和职务；

　　3）书面翻译核心发言人讲稿，熟悉其他发言人讲稿和提纲；

　　4）了解研讨会举办情况和主题涉及的背景知识。

上述信息重要性依次递减，涉及关键称谓、术语和表述要重点记忆。

（三）准备时间充裕，超过 3 天

在上述准备工作基础上，对可能提及的内容尽可能充分准备。

例1：双边会见（交传）

1）书面翻译中方谈话参考要点；

2）书面用双语列出双方出席人员名单，充分熟悉主要发言人简历和在重大问题上的立场；

3）详细了解所谈问题背景情况，确定问题产生的原因和现状、双方的立场和应对举措；

4）详细了解两国关系发展总体情况，并书面整理双方存在的主要问题，书面翻译我方就这些问题的基本表态；

5）了解对方国家基本情况，双语对照整理该国政治制度、经济实力、重要人物、地理概貌、资源禀赋、历史沿革、风俗习惯等信息，记录国情信息中的关键数据，搜集相关图片和图表，以便形象记忆；

6）了解双方关注的国内和国际热点问题，搜集两国媒体的相关报道；

7）在网络上查找双方主要发言人的讲话音视频材料，适应其发音和用语习惯。

上述信息重要性依次递减，涉及关键称谓、术语和表述要书面摘录并重点记忆。重要内容要多次复习。

例2：研讨会（同传）

1）双语对照列出研讨会主题和议程；

2）双语对照列出出席人员姓名、国别和职务；

3）书面翻译所有发言人讲稿或发言提纲，搜集没有提供讲话材料的发言人有关立场和看法；

4）了解研讨会组织情况、主题和各项议题涉及的背景知识；

5）了解与会国家基本国情；

6）了解各方关注的国内和国际热点问题；

7）在网络上查找会议主要发言人的讲话音视频材料，适应其发音和用语习惯。

上述信息重要性依次递减，涉及关键称谓、术语和表述要书面摘录并重点记忆。重要内容要多次复习。

译前信息储备，对口译工作影响极大，也是考验译员工作责任感的重要指标。译前信息储备遵循两大原则：一是分清主次、抓住重点；二是竭尽所能、尽量充分。口译译前信息储备，有时非常艰辛，特别是重要性强、难度大的口译任务，准备时间往往异常紧张有限，会对译员造成极大的精神压力，但也会激发译员强大的动力和无限的潜力。因此准备过程也是有效提升翻译技能的良机。此外，充分的译前信息储备，非常有助于译员在口译中调整临场心态、消除紧张情绪。

思想政治素质、翻译技能素质和背景知识储备对高端俄语翻译人才均极为重要，三者联系密切，相辅相成，缺一不可。针对这些基本素质，北外俄语学院不断顺应时代要求，坚持与时俱进、开拓创新，在俄语翻译教学上不断取得重要成绩。针对思想政治素质，北外俄院积极推动党建和思想政治学习，踊跃参与并积极落实各项主题教育和学习实践活动，将党建工作与翻译教学有机结合，主动贯彻习近平新时代中国特色社会主义思想"进教材、进课堂、进头脑"，举办《习近平谈治国理政》"三进"翻译比赛等各类活动。针对翻译技能素质，不断创新翻译教学理念，完善翻译教学方法，以扎实的语言功底为要求，以积极的翻译实践为导向，用实践贯穿教学始终，配合翻译理论和方法学习，以翻译能力全面提升为根本。北外俄院翻译硕士专业开设笔译基础、口译基础、视译、交传、同传、经贸翻译、文学翻译、政论翻译、传媒口译等一系列专注实践、特色鲜明的翻译课程，研一课堂实践与研二社会实践各有侧重、相互结合，培养出一批又一批技能优异、本领过硬的高素质翻译人才。针对背景知识储备，北外俄院在语言学与文学传统学科优势基础上，大力发展跨学科复合型人才培养，开设复语班、金融方向班，不断丰富和细化专业方向。笔者2020年重回母校攻读俄罗斯社会文化与区域学方向博士研究生。该专业方向下设俄罗斯思想史、文化史、东正教、区域学、对外关系等一系列精品课程，为深入了解对象国各领域基本情况、准确把握对象国历史与现实内在联系提供有效平台，为培养新时代既懂知识又熟业务、适应全方位对外开放要求的俄语翻译人才奠定坚实基础。

总之，新时代高端俄语翻译人才应具备思想政治素质、翻译技能素质和背景知识储备等基本素质。思想政治素质是根本前提，翻译技能素质是重要基础，背景知识储备是有效保障，三者联系密切，相辅相成，缺一不可。迎来80华诞的北京外国语大学俄语学院，凭借历史传统积淀和与时俱进精神，从三项基本素质培养出发，在顺应时代要求的俄语翻译教学之路上必将再创佳绩。

俄语地区孔子学院中文教学特点及中国文化传播经验

——以莫斯科国立语言大学孔子学院中文教学为例

于　茜[1]

§ **摘　要：** 本文从莫斯科国立语言大学孔子学院对外汉语教师的一线工作视角，结合笔者在孔子学院的实际工作以及教学经验，对孔子学院对外汉语教师的工作态度与职责、俄语地区对外汉语教学特点以及中国文化传播经验三个方面进行了分析和总结，希望能够对孔子学院对外汉语教学方法的不断创新以及中国文化的传播起到一定的帮助性作用。

§ **关键词：** 孔子学院　俄罗斯　俄语地区对外汉语教学　中国文化传播

一、良好的态度是做好孔院工作的根本

为什么笔者将工作态度放在本文的第一部分进行阐述呢？因为良好的工作态度是做好孔院工作的保障和根本。孔子学院的办学宗旨是增进世界人民对中国语言和文化的了解，发展中国与外国的友好关系，为构建和谐世界贡献力量。孔院对外汉语教师的使命是推广中文，加快中文走向世界；传播文化，让世界了解中国。作为一名对外汉语教师，教学方法如有不足，可以提高，管理方法如有问题，可以改进，可如果工作态度存在问题，那一切都是空谈。习主席曾多次指出，要不忘初心，牢记使命。这一点对孔院中文教师来说也尤为重要。

孔子学院的职能广，任务重，主要包括面向社会各界人士开展中文教学，传播中国文化，培训中文教师，组织开展 HSK 汉语水平测试，策划组织中国文化活动等。由于孔子学院设立在国外，办学模式通常是与国外教育机构联合办学，因此中方教师人员数量有限，孔院教师通常都会身兼多职，不仅要对各类学生群体开设各种中文教学课程，还要多才多艺，策划举办丰富多彩的中国文化活动，组织开展 HSK 汉语水平测试，处理孔院运营的诸多综合性事务工作，因此孔院教师需要具备极强的外语能力和综合能力，如良好的教学能力、组织协调能力、沟通能力、创新能力、抗压能力等，这样才能成为中方院长的得力助手，各位教师齐心协力才能将孔院的工作

1　于茜，2009—2013 年，在北京外国语大学俄语学院读本科并获得学士学位；2013 年 8 月—2014 年 7 月，由孔子学院总部派往莫斯科国立语言大学孔子学院；2014—2016 年，在北京外国语大学俄语学院顺利完成硕士阶段学业并获得硕士学位。

完成好。

孔院对外汉语教师的言行举止代表的是中国的国家形象，因此，每一位教师在孔院工作期间都要注重自己的一言一行。对于中文教师来讲，孔院就是中文教师在国外的家。因此，无论在国内是什么身份，什么职位，当作为孔院中文教师出国任教时，应牢记自己的使命与初心，以满怀的热情和端正的工作态度用实际行动为对外汉语教学和中国文化传播事业做出自己最大的贡献。

二、俄语地区对外汉语教学特点

基于笔者在俄罗斯孔院对外汉语教学的经历，以下主要总结俄语地区对外汉语教学的几个特点：

（一）语法讲解的重要性

针对母语是俄语的中文学习者，讲清楚语法对其中文的提高起到非常重要的作用。俄罗斯民族逻辑思维非常缜密，他们擅长数学、航空航天学，与此同时，俄语也是一门语法结构非常严谨的语言，词语之间有着严格的接格关系。无论是航天器零部件之间的精密设计，还是俄语词语间的环环相扣，都和俄罗斯民族严谨的逻辑思维密切相关。因此，俄罗斯学生在学习中文时非常注重语法的逻辑性。学生们会主动提出语法问题，只有语法学懂了，逻辑通了，才能够理解透彻，进而才能消化吸收。因此，在教学过程中对于母语是俄语的中文学习者需加强汉语语法的讲解与训练。

（二）对初学者使用俄语辅助教学用语

针对高起点的学生，课堂教学可以考虑全部或者大部分使用中文教学，但对于中文零起点或初学者，一定要有计划地、合理地、适时地借助俄语辅助教学用语。因为受俄罗斯民族的逻辑思维方式影响，俄罗斯学生在学习外语过程中非常注重对输入信息的理解，对于中文初学者而言，如果教学辅助用语全部使用中文，那么很多学生会因为听不懂，无法和教师清楚地沟通，从而失去对中文进一步学习的兴趣。因此，针对俄语地区的孔院来说，如果教师具有较好的俄语水平，能够在必要时准确地用俄语为学生加以解释，那么将会起到锦上添花的教学效果。

（三）教学方法应灵活多变

作为一名孔院的对外汉语教师，要根据不同群体的接受程度和学习特点研究采用不同的教学方法。孔院的学生可能来自各行各业，甚至是各个年龄段。由于孔院教师人数有限，经常会出现一名老师开设多种课程的情况，因此中文教师应具有讲授多种课程的能力。拿笔者为例，曾经教授过口语课、语法课、初级拼音课、商务汉语实践课、中国文化解读课、HSK汉语考试辅导课、少儿汉语启蒙课、中华才艺展示课，其中中文学习者来自各行各业，有在校的学生，也有在职的商务人士，小到4—5岁，大到50—60岁。面对不同的年龄段，不同类型的课程，教师需要不断思考，不断总结经验，不断创新教学方法，不能一成不变，按部就班。例如，面对年龄小的少儿学习者，应增强中文教学的趣味性，通过激发学生的兴趣，调动少儿学习者的积极性；对于大学生学习者，应加强语法教学，全面训练听、说、读、写能力；对于学习中文的社会商务人士，应侧重商务中文交流的实用性，加强商务口语交流能力的训练。

三、中国文化传播的具体经验

（一）积极引导，注重中国文化的讲解释疑

文化具有鲜明的多样性、民族性和差异性，有时也会因此产生隔阂与误解，所以为学生们正确地引导和讲解中国文化就显得尤为重要。孔院教师就是中国文化的传播者和解惑者。我们中华民族有着很多优秀的品质与美德，比如为人谦和，委婉含蓄，注重礼节，追求中庸，尊师重道……而西方文化在交流方面则更加直接，因此很多外国人对中国文化存在一定的误解和偏见。习主席曾在亚洲文明对话大会上提出"美人之美，美美与共"，让世界看到中国的美，这正是孔子学院的使命所在。

孔院是世界其他国家了解中国文化的窗口，其追求在于使中国文明和世界其他文明能够互相理解，能够彼此认知对方的观点和思想，找到一个大同的立场。因此，孔院教师要时刻牢记传播中国文化的使命，要善于抓住课上、课下一切可能的机会向外国学习者讲解中国文化，消除因为文化差异而存在的理解上的偏差和误会，让中文学习者真正地理解并看到中国文化的魅力。例如，在文化课上，教师可就具体的中国文化现象进行讲解，通过中西方文化对比，消除外国学生存在的误解；此外，还可利用课余时间多与学生交流，通过实际活动让学生感受中国文化，比如开办茶话会，邀请学生做客等等，让学生在与教师的具体交流中切实感受到并喜欢上中国文化。

（二）精心策划，积极开展文化活动

语言是文化传播的载体，文化是语言学习的持久动力。很多外国学生都是因为对中国功夫、书法、美食等感兴趣，才开始学习中文。因此，为了让更多人接触中文，提升对中文的兴趣，一定要积极开展各类文化活动。例如，开设中国书法课、水墨画课、剪纸课、舞蹈课、武术课，举办中国美食节、摄影展、诗歌朗诵会、中文歌曲大赛等等，通过开展一系列丰富多彩的文化活动展示中国文化的魅力，提升学生进一步了解中国文化和中文学习的兴趣。

（三）用心交流，用友谊促进文化传播

如何让文化得以更广泛、更持久的传播？笔者认为最重要的是要让对方爱上这个文化，因为只有让对方对一国的文化产生好感，他才愿意继续主动去了解它。因此，在文化传播过程中对外汉语教师要具有跨文化交际能力，要做到真诚交流，互相尊重，发展友谊，这样才能使中国文化传播得更加广泛和持久。对外汉语教师是传播中国文化的使者，是向世界播撒中国友谊种子的园丁。拿笔者开设的少儿汉语启蒙课为例，学生的平均年龄为 8 岁，最小的只有 6 岁，全部为中文零起点生。起初，学生们对中国文化和语言没有任何了解，因为年龄小，学生们的课上注意力不超过 3 分钟，面对这样一群学生，笔者及时采取了寓教于乐的教学方法，并开展了丰富多彩的

中国文化活动，在结课典礼上，一名学生在老师的帮助下用毛笔写出了"爸爸妈妈我爱你"的书法作品，年龄最小的学生自发地在本子上写了"中国，我爱你"，并将自己从林间亲手采的一朵小花儿作为礼物送给了老师。一朵小花，一句"中国，我爱你"，体现了这名学生对中国的友好，对中国文化的理解，这份对中国的友好会继续传递，会影响到他的朋友，他的父母，父母的朋友……如果每一位对外汉语教师都能够用心教学，让自己的学生真挚地说出"中国，我爱你"，那么，中国与世界的友谊将会越来越深厚，中国文化的美将会被越来越多的人所看到，而这正是践行了孔子学院成立的初衷。因此，一定要重视友谊对中国文化传播的重要性。

四、结　语

我们中国拥有悠久的历史和灿烂的文化，孔子学院正是将中国优秀文化展现给世界的平台，也是连接中国人民与世界人民友谊的桥梁。语言的推广离不开文化的传播，文化的传播基于友谊的传递。本文基于笔者在莫斯科国立语言大学孔子学院任职对外汉语教师期间的工作经历，通过大量生动的事例从一线对外汉语教师的角度，主要分析总结了孔院汉语教师的工作态度与职责、俄语地区对外汉语教学特点、中国文化的传播经验，希望能够对俄语地区对外汉语教学方法的不断创新，以及中国文化的传播起到一定的参考借鉴作用。

参考文献

1. 李艳. 孔子、孔子学院的海外认同与中国文化的对外传播 [J]. 语言产业研究，2018.

2. 王国安. 汉语国际推广与中国文化 [M]. 学林出版社，2008.

3. 蔡建国. 中华文化传播任务与方法 [M]. 上海人民出版社，2008.

4. 韩丽君. 孔子学院文化传播的困境与应对——以俄罗斯大学的孔子学院为例 [J]. 人民论坛，2016(11).

5. 张和生. 对外汉语课堂教学技巧研究. 2006.

6. 王帅. 对外汉语教师"跨文化教学意识" [J]. 对外汉语研究，2015(01).

俄语复合区域国别研究专业人才应具备的素养

王笛青[1]

§ 摘　要：区域国别研究是外语人才复合型培养的重要领域。本文以笔者在北外俄语学院读书和俄罗斯留学的经历和观察为基础，论述"俄语＋区域国别研究"复合型人才在学习过程中需要着重培养的素质并针对俄语专业生的特点，对其转型从事区域国别研究的学习路径提出几点建议，以期与诸位俄语复合区域国别研究专业人才共勉。

§ 关键词：俄语　区域国别研究　复合型人才

随着"一带一路"倡议和人类命运共同体理念的提出，中国与世界各个国家的交流合作进一步深化，国家对既精通外语又具备区域国别研究能力的复合型人才需求量大增。在此背景下，外语专业人才的培养需要与时俱进，构建相应的培养模式，外语专业生同样需要在学习过程中以复合型人才的标准要求自己，不断拓展视野，提高科研能力与学术素养。

近年来，北京外国语大学俄语学院相继开设乌克兰语复合俄语、俄语复合白俄罗斯语以及俄语复合中亚五国官方语言（哈萨克语、吉尔吉斯语、塔吉克语、土库曼语、乌兹别克语）的复语专业，以及俄语＋金融等复合型专业。在课程类别上设置学位基础课、专业核心课以及学位方向课，所涉及内容除语言、文学、国情、翻译等传统课程以外，还包括俄罗斯问题研究、俄罗斯外交、俄罗斯经济、中亚区域学、跨文化传播等多个课程。这些举措在提高复合型俄语人才的人文素养、完善其知识结构方面取得了明显成效。

笔者曾在本科期间通过院内选拔参与了北京外国语大学"外语专业国际化战略人才"培养计划，受益颇丰。该项目中的校内课程和暑假国际小学期课程集合了国际关系、外交、经济学和管理学多个方向，极大扩展了外语专业学习者的知识面和跨学科的研究视野。俄语学院院内课程既有对俄语专业知识的补充，如当代俄罗斯社会、俄罗斯戏剧、文学、口译等，为学生提供了丰富的给养，同时又有关注大学生心理健康和心灵成长的"如何爱"情商培养实践课。正是这些授课教师的得法引导激发了我对俄语国家和区域研究的浓厚兴趣并促使我最终选择区域国别研究作为自己的学术方向。

如今，作为一名具有俄语和国际关系双重专业背景的研究生，我在探索从外语专业向区域国别研究方向的转型与融合方面有了一些心得体会。本文拟根据自身经历与观察，从俄语专业生

1　2014—2018年在北京外国语大学俄语学院读本科并取得学士学位；2018—2020年就读于俄罗斯圣彼得堡国立大学国际关系系并取得硕士学位；现为北外俄语学院2021级博士研究生。

的特点出发，考虑到他们在复合转型过程中可能遇到的困难与挑战，分析俄语复合区域国别研究专业人才应具备的素养，为有志于从事区域国别研究工作的俄语学习者提出几点建议。

一、俄语专业学习中的学术适应性训练

俄语专业学习注重学生的"听、说、读、写、译"语言能力训练，而区域国别研究工作需要大量阅读文献并撰写研究报告，因而对俄语专业人才的阅读和写作能力提出了更高要求。对此，学生在本科语言专业学习基础阶段可以酌情增加阅读量和写作练习，以便适应日后的研究生学习和科研工作的要求。

（一）注重阅读积累，提升跨学科素养

在俄语专业基础训练过程中，学生通常需要花费大量时间精读文本，久而久之便养成了遇见俄文材料便逐词逐句分析理解的条件反射。当然，这是俄语专业学习者的优秀习惯，但这无疑影响了阅读速度，也不利于信息量的积累和知识面的拓展。因此，建议学生在学有余力的情况下，可参考国内法学、政治学、历史等其他学科的专业参考书目，自行制定阅读计划。通过系统性阅读，积累相关领域专业知识，有意识地提高自身逻辑思维能力，弥补大学期间零基础俄语专业学习过程中思维训练不足的缺陷。同时，考虑到零起点俄语专业生第二外语英语基础较好的特点，建议学生中英文专业书籍阅读并重，在未来的科研及其他相关工作中发挥多语言教育背景的优势。

此外，阅读和输入过程中应注重培养批判性思维能力。在外文阅读过程中尤其要养成独立思考的习惯，辩证地看待外国学者的立场和观点。

（二）关注学术动态，锻炼学术写作能力

中文写作能力与外语写作能力同等重要。国内外语专业通常要求用所学外语撰写学位论文，在对象国留学同样使用外语写作和答辩，中文写作经历相对缺乏，需要提高重视。应当鼓励学生勤写多练，多语种写作齐头并进。

充分发挥学术写作课程的指导功能。与其他文体不同，学术写作有自成一体的规范和标准，需要在日常阅读和写作练习中加以留心学习。此外，学术写作课程的另一目标就是让学生认识到，格式体例合乎要求的重要性丝毫不亚于文章内容。

关注学术前沿动态和研究热点，研读相关领域重要学术刊物。当下，世界学术交流活动日益频繁，在学术刊物的选择上也不必拘泥于中文学术期刊。以北京外国语大学 2021 年筹备创建的一系列多语种国际期刊之一的《中国斯拉夫研究》（*Chinese Journal of Slavic Studies*）为例，该刊收录英文或俄文研究性论文，聚焦于以斯拉夫人为主体民族的国家，涵盖语言、文化和国别区域研究等多个领域，设有理论研讨、专题研究、学术观察与论坛等多个栏目。有志于从事东斯拉夫区域国别研究的俄语专业人才尤其应当对此类刊物给予关注并积极参与国际学术交流活动，促

进中外文化交流互鉴。

二、区域国别研究专业技能培养

经过本科阶段语言技能的培养，学生在进入研究生阶段后需要适应区域国别研究的专业要求，学习相关研究理论、研究方法，积极开展科研实践。

（一）注重研究理论与研究方法学习

对于俄语专业生而言，由于本科阶段的学习注重语言基础培养和语言基本功训练，虽然有社会、文化、艺术、外交、经济、国情基础知识等提高人文素养、扩大知识面的专业课程，但缺乏系统性和专业深度。进入研究生阶段后，学生在区域学研究、国际关系研究领域理论基础相对薄弱的问题逐渐凸显。因此，尽早补齐研究理论的短板显得尤为重要。

首先，阅读专业领域相关书籍是构建理论基础的高效途径之一。挑选书籍时提倡循序渐进提升难度和深度，从科普性质的通识读物逐步过渡到专业性较强的学术专著。学生在向区域国别研究方向转型的起步阶段往往专业基础不够扎实，此时如果目标设置过高，难免会挫伤其学习兴趣和自信心。其次，随着在线教育的发展，学生可以便捷地获取大量专业领域的公开课。除国内各大视频平台外，俄罗斯的公开课网站 Открытое образование（openedu.ru）集合了莫斯科国立大学、圣彼得堡国立大学、俄罗斯高等经济大学等多所知名院校的数百门专业课程，可作为校内教育的补充供学生在线学习。最后，关注特定领域学术动态。鼓励学生积极参加相关领域专业讲座和论坛，听取学术会议报告，从中获得启发，提高学术素养。

至于区域国别研究方法学习，与理论学习的途径类似，此处不再赘述。学生如能在理论学习的过程中留心总结，多加思考归纳，定会事半功倍。

（二）深入讲俄语国家拓展科研实践

俄语专业生在出国交换上具有得天独厚的优势，一是出国交流的机会较多，二是到了国外适应能力较强。笔者曾在 2018 年经北京外国语大学俄语学院推荐及国家留学基金委选拔获得"与圣彼得堡大学互换奖学金"，对此深有感触。

当时，大四即将毕业的我面临着留在国内升学还是出国读研的选择，正是在俄院老师们的耐心鼓励与引导下，我最终坚定信心，实现了在俄罗斯留学的梦想。国外的学习生活更是让我意识到，俄语学院所给予我的绝不仅限于书本上的知识，更有数把灵巧的小钥匙，助我打开一扇扇通往广阔世界的窗。

首先，北外俄语学院的学生到了讲俄语国家，一开口就会凭借自身优秀的语音面貌和标准的语调吸引到俄语母语者的注意力，得到他们的肯定与赞扬，为人际交往的顺利开展创造了一个良好的开端。其次，深厚的人文素养，丰富的文学、文化、艺术知识能够促进与当地学者、民众的情感交流，迅速拉近彼此间的距离，为后续深入交流、沟通与合作奠定坚实基础。因此，俄院学子在对象国留学期间，完全可以大胆自信地拓展科研实践活动，充分利用国外的学术、文化资源，多进行实地走访，在这个过程中逐渐找到自己的学术志趣。在实践过程中还要时刻保持好奇心，锻炼科研敏感性，培养发现问题、解决问题的能力。积极筹备开展田野调查，留心搜集整理第一手资料，为科研工作做好前期准备。

三、对象国研究与本国研究相结合

笔者在圣彼得堡国立大学读书时，所在的教研室主要研究方向为后苏联空间的国际关系，同班同学除了俄罗斯本国人以外，还有来自美国、立陶宛、乌克兰等国的留学生。根据俄罗斯硕士研究生培养方案，学生入学后就要确定论文题目，并根据所选择的研究方向、所感兴趣的区域或国家确定导师。当时负责学术研讨课的老师建议外国留学生在选题时尽可能结合自身多语言教育背景，尝试以双边或多边关系中的某一领域为研究对象，如果仅仅研究俄罗斯一国，那么研究者自身的母语优势就无法得到充分发挥。俄罗斯教授的观点深刻启发了在场的留学生，也让我认识到，俄语专业生在向区域研究方向转型的过程中，不仅要把目光放在对象国的社会、文化、历史、地理、国情等各个领域，还要对中国在该领域历史与现状有一定了解，将对象国研究与本国研究结合起来，在比较研究中相互借鉴。

记得在关于中亚国家外交的一堂课上，俄罗斯老师提问"上海合作组织建立的目的"时班里陷入了沉默，我稍加思索便回答"安全"，立刻引来同学们一阵侧目，老师则点头表示赞同，我这个初来乍到的中国留学生也算给他们留下了一点印象。回想起来，正是本科阶段在当代俄罗斯和俄罗斯外交等课程上老师的熏陶与点拨帮助了我，让我面对新的专业时有勇气和底气。但是在后来研讨课上，我虽然能够对"上海精神"的内容——道来，却在对其内涵的分析解读上难以有理有据地发表自己的见解。我认识到，本科的专业课程传递出诸多线索与引子，教会我无数"是什么"，而在后续学习中理应深入探索"为什么是"与"为什么不是"，在认知广度的基础上不断深化理解与思考。

值得注意的是，对于中国经济社会发展取得的新成就，国际地位的显著提升，国际竞争力的明显增强，俄罗斯学界存在一定的矛盾心理。面对这种情况，中国青年学者在承担对外学术、文化交流责任时应理性思考，推动学术交流与互学互鉴。

此外，笔者留学期间在与当地人交往过程中明显感觉到，除日常基本交流之外，想要进一步深入沟通，中国是永远绕不开的话题。外国友人的或温和或刁钻的发问，不同文明的碰撞，总能引发笔者的多重思考：如何看待外国人眼中的中国形象？如何在面对误解、质疑之时客观地呈现复杂而真实的中国面貌？回顾郭世强老师讲授的中俄文化比较等课程，其中所道出的文化差异与因应之道值得每一位有志于"讲好中国故事"的复合型俄语人才在对外交往中实践。

四、结　语

俄语本身就不是一门容易掌握的语言，俄语专业生想要达到语言的熟练甚至精通往往需要花费大量的时间和精力。在此基础上，如果立志于成为一名"俄语＋区域国别研究"的复合型人才，就要对转型道路上将会遇到的重重困难和挑战做好心理预期，有意识地培养自己迎难而上、愈挫愈勇的性格品质。

新时代的俄语专业生在从事国别区域研究工作时应具备扎实的多语言基本功，充分认识研究对象在特定领域的历史和现状，在进阶阶段还需要掌握在讲俄语国家进行实地考察和调研的能力。此外，还应熟悉我国国情、社会，以期在研究中有对比、有思考、有创新。

2021 年九月，北京外国语大学和俄语学院即将共同迎来 80 周年建校建院庆典。在这充满纪念意义的时刻，笔者也将如愿回到母校的怀抱，成为一名俄语语言文学专业俄罗斯社会、文化及区域研究方向的博士研究生。在本文写作过程中，笔者审视自己的求学经历，细数那些年绕过的弯路和遭受的挫折，反思总结以上几点思考，分享给俄语复合区域国别研究转型道路上的同行者，愿能共勉！

带着珍贵的回忆继续前行

季莉雅[1]

§ **摘 要:** 俄语学院八十周年，也是笔者学习俄语的第四年。毕业将至，笔者即将走向工作岗位。回忆从俄语学院得到的馈赠和吸收的养分，心生感恩。俄语学院的故事还会继续，而本文仅通过一些个人的回忆，试图折射俄语学院的片段历史，做一份留存。

§ **关键词:** 严于律己 兼容自由 家国情怀

北外的校园不大，俄语学院也只占据了主楼的一小部分。在北京这座大城市里，它像是西三环旁的一小块绿洲。校园内不知道哪个年份种下的树木，早已是郁郁葱葱，高处垂下的树绦随风摇曳，透过层层绿枝常常传来清脆的鸟鸣。北方的乔木长得尤为高大，看惯了南方低矮纤细的柳树，再看北外总有种生活在城市原始森林之感。北外建校已经八十周年，俄语学院的历史也有八十周年。这段历史既有校园的建筑、树木见证，也存留在书面上，存在于人的记忆中。记忆是有限的，但却更加生动。人的八十岁被称作耄耋之年，但学校走过八十个的春秋后也只是在生命的开始。在这长长久久的历史中有许多闪光的名字，我只是渺小的一瞬。但通过我的记忆可以折射俄语学院在这个阶段教学生活的一个切面,这些文字可以作为一个短暂却生动的历史记忆留存。

我想用几个词来概括在俄语学院的四年生活，那就是严于律己、兼容自由和家国情怀。

一、俄语学习: 在高标准下严于律己

我是在 2017 年进入俄语学院的，在此之前在西葡学院读了一年葡萄牙语。俄语是我进入大学后自主选择的方向，所以我总认为自己有这个责任学好它。我的俄语学习过程，在某种程度上是俄语学院教学模式的缩影，这个模式我认为可以用高标准、严要求来概括。大一大二是打基础的时候，从字母发音、语音语调、变格变位、语法规则，再到阅读一些完整的句子、文章。初学语言的过程就像是复现孩子咿呀学语，老师要做一位耐心的"家长"，帮每一位同学找到发音的难点，纠正、尝试、练习、巩固。语音标准是北外俄语教学的特色之一。这不是语言学习的锦上添花，而是九层之台最初的累土。语音不准，听力会受影响，交流不能传达到位，就更谈不上进一步的外语学习了。

咿呀学语的过程因为有每天六到八小时的学习而得以加快。回望这段时间，我在每一位老师身上都拼命地吸收养分。我的俄语文化第一堂课是戴桂菊老师的"俄罗斯文明之路"；俄语基础是高艺老师和赵梦雪两位老师带着打下的，后来精读课也由劳华夏老师、外教 Kamola、王凤

---

1 季莉雅，北京外国语大学俄语学院 2017 级本科生，于 2021 年 9 月赴商务部工作。

英老师带过；俄语语法这座大山是由武瑗华老师、李雪莹老师带着我们攻克的。俄院老师们对学生的要求是比较严的，但他们对自己的要求更严。印象比较深刻的有一些片段，比如我在图书馆自习的时候碰到苗老师也在学习；新生研讨课上戴老师逐字阅读修改我的课程小论文，不放过每一个细节上的错误；赵老师在备课工作时留下厚厚的笔记……俄语学院的老教授很多，有些退休后也还会偶尔回来。他们都是中国俄语界的巨人，而我们这些小苗因为能和老教授有接触总会心生激动。比如郭聿楷老师是我们的教学督导，大一的课堂上偶尔能碰上老师坐在教室后面旁听，课间的时候老师会把我们不准的发音指出来，给我们纠音。后来我选了郭老师的俄罗斯经典艺术作品赏析课，深受郭老师对经典艺术热爱的感染。我在课上针对鲍罗丁（А.Д. Бородин）《伊戈尔王》（《Князь Игорь》）里的"鞑靼人舞曲"做了介绍，课后郭老师跟我交流，指出我对鞑靼人的解释不够严谨。现在回想，更能体会郭老师对每一个细节的专注和认真。在这样的环境中生活学习，受到周围同学老师们无形力量的鼓舞，又怎么能不上进呢。

　　大二参加全国俄语大赛的经历在我的俄语学习道路上留下了重要的印迹。早在假期选手们就开始准备，学院的每一位老师也都倾力为我们提供帮助。其中外教斯维特兰娜（Светлана）从院内遴选开始就每周抽出时间给我指导，调整我的语音面貌，训练我的口语表达。2018 年 10 月我们一行人来到上海外国语大学。房间里埋头复习的夜晚，后台紧张等待的候场间隙，老师们在台下的热切关注，学习其他选手的表现……这些画面至今历历在目。通过俄语大赛我顺利获得了留学基金委的中俄政府奖学金，来到莫斯科国立语言大学进行交换。踏上俄罗斯的土地，耳边传来的不再是熟悉的母语，环顾四周都是陌生的建筑。留学的经历很梦幻，也让人心潮澎湃。借着学生身份的便利，我们可以用 100 卢布买到国家大剧院的门票。教学楼对面是屠格涅夫的故居，而宿舍的拐角是托尔斯泰的宅子，跨过一条马路就是莫斯科河和在远处眺望的彼得大帝雕像，如果转向另一个方向则是 Яндекс 大楼，是俄罗斯现代技术的孵化中心。所有在课本上的、图像中的、耳熟能详的，我都能亲眼看到、触碰、感受到。

　　大四的课程大部分是在阅读原文和学习翻译中度过的。尤其是在苗澍老师的课堂上，我们读了利哈乔夫、陀思妥耶夫斯基等大师的作品，也欣赏了一些新鲜问世的文章，比如卡明斯基（Е.Ю. Каминский）的 Иван Сергеевич со свернутым носом，吉娜·鲁宾娜（Д.И. Рубина）的 Из чего сделаны писатели。苗老师对大四学生依然强调基本功，比如单词的重音和阅读的语调，但同时在课堂上又会带入大量的思考，无论是评论原文的语法和语言特点，还是作者想要表达的抽象内涵，老师都入木三分。讲课的间隙老师也会给我们分享一些学习的方法和心得，很多时候不止于俄语专业学习，这些经验都让我们十分受用。我们从被俄语的各个学习难点束缚，到开始学着用俄语思考。

二、大学的自由：兼容孕育生机

　　В человеке должно быть всё прекрасно: и лицо, и одежда, и душа, и мысли...... 在俄语学习外，郭世强老师还开设有一门情商课程"如何爱"，我们学习如何表达自己的情绪、与人相处、如何爱。何芳老师开设了文化学，结合俄语以及俄语世界学者的重要著作，为我们打开了文化学这门庞大体系的一丝缝隙，让我们用宏观的时空视角鸟瞰人类文明的发展。俄语中心为我们提供了俄语学习的第二课堂，每逢中俄重大节日，俄语中心都会组织活动，也会不定期请来一些重要嘉宾为我们做讲座。俄语中心主任戴桂菊老师会邀请各个年级的学生参加活动，表现自己的才华，比如诗朗诵、舞蹈、主持、摄影等等，面对同学们的点滴成长戴老师总是不吝啬自己的赞美和鼓励。

吴冠中先生用"风筝不断线"来表达他在绘画方面的理念，借用这个比喻来描述俄语学院的学习生活，从某种角度上我想也可以成立。对于俄语专业学习的高标准严要求是一条线，俄院给我们提供的广阔舞台让我们能够自由地去追逐和寻找自我。这个广阔舞台是课程设置丰富、国际视野广阔、学生发展多样。比如在时间允许的情况下，每个人都可以做一个自由的听讲者。俄语学院所有年级的课表都会公布，我征求老师同意后得以旁听了一些课程：大一的时候旁听了闫洪波老师的语法课，以此和我大四的论文导师结识；听过李英男老师的俄罗斯文化史，这课是开给博士研究生的，因此李老师知道我旁听后关心地问我，是不是能跟得上听得懂；想要加强自己的翻译能力时，我去旁听了周清波老师的笔译课、苗澍老师的同传交传、闫洪波老师的笔译口译……学院老师们对学生的支持和爱护使我们能够自由地成长，而扎实的基础知识和严格的自我要求又让我们不至于断了线、脱了缰。同学们都在这样的环境中有了各自不同的发展方向，带着不同的奋斗目标，互相促进。

三、家国情怀：在复兴之路上笃定前行

作为与新时代同向同行、共同前进的一代，如何将寻找个人价值与实现民族复兴结合，是每一个青年成长路上的重大课题。北外既是一个走向国际、开放包容的校园，更是一个在延安诞生的学校，对于国家和民族的责任感是北外赋予我们的使命，在北外既要追求个人成长，更应该志在家国。俄语学院的红色基因在所有院系中就更显得耀眼。这份基因是通过每一次课堂上老师对于家国责任感的强调得以传承的，是每一位俄语前辈用他们奋斗在祖国重要战线上的经历激发的，更是需要每一位俄院人在自己的生命里不断践行加强的。

学习之余俄语学院也很重视培养我们的政治素养。学院有本科生、研究生和博士生三个学生党支部，还有一个教职工党支部。我从2018年成为预备党员，大四成为本科生党支部的支委，辅助老师处理党建工作。通过团支部、党支部和学院的各个平台，定期会举办团日活动、党建活动、党史讲座、前辈经验分享等等。这些重要的思政课程帮助我们从大一开始就树立了解关心时事、学习国家政策的意识，让我们站稳立场，坚定信仰。树立正确的家国情怀对俄语学生是十分重要的。一方面我们只有在了解中国的前提下，才能在未来用俄语讲好中国故事，另一方面，坚定的政治信仰也是很多工作岗位的要求，能够帮助我们走好未来的职业道路。

从这个角度来讲，俄语学院给我带来了比专业知识更为宝贵的东西，那就是将人生意义与国家发展结合、将个人生活与祖国命运联系的契机。新的国际大背景下，中俄关系升级成为新时代全面战略协作伙伴关系，元首战略引领成为中俄关系的政治优势，务实合作为中俄关系提供了有力支撑。中国与欧亚俄语地区的国家也有着越来越紧密的联系。俄语学生在这样的时代大有作为。大四之际，我也顺利通过了国家部委的考试，即将进入工作岗位。从俄语起步，铭记俄语学

院的培育之恩，我将保持初心，在中华民族复兴道路上笃定前行。

四、结　语

在俄语学院生活学习了四年，这四年中我一直在探索俄语学院的边界。初次接触，会觉得俄语学院是一个师生队伍，这队伍的组成人员年年都在变化。再去体会，就会发现这是一个庞大的体系。它有一面可见，一面不可见。可见的是每一个曾经或正在受到俄院滋养的人，也是正在俄语学院承担教学的人。不可见的是人与人的缠绕交接、相互影响和精神传承。我们是在这个体系里短暂吸取养分的个体。每个人带着自己不同的问题来，得到了不同的答案，在离开的时候长成了不同的样子。俄语学院的这个庞大体系，谁能善于利用、吸收它的养分，谁就能从中受益。

我的回忆只是这个庞大体系的一部分。除此之外，俄语学院还有很多的切面，比如文学、戏剧、体育活动等等，不同的学生在这里都有不同的故事。在我的这份回忆里，俄语学院和老师们始终与我在一起，他们成为我人生一份宝贵的积蓄，在未来的道路上用之不竭，也愿我能时时回想起来，从中吸取需要的养分。

俄语学院八十华诞，是我学习俄语的第四年，也是即将毕业走向工作岗位的一年。带着俄语学院的馈赠和吸收的养分，怀着从各位老师那里受到的恩情，我将从这里走向社会。而俄语学院也会在西三环北路旁这栋建筑里继续它的故事，会有更多俄语人从这里走出来，不断承担起当代中国各个领域发展的重要责任。

探寻自我，无限可能
——致我珍贵的母校时光

§ **摘　要：**作为一名 2021 届毕业生，回首四年北外俄院求学历程，有良多收获与感慨。本文
　　　　　主要分享俄语学习心路历程、课余生活多元探索以及对北外跨学科复合型人才培养
　　　　　模式的体会等方面。通过梳理大学四年经历，总结在北外的收获与成长，展望未来，
　　　　　献礼 80 周年院庆校庆。

§ **关键词：**本科阶段　俄语学习　区域学　跨学科

正值北京外国语大学俄语学院 80 岁生日之际，作为即将毕业的学子之一，有幸借此机会分享我在北外求学之路上的点滴与收获。恍如昨日，依稀记得初入俄院时的青涩与稚嫩；倏忽四载，从问路人到探路人，这里已成为我温暖的家。谨以此文，献礼 80 周年院庆校庆。

一、选我所爱，爱我所选：与俄语的邂逅之缘

（一）为什么选择俄语

我与北外的缘分是冥冥之中注定的，高三的我曾暗暗将她的名字写进高考倒计时的日历里，将微信头像也换成了 BFSU 校徽。北京外国语大学作为"外交官摇篮"和"外语学习殿堂"，无疑是广大学子心目中的理想学府之一。北外深深吸引我的地方，既在于她深厚的历史人文底蕴，又在于她兼容并蓄的世界眼光与开放胸怀。此外，人文学科是关于"人"的学问，学习外语离不开跨文化沟通和海外田野调查，可以体验用另一种思维方式去思考，探寻语言背后的对象国文化、历史与社会，而北京外国语大学培养的正是博学笃行的国际化人才。正因如此，我一直对北外心向往之。

心向往之，行必能至。2017 年，我以山东省文科综合评价第一的成绩如愿以偿来到了北外。在填报志愿时，我毫不犹豫地选择了俄语作为第一志愿。那年夏天，我曾赴俄罗斯和斯堪的纳维亚半岛游历，参观了博物馆、教堂等名胜古迹，俄罗斯厚重博大的历史文化激起了我探索了解的愿望。当我到达俄罗斯及北欧各国时，都会收看当地国家电视台的节目，留意不同非通用语种间的语音语调差异。我清楚地记得，当时还是俄语小白的我尤其喜欢俄语中 ш 和 р 这两个音。而

1　徐睿迪，北京外国语大学俄语学院 2017 级本科生，于 2021 年 9 月赴北京大学硕博连读。

且，我得出了一个小小的结论：俄语语流中有种格外独特的韵律美，相比其他语言有更多的抑扬起伏。除了对俄语本身及背后文化的兴趣，中俄不断深化的双边关系以及在政治、经济、人文等各领域的务实合作，也是我选择俄语的重要因素之一。

（二）行远自迩，笃行不怠：忆俄语学习点滴

俗话说，俄语是一门"哭着进去，笑着出来"的语言。对于零起点俄语生而言，除了大舌音，结构严谨、形态繁复的语法最难掌握，包括变格变位，动词的体、式、态等。大一大二是打牢基础的关键时期，只有前期投入大量的时间精力不断练习，才能实现质的飞跃，愈发得心应手。

青春四载，俄院老师们春风化雨般的师爱、严谨治学的精神在潜移默化中影响和感染了我们。无论是在专业学习，还是未来规划上，老师们都给予了我莫大的支持与帮助。对初学者来说，打下良好的语音面貌至关重要。高艺老师和赵梦雪老师是我的俄语启蒙老师。为了让我们的发音更地道，高老师凭借丰富的教学经验教给了我们很多发音的小技巧。赵老师经常会在晨读时间就早早来到教室，纠正我们朗读课文的语音语调，她的勤奋自律也激励和感染了我们。步入大二，语法逐渐显露出威力，但是武瑗华老师的语法课上总是充满了欢声笑语。武老师被我们亲切地称为"武妈"，她的课堂条理清晰、节奏快、强度大。武老师不仅善于将繁复的语法点归纳出简单几条，还经常跟我们提及当年俄语前辈对着"老八本"教材肯下苦功的精神，鼓励我们一定要多说多练，达到张口就来的地步。有了前期的积累与铺垫，高年级阶段的学习更注重连贯表达和观点输出。课堂侧重点也从逐词逐句的知识点、语法点系统讲解，延伸至对文章段落大意和整体脉络的把握。每学完一单元，老师都会单独留出一节课作为讨论课，让大家畅所欲言。《"东方"大学俄语（新版）学生用书》五、六册的很多文章是文学作品，潘月琴老师对于课文内容的分析讲解鞭辟入里，使我们受益匪浅。大四上，我选修了苗澍老师的精读课，苗老师"精益求精"的治学精神和敬业态度让我十分敬佩：整个学期苗老师都坚持带领大家阅读课本中节选文章的原文，课后还经常发给我们访谈、文学评论等作为补充材料；对于一些很细节性的问题，老师也会耐心认真地搜集语料详细解答。"博观而约取，厚积而薄发"，老师们在课堂上的信手拈来背后都是多年的积累与沉淀。很感谢俄语学习之路有这些各有专长、水平精湛、学识渊博的师长相伴，不仅帮助我们熟练掌握语言技能，还带领我们驰骋文化与文学的海洋，品味俄罗斯各界大家的思想精髓。关于俄语学习，我自身还有两点感受补充：其一，语言学习离不开重复训练。我身边很多同学的大学生活每天都过得繁忙又丰富，比如忙社团、忙学工、忙修双、忙实习等等，在这种情况下，更需要充分利用碎片化的时间。我大一大二也过得很忙碌，所以会经常利用通勤、排队、睡前等零碎空隙时间温习课文，甚至比花整块时间专门背诵收效更好，起到了事半功倍的效果。其二，俄语语言文学属于外国语言文学下设的二级学科，语言学习离不开文学素养的养成。从大二起，老师们就开始建议我们平时多阅读俄文原著，刚开始读应选文字比较简明的作品，比如从克雷洛夫的寓言故事读起，然后再读诸如普希金、契诃夫、屠格涅夫等名家的作品，到了大四我身边就有同学能够读陀氏的作品了。本科阶段的学习任务量还是蛮大的，所以我一般会把原著阅读的任务放在假期进行，离校前列出假期书单去图书馆借好了带回家读。此外，俄院也有丰富资源可供利用，如主楼四层的俄语中心就有大量的俄语原版藏书。关于如何提高阅读速度和积累生词表达，

我曾专门跟老师探讨过。可以把课外阅读当成泛读进行，对于不重要或不影响理解的段落，可以快速浏览，只查那些影响理解文章内容的生词。这样会大大提高阅读效率，感受到阅读带来的乐趣。读得多了，自然就知道了哪些单词与表达才是常用的。

若用一句话做本节的总结，我想说的是，梦想能够到达的地方，脚步终将到达。愿每个人都能"选你所爱，爱你所选"，然后"心之所向，素履以往"。

二、综合发展，知行合一：做实践型的斜杠青年

（一）致知力行，热心公益

学习之余，社会服务工作是非常有趣又充满意义的事情，能在帮助别人的同时找到自我价值感和使命感。大一期间，我加入了北京外国语大学青年志愿者协会，该协会主要负责组织管理和参与社区型志愿服务，关爱老人儿童等社会群体，为北外师生及周边社区人员提供便利服务。在青协的一年，我们组织了志愿者去新阳光病房学校陪白血病患儿做游戏，在夕阳再晨项目中教老年离退休教师使用电子产品，在保安充电计划中为这群可敬的"校园卫士"们教授英语、法律、计算机等课程，在北中医义诊项目中跟北中医学子学习号脉……在青协的一年虽然很忙碌，但是在这里却收获了独一无二的爱与感动，渐渐找到了自己在学习之余的另一项热爱的事情，并愿意为之付出时间和精力。

从大二开始，我利用寒暑假时间先后参与了两次海外支教和"歆语工程"支教团，实现了从"组织者"到"亲历者"的角色切换。海外支教经历使我放眼世界，向外传播中国文化；"歆语工程"使我心系祖国，更加了解到中国偏远地区基础教育建设的不足与缺陷，明白了青年一代肩负的责任与使命。"歆语工程"校级实践项目充分发挥了北外特色的语言优势。那年暑假，经过43小时的长途跋涉，我们来到了位于云南省红河哈尼族彝族自治州的国家级贫困县——元阳县。学生们白天正常上课，我们的授课时间是晚上七点到十点，两周每天连续讲三个小时的高压让嗓子持续沙哑，但当学生们下课跑来问我各种问题，当临别欢送会上收到他们精心准备的一个又一个惊喜时，真切地体会到了当老师的幸福，也觉得这份付出是值得的。有一封信里写到，"北京令人向往，却可能只能是理想"，就像笼子里的鸟儿，大山里的孩子考学真的不易。他们是可爱的，纯朴的，但也是敏感的。我志忑地给他们描绘外面的世界，却小心地不想刺碰到他们脆弱的心。生于斯，长于斯，环境真的很重要，我希望能够给他们留下些什么，哪怕些许动力。这些经历都帮助我走出象牙塔，通过亲身体验的方式认识和了解社会，真正实现知行合一。

（二）多元探索，激发更多可能

北外提供了很多机会让我们可以"玩"得尽兴，结交有趣的灵魂。刚来到北外，我就有幸代表主持人协会、代表俄院首登千人礼堂主持了校级迎新晚会，2018年俄语文化节闭幕式上再次和高年级学长学姐一起同台主持，大学时光中十几场大大小小的主持经历都让我结识了很多温暖的人，拥有了很多美好的回忆。

此外，俄语学院也为我们提供了很多宝贵的机会。大一刚入校时，就有幸前往人民大会堂见证了中俄媒体交流年闭幕式，见到了李克强总理和梅德韦杰夫（Д.А. Медведев）总理。之后还参与了"全国高校俄语中心和孔子学院经验交流暨学术研讨会"、全国高校俄语大赛等活动。作为俄语中心主任，戴桂菊老师还会定期组织俄语主题晚会、名家讲座和交流会。回想起来，我在俄语中心度过了很多愉悦的夜晚：胜利日时在"Память о войне"晚会上讲述卫国战争时期的故事，俄语日暨毕业生晚会上朗诵普希金的诗歌，聆听李雪莹老师翻译《朗道传》的故事、史铁强老师漫谈俄语学习、武瑗华老师关于"话语仪式性"的讲述等等。在这些活动中，我们通过尽情地"玩"，也"学"到了很多。只有"玩"得投入，才能找到令自己愉悦和享受的兴趣所在，并探寻到自己的价值。

大学是开放多元、自由选择的阶段，是从一个点出发，向无限可能的方向拓展。一路走来，我在俄院、在北外认识了很多优秀的小伙伴，他们身上既有各异的闪光点，又都集聚着相同的正能量。母校给予了我们许多选择的机会和包容性，我身边的很多同学都通过积极探索与尝试找到了自己适合的定位，确定了未来发展的方向。以俄语学院为例，通过大学四年的学习，有人选择了就业，去国家部委、互联网大厂、各大金融机构、媒体行业等锻炼实干能力；有人选择了国内读研，俄语学硕、翻硕、国际组织学院以及跨考法律、新传、高翻等都是不错的选择；还有人选择了出国深造等。很幸运能够在大学时光里遇见他们，虽然各自努力的方向目标不同，但都会互相激励，共同进步，在处于困难低谷时彼此陪伴。此外，还想感谢给予我鼓励、帮助和建议的辅导员及学长学姐们。当我遇到困难时经常叨扰他们，他们总是不厌其烦地细心为我解疑答惑。在我迷茫、焦虑时，他们也总能带给我温暖与力量。大学是不断尝试、不断试错的阶段，也充满着很多未知机遇。大三时，我抱着尝试的心态和志同道合的朋友组队参加了校级商务谈判赛，没想到团队经过多轮 PK 获得了第一名，自己还获得了"最佳辩手"的荣誉称号。这次经历让我发现模拟谈判其实是很有趣的事，后来我还选修了一门商务谈判的课程。因此，在学有余力的情况下，可以多多接触不同的领域，善于把握住机遇，说不定就能在摸索中寻找到未来的目标方向。愿每个人都能勇敢大胆地去做喜欢的事情，拥有不设限的、五彩斑斓的大学生活。

三、复合求进，交叉融合：跨学科的追梦之旅

（一）融合：通识教育与专业教育

在本专业的基础课之外，北外提供了充分的课程选择自由度。大到是否选择双学位或辅修、学科方向课选择跨院系还是本院课程，小到具体选择哪些方向课都是需要自主考量的。这种选课模式有利于打破院系之间的壁垒，充分整合利用全校的学科资源，完善知识结构。我选择了本院开设的区域研究方向，包括俄罗斯历史、地理、经济、外交、区域学和当代俄罗斯社会六门课。同时我还尽可能地旁听文化学、文学、翻译方向等感兴趣的课程，虽然只接触了这些方向的一两门课程，顶多对这个方向形成了初步粗浅认识，但让我以多元视角更综合全面地了解了对象国，同时这种不同角度产生的新的刺激也会激发出新思考，让我更加明晰自己热爱什么、想要什么。

（二）复合：国际视野与战略思维

在大二时，我通过院内遴选入选了北外复合型人才培养战略班 PPE 项目，选修了诸如公共外交、当代经济管理等与政治、经济和哲学相关的校级课，同时学院还为战略班的同学开设了戴桂菊老师的俄罗斯社会文化、潘月琴老师的俄罗斯戏剧和苗澍老师的口译课等俄语专业精华课程。从今年开始，战略班的院内课程还进行了升级改版，邀请学院更多老师作专题讲座。战略班的课程让我对专业的学习进一步加深，并增强了哲学、政治等学科修养。同时，郭世强老师还为战略班同学开设了小专场"如何爱"课程，帮助我们学会倾听与沟通、学会接纳自己并正确看待负面情绪，提供了一个非常温暖包容的平台。

（三）交叉："跨学科"与"跨学校"

北外赋予了我独特的人文背景和语言优势，战略班课程让我对于哲学、政治等跨学科课程有了初步认识，北外倡导的复语复合型人才培养理念给了我拓展的动力。大二时，我考取了北大国发院经济学双学位。尽管大一面临初学俄语的不适和备考经双的压力，但我通过不断调整学习方法和心态适应了高强度学习节奏，在保持本专业成绩不断提升的同时，统筹兼顾两边学业，既获得了本专业的校一等奖学金，同时也获得了北大国发院的朗润青年奖学金。恰恰是通过双学位的学习，我认识到俄语对我而言的重要性。俄语是我宝贵的财富，让我变得独特。在我看来，知识本身是不可分割的整体，人文学科，乃至所有学科之间都是相互贯通的，通过相互碰撞而产生新知，甚至新的学科方向。

戴桂菊老师教授的区域学系列课程对我启发很大，其课堂上对于地理、历史和社会各方面综合性国情的讲述思路清晰、见解独到，极大地拓展了我的知识面，还引发了我对于跨学科、综合性的区域国别研究的兴趣。老师有时也会跟我们谈起年轻时去到俄罗斯各地考察时的见闻。我记得戴老师曾多次强调要将我们培养成"区域通""对象国通"的人才。得益于本科区域学课程的开设，北外的学生无论是在考学还是求职时，区别于外校学生的一点就是对于俄罗斯及中亚各国的国情有更深的了解。

随着学习的逐渐深入，我深刻感受到知识积累和触类旁通的重要性，有意识地在语言学习之外广泛涉猎探索，积极参加各领域专家学者举办的讲座和学术研讨会。求学路上注定会有对前途迷茫困惑和焦虑不安的时刻，尤其是当站在人生的十字路口时，黄玫老师、何芳老师等师长们都凭借自身的经验与阅历提供了许多宝贵的建议。是老师的鼓励与信任让我选择了再相信自己一次。"起始于语言而又不止语言"，我愈发坚定了将区域国别研究作为自己未来的选择方向。在去年 10 月，我收到了北京大学区域与国别研究院的拟录取通知，在成为跨学科思维的复合型人才道路上跨出了坚实的一步。

四、厚植情怀，心系家国：秉承使命担当之责

18 岁那年，我递交了入党申请书，如今已光荣成为预备党员。如今世界正在经历百年未有之大变局，中华民族伟大复兴是其重要组成部分。2020 年是极其特殊的一年，面对纷繁复杂的国际形势和任务艰巨的国内治理，以习近平同志为核心的党中央交出了一份人民满意、世界瞩目的答卷。尤其新冠肺炎疫情期间，中国的防疫表现成为了国际社会的典范，向世界展示了中国在危机面前的应对有力和担当。在这期间，我看到了 14 亿中国人患难与共的温情和共渡难关的决心，更看到了党中央在重大挑战面前的组织有序、领导到位，以及千万党员在危机面前体现的责任感。我更加坚定了自己的理想信念，为实现中国梦做出自己的努力。

今年，在共产党百年华诞之际，北外与俄院也迎来了 80 岁生日。在复杂多变的国际局势下，作为预备党员，也作为北外学子，我们生逢其时，肩负使命与荣光。北外诞生于革命的烽火中，延安建校，辗转华北，迁至北京。红色基因无疑是北外的精神内核。正如校歌里唱的"人民需要我们到哪里，我们就到哪里"，一代又一代的北外人把青春和热血投入到民族救亡、改革开放、伟大复兴的历史进程中。正是基于这样的历史文化底蕴，北外人始终坚持服务国家战略，有着鲜明的国家立场和民族情怀。历经 80 载，现如今北外开设的语种已有 101 门，只要有五星红旗升起的地方，就有北外人的身影。

北外学子肩负"向世界展示中国"和"向中国介绍世界"的双重责任与使命。扎实的语言功底和丰厚的文化底蕴是沟通的桥梁，更是"讲好中国故事、传递中国声音"的前提。如今中国正在以积极主动的姿态参与全球治理，对外语人提出了更高的要求。高等外语教育要致力于培养一大批熟悉党和国家方针政策、了解我国国情、具有全球视野、熟练运用外语、通晓国际规则、精通国际谈判的专业人才。培养复合型、复语型、高层次的国际化人才正是当今时代赋予北外的历史使命。北外浓厚的学习氛围和身边优秀的老师同学们开阔了我的视野和眼界，北外大环境的熏陶使我更加了解国家、了解世界，也希望能够担当起时代使命，在国际舞台上为中国发声。

五、展望与结语：献礼母校，对未来不懈追寻

回首四年，这里承载了太多的美好记忆：春日欣赏主楼前盛开的玉兰，夏日在晨读暮思园的踱步、静坐，秋日感受逸夫楼前银杏叶飘落的满地浪漫，冬日午后在洒满阳光的图书馆里徜徉，清晨手捧咖啡飞奔向砖红色的教学楼，夕阳下操场上跃动着挥汗如雨的身影，还有书声琅琅的食堂、蛙声阵阵的小碧池、大气宽敞的体育馆……

转眼即将告别这段青葱岁月，有太多的不舍和留恋。感谢北外，感谢俄院，感谢我的成长道路上的每一位师长和身边的朋友们，给予了积极的鼓励、支持与帮助，让我以独特而欣欣向荣的姿态不断生长。在未来，我会持续提高思想境界、国际视野和学术水平，不辜负母校的栽培，争取成为秉承中国深度和全球广度的北外人。

八十载春华秋实，八十载薪火不息。最后，祝福母校与俄院 80 岁生日快乐，再创辉煌！

弘毅立德，笃行致远
——从北外俄院出发

王诗华[1]

§ 摘　要： 在校院同庆 80 周年之际，笔者在北外的四年本科学习生涯也已接近尾声。本文旨在回顾在北外俄院的学习工作经历，以俄语学习、学生工作以及部委遴选等方面作为切入点，总结个人经验与成果收获，展望未来，献礼院庆校庆。

§ 关键词： 俄语学习　北外生活　部委遴选

Время летит как стрела.（光阴似箭）这句大一困扰我多时的俄语表述在今天看来却显得格外应景。转眼间，我们已经走进了大学生活的尾声，明年，我们也将无问西东，各赴前程。然而三年来日日夜夜的一切依旧历历在目，我仿佛仍是那个穿着印有 "ИРЯ" 的白色院服的懵懂新生，还是那个苦练大舌音夜不能寐的俄语菜鸟。回首三年来美好而艰辛的求学生活，心中既有一段旅程即将收尾的伤感，又有向未来进发的兴奋与渴望。在院校 80 周年同庆这样一个光辉的历史节点上，我谨以此文献给学院，献给母校，回顾作为一名外语人才的成长历程，在新时期的新起点上，带着珍重前行，从北外俄院出发。

一、以学业为本，做勤学善思的俄院人：俄语学习刍议

2016 年，我在北京九华山庄参与了外研社主办的中小学生英语技能大赛，斩获国家一等奖，辽宁省冠军的佳绩，由此与北外结缘。2018 年，通过综合评价招生后，我坚守这份缘分，进入北京外国语大学俄语专业学习。

入学以来，我对专业的热爱始终不减。秉承 "以学业为本，以专业为先" 的理念，我以极大的热忱投入学习，以广泛的兴趣求知探索，以 "深究而悉讨，慎思而明辨" 的学习态度严格要求自己，不曾有丝毫松懈。

俄语学习的过程是艰难曲折的，接触一门全新的语言系统及其背景知识无疑是一个巨大的挑战。复杂的变格变位，丰富的国情知识需要大量的时间积累和巩固，而如今的成就也离不开学院老师们对我无微不至的关怀与帮助。

记得大一年级刚刚入学时，误打误撞选修了戴桂菊老师的俄罗斯文明之路课程（新生研讨课不允许本院学生参选），这次上课的机会让刚入学懵懂的我逐渐摆脱了对俄罗斯、对俄语的陌

1　王诗华，北京外国语大学俄语学院 2018 级本科生，外交部 2020 年定向培养人才。

生与不安，让我有机会从总体上了解俄罗斯的文化国情，也是我一切俄语学习的开始；史铁强和武瑗华老师的语法课程深入浅出，严谨有序，为我的语法打下了牢固坚实的基础；高艺老师的语音课让我坚定了改善自己语言面貌，精益求精的信念；赵梦雪老师一路以来的鼓励和陪伴也让我逐渐地找到了自己的学习节奏，形成了自己独立的方法……在俄院成长道路上遇到的恩师不胜枚举，在此不再一一赘述。

在竞赛方面，我积极参与俄语、英语等各项语言类赛事，并斩获各类奖项，为学院争得了荣誉。与此同时，为了适应学校国际化、高素质、复合型人才的培养标准，以多学科的视角更加深入地认识世界、求索真理，也为了能够加深对专业的理解和思考，我开始修读外交与外事双学位与英语专业辅修课程。我坚持以专业课程的标准对待双学位以及辅修课程的学习，力求拓展知识的深度与广度，不断提高学术能力与素养。

课业之余，我也活跃于各类学院承接的外事活动中。白俄罗斯研究中心揭牌仪式、普希金诞辰 220 周年纪念活动、"中俄青年同走 70 年友谊路"主题纪念活动、俄罗斯世界基金会纪念卫国战争胜利歌曲录音活动……种种文化活动拓宽了我的国际视野，也为提高外语水平、提升文化修养提供了机会与平台。

生而有涯，知也无涯。三年来的求学之路让我更加理解了北外人肩负的使命，也更加坚定了这份初心。终于，在上一学年的学习生活中，我的学业成绩平均分 94.25 分，综合评估成绩年级排名第一，也有幸取得了我人生的第一次国家奖学金。这是对我三年来学习生活的肯定，但远不是终点。承载着前人的精神与嘱托，我们要始终汲取充实，砥砺前行，以积极的学习态度焕发前行的力量。

二、以笃行为志，做务实奉献的北外人：学生活动回顾

"青年一代有理想、有本领、有担当，国家有前途，民族就有希望。"走入北外以来，我始终严格要求自己，在专注个人前途发展的同时，更要做理想信念坚定、朝气蓬勃、明德笃行的新时代青年人，用点滴努力助力校园发展。因此，尽管各类课业压力相对繁重，我仍积极投入各级学生工作中，作出了一定的成绩。

一点一滴的行动离不开理想信念的指引和支撑。入学以来，我一直努力提升自己的思想水平和理论水平，坚定自身的理想信念，追求更高的精神境。在校期间，我参与歆才团校、网络党校等各级骨干班培训，推优成为学院本年级第一批中共预备党员，活跃于各项党团工作。正是在理论和实践的不断提升下，我逐渐成长为一名有担当、肯奉献的新时代北外人。

入学三年来，我始终探寻着如何用自己的力量助力校园学生工作的开展。在班级担任班长期间，我与团支书郭培帅同学创办了"北外俄院 1802 团支部"公众号，开展线上线下班会与团日活动，积极引导班级同学参加到集体活动中来，积极参与学院、学校多项赛事，在包饺子大赛、俄毛杯羽毛球赛中屡获佳绩，班级获得活力团支部称号。

在团委的工作，是我脚踏实地，务实付出的时间。在办公室任职期间，我继续关心学校同学的各项需求，提供力所能及的服务和帮助，助力学生工作发展。担任校团委办公室主任以来，

我充分发挥自身特长，形成了及时消化难题的工作能力和专业素养，并组织起了一支学生团队，承担起了"北外青年五四奖章"评选等大型活动任务，完成入校迎新、开学典礼、编订年鉴等各项学校任务，严谨落实细节、反复推敲流程，为北外各项学生工作的顺利开展保驾护航。

在学校学院各级学生会工作期间，我致力于为同学提供更好的校园活动，丰富课余生活，从外联部干事到团总支学生会主席，是我一路笃行的过程：在外联部工作期间，我主动承接对外的交流工作，拓展交际空间，提升学院影响力；任院学生会主席及辅导员助理以来，我联系承接学院各类学术、就业讲座，组织各类特色活动，推进学院学生会改革，为学院工作作出了自己的贡献。

三、以家国为怀，做融通中外的圆梦人：未来工作展望

在北外学到的最重要的一课是，爱国从来不是一个口号，它沉浸于我们每一个人的精神之中，表现于每一个平凡的行动之上。作为一名新时代青年，我们更应勤苦务实，把爱国之情、报国之志融入祖国改革发展的伟大事业之中、融入人民创造历史的伟大奋斗之中，在祖国最需要的地方建功立业，做出自己的贡献。

（一）外交遴选小记

"愚园自此迎风雨，杯水犹记克金刚"。这是刚刚考入北外时，我为自己留下的一句警言。入学以来，进入外交部工作始终是我的目标与理想，为此，我在专业学习、学生活动、党团工作、学术竞赛、外交知识及实习工作六个方面进行了长期的规划与准备。同时，我也积极参与着各类国内国际政治活动，力图丰富履历，开阔眼界，熟悉各项事务工作，向优秀的前辈学习。

在2019年中华人民共和国成立70周年之际，我有幸受团委推荐担任群众游行合唱方阵北京外国语大学方阵大队长一职，圆满完成机密信息统计整理任务与物资调集工作，多次完成各类重要宣传稿、新闻稿和向上级机关的总结报送文件撰写，获评国庆工作先进个人称号。通过不断地学习反思，参与各项政治工作，我在各方面都取得了进步。并在各个方面继续积极努力，不断以更高的标准要求自己，配合国家学校的工作安排，提升自己的综合素质。

随着时间的推进，在大三上学期终于迎来了参加遴选考试的时刻。新冠疫情的到来带来了挑战，也带来了机遇。居家学习的过程如今依然让人难以忘怀：浩如烟海的课程材料与文献，难以集中精力的网课学习，对未来安排充满未知数的担忧与恐惧都为这个过程增添了许多困难。参加遴选考试的过程亦是充满波折的；笔试时困窘于许多超出认知范围的难题，面试又遇上大雨险些误了时间。

但说来也神奇的是，当坐在考场上，或是对国际问题抒发感想，或是和面试官分享自己的规划，我仿佛忘记了之前的担忧与恐惧，念起的只有一堂堂或平凡，或生动的俄语课程，想起的只有之前读过的一篇篇国际新闻。肩负着学校、老师与同学们的祝福与嘱托，为梦想准备三年的我如今在考场上再无畏惧，这一刻，我为我是一名俄语人，一名北外人充满自豪，我为我自己选择的道路倍感骄傲。

正所谓"人生在勤，勤则不匮"，前进的道路依旧很长，矢志奋斗必不可少。如愿成为外交部定向培养人才后，我继续活跃于各项重大活动，希望能为国家的各项工作出一份力，添一块瓦。

（二）国际交流初探

2020 年 12 月，我通过校团委参与到北京市团委国际联络部组织的国际青年冰雪体验营活动中，负责团队的英语交传及文件翻译工作，与国际友人一同体验冰雪运动，共迎热情冬奥。为做好相关翻译工作，我在前期认真准备稿件，反复审校术语，力图营造专业、友好的活动氛围，为冬奥会相关工作的开展做好预热。

学校学院的国际化平台给了我直接参与国家活动的机会，为我提供了拓宽职业视野，熟悉未来工作的可能。今年 2 月，我与来自日语学院的两位学长学姐有幸受学院学校推荐，协助科技部机关服务中心完成了李克强总理与在华工作外国专家新春座谈会的会务工作。在活动期间，我担任会务工作组的英俄法复语翻译，修订多语会务手册，撰写各项通知通告，积极联络外国专家，为科技部会务工作构建了沟通桥梁。除翻译工作外，我也与来自俄罗斯、乌克兰、法国、墨西哥等国的学者教授进行了亲切的交流，并向他们表达了中方的友好以及对外国专家建议的重视，让专家们对于中华文化有了更为清晰全面的了解。

而从另一方面，我也尝试发挥语言优势，为丰富同学们的课余生活，提升语言水平，扩大学校、学院影响力作出自己应有的贡献。今年年初，我陪同苑远老师代表俄语学院与龙在天皮影艺术剧院展开了多语种皮影戏项目的合作，组织学院同学分组完成了《猴子捞月亮》《嫦娥奔月》两个原创剧本的俄语翻译工作，并持续推进相关多语种项目，弘扬中华传统文化。

如今，中国特色社会主义已进入了新时代，"一带一路"倡议蓬勃发展，区域合作有序展开。国内脱贫攻坚战取得决定性胜利，中俄关系也达到了历史上的最好水平。在这样一个距离祖国宏伟目标最近的时代，俄院学子踌躇满志，大有可为。我们要以学业为本，笃行为志，更要以家国为怀，以天下事为己任，融通中外，做中华民族伟大复兴理想的圆梦人。

四、结　语

大写的青春里应有大写的青春梦想，要让青春梦想在中华民族复兴的伟大梦想里绽放。在校院双庆，建党百年的伟大历史节点，作为中国青年，作为新时代的北外俄院人，我愿以更高的标准要求自己，把自己的小我融入祖国的大我，人民的大我，与时代同步伐，与人民共命运。学好专业知识，提升精神修养，在新时代的新起点上，从俄院出发，从北外出发，为中华民族伟大复兴中国梦的实现做出自己的贡献。

北外俄院
——梦开始的地方

郭培帅[1]

§ **摘　要**：2018 年笔者从高考大省——河北来到首都北京求学，通过综合评价招生考试进入北外学习。通过自身不断的努力以及来自外界不同层面的帮助与支持，在本科近三年的学习、生活中逐渐摸索出了属于自己的节奏，慢慢找到了在俄院大家庭、北外大集体中的归属感。在北外和俄院的栽培下，2020 年笔者有幸通过了中国外交部的遴选考试，同时成为了一名光荣的中共预备党员，在余下的本科生涯里，笔者定当不忘初心，珍惜时间，不断进步，努力用健康的体魄和博大的胸怀去实践和创造人生的价值，回馈母校和俄院的栽培。

§ **关键词**：俄语　多重身份　外交部

一、千淘万漉虽辛苦，吹尽狂沙始到金

"河北考生"这四个字背后承载了太多，有身处"高考大省"自知努力拼搏的决心，更有走出河北、走向首都的一份求学的憧憬。"北外"曾经对于少年的我来说是一个充满诱惑力的词汇，一定程度上是我可望不可即的亭台高阁。在各种机缘巧合的交织作用下，过五关斩六将，我终于顺利通过了北外的综合评价招生考试，得以有机会通过提前批的方式将来进入北外学习。录入高考志愿时面对相对有限的专业选择范围，尽管对俄罗斯这个国家既熟悉又陌生，但冥冥之中还是将俄语放在了志愿选择的前列。我与俄院、和俄语的不解情缘从此展开。

保罗·柯艾略（Paulo Coelho）说，没有一颗心，会因为追求梦想而受伤，当你真心渴望某样东西时，整个宇宙都会来帮忙。念念不忘，必有回响。在迷茫的青春里，这是一种追逐梦想的味道，香甜却来之不易，其中辛酸唯自知、唯己尝。但当我和众多学子一般，攀登了十二年的高山，也挺过了那一场所谓的"人生大考"后，还有什么能阻挡我们迈向万水千山，怀抱星辰大海的步伐呢？"就奋身做个英雄，不枉那青春勇，愿心之自由，共天地俊秀，有情有梦……"

生活因未知而美丽，怀抱着一种不确定性同时也是一种兴奋感度过了高考后的暑假，开始过渡到了全新的大学生活。至今仍然能清楚地记得戴桂菊老师在名师见面课上如数家珍般向同学们介绍着俄罗斯的民族历史渊源的深度，地理人文特点的广度。那时候我就清楚地意识到俄罗斯

1　郭培帅，北京外国语大学俄语学院 2018 级本科生，外交部 2020 年定向培养人才。

作为一个国家，同中国一般，值得被冠以"伟大国度"的称号，而俄语，作为一个专业，更是有融会贯通、包罗万象的强大引力。戴老师当时向新生提出了一个问题："俄罗斯作为一个国家，到底属于亚洲还是欧洲？"现在当我再次审视这个问题的时候，我深刻地理解了老师提问这个问题的深意：步入大学后，遇到的很多问题可能不存在唯一正确的答案，更多的时候我们需要的是解释问题答案的探索过程，而并不是机械重复某个答案固有的正确性。

当那些盘踞在 PPT 里的陌生的基里尔字母成为此后渗透在学习生活中的一个又一个不可或缺的文化符号时，我也正重整行囊，从心出发。

二、海阔凭鱼跃，山高任鸟飞

处在舒适的学习生活的环境中，我尽力探索着自身的可能性，为自己的校园生活拓宽出新维度：

2018 年，从初审到通过到复试到填报志愿，一路上接受了很多帮助，在这个过程中与北外招办结缘。

2018 年，"百团大战"，我毫不犹豫选择了加入招生办这个社团组织。

2019 年，从宣传部到助理部、从行政楼到千人礼堂；从线上电话、邮件到线下宣讲、开放。担任招生办助理的这两年里，我努力地做好属于自己小小的那部分，为的是传递那一份被帮助的温暖，让更多优秀的人实现自己求学的梦想。

俄语学院是有红色底蕴和红色血脉的院系，80 年来，薪火相传的红色基因在一代又一代的俄语人身上得到了体现。那份在入学第一天就递交了入党申请书的仪式感，现如今回想起来仍然是那么的庄严和崇高，经过三年的考察和锤炼，从入党积极分子到发展对象再到中共预备党员，看着写过的一篇又一篇的思想汇报，回顾着参加的一次又一次的党团活动，浸润在俄院红色历史的氛围里，每一步都走得踏踏实实、意义非凡。作为班级的团支书，我要说是班级成就了我、塑造了我、包容了我。从大一时的懵懵懂懂到如今从"三会两制一课"出发富有成效和特色地完成团务工作，从一开始组织团日活动时的忐忑忑忑到如今的得心应手，靠的不是所谓的个人聪明才智，而是 20 个人心往一处齐，劲往一处使的团结与凝聚，这便是俄院学子所具备的创新、时效、积极向上的理念发挥了作用，红色的星火正越燃越旺，映射辉煌满天。

对党有忠，对国更要有爱，这是俄院学子的初心和使命，也是我选择加入北外国旗护卫队的初衷：爱不仅要说出来，还要用行动证明乃至用汗水浇灌。

6：20，是集合的时间；49 秒，是国歌的时长；28 人，是国旗班的人数；365 天，是我们对国旗始终如一的爱护。用数字可以精确分秒，可以统计多少，但是却难以衡量这爱的持久和厚重。从春之萌芽希望到夏之蜕变成长到秋之创造辉煌再到冬之沉淀蕴藏，我们用四季宣言忠诚；从晨起看日出和朝阳到午后鼓动燥热、抛洒汗水到晚间凭星光指路，累了就抬头看看月亮，我们用 24 个小时保证质量。我不想让你看见我深夜时的疲惫，我只求你在心底默默夸赞我一声英姿飒爽。我不想你听见我心底悄悄波澜过的彷徨，我只求你听我一声口号嘹亮，穿透云墙。穿上一身绿装，便有一腔热血与刚强，褪去昔日的荣光，在可触摸到的当下和可预见的将来，仍要一如既往的履行好职责和使命，去投身当今祖国的建设，去见证明日祖国的复兴。

因党而生，与党同行，几十年来，初心不忘，生活在北外校园里历史最悠久的俄院，如星火的赤红是俄院学子心底永远的亮色。秉承"兼容并蓄，博学笃行"的校训，发扬"永远为人民服务"的精神，怀揣着心中的热情，一年里我以及众多俄院学子参与了丰富多彩的志愿活动。有幸参与国庆游行的同学们，每日不怕苦不怕累地训练，冒着细雨也难掩心中热情与激荡；遗憾错失国庆游行机会的同学们，也在得知冬奥会志愿者的招募时充满热情积极报名。

俄语学院"小天鹅志愿团队"于2012年成立，具有悠久的支教服务历史，2015年以来，与志愿服务、社会实践和社会公益事业相结合，组建了俄语学院社会实践平台。通过公益志愿服务平台渠道，俄语学院举办有"爱心北外，情暖俄院""国家图书馆服务站""温暖在身边——互帮互助平台""积木成林——援疆捐书""弘扬传统文化——多语种皮影戏翻译工程""红色1+1支部共建"等公益帮扶活动。

在学院平台的支持下，我在国家图书馆累计志愿服务时长40小时；在2019年全国俄语高校大赛中服务技术后台志愿岗，时长48小时。同时，受学院的支教服务启发，我在2021年参加了由共青团中央指导、中国光华科技基金会主办的"一起云支教"大学生服务乡村教育公益行动，并在活动考核中获得了满分的成绩，之后作为优秀志愿者代表，被中国光华科技基金会项目组邀请作为我校代表同北航、北理以及北中医药的三名志愿者代表前往贵州支教地，进行实地考察。期间充分发挥了俄院学子该有的责任感，表现优异，回程后受到了中国教育电视台采访报道，用自己的行动为俄院的志愿服务增添了一抹属于自己的青春色彩。

可以说，在这三年里我体验了多种身份所带来的奇妙经历：从第二十一届歆才团校优秀小组长、优秀团员到班级团支书、中共预备党员，从院内团学联主席到北外国旗班刀手，从支教志愿者到大创项目成员，伴随着参加各类比赛、各种活动，不断成长，也越来越明白集体的含义和团结的力量，也因此我愿意把自己的力量奉献给我的班级、我的队员、我的部员，哪怕点滴也定当汇集成涓涌海洋。当然这一切离不开俄院的培养与支持，更少不了俄院师长垂范，所给予的帮助与指导。

就像河流流过山川，留下它的蜿蜒一样——重要的人在你的身上也会留下痕迹。回归到学习的本业，俄语学院高精尖的教师队伍用精湛的专业能力、用细致入微的教学态度、用因材施教的教学方法点燃了我学习俄语的热情，提供了我在这条道路上走下去源源不断的动力，俄院的老师们用爱和温暖使我在图书馆、在十二大、在逸夫楼和俄语度过的每时每分都有意义、有奔头、有鼓励。大一时俄语启蒙老师用一条条长语音给我解释"ы""p"的发音，告诉我不要心急；我并不属于在语言上天资极其聪慧的一类学生，当我在俄语学习入门慢、第一次小测验成绩不理想的情况下，我听到的不是老师的责怪，而是一句直抵心底的鼓励："现在才大一，把现在的学习热情坚持下去，会越来越好的！"这句话一直陪伴着我，激励着我，给我信心和力量。大二时，当专业课学习渐入佳境时，精读老师用她炉火纯青的交传、同传能力惊艳着包括我在内的所有同学，"九层之台，起于累土"，我更深刻地明白此时此刻打好语言基础、提高语言素养的必要性和重要性。大三时我有幸拿到了国家留学基金委员会的公派名额，但是迫于国外疫情仍然严峻，最终不得不采取云端留学的方式进行课程的学习，但是身处国内，大三开设的一系列名师精品课程深深地吸引着我，于是我决定把握好中俄之间五个小时时差的条件，兼顾国内外的课程，虽有课时繁多之苦，但有知识丰盈之甜。

而依托于俄语中心，在戴桂菊老师的带领和组织下，我和同学们度过了课程之外一个又一个异彩纷呈的夜晚。以"胜利日""俄语日""斯拉夫文字与文化节"等重要文化节日为主题的沙龙不仅丰富了我的课余生活，更增进了我对语言对象国的人文洞察，戴老师像一个和善的大家长，愿意和一众俄语新人分享知识、传授经验，也十分乐意为我们搭建各式各样的竞赛平台，为我们打开了一个又一个走向外部俄语世界的窗口。彼时，俄语中心不再单纯是一间学术教室，而是变成了一个诗意盎然、思想火花精彩碰撞的温馨之家。

三、百尺竿头须进步，十方世界是全身

大三是学习能力、专业素质发生质变的突破口，于我而言，更是决定未来发展道路走向的关键一年。在学院的支持和推荐下，我有幸参加并通过了中国外交部的遴选考试。在我看来，人生价值，一是个人对社会的责任和贡献，二是社会对个人的尊重和满足。地位属于个人在社会分工的位置，其高低与承担的社会责任成正比。成功就是在最大程度上实现自己的社会价值和个人价值，实现两者的辩证统一。我的人生目标即实现人生价值，奉献社会，努力劳动，不断拼搏，服务祖国的外交事业，为建设伟大的中国特色社会主义献出绵薄之力。不得不承认，我是一名幸运儿：小学二年级时从乡村举家搬迁至城市，使我获得了接受优质教育资源、参加各类比赛、考取一流名校的机会。2020 对我最重要的事也许就是通过自己的努力，通过了外交部的遴选考试，给一直以来的梦想画上了半个句号。从未忘记仰望星空，以后我定还将把脚稳稳地站在人民所在的大地。

四、结　语

翻看着照片追寻过往，回忆在脑中翻涌成云，那些光影变化，那种蓬勃情怀都被定格在一幅又一幅彩色的图像中。与其说我逐渐用四年的时间以俄院作起点为大学生涯画就着一个多彩句号，不如说是俄院默默地在背后助推我一步步向前成长。

最后，感谢一直以来身边所有的陪伴、支持与倾听，俄院在我心目中是一个集合名词，我的兄弟姐妹，我的学长学姐，我的老师导员都是这个大家庭的一点一划，一撇一捺。这个名词有前缀，有后缀，有无限的可能和发展，有蓬勃的生命与朝气。八十载薪火相传，八十载风雨兼程。精诚所至，无远弗届。我们从革命圣地延安走来，沉沉硝烟掩不去峥嵘铁骨；我们向更大的世界舞台走去，浩浩时光磨不灭澎湃豪情。我们将始终与国家和民族同呼吸、共命运，秉承"兼容并蓄，博学笃行"的校训，发扬"永远为人民服务"的精神，以崇高的使命感、责任感和荣誉感继续谱就属于俄语人的时代篇章。

俄语复合非通用语的学习心得
——以哈萨克语为例

谢维宁 [1]

§ **摘　要：** 哈萨克语作为一门外语在国内高校开设的时间不长。本文结合北京外国语大学俄语学院首批俄、哈复语专业学生的学习经验，从助益和阻碍两个方面详细分析俄语基础对学习哈萨克语的影响，指出俄语基础在助力学生快速掌握哈萨克语的发音、书写以及部分语法规则的同时，也可能导致学生在后续学习中出现语言混用、心理依赖的情况。本文展望哈语教学的发展方向，提出传情达意、学术研究以及公文往来未来将成为以俄语为第一外语的学生学习哈语的主要目标。

§ **关键词：** 俄语　哈萨克语　复语学习　第二外语

2016 年北京外国语大学成立了哈萨克斯坦中心，同年北外俄语学院俄哈复语专业开始正式招生，迎来了首批以俄语作为第一外语，哈萨克语作为第二外语[2]的大一新生。彼时的我恰逢研究生毕业，在北外完成了俄语本、硕阶段的学习后，抱着试一试的心态参加了哈萨克语预备师资的选拔，有幸通过，被国家留学基金委派往哈萨克斯坦阿里法拉比国立民族大学攻读哈萨克语语言文学博士学位。转眼五年时间过去，我从一个哈语零基础的学生成长为可以用哈语独立撰写学术论文的博士候选人，同时也见证了俄哈复语班的学弟学妹们从认不全哈语字母到在全国哈语比赛中获得佳绩的蜕变。作为俄语学院首批俄哈复语专业的学生，我们的学习经历或许能为后续其他复语专业的学习与教学提供些许经验，在此做一个小结，希望能为复语专业未来的发展建设贡献一份绵薄之力。

一、俄语基础对哈语学习的助力

2016 年开始学习哈萨克语时，我已具备了俄语硕士学历，学弟学妹们也是外国语中学的俄语高起点毕业生，我们都是借着俄语这把钥匙打开了通往哈萨克语的大门。这种通过俄语学习哈萨克语的模式在国内高校中虽不敢说是孤例，但也较为罕见，起初大家都抱着探索的心态。如今

1　谢维宁，2009—2016 年，在北京外国语大学俄语学院就读，获俄语文学学士、硕士学位。哈萨克斯坦阿里法拉比国立民族大学 2016 级博士生。

2　本文主要探讨的是哈萨克语作为外语的学习心得，文中出现的相关讨论均以目前哈萨克斯坦的官方语言为参考标准，文中不做逐一注释。

五年时间过去，我们已经可以肯定地说俄语基础对于哈语学习有很大帮助，尤其是在入门阶段，对我们快速掌握哈萨克语的发音和书写大有助益。从长远来看，掌握俄语对我们融入对象国，与哈萨克斯坦当地人进行交流以及开展区域学研究也至关重要。

俄语基础对哈语学习的助力首先体现在发音和书写上。尽管近几年来哈萨克斯坦政府一直在大力推进哈语字母的拉丁化改革，但实际上市面百分之九十五以上的书籍报刊依然采用原有的基里尔字母印刷。以基里尔字母为基础的哈萨克语字母表不仅保留了俄语中的所有字母，且在发音上也与俄语基本保持一致，加之哈萨克语基本采取一字一音的发音原则，较少发生音变，因此相较其他学生而言，具备俄语基础的学习者在入门学习时将减少四分之三的发音障碍，几乎百分之百地避免书写障碍和阅读障碍。有过俄语学习经验的人都知道要掌握基里尔字母体系的发音和书写并不容易，而俄语基础则能让哈萨克语字母表这只"拦路虎"变成"拦路猫"，大大提升入门阶段的学习效率。即便未来全面采用拉丁化字母，过去七十年间所有的印刷品也不可能全部重印，考虑到研究、交流的需要，基里尔字母表仍将是学习哈萨克语的重要基础。

其次，掌握俄语对我们理解现代哈萨克语的一些语法现象大有裨益。尽管哈萨克语与俄语分属不同的语系，但是哈萨克语同样要求动词变位、名词变格。这对完全零基础的学习者来说可能需要一段时间适应，但对于有俄语基础的同学而言不仅容易接受，而且还会因为没有重音的干扰而更易掌握其变化规律。除此之外，由于俄语在哈萨克斯坦至今仍是官方通用的族际交流语，在长期的语言接触下当代哈萨克语出现了大量的俄式语法，例如俄语表达节日祝福的句式 поздравить кого с чем 在哈语中直接对应为 кімді немен құттықтау；表达喜欢的句式 что кому нравится 直接对应为哈语 не кімге ұнайды，这样的例子在现代哈萨克语中比比皆是。之所以说这是俄式语法是因为在这些短语中哈语的动词变位和名词的格与俄语句式完全一致。因此有俄语基础的学生不仅能够轻松地掌握现代哈萨克语中大量的俄语外来词，而且在理解哈语语法现象时也更具优势。

最后，俄语基础的助力还体现在掌握学习资源、辅助交流沟通上。目前国内的哈语外语学习资源还不够充足，主要的资料来源大多为哈萨克斯坦现有的对外哈语教材，而这些教材大部分为俄语编写。有了俄语这把钥匙学生能较快吸收哈国国内数十年来积累的哈语教学经验，从而快速提高哈语水平。在日常交往中有了俄语这个"救生圈"初学者也能更自信地和对象国的人们进行交流，碰到不懂的问题可随时切换到俄语进行询问，不必担心会有交流上的障碍。

总的来说俄语基础对学生在哈语初学阶段的语音、识字、语法以及日常交流都能起到积极的作用，学过俄语的学生相较没有俄语基础的学生能更快地适应现代哈萨克语的学习。

二、复语专业学生在哈语学习中可能遇到的困难与解决思路

佛教中有"所知障"一说，大意是我们看似已知，但还尚未完全掌握的知识反而会妨碍我们学习的进一步深入。上文中我们重点提到了俄语基础对哈萨克语入门的助益，但随着学习的不断深入俄语基础有时候也会给学习者带来一定的困扰。提前预知这些困难可以让我们有意识地避开一些误区，从而在学习上少走一些弯路，达到更好的效果。

在进阶阶段，俄语对哈语的困扰首先体现在发音上。正所谓成也萧何，败也萧何，掌握俄语确实能够让我们快速适应哈语发音，但同时也会对我们地道发音造成阻碍。哈萨克语强调元音和谐，在某些单词中后面音节的元音发音应当尽量向第一个音节的元音靠拢，例如单词 үлкен 在发音时，第二个音节的元音 e 应当发接近第一个音节中 ү 的发音，因此听上去应该更像是 үлкүн 而非写出来的 үлкен。有俄语基础的同学在刚学哈语时往往习惯了字母怎么写就怎么读，如果不注意比较、模仿就很容易忽略类似细节。实际上俄语和哈萨克语在某些相同字母的发音处理上也有细微差别。这些不同尚未明显到足以进入教科书的讲解范围，但在日常语流中却能被分辨出来，这就需要学习者在生活中多听多模仿，这样才能避免说出带有俄语口音的哈萨克语。

其次，俄语的单词储备很容易让学生在日常交流中不自觉地形成俄哈混用的语言习惯。这一点在哈国当地人身上也很普遍，例如"哪一层楼？"在哈语中表达为 Қай қабат? 对应的俄语为 Какой этаж? 然而在哈国的电梯中人们大多数时候只问 Қай этаж? 或者 Какой этаж? 反而是纯正的哈语表达 Қай қабат? 几乎无人使用。又比如一些蔬菜如黄瓜、西红柿等都有对应的哈语名词，但在生活中需要称呼这些水果时本地人通常还是使用俄语居多。然而普遍归普遍，对于我们以哈萨克语为专业的学生而言，这种混用依然属于表达上的不规范。一旦养成碰到不懂的词就用俄语代替的习惯，也不利于语言水平的提高。要解决这个问题需要我们在日常学习中细心积累，尤其要留意一些专有名词的哈语表述。以新冠疫情期间使用频率突然升高的"口罩"一词为例，口罩的哈语为 бетперде，原意为面纱，属于口语中不常见的词汇，但如果我们需要撰写一篇关于疫情的哈语文章就必须使用 бетперде 而非口语中更常用的 маска。对于复语班的学生来说交流往往只是最基本的要求，我们将来实际使用哈语时可能面对的是公文写作或学术研究的挑战，因此掌握一些连哈国本地人都未必熟悉的单词正确用法对我们而言有特殊意义。

最后，第三个"所知障"是对俄语的心理依赖。没有俄语基础的同学到了哈萨克斯坦只有一种语言可以使用，哈语水平往往能在短期内得到大幅提升。而会俄语的同学因为多了一个"救生圈"，反而失去了在哈语"海洋"中游泳的动力，这一点无论是我本人还是俄哈复语班的学弟学妹们都有体会。要解决这个问题需要我们有意识地走出舒适区，刻意在日常交流中多使用哈语。由于哈语基础薄弱，我刚到阿拉木图时也以俄语交流为主。预科虽是全哈语的授课环境，但是碰到不懂的问题我也时常在课间用俄语向老师提问。直到有一天班上的一位韩国同学向老师抗议，说我和老师的俄语交流给班上其他不懂俄语的同学造成了困扰，为了让大家都能听懂，要求无论我有什么问题，都只能用哈萨克语提问。从此之后我下定决心用哈语理解哈语，用哈语解释哈语。虽然课后我仍会参考俄语编写的教材，但是再也没有在哈语课堂上开口说过俄语。得益于这位同学的一番抗议，我慢慢地扔掉了俄语这个"救生圈"，生活中使用哈语的频率也越来越高了。

复语班的同学要兼顾两门外语并不容易，俄语作为基础依然是学习的重中之重，然而既然复合了哈萨克语，那么也应当为这门语言留出实践的空间。在日常生活中不妨为哈萨克语划出固定的时间或者场所来强迫自己适应新的语言环境，例如逢周三就只说哈萨克语，又或者是在菜市场就只说哈萨克语，长此以往必能提升哈语水平。

三、俄哈复语的学习目标及未来展望

俄语是公认的世界难语,哈萨克语也并不简单,且两种语言分属不同的语系,又是不同的语言类型(俄语为屈折语,哈语为黏着语),因此当双语同时推进时学习者往往会感到压力倍增。最直观的便是课程表上增加的课时,饶是高起点的俄语生也免不了望而生畏。既然在俄哈复语学习上耗费了大量精力,那么如何让哈语这门复合语充分地配合俄语、发挥它的最大价值也就成了大家最关心的问题。客观来说,如果仅从课时上的投入产出来考虑,复语专业相较于专攻一种语言的培养模式很难占据绝对优势。因此要想真正收获成果还需每个学习者将个人目标与实际学习情况相结合,有的放矢,在未来可能会发挥作用的方向上投入更多的精力。作为第一批以俄哈复语为专业的学生之一,我在初学阶段对哈语的作用还没有明确的认知,相信有不少学弟学妹也和我有同样的感受。通过五年的学习与观察我逐渐意识到哈萨克语在俄哈复语专业中所扮演的角色,在此做一个简单的分类,供未来复语专业的同学参考。

首先哈萨克语在双方已经能用俄语沟通的基础上承载的更多是"传递情感"的功能。目前中哈两国的所有正式交流全部采用俄语,且历来如此,因此单从交际功能来看哈语的重要性并不显著。然而一旦开始在哈萨克斯坦工作和生活就能发现即使和同一个人交流,单用俄语和俄哈双语两种不同的交流方式也能获得完全不同的情感体验。哈语中有一个词叫 сырлас,意思是知心密友,是比朋友更高一级的存在。如果目标局限为和哈国人民成为朋友,俄语似乎已经足够,然而想要深入了解哈国人民,成为 сырлас 级别的朋友,恐怕还需哈语的加持。因此,基于哈语的这一功能,俄哈复语专业的目标之一便是通过哈语拉近我们与对象国人民在情感上的距离,使我们的交流更加高效。抱有这一目标的学习者可以将学习哈语的重心适当向口语部分倾斜,多积累熟语谚语,也可多看哈萨克斯坦本国的电视剧和电视节目,学习其中的表达方式,从而使自己口语更加地道、准确、流畅。

其次,哈萨克语还具备在区域学研究时提供多种信息来源的重要功能。在文章的开头我们曾提到俄语在哈国区域学研究的基础性作用,但要想获得更多、更全面的一手材料,哈语不可或缺。举个例子,目前哈萨克斯坦的电视节目是以俄、哈双语节目互不相同,各占一半的形式呈现的,其他领域的信息分布也大体如此,因此单看俄语必定会损失相当一部分的信息来源。以往的学者囿于时代的限制往往只能通过俄语进行研究,然而俄哈双语的培养模式使复合型人才的产生成为可能。立志要进行学术研究的同学大可在哈语的阅读训练上分配更多的时间。通过大量阅读哈国的报刊、学术专著、论文等各类材料快速拓展词汇量,提高阅读速度,这些都将会在未来的研究中发挥重要作用。

最后,尽管目前还没有出现,但未来不排除哈萨克语成为政府机构和企业之间沟通的工作语言这一可能。目前哈国国内已经出现了双语通知、双语合同,我在哈国刚入学时也曾面临过如何用哈萨克语写申请、写报告的问题。长远来看哈萨克语的公文阅读以及公文写作的重要性会逐步提升。对于有志进入外事部门工作的复语专业同学,在学习时不妨多看哈国政府官方网站的哈语版本,积累一些正式的哈语表达方式和公文模板。

　　以上是俄哈复语学生在未来进一步提升语言能力时可以考虑的拓展方向。这三个方面彼此相互促进，并不矛盾。理想的状态是学习者全面发展，口语流利、阅读无障碍以及具备公文写作的能力，然而即使只能达到其中的一个目标也基本实现了哈萨克语作为复语存在的意义。从哈萨克斯坦目前的语言使用情况来看，在可见的未来俄语在哈国国内的族际交流语言的地位不会发生大的改变，与此同时，随着哈国主体民族在人口中占比的不断攀升以及政府的高度重视，哈萨克语在哈国社会的地位还会继续提高。基于这两大基本趋势，俄哈复语专业设置的重要性在未来还会进一步凸显。然而我们在哈萨克语上倾注的力量到底是徒劳无功还是会让我们如虎添翼，最终还是取决于同学们的坚持与付出。作为首批参与到此项培养计划的成员，我和俄哈复语班的学弟学妹们还将在这条道路上继续探索，努力用实际成果证明这一培养方式的正确性。

将社会文化因素引进外语教学的路径及其影响

——以哈萨克语学习为例

张淼煜 [1]

§ **摘　要：** 在北外俄院学院首批俄哈复语专业本科生的培养过程中可以观察到大量社会文化因素。随着教育改革的不断推进，在传统外语教学中引入文化教学和素质教育，对培养新时代外语人有重要意义。随着俄语学院开设的中亚和东斯拉夫国家的语言专业越来越多，明确引入社会文化因素的路径、总结其影响对进一步完善教学大纲和培养方案有积极意义。

§ **关键词：** 文化教学　素质教育　俄哈复语　跨文化交际

传统外语教学的主要任务是培养学习者的语言能力，课程内容多围绕语音、词汇、语法等语言系统因素展开。后来"听、说、读、写、译"五项语言技能培训成为外语教学的主要内容，培养交际能力也成为了外语教学的重要内容。而到了今天，随着全球化程度的不断加深，语言的社会交往功能在跨文化交际中的作用愈发明显，文化教学和素质教育同语言教学一起，成为拉动高校外语教育的"三套车"。（刘长江 2003：94—95,108）

在儿童成长的过程中，母语学习始终与文化学习并行。一个不了解社会文化的人，无法正常融入社会生活，也无法在社会中形成自我概念。同理，在外语习得的过程中也应引进大量的社会文化因素，才能培养具有文化底蕴、知识背景和交际能力的外语人才。否则在科学技术高速发展的时代，一个只懂得语言知识而远离生活知识的人是很容易被 AI 机器取代的。

文化的定义是非常广泛的。梁漱溟先生认为，"文化是生活的样法"。"文化，就是吾人生活所依靠的一切"。于靖在《文化概念研究》一书中将文化分为三个层次。第一个层次是物质文化，它是经过人的主观意志加工改造过的。第二个层次主要包括政治及经济制度、法律、文艺作品、人际关系、习惯行为等。第三个层次是心理层次，或称观念文化，包括人的价值观念、思维方式、审美情趣、道德情操、宗教感情和民族心理等。（1987）将文化内容引入外语课程主要涉及四个方面，即文化背景、文化理解力、文化思维方式和文化价值观。语言是文化的载体，也是文化的重要组成部分。语言和文化相互依存、相互影响，要真正掌握一门语言就必须了解这种语言的特定社会背景，否则就没有真正掌握这种语言。（余娟 2011）

1　张淼煜，2016—2020 年，在北京外国语大学俄语学院读本科，获得俄语复合哈萨克语学士学位。现为北京外国语大学俄语学院 2020 级硕士研究生。

北京外国语大学于 2016 年开设哈萨克语专业并招收第一批俄哈复语本科生，第二批俄哈复语本科生即将进入大二，并正式开始学习哈萨克语。作为已经毕业的俄哈复语本科生，我认为北外在开设哈萨克语教学课堂时引入了大量社会文化因素，这对我的学习过程产生了深刻作用。本文将阐述北外俄院将社会文化因素引进外语教学的路径，并基于亲身经历分析文化教学对外语学习的影响。

一、外语教学中的社会文化因素

（一）教学者

北京外国语大学俄语学院邀请哈萨克斯坦阿里法拉比国立民族大学语言系副教授汉莎伊姆女士（Ханшайым Карабаева）来校任教，由她负责开设大一至大二学年 4 个学期的基础哈语、哈语语法、哈语口语实践课程。汉莎伊姆女士作为外聘专家，担负促进两国交流的重要使命，以极为负责的教学态度完成工作。

北京外国语大学为哈语学生提供了全外教环境。第一批俄哈复语本科生来自国内 4 所外语学校，分别是长春外国语学校、济南外国语学校、石家庄外国语学校和太原外国语学校。他们在中学以俄语为第一外语，接受了长达 6 年的俄语教育，而汉莎伊姆女士是哈萨克语和俄语双母语者。在教学初期双方以俄语为教学语言，汉莎伊姆女士用俄语解释哈语的语法规则，随后双方的交流语言逐渐过渡到哈萨克语。

外教授课的形式为学习者营造了一个纯粹的外语环境，外教可以做到对学习者的错误提供即时反馈，这既达到了锻炼口语和表达能力的目的，又避免了在外语学习中过多使用汉语思维，对俄语和哈萨克语的学习均产生积极作用。

从语言能力培养的角度看，外教教授的是最地道的外语表达，其超高的母语语感有助于判断学生外语表达中微妙的情感色彩和不易察觉的语言问题。从文化教学的角度看，外教本人就是外国文化的载体。汉莎伊姆女士在北外教学两年，大三期间与学生共赴哈萨克斯坦开展为期一年的交换留学。三年的密切接触在外教和学生之间建立了深厚的感情，这种教学方式让人想起古代言传身教的师徒关系。外教初到中国，是中国学生帮助她认识中国文化、适应中国生活；学生初到哈国，是外教带他们参加各类活动、了解哈国社会。作为两个国家、两种文化的代表者，学习哈语的过程就是小规模的跨文化交际。外教的为人处世和生活习惯就像一面镜子，照出了哈萨克民族的性格、习惯、宗教信仰与价值追求。外教是外语教学中最主要的社会文化因素之一。

（二）教学坏境

如前文所说，俄语学院邀请外教授课为哈语学生营造了良好的外语环境，但这终究是规模较小、信息量有限的环境。按照俄哈复语本科生培养方案设置，所有哈语学生在大三学年前往哈萨克斯坦交换留学。在一年的时间里，学生全身心浸入外国文化环境，这对提高外语水平和丰富国情认知产生重要作用。

哈萨克斯坦阿里法拉比国立民族大学语言系为学生开设语言课程和通识课程，语言课程包括俄语语法、高级俄语、哈语语法和高级哈语等；通识课程包括俄罗斯文学、哈萨克斯坦文化史、哈萨克斯坦文学。外语教学课堂中的社会文化因素主要体现在通识课程中。教师利用课堂教学对文化背景加以讲解，有意识地普及关于国家自然环境、气候特征、风俗习惯、信仰和价值观的信息，扩大了学生的知识面。

虽然网络的普及拓宽了获取信息的渠道，通过互联网即便足不出户也能了解国内外发生的大事，但出国的体验仍然是无可替代的。因为在国外的生活环境中，学生能更为全面地观察民族社会的全貌，形成对国家文化的客观认知。课余之外学生走进博物馆、艺术馆和宗教场所，与一个民族的精神文明与物质文明近距离接触，这对外语学习者来说是感受文化的最佳机会。

二、引入社会文化因素的外语教学尝试

（一）开设国情课程

大一学年学院为哈语学生开设了两学期的哈国概况课，主讲人是中国社会科学院俄罗斯东欧中亚研究所研究员赵会荣老师。她基于自己的实地考察经验和多年科研成果，向学生展示了哈萨克斯坦国情全貌，并分专题介绍了中亚五国的自然环境、人文风俗、饮食习惯等基本信息。此外还分析了许多涉及地缘政治和地缘经济的学术前沿问题，例如中亚国家的水资源争夺战、中亚国家的去俄化政策等。这些课程让学生形成了对哈萨克斯坦的初印象，了解风俗禁忌对学生日后融入外国社会很有裨益。

大三出国留学期间，哈萨克斯坦阿里法拉比国立民族大学哈萨克语教研室主任阿尔特奈（Алтынай Тымболова）亲自为学生开设哈萨克斯坦文化史课程。她作为哈萨克民族文化的研究者，对本民族文化的理解更为深刻。在介绍哈萨克民族传统饮食时，她指出了乳制品和肉制品在哈萨克民族的生活中的重要地位。在哈萨克人的观念中马奶酒是最佳补品，因为马只吃干净的草料、饮清澈的水，哈萨克人认为这种清洁的食物对身体有极大的好处。而在介绍哈萨克民族礼节时，她邀请自己的哈族学生换上民族服装，以小剧场的形式向中国学生展示哈萨克族迎接客人的正确方式。这种体验式的文化教学给中国学生留下了深刻的印象，留下了对异国文化的浓厚兴趣。

中国教师和哈国教师开设的国情课程产生了不同的教学效果。中国教师在讲述哈国国情时能做到泛而很难做到深，但是文化旁观者的身份能够提供更客观的信息解读；而哈国教师在介绍本国文化更善于深度挖掘，展现出极具民族特色的文化特征，但他们对本国文化的自豪感影响了其信息传递的客观性。设置国情课程是将社会文化因素引入外语教学的主要途径。

（二）建设第二课堂

围绕在外语教学中建设第二课堂的讨论由来已久。第二课堂是指在"问题中解决学习"，主张情境式教学，提倡充分的沟通、合作和支持。在建构性的学习和教学中，学习者要实现的不是单纯、被动地对知识的记忆，而是要形成对知识的深刻理解。知识的获得建立在立体的、多角度的理解基础上。（孙娜 2005：95,97）

外教汉莎伊姆女士在北外任教的两年中担任北外哈萨克斯坦中心的负责人，任职期间，她将哈萨克斯坦中心建设为哈萨克文化的交流场所。来自哈萨克斯坦的留学生、中国的哈萨克族青年和学习哈萨克语的中国学生在中心尽情交流，讨论年轻人感兴趣的话题，品尝哈萨克族美食。在轻松愉快的学习气氛中，外教介绍哈萨克族传统节日，教同学们唱哈萨克族歌曲。外教还多次带领我们参加哈萨克斯坦驻华大使馆主办的各项活动，并邀请我们朗诵诗歌。

出国留学期间，外教为中国学生打造了主动性更强的第二课堂。临近新年之际，中国学生在外教的指导下，准备了题为"中国传统节日——春节"的分享会。同学们用哈语介绍春节的由来和习俗，解释春节贴对联、放鞭炮、吃饺子的文化内涵。来自各个专业的当地学生对中国文化产生了浓厚的兴趣，不断提问并积极参与游戏环节。在这一过程中中国学生既锻炼了表达能力，也成功地进行了文化传播，积累了宝贵的跨文化交际经验。

在外语教学中应采取更具创新性的第二课堂模式，调动学生的积极性和表达欲，使其在实践中达到自主学习的目的。这才是符合联合国科教文组织国际教育委员会精神的教学法：要让学生懂得外语课是一门实践课，要求学生主动参与、积极实践、不断积累、持之以恒。

三、社会文化因素对外语教学的影响

（一）培养自主学习能力

当今社会将培养核心素养看作教育的重大趋势，其中自主学习能力被视为核心素养的本质与核心。（郭文娟，刘洁玲 2017）我国从小学到高中阶段的教学基本以应试为导向，一切以教师为中心，学生自主学习的意识和习惯欠缺。因此，大学阶段学生的自主学习能力培养是一个从学习观念改变、自主学习习惯训练到自主学习习惯养成的过程。（徐锦芬，唐芳，刘泽华 2010）北外俄语学院开设的哈萨克语课程有效提升了学生的自主学习能力。

哈萨克语课程中的社会文化因素具有丰富的历史积淀和人文价值，相比枯燥的语音和语法知识，民族历史、风俗习惯、宗教文化对学生更有吸引力。在学习哈萨克斯坦文化史时，老师介绍了哈萨克族特有的民族现象，例如每一个哈萨克人都必须熟知父亲、祖父、曾祖父等七辈人的姓名，以此传承部落和家族的历史，并在与其他部落交往时确认双方亲属关系。这与他们游牧的生活方式密切相关，由此老师引导我们深度挖掘部落之间的关系，并探索部落分化对当今哈萨克斯坦政治权力分配的影响。这些内容唤起了学生的好奇心，促使其在课下主动探索未知信息，拓展知识面，并建立自己的知识框架，这种问题导向式的教学有利于培养学生的思辨能力。

以笔者个人经历为例，在国外留学期间老师放映了一部哈萨克斯坦经典爱情电影《美女吉别克》，这部电影以一部成型于 17 世纪的爱情叙事长诗为创作脚本，展示了哈萨克民族的草原生活和艺术审美。笔者被电影情节吸引，并最终以《哈萨克爱情叙事诗美女吉别克的文化价值》为题撰写了毕业论文，对哈萨克民族的史诗风格和宗教元素进行了深入研究。这是外语教学中的社会文化因素激发学生学习热情、促进自主学习的有力证明。

（二）培养跨文化交际能力

文秋芳认为，跨文化交际能力包括交际能力和跨文化交际能力，交际能力包括语言能力、语用能力和策略能力，跨文化交际能力包括对文化差异的敏感性、对文化差异的宽容性和处理文化差异的灵活性。（陈俊森，樊葳葳，钟华 2006）

无论是在国内课程中引入他国社会文化因素创造文化环境，还是在留学期间直接感受其社会文化，都会给学生带来丰富的异文化体验经历。但除此之外，陌生的文化环境还向学生提供了重新认识本国文化的机会。但学生进入陌生的文化环境时，因差异而起的文化冲击会在一开始引起学生的反感和逃避心理，他会不自觉地将自己封闭起来，并减少自己在异族社会中的存在感。但是经过一段适应期后他开始尝试融入当地社会，在与当地人的交流、交往中逐渐克服文化差异带来的不便。在这一过程中，文化环境不断刺激学生对文化的敏感度。在亨廷顿（Samuel Huntington）看来，自我认识就是确认，"我"或"我们"有什么特别的素质使得"我"不同于"你"，或"我们"不同于"他们"。（2005：20）当学生开始意识到两种文化存在差异时，他就不自觉地进入了文化比较的阶段。这有助于帮助学生建立对世界文明的客观认识，从而成为更具包容心态的跨文化交流者。

四、结　语

在科技发展日新月异的时代恰恰更需要人文精神的培养。信息时代使"地球变小"，不同的国家、不同的地区和不同的民族的人们"物理上更接近，心理上更疏远"。新技术并不能完全从心理、思维等深层次解决国家与国家、民族与民族之间的文化冲突。能够沟通全球文化、解决民族间、宗教间的冲突，其良药便是人文精神。（高益荣 2002：60—62）

将社会文化因素引入外语教学，对培养有语言能力、有交际能力、有文化理解能力的外语人有重要意义。随着北外俄语学院不断开设俄哈、俄乌（乌兹别克斯坦）、俄塔、俄吉、俄土、俄乌（乌克兰）、俄白复语班，进一步扩大社会文化进入外语课堂的路径应是重点教学改革方向。

参考文献

1. 陈俊森，樊葳葳，钟华. 跨文化交际与外语教育 [M]. 华中科技大学出版社，2006.

2. 高益荣. 新科技时代更需人文精神的关照 [J]. 陕西师范大学继续教育学报，2002(04)：60—62.

3. 郭文娟，刘洁玲. 核心素养框架构建：自主学习能力的视角 [J]. 全球教育展望，2017，46(03)：16—28.

4. 刘长江. 大学外语教学中的语言教学、文化教学、素质教育 [J]. 高教论坛，2003(01)：94—95，108.

5. 塞缪尔·亨廷顿. 我们是谁？——美国国家特性面临的挑战 [M]. 程克雄，译. 北京：新华出版社，2005：20.

6. 孙娜. 大学英语第二课堂的理论依据和实践 [J]. 吉林省教育学院学报（学科版），2009，25(04)：95，97.

7. 徐锦芬，唐芳，刘泽华. 培养大学新生英语自主学习能力的"三维一体"教学模式——大学英语教学模式改革实验研究 [J]. 外语教学，2010(6)：60—64.

8. 于靖. 文化概念研究 [J]. 哲学动态，1987(7)：10—13.

9. 余娟. 从语言学习到文化理解——论外语课程教学的文化立场 [D]. 华中师范大学，2011.

出国交流对复语复合型人才培养的意义
——以赴哈交换留学经历为例

§ **摘 要：** 随着"一带一路"倡议的不断推进，国家对非通用语种高素质人才的需求不断增加。北京外国语大学是全国最先开设哈萨克语专业的高校，在实践中摸索出复语专业本科生培养方案，积累了丰富的教学经验。作为俄语学院开设的"俄语＋哈萨克语"复语专业的第一届本科生，回顾四年的本科生活，笔者深刻认识到出国交流学习的大三学年在复语复合型人才培养模式中的重要意义。本文基于笔者自身经验，总结出国交流对语言学习、个人成长和未来发展的积极作用。

§ **关键词：** 出国留学 复语模式 复合型人才 俄语＋哈萨克语

从 2016 年开始，北外俄语学院推出"通用语＋非通用语"新型复语培养模式，开始招收"俄语＋哈萨克语"专业的本科生。作为第一届俄哈复语专业的毕业生，我们是复语培养模式的先锋队和试验田，同时也是响应"一带一路"倡议下新型人才培养模式的最大受益者。

俄语（复合哈萨克语）专业的课程安排相对较为密集。前两年在国内同时开设俄语和哈萨克语课程，在巩固和提高俄语水平的同时开始哈萨克语的学习，为第三年出国留学打下基础。大三学年在国家留学基金管理委员会的支持下赴哈萨克斯坦阿里法拉比国立民族大学留学深造。第四年回国撰写毕业论文。相比之下大三是在当地语言和文化环境的熏陶下俄语和哈萨克语突飞猛进的时期，也是我个人成长最显著的一年。因此，本文将以赴哈萨克斯坦交换留学一年的经历为例，从语言学习、个人能力和复合发展三个方面简要论述出国留学对复语复合型人才培养模式的意义和效果。

一、语言学习

外语学习或二语习得，不同于学习母语的自然过程，通常是先从词汇、语法等语言知识入手。但在二语习得的过程中，语言知识与语言使用虽有密切联系，却并非同一事物。语言知识也并非是语言学习的最终目标，能够流利使用语言达到交际沟通的效果才是最终目的。

---

1 张韵迪，2016—2020 年，在北京外国语大学俄语学院读本科，获得俄语复合哈萨克语学士学位。现为北京外国语大学俄语学院 2020 级硕士研究生。

（一）语言环境

我们学习外语时，经常会有不地道的表达，这通常是因为我们在说外语时更多使用汉语思维，这就是所谓的中式英语或中式俄语。如果想要尽可能在学习外语时屏蔽母语思维，最直接的办法就是塑造真实的语言环境，使输出和接收的信息更接近对象语思维。

再者，我们常说语言专业的同学必须要具备较强的听、说、读、写、译的能力。在这中间"听"是居于首位的，在语言学习中也是一个大难题。在国内学习的两年中，哈萨克语的听力训练并不多，我们仅能听懂外教在课堂中说的较为简单的语句。到了哈萨克斯坦之后，我们发现当地人语速非常快，常常是还没有分辨出这一句的意思，对方就已经开始讲下一句了，用哈萨克语授课的科目也是听得一知半解。

在哈国读博士的学姐谢维宁给我们传授了一个亲身经验，即在日常生活学习中刻意加大语言环境的塑造，找一些电视节目"磨耳朵"，一边放着哈语视频作为背景音，一边做其他事情，久而久之，就可以熟悉当地人的语速，适应地道的哈语表述习惯，甚至可以学到一些课堂中没有遇到过的说法。无独有偶，教授俄罗斯媒体语言的老师然纳尔（Жанар Гульматовна）也推荐我们每天听俄罗斯电台的整点新闻播报。在坚持了一段时间之后，我们惊奇地发现，原先跟不上的语速仿佛变慢了一样，我们渐渐地也能捕捉到关键信息点了。

可以说，全浸入式的语言环境可以极大地促进语言的学习和掌握。很遗憾的是，我们在阿里法拉比国立民族大学的学习是单独开班，独立授课，这就意味着班内没有当地人，只有我们10位来自中国的同学，这对于我们塑造一个全方位的语言环境造成一定阻碍，我们只能通过其他途径增加俄语和哈萨克语的信息输入。

（二）实践机会

任何专业的学习都离不开"实操"，语言专业更是如此。课本知识和语法框架固然重要，但如果只是"纸上谈兵"从不"实操实练"，那语言就失去了它的基础功能——交际功能。实践是检验真理的唯一标准，唯有在交流中才能检验所学的表达是否正确和地道。

在语言对象国生活学习，实践机会可谓是大大增加。我们的日常出行、采买、办理各种证件等都需要说外语才能沟通，这个时候语言就不只是我们的专业了，更是我们完成沟通交往的工具。哈萨克斯坦的俄语普及度很高，阿拉木图是哈萨克斯坦前首都，也是整个中亚地区发展较好的城市之一，在这里，我们不仅可以锻炼哈语，也可以毫无障碍地使用俄语交流。

在这样的环境下，我们也愿意主动与当地人交流，更积极地在各项会议、课堂展示中展示自己。在春节前夕，我们用哈萨克语向阿里法拉比国立民族大学其他专业的学生讲述了中国新年的历史由来和传统习俗；在 2019 年由哈萨克斯坦阿里法拉比国立民族大学主办的"第六届全阿拉木图大学生及青年学者学术研讨会"上，我与班内其他同学一同用俄语和哈萨克语分别做了题为《Имена Китайского Народа》（中国人取名之道）和《Қытай Мақал-мәтелдеріндегі Дүниетаным》（中国谚语俗语中的价值观）的主题报告。诸多这样的实践机会不只锻炼了我们的语言，更是我们"讲好中国故事"的最初尝试。

二、个人成长

（一）个人能力

在异国他乡的留学生活是我们离开祖国的怀抱自己闯天地的开始。刚到哈国的时候，我们也遇到了很多问题，但我们没有气馁，努力地解决问题。上课听不懂，那就课后把老师提供的PPT中所有生词都查一遍，与同学们一起讨论，直到读懂为止；吃不惯当地的伙食，就自己在宿舍里做饭；学校办事效率低，我们就一次又一次地去找老师沟通，督促他们。遇到困难难免会焦虑，但我们是何其幸运，身边有一群同行的伙伴、热情帮助我们的学姐，还有善良体贴的老师们。

生活中，处处是课堂。经历了一年的磨难之后，遇事我不再容易焦躁，而是想办法去解决。留学生活让我收获了个人的成长、人格的健全和解决问题的能力。

（二）国际视野

"读万卷书，行万里路"，正所谓见多识广。在国外的学业压力较小，我们有充足的时间浸润在哈萨克斯坦的民族文化环境中，感受中哈两国在各方面的差异，体验不同的文化、不同的教育方式以及不同的生活氛围。

哈萨克民族是一个热情好客、能歌善舞的民族，宿舍楼里住的又大多是年轻人，天气暖和的时候，俊男靓女就会在宿舍楼前的空地上打开音乐，载歌载舞。2018年10月我们曾跟随学院的老师一同前往附近的山谷里秋游，在山脚下的集市上，无论男女老少都肆意地享受着音乐的律动。有音乐的地方，就有哈萨克民族迷人的舞姿。

有时我们甚至会被哈萨克民族的热情所困扰。比如，我们不太能理解为什么在哈萨克斯坦人与人之间的界线如此模糊，他们有时会未经同意使用别人的物品。在深入了解哈萨克族文化之后，我们发现这是文化差异导致的，游牧民族是生活在草原上的民族，行踪不定，居无定所，落单的人也不知道他的部落迁走去了哪里，因此遇到一个毡房就会停下来吃点东西，毡房的主人也会拿出家中最好的食物款待素不相识的客人。这与我们的传统文化存在差异，而正是这种差异促使我们思考，让我们更具包容性。只有在亲身体会过不同文化间的差异之后，才能真正明白世界上文化的多元化是全人类的瑰宝，而唯有开放、交流、包容才能够促进各民族的共同发展。

三、复合发展

根据本科培养方案，复语专业要求学生不仅要有扎实的俄语语言基础和较强的听、说、读、写、译能力，某一中亚语言基础和一定的听、说、读、写、译能力，还应掌握语言学、文学及相关人文社科方面的基础知识，了解俄罗斯和某一个中亚国家的国情和社会文化，具备良好的跨文化交际能力与思辨能力。

俄语学院在大一上学期特地邀请了中国社会科学院俄罗斯东欧中亚研究所的专家赵会荣老

师为我们教授哈萨克斯坦国家概况这门课，我们从多个角度了解了哈萨克斯坦乃至中亚地区的其他国家的基本情况。在哈国的一年交流学习更是加深了我们对哈萨克斯坦的认识，也让我们开始思考自己未来发展的方向。

（一）深入了解当地的情况

1. 社会现状

俗话说，耳听为虚，眼见为实。书本里、网络上描述的哈萨克斯坦与我们实际看到的、鲜活的哈萨克斯坦是不完全一样的。以我们所在的阿拉木图市为例，城市中心保留着许许多多苏联时期建造的建筑，宿舍里也处处都是苏联时期的痕迹，如复古感十足的电梯、宿舍套间的设计等等。但与此同时，城市里也有宽阔的大马路、纵横交错的高架桥和现代化的写字楼，这些现代化的因素与充满年代感的建筑在这座城市里共存，构成了阿拉木图独特的城市氛围。而哈萨克斯坦的首都努尔苏丹市到处都充斥着"建设中"和"摩登城市"的味道，到处都是高楼大厦，俨然一个现代化城市。

2. 历史文化

想要了解一个国家，就要从了解这个国家的历史开始。哈萨克斯坦于1991年独立，而哈萨克民族的历史可以追溯到汉代的乌孙、康居，"哈萨克"这个名称最初出现在15世纪初。

在哈萨克斯坦的这一年，我们游览了阿拉木图市的乐器博物馆、哈萨克中央国家博物馆和哈萨克斯坦国立美术馆，努尔苏丹市的国家博物馆。博物馆里一件件珍贵的藏品见证了属于这个民族的数百年的兴衰。令我印象最深刻的莫过于外形宛如巨型帐篷的哈萨克中央国家博物馆，在这里陈列着上千件展品，展示了哈萨克斯坦境内各个民族的不同起源和文化、哈萨克斯坦自独立以来近30年的历史以及成吉思汗时期的武器和乐器等等。记录着哈萨克斯坦的过去和现在的一件件展品，带领我们徜徉于哈萨克斯坦的历史中，让我们从各式各样的展品的丝丝缕缕中感受与中华文化完全不同的民族的精彩和辉煌。

3. 风土人情

哈萨克斯坦是一个骑在马背上的民族，拥有许多独属于自己民族的传统习俗和传统美食。每年3月21—22日的纳乌鲁兹节是一年中最盛大的节日，经历过寒冬的人们纷纷走上街头，为彼此送上祝福，欢歌笑语地庆祝春天的到来。从3月下旬开始，到处就都开始弥漫着节日的愉快气氛，一直到4月份，都还有各式各样的纳乌鲁兹节庆祝活动。各个大学也会举办盛典，4月上旬的一个周末，阿里法拉比大学在学校的广场上搭起一顶顶毡房，教授们都穿上最华丽的传统服饰，带来在家里准备的传统美食，与同学们一同庆祝。还有人穿上游牧时期的服饰，牵来马匹和骆驼，做一回勇士。我们有幸作为客人品尝了 Бауырсак（类似"炸面鱼"），көже（纳乌鲁兹粥），马奶酒、马肉肠、手抓饭等传统美食，值得一提的是纳乌鲁兹粥是用牛奶、风干的肉（通常是马肉）、盐、油、小麦、燕麦、酸奶疙瘩和酸奶一起熬制的，味道偏酸，回味奶香，口味很是独特，要么是一下子就爱上这个味道，要么就是无论如何也喝不下第二口。

学习一门语言不只是学习语言本身，而是了解一种文化。沉浸在当地的环境之中，入乡随俗，才能感受更纯正的民族文化，才有机会像田野调查一样，用眼睛记录当地的生活状况。而这些无法在课本中学得的知识，使哈萨克斯坦在我们心目中丰富和鲜活起来，也促使我们思考区域研究问题时更具多样性。

（二）拓展兴趣面

结合我们接触到的当地发展状况、社会文化特点等，再经过深入了解和挖掘之后，我们有了很多自己的感悟和理解，甚至在不断地探索中找到了自己感兴趣的论文研究方向。班内有 6 位同学的毕业论文都与哈萨克斯坦有关，论文方向包括研究哈萨克斯坦的语言政策，分析哈萨克民族史诗《美女吉别克》的文化因素，探索中哈合作具体问题等等。

总而言之，出国留学的这一年像是为我们打开了一扇新的大门，我们在学习语言的基础上看到了未来发展方向的多样性。四年的本科学习也让我找到了自己感兴趣的方向——利用跨学科知识进行区域国别研究，因此，我选择了留在俄语学院继续学习，并向着区域学方向发展，我希望能在掌握两门语言的基础上，借助政治学、人类学和历史学等学科的知识，对哈萨克斯坦的社会发展、历史文化进行研究。

语言是认识世界的工具，也是向世界介绍我们的工具。北外的"十三五"规划中也频繁提及"跨学科""交叉学科""复合型人才"等概念，如果能在掌握语言的基础上，拥有较广的知识面和综合学科背景知识，在未来的学习和工作中会更加得心应手地搭建起中哈、中俄两国交流的桥梁。

四、结　语

如果说刚入学的我们听说要学习哈萨克语时，眼前笼罩着一层迷雾的话，四年之后的我们，仿佛拨开这团迷雾找到了各自的人生方向。在哈萨克斯坦生活和学习的那段时光，见证了我们对这门语言、这个民族、这种文化的深厚感情，使我们毕业之后仍努力继续学习哈语。

大一、大二学年国内老师的悉心培养让我们在语言学习上更加深入和系统，大三学年出国留学的宝贵机会让我们在全浸润式的语言和文化环境中提升语言水平、丰富人生经历、加深对哈萨克斯坦的全方位了解。虽然现在的复语模式培养方案还有一定的局限性和不足，还不能很好地完全实现规划的蓝图，但应该肯定的是，复语复合型人才培养模式完全符合国家对"高素质外语人才"的需求，并且应在未来的培养中重视出国留学对于语言学习和复合型人才培养的积极作用。

参考文献

1. 桂诗春. 心理语言学 [M]. 上海：上海外语教育出版社，1985.
2. 孙芳. 培养非通用语创新人才，服务"一带一路"倡议——北京外国语大学"俄语＋中亚语"专业建设探索与思考 [J]. 中国俄语教学，2020，39(04)：68—75.

简述北外俄院零起点复语本硕学习经历
——以乌克兰语（复合俄语）专业为例

王艺璇[1]

§ 摘　要： 2016 年笔者考入北外俄院，从零基础开始学习俄语和乌克兰语两门语言，学习过程苦乐交织。大三赴乌克兰学习的经历不仅使笔者的语言能力大大提升，还让笔者更加深刻地了解了乌克兰民族的历史文化，明确了人生方向，坚定了走复语道路的决心。大四回国后，经过全方面慎重思考，笔者决定继续在俄院学习，攻读区域学方向学术型硕士研究生。感恩母校北外的培养，感恩俄院老师对笔者的教导与关怀，笔者的人生因加入北外俄院而变得更加丰盈与充实。

§ 关键词： 俄语　乌克兰语　复语学习

一、高考圆梦北外，我与俄院结缘

2016 年，我参加了北外"一带一路"综合评价招生考试，如愿考上高中时理想中的大学，顺利成为了俄语学院大家庭的一员。初来乍到的我对大学生活充满了新奇感与不适应，高中学英语的我对于即将学习的两门全新的语言——俄语和乌克兰语一无所知。根据俄语学院制定的培养方案，本科第一、第二和第四学年，我们和零起点俄语专业的同学同步学习俄语，大三公派出国赴乌克兰学习乌克兰语。

在俄语学习的初期，学院老师们给了我极大的帮助和鼓励。俄院老师标准清脆的发音、完美流畅的板书使我深深被俄语的美丽所打动。老师们对于语音语调几乎是"苛求"的态度给我留下极为深刻的印象。记得还是在学习俄语字母的阶段，仅是针对 ы 这一个元音字母的发音，李雪莹老师就花了大半节课的时间对同学们一个个进行纠正，直到达标为止。即便到了研究生阶段，戴桂菊老师在课堂上仍然不厌其烦地对同学们的重音和语言表达进行纠正。在各大公开比赛和国际场合，俄院学子标准地道的语音语调一直是一道独特的风景线，"听语音识北外人"一直是俄院学子引以为傲的闪光点，而这正得益于院里老师们平日里对我们的严苛要求。

进入大二，在一定的俄语基础上学习乌克兰语对我而言，既是优势，也是挑战。优势在于两种语言具有较高的重合性，而挑战也正在于此。班主任劳华夏老师告诉我们，要想同时学好这

1　王艺璇，2016—2020 年，在北京外国语大学俄语学院读本科，获得乌克兰语（复合俄语）学士学位。现为北京外国语大学俄语学院 2020 级硕士研究生。

两门相近的语言，就要把它们放在一起学，之所以出现混淆的情况，还是因为不够熟练。在一次院内的面试中，谈到乌克兰语的难点之一"第七格"时，同样有过乌克兰留学经历的黄玫老师反问我：难道乌克兰语的难点只在于比俄语多了一个格（第七格'呼格'）吗？这个问题一直留存在我心底。后来，我逐渐总结出了乌克兰语具有的其他特有难点。

第一，不同于中文、俄语这样发展较为成熟的语言，乌克兰语的正字法与语法体系仍在不断完善与发展的过程中，经常有新的变化。比如根据 2019 年最新的正字法，проект 一词应改写为проєкт。乌克兰语中有许多本国人也模棱两可的语法点，这对于非母语者进行规范学习来说是不小的挑战。第二，乌克兰语中存在大量俄语的形近词，但重音位置却完全不一样，这对于有俄语基础的人来说是一大困扰，劳华夏老师总是在我们通读文章时耐心纠正我们的重音错误，这对我帮助很大。第三，有时同一个词在乌克兰语和俄语中的意思截然不同，比如 брак 一词在俄语中是"婚姻"的意思，而在乌克兰语中意为"缺少"，"婚姻"则另有专词。当然这种情况比较罕见，但也足以证明很多俄语词在乌克兰语中并不能够完全通用，尽管二者极为相似。第四，乌克兰语与俄语有很多同音词，但书写存在细微的区别，稍有不慎就会漏写或多写字母，需要格外注意。在班主任劳华夏老师和外教的帮助下，我努力克服学习中的种种困难，基本建立起了较为完善的乌克兰语基础语法词汇体系，在出国学习前打下了较为扎实的乌克兰语基础。

二、大三赴乌学习，寻得人生方向

坦率地说，我自身对于乌克兰语的学习兴趣也绝非是第一天就产生的。大二时我一度觉得它晦涩难懂，不易学习，产生过放弃的念头。所幸，大三时学院为全班提供了宝贵的赴乌克兰公派学习机会。学院老师研讨协商后，选定主要讲乌克兰语的西部城市利沃夫为学习地点，确定利沃夫国立大学为合作院校。这次出国机会对我意义重大：直到我真正踏上这片土地，我个人观念中原有的某些成见才开始逐渐崩解。

首先，我终于深刻意识到乌克兰语作为乌克兰唯一国语的地位。我所在的西部城市利沃夫是传统的乌克兰语使用区，当地人只讲乌克兰语，宁愿用蹩脚的英文和外国人搭话也不愿说俄语。初来乍到的我稍微说几句话就能被敏感的乌克兰人听出有俄语口音，但乌克兰语水平又十分有限，很多情况下无奈只能俄语乌克兰语混着说。乌克兰语里有一个词叫 суржик（意为乌克兰语和俄语混着说的当地人，被认为没文化），我常用这个词自嘲，乌克兰朋友听了总是会心大笑。但是所幸几个月后，我就已经可以摆脱俄语的干扰，用纯乌克兰语进行简单交流了。

这一年里，我真正意识到自己的个人价值所在：我的个人命运将注定与这个历史悠久、饱受苦难、却从未停止搏斗的国家紧密联结。我的俄语成绩平平，而乌克兰语人这一身份使我找到了自己的独特位置。做一名合格的乌克兰语人远不止掌握一门语言这般容易，在这一年里我尽己所能地学习乌克兰文学、民俗学、历史等课程，从一开始的一脸费解到逐渐能够听懂大部分内容，并能与老师展开研讨交流。在学习过程中我逐渐了解到，乌克兰的历史充满了苦难。平原为主的开阔地形和重要的地缘政治位置使这个国家自古至今被迫在大国的夹缝间艰难生存。历史上乌克兰的有识之士对于自由和独立的争取大部分都以失败而告终，但这个民族一刻也没有放弃自己的尊严。

这一年里，我努力抛开刻板印象，用心探触乌克兰民族的真实灵魂，我一刻也不曾停止对社会和周围人群的审视。乌克兰人的确贫穷，但生活得从来不失体面。校门口的汽车总是堵成长队，只是为了给通行的学生让路；给街头演奏的乐手投币是一种约定俗成的社会规范；长长的电车上，后面的乘客往前递钱买票，直到找的钱被退回，全过程都井然有序，从无一人中饱私囊；生活窘迫的老奶奶衣着整洁地在街头卖着自己亲手采摘的鲜花。我还利用课余时间游历过几个城市：乌日格罗德的樱花令人沉醉，捷尔诺波尔的战争记忆令我心痛，基辅深厚的历史气息让我印象深刻，敖德萨的俄语环境让我新奇。对我而言，这是充满回忆的一年：既有在课堂上因意见不一与几位老师发生的争执，也有在圣诞节复活节被同班同学盛情邀请参加的家宴；既有因为粗心大意车票过期在电车上被罚款的尴尬，也有受学校老师委托在市立图书馆为当地小学生介绍当代中国概况的自豪。私以为，正是这些苦乐参半的经历使我足够深刻地融入进这个一度对我完全陌生的文化环境，产生了奇妙又深厚的情感联结。

这一年里，我逐渐意识到，要想完全了解乌克兰民族的历史文化、民族精神，俄语学习和乌克兰语学习缺一不可，复语之路非走不可。乌克兰民族与俄罗斯民族在历史上有千丝万缕的联系，果戈理、奥斯特洛夫斯基、阿赫玛托娃、布尔加科夫等俄罗斯文坛巨匠的成长和创作经历都与乌克兰密不可分。两国有太多共同的文化基因，将二者割裂开来，作为完全独立的个体分别研究是非常不科学的做法。与此同时，选择乌克兰语并不意味着放弃俄语。尽管2019年乌克兰最高委员会通过的《国语法》确认乌克兰语为唯一国家语言，俄语仍在日常交流中被广泛使用。我仍清晰记得第一次看到两个分别来自利沃夫（乌克兰西部城市）和尼古拉耶夫（乌克兰南部城市）的朋友聊天时各自说着俄语和乌克兰语，交流却毫无障碍的场景，作为外国人的我内心受到了极大的冲击。我立刻意识到，只学习一种语言，或许只能探得这个民族真实灵魂的一部分。目前，处于研究生阶段的我在科研过程中大量阅读俄语和乌克兰语的文献和新闻资料，两国学者的观点经常针锋相对。而对待同一事件，作为旁观者的我得益于俄乌复语的背景常常具有更加客观的研究视角。

在乌克兰的一年里，我学会了如何尽可能客观真诚地讲好中国故事，力求向乌克兰人民呈现一个真实的、鲜活的和立体的中国。去年，我旁听了北外第十届"公共外交"合作论坛。有参会代表谈到，国之交在于民相亲，在开展民间外交的过程中尤其需要注意换位思考，关键在于能否走进对象国人民的心坎里，而不是一味滔滔不绝地输出，全然不考虑听众的感受和立场。乌克兰人对于遥远而神秘的中国的好奇心显而易见，我也尽己所能地有求必应，用简练的语言解答他们的各种疑惑，不知不觉中就承担了中乌文化使者和民间外交的主体角色。和当地人谈到古代四大发明和现代高铁的"中国速度"时，我满怀自豪；而谈到房价、医疗、人口等现实问题时，我也开诚布公，毫不避讳。这种真诚热情的态度和开放的心态也使我收获了一批真挚的好友。在交流的过程中，我也逐渐意识到我国在对外文化传播方面仍有很大进步空间。利沃夫街头随处可见的日料店和韩餐馆总是顾客络绎不绝，仅有的几家中餐馆却鲜有人至。2020年7月，我在中国国际广播电台乌克兰语部节目《2020，我们一起"云毕业"》中用乌克兰语介绍疫情之下北外应届毕业生"云毕业"的情况，节目播出之后反响极其热烈，我在当地的老师同学纷纷发消息问候我，向我详细询问中国的抗疫情况，有人表示，疫情之下中国政府负责任的态度、采取措施的及时性以及中国人的自律与服从意识是乌克兰人必须学习的。

中国与乌克兰如今在经贸、农业、航天领域均开展着广泛而深入的合作，双边关系发展一直保持良好势头，而鲜有人知的是，20世纪上半叶，中乌在文学领域也有交集，大文豪鲁迅、著名翻译家戈宝权等曾将乌克兰民族诗人舍甫琴科（Т.Г. Шевченко）的诗集译成中文，在中国广为传播。在乌克兰基辅国立大学坐落着组雕作品"灵魂之门——塔拉斯·舍甫琴科与杜甫对话"，两大文豪隔空对望，意蕴深远。与此同时，在中国多地也设有舍甫琴科雕像。2018年11月，在节目《冬日读书会第二季之巴金的〈家〉》中，我用乌克兰语朗读了这本书的乌克兰语译本，向乌克兰人展示了中国当代文学的魅力。2019年10月24日，我参与了乌克兰驻华大使馆举办的"神奇的乌克兰"分享会，结合图片及文字展示并分享在乌克兰留学经历及留学建议，在与使馆参赞合照时，他亲切地对我说："应该是我感谢您，您如此了解我们的国家，您的乌克兰语已经有利沃夫口音了。"

三、坚定复语道路，决定升学读研

大四回国后，我又面临新的窘境：彼时的我尽管与人日常交流能讲一口流利的乌克兰语，却总是羞于下笔；尽管能用俄语书写和翻译，俄语口语却由于受到一年沉浸式乌克兰语环境的影响而退步巨大。我陷入一种尴尬的境地——好像什么都懂一点，又好像什么都不懂。升入毕业年级，心中无形的压力越来越大，各种疑问接踵而至：俄语还是乌克兰语？就业还是升学？国内还是出国？这些问题一个个向我砸来，我一下陷入前所未有的迷茫之中。

其实早在大三下学期，仍在乌克兰学习的我就已萌生出考本院俄语专业研究生的想法。当时的我主要有以下几点考虑：首先，这当然源于我对于母校，对于俄院难以割舍的情感。大学四年转瞬即逝，更何况大三一年又在国外度过，如此匆匆结束学习生涯必将让我感到十分遗憾与不舍。其次，我心中时刻想起戴桂菊院长的嘱咐："俄语能力是俄院学子的立身之本，无论在俄院学什么专业，都一定要时刻把俄语学习放在最重要的地位。"这使我想到，如果自己的俄语水平不尽如人意，将来走向社会，走上工作岗位时将愧对"北外俄院学子"这个称号，不能给母校增添光彩。我本科期间俄语基础本就薄弱，十分有必要读研升学，在俄语学习领域继续深造，北外俄院的俄语专业水准在国内首屈一指，这是最好的选择。第三，中俄关系发展持续呈现向好态势，如今两国关系已提升为新时代中俄全面战略协作伙伴关系，俄语人正赶上一个前所未有的美好时代，这意味着未来将会有更广阔的发展空间。第四，为了更好地研究乌克兰问题，深入了解乌克兰，也要学好俄语，充分了解俄罗斯。正如上文所述，俄乌两个民族存在千丝万缕的联系，但民族精神内核仍有巨大差别，值得进行深入研究。想清楚之后，我义无反顾地走上了迷茫与希望并存的考研之路，并于去年秋天以一名学术型研究生的身份如愿以偿回到了心爱的俄院大家庭。

回顾我在俄院的学习生涯，我最感激的就是俄院老师始终以学生为本，时时刻刻为学生着想，认真负责的态度。这里首先要提到俄院老师在我们入学前就制定好的俄乌复语学习方案，这一决定无疑是英明且十分正确的，相较于纯粹学习乌克兰语，掌握俄乌双语的技能使我在后来个人发展道路的选择上掌握了更多主动权，学习乌克兰语的同学也有了选择俄语专业的权利。本科毕业后，乌克兰语专业的同学中除了用本专业就业以外，有人用俄语就业，也有人选择出国读俄语专业研究生。

对于学生的意见和建议，老师们总是认真采纳。一次，戴桂菊院长广泛在全院范围内征集对俄院教学的意见和建议，我鼓起勇气结合自己的学习经历，针对乌克兰语专业培养方案提出了几点建议。令我意外的是，戴老师十分热情地回复了我，说我的建议"太及时了，太珍贵了"，并且邀请我和乌语班同学参加俄语中心为院里即将出国的同学举办的出国经验分享会，讲述在乌克兰留学生活的见闻，这让我感到自己的微不足道的、粗浅稚嫩的观点被充分尊重，对于俄院大家庭的归属感又增添了更多，主人翁意识也大大增强。

目前，我是俄语语言文学专业区域学方向的一名学术型硕士研究生，正在系统地学习俄罗斯经济、外交、思想史、区域学等课程，我对俄罗斯这个伟大的民族逐渐有了更深的了解，并且期待今年下半年能够如期派至莫斯科进行为期一年的学习，彼时我将有机会身临其境地感受当代俄罗斯社会文化的魅力。

四、结　语

回顾在北外度过的时光，我心中满是温暖与感恩。感恩伟大的母校，亲爱的俄院塑造了我，我的人生因加入北外俄院而变得更加丰盈与充实。我在这里收获的不仅仅是两门全新的语言，还获得了国际化视野和更加健全的人格，这必将影响我今后一生的发展道路。北外人的身份是我永远引以为傲的金色标记，值此北京外国语大学八十周年校庆之际，祝愿母校继往开来，乘风破浪，谱写新的辉煌！

新时代外语学习模式
——俄语复合非通用语的"盛宴"

成博文[1]

§ **摘　要：** 为响应习近平总书记"一带一路"倡议，北京外国语大学俄语学院自 2016 年起开设了俄语复合非通用语专业，为国家"一带一路"建设培养优秀外语人才。作为首批俄语复合非通用语学生，从自身学习复语经历出发，就北京外国语大学俄语学院的复语型人才培养模式下如何兼顾复语和俄语学习，如何树立国际视野进行探讨。

§ **关键词：** 北外俄语学院　俄语　复语　一带一路　复语型人才

一、响应时代号召，开启"复语"学习之路

（一）首批俄语复合非通用语学生

2013 年习近平总书记提出共建"丝绸之路经济带"和 21 世纪"海上丝绸之路"，即"一带一路"伟大构想。为了更好地服务国家"一带一路"倡议，俄语学院在 2016 年承担了东斯拉夫语两个非通用语种（乌克兰语、白俄罗斯语）和中亚五国（哈萨克斯坦、乌兹别克斯坦、土库曼斯坦、吉尔吉斯斯坦和塔吉克斯坦）官方语言的新语种群建设任务，陆续开设了俄语（复合哈萨克语）、俄语（复合乌兹别克语）、俄语（复合塔吉克语）、俄语（复合吉尔吉斯语）、俄语（复合土库曼语）和俄语（复合白俄罗斯语）六个复语专业。以期在发挥俄语教学传统优势的基础上，通过"俄语＋非通用语"复语型人才培养模式和机制，培养既精通所学语言，又具备深厚的人文社会学科基础，深入了解对象国历史、政治、法律、经济的国家战略亟需的复合型、复语型非通用语本科人才。

在此背景下我们作为高起点俄语生有幸成为了首批俄语复合非通用语的学生。我们的培养方案是前两年在国内强化俄语，同时初步接触复语课程，打下所学复语基础，第三年赴语言对象国进修一年，第四年在国内完成学位课程并撰写毕业论文。就这样，我开启了复语学习之路。

（二）小班教学优势＋特聘外国专家

我学习的是俄语复合吉尔吉斯语，全班共有六名学生。大二学年，我们开始集中学习复语

1　成博文，北京外国语大学俄语学院俄语复合吉尔吉斯语专业 2018 本科生，外交部 2020 年定向培养人才。

课程。因为我们是该语种的首批学生，国内还缺少教授该语种的专业教师。学院为了保证教学质量，从语言对象国吉尔吉斯斯坦特聘吉尔吉斯语语言教育专家赴华授课。授课老师作为吉尔吉斯语的母语者同时作为从业多年的语言教育专家来到我们班后很快便和我们六人熟悉了起来，并迅速针对我们的情况制定了内容充实且富有趣味的教学计划，之后结合我们的学习进度不断调整完善，为我们学这一门语言减少了很多困难，大大提高了我们学习该语言的效率。小班教学为授课教师的教学以及学生对知识的吸收掌握提供了有利的条件。每堂课每位同学的参与度都很高，同时任何课堂上的疑问都可以及时得到解答。在这样的优势条件下每位同学不仅对复语产生了浓厚的学习兴趣，而且在这门语言上都取得了十分优异的学业成绩。

（三）赴语言对象国留学

大三学年我班本应按计划赴吉尔吉斯斯坦国立民族大学留学一年，但因疫情未能出境，所以开启了"云留学"模式。虽未能去到吉尔吉斯斯坦国立民族大学，但得益于学院同吉尔吉斯斯坦国立民族大学的沟通协商，我们幸运地享受到了该大学提供的优质教学资源。吉尔吉斯斯坦国立民族大学针对我们的语言能力和水平专门开设了适合我们的吉尔吉斯语课程并由其学校吉尔吉斯语系的教学主任担任我们的任课教师。与此同时，还为我们开设了俄语课程。我们通过这一年的"云留学"，不但复语水平有了一个质的飞跃，而且俄语语言能力也得到了极大的锻炼和提升。

（四）多彩的复语课余活动

除学习之外，我们作为复语学生还有幸参与了许多与复语相关的校外活动。2018年，我们参加了吉尔吉斯斯坦驻华大使馆举办的纪念作家艾特玛托夫（Ч.Т. Айтматов）诞辰一百周年的纪念活动。通过该活动加深了对吉尔吉斯斯坦的习俗、语言和文学等民族文化的理解，为复语的学习增添了新动力。之后还参加了中国人民大学俄罗斯研究中心举办的中亚论坛，会上有幸聆听了中国驻俄罗斯前大使李凤林等众多俄罗斯东欧中亚研究专家对中亚发展，中国与中亚关系发展的深刻见解，受益匪浅。2019年，还有机会参加了塔吉克斯坦总统拉赫蒙访华期间在中国社会科学院所作的演讲，并见证了拉赫蒙（Эмомалии Рахмон）总统新书中文版在中国的首版发布。这些丰富的活动一方面极大地开拓了我们的国际视野，另一方面激发了我们复语学习浓厚的兴趣。它们与我们的课程学习相辅相成，形成了良好的相互补充和促进作用。

此外，在我们的复语课堂上，还会有很多其他专业的同学旁听，其中有哈萨克族、维吾尔族和柯尔克孜族的同学。在共同学习复语过程中，我不仅对吉尔吉斯斯坦这一国家有了更为深入的了解，还对我国不同民族的民族文化有了一次深入接触，这是一份宝贵的意外收获。课堂上我们相互帮助，共同学习。课下他们会给我们分享经典的吉语音乐、吉语电影以及大量与民族文化相关的小视频内容，极大地丰富了复语的学习资源，同时为我了解柯尔克孜族等我国少数民族文化打开了一扇宝藏之门。

（五）没有小语言，只有小视野

提起"一带一路"倡议，不得不提的就是服务于该倡议的"五通原则"。这是习近平总书记就与一带一路沿线国家交流合作提出的五点原则：政策沟通，设施联通，贸易畅通，资金融通，民心相通。而实现这"五通"最基本的条件则是语言融通。同一个国家进行深入持久合作的前提是了解该国家的文化，只有了解了一个国家的文化才能实现相互理解，彼此互信，最终才能真正实现"民心相通"。而了解一个国家、一个民族的文化必不可少的则是要了解其语言。在此意义上复语学习不仅只是单纯的对某一对象国语言的学习，而且是为两国人民文化交流、企业间经济合作、国家间协同发展搭建畅通无阻的沟通桥梁。

从来没有小语言，只有小视野。我们虽只是复合学习某一国家的官方语言，但视野并不应该只局限于该语言对象国，不应该让所学语言成为我们拓宽大视野的障碍。复语是我们看世界，了解世界的平台，我们不仅要关注到语言对象国的情况，还要以此为跳板认识该国家所参与国际组织的情况，其邻国或盟友国家的情况，乃至其所处区域的局势等。从而以点带线，以线带面，形成以复语语言对象国为支点的大格局视域网。这既是国家"一带一路"倡议对所需人才的要求，也是北外俄院开设复语的育人目标。

二、复语和俄语并举——独具特色的俄语课堂

在学好复语的同时，并不能忽视俄语的学习，学院为复语班级专门制定的俄语培养方案使得我们能够很好地兼顾两种语言。

（一）良好的语音面貌是北外俄院人最鲜明的标签

相信绝大多数俄语学习者都希望自己能够操一口纯正流利的俄语。上大学前我们虽已学习俄语六年之久，但由于绝大部分精力放在书面应试上，忽视了口语表达和语音语调的重要性，步入大学后在一个良好的语言氛围里明显发现了语音语调上的劣势。针对这一问题，高艺老师对我们进行了专门系统的语音训练。高老师首先要求摆正心态——这是练好语音的第一步，即不要有语音不过关无所谓的心态。用高老师的话说，语音面貌体现的其实就是一个语言学习者的仪容体态，在与人用俄语交流时语音面貌好本能地就会给人留下好印象，是一个很好的加分项，同俄罗斯人交往尤其如此。这让我们很受启发，开始严肃认真对待语音练习。

在练习过程中，高老师有她独特的方法。在开始练习语音之前，高老师首先会让我们按照俄语字母表依次读每个字母，等同学们都读完后高老师问大家觉得哪个字母发音最容易，大家若有所思并没有回答；高老师这时候又问哪个字母发音最难，大家都很果断地说到是字母"р"，即颤音。高老师却说，字母"р"是俄语字母表里面最容易发音的字母。高老师解释道，之所以说字母"р"最容易发音，是因为它是俄语字母之中最不会读错的一个字母，只要找到了正确的发音位置，发出来就是正确的。而对于其他的字母虽然大家都可以很轻松读出来，但却很难发对音，往往是似是而非的读法，纠正这个问题才是最难的。这番话让大家开始重新审视自己的每一个读音，一切从零开始学习正确发音。

在正式纠音阶段老师会亲自示范每个读音正确的舌位，每个俄语调型的正确读法。在集中训练一两个月之后，无论是字母发音方面，还是语音语调方面大家都有了极为明显的改善，从那时候开始仿佛有点能够真正体验到俄语语言表达的魅力之所在。

（二）酣畅淋漓的俄语文学研读与演绎

在课堂上除了教材内容之外，我们还会借助俄语语言文学的经典读本进行文学赏析和研读。研读俄语语言文学经典是我学习俄语最为主动最为快乐的时候。因为语言最本质的，最地道的表达一定在其文学作品里面，尤其是其经典著作之中。在老师的引导之下，我们研读了契诃夫的戏剧作品《三姐妹》(《Три сестры》) 和《海鸥》(《Чайка》) 等俄语原著。在此过程中大家不仅俄语语言能力有所提升，更重要的是学会了该如何学习俄语，如何进行俄语阅读，如何有效查字典，如何以俄语思维思考问题，如何进行文学鉴赏等一系列在课本上学不到却是对一个外语学习者必不可少的技能素养，这便是北外俄院教师们的独特优势之所在——永远不只是授之以鱼，还有至关重要的授之以渔。

研读俄语语言文学，读到精彩之处总会有想要朗诵的冲动，读戏剧作品更是如此。当看到触动心弦的独白或对白时，朗读是最能释放情感的方式，如果有机会选取其中一幕或几幕进行表演，那将是阅读情感最酣畅淋漓的表达。在我们研读完契诃夫的戏剧《海鸥》之后，对特雷普列夫 (Треплев) 命运的结局久久无法释怀，对妮娜 (Нина) 的心理历程的转变，对特雷普列夫和契诃夫本人之间的联系等问题的探讨也久久无法尽兴。在这样的背景下高艺老师提议让我们选取其中最精彩的几个片段进行表演，并特意请来了俄语学院 2008 级校友，现从事戏剧表演工作的陆原野学长为我们进行表演和排练上的专业指导，在这个过程中我们不仅要关注独白或对白的文本内容，还要关注文白台词的语言节奏，逻辑重音等表达方式。这样做不仅不会影响到对文本情感思想的理解，反而在很大程度上帮助我不断抵近主人公最真实的情感和思想，这正是戏剧表演的魅力之所在。学院在得知我们在筹备契诃夫《海鸥》的戏剧表演之后，也给予了大力支持，最终我们得以在学院 2021 年元旦晚会上进行了表演，结束后获得了学院教师和同学们的一致好评。这次戏剧演出是我的俄语学习生涯之中乃至我的人生之中一个最为难忘的经历，通过此次俄语戏剧表演，我有机会真正感受到俄语文学触及人心的震撼魅力，也激发我对俄语学习的激情和动力。同时这也是我个人心理素质的一个飞跃提升——面对数百人进行表演，这对于一个性格偏内向的人来说并非一件易事。这就是契诃夫戏剧的魔力，这就是北外俄院课堂的魔力。

（三）多模块方向课下复合型人才培养

除了俄语专业课之外，学院为培养复合型外语人才，在本科阶段还开设了不同板块的方向课，这其中就包括戴桂菊老师的俄罗斯区域学、王立业老师的俄罗斯文学史、何芳老师的俄罗斯文化、孙芳老师的俄罗斯历史、艾欣老师的俄罗斯艺术鉴赏等众多备受师生好评的课程。这样的方向课的开设对于语言学习者是一个很好的知识补充，对于没有明确学习方向的学生，借助不同版块的方向课可以找到自己的学术兴趣点；而对某一版块的内容具有浓厚兴趣的同学，可以依托该版块下的一系列方向课课程进行系统深入学习，从而使得自己的外语研究在某一个领域有一个较为纵深的发展。

三、结语——八十载硕果春秋

在北京外国语大学俄语学院学习的最强烈感受就是老师们对细节和基础的注重。合抱之木，生于毫末；九层之台，起于累土。一个俄语语言学习者今后能够在俄语方面有多大造诣与其基础的扎实与否有密不可分的联系。正如学院老师们所说的，在语言学习方面，细节是区分一个专业者和业余者的标志。比如同样一个单词，业余者的要求可能只停留在认识和会读上面，而专业者则要精通其重音、词组搭配，熟悉变格变位等一系列细节。而基础则是今后语言学习的瓶颈所在：基础越扎实，在语言的深度学习上瓶颈出现越晚，反之则越早。因此在平时学习之中，我们都十分注重细节，夯实基础。

北外俄院由浅入深渐进式的教学，结合沉浸式课堂极尽可能地向学生们展现了俄语语言的魅力，激发了学生学习语言的兴趣。课堂上师生是互动式的，课下师生是平等探讨式的。为充分激发学生们学习语言的积极性学院每年都会举办一系列俄语活动，诸如系列讲座论坛、俄语艺术节、俄语配音大赛等众多知识性和趣味性相结合的活动项目。

时光悠悠，从昔日成立于延安的中国抗日军政大学三分校俄文大队到如今的北京外国语大学俄语学院，回首间已是八十载。八十年的历程，学院的面貌越来越年轻，底蕴却愈来愈厚重；八十载的岁月，一辈辈的俄语教育先辈栉风沐雨、兢兢业业，培养了一代代卓越的俄语人才；八十个春秋，北外俄院如今除俄语外已延伸开设了乌克兰语、白俄罗斯语、哈萨克语、乌兹别克语、土库曼语、吉尔吉斯语和塔吉克语七个语种，成为了一所多语言学院；八十载的光阴，北外俄院依旧不变的是红色基因、家国情怀。如今我们正阔步走向新时代，作为北外俄院新一代学子我们已准备好用最扎实的俄语画板，最独特的复语画笔为新时代增光添彩！

由此向，及远方

——记首届俄语（复合土库曼语）的学习历程

李嘉宁[1]

§ **摘　要：** 笔者于2018年被保送至北京外国语大学俄语学院复语班，并选择了俄语（复合土库曼语）复语专业。在俄语学院的学习是愉快且受益匪浅的。除已经学习了六年的俄语外，笔者于大二又从零开始了对土库曼语的学习。在学习这门小众而奇妙的语言过程中，笔者对北外"兼容并蓄，博学笃行"的校训有了更深入的理解，感受到了俄院老师的教导与关怀，更初步实现了笔者成为一名外交官的梦想……

§ **关键词：** 俄语　土库曼语　复语学习

一、俄语强化：心之所向，素履以往

从小我就对语言学习极感兴趣。12岁时，我考入济南外国语学校双语班，并开始了英俄双语的学习。从那时起，我就将进入北京外国语大学作为我的目标，将成为一名外交官作为我的梦想。在这个目标的指引下，我在中学六年里一直努力学习，提升语言技巧，并于2018年被保送至北京外国语大学俄语学院复语班。

大学的语言学习与中学阶段是迥然不同的。不同于传统的应试教学，俄语学院的老师们笃行"听说领先"的先进教学方法，致力于培养我们最标准的语音语调与最地道的语言表达习惯。尽管作为已经学习了六年俄语的高起点牛，我们已经具备了一定的口语表达能力，但是在进入北外俄院的第一个月，我们仍全都面临着语音面貌从头至尾的彻底洗礼。我大一大二学年的实践课老师都是高艺老师，她一直坚持以最专业的态度与最生动多样的课堂形式来严格教导我们，给予了我极大的帮助与鼓励。我们从最基本的字母表与音节拼读学起，重新学习每一个元音、辅音的发音方式与发音规律，光第一个学期就经历了不少于三次的语音考核。高艺老师经常要求我们录制语音作业，比如朗读一首诗或一段课文，而这一次次的作业记录着我们的语音面貌每一点最细微的变化。当大一上学期结束时，我再听刚入学时录制的音频，简直不能也不愿意承认这竟曾经是我的声音，用洗筋易髓来形容也不甚为过。也正是因为这样的严格要求，北外俄院学子的良好语音面貌在俄语界一直广受好评，在各大比赛与国际场合中大出风采。

而在日常学习中，俄院老师注重对学习方法的培养，强调同学们的自学能力与举一反三的

---

[1] 李嘉宁，北京外国语大学俄语学院俄语复合土库曼语专业2018本科生，外交部2020年定向培养人才。

能力，并通过多种方式提高同学们对俄语语言学习的兴趣。以实践课为例，高艺老师除了完成对教学大纲内的课文的讲解，还要求我们广泛阅读俄罗斯作家的俄文名著。对于课本中的名篇选段，她要求我们找来完整原文并在此基础上进行学习，课外对俄国名家的原文作品进行鉴赏与背诵，参照音频也都是俄国著名话剧演员的朗诵作品。大一时我们班的十一位同学以小组为单位，分组背诵并表演了克雷洛夫的多篇俄文经典寓言，如《狼与小羊》（《Волк и Ягнёнок》）、《狐狸与乌鸦》（《Ворона и Лисица》）等；大二上学期则提高难度，班级同学分角色扮演并背诵台词，演出了契诃夫的四幕话剧《三姐妹》。在大二下学期疫情期间，同学们通读并背诵了契诃夫的喜剧《海鸥》，而在大三年级，高艺老师与同学们自发地抽出空闲时间进行了对《海鸥》话剧的排演，在 2008 级学长的帮助下将其改编为舞台剧，并在俄语学院新年晚会上进行表演，获得了全院师生的掌声与赞扬。这种对原汁原味的俄国文学的解读与背诵，不仅增加了我们的词汇量、丰富了表述形式，更使我们拥有了对俄语的语感，减少了"中式俄语"的表述，更深入地理解了俄罗斯的民族文化与民族精神。我们亲爱的语法老师赵梦雪、闫洪波、郭淑芬严谨认真，不放过每一个细微的知识点，永远耐心地回答着我们的每一个疑问；阅读老师张朝意、黄玫，带领着我们阅读每一篇材料文章，并且为我们补充扩展相关的文化国情知识，让我们对对象国有了更丰富全面的了解；听力老师赵鑫，为我们找来时下的各类新闻与材料，使我们在磨炼听力技巧的同时增长了对时政的了解；还有我现在的实践课老师潘月琴，在带领我们精读文章的同时还与同学们一同从课文出发对各种现象与议题进行热切的讨论……我喜爱并衷心地感谢教导过我的每一位老师，感谢他们给予了我知识、方法乃至人生道理，让我有能力与自信去攀登人生更高的山峰。

在俄语学院的学习，无疑是愉快且收获颇丰的。我们不仅拥有最最亲切可爱、业务能力超高的老师们，还拥有众多表现自己、锻炼能力的平台。每年都进行的全国俄语大赛、北京市高校俄语配音大赛、俄院朗诵队的招新与培训等众多机会都不容错过；也正是在一次次实战磨炼中，才打成了"北外俄院出品，必属精品"的这块响当当的招牌。从中国人民抗日军政大学三分校俄文大队，到如今的北外俄语学院，一届又一届的俄院学子们在老师们的悉心教导与栽培下精益求精，严格要求自己，苦心磨炼俄语技能，成为革命年代和社会主义建设时期的中坚力量。

二、土语学习：新的起点，新的世界

大一下学期，俄语学院的老师对我们复语班的 11 名同学进行了复语学习的意向调查。为了更好地服务于国家的"一带一路"倡议，北外俄院于 2016 年承担了乌克兰语、白俄罗斯语及中亚五国（哈萨克斯坦、乌兹别克斯坦、土库曼斯坦、吉尔吉斯斯坦和塔吉克斯坦）官方语言的新语种群建设任务，陆续开设了俄语（复合哈萨克语）、俄语（复合乌兹别克语）、俄语（复合塔吉克语）、俄语（复合吉尔吉斯语）、俄语（复合土库曼语）和俄语（复合白俄罗斯语）6 个复语专业。2018 年入学的我们是第三届复语生，也是首届"吉尔吉斯语-土库曼语"非通用语复语生，连同我在内共有 5 位同学选择土库曼语，剩下 6 名同学则学习吉尔吉斯语。

土库曼语，是土库曼斯坦的官方语言，属阿尔泰语系—突厥语族—乌古斯语支，我们于大二上学期开始了对这门语言的学习。外语学习者都知道，文化包括语言，语言是一种特殊的文化现象，学习一门新的语言就是学习一种新的文化、了解一个新的国家、了解一个新的民族的过程。土库曼语在国内绝对算是小众语言，人们对土库曼斯坦的了解可能仅限于它是前苏联加盟共和国、中亚五国之一。在学习这门奇妙语言的过程中，我渐渐增加了对这个国家的了解。它是仅次于哈萨克斯坦的第二大中亚国家，为联合国承认的永久中立国之一，阿什哈巴德是它的首都，主要宗教为伊斯兰教，从土库曼斯坦出产的手工地毯与汗血宝马享誉世界。土库曼斯坦石油天然气资源丰富，在境内有一处名为"地狱之门"的著名景点，就是因天然气常年燃烧而形成的壮观景象。

大二学年初，原定教导我们的米娜瓦尔老师因故不能继续进行土库曼语的教学，于是俄语学院的负责老师与土库曼斯坦国立马赫图姆库里大学校方进行沟通，请来了外教拉希莫夫老师为我们教授土库曼语。与拉希莫夫老师的相处轻松且愉快，他能熟练地使用土库曼语、俄语、英语、阿塞拜疆语等多门语言进行沟通，我们平时的授课使用俄语进行。由于土库曼语与俄语的语系并不相同，其发音、语法规则等多个方面相似之处其实并不多，也并没有料想中那般轻松惬意。土库曼语共有 30 个字母，其中 9 个为元音字母，21 个为辅音字母；其词性变化也很有趣，一个句子里的各个单词之间的支配与所属关系是通过在单词后面添加各种附加成分来体现的，一个单词后面可以缀加多个附加成分，甚至仅用一个词就可以表示一整个句子的意思，如"aýdanlarymdyr"表示的就是"这是我所说过的话"。在最初进行学习时难免有磕绊，比如"ö"这个元音，舌头前移与嘴唇噘起的程度就很难把握，掌握领属、所属格的各人称变化也不甚容易，但是在老师的教导与同学们的努力下，大家对这门新的语言渐渐熟悉了起来。

大二学年的每周里我们都有三节土语课，拉希莫夫老师专门拿来了土库曼斯坦学生使用的练习本与字帖供我们临摹，又找来了专门针对外籍土库曼语学习者的俄文版教材供我们参考。为了更好地让我们掌握土库曼语，他针对我们的情况，着手亲自编纂教材与配套练习册，编写课文、查找图片、录制音频都亲力亲为，并及时接受我们的反馈对教材进行更新与完善。新编纂的教材无论是从难度还是在材料上都很贴合我们的学习需求。在拉希莫夫老师的指导下，我们从字母练起，渐渐可以表述成句，又可以写出成段的文章，可以用土库曼语进行简单的自我介绍，介绍我们的国家、家庭与学校。这时他开始为我们增加难度，课上有时会穿插一些难度较大的片段让我们阅读理解与仿写，比如让我们阅读并翻译关于土库曼斯坦伟大诗人马赫图姆库里的介绍，并让我们每人用土语写一篇介绍中国诗人的相仿作文。除去课本内容，拉希莫夫老师还经常为我们介绍土库曼斯坦的文化习俗。他向我们展示他们民族的传统服饰照片，给我们讲述他家乡的瓜果、羔羊和马匹，介绍他们民族的婚礼习俗与宗教习俗。这一切都让我们对土库曼斯坦和那里的人们多了几分向往。其实不仅我们对土库曼斯坦的文化感兴趣，他对中国的文化也很感兴趣，课间有时还会跟着我们学上几句中文，两国之间的文化与友谊就这样在师生之间传递与交流着。

大三学期，原定出国的我们因为疫情原因未能成行，由米娜瓦尔·艾比布拉老师在线上对我们进行土库曼语的教学。米娜瓦尔老师是中央民族大学维吾尔语言文学系的教授，受北外俄语学院之邀为我们教授土库曼语。她是国内土库曼语的大拿，早年曾两次赴土库曼斯坦进行讲学与考察，曾荣获土库曼斯坦总统授予的"马赫图姆库里·斐拉格奖"，国内目前唯一一本土库曼语教材就是她编纂的，我们上课使用的就是这本教材。米娜瓦尔老师温柔且认真，不断根据实际情况为我们调整与完善课上所用的材料，课文和练习难度都很适中。她在进行语法与单词句型讲解的同时，对我们的语音也有着较高要求，对于平时课上我们表现出的辅音的弱化、元音的圆唇化等方面的问题都会——指出并给予纠正。在每节课的课文结束后，她会及时跟进练习，让我们现场进行土译汉、汉译土、仿照例句进行造句等练习以巩固强化课上所学内容。同时米娜瓦尔老师也很尊重我们的意见，常常询问我们对于课程的建议与反馈并调整教学速度。每上完三四章内容，她会专门安排几节课用以复习，让我们能更牢固地掌握与灵活运用所学过的知识。课堂的氛围是融洽而愉快的，同学们对于知识的掌握也丝毫未受到线上授课的影响。米娜瓦尔老师对我们非常亲切，每节课上课与下课前都会对我们进行问候，在节日来临之际也会祝我们节日快乐、健康平安，我们也会对她致以谢意与同样的祝福。

而在俄语学院里，负责与我们复语班对接的是孙芳老师。她认真负责，时常关心我们的课程进度与学习体验如何，倾听我们的建议并给予反馈。因土库曼斯坦国情的原因，寻找授课老师和与土国校方进行沟通与联络都不是容易的任务，但是俄语学院的老师们尽心尽责地为我们解决了一切问题，没有让它们阻碍我们的学习进度。大三年级，我们与土库曼斯坦国立马赫图姆库里大学已进入协议签署阶段，但因疫情等多方面原因被迫中断，孙芳老师召开会议及时向我们说明了情况，并安排好老师为我们进行授课。她的一句话让我印象很深刻："学院会创造一切机会与条件让你们能够获得出国交流的机会，即使这学年暂时不行，将来也会尽力抽时间，哪怕只有一个月，也要尽可能让你们去对象国感受一下。"感谢俄语学院各位尽职尽责、照顾关怀我们的老师，正是他们的付出，才让我们能这样顺利地进行复语的学习，接触到这个奇妙的新世界。

三、结语展望：不忘初心，博学笃行

北外俄院是我曾经的梦想，如今已是我梦想成真的地方。在俄语学院各位老师的栽培与鼓励下，我于去年下半年通过了外交部的笔试、面试与各项审查，被确定为外交部 2020 年土库曼语专业定向培养人选；而在今年，我成为了一名光荣的预备党员。北外用它"兼容并蓄，博学笃行"的校训鼓励着我，去充实自己，去读万卷书、行万里路；俄院用它温暖的臂膀接纳我、托举我，让我去勇敢逐梦，去成长为共和国的栋梁。正值中国共产党建党百年之际，北外与俄语学院共同迎来了第八十个春秋。八十年悠悠岁月，北外俄院从延安的红色烽火中走来，向和平的国际舞台走去，一届又一届学子来到俄语学院的大家庭，又带着它的嘱托与期望奔赴祖国的五湖四海、大好河山。培养复合型、复语型、高层次的国际化人才是当今时代赋予北外、赋予俄语学院的历史使命，作为复语生，如何"向世界展示中国"和"向中国介绍世界"是我必修的课题。我会谨记母校的教诲，努力传承好北外俄院的红色基因，提高学术水平，培养国际视野，不忘初心，乘风破浪。今日我以母校作为骄傲，希望将来有朝一日，我也能成为母校的自豪。

八十载弦歌不辍，春风育桃李；八十载春华秋实，砥砺向前行。衷心祝愿我亲爱的北外、亲爱的俄语学院八十岁生日快乐，在以后的岁月中为国家哺育更多有为青年，创造更多辉煌。由此向，及远方，勇攀更高峰，俄院人始终在路上。